高等学校交通运输专业规划教材

旅客运输组织

（第四版）

主　审　叶怀珍
主　编　杜　文
副主编　肖龙文

西南交通大学出版社
·成　都·

内容简介

本书介绍了交通运输系统中各种运输方式的旅客运输组织理论和方法，主要内容包括：当代旅客运输系统综述，铁路、公路、航空、水路等运输方式旅客运输的技术设备、运输过程、运输计划、作业组织方式、调度指挥等，同时对困扰世界各国的城市客运公共交通系统的线网布局规划和效益评价等内容进行了扩充。

本书为高等学校交通运输、交通工程、交通安全工程、综合运输等专业的专业课程教学用书，也可供其他相关专业为拓宽知识的教学参考用书，同时可以作为从事交通运输管理的各级领导、技术干部和生产人员的业务学习参考书。

图书在版编目（CIP）数据

旅客运输组织 / 杜文主编. —4版. —成都：西南交通大学出版社，2022.10
ISBN 978-7-5643-8473-9

Ⅰ. ①旅… Ⅱ. ①杜… Ⅲ. ①旅客运输－运输组织－高等职业教育－教材 Ⅳ. ①U

中国版本图书馆 CIP 数据核字（2021）第 270388 号

Lüke Yunshu Zuzhi
旅客运输组织
（第四版）

主编　杜文
*
责任编辑　万　方
特邀编辑　刘婷婷
封面设计　何东琳设计工作室
西南交通大学出版社出版发行
四川省成都市金牛区二环路北一段 111 号西南交通大学创新大厦 21 楼
邮政编码：610031　发行部电话：028-87600564
http://www.xnjdcbs.com
成都勤德印务有限公司印刷
*
成品尺寸：185 mm × 260 mm　印张：25.75
字数：641 千
2000 年 2 月第 1 版　2007 年 12 月第 2 版　2016 年 8 月第 3 版
2022 年 10 月第 4 版　2022 年 10 月第 17 次印刷
ISBN 978-7-5643-8473-9
定价：68.00 元

课件咨询电话：028-81435775
图书如有印装质量问题　本社负责退换

四版前言

进入 21 世纪 20 年代以来，各种运输方式的设施和技术设备不断发展和更新，丰富了旅客运输组织方式，大大扩充了旅客运输能力，提高了旅客运输的服务质量。但是，我国是一个有十四亿人口的大国，城市的快速扩张和城镇化的快速发展激发和促进了人们的流动和出行需求，使得各种交通方式的客运能力供给与人们出行需求的矛盾日益严重。为了适应这一形势发展的需求，对 2016 年版的《旅客运输组织》进行了修正和补充。

本书继续站在充分发挥综合交通运输体系作用的高度，从各种交通方式的旅客运输运营特性出发，分别就铁路旅客运输、公路旅客运输、航空旅客运输、水路旅客运输及城市客运交通系统，论述了其系统结构、技术设备、生产组织和日常管理现代化。在第一、二、三版的基础上，修正、更新和补充了各种旅客运输方式的发展现状、高速铁路、铁路旅客运输组织、公路旅客运输、邮轮、航空运输管理、城市轨道交通等内容。

四版是在一、二、三版的基础上进行，在此，对一、二、三版撰写过程中提供了支持和建议的专家学者表示衷心感谢，并对所有参考文献的作者表示感谢。

本书由杜文教授主编，肖龙文任副主编，叶怀珍教授主审。

编　者

2022.04

三版前言

进入 21 世纪 10 年代以来，各种运输方式的设施和技术设备的发展和更新，丰富了旅客运输组织方式，大大扩充了旅客运输能力，提高了旅客运输的服务质量。但我国是一个有十三亿人口的大国，城镇化的快速发展促使人们的流动和出行需求，使得运输能力供给与人们出行需求的矛盾依然存在。为了适应这一形势发展的需求，对二〇〇七年版的《旅客运输组织》进行了修正和补充。

本书继续站在充分发挥综合交通运输体系作用的高度，从各种交通方式的旅客运输运营特性出发，分别就铁路旅客运输、公路旅客运输、航空旅客运输、水路旅客运输及城市客运交通系统，论述了其系统结构、技术设备、生产组织和日常管理现代化。在第一、二版的基础上，修正、更新和补充了各种旅客运输方式的发展现状、铁路高速客运专线、铁路旅客运输组织、公路旅客运输、航空运输管理、城市轨道交通等内容。

三版是在一、二版的基础上进行，因此，对在一、二版撰写过程中提供支持的有关领导表示感谢；对提供资料和建议的周贤伟、欧阳长城、黎青松、石红文、张学兵、孙宏、倪少权、肖建明、徐俊等专家、教授表示感谢；此外，赵月、吴云云、鄢玲、杨海波、张斌、许志峰等博士、学者协助做了大量工作，在此一并感谢。还要感谢所有参考文献的作者。

本书由杜文主编，肖龙文任副主编。全书由叶怀珍主审。

编　者

2015.12

再版前言

进入21世纪以来，我国经济高速发展更上台阶，促进了现代交通运输体系的发展。科技的进步，完善了各种运输方式的设施和技术设备，丰富了旅客运输组织方式，提高了旅客运输速度，也大大扩充了旅客运输能力。而同时，经济的发展诱增了旅客的出行需求，使得运能与旅客出行需求的矛盾依然存在，且需求的焦点发生了变化，那就是质和量同时提高的需求。为了适应这一形势发展的需求，本书立足于完善旅客运输组织理论和方法，改编了《旅客运输组织》。

本书站在充分发挥综合交通运输体系作用的高度，从各种交通方式的旅客运输运营特性出发，分别就铁路旅客运输、公路旅客运输、航空旅客运输、水路旅客运输及城市客运交通系统，论述了其系统结构、技术设备、生产组织和日常管理现代化。在第一版的基础上，精简和调整了一般性的管理内容，增加了有关铁路高速客运设备、铁路旅客票价、铁路旅客运输组织现代化、现代化公路旅客运输、航空运输管理、城市客运交通组织及效益评价等内容。

本书由杜文主编，肖龙文任副主编。其中第二篇的第四章、第九章由肖龙文编写，第十章由谢楚农编写，其他由杜文编写。全书由叶怀珍主审。

撰写过程中，得到铁道部京津城际铁路有限责任公司高级工程师张学兵、中国民航飞行学院教授孙宏博士、西南交通大学倪少权教授、成都铁路局高级工程师肖建明、徐俊的指点和帮助，特表深切感谢。此外，赵月、吴云云、鄢玲、杨海波、张斌、许志峰协助做了大量工作，在此一并感谢。还要感谢所有参考文献的作者。

旅客运输组织工作复杂而高人性化，当今社会快速发展和科技进步变化也快，因此不周之处还望读者不惜指正。

编　者

2007.12

前言

改革开放以来，交通运输系统中传统的旅客运输模式受到巨大冲击，铁路、公路、航空和水路旅客运输得到全面发展，尤其是公路客运和民航运输取得长足发展，与铁路、水路旅客运输共同构成现代客运交通体系，拉动了我国国民经济发展，促进了地区间、世界各国间的政治、经济和文化交流。

为了适应这一市场经济条件下交通运输发展形势的需要，西南交通大学交通运输学院组织编写了《旅客运输组织》这本教材。内容包括现代交通体系的各主要交通方式的客运设备和旅客运输组织方法，此外，还立足于旅客运输组织的基本理论，扩充了旅客运输计划、市场营销和旅客运输质量管理等内容。

本书在编写中力求理论联系实际、重点突出、文字简明易懂。适合于交通运输、交通工程专业的学生使用，也可作为铁路、公路、民航、水路旅客运输工作人员的学习参考资料。

本教材由叶怀珍主编，杜文主审。第一篇、第四篇、第五篇由叶怀珍编写，第二篇由孙腊风编写（其中第十一章第四节由叶怀珍编写），第三篇、第六篇由晏启鹏编写。

本教材由西南交通大学出版基金资助。编写过程中得到了西南交通大学教务处、交通运输学院的大力支持，还得到中国民航飞行学院、成都铁路局客运营销处和财务处、计划处有关领导和专家的大力帮助。此外，黎青松、周贤伟、石红文等同志协助翻译外文资料，高世廉、欧阳长城、黄睿等同志提供了有关资料，在此一并表示衷心感谢！

由于本书涉及面广，交通形势发展变化快，书中难免出现疏漏及不周，敬请读者指正！

编　者
1999.5.10

目 录

第一篇 当代旅客运输系统综述

第二篇 铁路旅客运输

第五篇 水路旅客运输

第六篇 城市公共客运交通系统

第一篇

当代旅客运输系统综述

第一章　旅客运输系统概述

学习目的：了解旅客运输的任务及国内外旅客运输发展概况；了解各种旅客运输方式的特点；掌握各类旅客运输系统的构成和服务适应范围。

第一节　旅客运输的任务

一、旅客运输的任务

国民经济的高速发展，需要交通运输的发展速度与其匹配，因为整个经济活动，包括生产、交换、分配和消费都必须通过运输纽带才能有效地完成。商品经济愈发展，生产对流通的依赖性愈大，运输在再生产中的作用也愈显得重要。交通运输不仅起着实现工农业产品使用价值和交换价值的作用，还肩负着开拓市场、扩大生产和消费空间的任务，对促进劳动地域分工、改善生产布局、缩短商品流通和增加资金活动也有着重要影响。

交通运输不仅是社会生产力的组成部分，而且是国防力量的组成部分。在战争时期，交通运输系统本身就是决定战争胜负的重要因素之一，没有交通运输，就不可能完成前方与后方的联系以及运送军队、武器弹药、后勤物资的任务。对于疆域广阔的我国来说，发达而充足的交通运输系统，对于巩固国防力量，有效地保卫国家领土完整和安全，维护国家的主权等有十分重要的作用。

旅客运输是交通运输业的重要组成部分之一。旅客运输的目的是为人们进行政治、经济文化等社交活动提供出行和旅途生活条件，它的本质是为旅客提供移动的空间。因此，旅客运输的任务是最大限度地满足广大旅客在旅行上的需求，安全、迅速、准确、便利地运送旅客、行李、包裹和邮件至目的地，并保证旅客在旅途中得到舒适、愉快、优质的物质与文化服务。

旅客运输的生产效益除了经济效益外，更重要的是社会效益；旅客运输生产除了技术管理以外，还有全面的服务质量管理。因此，作为旅客运输的组织者和经营者，其主要任务归纳为如下八条：

（1）认真贯彻执行党和国家的有关方针、政策、法令及旅客运输的各项规章制度。

（2）按照市场经济的发展规律，制订旅客运输发展规划，合理配置能力，不断扩展和完善适应经济发展的客运网。

（3）加强科学管理和技术培训，积极推广新技术，确保旅客运输安全、正点、高效。

（4）全心全意为旅客服务，不断提高服务质量。根据旅客不同的需求提供不同层次的客运运载方式；一切以旅客需求为导向，保证旅客在旅途中的安全、舒适和物质文化生活的满足。

（5）认真做好客源、客流的调查和组织工作，及时调整运输方案，既满足万变的客流需要，又保证企业经济效益。

（6）积极组织多种客运方式的联合运输、直达运输，以方便长途旅客的换乘与直达。

（7）积极配合党和国家的形势与任务要求，完成各种特殊运输任务，如救灾抢险运输、军事运输等。

（8）加强对客运职工的业务培训，不断提高职工思想觉悟和业务能力，提高企业整体素质，为实现旅客运输现代化和优质服务创造条件。

综上所述，旅客运输有较强的政策性和服务性，客运企业要根据市场经济发展规律，服从并服务于国民经济可持续发展战略的需要，从我国国情出发，以客运市场需求为依据，优化运输体系结构，合理配置运力资源；依靠科技进步，提高客运队伍素质，提高旅客运输质量，满足人民对出行的需要。

二、旅客运输的特点

旅客运输复杂而多变，其特点又随不同运输方式而异，其共同点主要有动态性、波动性、不可储存性、系统性和高科技性。

1. 旅客运输的动态性

旅客运输的主要对象是旅客，其次是行李、包裹和邮件。因为主要服务对象是人，是有独立思维的个体，所以其组织工作更具有复杂性和重要性。

2. 旅客运输有较大的波动性

客运量在季、月、周、日和一日内各时段之间常会出现急剧的起伏变化，为此，客运技术设备、客运运载工具及线路（航道）能力等必须有一定的弹性，以对不同客运量采用不同的客运组织方式。

3. 旅客运输能力和产品的不可储存性

旅客运输生产的产品是旅客的空间位移，且在完成生产的同时即被旅客本身所消耗，因此其客运能力既不能储存，也不能调拨，其对内扩大再生产代替不了外延扩大再生产的需要。旅客运输的这一特点是运输供求关系经常发生波动的根本原因所在。因此，在整个运输生产过程中，必须根据一定时期的需求，合理确定运输供给能力和布局运输网络，科学地组织运输生产，以适应运输布局的需求。

4. 客运服务的系统性

旅客出行经历售票、城市交通、港站、车辆（或飞机）等多个环节，客运部门必须集人流、港站、机车车辆（飞机）于一体，提供标准化的优质服务。

5. 旅客运输的高科技性

随着社会经济的发展和高科技的应用，特别是电子信息技术的迅猛发展，人们对旅行中的购票方便、行车准时、舒适、文化娱乐等都有新的要求定位，因此，旅客运输必须加速推广先进技术装备和科学管理，在网络售票预约系统、列车（航班）开行方案优化、提高旅行速度、服务品位等方面体现现代化气息，创造良好的旅行环境。

世界各国的运输业发展历程证明，一个国家的经济发展将引发客运量成倍，乃至数倍增长，而发达的旅客运输供给能力又拉动和促进国民经济和社会的快速发展。旅客运输在交通运输业中的地位和比重已越显重要和增大，它是社会和经济发展的先行。

第二节 旅客运输系统的构成

交通运输系统按运输对象分为货物运输和旅客运输两个子系统；按作用与运距（地域）分为干线运输、区域运输与城市交通三部分；按运载工具及方式分为铁路、公路、航空、水运和管道五个子系统，现代化旅客运输系统，主要由铁路、公路、航空、水运四种运输方式组成，图 1.1 是按运载工具分类的客运交通系统构成图。

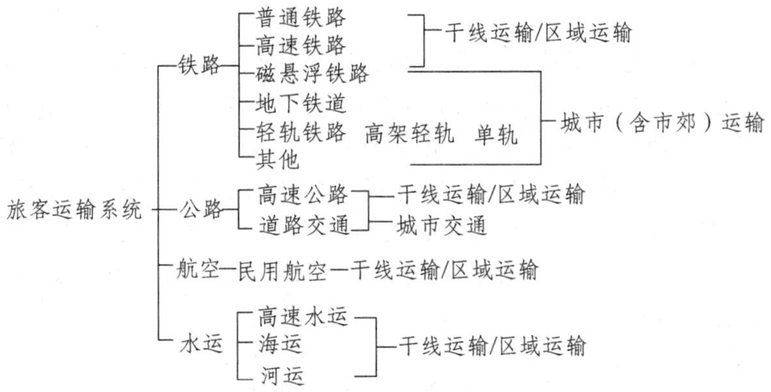

图 1.1 按运载工具分类的客运交通系统构成图

常速的铁路、公路、水运与航空运输，大家都非常熟悉，而高速客运在世界上已有 70 多年的历史，在我国 20 多年来也得到了迅速发展，城市交通也由常规的电车、公共汽车发展为地下铁道、轻轨交通等多种方式。

1. 高速铁路

高速铁路（high-speed railway）是指列车时速在 200 km 以上的铁路，虽然中国高速铁路发展起步较晚，但经过中国专家学者和铁路建设者不懈的努力，已取得一系列突破性的进展。2004 年 1 月 7 日，国务院召开常务会议讨论通过了《中长期铁路网规划》（简称《规划》），2008 年建成并开通运营了我国第一条时速 350 km 的京津城际高速铁路，由此，高速铁路在我国掀起建设热潮遍地开花，截止到 2020 年底我国已经建成并投入运营了列车时速为 200 ~ 350 km 的高速铁路 3.79 万 km，已跻身于世界高速铁路先进国家的行列。

2. 高速公路

高速公路（expressway）一般是中央设置有一定宽度的分隔带，两侧各配备两条或两条以上的车道，分别供大量上下行汽车高速、连续、安全、舒适地运行，并全部设置立体交叉和控制出入的公路。高速公路最为突出的特点就是行车速度高，通行能力大。一般情况下，除特殊困难地形外，高速公路的设计车速均在 80 km/h 至 120 km/h，而一条四车道高速公路的适应量就可达到 40 000 pcu/昼夜，最高则可达 55 000 pcu/昼夜。截止到 2020 年底我国已经建成并投入运营的高速公路里程 16.1 万 km，位居全球第一。

3. 轻轨铁路

轻轨铁路（light railway）由地面有轨电车的改良逐渐形成，可地面也可高架，线路有专用线路和普通线路，具有功率大、噪音小、能耗低及乘坐舒适、运量大的优点，应用广泛。轻轨线路的费用约为地铁的 20% ~ 50%，比公共汽车和无轨电车的线路贵。当运量大时，轻轨的运营费比公共汽车便宜。轻轨铁路在我国有许多城市已经建成并投入运营。

4. 单轨铁路

单轨铁路（monorail railway）是指用橡胶轮胎或钢车轮在一根钢轨上行驶车辆的铁路，它几乎都是高架结构，大体可分为骑坐式和悬吊式两种。单轨铁路的突出优点是建设费用低，比有轨电车速度快，噪音等公害少。德国乌柏塔尔在 1901 年就有 13.2 km 悬吊式单轨铁路投入运营，日本、美国、意大利也有不少城市单轨铁路已建成并投入运营。我国在青岛、成都先后试制、下线了不同形式的单轨列车。

5. 地下铁道

地下铁道（subway）起源于英国伦敦，1863 年 1 月 9 日世界上第一条地铁建成通车，至今在世界各国大城市已普遍采用，是理想的大容量的快速城市交通工具。我国于 1965 年开始在北京建设第一条城市轨道交通系统——北京地铁一期工程，并于 1969 年建成通车。1993 年 4 月 9 日，上海地铁 1 号线南段开通，对外售票观光试运营，这是上海第一条轨道交通线路，1999 年 3 月 1 日上海地铁 1 号线全线开通自动售检票系统。截止到 2020 年 5 月 1 日我国已经建成并投入运营的城市轨道交通的城市共有 47 个，其中中国内地 41 个（地铁线路 5 187 km），中国港澳台地区 6 个。

6. 磁悬浮列车

磁悬浮列车（maglev train）是一种采用无接触电磁悬浮、导向和驱动系统的高速列车系统，时速可达 450 ~ 550 km。它主要分为两种：一种是电磁型（Electromagnetic Suspension system，简称 EMS），也称吸力型、常导型；另一种是电动型（Electro Dynamics Suspension，简称 EDS），也称斥力型、超导型。磁悬浮列车取消了数千年来传统车辆借以运动的轮子，利用电磁力将列车悬浮于导轨上方一定的高度，并用无接触的线性电机驱动列车前进。与传统铁路运输方式相比，磁悬浮列车具有速度快、污染少、安全性高等优势。1984 年 4 月英国建成世界上第一条磁悬浮铁路，从伯明翰国际机场到火车站，长 620 m，但在 1996 年，由于磁浮车故障率太高，维修频繁，备件供应困难，再加上经济上亏损，伯明翰磁浮系统关闭停运。2015 年日本 LO 型磁悬浮列车达到时速 693 km 的世界纪录。2004 年上海磁浮线建成并投入试运营，项目正线全长 29.873 km，设计最高运行时速为 430 km。2016 年 5 月 6 日我国首条具有完全自主知识产权的中低速磁悬浮商业运营示范线——长沙磁悬浮快线开通试运营，该线路也是世界上最长的中低速磁悬浮运营线。

各种客运交通方式因提供运输产品之间具有一定程度的替代性，因此，在不同的运输方式之间必然存在着竞争；从另一方面看，不同运输方式又具有不同技术经济特征（见表 1.1），因而有不同的合理使用范围，这就使不同运输方式之间的替代有了一定程度的限制，同时使相互协作成了必要。因此，从交通运输企业角度来看，要通过不断地努力以适应激烈竞争的要求，从管理部门角度看，要通过合理的政策和措施，促进运输业内部的协作，防止盲目竞争，确保运输市场秩序和运输业的正常运转。

表 1.1　四大客运交通方式的特点与优势

方式	铁　路	公　路	航　空	水　路
优势	① 运量大； ② 速度高，仅低于飞机； ③ 成本和运价低廉，仅高于水运； ④ 全天候运输，不受季节影响	① 机动灵活，门到门直达运输； ② 技术标准及造价相对较低，修建上马快，便于深入各类地区； ③ 客运成本和运价比铁路稍高	① 运行速度最高，现代飞机速度可达 1 000 km/h，航程可达 10 000 km； ② 航线直，两点之间的运输距离短	① 能耗少，投资省； ② 成本和运价低廉； ③ 用于旅游观光，条件舒适
不足	造价较水运、汽车高	① 长距离运输时运营成本高； ② 排放废气、噪音，对环境污染较严重	① 运载量小； ② 营运成本高； ③ 受气候影响较大	① 速度低； ② 受自然条件影响大

第三节　国内外旅客运输发展概况

一、国外旅客运输及其发展概况

世界发达国家在实现工业化的过程中，都经历了交通建设的高潮。在发展旅客运输过程中经历了市场竞争，促使了客运企业的体制改革和灵活的营销策略的运用，高科技的发展又促进了旅客运输的现代化。无论是铁路、公路、航空、水运，都充分体现了快速便利、安全舒适的特点和高速化、智能化，大力提倡公共交通的发展趋势。

（一）改革体制与灵活的营销策略

运输企业体制改革的典型是铁路。20 世纪 80 年代，各国铁路面临着严峻的形势，外部环境——同其他运输工具的竞争，政府对国有铁路投资和补贴相应减少；内部环境——传统的管理模式僵化，单一地依靠两根钢轨输送列车的业务使企业缺乏竞争活力。于是，改革现行管理体制，开展多种经营是各国铁路发展的共同趋势。

世界铁路改革的一个重要内容就是铁路运输企业重组。铁路企业重组无非是使其组织结构更适应市场化经营，更有效地满足客货运输需求。

世界主要国家铁路企业重组，大体可以归结为两种趋势：一种为原国有铁路的分解趋势，而分解又表现为不同的形式，如日本铁路改革的典型特征是区域分解，即由国铁分解的 6 家客运公司分别在各自的区域进行经营；德国、英国铁路主要表现为专业分解，即国铁划分为若干家客运公司、货运公司、行包公司、服务公司等；法国、瑞典、芬兰铁路改革的最显著特征则表现为“上下分解”，即我们现在采用的规范说法“网运分离”。另外一种为非国有铁路的集中趋势，如美国主要铁路公司通过市场并购等行为进行规模扩张。

英国从 1994 年开始进行以“网运分离”和私有化为重点的重大改革，其主要内容是：将原英国国铁（BR）重组为一家全国性线路公司（RAIL TRACK）、25 家客运公司、5 家货运公司、3 家机车车辆租赁公司以及若干个机车车辆和基础设施维修公司，这些公司全部实行私有化。同时，政府成立铁路协调办公室（ORR）和铁路客运特许经营办公室（OPRAF）进行宏观调控，负责市场准入，批准特许经营，保证公平竞争，监督运输安全、卫生等。改革后，效果较为显著。

营销策略的灵活性，体现在快速、方便和浮动的运价上。国外铁路的主要措施有：采用灵活、简化的票价，提高服务质量和购票方便程度，保证列车正点率和对乘坐晚点过多列车的乘客实行经济赔偿等。在法国，旅客通过电话订票和 Minitel 终端付款后，可获得免费送票服务，对拥有 Carrissmo、Ver-meil、Kiwi 3 种乘车卡的乘客，在乘坐长途列车时，最多可享受 50% 的优惠。列车正点率是客运服务质量的重要标志，各国铁路对此都十分重视。日本新干线高速列车的年平均晚点仅为 0.4 min/列，西班牙 AVE 高速列车的正点率也高达 99.7%（按时刻表 5 min 以内）。在欧洲，几家铁路公司对晚点过多的列车还给旅客经济赔偿，如在法国，如果列车晚点 1 h 以上，将向乘客退还所有票款；在西班牙，高速铁路（AVE）列车如果晚点 5 min 以上，将向乘客退还所有票款；在英国、德国和意大利，如果列车晚点，将发给乘客一张凭据，旅客下次乘车凭此据可购打折车票。这些营销措施的实行，吸引了大量的客流。

长期以来，西班牙 AVE 一直推行着顾客至上的市场营销策略，其发展过程大致可以分为三个阶段。

第一阶段也称为发动阶段，其主要策略是占有市场和刺激新的市场需求，办法是票价和宣传，主要目标是旅客满意。票价体系的设计原则是简单、明了，仅有旅行时间和席位等级的差别。旅客买往返票可以得到 20%的优惠，如果返程票的日期是当天，则优惠折扣上升为 25%。宣传策略的目标是改变过去西班牙铁路在人们头脑中的不良印象，即晚点频繁、服务质量差，大力宣传 AVE 是一种全新的铁路运输模式。其次是宣传 AVE 铁路的可靠、安全、正点、速度、质量和服务的高频度。

第二阶段即成长阶段，目标是效益，手段为通过全面质量管理，以旅客满意为宗旨，与旅客之间建立长期关系。1994 年 9 月 AVE 实行了晚点退赔制度，即如果列车晚点 5 min 以上，铁路将退回乘客的全部购票费。这项制度的实行，表明了 AVE 运输体系具有其他运输方式无可比拟的高可靠性。“列车晚点，车票全额退赔”的承诺，为 AVE 赢得了旅客的进一步信任。

AVE 目前处于第三阶段，即巩固成果阶段。在第三阶段中，AVE 采用了鼓励老乘客，即“忠心乘客”的策略，其方式是发行“忠心”卡。“忠心”卡分为两种：一种是 AVE 普通会员卡；另一种是 AVE 黄金会员卡。这种卡的运作方式是，乘客按旅行的次数取得一定的分数，当累计到一定的程度，即可得到一次免费旅行的机会。

市场细分是现代营销的起点和根基，它被广泛用来指导企业的市场营销活动，在为企业带来良好经济效益的同时，也更好地满足消费者的需求。近年来，美国航空业经营极其困难，已有数家公司濒临倒闭，而西南航空却在这前所未有的逆境中始终保持着盈利，其制胜法宝就是市场细分。该公司自创立伊始就明确自己的业务范围，面对自己的细分市场，把目标市场定位为两个：自费旅游人员和小公司出差人员。所有的经营策略都是围绕着节省资金和时间这两个目标展开的。

灵活的营销价格既有利于旅客，也有利于客运企业。如在美国，价格政策市场化，无论航空、公路和铁路在定价上有其共同点：预售票价便宜，且越早越便宜，而临时买票价格高；买往返票价便宜；夜间和早晚的票价比白天票价低。法国的价格政策也隐含了这样的目的：越早订票，订票费越低；越晚订票，订票费越高，以此激励和吸引旅客早订票，这也有利于列车计划调整。

为了恢复闲暇旅游市场的客运量，英国国铁自 1981 年起实行了一种被称作“城市铁路救星”的廉价往返优惠票价政策。这种优惠票价对吸引客流，尤其是被长途客车分流的那部分旅客的作用尤为明显。

英国城市间铁路的经营战略，由增收战略与成本战略两方面构成。增收战略又可分成服务战略（服务质量）与运价战略两部分，而这一切都要建立在市场取向的基础上，其服务战略的核心是提供优质服务，让旅客感到这是“值得花钱的服务”。质量的提高不单指运输服务的质量（速度、密度、正点率及舒适性等），还涉及诸如电话查询、预约坐席、车站通路、站舍、售票及车内服务等所有与运输相关的服务质量。运价战略的根本，在于通过拉开差价来获得最大的收入。对一等和二等车采用不同的运价政策：对一等车旅客主要是提高服务质量并维持正规运价；对二等车旅客实行折扣票价，以招揽更多的客流。为促进城市间铁路稳定的利用率，还发行了各种铁路乘用卡，大幅度降低票价。成本战略的核心，是在提高服务质量的同时，消减单位支出费用，其最主要的手段是改变车辆及轨道的养护方式以节省费用。

（二）旅客运输高速化

飞机的问世打开了旅行高速化的篇章。近一个世纪的发展史，无论在运载能力、航程和速度方面，飞机的性能愈趋完善并得到蓬勃发展，形成了世界范围的航空网，如在美国一般中等以上城市有数个民用机场并有众多的航空公司、航线、高密度的航班，使远距离的高速运输十分方便。

高速公路的出现解决了中程及城市间的高速客运问题。从第二次世界大战期间在德国修建了世界上第一条汽车专用高速公路起，高速公路至今经历了 70 多年的发展。在发达国家，高速公路大多成网，平均经济运距在 600 km 以上。

高速铁路的出现对社会经济至少有以下三方面的作用：

① 节约能源。以日本为例，私人小汽车能耗为 765 kal/(人 · km)，飞机为 714 kal/(人 · km)，新干线铁路为 136 kal/(人 · km)。并且与飞机、汽车相比，高速铁路所需电能的来源可以是多渠道的。

② 占地少，环境保护好。

③ 增加新的卫星城市和发展中心，减轻大城市的压力，因为高速铁路使城间交通快速而方便。当然，与此同时，高速铁路的诞生和发展，挽救了传统的铁路夕阳工业，使铁路业获得新生。1964 年世界上第一条高速铁路——日本东海道新干线建成，列车最高时速达 210 km，1984 年东北新干线最高时速达 240 km，1989 年上越新干线列车最高时速达 275 km，1990 年山阳新干线最高时速达 277 km，并取得了良好的经济效益和社会效益。

法国的铁路高速化从两方面着手：一方面是既有线提速，如从 80 km/h 提到 160 km/h，从 160 km/h 提到 200 km/h；另一方面修建高速铁路，开行 TGV 高速列车。自 1981 年法国东南高速线投入运营以来，技术、商务、经济和财务方面都取得了巨大成功。2007 年 4 月 3 日，在巴黎—斯特拉斯堡东线上，TGV 以 574.8 km/h 的运行速度创造了有轨列车最高时速的世界纪录。由于法国采用了新建与旧线升级相结合的措施，所以高速线通达网长：东南高速线运行网络长达 2 640 km，大西洋高速铁路长达 2 380 km，北部欧洲高速铁路为 901 km。而新线长度分别为：东南高速新线 530 km，大西洋高速新线 282 km，北部欧洲高速新线 333 km。法国高速铁路远景规划预计运营网将超过 11 000 km，其中有 4 700 km 新干线，6 500 km 传统铁路。

德国高速铁路新线 960 km 及既有提速线路组成，形成 4 800 km 的服务范围，时速 320 km/h；开行时速 200 公里以上高速列车的国家还有意大利、西班牙、比利时、荷兰、瑞典、韩国、英国等国。

瑞典的 X2000 摆式列车于 1990 年研制成功并在斯德哥尔摩—哥德堡之间运行。它采用创新的摆式车体，使列车的速度提高了 25%～35%，而丝毫不影响旅客的乘车舒适度，并可在曲线地段高速通过。

磁悬浮列车是一种有利于环境保护的陆上运输技术。它的速度可达到 300～500 km/h，在 1 000 km 运行距离以内，将比飞机更具有竞争力。1989 年，TR07 号在埃姆斯兰特试验线上开始试验，1989 年 12 月，TR-07 型列车试验速度达到 436 km/h，1993 年 6 月 10 日达到 450 km/h，创造了磁浮列车载人的世界最高速度纪录。

水运快速客船（或称高速客船）的问世，为水路客运的发展创造了可贵的条件，快速客船主要有水翼船和气垫船。

世界上第一艘水翼船是 1919 年制造的。20 世纪 50 年代研制民用内河水翼船，原苏联在 1957 年建造的“火箭”号水翼船，有 66 个客位，航速为每小时 38 n mile（海里）。到 20 世纪 60 年代在民用内河水翼船继续发展的同时，海洋水翼船和军用水翼船也开始建造。

1959 年，英国建成世界上第一艘气垫船，横渡英吉利海峡成功，1964 年以后，气垫船类型增多，应用也日益广泛。

总之，随着经济的发展，科学技术的进步，旅客运输高速化已成为各国的目标，无论是发达国家还是发展中国家，在航空、公路、铁路、水运方面都取得了巨大发展和成就。

（三）旅客运输智能化

旅客运输智能化是当代旅客运输的又一特征和发展趋势。

计算机技术和电子信息技术的迅猛发展，使旅客运输智能化的实现成为可能。本文所述旅客运输智能化包括两方面的含义：运载工具行驶（驾驶）智能化和交通运输生产指挥与管理现代化。

高速运载工具的建成与运行是系列高速技术的结晶，无论是牵引动力、方向控制、安全行驶都高度地体现了智能化。如飞机、高速列车都可实现自动驾驶，驾驶员只需要对其进行监测与维护。

在城市交通中智能交通系统是以提高交通安全、效率和效益，降低能耗和环境污染，改善人们生活质量为目的的。把先进的信息技术、通信技术、计算机技术、电子控制技术等高新技术有效地结合，运用于整个交通管理系统，从而发挥实时、准确、高效的作用。在这个系统中，不仅要将载客的交通工具、线路网综合考虑，以智能化的方式进行合理的调度安排，保证路网中的交通流运行处于最佳状态，最大限度地减少交通拥挤和阻塞，而且要在发送乘客的出行条件、节能、保护环境等多方面作出贡献，这对于城市公共交通的发展将具有重要意义。

国外智能交通系统的研究已有 40 多年的历史，特别是美国、欧洲、日本等国家和地区对此项工作更加重视。近年来，美国已将智能车辆/道路系统（IVHS），改名为 ITS（Intelligent Transportation），这表明此项工作的研究不仅限于车辆与道路领域，而且扩大到一切交通工具和交通领域所组成的智能化系统中。

美国交通系统的智能化研究始于 20 世纪 60 年代末，当时称为电子线路导航系统（ERGS），中间暂停了 10 多年，随后美国在全国展开了智能化车辆-道路系统方面的研究（Intelligent Vehicle-Hi，简称 IVHS），1994 年 IVHS 更名为 ITS。

亚洲的新加坡、日本等国都建立了智能交通系统，其根本思路就是运用高新技术，综合研究人、车、路系统来治理城市交通。智能交通系统的应用前景最为广泛的有如下三个方面：

1. 智能化的快速轨道交通系统

智能化的快速轨道交通系统，以“人、车、路”三要素为基本出发点，以对整个交通进行动态检测处理为手段，达到保障安全、提高效率、节约能源、优化环境的目标。其大致框架如图 1.2 所示。

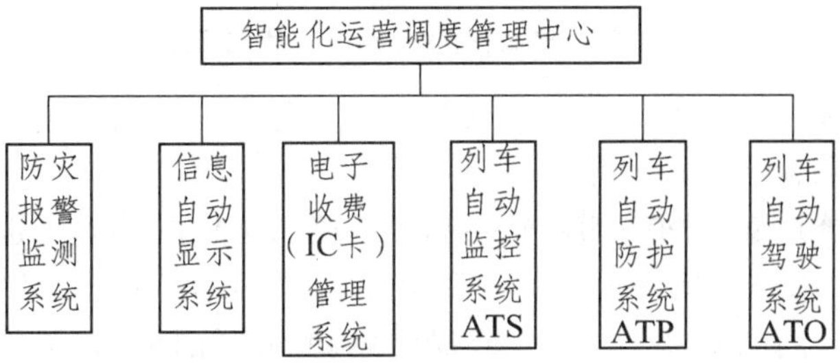

图 1.2　智能化的快速轨道交通（地铁、轻轨）系统

智能化运营调度管理中心最关键的是列车运行自动控制系统（ATC）的组成，其中包括列车自动监控系统（ATS）、列车自动防护系统（ATP）、列车自动驾驶系统（ATO）。

ATS——采用计算机辅助调度员，对全线列车运行状态进行监控，并显示出列车的运行位置；ATP——检测列车运行位置，保证列车之间的距离，从而使列车安全运行；ATO——列车与 ATS 交换数据信息，自动形成最佳运行图，为驾驶员提供自动驾驶功能。

2. 智能公交系统

智能公交系统是智能交通系统的重要研究内容。先进的公共交通系统（Advanced Public Transportation Systems，简称 APTS）就是在公交网络分配、公交调度等关键基础理论研究的前提下，利用系统工程理论和方法，将现代通信、信息、电子控制、计算机、网络、GPS 和 GIS 等高科技集成应用于公共交通系统，并通过建立公交智能化管理系统等实现公交调度、运营、管理的信息化和智能化，为出行者提供更加安全、舒适、便捷的公共交通服务。

智能公交管理系统主要由车载单元、站台服务系统和监控调度中心组成。公交车车载单元完成公交车与站台服务系统和控制信号间的数据交换、车辆运行过程中的车内服务、IC 卡收费及有关数据的统计和管理；站台服务系统包括交通地理信息查询系统、电子站牌系统和候车基础设施等；监控调度中心分为车辆监控子系统和车辆调度子系统，其中车辆调度子系统的基本功能是：多级调度、智能计算机调度、人工调度和备用车调度等车辆监控子系统接收通过网络获得的各个公交车的信息，进行实时监控，并将有关数据进行分析，为合理调度提供科学依据。

3. 智能化的出租汽车管理系统

交通管理是全局性的，对实时性要求很高。对公路交通来说，公路管理人员和司机通常很难立即得到沿途的路面和事故信息，实时智能系统将大量的实时控制过程和管理层数据转变为智能系统的信息，实时智能交通系统通过分析和控制复杂的交通信息，帮助管理人员为司机提供秒级的最新交通状况。图 1.3 为智能化的出租汽车管理系统。

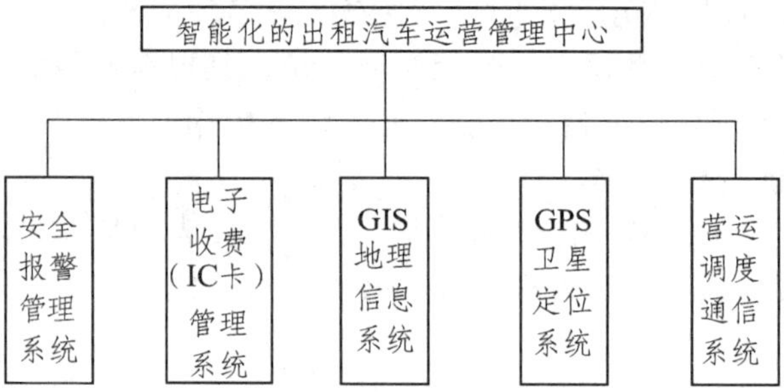

图 1.3 智能化的出租汽车管理系统

实时智能交通系统除了能解决交通状况的模拟、监测和控制，还可以解决操作员决策支持、事故处理管理和乘客信息管理等。

实时智能交通系统在交通网络的基础结构和铁路与地铁的管理中也发挥重要作用。在车站内用于设施管理，如安全、车费管理，自动电梯、乘客信息管理，紧急事件处理；其另一个重要应用是车辆的计划和调度，如火车行驶计划和调度优化。电子化道路收费系统可以全部自动进行车辆检测和收费，并通过设置检测装置区别各时间段的收费标准，这样既可在最繁忙的道路收取最高费用，也可对非拥挤道路不收费。

在船运方面，应用实时智能系统优化货物装卸方式，提高码头、港口的运作能力。在机场同样可应用实时智能系统解决货物的装卸及移动方式，提高后勤操作、集装箱管理、乘客信息管理和通道管理等。

（四）提倡和优先发展公共交通

城市公共交通（Urban public transportation）是指供公众群体使用的各种交通方式，它包括公共电、汽车，地铁，轻轨，出租小汽车，轮渡，缆车，索道等，是相对个体交通而言的。

20 世纪 60 年代前后，西方各国因无节制地发展小汽车，忽视了公交的发展，导致城市交通十分拥堵，交通事故频频发生，尾气及噪声污染日趋严重，交通状况极为混乱。面对如此严峻的形势，交通界的有识之士，纷纷进言拯救城市，并以大量的数据说明优先发展公交的必要性和迫切性。30 多年的探索和实践已经证明：这种高效利用道路资源的交通方式是社会经济发展的必然选择。

发展公共交通，能有效解决道路增长与车辆增长不协调的矛盾，同时公交优先又能够充分地体现公平性和社会的经济合理性。表 1.2 是城市客运交通工具的主要特征。

表 1.2　城市客运交通工具的主要特征

类　别		拥挤时宽 3 m 道路每小时的人客流量 D	拥挤时的表定车速 V / (km/h)	$P=D\times V$	站着的行人每人所占面积 E /m^2
步行者		12 000	4	48 000	0.30
自行车		4 000	12	48 000	1.00
摩托车	市内道路	650	18	12 000	1.00
	汽车专用道路	1 800	36	64 000	1.00
小客车	市内道路	620	18	11 000	2.50
	汽车专用道路	1 700	36	60 000	2.50
公共汽车	市内	10 800	12	130 000	0.40
	郊区	12 600	12	150 000	0.40
无轨电车		12 600	12	150 000	0.40
有轨电车		18 000	12	215 000	0.40
市内高速铁路	市内	24 000	25	600 000	0.30
	郊区	50 000	36	180 000	0.30

值得重视的是地铁这一城市大运量的交通工具，它能快速、准时、安全、舒适、高效地大量输送城市旅客。若以每公里地铁年客运量统计，墨西哥为 1 700 万人次，圣保罗为 1 350 万人次，北京为 1 210 万人次。

此外，发展公共交通还能够节省能源和保护环境。据测算，在高峰小时每人公里消耗的能源：公共汽车为小汽车的 8.4%，无轨电车为小汽车的 4%，有轨电车为小汽车的 3.4%，地铁为小汽车的 5%；公共汽车在高峰小时每人公里排放的碳氢化合物、一氧化碳、氮氧化合物分别为小汽车的 17.1%、6.7% 和 17.4%。

综上所述，优先发展公共交通已经逐步成为发达国家和发展中国家解决城市交通拥挤的有效途径，也是城市交通可持续发展的一项战略性举措。公交优先的优越性已为人所共识，一份对欧盟各个国家的调查表明，80% 的市民拥护“公交优先”的政策，就连拥有私人小汽车的人也有 40%支持“公交优先”，认为它体现了社会资源分配的公平合理。

优先发展公共交通的措施很多，而它的实现将取决于城市交通政策、法规、建设与管理的科学性和贯彻力度的大小。

二、我国旅客运输的发展

分析研究我国旅客运输的发展趋势，是为了进一步做好交通运输系统的发展规划。

（一）基础设施建设逐步完善，各种旅客运输方式长足发展

改革开放以来，随着我国市场经济的发展，交通运输业有了很大发展，已初步形成了铁

路、公路、水运、民用航空和管道五种运输方式的基本骨架和初具规模的综合运输体系。旅客运输是交通运输业的重要方面，也有了较大发展，取得了显著成就。在多种交通方式中，铁路、公路和民航运输发展最为迅速。

2008 年我国开通第一条时速 350 km 的北京到天津的高速客运专线（高速铁路），拉开了我国铁路向高速铁路发展的序幕，高速铁路的技术经济特征：（1）具有速度快、品种单一的优势；（2）运量大、效能高，社会经济效益显著；（3）安全可靠的优势也十分突出；（4）环境保护和节约能源方面要远远优于汽车和航空运输；（5）技术先进，设备优良、管理现代、信息化程度高。公路大力发展高速公路；民用航空大力发展枢纽机场和国际机场，开通国际航线、支线航线等等。

交通运输行业全面深化交通运输改革，大力推进“智能交通”发展，新常态下行业运行平稳，交通运输各项事业实现稳中有进。

截止到 2019 年，我国交通运输行业的基础设施和运输装备如下。

1. 铁　路

全国铁路营业里程 14.6 万 km，其中高铁营业里程 3.8 万 km。铁路复线率为 59.5%，电化率为 72.8%。全国铁路路网密度 152.3 km/万 km^2。

全国拥有铁路机车 2.2 万台，其中内燃机车 0.80 万台、电力机车 1.38 万台。拥有铁路客车 7.6 万辆，其中动车组 3 918 标准组、31 340 辆。拥有铁路货车 91.2 万辆。

2. 公　路

全国公路总里程 519.81 万 km。公路密度为 54.15 km/百 km^2，公路养护里程 514.40 万 km，占公路总里程的 99.0%；四级及以上等级公路里程 494.45 万 km，占公路总里程比重为 95.1%。二级及以上等级公路里程 70.24 万 km，占公路总里程比重为 13.5%。高速公路里程 16.10 万 km；高速公路车道里程 72.31 万 km，国家高速公路里程 11.30 万 km。

国道里程 37.07 万 km，省道里程 38.27 万 km，农村公路里程 438.23 万 km，其中县道里程 66.14 万 km、乡道里程 123.85 万 km、村道里程 248.24 万 km。

全国拥有公路营运汽车 1 171.54 万辆，其中载客汽车 61.26 万辆、1 840.89 万客位；载货汽车 1 110.28 万辆、15 784.17 万吨位，包含普通货车 414.14 万辆、4 660.76 万吨位，专用货车 50.67 万辆、596.60 万吨位，牵引车 310.84 万辆，挂车 334.63 万辆。

3. 水　路

（1）内河航道。

国内河航道通航里程 12.77 万 km。等级航道里程 6.73 万 km，占总里程比重为 52.7%；三级及以上航道里程 1.44 万 km，占总里程比重为 11.3%。

各等级内河航道通航里程分别为：一级航道 1 840 km，二级航道 4 030 km，三级航道 8 514 km，四级航道 11 195 km，五级航道 7 622 km，六级航道 17 168 km，七级航道 16 901 km 。等外航道里程 6.04 万 km。各水系内河航道通航里程分别为：长江水系 64 736 km，珠江水系 16 775 km，黄河水系 3 533 km，黑龙江水系 8 211 km，京杭运河 1 438 km，闽江水系 1 973 km 公里，淮河水系 17 472 km。

（2）港口。

全国港口生产用码头泊位 22 142 个。其中，沿海港口生产用码头泊位 5 461 个，内河港口生产用码头泊位 16 681 个。全国港口万吨级及以上泊位 2 592 个，其中沿海港口万吨级及以上泊位 2 138 个；内河港口万吨级及以上泊位 454 个。全国万吨级及以上泊位中，专业化泊位 1 371 个；通用散货泊位 592 个；通用件杂货泊位 415 个。

全国拥有水上运输船舶 12.68 万艘；净载重量 27 060.16 万吨；载客量 85.99 万客位；集装箱箱位 293.03 万标准箱。

4. 民　航

颁证民用航空机场共有 241 个，其中定期航班通航机场 240 个，定期航班通航城市 237 个。

年旅客吞吐量达到 100 万人次以上的通航机场有 85 个，其中年旅客吞吐量达到 1 000 万人次以上的通航机场有 27 个，年货邮吞吐量达到 10 000 吨以上的通航机场有 59 个。

5. 城市客运交通

全国拥有城市公共汽电车 70.44 万辆。拥有城市轨道交通配属车辆 49 424 辆，拥有巡游出租汽车 139.40 万辆，拥有城市客运轮渡船舶 194 艘。

全国城市公共汽电车运营线路 70 643 条，运营线路总长度 148.21 万 km。分方式看，公交专用车道 16 551.6 km；城市轨道交通运营线路 226 条，运营里程 7354.7 km，其中地铁线路 189 条、运营里程 6 595.1 km，轻轨线路 6 条、运营里程 217.6 km；城市客运轮渡运营航线 83 条，运营航线总长度 323.4 km。

（二）旅客运输的质与量同时提高，客运结构不断改善

1. 旅客运输需求量持续上升

旅客出行的行为方式与众多因素有关，但关系最为密切的是国民经济的发展、国民收入的增加。我国改革开放 40 多年来的实践也证明了这一点。

2019 年全社会完成客运量 176.04 亿人，是 2014 年全社会完成客运量的 1.23 倍；旅客周转量 35 349.20 亿人 · km，是 2014 年全社会完成旅客周转量的 1.23 倍。

2019 年全国铁路完成旅客发送量 36.60 亿人，是 2014 年全国铁路完成旅客发送量的 1.59 倍；旅客周转量 14 706.60 亿人 · km，是 2014 年全国铁路完成旅客周转量的 1.31 倍；铁路旅客平均行程 401.8 km。

2019 年全国营业性客运车辆完成公路客运量 130.12 亿人，是 2014 年全国营业性客运车辆完成公路客运量的 0.75 倍；旅客周转量 8 857.10 亿人 · km，是 2014 年全国营业性客运车辆完成公路旅客周转量的 0.81 倍，公路客运量和公路旅客周转量都有下降的趋势；公路旅客平均行程 68.07 km。

2019 年全国完成水路客运量 2.73 亿人，是 2014 年全国完成水路客运量的 1.04 倍；旅客周转量 80.20 亿人 · km，是 2014 年全国完成水路旅客周转量的 1.08 倍；水路旅客平均行程 29.38 km。

2019 年全国民航完成旅客运输量 6.60 亿人次，是 2014 年全国民航完成旅客运输量的 1.68 倍；旅客周转量 11 705.30 亿人 km，是 2014 年全国民航完成旅客周转量的 1.85 倍；民航旅客平均行程 1 773.5 km。

2019 年全年完成城市客运量 871.92 亿人。分方式看，公共汽电车客运量 442.36 亿人；轨道交通客运量 175.90 亿人；巡游出租汽车客运量 253.27 亿人；客运轮渡客运量 0.39 亿人。

由以上统计数字可知如下发展趋向：

（1）国民经济的发展、国民收入的增加，激发和加速了人们的出行交通运输需求。

（2）四种旅客运输方式中，由于各种旅客运输方式的技术进步和布局及各自的供给特征，四种旅客运输方式的占有率发生了根本性的变化，铁路、民航占有率大幅上升；水路占有率持平略有增加；公路占有率大幅下降。

（3）公路客运量和公路旅客周转量下降的原因，主要是受铁路的发展冲击，高速铁路、城际铁路的区域布局及速度、密度、便捷度具有很大的优势。

（4）2019 年全国旅客运输量、旅客周转量完成数据的下滑，主要是受到全国新冠疫情的严重影响。

2. 客运需求质量提高

根据消费心理学理论可知消费者有六个消费需求基本特征，交通消费需求也有相似之处，分析如下：

（1）消费需求的多样性。由于各个消费者的收入水平、文化程度、职业、性格、年龄、民族和生活习惯不同，自然会有多种多样爱好和兴趣，对同一消费类型会选择不同消费品，同一个消费者对某一特定消费对象常常同时兼有多方面的要求。

（2）消费需求的发展性。随着社会经济的发展和人民物质与精神生活水平的不断提高，人们对商品和服务无论从数量、质量或品种上的要求都在发展提高，由低级向高级发展，由简单向复杂发展，由追求数量上的满足向追求质量上发展，并有许多潜在的消费需求。

（3）消费需求的层次性。人们的消费需求是有层次的，一般而言，总是由低层次向高层次逐渐延伸和发展的，包括精神文明需要。

（4）消费需求的伸缩性。受外因和内因的影响，消费需求具有一定的伸缩性。内因包括消费者本身需求欲望的特征、程度和货币支付能力等，外因主要是商品的供应、价格、广告宣传、销售服务和他人的实践经验等。这两方面因素都可能对消费需求产生促进或抑制作用。

（5）消费需求的周期性。人的消费是一个无止境的活动过程，一些消费需要在获得满足后，在一定时间内不再生产，但随着时间的推移还会重新出现，并具有周期性。

（6）消费需求的互补性和替代性。消费者的需求对某些商品而言具有互补性的特点，如购买自行车时可能会附带购买打气筒、车锁等。而当一种商品短缺时，会造成另一种替代商品的销售额增长。

从理论分析可以看出，旅客的出行需求在满足“走得了”的基本需求后，还会增加如下的需求：安全、运输费用少、旅途时间短、耗费精力少（手续简便、换乘方便）、耗费体能少（舒适）。随着我国人民生活水平由温饱向小康和富裕的转变，特别是近年来旅游客流、商务客流、港澳台和国外客流迅速增加，我国的旅客运输需求发生了较大变化，对旅行质量提出越来越高的要求。

3. 客运结构不断改善

改革开放以来，随着各种客运方式的不断发展，特别是公路和民用航空事业的快速发展，我国客运量和旅客周转量的构成发生了重大变化，逐步改变了客运量特别是短途和长途旅客周转量主要集中在铁路的局面。这种变化和世界主要发达国家的客运发展趋势一致。

2005 年同 2019 年比较，各种运输方式分担的旅客周转量是：铁路由 34.73% 上升到 41.60%，公路由 53.19% 下降到 25.06%，水运由 0.375% 下降到 0.23%，民航由 11.7% 上升到 33.11%。这表明各种客运方式分工渐趋合理，详见表 1.3、表 1.4。

表 1.3　全社会客运量及构成　亿人

项目 年份	合计	铁路		公路		水运		民航	
		数量	占总量百分比/%	数量	占总量百分比/%	数量	占总量百分比/%	数量	占总量百分比/%
1952	2.45	1.63	66.53	0.46	18.78	0.36	14.69		
1978	25.4	8.15	32.1	14.92	58.7	2.31	9.1	0.02	0.1
1996	124.5	9.42	7.56	112.2	90.15	2.29	1.84	0.56	
2005	183.2	11.5	6.277	168.4	91.92	1.9	1.037	1.4	0.766
2014	220.9	23.6	10.7	190.8	86.3	2.6	1.2	3.9	1.8
2019			20.80		73.92		1.53		3.75

资料来源：《中国统计年鉴》《中国交通年鉴》《中国经济景气月报》；2019 年受新冠疫情影响客运量不列出。

表 1.4　全社会旅客周转量及构成　亿人 · km

项目 年份	合计	铁路		公路		水运		民航	
		数量	占总量百分比/%	数量	占总量百分比/%	数量	占总量百分比/%	数量	占总量百分比/%
1952	248	201	81.05	23	9.27	24	9.68	0.2	0.08
1978	1 743	1 093	62.7	521	29.9	101	5.8	27.9	1.6
1996	9 138	3 325.27	36.39	4 903.79	53.66	160.57	1.76	747.84	8.18
2005	17 375.4	6 034.6	34.73	9 241.7	53.19	65.1	0.375	2 034.1	11.705
2014	30097.4	11604.8	38.55	12084.1	40.15	74.3	0.25	6334.2	21.05
2019			41.60		25.06		0.23		33.11

资料来源：《中国统计摘要》《中国交通年鉴》《中国经济景气月报》；2019 年受新冠疫情影响旅客周转量不列出。

（三）我国旅客运输已进入营销市场，多种客运方式迅速发展

需求与供给是一对孪生姐妹，在旅客运输进入营销市场后，如何在客运供给市场满足日益提高的运输需求及企业的生存发展，是客运经营者的重任。研究旅客运输市场营销环境和市场细分，抓住市场营销机会是确保运输企业在运输市场协调和竞争中取胜的必要途径和手段。

1. 旅客运输市场营销环境

市场营销环境是指与企业经营有关的影响产品供求的诸多内外客观因素的综合。对于交通运输业而言，有外部环境和内部环境。相对于社会经济技术系统，交通运输业是一个子系统，要受到大系统的影响和大系统内各并列子系统的相互影响，这个影响包括促进的或者是制约的，甚至是负面的，影响的内容和形式包括政策性的和技术性的，诸如政治、经济、法律、科技、社会文化等，这些都属于一个子系统的外部环境。在旅客运输企业这个子系统内部，有众多的分部门，包括多种运输方式、各种运输方式内部的企业生产组织、技术设备配装、人员和生产的管理、产品营销策略的制定等，这是内部环境。通常认为内部环境是可调控的，而外部环境的变化非企业所能控制。有时外部环境的急剧变化对于客运企业既是一种

威胁，也是一种挑战和机会，通过营销策略和营销手段的变换能促进与外部环境的协调，并求得企业的生存与发展，所以市场营销的本质，就是解决企业外部环境、内部环境和企业经营目标三者的动态平衡。

在企业外部环境、内部环境和企业经营目标三因素中，外部环境是最活跃的因素，企业的营销应适应其变化，调整企业的内部环境，实现企业目标，甚至有突破性的贡献，进而影响外部环境的某个因素，也不是不可能的。

2. 旅客运输市场细分及其作用

人们的旅行需求依存于政治、经济、文化交流等生产活动和探亲访友等消费活动的本源性需求，当不需要进行这些公务或私事活动时，则旅行需求也就消失。因此，旅行需求对社会经济活动的影响十分敏感，这可导致旅行需求的随机性和波动性。不同的旅客生产不同的旅行需求数量、方向、路径、距离、出行时间等，把这些旅行需求的内容统称为旅行需求结构。这个需求结构是不断变化的，尤其是在现代交通方式多样、发达的今天，在一定条件和范围内，多种客运交通方式之间存在互补性和替代性。各种客运交通工具的技术经济特征和运营特性不同，呈现出各自经营的优势范围，如通常认为铁路全天候开行，长途、中途、短途都适宜，公路可以门到门，开行密度大，时间灵活，而航空快速、舒适，尤其受国际客运和国内中长途旅客的青睐，各种方式应扬长避短，在各自定位范围内经营和互补。但到进入知识经济社会的今天，各种客运方式之间更多的是互补、替代和竞争的态势。如在同一地带会有平行路段的河流、公路、铁路，在某些地段会有平行的公路、高速公路和铁路；而在一些交通枢纽地区，公路为铁路和航空集散旅客；在较长距离运输中，会出现各种交通方式联合运输（或称复合运输）。在这么一个社会系统中，由于各种客运方式的外部环境与内部环境的差异及舒适程度的不同，不同层次旅客对其敏感度及选择方式会产生很大差异，造成客运量的起伏波动。因此，以旅客为服务对象，研究旅客运输市场，将客运市场细分，就是客运企业营销策划的重要基础工作。

根据不同层次旅客旅行需求上存在的差异性，把客运市场划分（区分）为若干个层次、品类，以相应的产品（服务）适应不同旅客群体的旅行需求的较小市场的过程称为客运市场细分化。其实质是试图从旅客及其需求差别中，寻找和发掘某些共同或相关的因素，以此将某一错综复杂的大市场分为若干部分，即分市场，使各个部分（分市场）内部的异质性减少，表现出较多的同质性。实际上，一个分市场就是一个需求大致接近的旅客群体。而客运市场细分的目的是目标市场营销。将市场细分为若干个分市场后，选择其中之一或几个分市场作为目标市场，进行市场定位，发展适销对路的市场营销组合和营销策略，以满足目标市场的旅客需求。

目标市场营销明显不同于大批量市场营销和产品差异市场营销。前者以市场需求为中心，在市场细分化的前提下，确定目标市场和市场定位；后者并未跳出以企业产品为中心的框框，因此，市场细分化被认为是市场营销思想和策略的重要发展。

目标市场必须具备以下基本条件：

（1）有一定规模和发展前景。包括：① 有足够的购买力，足以实现预期的销售额，并且市场应与企业的实力相匹配；② 有尚待满足的需求，有充分的发展潜力。

（2）有足够的吸引力。市场有无足够的吸引力，首先要看能否建立预期的企业需求。企业需求通过一定的市场占有率来体现，受该企业市场营销能力的影响，也反映企业对市场的控制程度。当然市场吸引力还要比较企业需求与企业成本，企业需求显示企业的收入潜力，企业需求必须大于企业成本，市场才有吸引力。

（3）符合企业的目标和能力。某些分市场或许有较大的吸引力，但不符合企业的长远目标，或不能推动整个企业实现自己的主要目标；同时，企业还必须考虑自身是否拥有在该市场获胜所需的技术和资源，而不应贸然而入。

根据以上理论，旅客运输市场可按下列方法细分：

（1）行程。按旅客行程细分是对不同行程的旅客进行组合，按长途、中途、短途旅客在旅行中的需求异同点，确定目标市场，开行相关列车或航班，并按不同的开行方案提供旅途服务。

（2）旅行条件。不同消费层次（不同收入、旅客出行目的、对旅行质量重要度差异等）的旅客对旅行条件有不同的要求，将客运交通开行方案分为普通型、豪华型和介于两者之间的中档型或称为一、二、三档。

（3）运行线路等级。交通线路性质不同，等级不同，客运企业为其提供的服务数量和质量应有差异，比如公路可细分为高速公路、国道、乡镇道路和城市交通，航空和铁路大致可细分为国际通道、干线和支线等。

（4）经济带。按不同地域的经济繁荣程度所形成的经济带来细分客运市场，是当今市场经济发展的必然，这个经济带往往突破和跨越行政区域的范围。频繁的经济带内部及经济带之间的客运需求市场有极大不同，客运企业应提供相应的目标服务。

3. 多种旅客运输方式在协调和市场细分中发展

近几年旅客运输量中的分担率在不断变化，这除了说明市场需求外，还与各行业的竞争态势及成效有关。铁路、公路、航空和水运，都有其独特的运营特征、最佳的运营范围；而同时，由于多种交通方式之间存在一定共性与互补性、替代性，很难决然分开，如经营范围的延伸和交通方式间客流的接运和疏运等。因此企业的经营策略是多方面的，除了基本市场营销战略外，还制定了服务战术和运价战术等，以求得在竞争中发展。

下面的例子说明我国客运交通已进入市场，并在竞争中蓬勃发展。

例 1.1 体制改革见成效。推行体制改革和经营机制的改革，经营方法上灵活多样。比如民航，在片区民航管理局下，各省又可成立民航公司，业务上受中国民航局指挥，行政上受省领导，经济上独立核算，甚至出现了农民承包的飞机翱翔蓝天的情况。公路货物运输已让民营企业占据了半壁河山。长期独家经营的铁路出现了股份有限公司、集团公司，业务上虽仍受国家铁路集团有限公司（以下简称“国铁集团”）指挥，但提高了工作效率，扩大了经营自主权；出现的“民营快车”“私人承包行包专列”，进一步触动了国铁的改革。对长期缺乏活力的国铁是一种冲击和推动，是“新经济增长点”。

例 1.2 竞争促进运输方案优化。长期以来，被公认的符合交通工具运营特征的适应范围是汽车适合 200 km 以下的短途客运，飞机适合于长途客运，火车适合于中长途运输。在计划经济下这已是天经地义的规律，可在当今市场经济条件下，各自都在延伸和扩展经营范围，“延伸”和“扩展”的策略就是运输方案的优化。如铁路在繁忙干线提高客运速度达 160 ~ 200 km/h，缩短了旅客在途旅行时间；在中程运输距离内开行城间快速夕发朝至的旅馆列车；在繁华经济带开行全列空调、带有多种娱乐通信设施的豪华列车，在风景区地带开行设施齐全舒适的旅游列车等，受到无论短途、中途和长途旅客的青睐。“铁路公交化”是列车开行方案优化的又一体现，继广深线小编组大密度开行方案实行后，已经开通的京津、沪宁、沪杭等城际客运专线开行了类似“公交化”的高密度的“G”“D”高速客运列车，旅客乘火车可以像乘汽车一样方便，吸引了大量的中、短途各类旅客。航空客运，除开行长途航班外，也开辟了航程仅几百公里的短程和中程的支线航线，例如开行“空中大巴”满足了不同消费层次和不同旅行目的的旅客要求。

例 1.3 推广科技成果，赢得市场。在推广科学技术成果应用促进客运事业发展方面，各个客运行业都取得较大进展，除客运企业内部生产指挥自动化及安全系统等方面外，旅客感受最深的是购票方便。航空购票最方便，无论国内国际，预订与购票均实现了计算机联网且网点多，铁路实现了全国大型客运站计算机预售票并进而实现地区售票中心联网、自动售票、旅客网络、电话、手机订票、车站取票或送票上门服务等。

例 1.4 灵活的运价适应市场。如民航部门在淡季及寒暑假，可以对乘客或教师、学生乘客实行浮动（降低）运价；铁路在同一路段对不同装备等级车辆实行不同运价，对白天空闲卧铺实行优惠（降低）运价。对不同地区的铁路线由于地区及技术标准等差异实行区域模拟运价也在酝酿之中。这些充分利用设备，为社会提供高质量运输服务的措施，体现了市场机制的优越性。

例 1.5 以高质量的服务赢得市场。旅客对交通方式的选择在很大程度上取决于是否能得到方便满意的服务，因此无论民航、铁路、公路和水运都注重文明服务以赢得市场。

作为一个客运营销组织者，要遵循各客运交通工具的技术特征，同时又要特别重视营销策略，才能占领越来越大的市场份额。在此，不能忽视的问题是不断推广科技进步，改善运营性能。只有不断应用新技术，才会不断推陈出新并降低成本，企业才能立于不败之地。

（四）注重城市中的交通方式，优先发展公共交通

我国城市交通形式多样，但除了北京、上海、广州、深圳、成都、南京、天津等 47 个城市有城市轨道交通外，大部分城市都以自行车、公共汽车、出租车为主（单位公车除外）。

1. 自行车个体交通

作为个体交通，公共自行车（共享单车）、自行车既方便，又省事，特别在道路拥挤、公共汽车间隔时间长、不准时的情况下，人们认为公共自行车、自行车是最好的市内交通方式。但还必须认识到交通事故中机动车是交通强者，而自行车骑行者和行人是弱者，最易受到伤害。当公共交通发达到相当水平时，自行车的骑行者会转向公共交通，而保留近距离的公共自行车交通或作为公共客运交通的接续工具是适宜的。

2. 优先发展公共交通迫在眉睫

我国通车里程与机动车拥有量增长情况极不协调，全国有 31 个城市的汽车数量超过 100 万辆，其中北京、天津、成都、深圳、上海、广州、苏州、杭州等 8 个城市汽车数量超过 200 万辆，北京市汽车超过 500 万辆。而道路长度和道路面积的年平均增加率偏低，致使汽车交通需求，特别是小汽车交通需求，与市区路网总容量之间的缺口日益扩大。

发展公共交通也需要很多外部环境、政策保障和交通技术，如城市交通规划要与城市建设规划密切配合，在新建和旧城改造中注意道路面积的拓宽，加强城市道路网的建设和公交工具多元化的建设，引进新交通系统、交通管制的配套建设，等等。说到底是用科学的方法规划、建设和管理。

本章小结

本章讲述了旅客运输的任务及其特点；介绍了旅客运输系统的构成，并进行了简要的说明；分析了国内外旅客运输发展现状及发展趋势。

思考题

1. 旅客运输有哪些特点？
2. 旅客运输的主要任务是什么？
3. 当代客运交通系统主要有哪几种交通工具？
4. 国内外旅客运输的发展体现出哪些主要趋势？

第二章　各种旅客运输方式的差异与适应性

学习目的： 通过比较固定设备、移动设备之间的差异，各种运输方式在资源与环境保护方面的不同，以及综合效果与各种运输方式的适应性方面介绍五种旅客运输方式。

铁路、公路运输属于陆上运输，与水路运输及航空运输之间有诸多共同之处，比如运输目的与目标均为输送旅客（货物）从甲地至乙地，运输线路（航线）特点均为线长、面宽、点多，生产过程也基本相似。但由于使用的运载工具不同，所经线路不同，动力能源及速度不同等，所表现出来的综合效果也不相同。研究陆上运输、水上运输及航空运输这三者间的差异，有利于整个交通运输网的建设和合理布局，也有利于旅客的出行选择及客运企业自身的发展与规划。

第一节　固定与移动设备

本文所指固定设备主要指线路和港站，移动设备指运载工具。

一、线　路

陆上运输的线路指铁路和公路，航空运输的线路指空中航线，而水路运输的线路指天然水路（包括江河、海洋）及人工水渠（包括运河）。一方面，航空运输和水路运输的线路有差异；另一方面，铁路和公路之间也有差异。通常，航空和水路运输可在各自的天然线路——空中和水中运行，而不必要求有专门的人造运输线路，而陆上运输则要求有轨道或公路。

水路运输被限制在地球表面被水覆盖的部分，而空运则几乎可在任何地方进行，唯一受限制的就是旅程终点或中途强迫停机点。此外由于航空线与自然障碍物（地形、地物）无关，故飞机飞过陆地和大海的费用是相同的，这点恰恰是其他运输方式所不能及的。

从纯理论的角度可将线路划分为三种类型：一维型、二维型、三维型线路。一维型线路如铁路线、公路线、河流和运河，即线路成一直线；二维型线路如海洋和湖泊，即线路由平面构成；三维型线路指空中航线，即线路存在于空间任意方向。

尽管航空线是三维型的，但实际上，航空运输总是按直线飞行，而铁路和公路运输则沿着轨道前进的，由于人口分布和成本（运营成本和建筑成本）的原因，轨道几乎不可能是直线，而是受城镇、大山、河流的影响，要绕行爬坡，需要开山和架桥等。船舶通常不得不绕道前进以避免水面上下的障碍物。事实上，飞机在飞行方向上也作某种微小的垂直偏差飞行，但比起其他运输工具在运行方向上所作的水平偏差运行而言是微不足道的。因而两点（起讫点）之间的线路属飞机最短（如果航空线有一个或多个中间停顿点时，则整个航线的不同部分之间形成一个锐角或钝角）。

二、车站、港口与机场

车站、港口与机场是陆上运输、水上运输与航空运输的重要基层生产单位，负责客流的组织和承运、终到与集散，同时也是交通工具（航、线）起讫的地点。与车站、港口相比，机场具有更大的差异性。

航空运输的航线是自由的，但航空的终点港比其他运输方式要严格得多。飞机场必须有足够长的跑道，在雾天和光线不足的条件下必须有照明和其他昂贵的着陆设施。将来对直升机、STOL 机（短跑道起飞、着陆）和 VTOL 机（垂直起飞着落）而言，小规模的机场是可行的。但是由于飞机自身构造的特点，可以预见，这些飞机仅仅只允许以相对较低的速度飞行，因而仅适用于短途运输。

机场建有宽敞的候机厅，供旅客候机及亲朋好友在此接机及送行，此外候机厅的设计还要考虑到紧急情况下，如由于大雾等原因致使飞机临时晚点（着落困难、航图混乱），能容纳更多的旅客，其中包括从其他机场来的换乘旅客。

机场需要更大的登机区。因为飞机即使彼此紧紧地停在一起时所需的空间也比汽车、火车所需的空间大，因而对于同样数目的旅客，机场需要更大的登机区。

因机场建造费用昂贵，且需大量的土地，因而每个城市或地区的机场数量均受到了限制。高昂的地价、飞机的噪声都迫使机场比其他运输方式的港站更远离人口中心地带。从时间和费用上看，市中心到机场的较长距离，意味着航空运输的区域运输部分比其他运输方式的区域运输更重要，为此民航部门常提供班车以集体方式送旅客到机场。

三、运载工具

交通运输的移动设备主要指运载工具。

在航空运输中，不管路程远近，一个相当复杂的运载工具——飞机是必须的。而对于海洋运输而言，短途运输则可以用很简单的运载工具，如木船、帆船，短途与长途用的汽车性能差异很大。而在很短的距离内，人类自身不用任何运输工具即可四处游动。

在铁路与公路运输中，车辆最高速度受到限制的原因主要是安全；而海洋运输最高速度的限制原因则是水的阻力；就航空运输而言，为了保证飞机在空中飞行，对其最低速度做了限制。

旅客对旅途中舒适性的需求与旅程的各段所花的时间长短有关。旅行时间在 15 ~ 18 h 以上时，需要提供卧铺；旅行时间在 4 ~ 5 h 时需要提供食品；半小时以上时，需要提供座位。由于飞机速度很高，乘坐飞机长途旅行不提供卧铺是可以的。有鉴于此，航空运输可不设置专供旅客晚上睡觉的设施。然而对空间的需求是人类传统习惯的一个重要因素，一次 6 h 的空中旅行所需的人均占有空间比相同时间的列车旅行所需的人均占有空间少，其原因在于人们已习惯了飞机的拥挤，这种习惯源于飞机上旅客空间所创造的价值相对于列车上旅客空间所创造的价值而言要贵得多的缘故。

因为飞机的速度高，所以在一定时间内其输送能力很大。如一架载 200 名旅客的飞机，在一个月内可在伦敦—纽约之间往返飞行 30 次，其所运送的旅客数量比“伊丽莎白女王二世”客船在同样时间内运送的旅客数量多，“伊丽莎白女王二世”在一个月内可在伦敦—纽约之间每个方向上航行 2 次。此外由于飞机取消了睡觉设施，使得飞机即使是长途飞行，所需提供的人均占有空间及机组人员数也少；飞机机组人员含换班人员和后备人员一共才 35 ~ 40 人，而“伊丽莎白女皇二世”有一千多名工作人员，当然这种比较是不太公正的，因为飞机在很大程度上比轮船更依赖于地面工作人员。考虑这一因素，即使飞机上每位乘客需要的工作人员是轮船上的 2 倍或 3 倍之多，但航空运输和航海运输在长途旅客数的比较，按比例计算，轮船所需的工作人员数大约是飞机需要的工作人员的十倍之多。另外对短途运输而言，航空人均（旅客）需要的工作人员数按比例计算比轮船、渡轮、火车或汽车的人均所需工作人员数多。

第二节　资源与环境保护

一、动力能源

按照每吨公里所需动力能源的费用计算，航空运输比陆上和水路运输都要贵得多，即使是喷气式飞机也是如此。喷气式飞机耗油少，与螺旋桨驱动飞机相比，喷气式是一大进步。

航空运输中动力能源昂贵的原因之一就是与机身和油料总重相比，飞机的有效荷载量很小。然而另一方面，燃料费比运载工具造价所得的相对费用，飞机比小汽车低。

若以普通铁路每人公里消耗能量为 1 个计算单位，则高速铁路为 1.3，公共汽车为 1.5，私人小汽车为 8.8，飞机则高达 9.8。可见就动力能源而言，飞机是最昂贵的，铁路较为节省，而水运是动力能源最为节省的一种运输方式。

二、土地资源

我国幅员辽阔，但土地资源相当匮乏，人均耕地面积约 1 000 m^2，相当于世界平均水平的 42%。节约土地资源，不仅关系到我国农业生产和粮食安全供应，而且关系到经济可持续发展和社会稳定。我国人口已由 1985 年的 10.58 亿人增加到 2010 年的 13.705 亿人，2020 年第七次全国人口普查全国人口达到 14.435 亿人，而耕地面积却以每年 20 万 hm^2（公顷）的速度递减。土地资源尤其是可耕地已成为我国最为紧缺的资源。交通运输基础设施的建设占用了大量的土地资源，而且对动物栖息地的生态平衡产生破坏，在生态环境极为敏感的地区基础设施的建设常常给生态带来毁灭性的影响。

几种运输方式中，铁路具有完成相同运输量占用土地少的特点。据统计，完成单位换算周转量占用的土地，国外公路一般是铁路的 5 倍，我国则高达 20 多倍。而在航空方面，机场占地面积更是庞大。这说明，在有效利用土地资源方面，铁路具有明显的优势。

三、建筑材料

各种运输工具，以及铁路、公路、码头、机场、管道等基础设施的建设，需要大量的原材料投入，如钢铁、水泥、沥青及化工、电子元件、通信器材等材料或产品。以铁路为例，平均每公里长度的铁路需钢轨 200 t，每辆列车的自重在 20 t 以上，其中 80% 为钢铁及其他有色金属。公路建设则需要大量的水泥、砂石、沥青、钢材等。据估测，每公里长度的公路需沥青 1 000 t，水泥 350 t，以及大量的砂石料和各种填料。港口建设和机场建设需要大量的水泥、钢材；管道在输送石油和天然气时需抵抗强大的压力，因此对钢材的需要量较大。

四、环境保护

大量含有二氧化碳、碳氢化合物、一氧化碳、氮氧化合物、铅化物等的汽车尾气的排放造成全球变暖、臭氧层空洞、光化学烟雾、酸雨等一系列无法弥补的生态环境恶化。资料表明，美国的大气污染 50% 来自运输工具，日本的也占到 20%。此外，交通噪声、交通振动、废弃物污染以及河运、海运造成的水体污染也日益严重。

几种交通方式对环境的污染主要反映在排放的粉尘、油烟、废气的污染量及噪声对环境的干扰。火车的氮氧化物与 CO 的排放量仅是公路客车的 1/3，挥发性有机化合物及内燃机排放的颗粒，仅是大型客车的（汽车）的 1/10；在同等运量下，火车产生的噪声约为汽车的 1/2 ~ 1/3，而飞速发展的高速铁路则基本上消除了粉尘、油烟与废气，有害物质排放量仅为公路的 1/20 ~ 1/10，不到飞机的 1/100，其噪声也仅为飞机的 1/10。

第三节 综合效果与运输方式的适应性

陆上运输、水上运输和航空运输之间在运输的单一组成要素差异已如前所述，但它们之间的重要差异并不仅限于某一要素，而取决于多种要素的组合。

一、时间效益

航空运输和其他运输方式相比，除了短途运输外，它的速度是最快的，并且飞越陆地和大海的速度一样快。由于当前海运的速度只是公路和铁路的 1/3 ~ 1/4，故飞机飞越海洋比海运所节省的时间是其飞越陆地所节省时间的 3 ~ 4 倍。

航空运输取代海运或那些由于海洋、山脉等障碍物而不得不进行长途绕道运输时，其意义比它代替普通的海运和陆地运输意义更大。

二、准时性

航空运输较其他运输方式对天气好坏变化更为敏感，如遇到大雾、雷雨等恶劣气候，航空运输的定时性及准时性比其他运输方式差（从延误时间与其飞行时间的比值来比较）。

三、安全问题

我国每亿人公里事故死亡人数：公路是 14.7 人，铁路是 1.65 人，民航是 0.18 人。这样看来，航空运输仍然是世界上最安全的交通运输方式，它的安全性远远高于铁路、水运，更高于公路运输。虽然飞机事故发生率远远低于汽车、火车等交通工具，但由于它的特殊性，飞机一旦发生事故常常会造成较大规模的人员伤亡。

四、建设与运营

空运和海运最大的初期资金费用是飞机场、港口及运载工具费，公路、铁路运输最大的初期资金费用则是修建轨道和公路费（包括购买占用土地费）。从经济角度来看，公路和铁路运输的费用从一开始就集中到线路上，而航空运输的费用则集中到数目有限的机场上。为了增加航班频率，航空运输也希望航线集中，以便采用更大和更实惠的飞机，但是航线集中的预先不可缺少的条件——客流在航线开通时并不满足，直到运量达到一定程度且技术发展跟上了新的市场才有可能。从最初成本来看，航空线长度并不太重要，因为它是免费的，而机场的数目则具有决定性作用，因为机场建造费用昂贵。从运营成本来看，航空运输的燃料费及维修保养费相当于公路、铁路运输的道路、轨道的维修保养费，从这个意义上讲，航空线的长度如同公路、铁路运输一样具有重要意义。

航空线及某种意义上的航海线，是按照两点之间连线规则而构成的；而公路、铁路线则是从有利于开发沿线两旁的潜在交通量和地区经济考虑的。这种差异的原因在于汽车和火车上、下旅客很容易，而飞机和轮船的每一次停靠在时间上是一巨大损失。例如，喷气式飞机停顿一次所耗费的时间相当于其飞行了 300 ~ 400 km 的距离，火车停车一次最少时间相当于其运行了 2 ~ 3 km，而汽车停车一次所花时间相当于其运行距离不超过 0.25 km。

五、各种交通运输方式的适应性

每一种运输方式有其特定的运输路线和运输工具，形成了各自的技术运营特点、经济性能和适用范围。

铁路运输是运量大、运距长、费用低、连续性强、受自然条件影响较小、公害小、成本比较低的现代化运输方式，可以全天候运行。旅客长途运输主要依靠铁路，它一直是我国运输事业的骨干运输方式。高速客运专线具有速度快、品种单一的优势，运量大、效能高，社会经济效益显著，安全可靠的优势也十分突出，环境保护和节约能源方面要远远优于汽车和航空运输，只有技术先进、设备优良、管理现代、信息化程度高等特点，是大运量、高密度的高速客运交通工具，在一定的距离范围内是最好的旅客运输方式。轨道交通的运量大、费用低、连续性强、受自然条件影响较小，也适合于城市间、中心城市与周边卫星城镇、城郊或城市内人们日常出行服务。

公路运输是我国最重要和普遍的短途运输方式。公路运输虽有成本高、载运量小、耗能大、劳动生产率低等不利方面，但对不同的自然条件适应性强、投资少、机动灵活，旅客区域和面上运输送达速度快、可直达指定地点，便于开展“门到门”的直达运输，可广泛服务于地方区域旅客运输。公路运输还可深入目前尚无铁路的小城镇和工矿企业、农村及边远地区，这是其他运输方式所不能代替旅客运输方式的。

航空运输的运行速度最快、舒适性好、建设周期短，但运费高、运量小、耗能大，是大城市间及边远地区长途客运的重要力量。我国目前的航空运输线只能负担大中城市间中长距离的旅客运输和国际交流，报刊邮件和急迫、鲜活或贵重物资的运输以及边远地区及少数民族地区急需物资运输。在改革开放的今天，国家间的交流与交往日益频繁，航空运输的作用更为显著。

水路运输是使用船舶及其他水上工具通过河道、海上航道运送旅客、游客的一种运输方式。水路运输能力大、投资省、运费低、耗能少、占地少，可不占或少占农田，特别是沿海和沿长江，既是国内运输干线，又是国际运输重要通道具有明显优势。但受自然条件限制，水路运输又有连续性差、速度慢、时间长。

本章小结

四种旅客运输方式差异很大，在固定设备（即线路和港站）和移动设备（即运载工具）上的不同是明显的，而在资源与环境保护上的区别，一般都不是很清楚，本章给出具体数据使人一目了然。最后本章通过时间效益、准时性、安全性等方面阐述了四种旅客运输方式的综合效果，并罗列了各种运输方式的优势与劣势以及适应性。

思考题

1. 比较铁路、公路、航空、水运四种客运交通方式的运营特性。
2. 陆上运输线路与航空、水运线路的选线原则有何差异？
3. 在动力能源方面，铁路、公路、航空、水运各有什么差异？
4. 从综合效果考虑，如何比较陆上运输与航空、水运的差异？
5. 阐述一下每种交通运输方式的适用范围。

第三章 旅客运输市场与质量管理

学习目的：了解旅客运输组织是一项非常复杂的工作，从组织客流开始直至将旅客安全圆满地送达目的地，有许多环节，必须具备完善的客运设备、周密的工作计划、相应的组织机构以及迅速及时的信息传递与处理，同时要有严格的质量管理。

第一节 旅客运输组织结构

一、旅客运输技术设备

为了质量良好地完成旅客运输任务，必须具备相应的、完善的运输设备。旅客运输设备很繁杂，涉及很多系统，诸如线路（含航线）、港站、运载工具、设备维修、信息系统等（见

图 3.1），而每一系统中又包含许多子系统。但与客运生产直接相关的是前三项，即线路、港站、运载工具，而设备维修与信息系统也是客运生产过程中不可缺少的重要设备，它们对旅客安全运载起到了保障作用。客运部门应维护好每项设备，及时地提供技术状态完好、服务设施齐全的客运设备，这是保证优质完成旅客运输任务的物质基础。

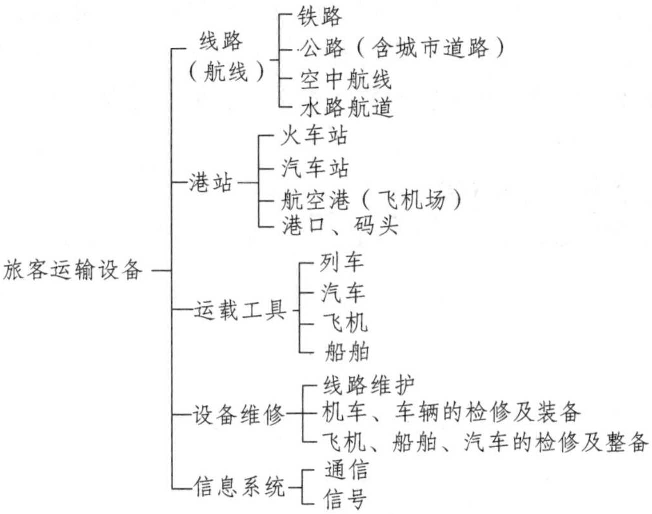

图 3.1　客运设施组成

二、旅客运输生产流程

旅客运输的任务是安全、方便、舒适、准时地将旅客运达目的地，因此它的生产流程对旅客而言，表现为进站（港）、运输途中、出站（港）三大环节；而对客运生产部门而言，表现为客流组织（客运计划与站车组织）、客运调度、信息传递与反馈（统计分析与信息传递）三大环节（见图 3.2）。每一生产环节内都有相应的组织分工，组织者必须加强指挥与协调工作，使之环环相扣，人行其畅。

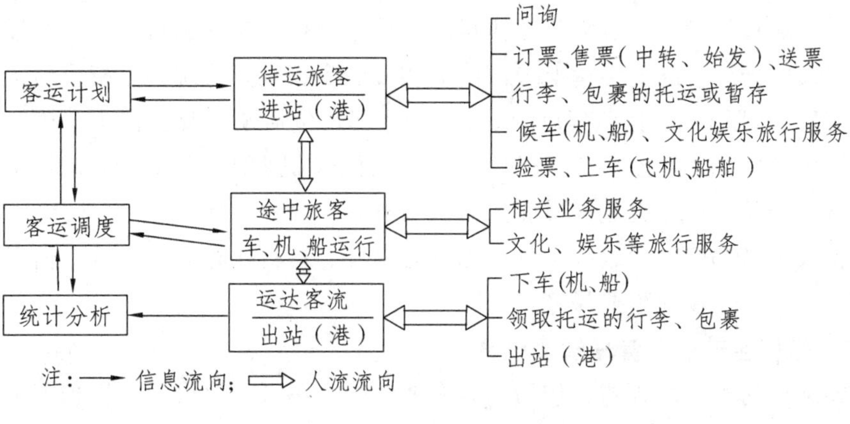

图 3.2　客运生产流程结构

在现代文明的社会和竞争的运输市场中，除了准确无误地运送旅客外，还要做好各项相关服务，满足旅客在订购票、候车（机、船）及旅行途中的相关需要，如餐饮、通信、文化、娱乐等。这对积极组织客流起到良好的吸引作用，能收到良好的经济效益和社会效益。

三、客运企业组织机构

各国和各种客运方式的客运企业的组织机构设置不尽相同，但交通运输线长、面宽、点多的共性，决定了它必须在系统相对范围内有统一的指挥，设置相应的组织机构，并具有一定的共性。可以根据旅客运输生产过程需要和旅客运输生产管理需要这两方面来设置相应的组织机构。

1. 按旅客运输生产过程需要设置

旅客运输生产过程需要设置的组织机构一般可分为如下几个部门，如图 3.3 所示。

客运生产机构
- 客运计划
- 营销策划
- 客运调度（调度、统计分析）
- 客运服务（站、港、车客运业务与服务、保安）
- 设备及保障
- 其他部门

图 3.3 客运生产机构

各部门主要职责简述如下：

（1）客运计划部门主要负责日常社会客流调查、客流预测，并执行（下达到基层）列车（飞机、船舶）开行方案。

（2）营销策划部门主要是了解并掌握社会客流对企业运输数量和质量的要求，并据此策划相应的列车（汽车、飞机、轮船）开行方案。

（3）客运调度是日常运输生产的指挥机构，对于铁路、公路、民航与船舶调度部门的设置各有差异，但职责是相同的。它负责执行和指挥车、机、船的运行，对运行过程中遇到的非常情况予以及时处理，既要传达上级部门的相关命令，也要将统计分析资料逐级上报。

（4）港站客运服务部门负责具体执行运输计划，包括预订及发售车（机、船）票、问询、小件行李寄存以及旅客上下车（飞机、船舶）。而车（机、船）上服务即负责旅客在车（机、船）上的旅行安全及生活、文化等方面的需求服务。

（5）设备及保障部门负责运载工具技术状态良好、运行线路质量良好、信息设备的畅通等，这些是完成旅客运输的重要保障。

2. 按旅客运输生产企业管理需要设置

旅客运输无论何种交通方式，作为一级企业组织，不可能只设一个机构即可全部管理完善，必须分级分层次按需求管理。从国际上讲，有两种管理类型：一种是分线管理，即由一家铁路（或航空、水运）公司管理某一条或几条线路（航线）；另一种是按地域由中央（部委）到地方（地域、局、集团公司）分级管理。我国多采用后者。

部级客运管理机构的职责是按国家有关政策，制定或修改旅客运输规程、规划、运价、票据、饮食供应的综合加成，制定跨局（地区、国家）列车（航线）的运输方案，组织站段和列车（飞机、船舶）的乘务工作，培养客运干部等。

局级客运处是贯彻部级客运处的政策与方案，制定本局管内的旅客运输方案，管理并协调基层运输生产。客运港站、车这一级是基层生产单位，它执行各级旅客运输计划并负责管理客运销售。

总之，旅客运输必须有一个上层（部级）指挥，它可以地域划分，或以交通线路划分，可较全面地组织和指挥跨区跨线的客运工作；必须有基层港口（站）、车（飞机、船舶），它是运输方案的具体执行部门。在最高层与基层之间的相对集中协调也是不可或缺的。

第二节　旅客交通行为理论

一、研究旅客交通行为的意义

研究旅客交通行为理论是交通宏观调控的着眼点。长期以来，在中国宏观经济理论形成发展过程中，运输界面对的很多是能力的短缺问题，而削弱了对消费者（旅客）的关注。当今中国正从传统的计划经济体制向社会主义市场经济体制转变，在经济体制改革和制度重建过程中，组织创新和观念转变必然导致消费者行为的变异。尤其是现今严重的消费品短缺已基本消除，配给制度已基本不存在，消费行为应该有其理论，并在此基础上建立消费行为模式。

中国经济体制变迁的目标是建立适合中国国情的现代市场经济体制。消费作为一种宏观经济变量，对经济运行状况的影响相当不同，从消费需求作为总需求的一部分影响国民生产总量供给这一命题看，在市场经济体制中，收入的多渠道性、金融资产的多样化、居民投资和机会的可选择性，以及相应的流动约束的松弛化，使消费需求形成机制复杂，可控性减弱，消费需求影响国民生产总量供给的不确定性增加。在市场经济体制中，消费作为一个主要的宏观经济变量，已成为宏观经济调控的主要对象之一。

作为旅客运输的规划者和组织者，研究客运市场需求与预测，正确估计各种客运方式分担率将对运输发展战略研究、运输政策制定、交通规划设计及有效发挥海陆空各种客运能力起到积极作用。

二、旅客交通行为因素分析

1. 需求属性对交通方式选择的影响

需求属性是指从出行者自身利益出发来考虑出行方式选择的问题。

旅客交通行为选择与一般消费者选择购买行为一样，其研究的基础是微观经济学中消费者需求理论。旅客运输的消费者即出行者（旅客）是影响消费者购买行为的主要因素（主体），影响消费者购买行为的诸因素如图 3.4 所示。

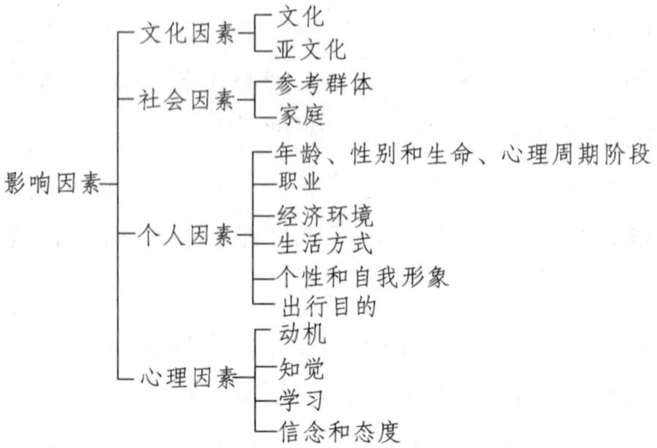

图 3.4 影响消费者购买行为的诸因素

（1）文化因素：它对消费者的行为具有最广泛和最深远的影响，在社会中成长的人通过其家庭和其他主要机构的社会化过程学到了基本的价值、知觉、偏好和行为的整体观念，其核心文化价值观念具有高度的持续性。每一种文化都包含着能为其成员提供更为具体的认同感和社会化的较小的亚文化群体，这些都影响他的偏好、选择、娱乐方式和事业抱负。亚文化价值观念随时间推移而发生变化。

（2）社会因素：事实上一切人类社会都存在着社会层次，同一阶层的成员具有类似的价值观、兴趣爱好和行为方式。

（3）个人因素：购买者决策也受其个人特征的影响，特别是受其年龄所处的生命心理周期阶段、职业、经济环境、生活方式、个性及自我概念的影响。每个人都有影响他购买行为的独特个性，这一特有的心理特征导致他对所处环境的相对一致和持续不断地反映，为此，商品或供给必须同顾客的自我形象相匹配。

（4）心理因素：也包含于个人因素之中，其购买（出行）动机也是一种需求，心理学家亚伯拉罕·马斯洛认为需求可按层次排列，即按其重要程度排列。图 3.5 是马斯洛需求层次理论与旅行需求对照图。

上述旅客交通行为需求因素，是我们在发展客运交通规划时考虑的基点，不可忽视。

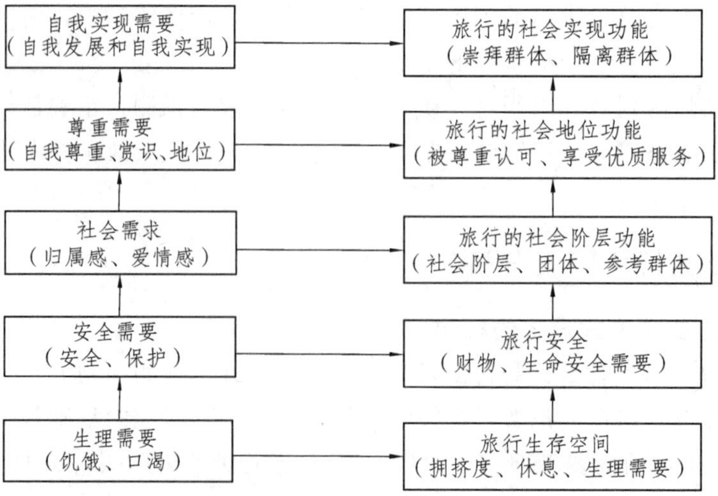

图 3.5 马斯洛需求层次理论与旅行需求对照图

2. 供给属性对交通方式选择的影响

供给属性是指旅客的外部运输环境特征，具体来说包括各类客运方式的属性，如安全性、舒适性、可达性、方便性及运输速度等，还包括客运方式本身可提供的供给量。虽然近年来运输发展很快，运输市场短缺的情况已有缓解，但目前仍存在着时间性、地域性和方式性的运输短缺现象，这样供给的不足一定程度上限制了旅客对交通方式选择的自由，使之选择替代，谓之强制性替代。

在运输规划中，应充分考虑各类交通方式的运营特性，如速度、便捷（门到门运输）、噪音、污染、能耗等。协调各类交通方式的发展，协调供给与需求的矛盾，也是十分重要的。

自我国改革开放以来，经济飞速发展，尤其是20世纪80年代中期以来，国民收入的提高，人们有能力支付较高的运输价格而获得快速、舒适、便利的客运交通和服务。同时公路、航空的迅速发展，提供了较为方便、舒适、快速的服务，受到旅客青睐，使各类运输方式的分担率发生了巨大变化，见表3.1所示。

表3.1　1995—2020年我国人均GDP与全社会旅客运输量分担率

年份	人均GDP /（元/人）	全社会客运量分担率/（%）				全社会旅客周转量分担率/（%）			
		铁路	公路	水运	民航	铁路	公路	水运	民航
1995	4 854	8.76	88.76	2.04	0.44	39.39	51.13	1.91	7.57
2000	7 086	7.10	91.13	1.31	0.46	36.97	54.30	0.82	7.91
2005	14 185	6.28	91.92	1.03	0.77	34.73	53.19	0.37	11.71
2014	41 908	10.70	86.30	1.20	1.80	38.55	40.15	0.25	21.05
2015	50 028	10.02	83.32	1.39	2.27	39.81	35.75	0.24	24.20
2016	53 680	14.64	81.40	1.41	2.55	40.19	32.88	0.23	26.70
2017	59 201	16.65	78.86	1.51	2.98	41.01	29.76	0.24	28.99
2018	64 644	18.82	76.22	1.56	3.40	41.35	27.11	0.23	31.31
2019	70 892	20.80	73.92	1.53	3.75	41.60	25.06	0.23	33.11
2020	72 000	22.86	71.25	1.55	4.34	42.94	24.11	0.17	32.78

注：资料来源于《中国统计年鉴》。

由表3.1可看出，随着我国经济的发展，公路、民航的客运量和旅客周转量分担率都有很强的上升趋势，而水运的客运量和旅客周转量分担率在下降，而进入2010年以来，铁路的客运量和旅客周转量分担率都有很大的上升趋势，这是由于高速客运专线、城际客运专线的修建和投入使用带来的。这充分说明，在市场经济的大环境中，运输市场的竞争机制已经形成，多种客运方式的竞争发展为旅客提供了选择余地，而旅客本身经济实力的提高也使选择交通方式成为可能。旅客在出行中对时间的节约、乘坐的舒适和全程的方便等要求越来越高，各种交通运输方式在不断适应旅客需求中发展，这种发展趋势还会继续不断变化，而不是某种交通方式的垄断。

三、交通行为理论

（一）交通行为理论的基本观点

交通行为理论的基本观点主要有以下几点。

1. 旅客选择交通方式的依据

交通方式选择是旅客根据自己的经济收入水平、出行目的及其他属性对交通方式的选择。这一选择，既有其个性，也有规律，客运交通发展规划和客运组织者要最大可能地适应这种选择。

随机效用理论是交通科学中的代表性理论之一，以概率论为基础，用来解决多方案选择问题。为模拟出行者的选择行为，该模型为每种交通方式确定一个效用值，假设出行者总是选择效用最大的方案。

一般来说，某个个体旅客选择交通方式 i 的效用 U_i 是交通方式 i 的各类特性和旅客个人特性的函数，可记为：

$$U_i = U_i(SE, A_i)$$

式中 SE ——旅客个人的特征向量；

A_i —— 交通方式 i 的特征值向量；

U_i ——个体旅客的效用函数。

根据随机效用理论，旅客选择任何一种交通方式 i 所得到的效用都是随着 SE 和 A_i 中那部分无法确切衡量的因素呈概率变化。

设各交通方式的集合为 C，个体旅客选择交通方式 i（$i \in C$）的概率为：

$$P_i = P\,[U_i > U_j,\, j \neq i,\, j \in C,\, i \in C]$$

对上式进行计算，最终得出个体旅客对某出行方式 i 的选择概率。

正如前面所述，旅客对出行方式的选择与一般消费者的购买行为类似，旅客的个人因素在出行方式选择中起主要作用，但作为旅客运输发展的外部环境，各国国情以及各国不同交通政策也不可避免地对旅客的出行选择行为产生一定的影响。

2. 交通运输政策对旅客交通行为选择的引导和调节作用

某种交通方式上调运价造成客运量的下降，但某种交通方式根据市场需求增加运输能力又产生客运量的增加。这些现象与结果，证明了各客运方式间的可替代性，同时也证明了交通运输政策，对旅客交通行为的选择有一定的引导和调节作用。

借用“两种平行消费品分配方式的收入效应和替代效应”来说明交通运输政策对旅客交通行为选择的引导和调节作用（见图 3.6）。

图 3.6 中，第 I 象限的纵轴和横轴分别表示行政配给消费品的价格和数量；第 II 象限的纵轴和横轴分别表示非行政配给消费品的支出和消费者的收入；第 IV 象限的纵轴和横轴分别表示非行政配给和行政配给消费品的数量。图中 P 为供应与需求（分别以 S 线、D 线代表）相等时的均衡价格。在市场条件下，如果初始价格 P_1 低于平均价格，供给同需求之间的不平衡将迫使价格上升，使之趋于平均价格。但是，在行政配给条件下，其供应曲线是一条垂直线 S，低于均衡价格的行政配给品价格 P_1 是不变的固定价格，从图中的第 I 象限和第 IV 象限看，垂直的供给曲线和较低的固定价格结合在一起产生了几种效应：

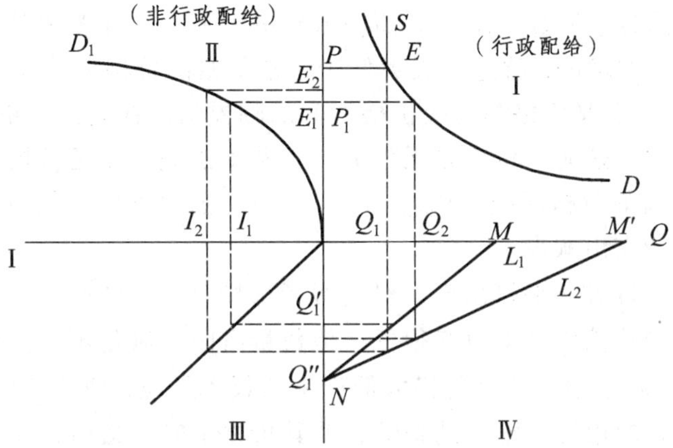

图 3.6 两种平行消费品分配方式的收入效应和替代效应

首先，收入效应。在均衡 $\bar{P}$ 水平和其他假定不变的条件下，消费者的总预算线是第Ⅳ象限 L_1，当价格定在 P_1 时，消费者的实际收入水平上升，在市场分配的消费品的价格不变的情况下，预算线绕 N 点由 NM 旋转至 NM'。即消费者能以同样的货币收入购买较多数量的消费品。

其次，替代效应。在市场条件下，如果两类消费品为替代品，当一类消费品价格降低时，消费者倾向于多购买降价的消费品，同时，减少未降价消费品的购买；在两类消费品为不可替代品时，消费者在大体上维持对价格不变消费品购买的同时，增加对降价消费品的购买量。然而，在行政配给和市场配给两种方式平行存在时，虽然较低的行政配给价格扩大了对这一类消费品的需求，但既定的供给量限定着购买量仍然为 Q_1，没有满足的有效需求 Q_2Q_1 很可能通过增加对非行政配给品的购买 $Q_1'Q_1''$ 来替代。

图 3.6 第Ⅲ象限的 45° 线的性质保证上述收入效应导致消费者实际收入变化情况转换到第Ⅱ象限的水平轴上，第Ⅱ象限的曲线 D_1 表示消费者在市场分配的消费品上的支出随收入变化而变化。上述收入效应使消费者的收入由 I_1 增至 I_2，相应地在市场分配消费品上的支出由 E_1 增加到 E_2。

以上是把市场分配的消费品归为一大类，舍弃了其内部构成，而实际上，这一大类消费品是由众多不同种类的消费品构成的。按照恩格尔定律，不同种类消费品的需求收入弹性大小有异。因此，增加的收入用于购买不同种类消费品产生不同的支出状态。在双重体制下许多消费品是平行地通过两种方式进行分配的。同一类消费品由两种平行的方式分配，可能产生的效应用图 3.7 说明。

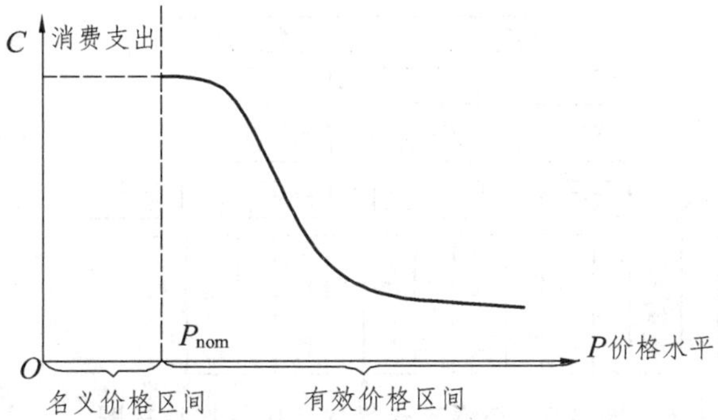

图 3.7 同一类消费品由两种平行方式分配可能产生的效应

在图 3.7 中，纵轴表示消费支出，横轴表示价格水平。在许多情况下，行政配给部分的价格很低。借用科尔奈的术语，称这种大大低于正常价格的价格为“名义价格”，称正常价格为“有效价格”，P_{nom}为名义价格与有效价格之间的临界值。在名义价格区间［0，P_{nom}］，消费支出与价格水平无关，这时，价格是无效的，消费支出完全缺乏价格弹性。一旦价格超过临界值 P_{nom}，即进入有效价格区间［P_{nom}，P］，这时，消费支出与价格水平呈负相关关系，随着价格的提高，消费支出减少。

根据以上分析，两种方式平行出现，对消费者选择自由可能产生几种效应。

首先，虽然行政配给消费品的价格很低，但数量有限，满足不了消费者的有效需求，短缺仍然存在。其次，行政配给消费品价格太低产生的收入效应，使这部分消费品的短缺发生，溢出效应增加的收入转向市场分配的消费品，使其价格上升。最后，相对于行政配给部分的价格和消费者收入而言，市场部分的价格过高，在这种情况下，许多消费者并没有真正的选择自由，他们不得不选择行政配给方式。

以上所述消费行为理论同样适合于旅客运输多种交通方式供给和需求的选择，而政府对交通投资的分配，交通政策的倾向又引导和调节了旅客对交通方式的选择。

（二）交通行为模型

交通行为模型包括交通方式最优选择的确定和政策引导的定量描述两个方面，下面根据交通行为的基本理论叙述定量模型的方法。

1. 交通方式的最优选择

假设各种交通方式均不短缺时，旅客选择交通方式主要取决于个人因素和交通方式的技术运营特性，而个人因素中目前主要的是旅行距离和经济条件，交通方式的技术运营特性主要是安全、快速、方便、经济和舒适。

层次分析法（AHP）可以解决这个选择过程。关于 AHP 一般原理不在此赘述，仅对 AHP 的模型方法简要叙述。首先要建立客运交通方式最优选择层次结构（见图 3.8）。我们将交通距离分为 m 个区段，A_i 为对应 i 区段距离 D_i 的交通方式最优选择，假定旅客出行距离为 D_i，其客流量百分比为 d_i，显然

$$\sum_{i=1}^{m} d_i = 1$$

式中 d_i——A_i 层的总排序权系数（$i = 1, \cdots, m$）。

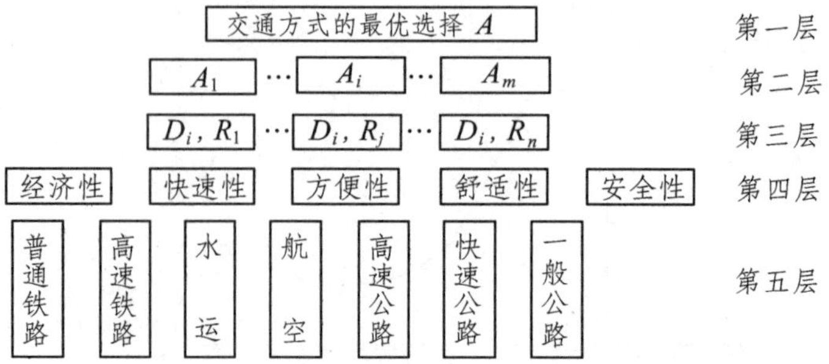

图 3.8 交通方式最优选择层次结构图

图中 R_j（$j=1, 2, \cdots, n$）为在规划期间各年度可比的人均国民收入，n 为规划的年代。对应于 D_i 距离的 j 年的总流量百分数 r_j 就是 R_j 层的总排序权重，显然

$$\sum_{j=1}^{n} r_j = 1$$

因此，我们可以获得 A_i，$(D_i \cdot R_j)$层的总排序。对应于每一个 A_i 或 D_i，R_i（$j=1, 2, \cdots, n$）的单排序可以方便地求得，因为 R_j 是确定的量，甚至可以不必建立单排序。

一个属于（D_i，R_i）的旅客，他们选择交通方式经过两个层次：首先选择交通方式的技术特性，并给这些技术特性适当的权重。主要的技术特性为经济性、快速性、方便性、舒适性和安全性等，这样可以建立技术特性层（见图 3.8 的第四层）的单排序和第三/第四层的总排序。最后根据技术特性指标，确定第五层交通方式的单排序和建立第四/第五层的总排序，由此确定最优选择 A。用这种方法所确定的方案 A 是概括时间、空间的综合，可以认为总体动态最优。同理可寻求出最优交通结构在距离上的最优分工，即求得各种交通工具最合理的运距。

此外，交通方式也有多种选择方法，上面所述仅以速度、舒适、方便、安全、经济等方面考虑，是可行方法之一。

2. 政策引导的定量描述

上述用交通行为的基本理论处理交通方式的最优选择问题，使得交通综合网络的基本结构得到了确定，因而可以计算出各种交通方式的投资比例和基本规划蓝图。但旅客交通方式选择比较多地反映了人们的需求，而较少地考虑到可行性。这就要求用类似于价格政策方法引导交通行为，使得各种交通工具都获得运能与运量的基本均衡，这也是一种交通政策。下面介绍用定量模型分析这种交通政策的方法。

为了简化说明，我们将交通工具的技术特征简单地分为三个级别：① 第一级——经济性，用 x_1 表示，单位为 $\dfrac{1}{\text{平均票价}}$，或采用 $u=\dfrac{1}{x_1}$（平均票价）；② 第二级——快速性，用 x_2 表示，单位为门到门的平均运速；③ 第三级——方便性（包括舒适性、直达性等），用 x_3 表示，单位为“单位时间的发车频率”。

在前面已经采用（D_i，R_j）这个符号表示对应距离为第 i 个范畴、j 年的人均国民收入。于是对每一个（D_i，R_j）可以找到各种交通方式的权重和它们的排序，当改变图 3.8 第四层的权重时，会重新确定第五层的一个新权重和新排序。这就是政策引导的着眼点。

（1）有优先权的偏好关系。设有两种交通方式，它们的技术特性向量为 $\boldsymbol{X}$ 和 $\boldsymbol{Y}$，即

$$\boldsymbol{X}=\begin{pmatrix} x_1 \\ x_2 \\ x_3 \end{pmatrix}; \qquad \boldsymbol{Y}=\begin{pmatrix} y_1 \\ y_2 \\ y_3 \end{pmatrix}$$

若记 $\boldsymbol{X} \circledgt \boldsymbol{Y}$ 为偏好关系，其意义是 $\boldsymbol{X}$ 交通方式比 $\boldsymbol{Y}$ 交通方式好，更愿意乘坐 $\boldsymbol{X}$ 放弃 $\boldsymbol{Y}$；记 $\boldsymbol{X} \circleddash \boldsymbol{Y}$ 为 $\boldsymbol{X}$ 与 $\boldsymbol{Y}$ 同样好，即以相同的概率选取 $\boldsymbol{X}$ 或 $\boldsymbol{Y}$。

如果对应某一个 D_i，R_j 对 $\boldsymbol{X}$ 和 $\boldsymbol{Y}$ 的分量有一个排序，设 X_k 排序为 1，X_l 排序为 2，X_m 排序为 3，则必有：

① 当 $X_k > Y_k$ 时，则 $\boldsymbol{X} \circledcirc \boldsymbol{Y}$；

② 当 $X_k = Y_k$ 时，则 $X_l > Y_l$，$\boldsymbol{X} \circledcirc \boldsymbol{Y}$；

③ 当 $X_k = Y_k$ 时，则 $X_l = Y_l$，$X_m > Y_m$，$\boldsymbol{X} \circledcirc \boldsymbol{Y}$。

这就是有优先的偏好关系。只要能够改变这种排序，便可改变对 $\boldsymbol{X}$、$\boldsymbol{Y}$ 的偏好关系。

（2）边际替代率。交通工具的技术特性 x_1、x_2、x_3 是可以互相替代的，其中 $x_1 = \dfrac{1}{u}$ 代表经济性，u 代表平均票价，改变 u 的数值来引导交通行为的转化，属于交通政策的范围。

例如，对应于（D_i，R_j），把经济性的排序放在第一位，在选择两种交通方式 $\boldsymbol{X}$、$\boldsymbol{Y}$ 时，有 $x_1 > y_1$，或 $u_x = \dfrac{1}{x_1} < u_y = \dfrac{1}{y_1}$。显然，对于（$D_i$，$R_j$）这类型的旅客来说，他们宁愿选择 $\boldsymbol{X}$ 而放弃 $\boldsymbol{Y}$。若交通政策的决策者认为，应该使选择 $\boldsymbol{X}$ 的一部分旅客转移到 $\boldsymbol{Y}$，可适当提高 u_x 使 $u_x > u_y$ 或 $u_x = u_y$，或使 u_x 接近于 u_y，这就使得采用 $\boldsymbol{X}$ 的旅客转移到 $\boldsymbol{Y}$ 上。

但是，如果对应（D_i，R_j）的需求不是 x_1、y_1 排序第一，而是 x_2、y_2 排序第一，且 $x_2 > y_2$，则这类型旅客选择 $\boldsymbol{X}$ 而不选择 $\boldsymbol{Y}$，交通政策决策者如何通过改变 u_x 或 u_y 达到使旅客从 $\boldsymbol{X}$ 转移到 $\boldsymbol{Y}$ 呢？这里引入"边际替代率"的概念。

一般地说，$\boldsymbol{X} = [x_1 \;\; x_2 \;\; x_3]^{\mathrm{T}}$ 的三个分量是可以互相补偿替代的，例如，偏高的票价，乘客当然不会满足，但如果快速性很好，乘客也就会满意了，这就是两种技术性能的互相替代或补偿。

当 x_l 减少 Δx_1 时，x_k（$k = 2$ 或 3）增加 Δx_k 可以得到补偿，则称

$$-\frac{\Delta x_k}{\Delta x_1} \qquad (k = 2, 3)$$

为边际替代率，采用负号是因为 x_k 的增值总是由 x_1 的减值所补偿。为方便，采用

$$\frac{\Delta x_k}{\Delta u_x} \qquad (k = 2, 3)$$

为边际替代率可以取消前面的负号。边际替代率通常不是常数，甚至不一定是线性函数，一般是 D_i、R_j 和 u_x 的函数。令

$$\frac{\Delta x_k}{\Delta u_x} = f_k(D_i, R_j, u_x) \qquad (k = 2, 3;\ i = 1, 2, \cdots, m;\ j = 1, 2, \cdots, n)$$

称 $f_k(D_i, R_j, u_x)$ 为边际替代函数。这个函数必须从实际的调查统计中获得。

对于技术特征向量为 $\boldsymbol{Y}$ 的交通方式，同样可以建立边际替代率函数为

$$\frac{\Delta y_k}{\Delta u_y} = f_k(D_i, R_j, u_y) \qquad (k = 2, 3;\ i = 1, 2, \cdots, m;\ j = 1, 2, \cdots, n)$$

在极限情况下，我们有

$$\frac{\mathrm{d}x_k}{\mathrm{d}u_x} = f_k(D_i, R_j, u_x), \qquad \frac{\mathrm{d}y_k}{\mathrm{d}u_y} = f_k(D_i, R_j, u_y)$$

故　$x_k=\int_{u_x}^{u_x+\Delta u_x} f_k(D_i,\ R_j,\ u_x)\mathrm{d}u_x$，　$y_k=\int_{u_y}^{u_y+\Delta u_y} f_k(D_i,\ R_j,\ u_y)\mathrm{d}u_y$

3. 综合替代值与政策调节

令
$$G_x=x_1+\sum_{k=2}^{3}\int_{u_x}^{u_x+\Delta u_x} f_k(D_i,\ R_j,\ u_x)\mathrm{d}u_x=\frac{1}{u_x}+\sum_{k=2}^{3}\int_{u_x}^{u_x+\Delta u_x} f_k(D_i,\ R_j,\ u_x)\mathrm{d}u_x$$
$$G_y=\frac{1}{u_y}+\sum_{k=2}^{3}\int_{u_y}^{u_y+\Delta u_y} f_k(D_i,\ R_j,\ u_y)\mathrm{d}u_y$$
为综合替代值。若 $G_x>G_y$，显然 $\boldsymbol{X}\circledgt\boldsymbol{Y}$；若 $G_x=G_y$，则认为 $\boldsymbol{X}\circleddash\boldsymbol{Y}$。根据综合替代值可以估计交通政策的调价问题。例如，若 $G_x>G_y$，而政策希望 $G_x=G_y$，则可以通过提高 u_x 或降低 u_y，使 $G_x=G_y$。其中，Δu_x 和 Δu_y 等于政策要求的增量。

4. 大道定理

大道定理是由交通问题总结出来的一条数学定理，广泛地用于宏观经济领域。本文将大道定理的思想用于交通规划。

由交通行为观点知，在经济收入提高后，快速性的要求更优先于经济性的要求。即最优道路不是地理上的最短路，而是时间上的最短路。在设计交通网络时，我们不可能也没必要把每一条通路都改造或修建成为高速路，只要把主干道设计成高速通道，而其他次要通道只需与主干道相连通，便可构成综合交通网络。也就是说，交通网络是有层次的、可叠加的。第一个层次便是确定主干道，第二个层次是省际、区域间干线，然后再是第三层次的局管内或省内的线路（县、乡道路）。规划应从上而下进行。

主干道的设计称为大道定理，下面用图 3.9 来说明此观点。

从某点 i 到某点 j 距离为 d_{ij}，按照某一种交通方式在一般道路上运行，平均时速为 v_1。图上用斜率表示速度，运行时间为 t_{ij}。

假设在 i、j 之间存在一条快速主干道，运行平均速度为 $v_2(v_2>v_1)$。于是从 i 点出发，按 v_1 的速度经过时间 t_i 运行到主干道上，i 到主干道的距离为 $d_i(t_i=d_i/v_i)$。在主干道上以 v_2 的速度经过距离 S_{ij}，运行时间为 $t'_{ij}(t'_{ij}=S_{ij}/v_2)$。然后，再经普通道路以 v_1 的速度到达目的地 j，j 到主干道的距离为 d_j，运行时间为 t_j，$t_j=d_j/v_1$。

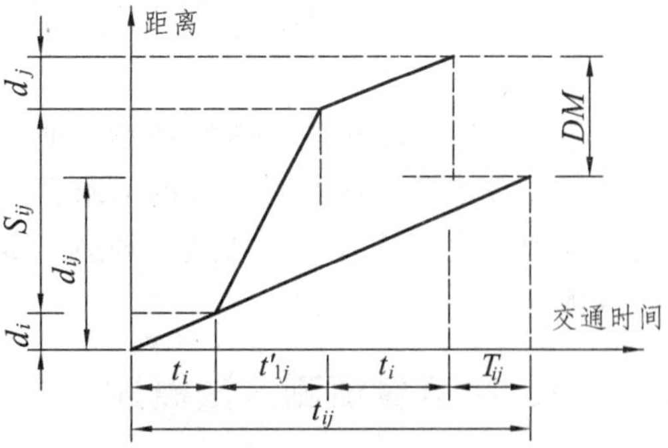

图 3.9　地理最短路与时间最短路示意图

从距离来看，绕主干道而行，比最短路增加了 DM，但时间上却节约了 T_{ij}。

假定有 M 种交通方式，在主干道上，这 M 种交通方式都可以以各自的速度 $v_2^{(m)}$（$m=1,2,\cdots,M$）通行。而在普通道路上，其平均速度则为 $v_1^{(m)}$（$m=1,2,\cdots,M$）。

按图 3.9 的运行方法，相差时间为 $T_{ij}^{(m)}$（$m=1,2,\cdots,M$）。

现假定有动态 O-D 流，并通过交通行为的选择，某时期的第 m 种交通方式 O-D 流为

$$X_i^{(m)}=[X_{ij}^{(m)}]_{N\times N}\qquad(m=1,2,\cdots,M)$$

N 为交通区域的总数（即网络起讫点数），因而，交通主干道模型可以描述为：

$$\max Z=\sum_{i=1}^{N}\sum_{j=1}^{N}\sum_{m=1}^{M}T_{ij}^{(m)}\cdot X_{ij}^{(m)}$$

约束条件为：

$$T_{ij}^{(m)}=\frac{1}{v_1^{(m)}}(d_{ij}-d_i-d_j)-\frac{1}{v_2^{(m)}}S_{ij}$$

$$(i=1,2,\cdots,N;\ j=1,2,\cdots,N;\ m=1,2,\cdots,M;\ i\neq j)$$

$$0<v_1^{(m)}<v_2^{(m)}\leqslant v^{(m)}\qquad(m=1,2,\cdots,M)$$

$$p\cdot\sum_{i=1}^{N}\sum_{j=1}^{N}S_{ij}\leqslant P$$

$$d_{ij}\geqslant d_i+d_j\qquad(i=1,\cdots,N;\ j=1,2,\cdots,N;\ i\neq j)$$

$$d_i\geqslant 0,\ d_j\geqslant 0,\ S_{ij}\geqslant 0$$

若 $d_{ij}\leqslant d_i+d_j$，则 $S_{ij}=0$。

式中 $v^{(m)}$——第 m 种交通方式的最大限速；

p——主干道单位长度的造价；

P——主干道的最高限额投资。

第三节 旅客运输市场调查与预测

旅客运输市场预测是旅客运输企业规划和提供运能及产品的依据。旅客运输市场预测实质是（社会市场）旅客对运输的需求预测，这个需求包括质和量两个方面，所谓质就是对运输过程中相关环节方便、快速、舒适、准时和安全的要求；所谓量即是运量。本节介绍旅客运量预测。

一、客运量预测方法概述

客运量预测是客运年度计划、五年计划、长远计划的基础，也是新线建设、技术改造的重要依据。预测通常分为近期预测、中期预测和远期预测三类，对铁路客运量预测而言，五年以内的预测为近期预测，五年至十年的预测为中期预测，十年以上者为长期预测。运量预测方法众多，常用的有平衡法、定额法、系数法、类比法、时间序列法等。无论何种方法都可归纳为定性和定量两类方法。

定性的方法主要是通过社会调查，结合人们的经验加以综合分析比较作出量的直接判断和预测。其优点是简便易行，没有复杂高深的计算，易于普及采用。但往往易受预测人员经验和认识上的局限，而带有一定的主观片面性。它是目前市场预测中运用最广泛的一种方法，主要用于旅客消费心理、消费行为发展变化的预测，也通常用于历史资料不完备情况下的预测。如能对调查资料和经验判断资料进行一些统计计算和处理，可以消除或削弱主观因素的影响，以提高预测的准确性。定性预测方法的依据是类推原则，类推原则主要包含两个方面的内容：① 时间顺序上的类推。许多事物相互之间在发展变化上常有类似之处，利用某一事物与其他事物或其他地域、国家发展变化在时间上虽有差异，但在表现形式上有相似之处的特点，有可能把先发展事物的表现过程类推到后发展的事物上去，从而对后发展事物的前景作出预测。② 由局部类推总体。即通过抽样调查研究某些局部或小范围的状况，来预测或了解整体和大范围的状况。当然在选择调查局部时要考虑其特征是否具有代表性，能否反映所要预测的整体特征，否则会造成预测失误。

定量的方法是要进行量的计算。定量的方法又可以分为定标法和定基法。定标法是根据运量影响因素（标量）的未来数量作出未来运量预测；定基法是根据历史年度的数量（基量）作出未来运量预测。

本节简单介绍调查分析法、乘车系数法、回归法中的一元线性方程，时间序列法中的指数平滑法，以及系统动力学模型。

二、调查分析法

调查分析法属于定性的预测方法。

1. 用户调查法

用户调查法是对运输需求单位或其主管部门进行直接调查，搜集运输需求资料，分析确定未来运量。通过用户调查获得的计划需求运量，在分析时要注意研究一些问题，如年度是否协调，上下级单位提供的资料是否大致相同等，以使预测量更为符合客观需求。

2. 专家调查法

专家是指熟悉本部门业务，有丰富的经验并有较强判断力的客运专业人员。专家调查法是向一组（一部分）专家分别征询意见，或召集专家座谈会征询意见，或由专家填写调查表格，然后将专家对过去历史资料的解释和对未来趋势的判断集中起来，转化为预测数量的一种方法。

分别征询专家意见的方法也称德尔菲法。这种方法是美国兰德公司首先发展起来的，其基本做法和程序是：

（1）确定课题。

（2）选择专家。专家人数要适当，有一定代表面，对该问题有较高造诣和掌握充分的资料。

（3）设计咨询表。表格要简明，意图要明确，并提供一定的背景材料。

（4）逐轮咨询和信息反馈。每次函询后，将专家回答的意见综合整理、归纳，匿名反馈给各位专家，再次征求意见。如此反复几轮，得出比较集中的意见。一般进行三四轮。

（5）采用统计分析法对各专家预测数进行定量评价，求得最终预测。统计分析中一般使用加权的方法，对专家的权数要尽量客观、准确。

这种方法的优点是专家既可充分发表意见，又可以互相交流、博采众长，避免主观片面。它一般适用于整体的预测，如全国和全省客货运量、春运客运量预测等。

三、乘车系数法

乘车系数法是系数法中的一种。系数法是指按一些比例关系的数字来预测运量的一种方法。系数包括弹性系数、产运系数、比例系数、乘车系数等，相应的方法称为弹性系数法、运输系数法、比例系数法、乘车系数法。

乘车系数法的实质是用平均乘车率来计算旅客发送量。平均乘车率是指旅客乘车总次数与吸引范围内总人口数的比值，也即人平均年乘车总次数。这个方法在铁路客运量预测和城市公共交通系统的交通量预测中是一种比较常用的方法。使用这种方法的关键是运用历史资料作参考，并考虑发展趋势，有时也需借鉴发达地区的一些历史指标。

四、回归法——一元线性方程

一元线性方程是回归预测方程的一种。回归预测法也称相关预测法，通过分析事物之间的因果关系和影响程度进行预测，是运用数理统计学理论预测未来的一种模型。

回归预测的大体步骤是：搜集分析统计数据，确定数学关系式；进行参数估计和相关检验；根据求得的回归方程和自变量的预测值，预测未来运量，并分析精度。回归预测方法有一元线性方程、一元非线性方程、多元线性方程等几种。

如果影响预测客运量变化趋势的众多因素中，只有一个因素（比如人均收入）是主要、起决定性作用的，且两者（因、果）之间呈线性关系，则可以采用一元线性回归方程进行预测。

1. 预测公式

$$y = a + bx$$

式中 y——因变量，此处为预测的客运量；

x——自变量，即相关影响因素；

a、b——回归系数。

2. 回归系数的估计

回归系数 a、b 一般用最小二乘法解得，即解方程组：

$$\begin{cases} \sum y = na + b\sum x \\ \sum xy = a\sum x + b\sum x^2 \end{cases}$$

得 a、b 的计算公式为：

$$a = \overline{y} - b\overline{x}\,, \qquad b = \frac{\sum xy - n\overline{xy}}{\sum x^2 - \overline{n}x^2}$$

式中，$\overline{y} = \frac{1}{n}\sum y$，$\overline{x} = \frac{1}{n}\sum x$，$n$ 为观察值的组数。

五、指数平滑法——时间序列法之一

时间序列预测方法就是通过对预测目标本身时间统计数列的处理来研究变化趋势，建立预测方程，从而进行未来目标的预测。相关回归法预测，必须先有影响因素的计划目标，但是这些因素的计划目标有时是难以搜集到的，即使搜集到也不一定可靠。而预测目标本身的历史数据却是容易得到的，因此，采用时间序列法来预测有时就较简便。时间序列法可以分为两大类：一类是确定性，即稳定的趋势外延，一类是随机性的。前一类方法包括移动平均法、指数平滑法、时间回归法等；后一种包括自回归模型、移动平均模型、自回归-移动平均模型、积分自回归-移动平均模型等。后一类计算复杂，计算工作量大，必须借助电子计算机才能应用。本文仅介绍其中的指数平滑法。

所谓平滑，就是通过某种平均方式，消除历史统计序列中的随机波动，找出其中的主要发展趋势。根据平滑次数的不同，有一次指数平滑、二次指数平滑、三次指数平滑和高次指数平滑之分，但高次的很少用。指数平滑法最适合用于进行简单的时间分析和中、短期预测。

（一）指数平滑计算公式

1. 一次指数平滑公式

$$S_t^{(1)} = aY_t + (1-a)S_{t-1}^{(t)} \qquad (t = 1, 2, \cdots, T)$$

式中　$S_t^{(1)}$——一次指数平滑值；

a——加权系数，一般取 0.01 ~ 0.3。

2. 二次指数平滑公式

二次指数平滑，就是用一次指数平滑值 $S_t^{(1)}$ 代替观察值 Y_t 再进行一次平滑，即

$$S_t^{(2)} = aS_t^{(1)} + (1-a)S_{t-1}^{(2)}$$

3. 三次指数平滑公式

$$S_t^{(3)} = aS_t^{(2)} + (1-a)S_{t-1}^{(3)}$$

（二）指数平滑预测公式

大多数时间序列的趋势变化有三种情形，即水平趋势、线性趋势和二次曲线趋势。这三种趋势都可以用合适的指数平滑来预测，即水平趋势可用一次平滑，线性趋势用二次平滑，二次曲线趋势用三次平滑来预测。

1. 水平趋势——一次指数平滑

$$\hat{Y}_{T+L} = S_t^{(1)} \qquad (L = 1, 2, \cdots)$$

式中　$\hat{Y}_{T+L}$——第 L 年预测量；

$S_T^{(1)}$——当前时期 T 时的一次平滑值。

2. 线性趋势——二次指数平滑

$$\hat{Y}_{T+L} = a_T + b_T L \qquad (L = 1, 2, \cdots)$$

平滑系数 a_T 和 b_T 的估计公式为：

$$a_T = 2S_T^{(1)} - S_T^{(2)}, \qquad b_T = \frac{a}{1-a}(S_T^{(1)} - S_T^{(2)})$$

式中　$S_T^{(1)}$、$S_T^{(2)}$——当前时期的一次和二次指数平滑值。

3. 二次曲线趋势——三次指数平滑

$$\hat{Y}_{T+L}=a_T+b_TL+\frac{1}{2}c_TL^2 \qquad (L=1, 2, \cdots)$$

平滑系数 a_T、b_T 和 c_T 的估计公式为：

$$a_T=3S_T^{(1)}-3S_T^{(2)}+S_T^{(3)}$$

$$b_T=\frac{a}{2(1-a)^2}[(6-5a)S_T^{(1)}-2(5-4a)S_T^{(2)}+(4-3a)S_T^{(3)}]$$

$$c_T=\frac{a^2}{(1-a)^2}[S_T^{(1)}-2S_T^{(2)}+S_T^{(3)}]$$

（三）加权系数的选择和初始值的确定

在运用指数平滑法时，选择合适的加权系数 a 是很重要的，它体现了过去和当前信息的倚重程度，一般取 $a=0.3$。根据计算，当 $a=0.3$ 时，10 年以前的数据加权系数 $a\approx 0.008$，就是说可以忽略不计了；当 $a=0.1$ 时，则 10 年前的加权系数为 0.035，10 年前的数据仍有一定作用。但在运量预测中，对 10 年以前的数据是可以不考虑什么影响，或者很少考虑影响。所以当历史数据在 10 ~ 20 年左右时，选用 a 不大于 0.3 较为合适。如果历史数据不足 10 年，而近期影响又相对较大时，也可选用大于 0.3 的加权系数。

关于初始值的选定问题，一般做法是，把历史数据分成两段，前一段（3 ~ 5 年）的数据用于计算初始值（简单的办法是取算术平均值），用后一段数据进行平滑，计算各平滑参数。

六、系统动力学模型

对于交通运输这一因素众多、关系复杂的大系统来说，用数量方法对其进行定量研究往往困难很多，大多数定量分析方法难以处理高层次非线性系统，也难以本质地、完整地揭示系统结构与功能的内在关系。系统动力学提供了综合考虑各种因素，并对复杂系统进行分析研究的方法。它以系统论及信息反馈理论为基础，通过观察控制系统动态的功能信息，获得描述系统结构的一般方法，并用因果网络分析和计算机仿真技术，研究系统的控制和决策问题。对于系统建模，系统动力学通过对系统的数据观测和系统构造信息的流程化，给出系统模型、系统行为的因果分析及数据流仿真，达到定量描述系统的信息构造及各种影响因素，从而建立起研究一般复杂系统的动态模型。

运用系统动力学方法对客运量进行预测时，先建立客运量发展趋势模型，从国家发展的总体上分析和把握旅客运输系统的结构和关系，按系统发展过程中各种要素的纵向结构层次和横向相互作用，定量地确定系统的发展机制，描述其发展趋势，并就其行为进行系统模拟，以达到运量预测的目的。运量发展趋势模型的功能主要有三大类：

（1）运量预测。包括运量的产生、满足需求条件、各个变量之间的影响制约关系等。

（2）政策分析。通过改变政策变量、参数和外在条件，模拟系统发生的变化，从而进行政策分析。

（3）结构分析。通过改变系统的结构，即系统的反馈机制，改变某些变量之间的相互制约关系，模拟系统内部结构性的变化及其产生的外部行为。

模型的模拟结果分析由两部分组成：第一部分是基本运行结果及分析；第二部分是政策模拟结构及分析，把不同预测年度的情况作为发展过程中的不同断面来看。

总运量预测只是运量预测一个方面的内容，还必须考虑客流在具体发到地点和具体线路上的分布问题。对具体运输产品的运量在空间位置分布上的研究和预测，不仅对交通网建设、投资决策和经营管理有更实际的参考意义，而且有助于更细致地考查和研究社会经济活动在空间方面的联系，有助于进行营销战略的决策。

第四节 旅客运输质量管理

一、旅客运输产品及其特征

运输产业与工业、农业、建筑业等物质部门比较，除具有一般共同点外，还有本身的产业特征。其表现最为明显的是具有独特的生产过程、产品形态、消费过程以及各种运输方式生产的连续性和产品的替代性等。

工业、农业、建筑业在生产过程中，改变劳动对象的属性或形态创造出不同于劳动对象原有属性或形态的劳动产品，这种产品是不依赖于生产过程而独立存在的物质实体，也称为有形产品或物质产品。而运输业具有的独特的生产过程，不改变劳动对象的属性或形态，只有改变其位置。

运输业为社会提供的效用不是实物形态的产品，而是一种劳务——旅客运输劳务或货物运输业务。

运输劳务量的大小取决于两个因素：运量（货物按重量吨为计量单位，旅客以人次为计量单位）和运距（以长度为计量单位）。其综合反映是周转量，一般以吨公里或人公里为计算单位。

运输劳务只有在特定的时间内和方向上才是被需求的，不同时间内和不同方向上的供应和需求不能相互弥补以求平衡。

一般地说，运输企业向社会提供的不是“产品”而是运输能力，称为运力或运能。

综上所述，旅客运输业的产品就是人在空间的移动，即位移。旅客运输的计量单位为人公里，并且旅客运输的消费过程是与生产过程结合在一起的同步过程。

由发送地点至到达地点进行位移的旅客的集合称为客流。客流的内涵还包括旅客流向、流量、流程、流时。客流的大小、流向及在时间（季节、时段）和空间的分布具有非均衡性，它受各个地区间（客流产生地区、地段）政治、经济、文化、军事的相互联系和交流程度的影响。客流的大小直接影响到旅客运输业的发展。

办理客运业务的车站、港口、飞机场是旅客运输的基层生产单位，它参与了旅客位移的部分过程。这些港、站的生产成果，对于旅客运输的全过程来说，相当于半成品，但对于这些港站内部管理而言，把其生产成果看成是本单位的产品而严加质量管理，是提高整个客运质量的重要保证。

二、旅客运输产品的质量特征

旅客运输的服务对象是人。旅客运输的产品是旅客的位移，它虽然不具有实物形态，但与工农业、建筑业的产品一样，具有质量特征，并且具有特定的内容和要求。

1. 安 全

产品总量不会因运输而增大。产品的自然属性因运输而引起的变化，除了若干个例外，不是预期的效用，因此，在旅客运输过程中，必须确保旅客的人身安全和财产安全，旅客携带的行李、包裹完好无损。

2. 准 确

运输企业向社会提供的运力只有被需求和接受才能转化为运输产品。这个运力提供得早了、迟了都是无效的。因为在旅客运输过程中，广大旅客都希望在保障安全的前提下，准时到达目的地，以便安排工作或与其他客运交通方式的接续等。因此，准确及时和准点是运输质量的又一重要标准，也是运输企业赢得市场的前提。

3. 迅 速

旅客输送速度是旅客运输产品质量的重要指标之一。提高旅行速度，并减少旅客在旅途中的各种消耗时间，是提高旅客旅行生活质量的重要因素。

4. 经 济

在完成同样运输任务和其他质量特性大致相同的前提下，尽量节约运输过程中的物化劳动和活劳动，以降低运价，减少旅客的费用支出，将会对旅客产生巨大的吸引力。

5. 便 捷

在旅客运输过程中涉及的购票、上车（飞机、船舶）、下车（飞机、船舶）、行包托运与提取等手续应力求简便，一切从方便旅客出发是在激烈的客运市场竞争中取胜的重要促销手段之一。

6. 舒 适

要不断改善客运设备的技术性能和服务设施，并提高客运人员素质，最大限度地满足旅客对旅行中物质和精神文明服务的需要，提高旅行生活质量。

总之，提高客运服务质量是旅客运输工作的根本要求。服务质量的好坏，不仅直接影响旅客运输业务的开展，涉及客运企业的信誉和形象，而且关系到国家的声誉。因此，要加强客运工作组织和客运职工的职业道德教育，全力搞好这一工作。

产品的质量特性，有些是可以直接定量的，比如化学成分、物理性能、使用寿命等；有些是难以直接定量的，而是以某些参数和技术指标间接地反映出来；还有一些质量特性是只能定性而难于用定量来表述的，为此引入代用的质量特性来说明。如客运服务质量中的舒适就难以直接加以衡量，但是我们可以用车内旅客的拥挤程度、照明亮度、噪声大小、震动强度等间接地进行衡量。

无论是直接衡量的还是间接衡量的质量特性指标，都反映产品质量的客观情况。客运产品的质量特性值究竟规定为多少，这既要考虑旅客的客观要求，也要考虑生产技术、设备上的条件，把需要和可能结合起来，力求高效优质。在西方国家，通常将质量等级和成本、质量等级和价格的关系绘制成相应的曲线，并按照最大利润原则确定企业产品的最佳质量点，如图 3.10 所示。

由图 3.10 可知，成本曲线与价格曲线的两个交点是盈亏转换点，其相应的两个质量等级就是 Q_1 和 Q_2。当生产出质量高于 Q_1 而低于 Q_2 的产品时，企业均可盈利，所以 Q_1 ~ Q_2 称为盈利区。在盈利区内，价格和成本差额最大的质量点 Q 应是企业寻求的最佳质量点。

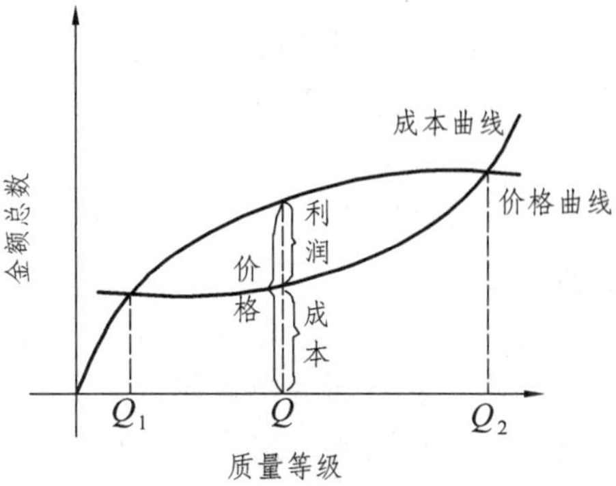

图 3.10　最佳质量点的确定

三、旅客运输产品质量保证的基本概念

1. 对旅客运输产品的质量保证

从管理思想看，任何企业生产出来的产品都要对顾客实行质量保证。旅客运输的质量保证，就是运输企业对旅客进行旅行服务的质量保证，保证旅客安全、方便、迅速、准时到达旅行目的地，并满足旅客在乘车旅行过程中的旅行需求。这是旅客运输由卖方市场向买方市场转变过程中出现的一种全新的又是必然的经营观点。在客运企业管理中，由“以生产者为中心”发展到“以消费者（旅客）为中心”，对旅客实行质量保证，是在经营思想和经营观念上的一大进步，反映了现代企业管理的客观规律。

在市场经济条件下，任何企业都必须把自己的生存和发展与企业产品能否满足用户需要这个问题紧密地联系在一起。也可以说，产品的结构、品牌与质量能否满足社会需要，是企业生存和发展的前提。客运企业对旅客实行质量保证与企业对用户实行质量保证一样，是市场经济发展的必然。由于运输企业的生产过程与产品的消费过程是融合在一起的，其质量控制和质量保证也完全与生产过程结合在一起，两者同时进行密不可分。由于客运产品中的任何“废品”和“次品”都必须要“出厂”，而且涉及每位旅客的切身利益，因此，在经营管理中必须强调运输生产过程控制和质量保证，这比其他工业企业更为重要，这也是我们“对人民负责”宗旨的具体体现。

2. 运输生产过程的质量保证

旅客运输系统是一架多部门、多工种共同完成生产任务的联动机，其生产过程是在长距离的连续空间带上进行动态加工。旅客运输生产具有全程、全网联合作业的特点。旅客在经由的运输线上的任何一个点、任何一个环节出了问题，都会对客运质量发生影响，甚至会影响到国家的声誉，所以不仅要抓好某一点的质量管理，更要着眼于搞好整个客运系统的质量控制。

从“质量保证”的角度看，客运产品质量的形成过程是：从客流调查、客流组织、编制运输计划、编制客运《规程》和《规则》等技术文件开始，直到完成运后服务旅客离开终到港站的全部过程。这一过程，不仅与直接参加运输生产的基层港站有关，更涉及国家铁路集团有限公司、交通运输部、航运总局等制定运输产品方针目标的决策和调度指挥的机关。客运企业的“质量保证”工作应当是系统性的。运输企业质量管理保证体系也应该在机车、车辆（飞机）、工务、电务、信号等整个系统上建立。

3. 对下道工序的质量保证

质量保证体系的含义，就外部而言，是企业对用户的“质量保证”；从内部来说，也包括上道工序对下道工序实行“质量保证”。

"为用户服务"是全面质量管理最重要的一条基本原则，现在运输企业推行社会服务承诺制，是新时期服务行业实行的改善社会服务工作的一种服务机制（也是对内约束机制）。它的含义包括为旅客服务、上道工序为下道工序服务以及职能部门为生产现场服务。

鉴于运输生产具有连续性特点，在整个运输过程中除了旅客之外，应该把它的所有后续过程所涉及的有关单位都视为用户。从进行质量保证的角度看，质量保证的含义应当是：在运前服务、运输生产和运后服务的各个阶段中都要保证质量，做到对旅客负责，对所有后续过程负责，使旅客满意，使所有后续过程的有关单位满意。

上述三个方面的质量保证中，最基本、最本质的还是对用户，即对旅客的质量保证。它是我们考虑问题的出发点和归宿。全部过程的质量管理则是对旅客运输质量保证的手段。

四、质量管理体系的基本概念

客运企业为了适应市场经济发展，在市场竞争中以质取胜，必须建立质量管理体系。客运企业为了实现自己的方针目标，优质高效地为旅客服务，就要把各部门、各单位以及全体客运职工和整个客运系统的工作综合地组成一个有机的整体，按照规定的质量标准，进行各项质量管理活动。这个有机的整体就是质量保证体系。

建立质量保证体系是现代化大生产系统管理的客观要求。现代化大生产的质量管理，特别是旅客运输生产，要求能从"系统"的角度去观察、思考、分析和解决问题，才能保证旅客在乘车旅行的全过程中得到满意的服务。不同旅客运输方式间的竞争最终是服务质量的竞争。为此，必须从管理思想上抓住"质量保证"，从管理技术上抓住系统管理，从生产过程中抓住质量控制，才能以质取胜。总之，要把运输系统的多部门、多工种组成一个有机整体，使联动机能够有效地转动，建立质量保证体系是一个很好的途径。

五、质量管理体系的基本内容

质量管理体系一般应当包括以下基本内容：

1. 要有明确的目标和目标值

按照系统理论，每一个质量保证体系都可以视为一个人造系统，或称目的性系统。人造系统要根据某一特定目标来构筑，即系统的目标是规定该系统的特定功能根据。因此，客运企业在建立质量保证体系时，首先要确定"体系"所要达到的目标和目标值。即首先要明确建立质量保证体系要"保什么，保到什么程度"。比如：确立了列车上客运服务的质量目标要达到民航服务标准时，便可以围绕这一具体质量目标建立一个质量保证体系，如从对工作人员素质要求、餐饮供应，包括如遇晚点对旅客的食宿安排等建立一个质量保证体系。为了便于衡量和考核，目标项目必须以目标值来反映，目标值一般应当瞄准国内外同类服务的先进水平。

2. 规定标准程序

根据客运产品产生和形成过程的要求，合理规定保证体系的各项业务工作流程，即技术作业过程的标准化。这就保证了每项技术作业和生产过程的服务质量到位，而不至于因工作人员的素质差异而影响产品质量。

3. 健全组织机构，形成组织保证系统

质量保证体系要求对整个体系中的各级组织乃至每一个人，都要规定他们在质量管理活

动中的责、权、利。每个作业以至每一管理点，都要人人责任明确、标准清楚、能够考核，形成严密的组织保证系统。

在建立质量保证体系中所强调的组织保证系统，与设立组织机构虽有联系，但这仅是组织形式上的保证，真正形成组织保证系统就需要花大力气。它要求各级组织、各部门、各工种都按规定的标准开展工作，并协调好作业之间、单位之间、个人之间的关系和衔接，真正从组织体系上形成质量保证活动的有机整体。

4. 建立信息传递和信息反馈系统

旅客的流动是旅客运输系统中的基本运动过程。伴随着旅客流动会产生有关客流信息，再根据客流信息规划和调节旅客列车（汽车、飞机、船舶）等客运运能的数量、分布、结构、开行方案等。因此，我们可以透过各种客流信息去分析和掌握客流的规律，从而组织好客流和旅客列车（航班）的运行。

当今社会从工业化时代进入了信息化时代，信息成为一种能创造价值的企业资料，已成为影响生产力、竞争力和社会经济的重要因素。交通运输生产力配置、安全和效率在很大程度上取决于信息的获取、处理和利用。有流就有信息的传递和反馈，在现代化大生产中，信息流具有越来越重要的作用，只有信息流畅通无阻，运输系统才能很好运行。因此，如何保证信息流的畅通无阻，是质量管理体系的有效保证。旅客运输过程是一种长距离的动态加工过程，因此，港站、车、机间信息传递和旅客信息反馈的作用就显得更加重要。

在建立质量管理体系的活动中，除了要强调港站、车辆（飞机）间这种运输企业内部的信息流以外，同样重要甚至有时是更加重要的是来自客运市场以及来自旅客的信息反馈。这种外部的信息反馈特别是来自旅客的有关服务、质量的信息，是我们改进工作，提高客运服务质量的基础。

5. 提高客运人员素质，建立保证人员质量的保证体系

这个体系的研究对象是人，包括提高人的政治素质和业务素质两个方面，这是质量保证体系的一个重要组成部分。

提高人的素质也要有明确的目标，即要围绕客运企业发展方向的要求和实现方针目标去培养人才，提高客运职工和各级干部的政治素质和业务水平。客运人员的工作质量是客运企业的基础质量。因此，建立强有力的思想政治工作体系和技术教育体系，是质量保证体系的基础，是必须充分重视的重点工作。

由于客运产品质量形成过程和社会各单位有密切关系，所以建立质量保证体系应当向外延伸，搞一体化服务，如和地方的旅馆、饭馆、汽车公司等单位建立协作关系，建立和其他交通方式联运的质量保证体系等。

本章小结

本章叙述了旅客运输组织结构，介绍了旅客运输技术设备、生产流程及组织机构，系统地讨论和分析了旅客交通行为、旅客交通行为理论、交通行为模型及旅客运输质量管理等问题。

思考题

1. 影响旅客出行方式选择行为的主要因素有哪些？分析并举例说明。
2. 交通行为理论有哪些主要观点？试联系实际说明。
3. 在交通规划中，如何应用“大道定理”？
4. 掌握常用的两种客运量预测方法。
5. 熟悉“专家调查法”预测客运量的基本程序。
6. 旅客运输的产品是什么？计量单位是什么？产品生产的特点是什么？
7. 旅客“产品质量”应从哪些方面衡量？

第二篇

铁路旅客运输

第四章　铁路旅客运输概述

学习目的： 了解铁路运输在我国交通运输中的重要性及铁路运输的特点；掌握客流分类方法及我国现阶段旅客列车种类；了解铁路旅客运输生产管理系统构成及各部门的职责。

第一节　铁路旅客运输的地位、任务与特点

我国幅员辽阔，人口众多，耕地紧缺，人口及资源分布不平衡，由于铁路旅客运输具有运量大、速度较高、安全性好、费用较低、能全天候服务等优点，在我国的中长途旅客运输中具有明显优势，随着我国经济的持续快速发展，我国城市化进程显著加快，并逐步形成以特大城市为轴心的城市群落和小时经济圈。城市群落及经济圈的形成与发展，带来了市郊及城际客运交通需求的持续增长。由于公路运输的过度发展带来了严重的环境污染、能源浪费和交通事故三大公害，而轨道交通运输具有容量大、能耗低、占地相对少、安全可靠性高、环保好的特点，在解决城际客流运输中具有明显的综合比较优势。所以在一些城市群落及经济圈中通过充分吸取城市公交汽车运输班次密、方便、经济等特点，逐步采用铁路城际客运“公交化”的运输组织模式。这一模式的基本特点是在客流需要量较大、距离较短的城市之间建立高速度、高密度、小编组、乘降方便、安全可靠、立体衔接的交通运输方式，从而使得在这些地区的中短途运输中，铁路运输也具有较重要的地位。

铁路旅客运输的任务是：最大限度地满足广大人民在旅行上的需要，安全、迅速、准确、便利地运送旅客、行李、包裹和邮件，保证旅客的旅行舒适、愉快，为旅客提供优质服务。

铁路运输为了保证优质、高效地满足旅客运输需求，必须遵循以下几项原则：

1. 从国家整体利益出发，认真执行党和国家的各种方针政策

铁路旅客运输应根据国家政治、经济的中心任务和旅客运输市场需求的变化，全面规划，

合理安排，优质高效地组织旅客运输，为国民经济发展、国防建设和人们旅行的需要服务，为培育和发展社会主义市场经济服务。

2. 保证旅客运输安全

旅客运输，不单是改变旅客的空间位置，而且必须保证旅客在旅行中的生命和财产安全。旅客运输的安全性，是衡量铁路旅客运输质量的重要标志之一。铁路客运企业在进行客运过程活动时，要把安全摆在第一位。保证安全运输，不但符合旅客的利益和愿望，而且对维护国家的声誉和企业的形象也具有重要意义，因此必须不断地改善各种技术设备和严格执行各项安全作业制度。

3. 不断提高旅客运输服务质量

旅客运输服务是一种社会服务，而社会服务质量又是人们生活质量的重要方面。旅客运输过程不仅包括充分满足人们的“行”这一核心需求，而且包括尽可能满足人们在出行中的“食”、“住”和其他文化生活的辅助需求和延伸需求。因此铁路客运不仅要在技术装备和服务设施等硬件建设上为提高服务质量提供强大的物质基础，更重要的是要在客运员工的整体素质、服务态度、服务水平和服务管理上高标准、严要求。一切从旅客需求出发，以安全、快速、方便、舒适、经济等高质量服务满足不同层次旅客需求。此外，旅客的出行活动又是一项自主的行为，在售票、候车、乘降、换乘以及行包承运、交付以及事故理赔等方面，应简化手续、方便旅客，在信息服务和站、车设施服务方面为旅客创造良好的文化生活、卫生条件和旅行环境。

4. 发挥铁路的整体优势，贯彻“保证重点，照顾一般”和“客货兼顾”的方针

铁路运输具有集中统一指挥、统筹安排运力的特点，在实行客货混行运输模式的条件下，应大力加强铁路内部的客运、调度、车务、机务、工务、电务、车辆等各部门的协调配合。正确地编制客运站的客运组织细则和技术作业过程，保证客运站各部门工作的协调配合，并有效地利用各项技术设备和正确地配备各单位的工作人员。必须合理地确定旅客列车运行区段和列车种类，正确地编制旅客列车运行图，加强运营和施工的协调配合，有效利用运输能力，保证旅客运输与货物运输之间的协调配合。此外，还要有计划地加强并经济合理地使用客运技术设备和机车车辆，不断发展和充分利用运输能力。

5. 发展铁路与各种交通工具的联合运输

各种交通工具都是在统一的运输市场中为加速社会主义建设和满足广大人民旅行需要服务。因此，在组织旅客运输时，铁路、公路、水运、航空等各种交通工具组成了全国统一的运输网，实行联合运输，分工合作，优势互补，协调配合。铁路和各种交通工具的联合运输，要在优化运输线路设计、合理安排换乘时间、简化联运手续、方便旅客乘降等方面，保证满足人们的旅行需求。

铁路旅客运输组织的特点：

（1）铁路旅客运输的主要对象是旅客，其次是行李、包裹及邮件。铁路通过售票工作，把旅客组织起来，并最大限度地满足旅客在旅行中的物质文化生活需要，提供良好的服务。

（2）旅客运输在时间上有较大的波动性，为此，铁路的客运技术设备及客运能力应留有一定的后备，以适应不同时期的变化情况。

（3）客运车辆和动车组都是按铁路集团公司固定配属给各客运车辆段和动车段的，以便于掌握客运车辆和动车组的运用及维修，确保客运车辆和动车组质量良好。

（4）旅客列车车辆和动车组编组内容及编挂顺序都是根据需求编组。旅客列车按固定时刻表运行，旅客根据自己旅行需要选择乘车日期、车次、座别、到站，自行购票、托运行包，然后乘车到达目的地。无直通列车时，旅客须在途中换乘。

（5）铁路客运站应与城市交通及其他各种交通工具有良好的衔接配合。

（6）旅客列车到发线及站台一般应按方向和车次予以固定，不宜随便变动。

（7）旅客列车的发车密度，应与客流密度、时空波动及分布相适应，以做到有效供给。

第二节　客流分类及旅客列车种类

一、铁路客流分类

旅客根据旅行目的及乘车距离的远近，选用一定的运输方式，在一定时间和空间范围内作一定的移动，形成了客流。因此，客流的组成可用流向、流量、流程和流时等几个要素来描述。客流的形成和消失，与旅客的旅行目的密切相关。按分类依据不同有不同的客流分类。按其旅行距离可分为长途客流、中途客流和短途客流。不同旅行距离、不同地区的旅客选择的旅行方式及要求提供的服务亦有所不同。目前，我国铁路按旅客的乘车行程是否跨越铁路集团公司管辖范围为界限，将客流分为两种：

（1）直通客流。旅客乘车行程跨及两个及两个以上铁路集团公司的客流，称直通客流。

（2）管内客流。旅客乘车行程在一个铁路集团公司范围之内的客流，称管内客流。

往返于大城市附近郊区之间的客流，习惯称为市郊客流，主要是通勤职工、通学学生以及去郊区城镇赶集、郊游的旅客，现在归为管内客流。

二、旅客列车种类

铁路根据铁路线路技术设备条件以及客流的不同需求，开行不同种类的旅客列车。不同种类的列车，其设备、运行速度、提供的服务不同，价格也不同。

为了区别不同方向、不同种类、不同区段和不同时刻的列车，各种旅客列车按规定编定车次，中国铁路规定，全路向北京，支线向干线或指定方向的为上行方向，车次编为双数；反之为下行方向，车次编为单数。目前，旅客列车主要分为以下几种。

1. 高速动车组旅客列车

运行在高速铁路上，列车最高速度在 300 km/h 及以上，车底采用高速动车组，可以满足中长距离、大运量、高密度、旅行时间短等旅客运输需求的旅客列车。车次由字母“G”打头，后加四位阿拉伯数字表示。全路高速动车组旅客列车车次编号范围是 G1001 ~ G9998，其中：跨局为 G1001 ~ G5998；管内为 G6001 ~ G9998。

2. 城际动车组旅客列车

列车在城际铁路上运行，列车运行的最高速度小于城际铁路允许速度，列车速度在 200km/h 左右，车底采用动车组，可以满足短中距离、大运量、高密度的旅客运输需求的旅客列车。车次由字母“C”打头，后加四位阿拉伯数字表示。全路城际动车组旅客列车车次编号范围是 C1001 ~ C9998，其中：跨局为 C1001 ~ C1998；管内为 C2001 ~ C9998。

3. 动车组列车

列车运行速度在 200 km/h 以下，列车车底采用新型的流线型动车组的旅客列车，车次由字母“D”打头，后加四位阿拉伯数字表示。全路动车组旅客列车车次编号范围为 D1001 ~ D9998。其中：跨局为 D1001 ~ D3998；管内为 D4001 ~ D9998。

4. 直达特快旅客列车

直达特快旅客列车大部分为全列软席，列车停站次数少，旅行速度高，车内设备完善，服务水平高，在首都与各大城市以及国际之间开行。直达特快旅客列车车次编号为 Z1 ~ Z9998。

5. 特快旅客列车

特快旅客列车停站次数较直达特快旅客列车多，较快速旅客列车停站次数少，旅行速度较高，车内设备较完善，服务水平也较高，方便旅客旅行。特快旅客列车车次编号为 T1 ~ T9998，其中：跨局为 T1 ~ T4998；管内为 T5001 ~ T9998。

6. 快速旅客列车

快速旅客列车停站次数较特快旅客列车多，比普通旅客列车停站次数少，旅行速度也较高，车内设备较完善，服务水平比较高，方便旅客旅行。快速旅客列车车次编号为 K1 ~ K9998。其中：跨局为 K1 ~ K6998；管内为 K7001 ~ K9998。

7. 普通旅客列车

普通旅客列车分为普通旅客快车和普通旅客慢车，该种列车停站次数较多，直通速度较低，方便中小城市及农村小镇旅客的旅行需求。普通旅客列车车次编号为：1001 ~ 5998 和 6001 ~ 7598。

普通旅客快车车次编号为：1001 ~ 5998。其中：跨三铁路集团公司及其以上为 1001 ~ 1998；跨两铁路集团公司为 2001 ~ 3998；管内为 4001 ~ 5998。

普通旅客慢车车次编号为：6001 ~ 7598，其中：跨铁路集团公司为 6001 ~ 6198；管内 6201 ~ 7598。

8. 通勤（市郊）列车

通常服务于铁路职工和周边居民通勤、通学而开行的短途“站站停”列车，车次编号为 7601 ~ 8998。

9. 临时旅客列车

临时旅客列车指为适应客运市场变化需要而临时开行的旅客列车，车次编号为 L1 ~ L9998。其中：跨铁路集团公司为 L1 ~ L6998；管内为 L7001 ~ L9998。

10. 旅游列车

旅游列车指开行于大城市与名胜古迹、旅游胜地所在站之间的旅客列车，主要用于输送旅游观光旅客，因此这种列车速度较高，车内设施完善，服务质量也优于其他列车。旅游列车车次编号为 Y1 ~ Y998，其中：跨铁路集团公司为 Y1 ~ Y498；管内为 Y501 ~ Y998。

为使铁路客运面向市场，适应客运市场的变化，优化运输结构，不断根据客流变化和不同层次旅客的需求，开行不同档次的各种旅客列车，如定点定时的旅游列车、节假日列车、市场列车、民工列车、球迷列车、特殊需要的列车等，使列车品种多样化。并在确保直通运输的前提下，积极开发城际客运市场和短途客运市场，开行了城际旅客列车和短途旅客列车。除上述列车外，根据旅客旅行需求的多元化还可能出现各种新型的旅客列车。

各种旅客列车都是根据需要由固定数量和类型的车辆组成，每对列车的编组辆数固定，车辆在列车中的编组顺序固定，车辆结构固定，即旅客列车的编组是固定的，均按中国国家铁路集团有限公司或铁路集团公司颁布的《旅客列车编组表》执行。车底组成是根据运送的客流量、列车种类、机车牵引力、列车运行区段线路技术条件、站台和到发线长度等因素综合考虑加以确定的，不同的运行区段、不同的列车种类，旅客列车车底的组成不尽相同。

编制旅客列车编组表，目的是具体确定每对旅客列车的编组情况，内容包括列车的发到站、车次、车辆和客运乘务的担当段、编组车辆数、车厢顺序号、编挂车种、定员、总重吨数、车底周转图、车底需要组数等事项。

第三节　铁路旅客运输生产管理系统

旅客运输管理工作，必须按照统一领导、分级管理的原则，建立相应的组织机构。目前，我国铁路旅客运输管理系统如图 4.1 所示。

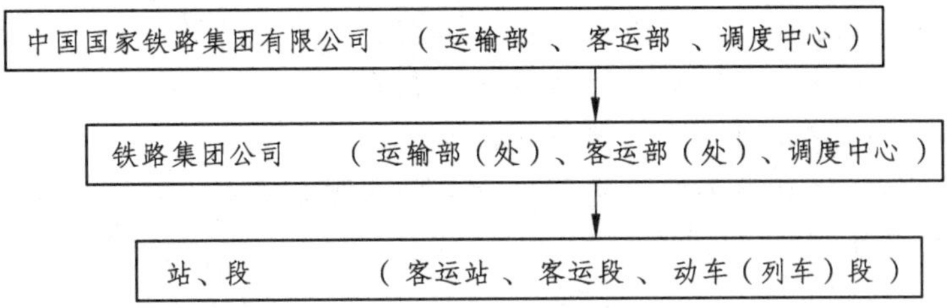

图 4.1　我国铁路旅客运输管理机构

各级管理部门的主要职责如下：

中国国家铁路集团有限公司的运输部、客运部和调度中心负责全路的客运营销策划和宏观管理，重点抓跨铁路集团公司的客运产品设计；按国家有关政策制定或修改铁路旅客运输管理规程、规则、办法、运价、票据和饮食供应的综合加成和挂直通旅客列车以上列车的行李、包裹运输方案，审批和公布新线营业里程，组织站务和乘务工作，培训客运领导干部，组织全路客运部门的劳动竞赛；组织全路客运市场调查，编制客流图，编制直通旅客列车方案运行图和跨两铁路集团公司以上列车的票额分配和调整，跨两铁路集团公司以上临时旅客列车的开行、停运和客车加挂，掌握全路直通旅客列车的运行等。

客运质量监督处依照《铁路旅客运输服务质量监督监察办法》，监督监察铁路旅客运输工作中对国家政策、法令的执行情况；监督监察铁路旅客运输部门、单位对铁路有关规章制度、命令、办法、标准等的执行情况；监督监察铁路旅客运输服务质量；对与国家铁路办理直通运输业务的其他铁路旅客运输企业进行监督、指导；受理、查处或监督下级客服部门处理旅客对铁路运输服务质量的投诉；负责查处或监督下级客服单位处理新闻媒介及有关部门提出的铁路旅客运输服务质量问题。

铁路集团公司运输部（处）、客运部（处）、调度中心（所），贯彻执行国家铁路集团有限公司的规章、命令、指示，制定有关旅客运输的补充办法，编制和调整管内旅客列车运行，管内列车的行李、包裹运输方案，制定管内旅客运输组织办法和票额管理办法，掌握管内临时旅客列车的开行、停运和客车加挂，掌握旅客列车的运行，审批饮食供应的分类加成和车站供应点的设置，掌握客车配属，审查营业站的开办和封闭，审批旅客乘降所的开办和封闭，审批行李、包裹事故赔偿，培训客运干部和职工，负责本铁路集团公司的客运营销工作，开发设计局管内的客运产品。

客运站、段：贯彻上级的规章、命令、指示，制定客运工作的管理细则、作业过程和实施措施，确保高效、优质地完成旅客和行李包裹运输任务，管理客运营销，开拓销售渠道。

本章小结

本章讲述了铁路旅客运输的地位、任务与特点，旅客列车的分类及铁路旅客运输生产管理系统结构等内容。

思考题

1. 铁路旅客运输的任务是什么？
2. 铁路旅客运输组织的特点有哪些？
3. 直通客流的含义是什么？对旅行的要求如何？
4. 管内客流的含义是什么？对旅行的要求如何？
5. 目前我国铁路对旅客列车是如何分类的？
6. 中国国家铁路集团有限公司运输部客运部的主要职责是什么？
7. 旅客列车车次如何编定？

第五章 铁路旅客运输技术设施

学习目的：主要熟悉铁路旅客运输技术设施的定义、作用和类别，了解客运站、整备所及动车段的特点、作用、布局及设备的技术指标、配置方法，以及机车、车辆和动车组等设备的概念、特点、现状等。

第一节 客运设施的分类

铁路客运技术设施是办理铁路旅客运输的基础条件。这些设施主要包括固定设备、移动设备以及一切为客运服务的设施。固定设备有客运站、客车整备所和动车段；移动设备有客运机车、客运车辆和动车组等。

客运站是铁路旅客运输的基层生产单位，旅客选择铁路运输方式作为旅行载体，首先接触到的是客运站。因此，客运站就成了提高服务质量、树立铁路信誉的窗口和核心部门。客运站的主要作用是组织旅客安全乘降和迅速集散，保证旅客能迅速方便地办理一切旅行手续，并为旅客提供舒适的候车环境和良好的文化生活服务。同时客运站应及时地组织旅客列车的到达、出发，办理行包业务以及客车（动车组）车底的取送作业。

客车整备所、动车段等是旅客列车（动车组）车底维修保养的重要基地，其主要用途是：对进入段（所）的旅客列车（动车组）车底进行洗刷、清扫，进行技术检查、修理及整备，以保证客车技术状态良好，达到规定的质量标准，从而为旅客提供优质的服务。

移动设备是铁路旅客运输的基本动力和运载工具。为了质量良好地完成铁路旅客运送任务，要求客运机车、动车组速度高、起停车快、噪音小。客运车辆、动车组应根据不同旅客的要求，有舒适的座位和铺位，以及餐车、空调系统、饮水设备等生活服务设施，车内宽敞明亮、通风良好，旅客上下车方便，同时应备有适合于各种用途的客车。动车组要求外部设计合理、内部环境幽静、动力性能优良、配置设施齐全、服务体贴周到等。

第二节　客 运 站

客运站在铁路旅客运输过程中，是铁路与旅客之间联系的纽带。客运站的工作组织水平对铁路旅客运输的效率和服务质量有着直接的影响。客运站应设置在铁路网上有大量客流集散的地点，如国家政治、经济、文化中心，包括首都、省会、直辖市、大城市、大工业中心和港口城市、旅游胜地等。客运站可将旅客和行李包裹安全、迅速、便利地运送到目的地，对社会经济发展和提高人们的生活质量都具有十分重要的意义。

为保证旅客方便地办理购票、托运和交付行李包裹、存取小件物品等一切旅行手续和舒适地候车，安全、便捷地上下车，保证铁路和市内公共交通有良好的联系，客运站的技术设施主要由站前广场、站房和站场等三部分组成。

客运站的设置应满足下列要求：

（1）客运站的位置最好靠近城市，与市内交通及其他交通工具有良好的配套衔接，以方便旅客集散和中转换乘，体现以人为本的思想。

（2）客运站以市场为导向，合理布局客运设施，形成规模效益，以经济效益最大化为最终目标。

（3）客运站是城市的重要公共建筑之一，是城市的“大门”，其建筑风格、造型应该与城市发展和规划相协调，既美观又经济实用，并尽量能表现出各大城市的特色。

一、客运站的分类

（一）按客运量和技术作业量及在路网上的地位等条件分类

为衡量车站客运量和技术作业量大小，以及在政治上，经济上和铁路网上的地位所划分的不同等级，称为车站等级。车站按业务量、地理条件分为特等、一等、二等、三等、四等、五等站。

1. 特等客运站

日均上下车及换乘旅客在 60 000 人以上，并办理到达、中转行包在 20 000 件以上的客运站。

2. 一等客运站

日均上下车及换乘旅客在15 000人以上，并办理到达、中转行包在1 500件以上的客运站。

3. 二等客运站

日均上下车及换乘旅客在5 000人以上，并办理到达、中转行包在500件以上的客运站。

特等站是中国铁路车站中最高等级的车站，中国排名前十的特等客运站有北京站、北京西站、郑州站、广州站、上海站、沈阳站、西安站、武昌站、成都站、天津站。

对办理客货业务及货物列车编解等技术作业的综合性车站，以下列条件划分：

1. 具备下列三项条件之二者为特等站

（1）日均上下车及换乘旅客在20 000人以上，并办理到达、中转行包在2 500件以上的。

（2）日均装卸车在400辆以上的车站。

（3）日均办理有调作业车在4 500辆以上的车站。

2. 具备下列三项条件之二者为一等站

（1）日均上下车及换乘旅客在8 000人以上，并办理到达、中转行包在500件以上的。

（2）日均装卸车在200辆以上的车站。

（3）日均办理有调作业车在2 000辆以上的车站。

3. 具备下列三项条件之二者为二等站

（1）日均上下车及换乘旅客在4 000人以上，并办理到达、中转行包在300件以上的。

（2）日均装卸车在100辆以上的车站。

（3）日均办理有调作业车在1000辆以上的车站。

4. 具备下列三项条件之二者为三等站

（1）日均上下车及换乘旅客在2 000人以上，并办理到达、中转行包在100件以上的。

（2）日均装卸车在50辆以上的车站。

（3）日均办理有调作业车在500辆以上的车站。

5. 四等站

四等站办理综合业务，但按核定条件不具备三等站条件者。

6. 五等站

只办理列车会让、越行的会让站与越行站。

以上对铁路客运站的等级分类，仅仅从客运站每日上下车及换乘旅客数量来进行，还可以铁路客运站所在区域地理位置的重要度来分类，如下所述：

1. 客运中心

客运中心一般是全国政治、经济、交通的中心，人口规模及铁路客运量居全国前列，为全国性客流集散地，同时考虑在全国路网中的位置，如上海、北京、广州、武汉等四大客运中心。

2. 大型客运站

大型客运站一般是大城市所在地，或区域经济、交通的中心，为区域客流集散地，如天津、南京、西安、成都、郑州、长沙等城市的客运站。

3. 一般客运站

一般客运站一般为地区性经济、交通中心，为地区客流集散地，如唐山、包头、洛阳、大同、苏州、无锡、柳州、襄樊、秦皇岛等城市的客运站。

按所在区域地理位置的重要度对具体铁路客运站分类是动态的，随着区域经济的发展和客运站客流的扩张、功能的加强，客运站等级可以不断提升，大型客运站可提升为客运中心或客运中心提升为高速铁路综合枢纽客运站。

4. 高速铁路综合枢纽客运站

高速铁路客运站是高速铁路服务社会和旅客的窗口，按照点线能力适应与配套的原则，形成适应客流特点、便于旅客运输组织、有利于城市发展的现代化客站体系。

高速铁路客运站按照“功能性、系统性、先进性、文化性、经济性”的新理念，在站区规划、功能布局、建筑造型等方面的设计上重视以人为本，集中体现为平面一体化、站点空间集约化、接驳衔接无缝化。除了强调效率和效益外，更注重环境协调和自然通风节能，并体现地域文化特色，对旅客由管理型向服务型功能转变。

高速铁路与其他交通方式可融合发展，一批系统配套、换乘便捷、职能高效、立体开发、站城融合的客运综合枢纽，可促进铁路与公路、水运、航空等多种运输方式实现有机衔接、优势互补、优化完善联程综合运输。

高速客运站与各种交通方式有效衔接，形成以自身为中心的空间立体化、功能综合化的综合客运站。综合客运站特别重视换乘功能的实现，通过将各种不同交通方式的站场设置在不同层面上，实现旅客在不同交通方式之间的垂直换乘，缩短旅客换乘距离。

上海目前有三大铁路客运站：上海站、上海虹桥站、上海南站。上海虹桥综合枢纽是国家尺度的交通运输枢纽节点，北端引接京沪高速铁路、京沪铁路、沪宁城际；南端与沪昆铁路、沪杭甬客专、沪杭高速接轨。站内实现了与航空、长途客车、地铁和市内公交的零换乘。上海虹桥站总占地面积超过 130 万 m^2 位于上海虹桥机场西侧，站房总建筑面积约 23 万 m^2，立体共分 5 层。上海虹桥站的车场总规模为 16 台 30 线，其中高速铁路场 10 台 19 线，高速普速场 6 台 11 线。高密度的客流与行车，综控室和行车室控制着全站 400 多趟列车、400 余块电子显示屏和 220 多台进出站闸机的运行。167 台自助售（取）票机取代了售票窗口，每天 80% 的票务都由旅客自助完成，无线化、无纸化、智能化正日渐成为高速铁路的标志。

上海虹桥站已成为国有铁路、航空、长途客运、地铁、市郊铁路和市内公交、出租等交通设施及私家个体交通为一体的大型综合交通枢纽。高速铁路和机场愈来愈趋向于合作的趋势，上海虹桥站是中国最繁忙的客运站。

（二）按其线路布置图型分类

1. 尽端式客运站

尽端式客运站的旅客列车到发线均为尽头线，站房设在到发线一端或一侧，中间站台用分配站台相连接，客车整备所和客运机务段与客运站纵列配置，例如青岛、重庆和北京西等客运站，如图 5.1 所示。

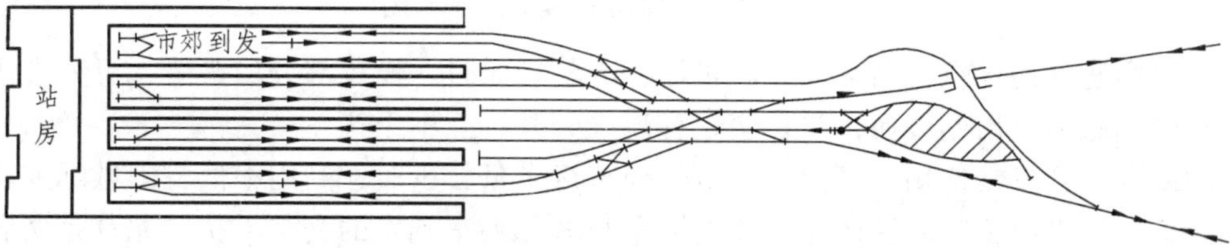

图 5.1　尽头式客运站布置图

尽端式客运站的优点：因只有一端咽喉，进站线路与城市交通道路交叉干扰少；站坪较短，占地少，车站较易伸入市区；旅客乘车较方便，出入车站可不必跨越线路。缺点：全部列车的到达、出发、客车车底的取送及客运机车的出入段等作业均集中在一端咽喉区进行，交叉干扰大，车站通过能力小；接车时，列车进站速度较低，占用咽喉时间长，影响车站通过能力；通过的旅客列车要变更运行方向时，作业不方便；旅客进出站走行距离长，且在分配站台上行包搬运作业交叉干扰严重。尽端式客运站仅在以办理始发、终到列车作业为主的客运站或在地理条件不适宜建通过式客运站时采用。

2. 通过式客运站

旅客列车到发线及正线是贯通式的，站房设在线路的一侧，基本站台与中间站台用天桥或地道等跨线设备连接。客车整备所和客运机务段与客运站纵列配置，如图 5.2 所示。一般情况下，客运站都宜采用通过式图型。

通过式客运站的优点：车站有两个咽喉区，接发列车分别在两端咽喉区办理，列车到发、客车车底取送及客运机车出入段作业交叉干扰较少，车站通过能力大；通过的旅客列车不必改变运行方向，作业较方便；到发线可办理各种列车的终到、始发及通过作业，使用灵活机动；旅客进出站走行距离短，且旅客进出站与行包搬运交叉干扰少。新建客运站一般应按通过式布置图设计为好。

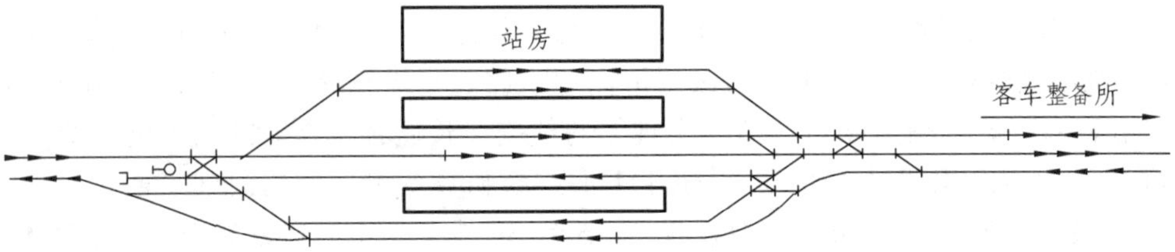

图 5.2　通过式客运站布置图

通过式客运站的缺点：由于有两个咽喉区，站坪较尽头式客运站长，占地多，且进站线路穿越城市，与城市交通道路交叉干扰严重，车站不易伸入市区。

3. 混合式客运站

混合式客运站的特点是旅客列车到发线一部分为通过式，另一部分为尽端式。通过式线路供长途旅客列车到发或通过使用，尽头式线路供城际旅客列车到发使用，如图 5.3 所示。

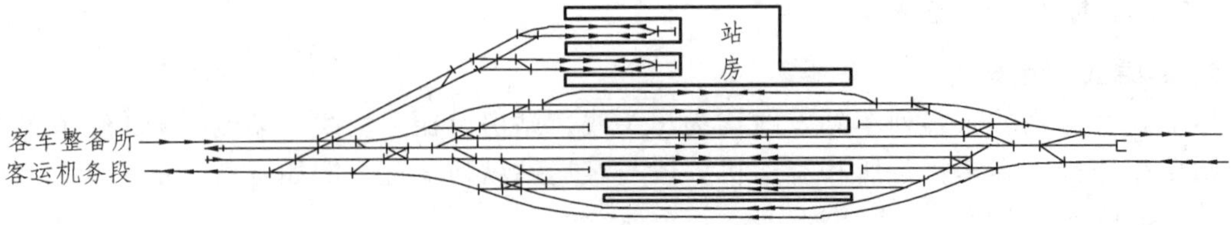

图 5.3　混合式客运站布置图

混合式客运站的优点：当某一方向城际客流量较大时，设置部分尽头线，可节省用地及投资，且城际旅客进出站方便，与长途旅客流线分开，互不干扰。

它的缺点：到发线使用不灵活，在城际列车行车量较少时，利用率低；因城际列车到发线单独设置，在进出站咽喉区产生了长途列车与城际列车到发的交叉干扰，尤其是两者共用客车整备所和机务段时，交叉尤为严重。混合式客运站一般在旧站改建、扩建时为充分利用原有车站设备时才考虑采用。

（三）客运专线客运站线路布置图型

客运专线车站图型与下列因素密切关系：车站性质、运营需要、动车段（所）、客车整备所的配置等，车站图型应在满足运营要求前提下结合具体情况确定。

我国推荐的客运专线车站的基本图型有以下几种。

1. 中间客运站线路基本图型

中间客运站除办理部分列车停站上下旅客外，主要办理旅客列车不停车通过作业，不停车的旅客列车均由正线无障碍高速通过；有旅客上下车的停站旅客列车进入侧线有站台的到发线，在正线侧不设站台，列车高速通过对在站台候车的旅客不构成安全威胁，见图 5.4 和图 5.5。

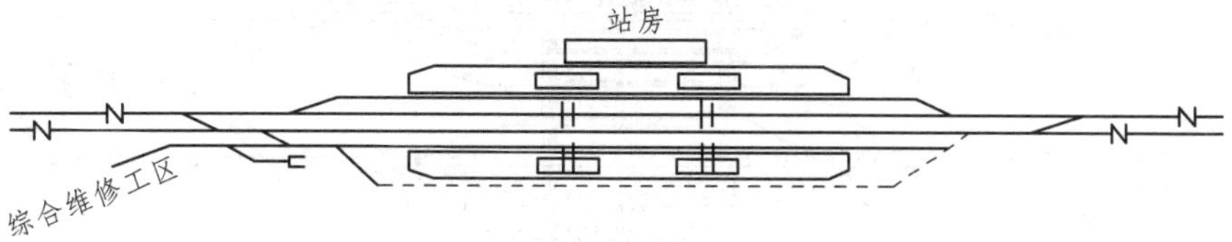

图 5.4 一般中间客运站的图型

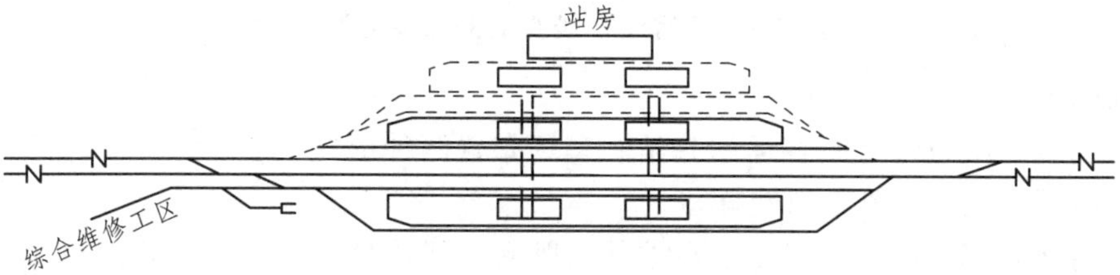

图 5.5 较大中间客运站的图型

客运专线铁路位于经济发达城市连绵地带，一些中间站客运量相当大，需要开行部分始发、终到或折返的列车。这种车站从全线看属中间站，但还具有始发站性质，故车站配置的到发线较多，可供列车较长时间在到发线停留或进出动车段，例如苏州、无锡等车站，基本图见图 5.6。

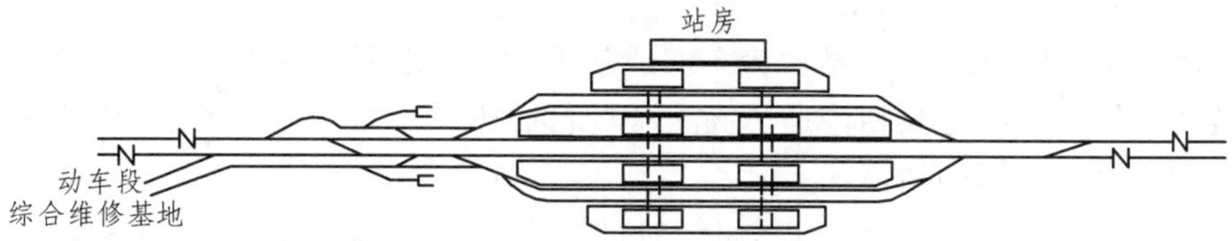

图 5.6 有始发终到折返作业的中间客运站图型

2. 客运始发站线路基本图型

客运始发站都配置在省会以上城市或几条客运专线的交汇点上（见图 5.7 和图 5.8），在路网上属于结点，车站有大量的到发和始发客流，需要开行大量的始发列车。通常情况下，在列车开行方案中，客运始发站办理的列车以始发和终到列车居多，故需配备较多的列车到发线，车站上还配置有动车段。

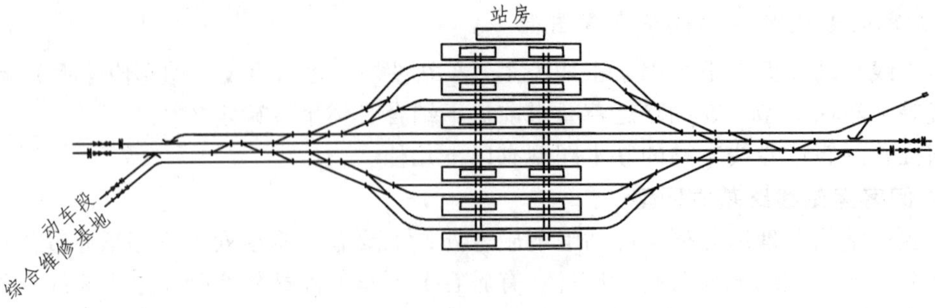

图 5.7　始发客运站线路基本图型

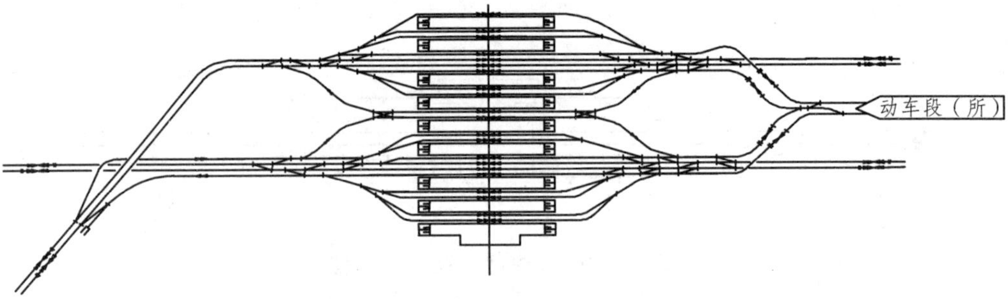

图 5.8　两客运专线交汇的始发客运站

3. 与既有线同站布置

客运专线客运站与既有线客运站共站有车场布置两种形式。

（1）利用既有线客运站的既有车场。

全部利用既有站，客运专线正线在站外与既有正线连接，利用既有正线进站，客专正线不直接引入既有站的车站。如法国东南 TGV 高速线在巴黎里昂站的前方约 28 km 处接上既有线，高速列车利用既有进路畅通进入站内各股到发线，形成了共用车场，这种车站也都已具有良好的旅客流程。

（2）分设两个车场。

对既有站车场进行改扩建，客运专线正线与既有正线平行直接引入车站的客运专线车场，车场不共用、站台不共用，两套接发车进路，互不干扰影响。如日本东京站的总平面布置：自西向东 1～3 站台供京滨、东北、山手、中央等线使用；4、5 站台供东海道、中距离电车线（城市快速列车）使用；6～9 站台为东海道新干线和东北新干线共用。基本上分为三个车场，两个普通车场仅 1 股道互相沟通。高速车场自成体系，与其他车场不沟通。我国京津城际进入天津站也是分车场同站模式。

在设备布局与规划各种流线、客运组织时，客运专线高速客流和既有线客流不发生交叉；站内各项设备能适应客运专线高速列车密集到发和到达、出发客流过于集中的要求；能快速、便捷地疏散及与市内交通无缝换乘。

二、客运站的站场设施

客运站的站场是列车通过和到发的场所，也是旅客和行包的集散地。站场内应设置站线、旅客站台、雨棚、跨线设备和检票口等设施。站场内各种设施的布置应能满足合理地组织旅客和行包两大流线的需要，满足安全、合理地组织旅客上下车和运送、装卸行包的需要，并应考虑方便站内工作人员作业的需要。

（一）站 线

根据作业需要，客运站站场内应设正线、列车到发线、机车走行线等。

1. 正 线

在双线区段的客运站上，当客车整备所与客运站纵列且位于靠站房一侧时，其正线布置可如图 5.2 进行，靠近站房侧的正线布置在第二、三站台之间，另一正线布置在站房对面最外侧。这种布置可保证货物列车通过靠近站房侧的正线顺直，停靠一、二站台的旅客列车车底取送不与正线交叉，且旅客上下车、行包邮件装卸等作业方便、安全。当客车整备所与客运站纵列且在两正线之间时，其正线布置可如图 5.3 所示。这种布置列车到发、通过与机车出入段、客车车底取送交叉干扰较少，对咽喉通过能力影响也小。

尽头式客运站的正线，一般布置在自区间直接引入车站的某股站线上。

2. 旅客列车到发线

旅客列车到发线是站场内除正线以外供旅客列车停靠，与正线平行且与站台相邻的站线，有效长应按旅客列车长度来确定。一般可按 20 辆 25 型车进行计算，20 辆车的长度为 $20\times26.6=532$ m，客运机车按 21.1 m 长计算，旅客列车进站停车附加距离为 30 m，以上三项和为 583.1 m，故有效长不应小于 650 m。接发短途、小编组列车和节日代用旅客列车以及改扩建客运站，条件比较困难时，到发线有效长度可适当缩短。

旅客列车到发线数量，应根据旅客列车对数、列车性质、引入线路的数量和车站技术作业过程等因素确定，一般可参照表 5.1 所列数据选用。

表 5.1 旅客列车到发线数量表

始发、终到旅客列车对数	到发线数量/条
12 及以下	3
13 ~ 24	3 ~ 5
25 ~ 36	5 ~ 7
37 ~ 50	7 ~ 9

注：（1）办理通过旅客列车的客运站，按每对通过旅客列车折合 0.5 对始发、终到旅客列车计算；
（2）始发、终到旅客列车在 50 对以上者，到发线数量可按分析计算确定。

3. 货物列车到发线

货物列车经过客运站时，一般均为无作业通过，当一般客运站位于接轨站时，为提高区间通过能力，货物列车需在客运站办理停站交会、越行等作业，为此，客运站应有相应的货物列车到发线。在货物列车停留次数不多的情况下，可考虑利用正线或旅客列车到发线兼作货物列车到发线，但要考虑其有效长能满足货物列车停留的需要；当货物列车在客运站停留次数较多时，可考虑单独设置货物列车到发线，其有效长应按货物列车到发线有效长度设计。

4. 机走线和机待线

有机车换挂作业或有旅客列车始发、终到的客运站，一般应设置机车走行线和机待线。

机待线的有效长度，一般情况下应为两台机车长度加 10 m 安全距离。

（二）旅客站台

为保证旅客安全、便利地上下车，加快旅客乘降速度，方便行包、邮件的装卸，站场内应设旅客站台。旅客站台的数量和位置应与旅客站房和旅客列车到发线的布置相配合。

1. 旅客站台的布置

旅客站台的布置随客运站站型的不同而有所差别。

（1）通过式客运站或混合式客运站应设基本站台和中间站台，其布置如图 5.9 和图 5.10 所示。

（2）尽端式客运站应设分配站台和中间站台，其布置如图 5.11 所示。

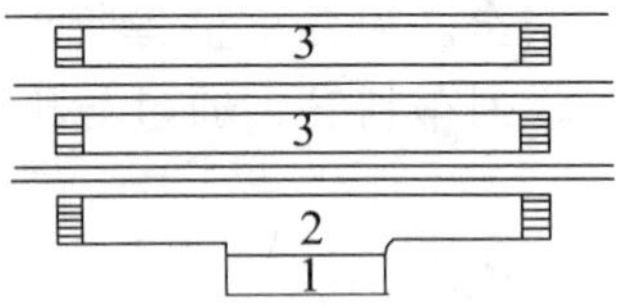

1—站房；2—基本站台；3—中间站台。

图 5.9 通过式客运站的站台

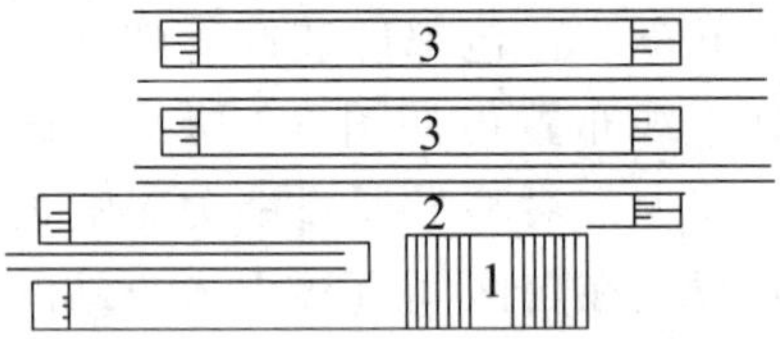

1—站房；2—基本站台；3—中间站台。

图 5.10 混合式客运站的站台

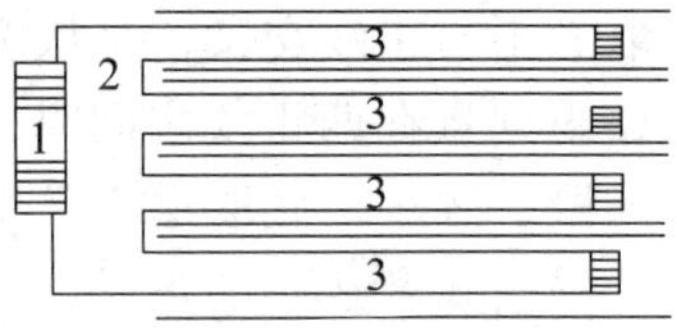

1—站房；2—分配站台；3—中间站台。

图 5.11 尽头式客运站的站台

2. 旅客站台的长度

为使整列列车能停靠站台，旅客站台的长度应按旅客列车的长度来确定，整个车底长度为 532 m，故客运站旅客站台长度一般按 550 m 设置。城际列车和短途列车较多的客运站，站台长度可按城际列车和短途列车实际长度确定。采用尽头线的尽端式客运站的站台长度，应另加机车及供机车进出的必要长度。其他车站的旅客站台长度，按具体客流情况确定，但不宜小于 300 m，使约有 11 辆旅客车厢能停靠站台。

另外，随着实行高密度、短编组列车的开行，旅客站台长度可根据具体需要分别加以设置。

3. 旅客站台的宽度

旅客站台的宽度应按客流密度、行包搬运工具、站台上的建筑物和路段设计速度等情况来确定。

（1）旅客基本站台的宽度：在旅客站房和其他较大建筑物范围以内，由房屋突出部分的边缘至站台边缘的宽度。大型客运站宜采用 20 ~ 25 m；其他站宜采用 8 ~ 20 m，困难条件下，不应小于 6 m。站房范围以内的基本站台宽度见表 5.2 所列。

表 5.2 站房范围以内基本站台宽度表

站房规模/人	站台宽度/m
40 ~ 50	8 ~ 12
400 ~ 2 000	12 ~ 20
2 000 ~ 10 000	20 ~ 25

（2）旅客中间站台的宽度：设有天桥、地道并采用双面斜道时，大型客运站的站台宽度不应小于 11.5 m，客运站的站台宽度不应小于 10.5 m，其他站的站台宽度不应小于 8.5 m。但采用单面斜道时不应小于 9 m，仅设雨棚时不应小于 6 m。不设天桥、地道和雨棚时，单线和双线铁路中间站的中间站台宽度分别不应小于 4 m 和 5 m。路段设计行车速度为

120 km/h 及以上时，邻靠有通过列车正线一侧的中间站台应按上述宽度再增加 0.5 m 设计。当中间站台设于最外的到发线外侧时，其宽度可适当减小。在特别困难条件下，可根据具体情况而定。

（3）当旅客站台上设有天桥或地道的出入口、房屋和其他建筑物时，站台边缘至建筑物边缘的距离，客运站上不应小于 3 m，其他站不应小于 2.5 m。在困难条件下，其中一侧距离不应小于 2 m。路段设计行车速度为 120 km/h 及以上时，邻靠有通过列车正线一侧应按上述宽度再增加 0.5 m 设计。

4. 旅客站台的高度

旅客站台的高度是指站台面高出相邻线路轨面的高度。按站台高度分，旅客站台可分为低站台、一般站台、高站台三种，如图 5.12 所示。

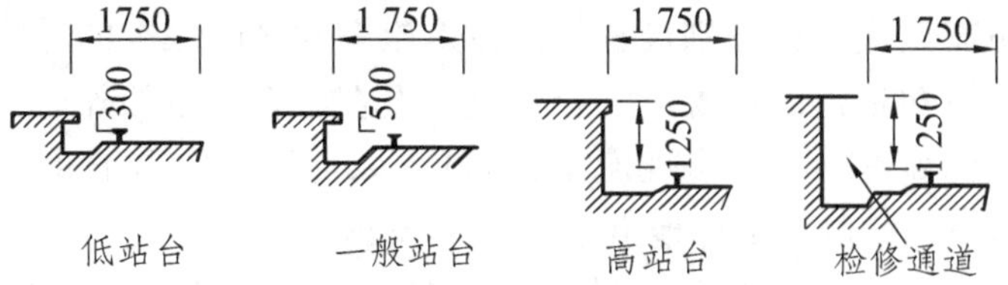

图 5.12 旅客站台高度示意图（图中尺寸均以 mm 计）

（1）低站台。站台面高出相邻线路轨面 300 mm，是以前采用较多的旅客站台。

（2）一般站台。站台面高出相邻线路轨面 500 mm，与客车车厢阶梯最低的踏步基本相平，旅客上下车和行包邮件装卸方便，但邻靠此种站台的线路不能通行超限货物列车。

（3）高站台。站台面高出相邻线路轨面 1 250 mm，与客车车厢底面基本相平，便于旅客上下车，但列检作业不方便，应在站台边侧设置列检人员通道，邻靠高站台的线路不能通行超限货物列车，旅客列车通过速度也不能过高。因此，这种旅客站台以前仅在旅客较多或有动车组行驶的车站才采用。但现在邻靠不通行超限货物列车的到发线一侧都宜采用此站台，对邻靠正线及通行超限货物列车到发线的旅客站台采用低站台。

5. 雨棚的设置

客运站和客流量较大、一次上下车旅客人数较多的车站，旅客站台上应设置雨棚；地道的出入口和位于多雨地区的天桥也应设置雨棚。客运站的雨棚长度应与站台长度一致，其他车站的雨棚长度可短于站台的长度，可按 200 ~ 300 m 设置。雨棚宽度应与站台宽度一致，且与进出站口相连。

（三）跨线设备

跨线设备是站房与站台之间、站台与站台之间往来的通道。跨线设备的类型、数量和位置对站场内的流线组织起着重要的作用，尤其是在大量旅客下车出站时，跨线设备就成了人流疏散过程中的控制地段。

跨线设备的设置应根据客运站站型和客流量大小、客流性质以及站台、站房、站前广场相互位置等因素综合考虑，以达到合理地组织流线，保证旅客安全、方便地通行和上下车并迅速地集散，保证行包邮件搬运、装卸作业安全便利。

跨线设备按其用途可分为供旅客使用的跨线设备和供行包邮件搬运使用的跨线设备；按其与站内线路交叉关系可分为天桥、地道和平过道。

1. 天桥和地道

天桥和地道是站房或基本站台与中间站台的便捷通道，天桥和地道的设置应使旅客通行流畅，行包、邮件搬运便利和减少跨线交叉干扰。

（1）天桥和地道的数量：当站房规模在 3 000 人以下时不应少于 1 处；站房规模在 3 000 ~ 10 000 人时，不应少于 2 处；站房规模在 10 000 人及以上时，不应少于 3 处。设有高架跨线通道候车室时，天桥或地道不应少于 1 处。当客流、行包和邮件数量都很大时，可设置行包、邮件地道 1 ~ 2 处。天桥和地道的出入口，应与进、出站检票口相配合，设置一处天桥或地道时，其位置可设在进、出站检票口之间，进、出站旅客共同使用，旅客走行距离均较短；设置两处天桥或地道时，进站和出站旅客可分开使用，设置位置分别靠近进站和出站检票口；设置多处天桥和地道的大型客运站，一般长、短途旅客及城际旅客均较多，为了更好地组织旅客上下车，应考虑分别设置长、短途旅客和城际旅客的进站通道，且出站旅客经由另一地道出站。行包地道的位置应配合行包房设在旅客地道的外侧。

（2）天桥和地道的宽度：当站房规模在 3 000 人以上时不应少于 8 m，站房规模在 3 000 人以下时不应少于 6 m，行包、邮件地道不应小于 5.2 m。

（3）地道的净高：旅客地道不应小于 2.5 m，行包、邮件地道不应小于 3 m。

另外，旅客天桥、地道通向各站台宜设双向出入口，其宽度为：大型客运站不应小于 4 m，客运站不应小于 3.5 m；其他站双向出入口宽度不应小于 2.5 m，单向出入口不应小于 3 m。行包、邮件地道通向各站台应设单向出入口，其宽度不应小于 4.5 m，当条件所限且出入口处有交通指示时，其宽度不应小于 3.5 m。

2. 平过道

平过道与线路平面相交，是最简单的跨线设备。

在尽端式客运站，应在咽喉区的站台端部设搬运行包用的平过道。由于旅客进出站及行包搬运均通过分配站台至中间站台，为减少旅客流线与行包流线交叉，一般组织出站旅客靠接车线一侧出站，进站旅客靠发车线一侧进站，行包房可设在出站检票口的一边。若车站到发的行包量均很大时，可在站房两侧分设到达和出发行包房。

在通过式客运站上，搬运行包使用的平过道应设置在站台的两端，一般设置在站台端部坡底处；客运量较小的车站可采用平过道来跨越线路，平过道一般设置在站台中部接近进出站口处及站台两端部，分别供旅客、行包搬运及工作人员通行使用。但是平过道不管是从旅客安全还是影响通过能力方面考虑，都有很大弊端，因此在未来的发展中应该尽量避免使用。

（四）检票口

检票口是站房与站台之间的连接点，是旅客进出站的必经之路，也是站场流线组织的重要一环。检票口的布置应力求居于站台适中位置，以尽量缩短旅客检票后的步行距离。检票票口的数量应根据通过该处检票进站（出站）的旅客人数及其通过能力来确定。客运站集中设置检票口便于管理和互相调剂使用，站房规模较大时，应分别设置进站检票口和出站检票口，城际短距离车站一般不再设检票口。另外，未来客运站的发展方向是开放式的态势，不再设置专门的检票口。

三、站房及站前广场

站房是客运站的主体，其设置位置应根据线路布置、地形地质条件及城市规划等因素综合考虑确定。

（一）站房的组成

（1）直接为旅客服务用的各种房屋，如供旅客办理各种旅行手续和候车的出入口、广厅、问询处、售票处、行包房、各种候车室、通过大厅及小件物品寄存处等用房。为旅客提供生活、文娱服务的盥洗室、餐厅、售货亭、阅览室、邮电所等房屋，是客运站房的核心部分。

（2）为运营管理所需要的各类技术业务用房，如指挥行车和调车作业的行车室、技术室、列检生产用房及有关辅助房屋。

（3）车站行政办公用房，指行政管理部门用房及辅助性房屋，如站长室、运转室、客运室、财务室等各种行政办公室、会议室。

（4）建筑设备用房，车站电气机械设备和通风，采暖，供应冷、热水和饮用水等所需房室。

（5）驻站单位用房，指不属于车站领导的部门，如海关办事处、公安驻站机构、检疫机构等单位用房。

（二）站前广场

站前广场是客运站与城市交通联系的纽带，是旅客流、行包流以及各种车流的集散地点，应有公交、地铁、轻轨、磁悬浮等各种交通运输方式有机衔接，以实现零距离换乘的目标。站前广场的功能是集散铁路旅客和部分城市交通车辆，为旅客提供室外活动及休息场所，运行和停放各种交通车辆，布置各种服务设施。

为保证旅客和车辆安全、便利、迅速集散，站前广场上各种车辆的行驶路线、停车场地应妥善安排，避免旅客流线、车辆流线与行包流线之间的交叉干扰，并应尽量缩短进、出站旅客的走行距离，各种车辆停车站应尽量靠近站房出入口。旅客活动地带应设人行通道，客流量大、交通组织较复杂的广场可设地下人行通道。广场周围布置旅客服务设施，如旅馆、饭店、邮电所、商场、长途汽车站等，使站前广场成为与城市规划密切配合的一个完整空间。

（三）站房的位置

旅客站房的位置应与车站总体布置相配合，一般应尽量设在车站中部为好。尽端式客运站，站房一般设在到发线的尽头端；通过式客运站，站房应尽量设在线路靠城市居民区一侧，以方便旅客进出车站。

站房的平面布置应按旅客在站内流水式通行的顺序来安排，应使旅客流线、行包流线及车辆流线畅通，尽量减少交叉干扰。站房内各房室及跨线设备的平面布置，应考虑员工作业及管理方便，考虑旅客乘降车在站内走行距离较短，并能安全迅速地集散与通行，以提高客运设备的通过能力，且具有一定的灵活性。

（四）站房与站前广场、站台的断面关系

（1）站房与站前广场的断面关系有两种形式，一种是站房基地与站前广场标高布置在一个水平面上，或标高相差很小；另一种是站前广场标高低于站房基地标高，如图 5.13 所示。

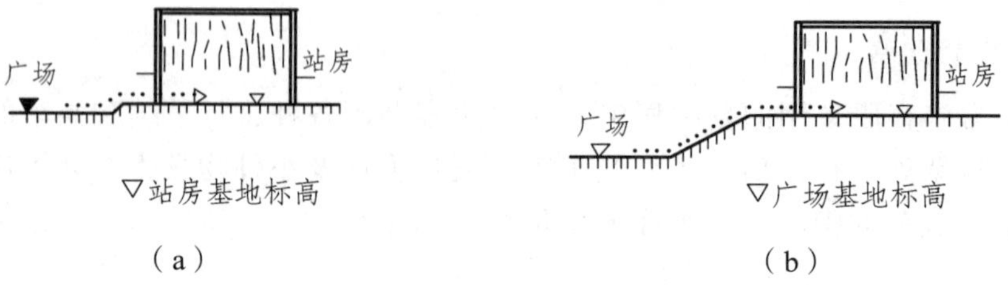

图 5.13 站房与广场断面关系示意图

（2）站房与站台的断面关系有三种形式：线平式，站房基地与站台标高在同一水平线上；线上式，站房基地高于站台标高；线下式，站房基地低于站台标高，如图 5.14 所示。

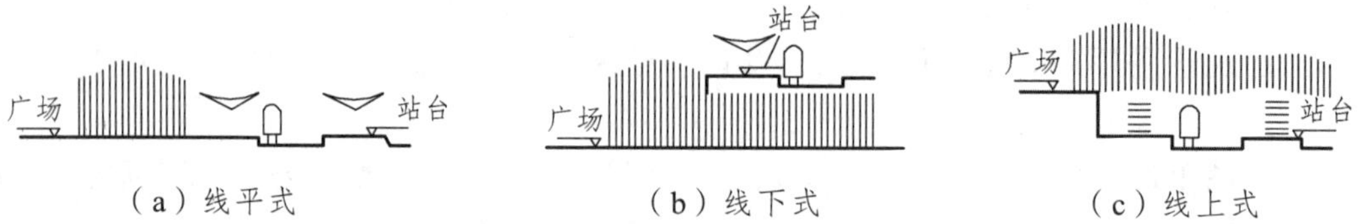

图 5.14 客运站房与站台断面关系分类示意图

（五）站房的建筑规模

客运站房的建筑规模，应根据车站的旅客最高聚集人数来确定。旅客最高聚集人数是指客运站全年旅客最高月份中，平均一昼夜内旅客同时在候车室内的最多候车人数，包括客运站的发送旅客、中转旅客及送客者，通勤及通学旅客除外。

影响旅客最高聚集人数的主要因素是旅客上车人数及其在车站聚集时间的长短。这和客运站与居民区距离的远近、交通条件、旅客列车到发间隔、预售车票组织水平及旅客出行目的、旅客组成等条件有关。旅客最高聚集人数直接反映对车站用房和设施大小的要求，各种用房的建筑面积根据旅客最高聚集人数来计算设计，以确定客运站房的规模。目前，我国客运站房规模可分为小型、中型、大型和特大型四类，如表 5.3 所示。

表 5.3 客运站房建筑规模分类表

顺 号	类 型	旅客最高聚集人数/人
1	小 型	400 以下
2	中 型	400 ~ 2 000
3	大 型	2 000 ~ 10 000
4	特大型	10 000 以上

旅客最高聚集人数的计算，目前一般采用计算系数法和图解法。

1. 计算系数法

计算系数法简单易行，计算公式如下：

$$H = FC$$

式中　H——计算年度旅客最高聚集人数；

F——计算年度最大月日平均旅客上车人数；

C——计算年度所采用的计算系数。

计算系数针对不同情况采取不同数值。上车人数少、交通不方便、居民区离车站较远、停站车次少、预售车票组织较差、附近服务设施较少的车站，计算系数应取高值。反之，计算系数应取低值。

2. 图解法

根据计算时期内，预定的列车运行图的各次旅客列车出发时刻及上车人数（包括送客者），以及中转旅客人数，利用绘制的候车室内一昼夜旅客聚集情况曲线推算出最高聚集人数。此方法绘图的人数资料是车站实际营业时查标的统计数字，对设计的车站要获得正式运营后 10 年的客流数字较困难，仅能作设计车站时的参考数据。

（六）客运站旅客、行包、车辆流线分析

旅客、行包、车辆在客运站内的集散活动，产生一定的流动过程和路线，通常称为流线。客运站房的总体布局应以各种流线为主要依据，站房布局应保证旅客流水式通行，尽可能减少各种流线的交叉干扰。客运站流线从流动方向上可分为进站和出站两大流线，如图 5.15 及图 5.16 所示。从流线性质上可分为旅客流线、行包流线和车辆流线。

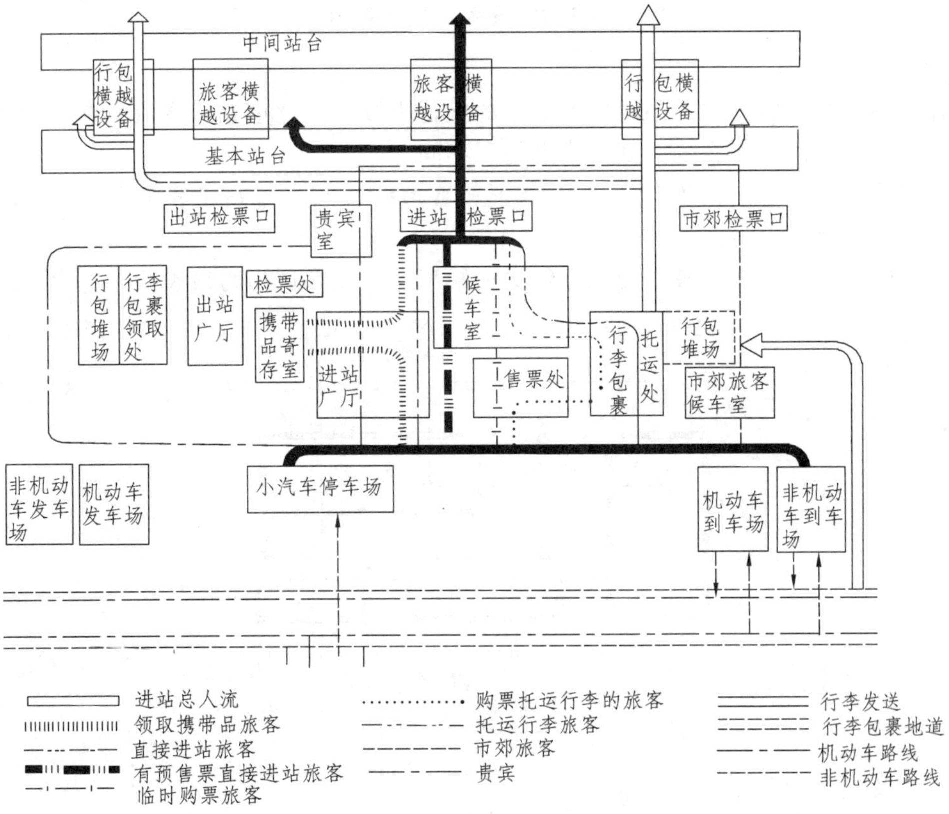

图 5.15　进站流线示意图

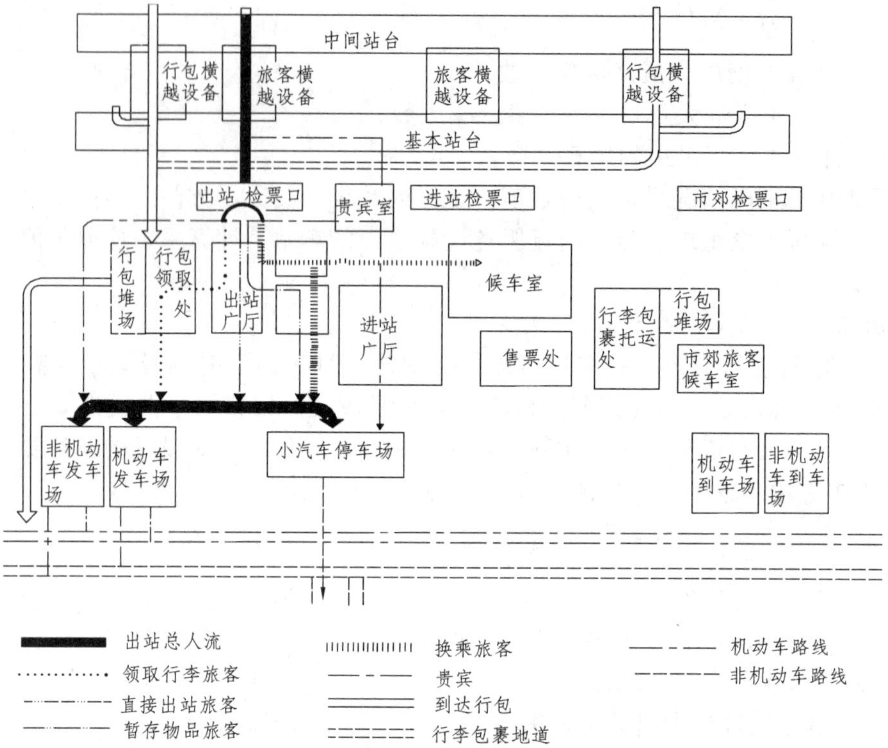

图 5.16 出站流线示意图

1．进站旅客流线

旅客在不同时间内进站，办理各种不同的旅行手续，因此进站旅客流线在检票前比较分散和缓慢，且不同性质的旅客，其流线也略有不同。

（1）普通旅客流线。图 5.17 所示为普通旅客流线，它是进站旅客中人数最多的主要流线，在车站的主要流程为：

广场→广厅→咨询处→售票处→行包房→候车室→检票口→跨线设备→站台上车。

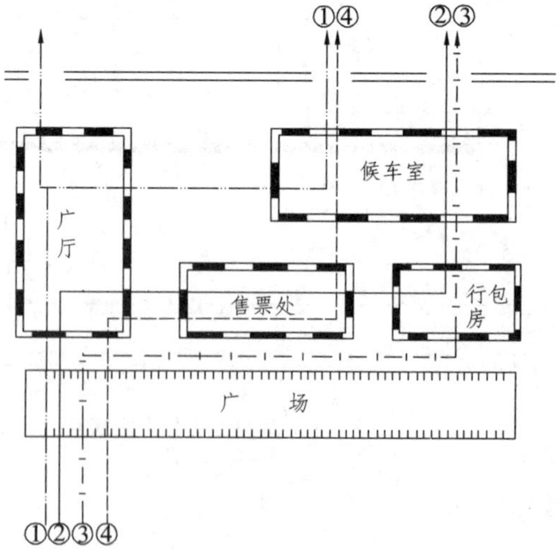

图 5.17 普通旅客进站流线示意图

有些旅客因预先办理了部分手续，故还有以下几种流线：

① 预先购票不托运行李，则流线为：广场→广厅→候车室→检票口→跨线设备→站台上车。旅客在站停留时间较短。

② 上车前购票和托运行车，则流线为：广场→广厅→售票处→行包房→候车室→检票口→跨线设备→站台上车。旅客在站停留时间较长。

③ 预先购票，上车前托运行李，则流线为：广场→行包房→候车室→检票口→跨线设备→站台上车。

④ 上车前购票，不托运行李，则流线为：广场→广厅→售票处→候车室→检票口→跨线设备→站台上车。

（2）城际旅客流线。城际旅客大多在早晚乘车，多数持通勤、通学月或季票，不需临时购票，一般到站后立即检票上车。城际客流量较大的车站，可单独设置绿色通道，方便旅客快捷进站，上车补票，以免与其他旅客流线相互干扰。

（3）中转旅客流线。中转旅客流线比普通旅客流线简单，当列车到发时刻衔接紧凑时，旅客可在相应站台直接换乘，多数中转旅客下车出站后经过问询、办理中转签票手续，然后进入候车室休息，最后经检票口、跨线设备、站台上车。

（4）团体旅客及需特殊照顾的旅客流线。这种旅客流线应与一般旅客流线分开，应设专用检票口，使他们经便捷的径路，优先就近进站上车。

（5）贵宾流线。在经常有贵宾来往的大型客运站设有贵宾室。为保证贵宾的安全，贵宾流线应与其他旅客流线分开，除从站房专用入口进站外，还应设专门通道，使汽车可直接驶入基本站台。

2. 出站旅客流线

旅客下车后，经跨线设备到出站检票口，通过出站广厅直接出站，另有部分旅客领取行李后出站或出站后再领取行李。

出站旅客流线的特点是旅客集中、速度快、占用站房设备时间短，布置站房时应使出站旅客流线便利畅通，使旅客迅速出站，并在广场很快疏散。

3. 行包流线

行包流线应按旅客流线要求顺序排列，行包托运处及发送行包仓库应接近售票处和候车室，行包领取处及到达行包仓库应靠近出站广厅或出站口，并应与停车场相连，便于行包运送。大型客运站为避免行包流线与旅客流线的交叉干扰，设行包发送及到达地道，参见图 5.10 和图 5.11 所示。

4. 车辆流线

站前广场上各种公共交通车辆、接送客车辆、出租车、非机动车辆及进出站客流、行人的交通路线，应合理组织，妥善规划各种车辆的停靠位置，按市内交通靠右侧行车习惯，宜将车辆到达场安排在站房右侧，车辆出发场安排在站房左侧，尽量减少交叉干扰，确保旅客走行安全及车辆集散流畅、便捷。

各种流线组织的原则是：尽量避免和减少各种流线的相互交叉干扰，最大限度地缩短旅客流动距离，避免流线迂回。依此规划各类用房的位置，其要求是防止对流，确保安全：

（1）进站与出站两大旅客流线严格分开；

（2）普通旅客流线与城际旅客、贵宾等流线分开；

（3）旅客流线、车辆流线分开；

（4）旅客转乘公共交通及出租车流线顺畅。

为满足上述要求，站房应有合理的平面布局和空间组合，其基本布局方法有：

（1）主要进出站流线在同一平面上错开。在同一平面上的布局使主要进出站流线左右分开，为更好地配合站前广场的车辆流线组织，通常将进站流线安排在站房右侧。这种布局一般适用于单层式客运站、中小型客运站及尽头式客运站，如图 5.18 所示。

（2）主要进出站流线在空间上错开。利用不同平面组织进出站流线，一般将进站流线安排在上层，出站流线安排在下层，使进出站流线分开。这种布局适用于大型双层客运站，如图 5.19 所示。

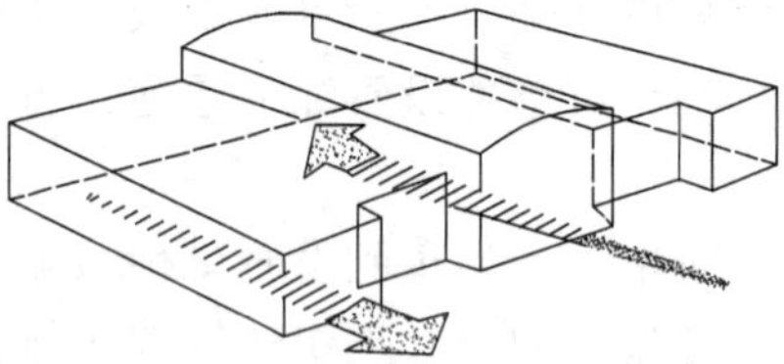

图 5.18　进出站流线在同一平面上错开示意图

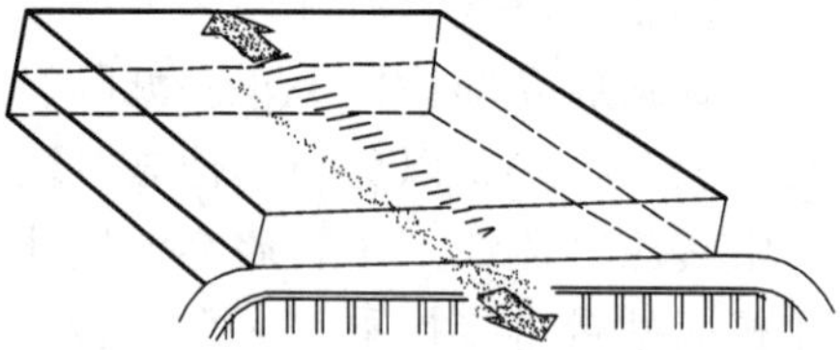

图 5.19　进出站流线利用空间错开示意图

（3）进出站流线在平面和空间上同时错开。进站流线安排在右侧上层，出站流线安排在左侧下层，利用站房的平面和空间使进出站流线明确分开。大型客运站多采用这种基本布局，如图 5.20 所示。

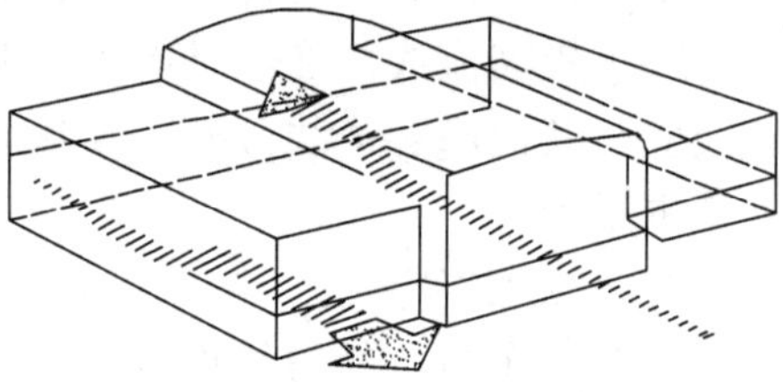

图 5.20　进出站流线在平面和空间同时错开示意图

（七）客运用房的布置

客运用房指直接为旅客服务的房室，是旅客站房的主体，主要由出入口、售票处、行包房、候车室及检票口等组成。各房室的布置应使旅客在站内流线畅通，走行距离较短。

1. 站房出入口

为方便旅客进出车站，并使进站旅客流线与出站旅客流线分开，站房的主要进站口与出站口应保持一定距离，且按我国公路交通车辆靠右侧行车的习惯，站房主要进站口一般设于站房中间或偏右部，站房主要出站口设于左侧或偏左部，如图 5.21（a）所示。尽端式客运站，可结合站前广场的布局、城市交通组织情况，在站房两侧分设一个或两个出站口，以避免进出站旅客流线的交叉干扰，并缩短旅客的走行距离，如图 5.21（b）所示。

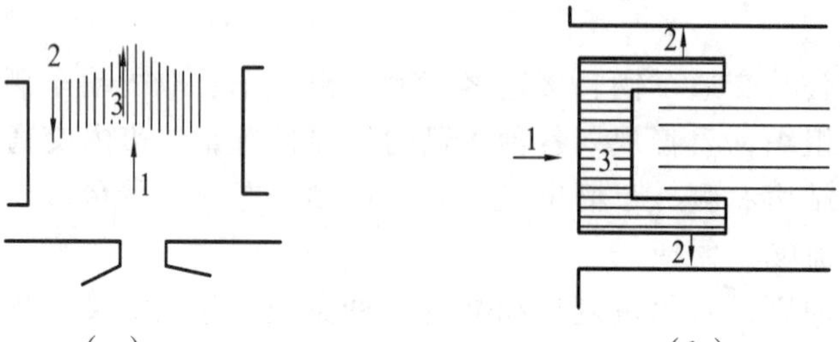

（a）　　（b）

1—入口；2—出口；3—站房。

图 5.21　站房主要进出站口布置示意图

2. 售票处

售票处应设在旅客进站流线中靠前面且易于找到的明显地点，其布置位置有以下几种：

（1）售票处设在综合候车室内，如图 5.22（a）所示。这种布置售票处明显易找，旅客购票走行距离短，但购票旅客与候车旅客互相影响，适用于客运量较小的客运站。

（2）在营业广厅或靠近主要入口处设置专门的售票厅，如图 5.22（c）、（d）、（e）所示。这种布置旅客购票和候车等活动相互不干扰，适用于中型客运站。

（3）在站房外单独设置售票室，如图 5.22（f）所示。售票室用走廊与站房相连，以免旅客有露天行程。这种布置旅客购票后在站内走行距离较长，适用于大型客运站。

（4）在站房外较远处设专门的售票大楼，如图 5.22（g）所示。售票处与站房独立设置，互不相连。旅客购票与进站旅客流线无交叉干扰，但购票后进站走行距离较长。在大型客运站站房使用较紧张等情况下采用。

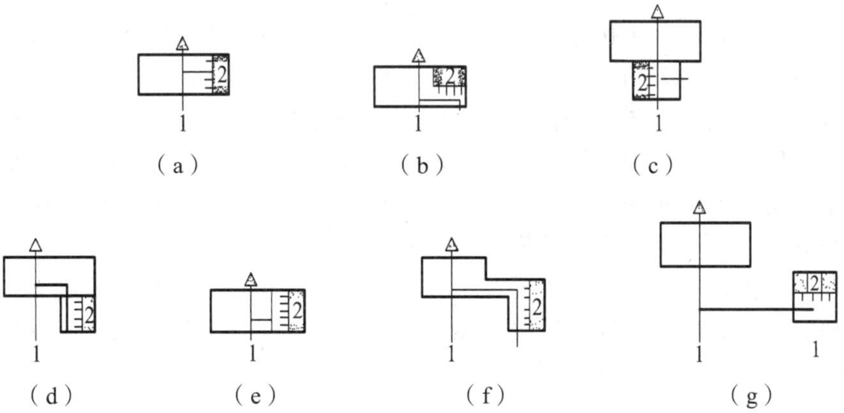

1—旅客进站流线；2—售票处。

图 5.22　售票处在站房中的位置

3. 行包房

行包房的位置应与客运其他用房、站前广场及站台有机联系，尽量减少行包流线与旅客流线、车辆流线的交叉干扰，方便工作人员的管理。其布置形式有以下几种：

（1）站房中只设一个行包房，行包的发送及到达均在同一地点办理。这种布置车站对行包仓库的管理方便，仓库使用灵活，利用率高。根据行包房地点不同，又可分三种布置形式：

① 行包房设置在旅客进出站流线之间，如图 5.23（a）所示。旅客托运行包后上车及出站后领取行包走行距离均较短，但托取行包旅客流线与一般旅客进出站流线、行包车辆流线之间交叉严重。

② 行包房设置在站房的右侧，如图 5.23（b）所示。对旅客来站托运行包较为方便，但出站旅客领取行包走行距离较长，且与进站旅客流线交叉干扰。

③ 行包房设置在站房左侧，如图 5.23（c）所示。出站旅客领取行包较方便，而来站托运行包的旅客走行距离长，且与出站旅客流线相互干扰。

（2）站房中分别设置到达行包房及发送行包房，如图 5.23（d）所示。这种布置方便旅客托运、领取行包，避免进出站旅客流线与行包流线的交叉干扰，只是对行包仓库的利用、管理及行包的搬运等不太灵活方便。

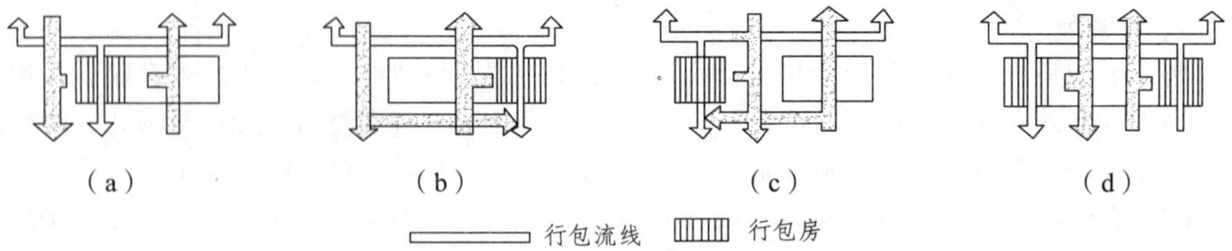

图 5.23 行包房在站房中位置示意图

4. 候车室（厅）

候车室要求有良好的候车环境，宽敞明亮、卫生，有一定的文化娱乐，如电视等设施。另外，候车室应与站房主要进站口及检票口有便捷的通道相连，并尽量靠近站台，以减少旅客进站及检票后的走行距离。候车室布置形式应根据客流量大小、客流性质复杂程度而定，可分下列几种基本形式：

（1）集中候车方式。集中候车方式仅设一个综合候车室，候车室利用率高，使用机动灵活，当客流量不大时，可采用这种候车方式，如图 5.24（a）所示。

（2）分线候车方式。候车室按横向或纵向划分成几个部分，每一部分是某线或某个方向旅客候车，其中图 5.24（b）是横向分线布置方式，旅客走行距离较长；图 5.24（c）是纵向布置方式，旅客走行距离较短，不必往返走行。在客流量较大，且客流组成性质较复杂时，采用分线候车方式，便于维持候车秩序和组织旅客上车工作。

（3）高架集中分线候车方式。大型客运站尤其高速客运站旅客列车密度大，到达及出发旅客多且集中，站房、候车大厅与线路、站台立体布置，从而解决了到达出发旅客之间的交叉干扰及不同方向不同车次出发旅客之间的干扰影响。

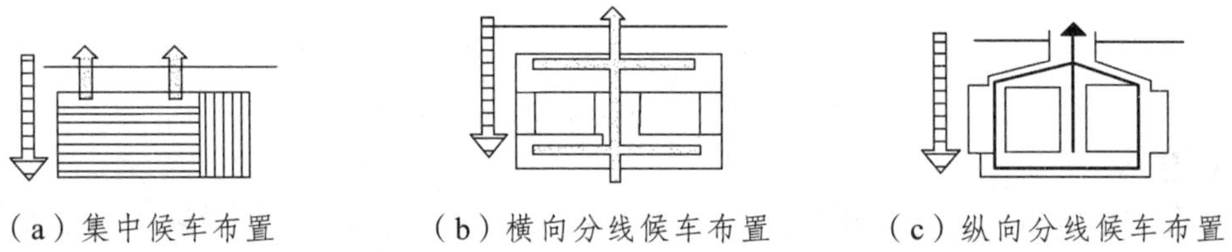

图 5.24 集中与分线候车示意图

第三节 旅客运输移动设备

铁路为了运送旅客，必须具备一定数量的移动设备，主要指客运机车、客运车辆和动车组。

一、客运机车

机车是铁路运输的基本动力。由于铁路车辆大都不具备动力装置，列车的运行和车辆在车站内有目的的移动均需机车牵引或推送。

从原动力来看，机车分为蒸汽机车、内燃机车以及电力机车。按运用分为客运机车、货运机车和调车机车，其中客运机车要求速度快，货运机车需要功率大，调车机车要有机动灵活的特点。

蒸汽机车是通过蒸汽机把燃料的热能转换成机械功，用来牵引列车的一种机车。在现代铁路运输中，蒸汽牵引已被其他新型牵引形式取代。我国已于 1988 年末停止生产蒸汽机车。

内燃机车是以内燃机作为原动力的一种机车。一般说来，内燃机车由动力装置（即柴油机）、传动装置、车体与车架、走行部、辅助设备、制动装置和车钩缓冲装置等主要部分组成。内燃机车的热效率可达 30%左右，其独立性强，线路投资省，见效快，整备时间比蒸汽机车短，起动、加速快，运行交路长，通过能力大，单位功率重量轻，劳动条件好，可实现多机联挂牵引。

根据从柴油机到动轮之间采用传动装置的种类不同，内燃机车可分为电力传动、液力传动两种类型。电力传动是由柴油机驱动主发电机，然后向牵引电动机供电，并通过牵引齿轮驱动机车轮对转动。液力传动是由柴油机驱动液力传动装置的变矩器泵轮，将机械功转变成液体的动能，再经变矩器的涡轮转换成机械功，以适应机车的各种运行情况，然后经万向轴、车轴齿轮箱等部件传至车轮。液力传动较电力传动效率稍低，适合牵引客运列车。

几种使用的内燃机车概况见表 5.4 所列。

表 5.4　内燃机车主要参数表

特性＼型号	东风 4B	东风 6	东风 7B	东风 8	东风 9	东风 10	东风 11
制造厂	大　连	大　连	二　七	戚墅堰	戚墅堰	大　连	戚墅堰
用　途	干线客货运	干线货运	货　运	干线货运	干线货运	干线货运	干线货运
传动形式	交—直	交—直	交—直	交—直	交—直	交—直	交—直
轴列式	C_0-C_0	C_0-C_0	C_0-C_0	C_0-C_0	C_0-C_0	2(B_0-B_0)	C_0-C_0
轴重/t	23	23	23	23	23	23	23
机车质量/t	138	138	138	138	138	2×92	138
机车标称功率/kW（牵引电动机输出轴处）	1 990	2 425	1 600	2 720	3 040	2×1 600	3 040
最大速度/（km/h）	120（客） 100（货）	118	100	100	140	100	160
机车全长/m	20.5	21.1	18.8	22	22	217	22
燃油储量/L	9 000	9 000	5 400	8 500	6 000	25 000	6 000

电力机车靠其顶部升起的受电弓从接触网上取得电流，并转换成机械能牵引列车运行。电力机车由电气设备、车体与车架、走行部、车钩缓冲装置和制动装置等主要部分组成。电力机车功率大，获得能量不受限制，因而能高速行驶，牵引较重列车，起动加速快，爬坡性能强，容易实现多机牵引，更适用于坡度大、隧道多的山区铁路和繁忙干线。

电气化铁道按接触网供给机车的电流性质不同，分为直流制和交流制两种。在直流制中，电能是以工频三相交流电的形式，由高压输电线传到沿线牵引变电所，通过变电所内的整流装置将交流电变为直流电，再输送给接触网，因而机车从接触网上获取的是直流电。直流制的缺点是接触网电压低（一般为 3 000 V），且难以提高，因此要消耗大量有色金属，投资大。在交流制中，接触网供给机车的是 25 kV 的工频单相交流电，机车安装有降压整流设备，将交流电变为直流电是在机车上完成的，可以大大减少建设投资，因而得到广泛的应用。直流制和交流制的电力机车均使用直流串激牵引电动机，电动机的两端装有小齿轮，电机的转矩从两侧齿轮传给安装在车轴上的两个大齿轮，推动机车动轮旋转。

几种电力机车概况见表 5.5 所示。

表 5.5 几种国产电力机车概况

机车型号	韶山 1	韶山 4	韶山 5	韶山 6
轴 式	C_0-C_0	2(B_0-B_0)	（B_0-B_0）	C_0-C_0
网 压	25 kV50 Hz	25 kV50 Hz	25 kV50 Hz	25 kV50 Hz
额定功率/kW	3 900	6 400	3 200	4 800
最大牵引力/kN	331	627	235	485
最高速度/（km/h）	95	100	140	100
机车总重/t	138	184	86	138
轴重/t	23	23	21.5	23

二、客运车辆

客运车辆是指直接运送旅客或为运送旅客服务的车辆，按车种分有硬卧车、硬座车、软卧车、软座车、高级包间软卧车、行李车、邮政车和餐车等；按车型分有 21 型、22 型、23 型、25 型等单层或双层的车辆；按车体外观分有绿皮车、红皮车和蓝皮车；按速度分有 100 km/h、120 km/h、160 km/h 和 200 km/h 等。

（一）客运车辆发展概况

新中国成立前，我国没有自己的客运车辆制造工业，铁路客运车辆均来自国外，数量少、类型杂、技术状态落后。新中国成立后，为改变落后面貌成立了独立的车辆部门，改变了过去只检不修且没有制造业的局面，装备了一批完整的车辆检修基地。从 1953 年开始，我国自行设计制造了 21 型客车，其车体为全钢结构，车内具有较完善的采暖、通风、照明、给水及卫生等设备，主要车种有：硬座车 YZ_{21} 型、硬卧车 YR_{21} 型、餐车 CA_{21} 型、行李车 XL_{21} 型、邮政车 UZ_{21} 型等。于 1956 年开始制造 22 型客车，先后生产出的 22 型客车有软卧车、硬卧车、硬座车、餐车、行李车及邮政车等，并同时生产了与 22 型大致相同的 23 型客车，还生产了少量其他品种的车辆，如市郊车、试验车和维修车等。22 型客车不仅自重较轻，而且车内宽敞、设备较完善、定员较多，基本满足了我国客运的要求。后来又设计试制了 25 型客车，并采用了各种新技术，如空气调节、荧光灯照明、大车窗、无中梁薄壁筒型全钢车体焊接结构、新型转向架等，使结构更为合理，性能更为完善。25 型客车是品种最多、速度等级差别最大的国产铁路客车，包含了 25A、25B、25G、25Z、25K 等系列客车。

我国现在已经生产出能够适应时速在 160 km、200 km 及以上的车辆。

（二）目前使用的主型客车内部设备

在旅客列车中，通常编挂有硬座车，硬、软卧车及餐车、行李车、邮政车等。

（1）硬座车，有两个封闭式通过台，一个温水循环取暖锅炉室，客室一侧为三人座椅，另一侧为二人座椅。目前运营的主要有 25B 型、22B 型、25G 型等，座位总数在 116 ~ 128 之间。

（2）硬卧车，客室内壁一侧分隔成 9 ~ 11 个半封闭式房间，每个房间两侧各设上、中、下三层铺位，定员以 60 人为主，少量的有定员 54 人或 66 人。另一侧为过道，两端有两个封闭式通过台。目前运营的主要有 22B 型、25B 型、25G 型等。

（3）软卧车，设有 8 ~ 9 个包间，每个包间两侧各设有上、下两层共 4 个铺位，定员 32 ~ 36 人，车内除有两个封闭式通过台外，还设有走廊。目前运营的主要有 25B 型、25G 型等。

（4）19K 型高级软卧车，车内设有 8 个两人的包间，每个包间内一侧布置有上、下两层软铺，另一侧设沙发座椅，还设有衣柜。在每两相邻的包间之间设有一个合用的洗脸室，从包间各自的门能进入并能锁闭，洗脸室内设洗脸盆及淋浴设备。车辆两端设有通过台、厕所、乘务员室和带有小开水炉的独立温水取暖锅炉室。

（5）餐车，内设有餐室，共有 12 张餐桌，可供 48 人同时用餐。厨房内设有电磁炉、蒸饭箱、冰箱、水箱、水池、冷藏柜、配菜台等。为通风降温，在车顶上装有天窗及排风扇，侧窗上装有百叶窗。目前运营的主要有 25G 型、25B 型等，也有少数 25B 型定员 45 人。

（6）行李车，两侧各有两个宽大的双开滑门，车内一端设有行李员办公室、盥洗室、取暖用锅炉室及休息室，另一端为行李间，行李间地板上铺有离水木条。

（7）空调可躺式软席客车，车内座椅可随意转动，以适应旅客不同需求，因设有空气调节装置，不论冬夏车内可保持适当温度和湿度。构造速度可达 160 km/h 以上，适用于长途或大城市间的短途列车编挂。

（8）双层软座车，两端为中层，中间分上、下两层。一位端设有通过台、配电室、茶炉室、乘务员室和储藏室，二位端设有通过台、两个厕所、开放式洗脸间和卫生洁具柜。中间上、下层为客室，其中上层内设 52 个高靠背座椅，下层设 48 个高靠背座椅，座椅上方为行李架，窗台下设小茶桌，座椅间距为 1.95 m。中层分别设两对双人高靠背座椅，定员 108 人。中层顶棚内各装有一台空调机，车内两端装有信息显示仪。

（9）双层包房式软座车，两端中层和下层客室与双层软座车相同，中间的上层两侧分别设有双人包房和四人包房各 6 间，中间为走廊。上层包房内设有造型别致、乘坐舒适的单人和双人座椅，座椅上方间壁处装有行李架，行李架下方设阅读灯，窗台上设小茶桌，包房顶板上装有日光灯和铝格栅送风口。中层顶棚内各装有一台空调机，定员 92 人。

（10）双层软座行李合造车，中层一位端设有通过台、洗脸间、厕所、乘务员室、配电室和储藏室，二位端设有通过台、行李员室、运转车长室和行李间。中部上、下层为客室，定员 66 人。上层客室二位端设有电话间及播音室，下层二位端设有检车员室和车长办公席，行李间有楼梯与上层客室相连，行李间两侧墙分别设有两个侧门，载重为 6.6 t。车内安装一台空调机组。

（11）双层餐车，中层一位端设通过台、酒吧间、配电室、电话间和储藏室，二位端设有通过台和储藏室，中部上、下层为餐厅，餐椅为双人固定式，可供 60 人同时用餐。酒吧间座椅为活动圆凳式。二位端过道尽头开一小侧门，厨房侧墙上也开有一小侧门。餐车端门为双扇摆门，酒吧、餐室的车窗均设部分应急窗，厨房内侧墙上的三个大车窗均为可部分打开的车窗。车内安装一台空调机组。

三、动车组

动车组是不同于传统客运机车、车辆的一种列车，是高速铁路、城际铁路以及有轨公交系统大力发展的一种客运列车。

（一）动车组概况

现在的电力机车和内燃机车都集中安装动力装置，机车后面挂着许多没有动力装置的客车车厢。如果把动力装置分散安装在每节车厢上，使其既具有牵引动力又可以载客，便叫作动车，不带动力的客车车辆就叫拖车。如果动车与拖车编成一组，就是动车组。

德国是最早制造和运用动车组的国家，制造技术一直领先。1903 年 7 月 8 日，首先运行了由钢轨供电的动车组，由 4 节动车和 2 节拖车编成。同年 8 月 14 日，又运行了由接触网供电的动车组，这是世界上第一列由接触网供电的单相交流电动车组。

目前，世界上拥有自主开发并已经成功运用高速动车组的国家有日本、法国、德国、意大利和中国等，都大力采用先进的列车制造技术，却又根据本国的运用条件和传统经验发展各国自己的特色。动车组称得上是铁路旅客运输的生力军。各国著名的动车组有德国“ICE”、法国“TGV”、瑞典“X2000”和中国“和谐号”“复兴号”等。

动车组在两端都有驾驶室，加快了列车运转的速度，动车组可以容易组合成长短不同的列车。其中动力分散的动车组优点特别明显：

① 动力效率较高，特别是在上坡道上。② 动车组上的动力轴对路轨黏着力的要求较低，每轴的载重亦较少。因此选用动车组的高速铁路路线，对路线的土木工程及路轨的要求都较低。③ 电力动车组因为有较多的电动机，所以再生制动能力良好。对于停站较多的近郊通勤铁路、地下铁路，该优点特别明显。④ 因为动车组运转快、占地小，行走市郊的通勤铁路很多都是动车组；轻便铁路、地下铁路全是动车组。⑤ 适合列车高密度运行。

（二）动车组的类别

1. 按牵引动力的分布方式分类

按牵引动力的分布方式分为两种：一种为动力分散型，一种为动力集中型。动力分散型是将由电机驱动的动力轮对，分散布置在全部列车或列车的多组轮对上，同时将主要电机和机械设备吊挂在车辆下部，列车的全部车辆都可以载客；动力集中型列车是将电器及机械设备集中安装在位于列车两端的动力车上，仅有动力车的轮对为动力轮，动力车不载客，中间无动力轮的拖车载客。

动力分散电动车组的优点是：动力装置分布在列车不同的位置上，能够实现较大的牵引力，编组灵活。由于采用动力制动的轮对多，制动效率高，且调速性能好，适合于线路上车站较多、站距较短、要经常停站的线路。另外，列车中一节动车的牵引动力发生故障对全列车的牵引指标影响不大。动力分散电动车组的缺点是：牵引力设备的数量多，总重量大。动力集中电动车组也有其优点，就是检查维修比较方便，电气设备的总重量小于动力分散的电动车组。动力集中布置的缺点是动车的轴重较大，加速和减速距离较长，不宜在站距较短的线路上运行。

2. 按动力装置分类

按动力装置一般可分为内燃动车组和电动车组：内燃动车组按传动方式又分为电力传动

和液力传动两种；电动车组按电流制分为直流和交流两种。用内燃机作动力通过电传动装置或者液力传动装置的动车组，叫内燃动车组；由电气化铁路接触网供电，驱动牵引电动机的动车组，叫电动车组。

（三）动车组的特点

1. 外部要求

由于动车组要适应高速度，因此与周围空气的动力作用就明显加剧，气动力和列车运行之间就会产生相互影响。为了克服这些外力带来的不利因素，对列车的外形、密封都有严格的要求。

对车体外壳的形状进行优化选择，从而有效地减少运行空气阻力、列车交会压力波和解决好高速列车运行稳定性问题。一般要求长细比（即车头前端鼻形部位长度与车头后部圆柱部分断面半径之比）达到 3 左右，或更大。细尖的车头头形不仅可以减少阻力，还有利于会车时减小压力波。

当然，除空气阻力之外，作用在列车上的气动力还有升力、侧向力、侧滚力矩、偏转力矩和俯仰力矩。减小这些气动力除注意头部外形设计外，车身横截面形状的设计也很关键。通常是车底密封外罩，尽量使车辆底面离地面更近，车顶设计成圆弧形，侧墙下方向内倾斜并以圆弧过渡到车底，侧墙上部向内倾斜并以圆弧过渡到车顶，即整个断面为一个腰鼓形。此外，就整个列车而言，车体表面要尽量光滑平整，车辆连接处要求平滑过渡，以减少列车阻力及车底部绕流的影响。

2. 内部环境

根据乘坐的舒适程度，席位可分为优等席、自由席、普通席；车可分为一等车、二等车、普通车和双层车。当然，还有一些半包间结构形式以及可供旅客在途中召开小型会议的客厅。

客车座椅多用玻璃钢制造，靠背可以根据旅客的意愿调节到一定角度，座椅垫和靠背均为带弹簧的双弹簧结构，上面铺有聚酯泡沫填料，表面覆盖针织品。座椅背部均有可翻下的小型活动茶桌，便于旅客即席就餐。

采用密闭式厕所装置，实行污物集中处理、化学剂杀菌。车内环境参数包括空气压力、温度、湿度、空气流速、噪声和空气清洁度等，都尽可能达到舒适。

餐饮设施配备新式炊具，如微波炉、电磁炉、冷藏设备、废物回收设备和餐具自动清洗消毒设备，保证烹调出极高标准的食物供应旅客。另外还有其他各种设施，如酒吧、咖啡厅、快餐厅、购物处、电话间和母婴室等。

（四）国产动车组现状

中国的动车组分为三大级别：

（1）高速动车组（标号 G）：高速动车组时速在不同时代标准不同，在中国是不低于 250 km 的：时速 250 km、300 km、350 km 等。俄罗斯要求莫斯科至喀山高铁时速 400 km，中国必然发展这种时速的动车组。

（2）一般动车组或中速动车组（标号 D）：一般动车组有 160 级和 200 级，是一般或普通？因为它比高速动车组更常见。由于低速动车组的发展晚于一般动车组和高速动车组，是普通技术的下延，使得这个一般类型成为中速的了。中国很多提高速度铁路和新建设的客货快速铁路都是 200 km/h 速度的，适合时速 200 km 的 200 级动车组运行；160 级主要用于低级市域快铁，还有城际公交或低级城际铁路。2013 年 7 月 3 日中国首列公交化时速 160 km CRH6F 型城际动车组 3 日在南车青岛四方机车车辆股份有限公司竣工下线，这一类型的动车组可满足城镇间公交化的运营需求。时速 160 km CRH6F 型城际动车组是中国首个城际动车组技术平台 CINOVA 的第二个系列产品，具有载客量大、快起快停、快速乘降、频繁起停的技术优势，是为适应中国新型城镇化建设需求、构建 1 小时经济圈而研制的新型快捷轨道交通工具。这列动车组的研制成功，标志着中国正在形成谱系化的城际动车组产品。

（3）低速动车组：这种类型的动车组在中国的发展晚于一般动车组和高速动车组，可以说它是动车组技术的下延。140 km 级的适应城市轻轨列车。2013 年 7 月 3 日，青岛四方机车车辆股份有限公司在 CINOVA 的技术平台下研制形成时速 140 km（覆盖时速 120 km）、160 km、200 km、250 km 四种速度等级，不同平面布置的 CRH6 型城际动车组系列化产品。高速铁路主要用高速动车组 G 而兼行一般动车组 D，快速铁路主要用一般动车组 D 而兼行普通列车。

CRH380A 是中国高速动车组的主流，是里程碑基础。2010 年 12 月 3 日，在京沪高铁枣庄至蚌埠试验段，CRH380AL 新一代高速动车组创造了时速 486 km 的世界铁路运营试验第一速。

2012 年起中国铁路总公司主导开展了中国标准动车组研制工作，2015 年 6 月 30 日下线。

2012 年 3 月 12 日报道，中国铁道科学研究院的高速列车制动试验台，最高试验时速达 530 km。

2014 年 1 月南车青岛厂六编组的纯动车组列车在实验厂轨道（异于运营线）实现纯试验时速 605 km。

2015 年 8 月我国 400 km/h 以上速度动车组转向架项目验收。

米轨：2015 年 9 月报道中国向马来西亚出口的米轨动车组创下时速 176 km 的米轨铁路世界速度之最。

我国动车组速度及使用范围分类：

① 级类 1 时速 140 km，用于城市轻轨；

② 级类 2 时速 160 km，用于市域快铁和城际铁路；

③ 级类 3 时速 200 km，用于快速铁路；

④ 级类 4 时速 250 km，用于快速铁路和高速铁路；

⑤ 级类 5 时速 300 km、350 km，用于高速铁路。

第四节　客车整备所和动车段

移动设备的整备场所有客车整备所和动车段等。

一、客车整备所

客车整备所是对旅客列车车底进行检查、修理、整备及停留的场所，是客车日常保养维修的重要基地，其主要任务是办理旅客列车车底的停留、洗刷、清扫、技术检查、改编、修理和整备、吸排污、消毒、卧具及餐料的准备等作业。客车整备所如图 5.25 所示。

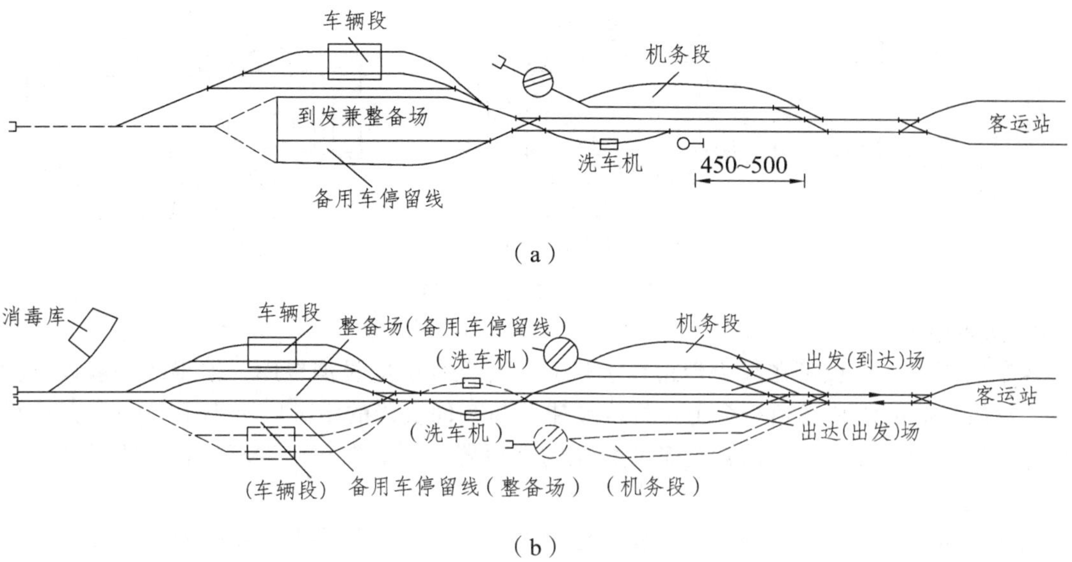

图 5.25　客车整备所示意图

（一）客车整备所的设备

1. 各类车场及配线

车场有到发场、整备场。配线有车底停留线，供车底到达或出发时停留之用；整备库线，进行车底的技术检查、不摘车修理、车电检查及部分整备作业；备用车停留线，供备用车（公务车、卫生车、试验车、替换检修车等）停留之用。根据作业要求，客车整备所还配备有消毒线、不良车停留线、临修线、机车走行线、转向线（回转线或三角线）、牵出线及调车线等。

2. 客车外部洗刷设备

客车外部洗刷分为机械洗刷和人工洗刷两种。在较大型的客车整备所，车底洗刷采用机械化洗车机。洗车时，车底以 3 ~ 5 km/h 的速度通过洗车机，这时，紧靠车墙的刷子高速旋转，同时，从刷子旁边管道向车墙喷洒洗涤液，使车墙上的污垢融化，经刷子的旋转摩擦，可将车辆的车墙、车窗及车门尘土洗去。车底进入洗车机后半部分时，管道中以 0.2 ~ 0.4 MPa 的高压清水喷射车墙，使车墙、车窗及车门洗刷干净。在高寒地区，经清洗干净的车底，最后还要经过烘干设备使车底外部干燥，避免车底外部结冰。一套车底的纯清洗时间为 6 ~ 10 min，比人工洗刷效率高、质量好。人工洗刷时，20 人洗一套车底，需 60 ~ 90 min，且劳动强度大。

3. 客车整备库

在冬季室外达 – 22 °C 及以下地区，应设客车整备库，如图 5.26 所示。其他地区有特殊需要时，经国家铁路集团有限公司批准也可设整备库。库内线路数，一般按整备线总数的一半设计。客车车底的彻底清扫、吸污集便、技术检查、不摘车修理、上水等作业主要在整备库内进行。因此，整备库的库线长度应与旅客列车固定车底长度相适应，要求能容纳整列客车车底的作业，库内还应设置压缩空气管路、水管、排水设施及修理设备等。整备库中两库线之间的距离通常为 7 m。

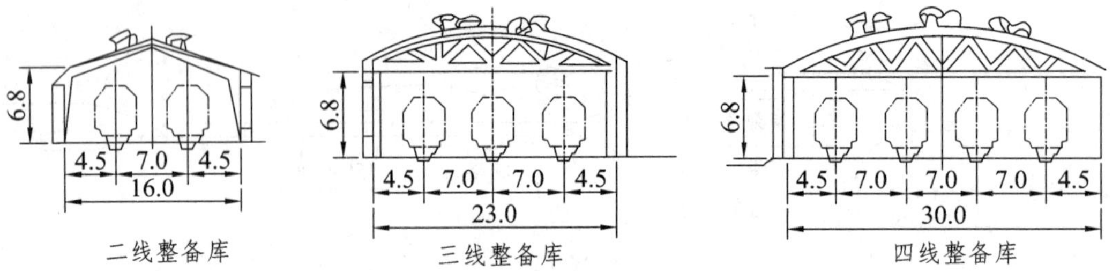

图 5.26 客车整备库

4. 消毒设备

客车的消毒及杀虫可在露天消毒线上进行，有条件的应设消毒库。消毒线一般设计为尽头线，与住宅区的距离必须符合卫生标准要求，与其他线路的距离应不小于于 50 m，并应设在当地常年风向的下风方向。消毒设备应根据需要设置，不必在每个客车整备所均设置。

5. 其他设备

其他设备包括照明、电焊线路、蓄电池充电设备、各种技术办公用房及各种风、水、气管道等。

（二）客车整备所布置图

1. 定位作业方式布置图

参见图 5.25（a）所示，客车车底的到发、检修、整备作业均在到发兼整备场的一条线路上进行。在到发兼整备场的一侧设备用车停留场，洗车机设在整备场的入口处。这种布置，对个别客车的摘挂调车作业比较方便，调车作业少，车底整备时间较短。

2. 移位作业方式布置图

参见图 5.25（b）所示，客车车底的到发场与整备场纵向排列，洗车机设在到达场与整备场的连接线上，车底作业一般可按下列顺序进行：客车车底由客运站送入到达场，在到达场进行车底检查、改编和清扫，然后车底进入洗车机进行外部洗刷，再调至整备场进行库列检、车底内部擦拭及上燃料、上水、上餐料等，全部作业完成后，车底调送出发场待发，全部作业流水式进行。这种布置各项作业干扰较少，但调车作业多，整备时间较长。

二、动车段

动车段也叫列车检修基地，承担动车组除厂修以外的全部维修工程，规模大、占地多，一般只在铁路的起点站和终点站设置。

（一）动车段与车站布局的关系

动车段与车站要有方便、独立的进出通路，位置应结合地形，选择拆迁和工程量少的场地，要具有较好的工程地质、排水和与外部联系等条件，并结合城市用地规划考虑。

布局形式主要有四种，具体如图 5.27 所示。

（1）终端式终点站与段、所成顺列布置；

（2）终端式终点站与段、所成反向布置；

（3）贯通式车站与段、所成顺列布置；

（4）贯通式车站与段、所成并列或斜并列布置。

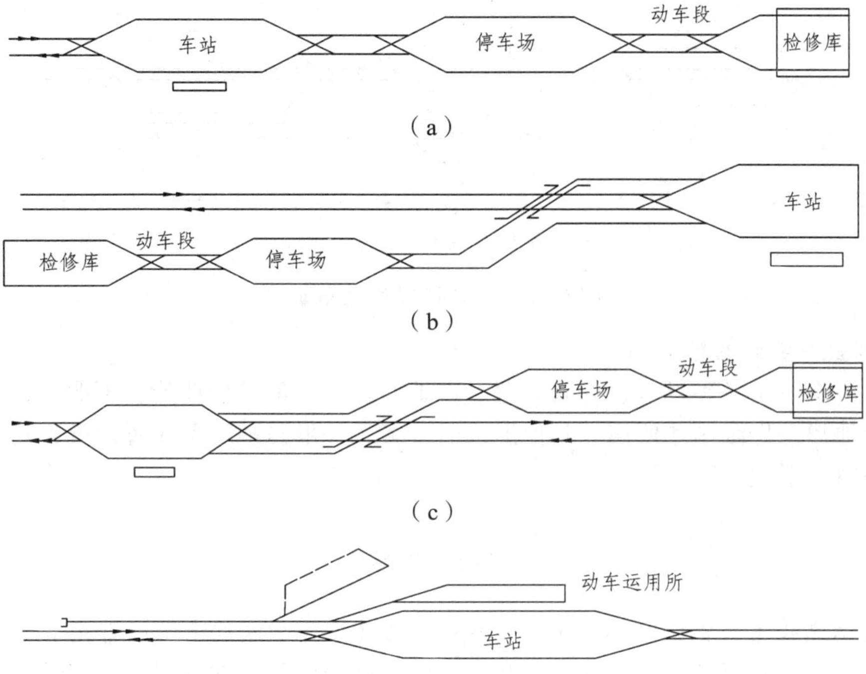

图 5.27　动车段与车站布局示意图

终端式车站与段、所顺列式布局能使车站咽喉作业均衡，一端咽喉接发列车，另一端咽喉动车车底进出动车段，两者互不干扰。此布局还不需修建车底进出段走行线与正线的立交疏解，故可节省工程投资。

终端式车站与段、所成反向布局，由于车站已在市区，顺车站方向延伸地带位于密集的市内，甚至是城市中心地区，无法按顺列式布局而采用反向布局。这种形式的主要缺点是列车到发和车底出入段都在一端咽喉，造成咽喉能力紧张，且产生部分的平面车流交叉。修建走行线与正线的立交疏解，工程投资较大。不过由于高速列车车底正常情况下白天不进段，车底“早出晚归”，故交叉干扰多发生在早开始发车时和夜接停运车时，可以采取一定的行车组织措施减轻干扰。

另外，贯通式车站与运用维修所的顺列式布局是常用的形式，而贯通式车站与段所的并列或斜并列布置多为规模小的运用所与车站的布局。

（二）动车段的内部布置图

1. 纵列式方案

存车场与检修库成纵向排列布置，由于基本上可实现流水作业程序而被广泛采用，如图 5.28 所示。

当存车场与检修库位置确定后，其他线路和设备的位置根据作业要求和场地条件的不同来确定。外皮清洗设备可设在检修库前连接线的咽喉区，进出检修库与洗车作业可以平行进行，这种布置最紧凑且动车走行距离少。另外，动车段预留远期存车场也修建完成，两端都设有存车场，且两端都可以进出站，可以在检修库咽喉一侧单独设置清洗线，动车组可以在进存车场前顺路经过，作业顺畅。

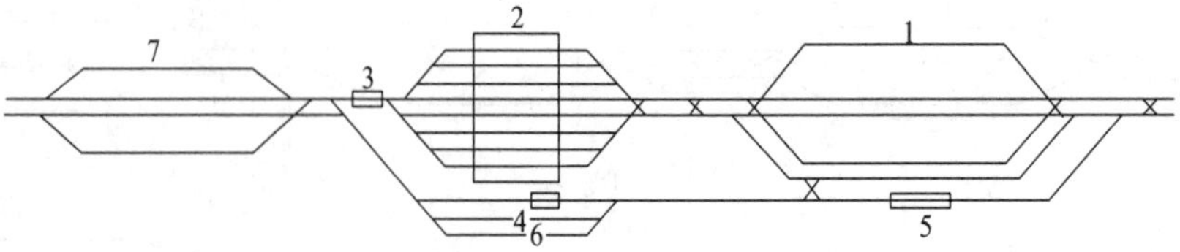

1—存车线；2—检修库；3—轮对诊断库；4—不落轮镟库；5—外皮清洗库；
6—排污线；7—预留存车场。

图 5.28 动车段纵列式布置图

2. 横列式方案和其他方案

横列式方案就是各种设备横列式布置，占地面积少，但是作业流程不顺畅，干扰也大，一般都是受地形条件限制才使用。其他形式的方案，一般是随地形布置的既不是纵列式也不是横列式的特殊形式。

本章小结

铁路客运站技术设备已经达到了一个较高的技术水平，这其中蕴涵着化学、物理、电子、制造业以及人文因素等各方面的成就，在此基础上推动着我国的铁路事业蓬勃发展。本章主要从类别、特点、作用、工作原理、合理配置方面介绍了客运技术设备中的客运站、整备所和机车车辆等，旨在使读者能够全面了解到目前铁路客运技术设备的概况，能够更好地学习其他相关的知识。

思考题

1. 铁路旅客运输的技术设备主要有哪些？
2. 客运站的设施主要包括哪些？
3. 客运站按其布置图型可分为哪几种？各自的优缺点是什么？
4. 客运站各种流线组织的要求是什么？有什么原则？
5. 客运站合理的平面布局和空间组合方法是什么？
6. 站前广场的用途是什么？
7. 站场内应设哪些设施？
8. 客车整备所的设置地点有哪些？
9. 动车组如何分类？其各自的优缺点是什么？

第六章 铁路旅客运输计划和日常工作计划

学习目的： 通过学习铁路客流调查的方法，了解铁路旅客运输计划和日常工作计划的意义和编制方法及铁路旅客运输的主要运营指标等内容，掌握调查方法，从而为正确编制铁路旅客运输计划和日常工作计划奠定基础。

第一节　客流调查

客流调查的目的是为了掌握一定时期的客流数量和客流变化规律，正确编制旅客运输计划和客流计划，以不断提高旅客运输的计划性和管理的科学性。同时，客流调查本身也是客运量预测的一种方法。

客流的产生与流失，是与人们的乘车旅行活动密切相关的。人们的乘车旅行活动，一般可分为两类，即：① 因公务需要的乘车旅行，如出差、开会、调动工作、大批有组织的农民外出包工等。② 因个人私务需要的乘车旅行，如探亲访友、就医、旅行游览和购物等。

无论因公务或因私务需要乘车旅行，都与社会政治、经济、文化因素有直接或间接的联系。因此，为了正确编制旅客运输计划和客流计划，必须对社会政治、经济和文化发展情况有一个较全面的了解，即必须在客流吸引范围内进行客流调查。

客流调查应以影响客流变化与发展的主要因素为对象，通过调查，收集实际和计划两种客流资料，即收集客流各项统计报告实际资料和本年度预计完成的客流资料。

一、影响客流变化的主要因素

（1）社会政治、经济、文化的发展；

（2）生产力布局的变化引起人口的流动；

（3）经济繁荣发展，人民文化生活水平的提高；

（4）人口的自然增长；

（5）国家和地区性的团体活动，如代表大会、大型运动会、展销会、节假日；

（6）既有铁路扩大输送能力和新线投入运营，客流吸引范围的扩大和延伸；

（7）各种现代化交通运输工具的发展和供给能力的变化；

（8）运价制度的改革，运价的提高或降低。

以上因素中，国民经济的发展是最重要的因素。随着国民经济逐年稳步上升，人们收入增加，旅行、参观游览、探亲等逐渐成为人们生活中必要的组成部分。因此，调查和分析时，首先应研究国民经济的发展趋势，了解市场经济新形势下的发展、变化规律，以此作为根据，再进行具体资料分析，使客流调查工作做得更好，更符合客观实际。

二、客流调查范围的划定

客流调查可以在列车上进行，也可在车站及铁路沿线的吸引区内进行。车站的客流调查范围可分为直接吸引范围和间接吸引范围两种。

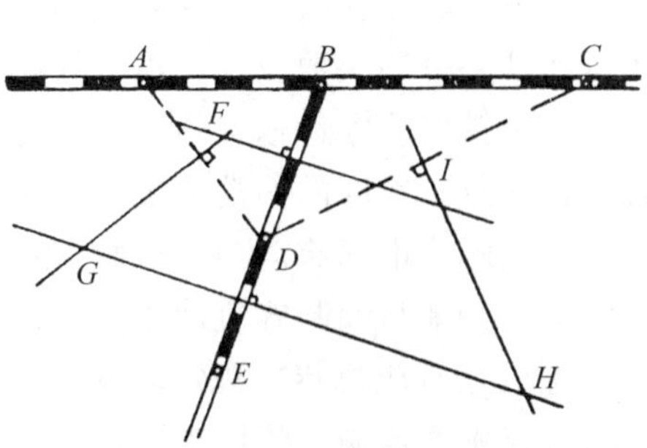

图 6.1　客流直接吸引范围示意图

直接吸引范围是指车站所在地及其附近地区被车站直接吸引的城市和居民地点的总区域而言，这个区域可用垂直平分线划出它的大致范围。如图 6.1 所示，图上 *FGHI* 包围的区域就是 *D* 站的几何吸引范围。用垂直平分线划出的吸引范围，还须根据地形、地貌条件，旅客由各工业点、经济区、居民地至 D 站的距离、旅费、在途时间、方便程度等因素进行综合分析，经过修正，最后确定吸引区的边界。

间接吸引范围是指车站直接吸引范围以外，由其他交通工具的联系而能间接吸引较远地区的城市和居民点的总体区域。如位于机场、港口附近的客运站，经由航空和海运各航线来的客流，需要继续乘坐火车，即属间接吸引范围的客流。

三、客流调查的种类

客流调查一般分为综合调查、节假日调查和日常调查三种形式，且以日常调查为主。

1. 综合调查

一般每年进行一次，主要调查吸引地区的政治、经济、文化发展所引起的客流变化情况，调查的主要内容有如下几项：

（1）吸引地区的一般情况，包括地区的自然条件（位置、地形、气候、雨量等）；行政区域划分，城市、农村人口的分布和增长情况；工矿企业、机关学校的分布和发展情况，工矿企业生产水平及与外地的供销联系；农业生产和劳动力的安排以及有组织的或自发的劳动力外出等情况；文教、卫生事业的发展，医院、疗养院的分布，名胜古迹的分布及吸引旅客的情况；地区交通的发展简况。

根据以上调查资料，可编制客流调查综合分析说明表，内容包括：地区的自然条件；行政区域的划分；工矿企业、机关学校的分布；农业生产情况；文教卫生事业的发展；名胜古迹的分布及吸引旅客情况；地区交通简况。

（2）直接影响客流的各项因素，包括吸引地区的总人数，工矿企业、机关、学校等的人员及家属人数，休假制度，利用铁路旅行的人数、时间、去向及节假日探亲访友的情况，吸引范围内农村及农牧场的人口、生产情况及选择铁路探亲的情况；吸引范围内供外地人员疗养、休养的处所、开放时间、床位及其周转时间；吸引范围内名胜古迹、游览胜地及历年各月的旅游人数，通过铁路旅行的人数；历年特殊客流及大批人员主要到发区段、运输情况。

根据以上资料，可编制客流组成及运输情况，城镇人口分布情况，工矿企业人员分布情况，各大、中专院校人口分布情况，集市贸易情况，大批团体旅客输入输出情况等报表。

（3）各种交通运输工具能力供给情况，调查吸引范围内现有交通运输方式、运输能力、历年运量、客流在时间上的变化情况及今后的发展；各种交通工具的运行线路，找出与铁路联运和铁路分担人数及其比重；铁路与各种交通工具在运行时间上的配合情况。

（4）铁路旅客运输资料，调查分析按运输别的旅客发送、中转及到达人数，城际客运人数；客流月、季度的波动情况及原因；历年到达各区段的客流量及客流变化情况；分直通、管内、城际、市郊旅客列车对数、运行区段、时间及平时和客运量最大时的运能和运量的适应情况；其他与编制客流计划、组织旅客运输有关的资料。

综合调查应每年在规定时间内进行，并将调查结果按客流分析说明表等汇总编制成各年度的铁路旅客运输客流调查资料。这样，逐年按期进行，可以系统地取得历年资料，在了解、分析、对比和研究客流变化规律的基础上，更好地编制旅客运输计划和客流计划。

2. 节假日调查

节假日调查主要是对五一劳动节、十一国庆节、元旦和春节这四大节日，学生寒、暑两个假期进行调查。春节期间客流增长量大，且与学生寒假运输连在一起，影响客流变化的因素较复杂，客流调查在春运前 2～3 个月内进行。调查方法除由各工矿企业、机关学校、部队等提出节假日旅行计划，其内容包括乘车日期、车次、人数、到站及返回日期等以外，还应进行抽样调查分析，提前作好供给的准备。

3. 日常调查

日常调查是车站有关客运计划人员与旅客在购票、候车、乘车过程的接触中，对客流变化的各项因素进行调查了解。在售票厅，可利用旅客排队时间进行；在候车室，可利用旅客等车时间采取听、看、问的方式了解情况；列车上的调查，更是有比较充裕的时间，旅客也愿意主动配合。一般调查旅客的旅行目的、到达地点及返回日期，该单位人数及乘车旅行情况，以便随时掌握客流变化情况，分析客流增减数量、变化原因和持续时间。

对城际客流和市郊客流一般应进行单项调查。

全面的、较大规模的客流调查，一般以车站为单位，在车站吸引范围内进行。由于调查的范围广，涉及部门多，工作量较大，因此，必须成立调查小组，实行分工负责、分片包干，各级有关客运人员应把客流调查工作作为自己日常工作的一部分。铁路局主要是作重点调查、汇总并分析各站上报的客流调查情况。

第二节 铁路旅客运输计划

一、铁路旅客运输计划分类

铁路为了充分满足广大人民各种出行的需要，并保证经济合理地使用客运技术设施和运输能力，做到有计划、有组织、及时地运送旅客，必须编制旅客运输计划。旅客运输计划是确定旅客列车开行对数和客运机车车辆（动车组）需要数量的基础，也是确定客运设备、客运机车车辆（动车组）购置及客运运营支出的重要依据。

旅客运输计划一般指的是年度计划，根据执行期间的不同，旅客运输计划可分为下列三种：

1. 长远计划

一般为五年、十年或更长时期的规划，是铁路旅客运输的发展计划。主要规定旅客运输的发展方向、技术政策，旅客列车的速度、编挂辆数及有关的主要指标。

2. 年度计划

依据长远计划，结合年度具体情况编制，是旅客运输的任务计划。它是确定旅客列车行车量和客运机车车辆（动车组）需要数以及确定客运设备的主要依据。

3. 日常计划

根据年度计划任务，考虑假期、季节及日常波动情况而编制，是指导日常旅客运输的工作计划。在日常计划中，还根据各站提报的日计划，按照各次旅客列车的运输能力，对各站、各区段客运供给能力进行统一平衡调整，以保证旅客运输的完成和旅客列车输送能力的充分利用。

客流的形成，大部分在于个人旅行的需要，但又受到一系列社会因素的影响，因此，深入研究这些因素，掌握客流变化规律，是正确编制旅客运输计划的重要依据。

二、铁路旅客运输计划编制依据

1. 客流调查资料

客流调查是编制旅客运输计划的基础。根据客流调查资料，可以掌握客运量的变化和发展情况。对于大批团体客流和节假日、双休日客流，可通过专门的客流调查直接确定流量和流向，从而为制订客流计划提供可靠的资料。

2. 旅客运输统计报告资料

旅客运输统计报告资料，是掌握旅客运输变化规律的重要资料。根据统计资料，可以分析历年来实际客流的流量、流向及其变化规律和客流增长率，可以查明旅客运输的季节性波动情况。通过分析各方向各次列车乘车人数的统计资料，可以确定各区段各次列车的利用情况。旅客运输统计报告资料主要有以下内容：

（1）旅客运输部门掌握的日常统计分析资料。车站根据售出客票记录，分别直通、管内编制售出客票报告（月报）及退票报告（月报）等精密统计资料，报铁路集团有限公司收入检查室汇总报局统计部门，并根据各次列车上下车人数业务统计资料，按日、旬、月分别车次、去向统计发送旅客及中转旅客的客流量。铁路集团有限公司根据车站报告可以掌握各次列车座席利用率，有计划地组织日常运输。根据统计资料的汇总比较，可以分析客流变化规律，作出确定计划客流的参考。

（2）由统计部门编制的客流统计资料。车站和车务段根据售出客票记录，分别直通、管内编制售出客票报告（月报）、退票报告（月报）一起报统计部门，主要是统计工厂。再由统计工厂根据各站的售出客票报告、退票报告和局内交换资料（输入和通过客流）编制相关统计报表。

依据客流调查资料，并结合客运统计报告资料的分析，即可了解掌握吸引地区客流产生与变化的一般规律，为编制旅客运输计划、客流计划提供一定的原始资料。这些资料不仅是编制客运长远计划、年度计划的重要依据，同时也是编制旅客列车运行图，掌握日常客流变化和改善客运设备，进行客运基本建设的必要资料。

三、客流计划的编制

客流计划是旅客运输计划的重要组成部分，既是实现旅客运输计划的技术计划，又是旅客运输能力的分配计划和旅客运输组织的工作计划。

客流调查只是为编制客流计划提供了一定的原始资料，还必须对调查数据进行科学分析，研究客流在各个时期与社会政治、经济、文化发展的关系。此外，还应参考历来实际客流和增长率并综合社会调查，加以科学推算。

客流计划的编制分为三个阶段：下达任务，准备资料；铁路集团公司编制客流图和客流计划；国家铁路集团有限公司汇总直通客流图，编制客流计划。

（一）下达任务，准备资料

在编制新运行图确定旅客列车开行方案前，一般首先要编制客流计划。由国家铁路集团有限公司指定用某月份（称客流月）的客流统计资料，于客流月前下达编制客流计划和客流图的任务，同时公布全路直通客流区段。管内和市郊客流区段则由各铁路集团公司统计和运输部门共同商定。这里所说的客流区段不是一般的列车运行或机车的牵引区段，而是客流的到达区段，其长度按客流密度的不同来划分。用划分客流区段的方法编制客流计划，是从合理确定直通、管内、市郊旅客列车的对数和运行区段出发的。直通、管内、市郊旅客列车都有自己的客流区段，凡客流密度大致相同的地段，即可作为一个客流区段，客流密度不同的，则分为两个或几个客流区段。直通客流区段的始点和终点站一般为大量客流产生和消失的地点，衔接几个铁路方向的大型客运站和各铁路集团公司间的分界站。这样划分，能看出各区段客流密度的不同，从而可规定各客流区段应开行的旅客列车对数。

（二）铁路集团公司编制客流图和客流计划

各铁路集团公司统计部门按铁路客货运输统计规则的要求，提出客流月的直通、管内和市郊分客流区段的发送旅客流向统计资料。

各客运部门根据分客流区段的旅客流向资料，按日均数编制客流图。客流图或称客流区段图，是旅客由发送地至到达地所经过的客流区段的图解表示（见图 6.2）。编制客流图的目的，主要是为编制运行图，提供确定旅客列车对数和运行区段所需的计划客流量。经常编制客流图，可以积累各个时期各铁路线客流的流向和流量变化情况，掌握客流变化规律，以便提供日常和节假日客流组织办法。客流图按客流性质，可分为直通、管内、城际、市郊客流图。

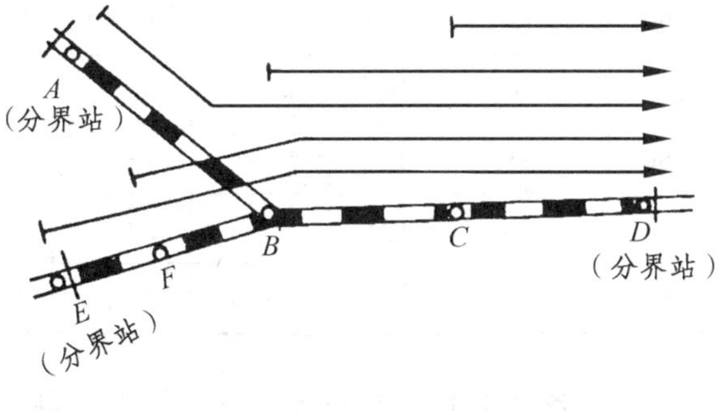

图 6.2　客流（区段）图

1. 直通客流图

直通客流图是由一个铁路集团公司所属各客流区段产生的客流，经过一个或几个铁路集团公司间分界站到达全铁路集团公司的各客流区段的客流图解表示。每个铁路集团公司都有一条或几条铁路线作为编制客流图时的起始、终到或通过区段，每条铁路线根据客流密度的不同，又可分为一个或几个直通客流区段。各直通客流区段的直通客流都是由三部分组成的，即：

（1）输出客流：是由本铁路集团公司各直通客流区段内产生通过局间分界站交到外铁路集团公司的客流。

（2）输入客流：是由全路各铁路集团公司的各直通客流区段内产生的直通客流，通过本铁路集团公司分界站到达本铁路集团公司各直通客流区段内的客流。

（3）通过客流：是由本铁路集团公司的一个铁路集团公司间分界站接入到另一个铁路集团公司间分界站交到外铁路集团公司的客流。

各铁路集团公司和全路的直通客流图，只编制直通输出客流。

直通客流图的编制，是根据统计工厂提供的各直通客流区段产生的输出客流量和流向，分线别、客流区段别进行编制。将各个直流客流区段产生的直通输出客流量按区段顺序，填入各客流区段，即是本区段产生的直通输出客流加通过本区段的客流，这样，最后一个客流区段的直通客流量也就是本线所产生的直通输出客流量。

2. 管内客流图

管内客流图是由一个铁路集团公司各管内客流区段产生，而又在本铁路集团公司管内各客流区段消失的客流图解表示。管内客流图的编制方法与直通客流图不同，一般是先作客流斜线表，后编管内客流图。管内客流斜线表如表 6.1 所示。

表 6.1 管内客流斜线表 人

到站 发站	距离/km	甲	乙	丙	丁	戊	上行计	下行计	总计
甲	168		1 680	1 405	1 240	960	—	5 285	5 285
乙	225	1 948		1 900	950	191	1 948	3 041	4 989
丙	208	1 152	2 010		1 051	410	3 162	1 461	4 623
丁	360	1 200	915	985		1 350	3 100	1 350	4 450
戊	—	956	426	396	1 250		3 028	—	3 028
上行计	—	5 256	3 351	1 381	1 250	—		—	11 238
下行计	—	—	1 680	3 305	3 241	2 911			11 137
总　计		5 256	5 031	4 686	4 491	2 911	11 238	11 137	22 375

管内客流斜线表中，列出了各大站间到发旅客人数，其中，斜线以上为下行客流，斜线以下为上行客流。

为使管内客流斜线表所表示的客流计划更为明显、清晰，能反映出各客流区段的客流密度，以便于计算旅客运输指标和确定旅客列车运行区段与行车量，将斜线表上的各项数值按一定的格式，用图案的形式表示出来，即为管内客流图，如图 6.3 所示。在客流图上，用不同的颜色或图案分别表示不同管内客流区段所产生的客流。

区段客流密度包括同一客流区段内始发、到达和通过的客流。在同一客流区段内，各站间有不同的客流密度时，区段客流密度应按其中最大值计算。如图 6.4 所示，区段客流密度计为 1 680 人。

编制管内客流图时，还应考虑直通客流在管内客流区段内到发时，往往需换乘管内列车，这部分客流除在直通客流图上作为通过全区段客流外，还必须加入管内客流图，以便在计划管内旅客列车开行对数时，将这部分客流计划在内。

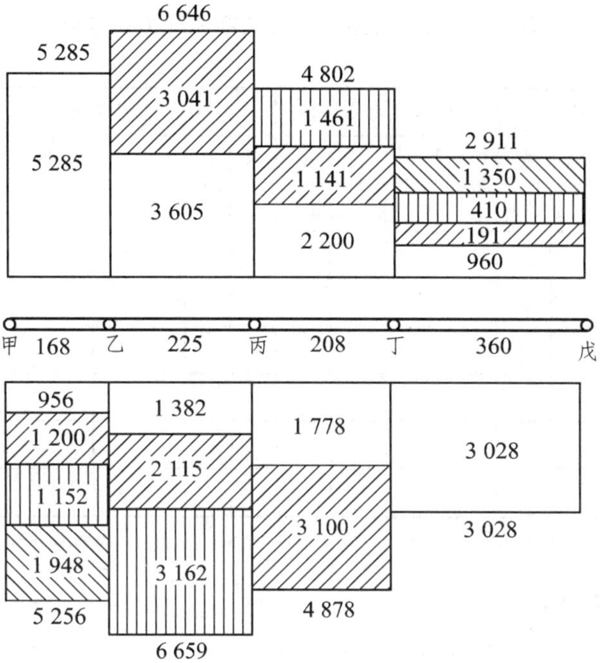

图 6.3　管内客流图

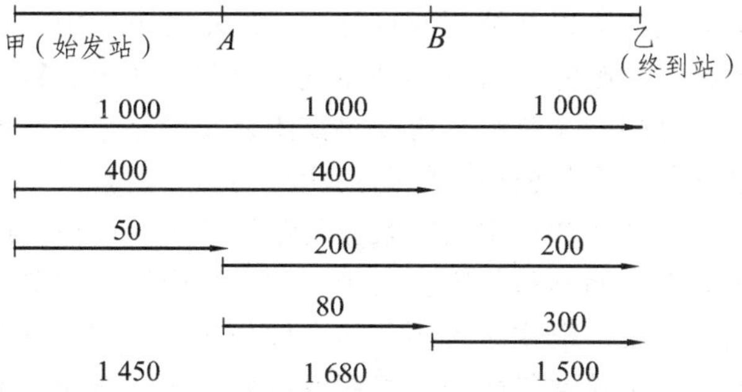

图 6.4　区段内始发和到达客流图

3. 市郊客流图

市郊客流图是由大城市、大工矿企业周围各市郊客流区段产生并消失的客流图解表示。其编制方法基本与管内客流图的编制方法类似，先作市郊客流斜线表，后绘市郊客流图。不同之处，是市郊客流行程较短，运量大，且地点集中，一般将每两站之间的距离作为一个客流区段。

（三）国家铁路集团有限公司汇总

国家铁路集团有限公司组织各铁路集团公司将所编制的直通客流图资料进行交换，并汇总在按铁路集团公司别的全路直通客流汇总图上。各铁路集团公司根据交换的资料，计算出直通客流区段的客流密度，连同管内和市郊客流量一起，汇总在全国铁路区段客流密度图上。然后各铁路集团公司分析客流调查和统计资料，预计客观形势可能的发展，推算计划期间客流的增长率，从而编制全路客流计划。按干线、支线分客流区段汇总成直通客流计划表，编制计划客流密度与现行运行图规定的旅客列车能力比较表（见表 6.2），以提供编制列车运行图所需的资料。

表 6.2 运行图旅客密度与客车能力比较表

局　　　　　　　　　　　　　　　　年　月　日

线路区段	方向	年 月			年至 年计划			现行旅客列车能力				密度与能力比较±			
		旅客密度	其中		旅客密度	其中		对数	总定员	其中：直通客车		与 月份		与 年	
			直通	管内		直通	管内			对数	定员	总计	直通	总计	直通
	上														
	下														
	上														
	下														
	上														
	下														

注：列车定员，按编组表中规定的定员计算（包括硬卧和硬座车），硬座车定员要扣除规定的儿童票数。

四、票额分配计划

票额分配计划，是旅客运输计划的重要组成部分。

票额分配工作是在编制新运行图时进行的，在旅客列车对数、行驶区段和列车编组内容确定后，根据旅客列车运送能力以及编制新运行图所使用的客流图、客流计划资料，按铁路集团公司分车次、上下行、软卧铺、软座、硬座进行分配。其中，跨三铁路集团公司以上的旅客列车由国家铁路集团有限公司负责，跨铁路集团公司的旅客列车由两铁路集团公司协商进行，并分别以国家铁路集团有限公司和铁路集团公司命令公布，与新运行图同时实行。直通旅客列车票额分配计划由国家铁路集团有限公司组织编制，由担当的铁路集团公司根据列车运能和客流情况提出方案，两铁路集团公司担当的列车由始发铁路集团公司提出方案，经国家铁路集团有限公司审定后，以铁路集团公司文件公布，报国家铁路集团有限公司核实。管内旅客列车票额分配计划由铁路集团公司组织编制并公布。全路票额分配计划使用统一软件编制。

票额分配计划的编制，是一项复杂而细致的工作，编制人员必须牢固地树立全局观点，正确地处理局部和全局的关系，从方便旅客出发，按照长短途列车合理分工、换乘优先、保证重点、全面安排的原则进行编制。

（一）票额分配的依据

（1）指定月份的客流图及主要站间旅客交流表。

（2）各次列车旅客密度表和列车超员、虚糜情况分析。

（2）主要车站各车次分席别票额与发售情况对比，分车次旅客下车人数。

（二）票额分配的方法

1. 硬座票额

硬座票额的分配应认真贯彻保证重点的运输原则，做到长短途列车合理分工，确保长途旅客乘坐长途列车，短途旅客乘坐短途列车。

直通快车票额按列车限售区段分配，首先保证始发站至终到站或到限售区段以远的长途客流需要，途中各停车站的票额按限售区段以远客流量依次分配，始发站应适当兼顾途中省和铁路集团公司所在地车站、途中各停车站分配的票额，由始发站套用，途中站不再套用短途票额。

在始发站至指定站之间各站分配有座票额，对运输能力较为富余的列车可不进行票额分配。

2. 软、硬卧铺，软座票额

软、硬卧铺票额的分配，应首先保证列车始发站长途旅客的需要，途中铁路集团公司和较大城市所在地的车站，适当分配一定数量的票额。

具体分配方法，根据长、短途列车合理分工的运输组织原则，首先满足始发站长途旅客的需要。

（三）票额管理

加强客票票额的管理，确保客流分配计划的实施，是一项重要而繁杂的工作，为此，必须建立健全车站客运计划室的组织机构和领导工作。三等以上的车站设专职客运计划员，在客运副站长领导下，负责日常和节假日计划运输组织工作。各铁路集团公司可根据客流情况对直通列车票额分配计划在铁路集团公司管内车站间进行调整，或在铁路集团公司管内实行票额共用。各担当铁路集团公司应对票额分配利用情况进行追踪分析，根据实际客流情况，按照能力利用最大化原则，提出票额分配计划调整方案。国家铁路集团有限公司将根据对各铁路集团公司直通列车票额利用情况的考核结果，结合各铁路集团公司提出的票额分配计划调整建议，可对直通旅客列车票额分配计划进行调整。管内旅客列车比照直通旅客列车办理。加强售票组织是实现车站旅客运输日计划的关键，按规定的限售区段票额数公开向旅客发售。

随着我国铁路的跨越式发展，客运能力大幅度增加，又实行了全路的计算机预售票。因此，在此新形势下，票额管理将有适应性的变化，向有利于运输市场营销的方面发展。

第三节　铁路旅客运输日常工作计划

旅客运输日常工作计划是整个旅客运输计划管理的重要组成部分，是根据旅客运输年度计划的任务并考虑客流的变化情况而编制和执行的。

旅客运输日常工作计划一般是指车站旅客输送日计划、客运调度工作、站车间的预确报工作、旅客运输的日常统计与分析、旅客运输各项指标的完成情况。

一、旅客输送日计划

为了严格掌握旅客列车的乘车人数，及时调整各站票额数字，对发送旅客人数较多的车站，应在票额分配计划的基础上，再根据客流变化情况，编制旅客输送日计划，以确定各次列车的计划乘车人数。因此，旅客输送日计划，实质上也就是车站根据客流变化情况而编制的旅客乘车组织计划。

旅客输送日计划的编制，实行固定票额与日计划相结合的方法。一般客流正常情况下，在客运副站长（或客运主任）领导下，由客运计划员根据分配票额的规律数，确定分车次、分区段的计划乘车人数，客流发生变化时，应提出调整票额或增减列车计划，及时上报铁路集团公司客调，由铁路集团公司调整后下达执行。

1. 旅客输送日计划编制的主要依据

（1）铁路集团公司下达的年、月度旅客输送计划；

（2）历史同期旅客发送情况；

（3）各次列车本站的票额分配计划；

（4）临时旅客列车开行；

（5）图定列车编组变更；

（6）近期各次列车能力利用情况；

（7）近期各次旅客列车能力利用情况；

（8）节假日客流变化规律；

（9）大型团体预约和到达本站情况；

（10）气候及其他因素的影响。

2. 旅客输送日计划的编制、审批和执行

旅客输送日计划分日常计划和节、假日计划两种，其编制方法略有不同。

旅客输送日计划按零点至二十四点编制，其内容有：分线别、方向别的旅客列车车次；分线别的管内、直通区段；分车次、分区段的软硬卧和硬座票额及预售、当日售、剩余数、中转人数，直通列车有预报数及考核成绩的兑现率。

旅客输送日计划编制完毕后，经客运副站长（或客运主任）审查，并报铁路集团公司客调批准。客调根据各大站的日计划，加上小站的上车规律数，较全面地算出各次列车在各客流区段内的客流密度，从而可以看出各次列车超员或虚糜的情况，本着始发站照顾中间站、大站照顾小站的原则进行调整，使各站之间的旅客人数得到合理分配。

3. 车站旅客输送日计划的考核

旅客输送日计划的贯彻与票额分配的执行情况，应建立分析考核制度，以不断提高计划的编制质量。车站旅客输送日计划可从两个方面进行考核。

（1）每趟列车的日计划兑现率。每趟列车的计划完成兑现率要求达到95%以上，其计算公式分两种情况：

① 实际大于计划时：

$$\gamma=\left(1-\frac{A_{\text{实际}}-A_{\text{计划}}}{A_{\text{计划}}}\right)\times 100\%$$

② 实际小于计划时：

$$\gamma=\frac{A_{\text{实际}}}{A_{\text{计划}}}\times 100\%$$

式中 $A_{\text{实际}}$、$A_{\text{计划}}$——每趟列车实际、计划上车人数。

（2）车站日计划兑现率。车站日计划完成兑现率要求达到95%以上，将全天各次列车的兑现率加总除以列车次数，其计算公式为：

$$\alpha_{车站}=\frac{\sum\gamma}{N}$$

式中　$\alpha_{车站}$——车站日计划兑现率；

$\sum\gamma$——每趟列车兑现率的总和；

N——列车数。

二、客运调度工作

铁路客运调度工作是铁路旅客运输日常工作的重要组成部分，铁路调度工作实行集中领导，分级管理。

各级客运调度的基本任务是正确地编制和执行客运工作日常计划，有预见地组织客流，经济合理地使用客车（动车组）和客运设备，组织客运各部门紧密配合，协同动作，保质保量地完成旅客运输任务。在组织实现日班计划中，下级客运调度必须服从上级客运调度的指挥，国家铁路集团有限公司、铁路集团公司的各级客运调度员分别由各级调度长统一指挥。

国家铁路集团有限公司、铁路集团公司客运调度分别负责全路、铁路集团公司管内的日常客运组织指挥工作。各级客运调度是旅客和行包运输工作的指挥者、组织者。

1. 各级客运调度员的具体职责

（1）国家铁路集团有限公司客运调度员：掌握全路客流变化情况和国际旅客列车及直通旅客列车的运行情况，组织各铁路集团公司有计划地、均衡地输送旅客，处理跨铁路集团公司旅客列车的加挂、停运、变更径路、客车甩挂及调拨。

（2）铁路集团公司客运调度员：掌握团体旅客运输工作，按级监督组织旅客列车按运行图安全、正点运行，经济合理地使用客车（动车组）和客运设备；掌握旅客列车编组和车辆（动车组）检修、整备情况，及时调整车组的配挂；检查掌握专运列车和加开临时旅客列车及中转站的合理接续；掌握客流动态和行李、包裹运输的变化，及时提出增减车辆计划。

2. 客运调度的日常工作

（1）正确组织旅客及行李、包裹运输。

① 国家铁路集团有限公司客调：经常分析各铁路集团公司、主要站发送旅客人数的波动情况，并及时提出决策意见；经常检查各铁路集团公司直通旅客及行包的运送情况，掌握旅客列车的编组调整及车辆（动车组）调拨；对节假日和大批旅客、行包的运送，做到有计划地安排和加开临时旅客列车。

② 铁路集团公司客调：按日、旬、月对局管内的发送旅客及行包波动情况，做好分析总结，并督促各站做好计划运输工作。向国家铁路集团有限公司汇报跨三铁路集团公司以上的旅客列车利用情况，并提出修改意见；协商处理跨两铁路集团公司的旅客列车利用情况并报国家铁路集团有限公司备案；处理铁路集团公司管内旅客列车的停运、加开或增减车辆，对停运、加开的旅客列车应向国家铁路集团有限公司报告。对大批管内旅客、行包的输送（包括节假日）应采取组织分批乘坐正常旅客列车，或加开临时旅客列车和增加车辆，套用客车底等办法。

铁路集团公司客调应掌握每日的客运情况及做好区段客流密度、客流量统计并存档。

（2）经济合理地使用客车（动车组）。客车（动车组）的运用与货车不同，不属于全路统一调拨。客车（动车组）运用规则规定，全路的客车（动车组）均固定地配属给各铁路集团公司有关车辆（动车）段，并由其负责日常维修保养。所以，各铁路集团公司应组织好本铁路集团公司配属客车（动车组）的使用，掌握动态，建立专门的报表，用以了解和掌握运用情况，分析旅客列车晚点原因，统计本铁路集团公司出入客车（动车组），登记检修客车（动车组）等。

客调应了解各次旅客列车乘车人数的波动情况，根据乘车人数和区段密度，及时发布调度命令，调整“全国旅客列车编组表”规定的编组，增减或换挂车辆。本铁路集团公司管内旅客列车凭调度命令，由铁路集团公司自行处理，跨及两铁路集团公司的旅客列车，由两铁路集团公司协商以调度命令办理。跨及两铁路集团公司以上的旅客列车及直通快车在自铁路集团公司管内增挂车辆时，如不影响列车正点及原编组顺序，以调度命令自行办理；跨铁路集团公司增挂车辆时，除国际旅客列车、软卧车及公务车外，一般与有关铁路集团公司取得联系后，也凭调度命令办理。

（3）监督旅客列车按运行图行车。旅客列车如果运行晚点，不仅打乱整个运行图，而且对旅客带来不便，因此，客调在监督旅客列车按运行图运行的日常指挥、组织工作中，应做好以下工作：

① 了解掌握旅客列车运行情况，摸规律，抓关键旅客列车、车站，发现问题及时解决。

② 对始发的旅客列车，应及时检查客车底（动车组）的整备及取送情况，督促车站及时取送。检查机车交路，了解机车运用和整备情况，发现问题，及时通过有关部门联系解决。检查和督促车站安全迅速地组织旅客乘降及行包装卸工作，保证旅客列车正点始发。

③ 加强与邻铁路集团公司的联系。遇接入晚点旅客列车时，及时与行车调度员联系，调整列车运行，并事先了解列车行包件数，以便组织前方有关车站提前做好卸车准备，及时采取措施，恢复列车正点运行。

监督旅客列车按运行图行车是各级客调的重要职责。

国家铁路集团有限公司客调应加强对国际联运旅客列车和重点布置的临时旅客列车运行情况的掌握。应每日收录各局旅客列车运行情况，并进行全面分析，找出主要晚点原因，提出改进意见。

铁路集团公司客调应对旅客列车运行情况不断地进行了解和掌握，并与有关列车调度员建立必要的联系制度，保证旅客列车按运行图行车，对旅客列车运行情况做好记录。检查旅客列车编组和取送情况、停靠站台、车辆技术检查和整备状况，机车整备、出段情况以及旅客、行包情况，保证旅客列车正点始发。对晚点旅客列车，及时组织旅客迅速乘降和行包的快速装卸，联系站、车工作人员在安全的基础上加速作业，压缩列车停站时间，以恢复列车正点运行。

（2）客运调度工作的分析。为了提高客运工作计划质量，不断改进客运组织工作，国家铁路集团有限公司和铁路集团公司的客运调度工作必须建立健全各种报表和客流分析制度，认真考核客运组织工作情况，系统地对客运工作进行分析研究。分析工作由各级主任客运调度员负责，分析的主要内容包括：

① 客流情况及波动规律；

② 旅客列车晚点情况及其原因；

③ 客车（动车组）运用及检修车的完成情况。

考核客运调度工作的主要指标有：外铁路集团公司列车平均停留时间；座席利用率；客车日车公里等。

（5）客运调度报告制度。为准确掌握客运工作情况，及时处理发生的问题，车站和铁路集团公司各级客运调度，必须加强客运调度报告制度。除按现行规定，上报有关资料外，遇下列情况必须及时逐级向客运调度报告：

① 发生自然灾害和行车重大、大事故中断行车时；

② 发生旅客、路内客运职工伤、亡事故时；

③ 车站和旅客列车发生火情、火灾时；

④ 因机车、车辆（动车组）发生故障造成甩车、长时间修理因而始发和运行晚点时；

⑤ 由于站、车设备损坏或其他原因造成人员伤亡时；

⑥ 车站和列车票款、票据被抢或被盗时；

⑦ 进京上访人员乘车时；

⑧ 站、车之间发生纠纷或其他原因造成旅客列车严重晚点时；

⑨ 站、车发生意外情况，工作人员不能正常作业时；

⑩ 其他需要及时上报的有关客运工作事项。

第四节　铁路旅客运输主要运营指标

完整而科学的运营指标是旅客运输业经营管理制度中的一个重要组成部分。运营指标包括数量指标与质量指标两个方面，也是客运企业核算产品数量与质量、生产成本、劳动生产率的主要依据。另外，安全、方便、舒适等指标，也是不可忽视的。

一、数量指标

数量指标主要是指运量，相关指标有旅客发送人数、旅客周转量。

1. 旅客发送人数

旅客发送人数又称旅客发送量，是指一定时期（日、旬、月、年）内，全路、铁路集团公司由各站始发的全部旅客人数。为了市场细分需要，在发送人数中又细分为直通、管内和市郊运输发送人数。

在统计发送人数时，无论小孩票、优惠价票均按每一乘车人次计算。市郊定期客票按每月往返各 25 次计算：

$$A_{发} = A_{发}^{直通} + A_{发}^{管内} + A_{发}^{市郊} \quad （人）$$

式中　$A_{发}^{直通}$、$A_{发}^{管内}$、$A_{发}^{市郊}$——直通、管内、市郊发送旅客人数。

全路（局）发送旅客人数等于全路（局）内各站发送旅客人数之和。

2. 运送旅客人数

运送旅客人数又称旅客运输量，简称客运量，是指在一定时期（日、旬、月、年）内，全路或铁路局运送的全部旅客人数。

对路局而言，在长途旅客中，有购买直通车票的旅客在发送人数中没有完全反映，所以运送旅客人数应包括发送、接入到达、接入通过的旅客人数之和，即

$$A_{局运} = A_{局发} + A_{到达}^{接入} + A_{通过}^{接入} \quad （人）$$

式中 $A_{发}$、$A_{到达}^{接入}$、$A_{通过}^{接入}$——局发送、接入到达和接入通过的旅客人数。

全路的运送旅客人数还应包括国际联运、新建临管线接运的旅客，即：

$$A_{运} = A_{发} + A_{国际} + A_{临管} \quad （人）$$

3. 旅客周转量

旅客运送人数以人次计算，而与每位旅客的行程长短无关，它在一定程度上反映了客运企业的工作量大小，但还不能反映其运输的距离。用旅客周转量这一指标就包含了人次与运距这两个要素。

旅客周转量是指在一定时期（日、旬、月、年）内全路、铁路局计划或完成的旅客人公里数，分别按直通、管内、市郊三种客流统计计算，然后加总。

由于发送旅客人数不能代表各铁路局的全部客运工作量，因此，计算周转量应以运送旅客人数为准：

$$AL = A_{运}^{直}L^{直} + A_{运}^{管}L^{管} + A_{运}^{市}L^{市} \quad （人·公里）$$

式中 $A_{运}^{直}$、$A_{运}^{管}$、$A_{运}^{市}$——运送直通、管内、市郊旅客人数（人）；

$L^{直}$、$L^{管}$、$L^{市}$——旅客相应的乘车行程（km）。

4. 旅客平均运输距离

旅客平均运输距离亦称旅客平均运距，是指平均一名旅客被运送的距离，分别按直通、管内、市郊统计计算，然后加总取平均值，即：

$$L_{客} = AL / A_{运} \quad （km）$$

旅客平均运程的大小，取决于地区之间的经济联系、旅客在工作上和生活上的需要，以及所提供的交通工具的方便程度。

例 设某局某年管内运输 670 万人，平均运程 70 km；直通运输发送人数 600 万人，在管内的平均运程为 200 km；直通运输到达人数 500 万人，在管内的平均运程为 150 km；直通运输通过该局的人数为 200 万人，在管内的平均运程为 300 km。求该局全年的旅客周转量和旅客平均运程。

解 旅客周转量 = 各种运输的旅客运送人数 × 各种运输的平均运程的总和

$$= 670 \times 70 + 600 \times 200 + 500 \times 150 + 200 \times 300$$

$$= 301\,900 \quad （万人·km）$$

旅客平均运程 = 旅客周转量旅客运送人数

$$= 301\,900 / (670 + 600 + 500 + 200)$$

$$= 153.24 \approx 153 \quad （km）$$

5. 旅客运输密度

旅客运输密度简称客运密度，是指在一定时期内（通常指一年）某一范围（某条线路、

某一区段或铁路局、全路）内平均每公里线路所承担的旅客周转量。

客运密度 = 旅客周转量/完成该旅客周转量的线路总长度（营业里程），即：

$$\varepsilon_{客}^{区段}=\frac{AL_{区段}}{L_{区段}}\quad（人公里/公里）$$

式中　$AL_{区段}$——通过该区段的旅客周转量（人公里）；

$L_{区段}$——该区段线路长度。

或

$$\varepsilon_{客}=\frac{AL}{L_{营业}}\quad（人公里/公里）$$

式中　$\varepsilon_{客}$——全路、铁路局客运密度（人公里/公里）；

AL——全路、铁路局旅客周转量（人公里）；

$L_{营业}$——全路、铁路局营业里程（公里）。

旅客运输密度是表明线路工作强度的指标。应注意的是不能把客运密度同客流量混淆，客流量是指在一定时期内区段线路所通过的旅客人数，某一客流区段中各区段的客流量的最大值，代表该客流区段的客流量，通常用其确定该客流区段所应开行的各种客车对数。因此，二者无论在意义、单位和用途上都不一样。

6. 行李包裹运送量

行李包裹运送量是指在一定时期内（日、旬、月、年），全路、铁路局、车站始发、接入到达和中转的行李包裹件数之和，即：

$$G_{行包}^{运送}=G_{行包}^{始发}+G_{行包}^{到达}+G_{行包}^{中转}$$

式中　$G_{行包}^{始发}$——由本局始发的行李包裹数量；

$G_{行包}^{到达}$——由外局接入于本局到达的行李包裹数量；

$G_{行包}^{中转}$——由外局接入并通过本局中转的行李包裹数量。

二、质量与效益指标

（一）速度指标

1. 旅客列车（运营车辆）技术速度 $V_{技}$

技术速度是指旅客列车在运行区段的各区间内，每小时平均运行的公里数（分不同种类列车计算），即：

$$V_{技}=\frac{\sum nl}{(\sum nt-\sum nt_{停站})}\quad（km/h）$$

式中　$\sum nl$——旅客列车公里（km）；

$\sum nt$——旅客列车旅行总时间（h）；

$\sum nt_{停站}$——旅客列车在中间站停留时间（h）。

2. 旅客列车旅行速度

旅行速度是指旅客列车在运行区段内，每小时平均运行的公里数，即：

$$V_{旅}=\frac{\sum nl}{\sum nt} \quad (\text{km/h})$$

3. 速度系数

速度系数是指旅客列车旅行速度与技术速度的比值，即：

$$\beta_{旅}=\frac{V_{旅}}{V_{技}}$$

4. 旅客列车直达速度

直达速度是指旅客列车在车底配属站和折返站之间的平均速度，即旅客列车在其运行全程中的平均速度：

$$V_{直}=\frac{L_{客}}{(\sum t_{运转}+\sum t_{中停}+\sum t_{技停})} \quad (\text{km/h})$$

式中 $L_{客}$——车底配属站和折返站之间的距离（km）；

$\sum t_{运转}$——列车运转时间（h）；

$\sum t_{中停}$——列车在中间站停站时间（h）；

$\sum t_{技停}$——列车在区段站、客运站停站时间（h）。

（二）客车运用指标

1. 旅客列车车底周转时间

它是指旅客列车所用的车底（动车组），从第一次由配属站发出之时起，至下一次再由配属站发出之时止所经过的全部时间。以天为计算单位，而且为整天数，即：

$$\theta_{车底}=\frac{1}{24}\left(\frac{2L_{客}}{V_{直}}+t_{配}^{客}+t_{折}^{客}\right) \quad (天)$$

式中 $t_{配}^{客}$——车底在配属站停留时间（h）；

$t_{折}^{客}$——车底在折返站停留时间（h）。

客车车底（动车组）周转时间反映车底（动车组）周转全过程的运用效率，反映所有与客运有关部门的工作效率，是考核客车（动车组）运用效率最重要的指标之一。

2. 旅客列车车底需要数

旅客列车车底（动车组）需要数指为开行某一对旅客列车所需要的运用车底（动车组）数，单位为“组”，计算公式为：

$$N_{车底}=\theta_{车底}\cdot K_{客}$$

式中 $K_{客}$——平均每天开行的对数，如每日开行（发出）一列则 $K_{客}=1$，如隔日开行则 $K_{客}=1/2$。

3. 运用客车需要数

运用客车需要数指为开行某一对旅客列车所需要的运用客车数，计算公式为：

$$N_{客}=N_{车底}M_{客}\quad（辆）$$

式中　$N_{车底}$——运用车底需要组数（组）；

$M_{客}$——每个车底的编成辆数（辆）。

（三）载客人数及客座利用率

载客人数是反映客车容量利用程度的指标，可以按旅客列车平均载客人数及客车平均载客人数分别计算。

1. 旅客列车载客人数

旅客列车载客人数指在一定时期内，全路、铁路集团公司平均每一旅客列车公里所完成的人公里数，其计算公式为：

$$A_{列}=\frac{\sum AL}{\sum NL}\quad（人公里/列车公里）$$

式中　$A_{列}$——每一旅客列车平均载客人数；

$\sum AL$——在一定时期内，全路、铁路局完成的旅客周转量之和（人公里）；

$\sum NL$——在一定时期内，全路、铁路局的旅客列车公里总和（列车公里）。

2. 客车载客人数

客车载数客人数指在一定时间内，全路、铁路集团公司平均每一客车公里所完成的人公里数，其计算公式为：

$$A_{客车}=\frac{\sum AL}{\sum NS_{客}}\quad（人公里/客车公里）$$

式中　$\sum NS_{客}$——运用客车公里总数。

3. 客车平均日车公里

客车平均日车公里指某一客车车底内每辆客车或全部客车中每辆运用车在一昼夜内平均走行的公里数，即：

$$S_{客}=\frac{\sum NS_{客}}{N_{客}}\quad（km/日车）$$

式中　$S_{客}$——客车日车公里；

$\sum NS_{客}$——客车公里总数；

$N_{客}$——运用客车数。

4. 客座利用率

客座利用率是用百分率表示的平均每一客座公里所完成的人公里数，是反映客车载客能力利用程度的指标，按下列两式计算：

$$\lambda_{客}=\left(\frac{\sum AL}{\sum NS_{客座}}\right)\times100\% \qquad \lambda_{客}=\left(\frac{A_{列}}{A_{定}^{列}}\right)\times100\%=\left(\frac{A_{车}}{A_{定}^{车}}\right)\times100\%$$

式中 $\sum NS_{客座}$——客座公里总数；

$A_{列}$——旅客列车载客人数；

$A_{定}^{列}$——旅客列车平均定员；

$A_{车}$——车厢载客人数；

$A_{定}^{车}$——车厢定员人数。

（四）正点率

根据统计分析需要又可细分为始发正点百分率和运行正点百分率。

1. 始发正点百分率

始发正点百分率指在一定时期内，全路、铁路集团公司、车站正点发出的旅客列车次数在发出旅客列车总次数中所占比重，即：

$$\gamma_{发}=\frac{n_{正点}^{发}}{n_{发}}\times100\%$$

2. 运行正点百分率

运行正点百分率是指在一定时期内，全路、铁路集团公司、车站正点到达列车终到站或各铁路集团公司分界站的列车次数占到达列车总次数的比重，即：

$$\gamma_{运}=\frac{n_{正点}^{到}}{n_{到}}\times100\%$$

列车正点率是反映客运企业工作和服务质量的一个综合指标体现，因为它要得到众多运输环节的共同保证，正点率愈高，愈能赢得旅客信任，也是铁路行车指挥有条不紊运行和安全的保障。

三、安全指标

1. 旅客伤亡事故件数和伤亡人数

旅客伤亡事故件数和伤亡人数是指车站、列车（段）、铁路集团公司、全路在一定时期内由于本企业责任事故造成旅客受伤和死亡的事故件数及总人数。

旅客伤亡事故发生率是考核某客运单位旅客运输安全的相对指标，以在一定时期内，每完成一亿人公里旅客周转量所发生的旅客伤亡事故件数来表示，即：

$$\alpha_{事故}^{旅客}=\frac{G_{旅客}}{\sum AL/100\,000\,000} \quad （件/亿人公里）$$

式中 $\alpha_{事故}^{旅客}$——旅客伤亡事故发生率；

$G_{旅客}$——统计时期及范围内的旅客伤亡事故件数。

2. 行李包裹责任事故件数

行李包裹责任事故件数指车站、列车（段）、铁路集团公司、全路在一定时期内结案的由于本单位责任造成的行李包裹事故的总件数，包括由本单位结案属于本单位责任和由外单位结案中属于本单位责任的行李包裹事故件数。

为了考核行李包裹运输的安全质量，常用行李包裹责任事故发生率作为考核指标，还可以用每万元行李包裹运输收入中行李包裹责任事故赔偿金额（简称行包赔偿率）作为反映行李包裹运输质量的指标，即：

$$a_{事故}^{行包}=\frac{G_{事故}^{行包}}{G_{总}^{行包}}\times100\%$$

$$a_{赔}^{行包}=\frac{P_{行包}}{R_{行包/10\,000}}\quad（元/万元）$$

式中　$a_{事故}^{行包}$——行李包裹责任事故发生率（%）；

$G_{总}^{行包}$——一定时期内某客运企业（单位）运输行李包裹总件数；

$G_{事故}^{行包}$——对应统计时期内行李包裹责任事故件数；

$a_{赔}^{行包}$——行包赔偿率；

$R_{行包}$——统计期内行李包裹运输总收入（元）；

$P_{行包}$——责任行李包裹赔偿金额（元）。

四、方便性指标

方便性指标指旅客在旅行过程中能否得到便捷的服务，主要包括售票方式便捷，中转换乘简便及时，行李包裹托运提取手续简捷，旅途中餐饮供应及通讯方便，衡量的指标有如下几种。

1. 旅客列车开行间隔

$$I_{间}=\frac{T_{时}}{n}\quad（min）$$

式中　$I_{间}$——在合理开车时间范围内开行同方向列车的间隔时分（min）；

$T_{时}$——一昼夜中适合开行旅客列车的时间段（时分数）（min）；

n——在$T_{时}$范围内开出的同方向旅客列车数。

开行间隔时间I越小，旅客在站滞留时间越短、越方便。为适应旅客在一日中不同时段的不同需求，可分别制订高峰、低谷时段不同的I值。

2. 旅客出行总时间

旅客从始发地到达旅行目的地花费的总时间$T_{出行}$：

$$T_{出行}=t_{进}+t_{候}+t_{旅}+t_{换}+t_{出}$$

式中　$t_{进}$——旅客从始发地（家或单位）至客运（港）站（机场、车站、码头）的时间；

$t_{候}$——旅客到港站至开车（机、船）时的等候时间；

$t_{旅}$——旅客乘坐的交通工具从其上车（港）站至目的（港）站的旅行时分；

$t_{换}$——若整个航程较远，或不能直达（航），则还需包括该项换乘时间；

$t_{出}$——旅客从到达（港）站后出去至家或单位的时间。

旅客出行总时间中考虑了进出（港）站必要的城市交通时间，这与各种客运交通方式的布局、城市交通的衔接及城市交通的发达程度有关。这个指标的引入，也是至今社会的经济发展，人们对交通方式选择必须考虑的一个指标。

五、舒适性指标

舒适性指标是指旅客在旅行过程中，从精神到物质条件上享受心理和生理愉悦和舒适的程度，可通过下列指标衡量。

1. 站车文明服务旅客满意率

站车文明服务旅客满意率指感到满意的旅客人数占抽样调查旅客总人数的百分比，其计算公式为：

$$P = \frac{a}{A_{抽}} \times 100\%$$

式中 P——旅客满意率；

$A_{抽}$——抽样调查总人数；

a——感到满意的旅客人数。

2. 客车车辆人均占有面积

客车车辆人均占有面积指按标准座席旅客在列车上人均占有的基本面积，在客车车辆设计规范中有明确的规定。日本规定 $S_0 \geqslant 0.82\ \text{m}^2$，世界上很多发达国家 $0.82\ \text{m}^2 \leqslant S_0 \leqslant 1.18\ \text{m}^2$，目前我国仅为 $0.57\ \text{m}^2$/人。

3. 乘坐舒适度

乘坐舒适度指旅客在乘坐列车过程中的舒适程度。为此，在设计时就必须考虑最小曲线半径、横向加速度临界值、外轨超高时间变化率、车体震动加速度和横向加速度、噪声频率等，这些参数都应按乘坐舒适度评价试验或国外经验值确定。

4. 站车环境舒适度

要提高旅行生活质量，必须有良好且适宜的环境，站车环境参数必须符合国家规定的旅行卫生环境标准。

六、其他指标

作为一个旅客运输企业，还应核算劳动工资指标和财务指标。

劳动工资指标主要包括职工总数、工资总额、平均工资、全员劳动生产率、职工工伤事故伤亡率等。

财务指标主要包括运营收入、运营成本、定额流动资金、平均运价率、运营利润、单位成本、定额流动资金周转天数等。

本章小结

本章主要学习了四个方面的内容，首先学习了客流调查的意义和方法，又学习了铁路旅客运输计划和日常工作计划的编制，最后对铁路旅客运输主要运营指标进行了详细的分项描述。

思考题

1. 影响客流变化的主要因素是什么？
2. 简述直接吸引范围与间接吸引范围的含义。
3. 综合客流调查的主要内容有哪些？
4. 为什么要编制铁路旅客运输计划？
5. 旅客运输计划分为哪三种计划？
6. 编制铁路旅客运输计划的主要依据是什么？
7. 旅客运输计划的主要内容有哪些？
8. 什么是客流图？客流图可分为哪几种？试述编制客流图的重要性。
9. 什么是旅客列车的直达速度、旅行速度？

第七章　铁路旅客列车运行组织和列车工作组织

学习目的：旅客列车运行组织是铁路旅客运输工作的主要组成部分，旅客乘车旅行，所消耗的时间大部分是在列车上，为满足旅客的旅行要求，铁路除要做好列车乘务工作外，还应确定适当的旅客列车数量，合适的始发、终到和通过沿途各主要站的时间，较快的直通速度，合理的列车运行区段和停车站。同时，正确地组织各种旅客列车的运行，才能经济、合理地使用客运机车车辆、动车组和各种技术设备。

旅客列车运行组织，应以各方向客运量和客流规律为依据，着重解决下列几个问题：

（1）合理地选择旅客列车的重量与速度；

（2）恰当地确定各种旅客列车的运行区段和列车对数；

（3）正确地编制旅客列车运行图和时刻表；

（4）经济合理地确定客运机车、客运车辆、动车组的需要数。

旅客列车运行组织是一项细致复杂的工作，因此，要求客运和其他各有关部门密切配合，共同努力，编制出质量良好的列车运行图。

第一节　旅客列车开行方案及区段行车量

一、旅客列车开行方案设计

（一）影响旅客列车开行方案的因素

影响列车开行方案编制的因素很多，有社会经济的宏观因素，也有落实到每个人出行的微观因素，但总的来讲，可以简单地总结为客流因素、设备因素、参考因素和其他因素等四种。

1. 客流因素

编制旅客列车开行方案的基本原则是“按流开车”，客流是影响旅客列车开行方案的主要因素。旅客的流量、流程、流向、旅行目的决定了要开行的列车数量、发到站、运行径路及列车种类。由于旅客对列车的选择具有主动性，因此只有充分考虑旅客的出行需求、出行心理及特点，掌握客流特征，才能编制良好的列车开行方案，最大化地吸引客流，更好地满足旅客出行要求。

2. 设备因素

在制定列车开行方案时，列车的开行数量、运行区段等有时候会受到铁路基础设施设备能力的限制，确定旅客列车的开行方案，除了客流之外，还需考虑客运设备的配置条件。为了进行旅客列车车底、动车组整备作业，旅客列车的始发站和终到站应选择有客车整备所的车站。为了办理机车的折返，列车运行区段的两端站应为机务段所在站。在活动设备方面，要求配属的机务段、客车车辆段和动车段能提供足够数量技术状态良好的客运机车车辆。在客运专线，始发和终到站要有相应的动车组运用所或动车段。只有设备条件满足了要求，开行方案才是切实可行的。

3. 参考因素

车站所在地的社会、政治、经济、文化、旅游资源等条件，以及国家的政策方针，也是影响旅客列车开行方案的因素。

4. 其他因素

除了上述几个因素外，列车编组情况、列车定员及客座利用率等也会影响旅客列车开行方案。

（二）旅客列车开行方案编制的基本原则

铁路旅客列车开行方案的编制考虑因素较多，但按流开车是确定铁路旅客列车开行方案首要的和基本的原则，即根据流量、流向、流程、旅行目的及客流性质确定出开行的旅客列车种类、数量、起讫点、运行径路、停站等，同时还必须方便旅客旅行，尽可能减少旅客的换乘次数与在途时间，并经济合理地使用车底，使线路长短结合、客流分布均匀，充分发挥运载工具的运输能力和铁路运输固定设备的利用率等。在实际工作中，以现行运行图中开行的铁路旅客列车为基础，根据计划客流，确定加开的、慢改快、快改特快、短变长的铁路旅客列车，综合形成一个新的铁路旅客列车开行方案。

（三）编制旅客列车开行方案的方法与步骤

旅客列车开行方案是旅客列车运营组织工作的重要组成部分，必须以客流为基础，以运输市场为导向，科学合理地安排旅客列车开行种类、数量、始发站及终到站、运行径路等内容，体现从客流到列车流的组织方案。

列车开行方案的设计非常复杂，首先要符合旅客出行规律，最大限度地方便旅客，提高服务频率，减少旅客等待时间，尽可能减少换乘，提高列车上座率。还要能充分利用运输能力，合理利用客车车底。

编制旅客列车开行方案的步骤：（1）确定旅客列车运行区段；（2）确定列车开行对数及种类。

二、旅客列车的重量和速度

选择合理的旅客列车重量和速度，对组织旅客运输有着重要的意义，因为列车的重量和速度将决定机车的主要特征，提出对线路、列车制动以及延长站线和站台的要求，决定着旅客列车的编成辆数及旅客在途时间的消耗，直接影响到铁路的客运能力、服务质量和客运设备的使用效率。选择旅客列车最有利重量和速度的方法不同于货物列车，确定旅客列车重量标准时，应考虑的主要因素是提高旅客列车的直通速度，以缩减旅客列车的在途时间。

1. 拟订设计的直通速度

在某铁路方向上，先将直通速度确定在一定的范围内，并对每个旅客列车按照最优的铺画方案进行调整。在牵引类型和机车功率一定的条件下，列车重量越大，其运行速度越低，确定列车重量时，应以提高直通速度为主，其次应考虑旅客站台及站线的有效长，并按列车种类和等级，参照现行各项技术标准，按下式分别拟订其设计直通速度：

$$V_{\text{直}}^{\text{设}}=\frac{L_{\text{方向}}}{\sum T_{\text{区段}}+\sum t_{\text{站}}} \quad (\text{km/h})$$

式中 $L_{\text{方向}}$——列车在该方向上行驶的距离（km）；

$\sum t_{\text{站}}$——列车在技术作业站（不包括始发、终到站）的停车时分总和；

$\sum T_{\text{区段}}$——列车在各区段内旅行时间的总和，按下式计算：

$$\sum T_{\text{区段}}=\sum t_{\text{运}}+\sum t_{\text{停}}+\sum t_{\text{加减}}+\sum t_{\text{慢行}}$$

其中 $\sum t_{\text{运}}$——区间运行时分总和；

$\sum t_{\text{停}}$——列车在区段内停站时分总和；

$\sum t_{\text{加减}}$——起停车附加时分总和；

$\sum t_{\text{慢行}}$——慢行时分总和。

2. 审查修正直通速度

对初步拟订设计的直通速度，再按旅客列车在始发站、终到站的发车及到达时刻对旅客是否方便的条件加以审查及修正。为方便旅客，长途直通旅客列车始发站发车的最佳时刻在19:00以后，但尽量不迟于0:00，到达终到站的最佳时刻宜在白天7:00至14:00之间（见图7.1）。按此条件，如果D代表列车在途中过夜天数（自始发站发车的当夜不计在内），则修正后的直通速度应规定在下列范围之内：

$$\frac{L_{\text{方向}}}{19+24D}\leqslant V_{\text{直}}^{\text{修}}\leqslant\frac{L_{\text{方向}}}{7+24D}$$

式中 $V_{\text{直}}^{\text{修}}$——修正后的直通速度（km/h）；

$19+24D$——列车在旅途中时间的最大值；

$7+24D$——列车在旅途中时间的最小值。

对于目前开行的快速列车及管内旅客列车，旅途中的时间小于24 h的，也应考虑到发时刻是否对旅客方便并修正其直通速度。

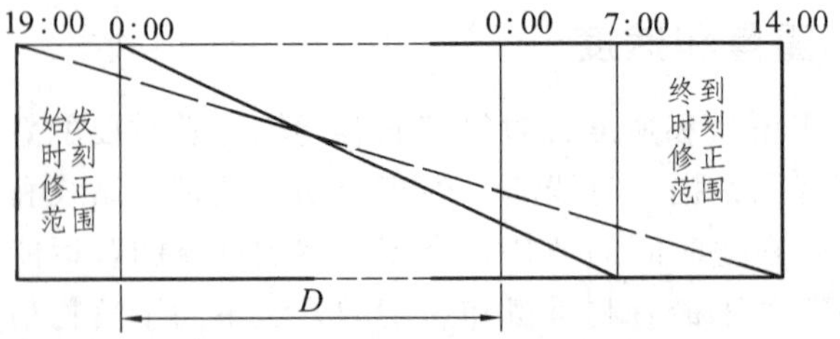

图 7.1　长途直通旅客列车发、到时刻修正范围

3. 确定合理开车范围

上述修正设计直通速度的条件，虽是极理想的情况，但却指出从方便旅客乘车的条件出发，每列旅客列车都有自己的合理开车范围。这种合理开车范围随旅客列车的运行距离和直通速度不同而不同，即取决于列车在旅途中所需的时间。

4. 确定列车重量和编组辆数

修正直通速度时，应首先编制旅客列车速度分析表，将各次列车运行区段、列车公里、总时分（包括运行时分、停站时分、起停车附加时分、慢行时分）填记在表上，计算其直通速度。提高直通速度可采取减少列车停站次数、停站时分、区间运行时分和慢行时分等措施。最后根据修正的直通速度，确定各区段的区间运行速度，通过牵引计算，求出列车重量理论上的允许值，并根据线路、站台的长度、加挂预留吨位等因素分列车种类和等级加以确定。

三、运行区段和行车量的确定

旅客列车运行区段和行车量，基本上决定于客流计划，“按流开车”是确定旅客列车运行区段和行车量的基本原则。根据客流计划所绘制的客运图（见图 7.2），能清楚地看出旅客的流量、流向，以及客流的发生及消失地点，客流图为划分各种旅客列车运行区段，确定列车种类及行车量的工作提供了有利的条件。

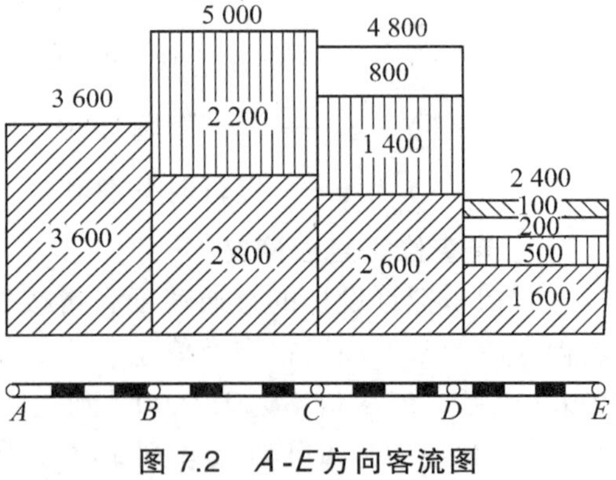

图 7.2　*A*-*E* 方向客流图

直通旅客列车的运行区段应根据直通客流确定，跨铁路集团公司列车的直通客流需达到一定数量时报国家铁路集团有限公司审批方可开行。国家铁路集团有限公司规定开行跨两铁路集团公司的直通旅客列车直通客流应不少于 600 人，跨三铁路集团公司的列车不少于 500 人，跨四铁路集团公司以上的列车不少于 400 人。这一规定实际体现了以经济效益为准则开行旅客列车这一原则，它保证了直通客车在整个运行过程中始终能保持一定的满员率，避免运能的虚糜浪费。但应对具体开行的直通旅客列车进行具体分析。

高速列车主要输送客运专线上大中城市间的本线客流和一些跨线客流，起讫点在客运专线或其相邻客运专线上的大中城市。

直通特快和快速旅客列车，主要为解决既有线大中城市间的旅客运输，起讫点应定在大中城市。列车运行区段按“按流开车”的原则确定，客流只要具备开直通车的条件且能力允许，就可以考虑开行，则区段应作为列车的运行区段。

管内旅客列车输送沿途变动的客流，运行区段的确定应考虑其客流量的大小。管内特快和快车只往返于管内大中城市之间，普通旅客列车主要解决中小站的旅客运输。管内客车多由省会、铁路集团公司所在地向邻近线路开行。

大城市附近，开行一定数量的市郊列车，以满足城郊职工通勤、学生通学及居民往来郊游的需要。

在分析以上情况的基础上，先按整个方向上各客流区段的最小客流密度计算行车量，即为了最大限度地以直达运输吸收直通客流，一般将某个铁路方向的两端站定为旅客列车的始发站和终到站，然后再将客流密度变化较大的站间定为较短的旅客列车运行区段，并计算相应的行车量。要求整个方向上确定的旅客列车运行区段和行车量提供的客运能力应与各客流区段的客流密度相适应。

为适应市场经济条件下旅客对铁路客运的不同需求，在确定旅客列车运行区段和行车量的同时，必须确定合理的列车种类结构。随着我国国民经济的持续发展，人民生活水平不断提高，旅客的需求发生了很大变化，不同层次的旅客对旅行的要求不同，这就要求铁路应适应市场的变化，开行不同种类和档次的旅客列车。提高旅客列车直通速度，改善列车设备，提高旅行舒适度和服务质量等是增强铁路在客运市场中满足市场需求的关键。

（1）各类旅客列车开行对数，必须适合各区段客流密度与客流性质的需要。直通旅客列车以解决直通客流为主，管内旅客列车以解决管内客流为主，市郊旅客列车应满足市郊客流的需要。

（2）各类旅客列车必须合理分工，长途车与短途车、快车与慢车要做到合理搭配。争取在正常情况下能做到有长有短有快有慢最为理想。

（3）直通旅客列车的开行数量，应保证满足各区段最大直通客流密度的需要，最大限度地减少中转旅客。

在旅客列车运行区段确定后，应根据各运行区段客流量及客流性质，结合主要站所在地的政治、经济、文化情况和车站技术设备条件，确定各种旅客列车行车量。旅客列车行车量概略计算时，按下式计算：

$$N=\frac{A}{a_{列}^{均}}\quad（列）$$

式中　N——旅客列车行车量（列车对数）；

A——日均计划总客流量；

$a_{列}^{均}$——列车平均定员人数。

由于列车种类及运行距离不同，其列车编组内容的要求也不同，各种列车的平均定员人数也就不同。因此，在具体确定行车量时，应对各种旅客列车分别确定其行车量。

客运专线本线列车和跨线列车行车量、种类及运行区段，根据客流量及客流性质、各种列车编组及定员、动车组编成、设备情况等因素计算。

（1）特别旅客快车：

$$N_{特快}=\frac{AK_{特快}}{a_{特快}}\quad（列）$$

式中　$N_{特快}$——特别旅客快车行车量；

$K_{特快}$——由特别旅客快车运送的旅客占相应总客流量的百分比；

$a_{特快}$——特别旅客快车定员人数。

（2）旅客快车：

$$N_{快}=\frac{(A-a_{特快}N_{特快})K_{快}}{a_{快}} \quad （列）$$

式中 $N_{快}$——旅客快车行车量；

$K_{快}$——由旅客快车运送的旅客占相应总客流量（特快运送旅客除外）的百分比；

$a_{快}$——旅客快车定员人数。

（3）普通旅客列车：

$$N_{普客}=\frac{A-a_{特快}N_{特快}-a_{快}N_{快}}{a_{客}} \quad （列）$$

式中 $N_{普客}$——普通旅客列车行车量；

$a_{客}$——普通旅客列车定员人数。

以上公式的计算是静态的，且未考虑出行时段的波动，故在实际工作中，应根据出行需求来确定旅客列车行车量。

第二节 旅客列车运行方案图的编制

在确定了旅客列车运行区段和行车量之后，需要确定各次列车的运行时刻，即编制旅客列车运行图，由于我国铁路除客运专线外是客货列车共线运行，因此，列车运行图上同时铺画有客货列车运行线。列车运行图规定了各种列车占用区间的次序，列车在每个车站的到达、出发或通过时刻，列车在各区间的运行时间，列车在车站的停站时间标准，以及机车交路等。列车运行图是车务、机务、工务、电务、车辆等部门的综合计划，所有与列车运行有关的各部门，特别是客运部门，必须严格按照列车运行图的要求，组织本部门的工作。

《铁路技术管理规程》规定，列车运行图应符合下列要求：

（1）列车运行安全；

（2）迅速、便利地运输旅客与货物；

（3）充分利用通过能力，经济合理地运用机车车辆和安排施工时间；

（4）做好运行线与车流的结合；

（5）保证各站、各区段间工作上的协调和均衡；

（6）合理安排乘务人员的作息时间。

列车运行图的编制，在国家铁路集团有限公司统一领导下，由各铁路集团公司负责具体铺画运行图的工作。

随着铁路运量的日益增长，铁路技术设备逐步改善，运输组织工作水平不断提高，每经过一定时期，就有必要重新编制一次列车运行图。我国铁路一般每年编制一次，在运行图实行期间，必要时各铁路集团公司对管内列车可做局部调整。在市场经济条件下，为使列车的开行能及时地适应市场的需求，目前列车运行图的编制，已打破常规做法，根据实际情况和市场需求，不定期做局部调整。

在编制列车运行图时，一般首先铺画旅客列车运行线。具体编制工作分两步进行：第一步铺画旅客列车运行方案图（简称客车方案图），客车方案图主要是解决列车整体布局问题，是整个列车运行图的骨架，它用小时格运行图铺画，只是对每一方向画出各技术站间的列车运行线；第二步，以客车方案为基础，具体铺画表示每一列车在各个车站到发或通过时刻的列车运行线，即列车运行详图。

一、旅客列车运行方案图的编制原则

旅客列车运行方案不仅对整个列车运行图的布局起着决定性的作用，而且对列车运行图的编制质量有直接影响。旅客列车开行方案设计与优化的总目标是以运输市场为背景，在相关条件允许的情况下，最大限度地满足旅客出行需求，同时不断提高旅客运输服务质量，如提高旅客列车旅行速度，适度增加发车密度，方便旅客列车的发、到时间，合理确定列车满员率、经济合理性等，以达到更多地吸引、诱发客流以及扩大铁路市场份额的目的。编制旅客列车运行方案图时应遵循下列原则：

（1）方便旅客旅行。方便旅客旅行应规定适宜的列车始发、终到、通过各主要站的时刻，以便利旅客旅行。在联结几个铁路方向的枢纽客运站，旅客列车的到发时刻应良好地衔接配合。

管内旅客列车始发时刻不宜过早，终到时刻也不应过晚，尽量安排在白天运行。市郊旅客列车的开行，满足职工及学生通勤通学的乘车需要。直通、管内、市郊旅客列车在运行上应相互配合。管内旅客列车与直通旅客列车在运行时刻上的衔接配合，主要是使中间站的旅客可从管内旅客列车顺利换乘直通旅客列车。

（2）减少停站次数及停站时间，以提高旅客列车的直通速度。

（3）经济合理地使用动车组及客运机车车辆，加速客运机车和动车组、客车车底的周转，加速动车组、机车和客车车底的周转是铁路运输工作的重要原则之一。

（4）旅客列车的运行应与客运站技术作业过程相协调。由于要求旅客列车在大城市有较合适的到发时刻，这就可能出现密集到达或出发的情况。在密集到（发）时间内列车的到（发）间隔应与车站技术作业过程相协调，否则将使车站不能正常地接发列车。

（5）处理好列车到发时间和列车密度、列车性质、动车组和机车交路、客车车底运用等几方面的关系。

二、旅客列车运行方案图的编制方法

全路列车运行图的编制工作，应贯彻集中领导和分级负责相结合的原则。跨三铁路集团公司的直通旅客列车，在国家铁路集团有限公司统一领导下集中编制；跨两铁路集团公司的直通旅客列车，由两铁路集团公司协商编制；管内旅客列车，则由铁路集团公司组织进行编制。

编制前，应进行全面调查研究，同时准备下列编图资料：

（1）各线，特别是主要干线的客流量、客流密度及旅客列车行车量。

（2）各种旅客列车的编组辆数、车型、定员。

（3）各次旅客列车区间运行时分、停站时分、起停车附加时分、慢行时分，按标准填制专门表格（见表 7.1）。

表 7.1　＿＿＿＿＿线旅客列车区段运行停站时分标准表

					列车　区段　列车					
					运行时分					
					停站时分					
					起停车附加时分					
					慢行时分					
					计					

（4）各种旅客列车的停车站名及停站时分标准。

（5）分析现行运行图的执行情况及存在问题，总结过去实践经验，提出改进建议。

编制旅客列车运行方案和列车运行详图时，应坚持以下几条原则：

（1）先国际列车，后国内列车；先直通列车，后管内列车；先快车，后慢车；先长途，后短途。但对枢纽地区的通勤、通学市郊列车，可根据具体情况，在编制直通客车运行方案时，予以认真考虑。

（2）旅客列车之间产生会让时，应按列车等级合理会让。客货列车之间产生会让时，应以货车停会或待避旅客列车。

编制客车方案时，一般从列车始发站开始，向终到站顺序铺画。如终到站能力紧张，也可从终到站开始铺画，反推出沿途各站时刻及始发站的开车时刻。有时为了某站的列车接续、会让等需要，也可从列车运行区段的中间部分开始铺画。

铺画列车方案图时，尽可能缩短停站时间。旅客列车的停站，分为技术作业需要，如更换机车、技术检查、客车上水等和办理客运业务需要，如旅客乘降、行包邮件装卸等。

旅客列车的停站次数和停站时分标准应遵守如下规定：

（1）直达特别快车，只在技术作业站停车（不办理客运业务）。

（2）特别快车，在省会、直辖市、自治区首府、铁路集团公司所在站、技术作业站停车；在主要开放城市所在站和客流较大的中转站，按列车对数多少和停站距离远近实行交错停车。

（3）有两对及其以上的特、直快车运行的线路，要实行交错停车，只运行一对特、直快车的线路，可酌情适当增加停站。

（4）不允许特、直快车代替通勤列车，不得在非县城所在地以下车站、编组站、乘降所停车。

各直达特别快车、特别快车，由国家铁路集团有限公司按上述原则确定停站，直通快车由各铁路集团公司按上述停站原则，提出各次列车在本铁路集团公司管内的停站，并交列车担当局汇总后报国家铁路集团有限公司，由国家铁路集团有限公司核准分布。

（5）在技术作业站停车，不得超过技术作业时分标准。

铺画方案运行线时，应按区段旅行时间确定各技术站的到发时刻，并应注意列车在区段内会车越行地点的设备条件，考虑待避或停会列车所增加的附加时分。这种附加时分随单、双线及信、联、闭设备条件的不同而异。在区段内，旅客列车会让旅客列车时，应遵守低速列车等会或待避高速列车，短途列车等会或待避长途列车的原则。

为了经济合理地使用客运机车车辆、动车组，在编制客车方案图的同时，应编制机车周转图、客车车底周转图、动车组周转图。

直通旅客列车运行方案是方案图的基础，一经确定后，铁路集团公司间分界站的到发时刻原则上不准随便变动。必要时，在铁路集团公司范围内，可以适当变动，各铁路集团公司根据直通旅客列车方案编制管内旅客列车方案后，即可具体铺画旅客列车运行详图。

三、旅客列车运行详图的编制方法

根据旅客列车方案图和有关编图资料，对每一区段进行编制，在二分格运行图纸上精确地铺画每一条运行线，确定每一车次的旅客列车在每个车站的到、发或通过时刻及在区间的运行时分。

铺画顺序仍然是首先铺画国际旅客列车，按照联运协议规定的时刻由国境站向国内铺画，应尽力提高直通速度，其次铺画直通旅客快车，根据直通旅客列车方案图给定的始发、终到及铁路集团公司间分界站到发时刻进行铺画。

直通和管内旅客列车，因停站多，速度较慢，调整余地较大，铺画时，应注意列车之间的衔接配合及客运机车的运用，尽量减少越行次数并为货物列车的铺画创造较好的条件。单线客、货列车交会时，应使货物列车先到停车，旅客列车后到先开或通过。市郊旅客列车，早晚时间有大量单方向客流，采用连发式运行，要尽可能满足旅客需要，保持一定的间隔。

客、货列车运行线全部铺画完毕后，应进行细致的审查。对旅客列车运行线审查的内容有如下几点：

（1）全部旅客列车对数是否符合既定的方案；

（2）各次旅客列车的区间运行时分是否准确，停车站和停车时分是否符合规定的原则；

（3）旅客列车车底在配属站和折返站的停留时间是否符合客车整备技术作业过程所规定的时间标准；

（4）旅客列车的会让是否合理，有无旅客列车等会货物列车的不合理情况，同时办理会车及越行的车站，其到发线数量是否满足需要；

（5）主要客运站设备能力的利用情况；

（6）客运机车及客车车底、动车组的运用是否经济合理，乘务组连续工作时间是否超过规定的标准。

运行图审查完毕后，应计算运行图的各项数量指标和质量指标，填记旅客列车指标计算表（见表 7.2）和列车运行图旅客列车指标汇总表（见表 7.3）。

列车运行图编完后，报国家铁路集团有限公司批准。

在新运行图实行前，要做下列准备工作：

（1）编制新旧旅客列车运行时刻的交替图。要求在新运行图实行的这一天，各主要干线的旅客列车均按新时刻表运行，那么在实行前的过渡期间，有的列车需要调整到发时刻，有的需变更编组，有的则需增减车底，为了不致因运行图交替而打乱整个运行秩序，需编制旅客列车新旧运行时刻交替图。

表 7.2 运动图旅客列车指标计算表 ＿＿＿＿＿＿铁路集团有限公司

列车运行区段	车次	列车公里	列车运行时分					直通速度	技术速度	速度系数	列车对数		列车编组				列车编组总公里（自局担当）	列车编组（车底）停留时间（自局担当）		记事
			全程总时分	其中							管内运行	自局担当	组数	辆数	其中客座车数	定员		本段	外段	
	下行	下行		停站		平均停站时分	运转时分													
	上行	上行		站数	时分															

表 7.3 列车运行图旅客列车指标汇总表 ____________铁路集团有限公司

项目/列车种别	年季别		列车公里	列车运行时分：全程总时分	列车运行时分：其中：停站：站数	列车运行时分：其中：停站：时分	列车运行时分：其中：停站：平均	列车运行时分：其中：运转时分	直通速度	技术速度	速度系数	固定旅客列车对象：直通列车：特快：管内运行	固定旅客列车对象：直通列车：特快：其中	固定旅客列车对象：直通列车：直快：管内	固定旅客列车对象：直通列车：直快：其中	固定旅客列车对象：直通列车：直客：管内	固定旅客列车对象：直通列车：直客：其中	固定旅客列车对象：直通列车：小计：管内	固定旅客列车对象：直通列车：小计：其中	固定旅客列车对象：管内列车：快车	固定旅客列车对象：管内列车：旅客	固定旅客列车对象：管内列车：市郊	固定旅客列车对象：管内列车：混合	固定旅客列车对象：管内列车：小计	固定旅客列车对象：合计：管内运行	固定旅客列车对象：合计：其中自局担当	列车编组：组数	列车编组：辆数	列车编组：其中客座车数	列车编组：定员	列车车底日车公里：列车车底总公里	列车车底日车公里：平均	列车车底停留时间：总停留时分：本段	列车车底停留时间：总停留时分：外段	列车车底停留时间：平均停留时分：本段	列车车底停留时间：平均停留时分：外段	记事
直通列车	直快																																				
		比较																																			
	直客																																				
		比较																																			
	计																																				
		比较																																			
管内列车	管客																																				
		比较																																			
	市郊																																				
		比较																																			
	混合																																				
		比较																																			
	计																																				
		比较																																			
铁路集团有限公司	计																																				
		比较																																			

（2）编制旅客列车时刻表，印制并分发列车运行图及旅客列车时刻表。

（3）编制旅客列车编组表，确定各种旅客列车的编组辆数、列车定员、总重吨数、车底周转图、动车组周转图及车底需要组数，确定列车的发到站车次，车辆和客运的担当段。

（4）各铁路集团公司组织学习新运行图，向广大旅客和路内职工进行广泛宣传，为新运行图的顺利实行做好准备工作。

四、旅客列车运行图指标

旅客列车运行图指标分数量指标和质量指标两部分。

1. 数量指标

（1）旅客列车对数；

（2）旅客列车公里；

（3）客车车底在配属站、折返站的停留时间；

（4）旅客列车停站次数、平均停站时分、平均停站距离。

2. 质量指标

（1）旅客列车直通速度；

（2）旅客列车技术速度；

（3）直通速度系数；

（4）列车车底日车公里。

第三节 旅客列车车底需要数

在编制旅客列车运行方案图时，应绘制客车车底周转图和动车组周转图，以确定各次列车车底的需要数。

一、旅客列车车底需要数的计算方法

旅客列车车底需要数的计算方法有图解法和分析计算法两种。

1. 图解法

根据客车方案图绘制客车车底（动车组）周转图，如图 7.3 所示，从周转图上直接查得需要的车底数。在图（a）中可从客车车底周转图上的箭头直接查得，在图（b）中，任一时刻截取线与运行线和车底停留线的交点数，即为车底的需要数。

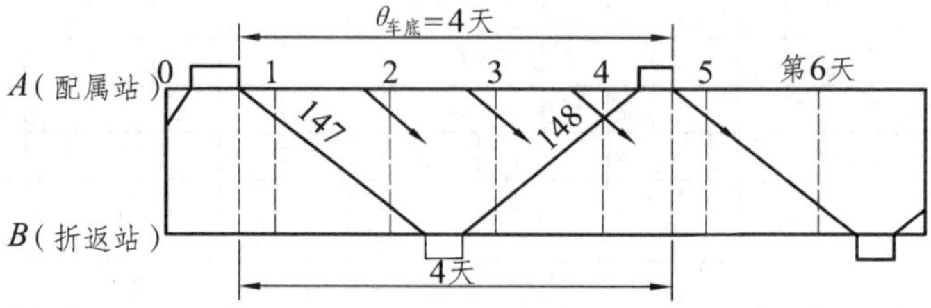

（a）

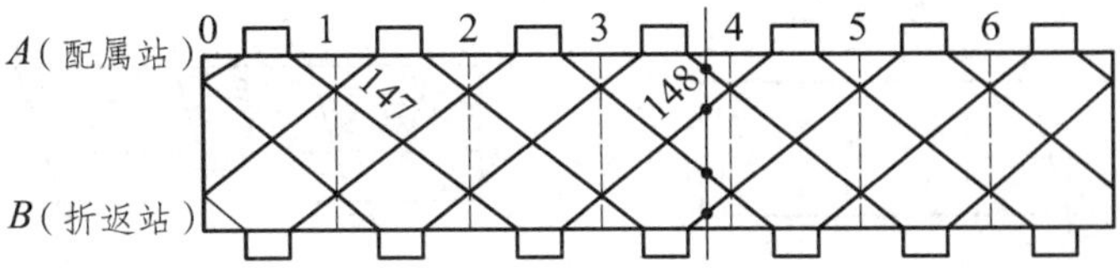

(b)

图 7.3　客车车底周转图

2. 分析计算法

分析一定到站和一定种类的旅客列车车底周转时间，计算该周转时间内发出的某种旅客列车总数。

车底周转时间是指车底自配属站始发时起，至该车底从折返站返回原配属站再次出发时所经过的时间。车底周转时间按每一对旅客列车分别计算，不能就全路或全铁路集团公司计算全部客车车底的平均周转时间。

设某到站某种旅客列车的车底周转时间为 $Q_{车底}$（天），在一个周转时间内平均每天发出的列车数为 K，则该到达站该种旅客列车的车底需要数 $n_{车底}$ 为：

$$n_{车底}=Q_{车底}\cdot K$$

由于 $K=\dfrac{N}{Q_{车底}}$，因此，上式又可写成：

$$n_{车底}=Q_{车底}\cdot\frac{N}{Q_{车底}}=N$$

式中　N——车底周转时间内发出的该到站该种旅客列车总数。

二、列车车底周转图的绘制

列车车底周转图应按直通、管内及市郊旅客列车分别绘制。

1. 直通旅客列车车底周转图

如图 7.4 所示，379/380 次列车为直通旅客快车，第一天 380 次列车从 B 站始发，其车底于第 7 天返回配属站，当天即可再次由 B 站始发，周转时间为 6 天，所以车底需要数为 6 组。

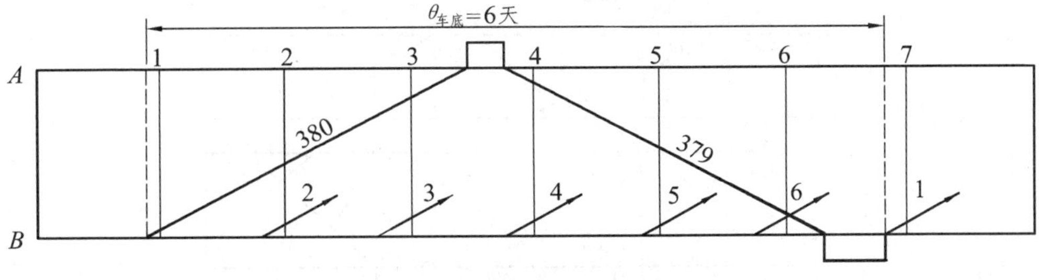

图 7.4　直通旅客快车车底周转图

2. 管内和市郊旅客列车车底周转图

管内和市郊旅客列车行程一般较短，车底可能一天周转一次或一天内周转数次，如图 7.5、图 7.6 所示。

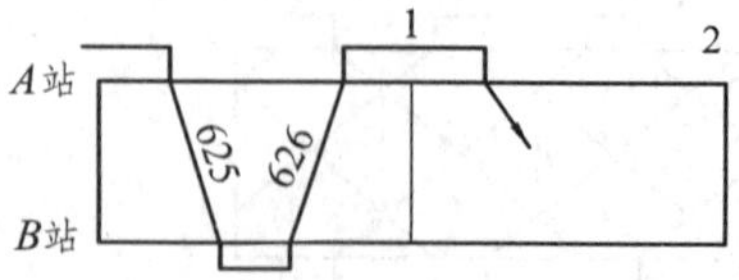

图 7.5 管内旅客列车车底周转图

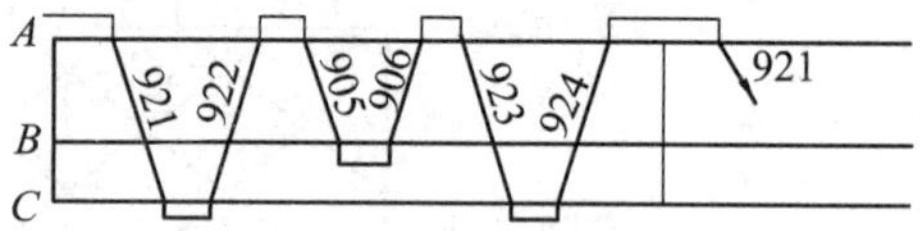

图 7.6 市郊旅客列车车底周转图

3. 回转车周转图

如图 7.7 所示，回转车不随基本车组直通到达列车终点站，而是在中途某站回转，其行程较基本车组为短，需要数量也较基本车组为少。如图中 *A*—*C* 间开行的 590/589 次直通旅客快车，挂有一辆运行于 *A*—*B* 之间的回转车，基本车组需三组，而回转车只需两组。

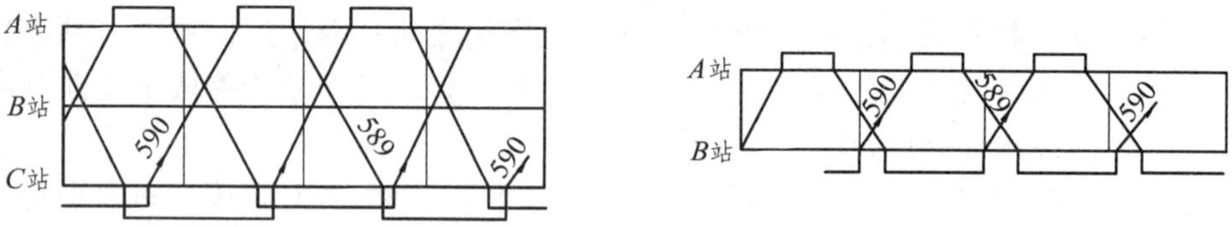

（a） （b）

图 7.7 回转车周转图

三、经济合理地使用列车客车车底数的方法

在客运量增长快，而客车数量不足的情况下，应充分挖掘客车潜力，加速列车客车车底周转，节省车底需要数，这对我国当前铁路客运具有较大的现实意义。经济合理使用客车车底数的方法如下：

（1）提高直通速度，适当压缩旅客列车车底在途中和配属站、折返站的停留时间。

（2）变更旅客列车发到时刻，并适当压缩车底在折返站的停留时间。

（3）组织长途列车与短途列车的车底套用。

（4）组织短途列车与长途列车拉通运行，并适当改变一些到发时刻，如图 7.8 所示。

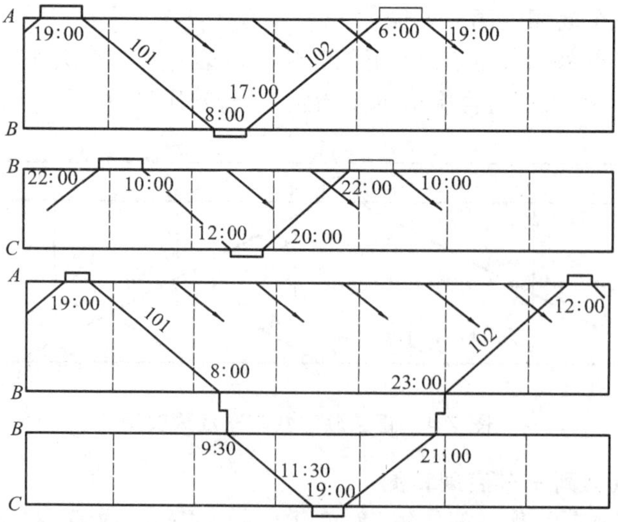

图 7.8 旅客列车分开运行与拉通运行和车底周转图的关系示意图

A—B，B—C 两区段分别开行旅客列车，车底需要数分别为 4 组和 3 组。如两区段旅客列车合并开行，并取消客车车底在 B 折返站的整备作业停留时间，则只需 6 组车底，可节省 1 组。

（5）以同样编组的客车车底混合服务于几种旅客列车，一车底多车次，并适当缩减停留时间，以节省车底的需要数。

（6）部分外属客车车底在折返站组织立折运行，车底需要数也将随之减少。

第四节　动车组的运用与配置

一、动车组运用与管理的特点

高速铁路、城际铁路的旅客运载工具是动车组，它是列车的牵引动力装置（相当于机车）和载客的装置（相当于客车车底）固定为一体的特殊车底。高速铁路、城际铁路动车组的运用与管理特点如下：

1. 运营效益的提高

动车组由动力车和拖车固定地编挂成列，牵引动力和运输载体的管理合二为一，这样提高了运营效率。动车组可以实现连续完成多个不同运程服务的联程交路运用方案，这是强化利用动车组、提高运营效益的必然选择。

2. 整备和维修体系的革新

动车组采用了新的整备和维修体系，提高整备和维修作业质量、缩短整备和维修作业时间，成为动车组高质量、高可靠、高效率运营的一项重要表征。

3. 动车组的运用与整备、维修的一体化

动车组的整备、维修是保证动车组有效使用和运用质量的前提条件，动车组的运用计划是合理安排整备、维修工作的重要依据。

动车组的运用和整备、维修计划是统一编制、统筹安排的，这使运载设备的运用和管理从常规铁路的分散化走向集中化，使动车组摆脱常规铁路客车车底的固定运用方案模式，采用更为高效的运用方案。可以根据运用期间所有动车组的数量、设备状态、所在位置、累计运行公里和定检期限，安排滚动式的运用方案，在保证完成运输任务和按期进段检修的前提下，使动车组的利用率达到最高。

二、动车组运用方案

由于动车组的特殊性，应根据动车组自身的技术特点设置与之相适应的运用方式。目前国内外动车组运用方式可分为固定区段运用方式、不固定区段运用方式和半固定区段运用方案三种。

1. 固定区段运用方案（简称固定使用方案）

固定区段运用方案是指动车组在指定的线路上运行并且其运行区段固定的运用方式，它与既有铁路客车车底的运用方案一致。固定方案又分为站间固定周转方式和两区段套跑周转方式，如图 7.9 所示。

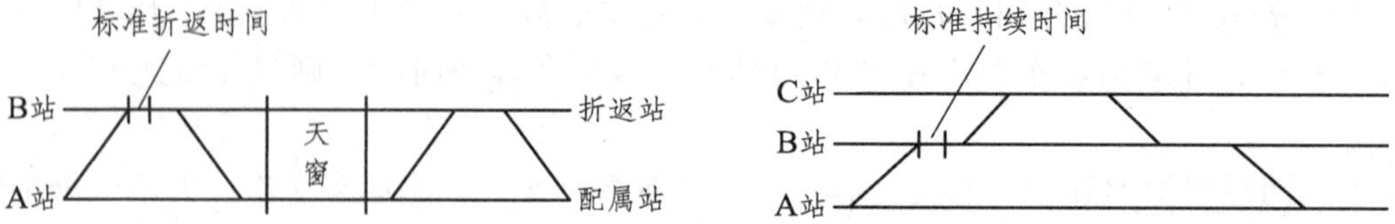

（a）站间固定周转方式　（b）套跑固定周转方式

图 7.9 动车组固定区段使用方式示意图

固定区段运用方案的优点是动车组在固定的区段内运行，有利于动车组的管理，并可根据客流变化采用不同的车辆编组方案，动车组的运用组织比较简单，便于高速铁路、城际铁路的运输组织。其缺点是不利于提高动车组效率，也不能减少动车组的使用数量，还不利于动车组的检修。一方面，在动车组检修期间需要有一定数量的备用车组来替代，如果备用车组由各区段分别配备，则全线总备用车组数量较大且利用率不高；另一方面，由于动车组的维修技术复杂，设备昂贵，只能集中配置，将所有动车组的维修作业集中在维修中心进行。所以，对与维修中心不邻接的区段，需要检修的动车组必须专程送检，事后又需专程回送。

2. 不固定区段运用方案（不固定使用方案）

与固定区段运用相对应的是动车组不固定区段运用方式，是指动车组完成一次列车任务后，下一次所担当列车的运行区段无限制。如图 7.10 所示，位于第 4 站的动车组 1 可根据需要担当编号为 24、38、35、53、42 等 5 条运行线组成的交路，也可根据需要担当编号为 24、50、37、40 等运行线组成的交路，可以运行的区段没有限制。动车组交路安排的基本原则是满足动车组在变更车次、担任新的运输服务时可能需要的转线（改变运行方向时）、整备作业等接续时间的要求。

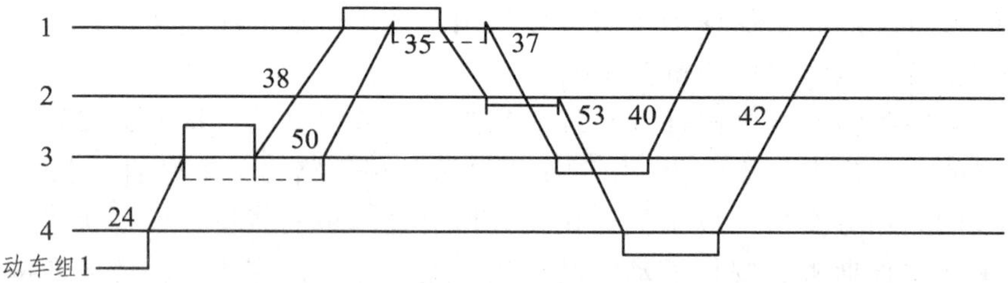

图 7.10 不固定区段使用方式示意图

这种运用方式以全线为系统，统筹考虑动车组的使用与维修来安排动车组的运用，有利于提高动车组使用效率，减少动车组数量，是比较合理的动车组运用方式，动车组比较发达的国家（如日本、法国等）均广泛采用这种运用方式。但是，由于该方案动车组接续安排比较周密，出现较大的随机干扰时，动车组运用所受的影响也大；由于假定各动车组之间无差别，动车组的编成也就不能根据不同区段的客流特点而加以改变，因而也可能造成输送能力的虚糜和浪费。

3. 半固定运行区段的使用方案（简称半固定使用方案）

半固定运行区段的使用方案是一些动车组采用固定使用方案，而其余动车组采用不固定使用方案，它是介于固定使用方案和不固定使用方案之间的一种方案。

三、动车组运用计划

1. 动车组运用计划的含义

动车组运用计划是动车组运用和维修的综合计划，即根据给定的列车运行图、有关动车组检修修程的相关规定以及检修基地条件等，对动车组在什么时刻、哪个车站、担当哪次列车，在什么时间、什么地点、进行哪种类型的检修等作出具体安排，以确保运用状态良好的动车组列车运行图。显然，动车组运用计划也是运输组织的基本计划，当列车运行图调整时，动车组运用计划也将被重新编制。下面用一个简单的例子对动车组运用计划的含义作以说明。设定图 7.11 为已经编制完成的客运专线列车运行图，日常检修和定期检修只能在车站 C（或离车站 C 最近的检修基地）进行，编制的动车组运用计划如图 7.12 所示。

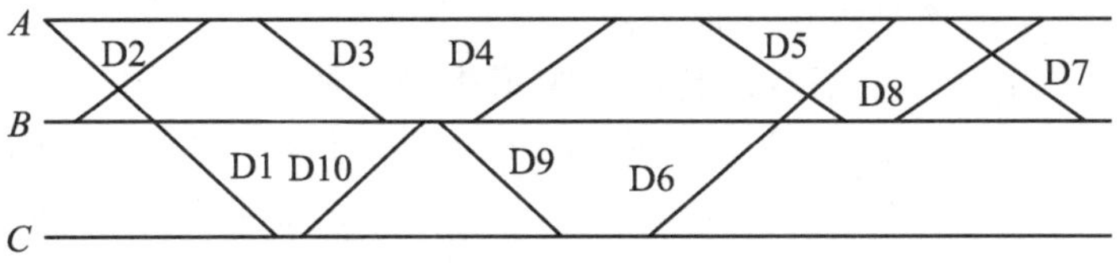

图 7.11　客运专线列车运行图

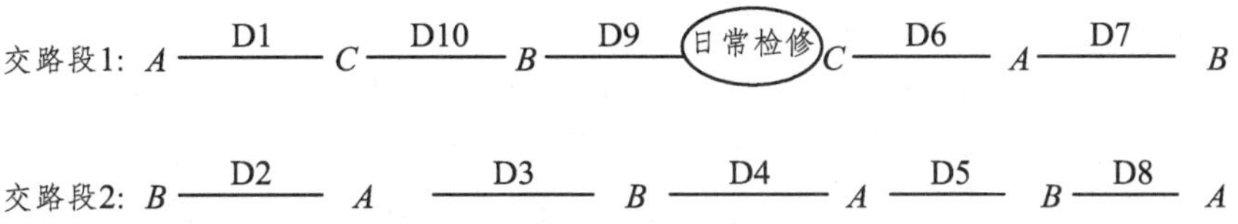

图 7.12　动车组运用计划示意图

图 7.12 每一行称为一个交路段，它规定了一组动车组一天的运用内容，即动车组在什么时刻、在哪个车站，担当哪次列车；在什么时间、什么地点、进行哪种类型的检修安排等。例如，第 1 天，动车组按交路段 1 的计划运行，其过程是首先从车站 A 担当列车 D1 次运行到车站 C，从车站 C 担当列车 D10 次运行到车站 B，从车站 B 担当列车 D9 次运行到车站 C，经过检修后，从 C 站担当列车 D6 次运行到车站 A，最后担当列车 D7 次运行到车站 B，夜里在车站 B 驻留；第 2 天，按交路段 2 的计划运行，担当完列车 D2 次牵引任务后到车站 A，从车站 A 站担当列车 D3 次运行到车站 B，然后从 B 站担当列车 D4 次运行到车站 A，再从车站 A 担当列车 D5 次运行到车站 B，最后担当列车 D8 次运行到车站 A。当按交路段 2 运行完以后，再按交路段 1 运行，其他的动车组也按照同样的规则运用。

由此可见，按照图 7.12 所示运用计划完成列车运行图，需要 2 组动车组。交路段 1 和 2 构成的整体运用计划称为动车组运用交路，每组动车组按照动车组运用交路运行，则其总体运用内容是完全一致的。

在不固定区段运用模式下，动车组在某交路段担当某次列车运行到站后，接着将继续在该交路段担当下一次列车运行，这称为动车组的接续。此过程所延续的时间就是动车组接续时间，它指的是从动车组在某交路段运行到达某车站时起，至动车组向该交路段下一个车站出发时止的全部时间。

2. 动车组运用计划的种类

由于旅客需求、动车组归属以及动车组种类等不同，动车组运用计划也可分为不同类型，具体分为以下几类：

（1）平日运用计划与节假日运用计划

在平日和节假日旅客的需求不同，采用的运行图也不同，因此动车组运用计划也不同，分为平日运用计划与节假日运用计划。动车组平日按平日计划运用，节假日按节假日计划运用。

为保证动车组在平日和节假日之间过渡和检修计划的实施，先编制平日计划。编制节假日计划时，保证节假日计划的交路段结构（交路段的始发站、终到站及检修的种类）与平日计划的相应交路段一致。

（2）单基地与多基地动车组运用计划

列车运行图由 1 个动车组基地配属的动车组担当，所作的运用计划为单基地动车组运用计划。如果列车运行图由 2 个以上基地配属的动车组担当，相应的计划为多基地动车组运用计划。在编制多基地动车组运用计划时，运行图中的哪些列车由哪个基地的动车组来担当一般没有具体规定，由编制人员综合考虑各基地的情况和动车组的运用效率而定，但动车组从各配属段出来担当定量的运输任务后回到各自的配属段。

（3）单车种和多车种动车组运用计划

列车运行图上的列车采用同一种类型的动车组担当，所对应的计划为单车种动车组运用计划；如果运行图上的列车由不同编组类型的动车组担当，所对应的计划为多车种动车组运用计划。在编制多车种动车组运用计划时，运行图中的哪次列车由哪种动车组担当没有完全规定。

（4）各种动车组运用计划的组合

如单车种单基地平日计划、单车种单基地节假日计划、单车种多基地节假日计划等，其中单车种单基地计划是采用最为广泛的方式。

3. 动车组运用计划的编制

动车组运用计划以列车运行计划为基础，且最终以动车组周转图的形式表示。动车组运用计划的编制实质是将动车组分配给运行图的列车运行线，使每一列车运行线都有一组动车组完成运行任务，也就是指派运行线给动车组担当运输任务。

在给定运行任务的基础上，采用不固定区段的运用方式考虑如何使投入的动车组最省、动车组使用尽可能均衡，将需遵循的原则概括如下：

（1）动车组运用计划的编制应与列车开行方案紧密衔接。列车开行方案中明确规定了每列车所使用的车型、列车的始发站和终到站、始发时刻和终到时刻，这就要求分配担当每一列车的动车组与该车次所需动车组属性一致。

（2）动车组与列车运行线满足一对一的要求。任意一列列车必须有且仅有一组动车组担当运输任务，由于列车运行图不成对或由于修程限定造成动车组空车回送也是允许的，但应将空车回送压缩到最低限度。

（3）列车运行图约束。若运行图编制完毕，其规定的所有列车的始发终到时刻不能变动，但是如果将某些列车的到发时刻变动能显著提高动车组运用效率，则实际编图时可根据动车组运用计划编制情况，适当地进行交互调整。

（4）检修条件约束。动车组达到修程规定，必须到相应的检修场所检修，允许修程范围在一定范围内波动。检修必须保障日常检查和级修所需时间，并且在规定的场所进行：日常检修可在任一具有检修条件场所进行，一级修及以上的检修均必须回到配属段进行。

（5）接续时间约束。构成动车组交路后续列车的始发时刻应晚于动车组担当完成前行列车的最早出发时刻，即指派给同一动车组的相邻两列车应符合最小折返时间或检修时间的接续要求。

动车组本身比较昂贵，完成同样的列车运行图，所使用的动车组数量越少越好。虽然一些回送列车的设置是不可避免的，但回送列车不能运送旅客，不仅不能直接带来收入而且需要人力、电力等资源，回送列车开行的次数越少越好。定期检修和日常检修需要人力、时间、费用等，在满足规定的情况下，一般进行的次数越少越好。因此，一般采用动车组使用数、定期检查次数和日常检查的次数、回送列车的次数和里程作为评价动车组运用计划好坏的指标。这些指标值都是越小越好。

4. 动车组需要数

动车组需要数是指为按照动车组运用计划完成整个交路运行任务所需要的动车组数量。在采用不固定区段运用方式下，由于动车组以交路段为单位循环运行，因此动车组需要数就等于整个交路所划分的交路段数。这是在列车运行图已经铺画好的情况下从图上直接读出的，在交路计划还未制定的情况下，动车组需要数可以按照相应公式计算得到。

动车组采用不固定运用方式下，不同运行图对动车组需要数量有很大影响，因此，编制接续良好的运行图对减少动车组数量具有明显意义。另外，不同的维修条件和维修方式也会在一定程度上影响动车组数量。

运用动车组数量的优化是客运专线旅客运输组织优化的主要目标之一。

第五节　旅客列车乘务工作组织

一、旅客列车乘务工作组织

铁路运输生产过程中，列车的运行是重要的组成部分，旅客的旅行生活大部分在列车上度过，全路客运职工中约有 60% 为旅客列车乘务职工。因此，做好旅客列车乘务工作，对保证旅客安全、便捷、舒适地旅行，保证行包安全地运送，具有十分重要的意义。

旅客列车乘务组是在出乘过程中，为完成旅客及行包运送任务而随列车值勤的人员组成的。乘务组的主要职责是：保证旅客乘降车及旅途中的安全，及时安排旅客坐席、铺位，保持列车内清洁、卫生，维护车内公共秩序，正确使用旅客列车的各种设备（通风、照明、广播、电视、空调装置等），做好餐茶供应工作，为旅客提供必要的物质和文化生活服务，保证旅客和行包安全、准确地到达目的地。充分掌握车内旅客及行包密度、去向，及时办理客流信息传报，正确执行规章制度，维护铁路正当收入。

（一）旅客列车乘务组的组成及其分工

旅客列车乘务组是由客运、车辆和公安等部门的人员共同组成，包括列车长、列车员、列车行李员、广播员、餐茶供应工作人员、检车员、车电员和乘警等，分别由客运段（列车段）、车辆段、公安分处领导，在一个旅客列车上共同担当乘务工作。

客运乘务组、检车乘务组、乘警组合称“三乘”。

1. 客运乘务组

保证旅客和行李、包裹的安全，组织好列车饮食供应，保持车内各项设备的完整和列车的清洁卫生，对重点旅客重点照顾，检验车票，通报到站站名，保证旅客安全乘降，正确填写各种报表，并及时正确地预报，乘务终了时，认真填写乘务报告。

2. 检车乘务组

负责客运车辆从始发站至终到站的运行安全，到站时经常巡视及检查车辆走行部分，检查车内通风、给水、取暖、照明、门窗等各项设备的技术状态，对发现的故障及时处理。

3. 乘警组

协助客运乘务组维持列车秩序，调解旅客纠纷，做好旅客的安全保卫工作。

（二）旅客列车乘务组的乘务制度

为保证旅客列车安全，旅客列车乘务组实行固定班组制。旅客列车的乘务组织形式，按照既有利于保养车辆又合理使用劳力的原则，一般实行包乘制和轮乘制两种。

1. 包乘制

包乘制是将乘务组和客车底固定起来，即两个乘务组包乘一组客车底，各负其责，所以，包乘制实际上是乘务组包车底制，乘务员包车厢制。包乘制的优点是乘务人员容易熟悉车内各种设备的情况和掌握其使用性能，便于加强对各种设备、备品和用具的管理，有利于熟悉和掌握沿线停车站的技术设备及客流情况，为保证旅客安全乘降创造良好条件，便于乘务组班次安排和合理分配工作与休息时间。缺点是长途旅客列车需挂乘务员休息车，浪费运能，同时乘务工时一般不易保证。包乘制适用于长途旅客列车。

2. 轮乘制

轮乘制是乘务组不包车底，乘务员不包车厢，而是按出乘顺序，轮流担当旅客列车的乘务工作。乘务员在本铁路局内，全程实行单班乘务。轮乘制的优点是列车中不必挂乘务员休息车，从而有利于扩大运能，节省乘务人员。缺点是增加了乘务员之间的交接手续。

我国铁路大都实行包乘制，工时不足时，采取乘务员套跑短途旅客列车或长途车底套跑短途列车，这样可节省车底，也可弥补乘务工时不足。

（三）乘务组月值乘次数和值乘一对列车所需乘务组数、乘务员数的计算

根据两种不同乘务形式，可计算服务于某种列车的乘务组数，并根据列车乘务组编制定员数，计算乘务员需要数。

1. 乘务员每月工作小时

目前我国采用 8 小时工作双休日制度，全年 12 个月，365 天，全年周休日 104 天，法定节假日 7 天，那么

$$\text{乘务员每月工作小时} = \frac{365-104-7}{12} \times 8 = 169.3 \quad (\text{h})$$

2. 乘务组月值乘次数

设每对旅客列车往返一次乘务组的工作时间（不包括在折返站的休息时间）为 $T_{往返}$，则

$$T_{往返}=2\left(\frac{L}{V_{直}}+t_{接}+t_{交}\right) \quad (h)$$

式中 L——列车自始发站至终到站间的运行距离（km）；

$V_{直}$——列车直达速度（自始发站至终到站包括途中停站时分在内的平均速度）（km/h）；

$t_{接}$、$t_{交}$——接收、移交列车的时间（h）。

乘务员每月工作时间为 169.3 h，设一对列车乘务组月值乘次数为 M，则

$$M=\frac{169.3}{T_{往返}} \quad (次)$$

3. 一对列车所需乘务组数

$$K=\frac{PN}{M} \quad (组)$$

式中 K——一对列车所需乘务组数；

P——一个月的天数；

N——每天开行的列车。

4. 乘务员需要数

乘务员需要数根据列车编制及乘务组编制计算，乘务人员的编制标准根据劳动工资部门制订的计划岗位人员编制标准确定。旅客列车单程运行时间长短决定编制人员的需要数量。

根据列车乘务组数及乘务组人员编制定员即可计算乘务员需要数。

5. 实际乘务工时的计算

目前各客运（列车）段乘务员需要数的确定，以实际乘务工时作为计算标准。一个乘务组一次往返的实际乘务工时，包括运行中值乘时间、出退勤时间、途中交接班时间、库内清扫时间和看车时间。其中，运行中值乘时间的计算，列车单程运行超过 12 h 时（为双班值乘），按值乘旅客列车往返一次实际运行时间的一半计算；单程运行 12 h 以下时，按实际运行时间计算。

（四）旅客列车乘务组的工作制度

旅客列车乘务组为质量良好地完成乘务任务，保证做好旅客、行包的安全运输，为旅客提供优质服务，必须在列车长统一领导下，建立必要的工作制度。

1. 出退勤制

列车乘务员在本段出乘时，要按规定时间由列车长带队到派班室报到，听取派班员传达有关事项，列车长应摘抄有关电报、命令、指示。

到达折返站或由折返站出乘时，列车长必须向折返段派班室报告乘务工作，接受任务。

返回本段后，列车长向派班室汇报往返乘务工作情况，并提出书面报告。

2. 趟计划制

列车长每次出乘前要编制趟计划，趟计划的编制以客运段的月度计划作为基本依据，其

主要内容为：① 本次乘务工作中的重点工作安排；② 对贯彻有关规章、命令、指示、通知应采取的具体措施；③ 根据天气变化，本次乘务的安全注意事项及措施；④ 根据运行区段的客流情况和特点，提出注意事项和作业程序的调整措施。

3. 验票制

为保证旅客安全、准确地旅行，维护铁路运输秩序，保证铁路正当收入，列车上应检验车票，验票由列车长负责，组织乘警、列车员协助实施。验票原则上每 400 km 一次，运行全程不足 400 km 的列车应检验一次，特殊区段由列车长决定检验次数的增减。

4. 统一作业制

列车长应根据乘务列车的运行时刻、线路、客流、换班、餐饮等情况编制统一作业过程，以便合理组织人力，更有效地工作。作业过程的内容为：出乘前的准备工作；在始发站和折返站的工作；列车运行途中作业，包括车内秩序整顿、检验客票、卫生清洁工作、广播安排及餐茶供应等；保证旅客安全的组织措施；行包的运输作业；备品的运用和保管；列车整备作业。

二、动车组列车乘务工作管理

随着铁路的发展，动车组列车在高速铁路和部分既有线上开行，不断满足旅客安全、快速、便利、优质的运输服务需求，加强动车组列车的乘务管理至关重要。

1. 动车组列车乘务组的组成及客运人员配备

动车组列车乘务组是指包括客运、机械师、乘警（如有时）和司机在内的所有列车乘务人员。保洁、餐饮公司派员随车服务时，接受列车长统一领导。

列车乘务组人员应当接受列车长统一领导，质量良好地完成本岗位工作。特殊情况下，按规定服从司机统一指挥。

客运乘务组根据交路实际需要，一般采用轮乘制。运行时间在 3 h 以内的，客运乘务组由一名列车长和一名列车员组成；超过 3 h 的增加一名列车员。动车组重联时，按两个乘务组安排。

站车客运人员应当具备高中及以上文化程度，能够熟练使用计算机和站车相关设备设施；掌握常用英语会话，具有良好的语言文字表达能力和服务技巧；身材匀称、五官端正；女性身高不低于 1.60 m，男性身高不低于 1.70 m。

站车客运人员应当按照有关要求进行岗位培训，经考试合格取得上岗资格，由铁路集团公司统一颁发上岗证，持证上岗并应当定期进行脱产培训。

2. 动车组列车的乘务工作

客运乘务组主要承担服务旅客、查验车票、处理票务、列车运行中卫生清洁和检查保洁工作质量，检查餐饮工作质量等工作。发生影响旅客安全问题时，客运乘务组应当立即采取有效措施，保护旅客安全。

列车除在始发后 10 min 内和终到站前 10 min 向旅客致迎送词、必要的安全提示及播放背景音乐外，其他时间只播报站名，不做其他广播。列车旅客信息服务及影音播放系统播放的内容应由客运部门制作，并根据旅客需要及时进行调整。

动车组发车前，由列车长确认旅客乘降完毕后，通知司机关闭车门；动车组到站停稳后，司机开启车门。按钮不在司机操作台上的，由司机通知机械师开关车门。动车组重联运行时，由运行前方第一组的列车长负责确认旅客乘降情况并通知司机。

列车长出乘除携带电报、客运记录、票务处理等必要的设备、资料外，其他纸质资料台账一般不携带上车。列车乘务人员应当配备无线对讲机。

3. 动车组列车的餐饮、保洁工作

列车销售的食品、饮品必须为全国名优产品，并实行全路统一采购、统一进价、统一销售价格。

列车供餐由餐饮公司向列车配送成品。餐饮公司加工食品的场地、设备、保管、运输等应当符合国家卫生法律法规的规定。车站应当对餐饮公司车辆进站送餐提供便利。

列车保洁工作由保洁公司承担。保洁作业应当爱护车辆设备，铁路运输有关部门应当对保洁工作中涉及卫生环境质量和爱护车辆设备等进行检查指导。

列车送餐和保洁人员上岗前应经过安全知识培训，持证上岗并着统一服装、佩戴工牌作业。培训及考核发证由铁路集团公司负责，车站对进站的配餐、保洁人员和车辆进行安全管理。

承担乘务工作的餐饮、保洁人员体貌标准应与客运乘务人员一致。

4. 动车组列车的安全工作

列车乘务人员在列车运行中应当注意对列车安全设备的管理，制止搬动、触碰安全设备等不安全行为。严禁任何人在列车运行中打开气密窗，禁止任何人进入司机室。

列车车门发生故障时，应立即采取临时安全防护措施并及时通知机械师处理，列车乘务人员应手动开关车门。

列车运行中发生影响列车正常运行超过 15 min 时，司机应当将原因及时通知列车长，列车长应当按照晚点处置有关规定向旅客说明情况，做好安全宣传，防止擅自开启车门。

列车运行中遇有旅客因伤、病必须临时停车抢救时，列车长通过司机向列车调度员报告情况请求临时停车。列车调度员接到报告后，应尽快确定临时停车站，并向司机和停车站下达调度命令。有关站、车接到命令后，应及时做好交接和救护等准备工作，列车乘务人员不下车参与处理。

列车运行中发生火灾爆炸时，列车乘务人员应当立即按下紧急停车按钮或扳下紧急制动手柄紧急制动列车，将旅客疏散到安全车厢；有防火隔断门的，应当关闭防火隔断门，并将情况通报司机及列车长。司机和列车长应当迅速启动应急预案。

5. 动车组列车客运乘务人员综合素质要求

（1）道德修养。

① 热爱祖国、热爱铁路事业、热爱本职工作。

② 遵守国家法律、法规和铁路行业管理规章制度，自觉维护旅客合法权益。

③ 尊重旅客的民族习俗和宗教信仰，对不同种族、国籍、民族的旅客一视同仁。

④ 有高度的工作责任心，诚实守信，敬业爱岗，忠于职守。

⑤ 爱护站车设备设施，不占有、浪费服务备品和餐饮供应品，廉洁自律，公私分明。

⑥ 尊老爱幼，谦虚谨慎，真诚热情，努力树立动车组站车客运人员良好形象。

（2）职业风貌。

① 听从指挥，团结协作，工作认真，有严谨的工作作风。

② 精神饱满，仪容整洁，行为端庄，举止文明，有健康向上的风貌。

③ 服务主动，细致周到，表情亲切，言语和蔼，有亲和力。

④ 遵章守纪，落实标准，有严于律己的自觉性。

（3）职业素质。

① 勤奋学习，钻研业务，有较高的文化素养和较全面的专业知识。

② 能运用普通话，熟练掌握常用英语会话，具备良好的语言表达和文字写作能力。

③ 了解旅客的不同需求及心理特点，掌握相应的服务技巧。

④ 熟知作业程序和标准，熟练使用服务设备设施，能为旅客提供及时、准确的服务。

⑤ 熟知安全措施和应急预案，熟练使用安全设备设施，具备妥善处理突发事件的应急、应变能力。

三、旅客列车的安全、服务、行包工作组织

1. 旅客列车的安全工作

安全是铁路运输的生命线，保障广大旅客生命财产的安全，是做好服务工作的前提。旅客列车必须在保证安全的前提下，做好服务工作。

列车乘务员应熟悉各项安全设备的性能和使用方法。接车时应全面检查车内紧急制动阀、手制动机、灭火器、车门、车梯板、车门锁、急救药箱等安全设备，并保证其完整齐全、作用良好，若设备作用不良或不够齐全，应设法联系有关部门修理解决，补齐必要的安全备品。

列车开、到前后应做好旅客乘降组织工作，严格执行车门负责制，乘务员要严格执行“停开、动关、出站台加锁、四门瞭望”的车门管理制度。

列车运行中，乘务人员应经常进行安全常识的宣传，通过“看、访、查”严防危险品带上车。

2. 旅客列车的服务工作

客运乘务人员直接为旅客服务，应认真贯彻“人民铁路为人民”的精神，开展“文明列车”竞赛，积极做好运送、接待和服务工作，对老、弱、病、残、幼等重点旅客应重点服务。针对各种旅客的不同需求，做到礼貌待人，文明服务。

列车广播应适应旅客的需要，以健康、动听、饶有情趣的广播宣传，活跃车上的文化生活。列车内清洁卫生工作应建立一定的检查鉴定制度，给旅客创造一个整洁、舒适的旅行环境。餐车供应要以满足大多数旅客的需要为主，应经济实惠。

3. 旅客列车的行包工作

列车行李员应确保行李、包裹和铁路公文物品运送的安全、准确和完整无损，严格按规定的工作制度及作业过程办理行包的装、卸、交接手续。列车行李员应与车站保持密切联系，对卸车地点、停站时分以及行包中转站的中转范围，接续车次和各站装卸规律均应熟悉，以便做好行包的安全运送工作。

本章小结

本章叙述了旅客列车的重量、合理开车范围和行车量的确定，详细介绍了旅客列车运行方案图、运行图详图的编制原则和方法及运行图指标，讨论了旅客列车车底需要数及旅客列车乘务工作，从而对铁路旅客列车运行组织有一个全面的了解。

思考题

1. 试述旅客列车运行方案图的编制原则？
2. 试述旅客列车运行方案图的编制方法？
3. 试述旅客列车运行详图的编制方法？
4. 试述旅客列车车底周转时间的含义？
5. 如何计算旅客列车车底需要数？
6. 动车组的运用与管理有哪些特点？
7. 动车组有哪几种运用方案，各自有哪些优缺点？
8. 试述乘务组月值乘次数、乘务组需要数的计算方法？
9. 试述包乘制和轮乘制的含义及各自的优缺点？

第八章 铁路客运站工作组织

学习目的：客运站是铁路客运生产的基层单位，应了解客运站工作的主要内容、组织结构，熟悉生产管理和技术管理、财务管理的内容和技术作业的协调配合技巧，为今后从事客运工作打下良好基础。

客运站是指专门办理旅客运输业务的车站，是铁路旅客运输的基层生产单位，是旅客旅行首先接触的场所，是铁路的“窗口”，因此，客运站工作组织的优劣，直接影响旅客的旅行生活及铁路的声誉。

客运站工作组织的内容主要包括生产管理、技术管理、财务管理。

客运站必须按统一领导、分级管理的原则，建立各级机构。

第一节 客运站的生产管理

客运站的生产管理主要是售票、行包运送、旅客乘降、客运服务等工作组织。售票工作应做到迅速、准确、手续简化、工作效率高，同时积极开展预售、流动售票，以方便旅客；行包运送应按照先行李、后包裹，先中转、后始发，长短途列车分工、大站照顾小站的运输组织原则，简化托取手续，保证运输安全；旅客的乘降工作做到为上、下车旅客选择最短的站内通道，做好进、出站检票、收票和站台服务工作，以保证旅客安全乘降和维持好车站秩序；客运服务工作应加强宣传，改进服务，做好卫生清洁工作，创造良好、文明的候车环境。

一、售票处工作组织

售票处是客运站重点工作部门，通过售票将众多的旅客按日期、车次、方向有计划地组织起来，纳入车站旅客运送计划。

售票工作是客运站为旅客提供优质服务的一项重要内容，正确组织售票工作，必须合理分布售票处所和优化售票作业过程，售票处技术设备的改进、售票作业现代化对提高服务质量、满足旅客需求有重大意义。

车站售票处售票范围较全面，以发售当日客票为主，并办理网络、电话订票、送票和预售客票。售票窗口开设数量及位置，应根据客运量的大小来确定，在较大城市的繁华地区，或交通便利的地方应设立众多的售票代售点，主要办理预售客票业务。

售票工作是一项细致的工作，售票员应有熟练的业务技能及良好的工作态度，售票速度要迅速，并保证票、款准确无误，提高售票效率，减少旅客过于聚集的现象。

实现计算机售票及客票预订系统后，每个计算机售票口都可发售全国各营业站的客票，大大方便了旅客，并提高了售票工作效率。

车站和售票处在适当的醒目地点设置自动预售票机及计算机网络预售票自动取票机，方便旅客进行自动售、取票作业。

（1）临时售票窗口。根据需要，在节假日和寒暑假客流变化大时增设学生、民工等专用售票窗口，以减轻其他窗口负担；

（2）其他专用窗口。按车站客流及设备情况对军人、团体、软席、退票等设置专用窗口。

二、旅客乘降工作组织

有秩序地、安全地组织旅客在站内通行，检票进站，走向列车停靠站台上车，以及到达车站下车旅客迅速由出站口交票出站，是客运站的一项重要工作。

根据车站设备条件、列车占用线路情况及不同方向的客流来划分旅客在站内的通路。在大客运站，应从市内交通的停车场起，对来站购票、候车的长途及市郊客流分别组织。在通路的适当地点，应设置简明的导向系统，指示售票处、候车室、各方向各次列车的候车地点及通路，以便旅客按最短径路入站。

旅客上车前检票，应在检票口的明显处，设置列车车次、去向和开车时刻指示牌。检票时，在站台入口处要组织好客流，快速通过自动检票机并确认客票日期、车次、到站是否正确，以防旅客误乘和无票乘车。随着科技的发展，一些客运站已经在检票口装置通过身份证或人脸识别进入站台上车。

旅客下车组织，应在列车到达前及时将到达列车的接车线路、站台和到达时刻通报客运服务人员及迎接旅客者，并清除出站通道上的障碍物。旅客下车后，在站上停留最短的时间，并按指定通路出站。

三、客运服务工作

1. 问询处服务工作

问询处应设在旅客集中的站前广场、广厅、售票厅、候车室等醒目的地点。车站应通过问询处正确、迅速解答旅客有关购票、托运和提取行包、候车等问题。问询处解答问题可分：口头解答，如通过电话、广播解答，电子问询解答，问询窗口直接解答；文字解答，如广告牌、临时公告图表或文字说明解答。在售票厅、问询处、候车室等适当地点应公布车站现行各次列车到开时刻表及票价表。

2. 随身携带品暂存处工作

随身携带品暂存处是为旅客临时寄存小件物品的地方，最好能使旅客顺路办理暂存手续，给上车前和下车后的旅客创造便利条件。

3. 候车室服务工作

候车室是旅客大量聚集等候上车的地方，室内应设有一定数量的座椅及饮用水设备，并有足够的通路，保证室内整洁、空气流通。

母子候车室应与一般候车室隔开，室内保持安静、温暖和舒适，备有儿童休息的小床及玩具等，服务人员应保证母子优先乘车。

软席候车室应装饰美观、典雅、设备优良，并有清洁、安静、舒适的候车环境。

候车室服务人员应主动热情地为旅客服务，解决旅客在旅行上遇到的困难，经常给旅客宣传安全及旅行常识，及时通告列车到开及检票上车时刻。

第二节 客运站的技术管理

客运站的技术管理包括标准化技术作业过程，车场及线路的专门化，旅客列车的技术作业等，保证安全而又无阻碍地接发列车，并严格按列车运行图正确及时地办理列车各项作业。

一、客运站技术作业过程的特点及其内容

客运站技术作业与货物列车在车站的作业有很大不同，其技术作业的特点如下：

（1）旅客列车绝大部分都是每天固定运行，其行车量和行车时刻表较固定，因此，客运站能更精确地计划其工作。

（2）旅客列车编组内容比较固定，一般无须对整个车底进行编解调车作业，如有调车作业，不准溜放调车。

（3）客运站行车工作必须与客车车底或车辆整备作业相配合，与客运工作相配合。客运站应保证旅客列车始发正点。

（4）旅客列车车底的洗刷、检修等整备作业一般在客车整备所进行，故在客运站与客车整备所之间需进行取送车底的作业。客车整备所的作业过程与客运站的技术作业过程必须与旅客列车运行图相协调。

在编制客运站技术作业过程时，必须充分考虑上述特点。

客运站技术作业过程内容：

（1）车站的技术生产特征，包括车站位置、工作性质、用途；所有技术设备及建筑物数量、使用情况；客流性质及各种旅客列车到发、通过数量；办理邮件和行包运输数量等。

（2）车场、线路及站台的专门化。

（3）客车车底及车辆的技术作业，调车工作组织。

（4）客运站行车工作计划。

（5）客运站行车工作指标。

在编制客运站技术作业过程时，应将直通、管内列车分开，充分考虑各自的作业特点，

合理规定其径路。应注意研究所采用的技术作业时间标准，做到既先进又切实可行，最大限度地进行平行作业，消除各项作业的中断时间。广泛采用各种先进工作方法及机械化、自动化设备。技术作业过程应充分保证行车、调车和旅客的安全。

二、客运站车场及线路的专门化

为保证客运站的作业安全和更有效地使用车站技术设备，必须对车场及线路进行专门化。由于旅客列车运行的经常性且到发时刻比较固定，因此可将一定种类和一定方向的列车到发作业固定于某一车场或某一线路，便于车站员工熟悉各次列车的到发线路，以提高工作效率。

车场及线路的专门化，应先确定车场的用途，而后根据工作性质（接、发车）、列车种类及运行方向分配车场内的线路和固定线路的使用。在确定车场及线路的专门化时，应尽量减少敌对进路，保证流水作业，在按车次固定线路时，应考虑旅客进出站径路的便捷及安全。车场及线路专门化可有如下几种方案。

1. 按运行方向专门化

一个车场专门接上行列车，另一个车场专门接下行列车，以减少进路交叉。如车站衔接有三个以上方向时，则需在进站线路上修建跨线桥。

2. 按邻接铁路线专门化

同一邻接铁路线到发的列车固定于同一车场，不区分上下行，故无论车站有几个邻接方向，不必建跨线桥。有三个以上方向时，宜采用这种方案（见图 8.1）。

3. 按列车种类专门化

一个车场专门接发直通列车，另一个（或两个）车场专门接发管内列车。这样的方案可以减少车列由接车线转往发车线的调车过程，使短途与长途客流分开。

如车站为尽头式，并有两条以上邻接铁路线时，应采用邻接铁路线专门化（见图 8.2）。

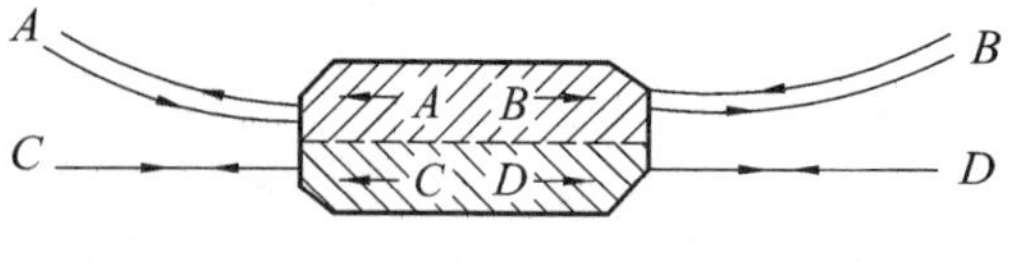

图 8.1 车场按邻接铁路线路专门化示意图

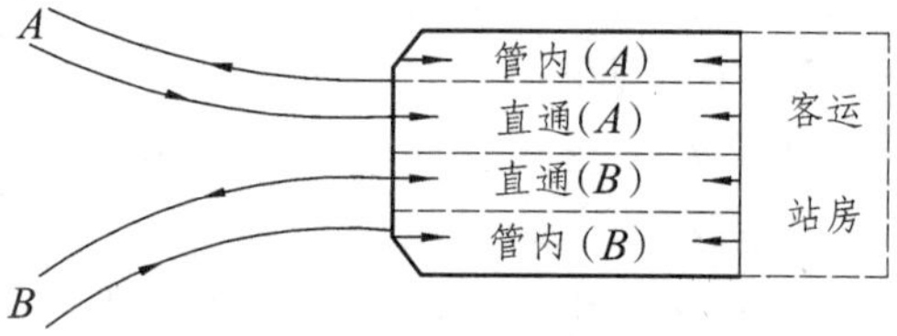

图 8.2 尽头式客运站车场专门化示意图

在混合式车站上，最好将尽头式线路接发市郊旅客列车，通过式线路接发直通和管内旅客列车。大多数客运站只有一个车场，线路专门化方案应视车站类型及客运站与客车整备所配置的位置而定。

三、客运站工作日计划图

客运站的行车工作日常变动较少，因此，可在运行图实行期间根据各次旅客列车的到发时刻、车底和车辆技术作业过程、车站技术设备等资料，编制客运站工作日计划图，作为组织完成日、班作业的依据。

日计划图是将客运站行车技术作业过程中关于线路专门化、列车占用线路的顺序和时间、调车作业、客车整备所的作业等内容，综合地绘制在一张图上。从日计划图上，可以看出每一旅客列车及车底从到达时起，至出发时止的全部作业过程，从而可知客运站各部分的负担。日计划图是客运站安全迅速完成列车和车辆作业，合理使用车站技术设备，正确配置工作人员和实现列车运行图的重要保证。

第三节 客运站的财务管理

客运站的财务管理主要是定员、劳动生产定额和工资。必须合理调配劳动力，建立和健全各种生产定额，不断提高劳动生产率，增产节约，认真贯彻执行国家的财政制度。

财务管理的内容包括：固定奖金管理，流动资金管理，成本管理，运输收入管理，运输进款管理和专用基金管理。这几项管理是相互联系和不可分割的统一整体。其中客运站的运输收入管理则是客运站财务管理的重要方面，固定资金、流动资金和专用基金管理，是对资金取得和使用的管理，成本管理是对资金的耗费管理，运输收入管理是对资金收入和分配的管理，运输进款管理是对运输进款资金收入和解缴的管理。只有把这些管理搞好，才能保证以尽可能少的资金和最低的成本，多运输旅客和行李包裹。

一、客运站财务管理的主要任务和应遵循的基本原则

客运站财务管理的主要任务是：组织好资金的筹集和供应，监督客运站的生产经营活动，提高经济效益，维护财经纪律，保护国家财产完整。

客运站财务管理应遵循的基本原则是：实行计划管理，即根据批准的生产计划，制订财务收支计划；贯彻经济核算制，这是国家管理企业的一项基本制度；实行统一领导和分级管理，铁路运输企业实行铁路集团公司和站段两级管理。

二、客运站的经济核算制

客运站有自己的生产财务计划，并拥有铁路集团公司转拨的固定资金和流动资金，在银行开立结算账户，直接与有关企业签订经济合同并发生往来，对自己的支出进行核算，对自己完成的工作按照一定办法与集团公司进行清算，作为自己的收入，并获得拨款作为再生产所需的资金。客运站在形式上实行独立经营，但它又不能独立地为国民经济其他部门完成运输工作，只是担任铁路运输业务的部门工作，因此，它不是完整的经济核算单位，而是完整的经济核算单位的组成部分。

三、客运站运输收入管理

运输收入是客运站在完成旅客、行包、邮件运输工作中，按照国家批准的运价取得的货币收入。运输收入管理是铁路运输企业管理的重要组成部分，是实行经济核算，搞好经营管理，提高经济效益不可缺少的重要内容。客运站的运输收入包括：

（1）旅客票价收入，指车站发售各种车票的收入。

（2）行李运费收入，指国内发送行李和变更到站行李的运费，国际联运行李国内段运费。

（3）包裹运费收入，指国内发送包裹和变更到站包裹的运费，国际联运包裹国内段运费。

（4）邮运运费收入，指专用邮政车挂运费和邮政、机要部门的固定容积租用费及乘车票价。

（5）其他收入，指除上述几项以外的收入，主要有车站补收无票旅客的票价、补收旅客随身携带品超重的运费、退票费、行包变更手续费等。

铁路旅客票价，是铁路旅客运输产品的销售价格，是国民经济价格体系的组成部分，是由国家统一制定的一种计划价格。旅客票价根据旅客乘坐列车的种类、车辆类型、设备条件等分为下列几种：

（1）客票票价，包括各类旅客列车的硬座、软座客票票价，市郊客票票价。

（2）卧铺票票价，包括硬卧票票价、软卧票票价。

旅客票价包括基本票价和保险费两部分，保险费为基本票价的2%。

铁路行包运费，是按行包运价核收的运费。行包运价包括行李运价和包裹运价，一般均按行包的实际重量计算运费，对某些物品如自行车等有规定计价重量，按规定重量计算运费。

铁路邮运运费是指铁路按规定对邮政局使用邮政车或行李车在铁路上运送信件和包裹时核收的运费。邮运运费一般由列车始发站每月填制邮运容积表，报送所在铁路集团公司审核，由铁路集团公司按所占用的车辆容积和实际运送里程及规定的邮运费率进行计算，直接向邮政部门结算。

客运站对运输进款必须加强现金管理工作，要做到专人负责，收支准确，账款相符，保管安全，上缴及时，手续完备，责任分明，并实行账款分管制度，进款审核人员不得兼作售票、填票和收款工作。

第四节 客运站的技术作业过程与列车运行图的协调配合

客运站的技术作业有些在车站到发线上办理，有些在客车整备所内进行，合理的技术作业过程要求这些作业彼此相互协调。从客运站的工作与列车运行图的协调原则来看，为了在“高峰”时刻列车无阻碍地到达车站，必须遵循如下条件：

$$t_{占} \leqslant I_{到} \Pi_{到发}$$

式中 $I_{到}$——列车到达间隔时间（min）；

$\Pi_{到发}$——车站到发线数量；

$t_{占}$——列车占用线路时间（min），按下式计算：

$$t_{占} = t_{到} + t_{停} + t_{发}$$

其中 $t_{到}$——准备进路必要的时间和列车通过进站距离的时间（min）；

$t_{停}$——列车停留延续时间（min）；

$t_{发}$——从列车出发时刻开始至该线路腾空为止的时间（min）。

为了使列车由配属站或折返站按运行图及时出发，应使车列在站作业停留总时间符合列车到发间隔时间的要求，即需满足：

$$I_{到发} \geqslant T_{技作}$$

式中　$I_{到发}$——车列到达车站至出发的间隔时间；

$T_{技作}$——从到站时刻至出发车列完成必要技术作业所需时间。

旅客列车在终点站的到发时刻应和车站技术作业过程相配合，如果满足下列条件，就能从客车整备所无阻碍地调入车列，以便旅客上车，并保证列车按运行图及时发车：

$$t_{占}^{发} \leqslant I_{发} \cdot \varPi_{到发}$$

式中，$I_{发}$——列车出发间隔时间（min）；

$\varPi_{到发}$——到发线数量；

$t_{占}^{发}$——列车出发时占用线路时间（min），该项时间在车列配属站或折返站为：

$$t_{占}^{发} = t_{交} + t_{停} + t_{发}$$

其中　$t_{交}$——车列由客车整备所交至发车线路的时间。

要使客运站到发线上的作业与列车运行图配合，还须使客车整备所的作业与运行图协调。在客车整备所接车进度方面应符合下列条件：

$$t_{到}^{整} \leqslant I_{到} \cdot \varPi_{到}^{整}$$

式中　$t_{到}^{整}$——车列占用客车整备所接车线路的时间；

$I_{到}$——列车到达间隔时间；

$\varPi_{到}^{整}$——客车整备所到达场接车线路数量。

根据上述不等式对一昼夜到达列车最多的时间进行检查，既能发现薄弱环节，又可由此条件确定客车整备所内接车线路必需的最少数量：

$$\varPi_{到}^{整} \geqslant \frac{t_{到}^{整}}{I_{到}}$$

检查车站作业是否协调配合最精确的方法是绘制车站工作日计划图。

本章小结

本章介绍大型客运站的组织结构系统，比较详细地阐述了客运站的生产管理，包括客票发售、旅客乘降、客运服务、行李包裹运输等在内的生产工作组织。同时对客运站的财务管理和技术作业的协调作了一般介绍。

思考题

1. 简述客运站工作组织的内容。
2. 客运站的生产管理主要包括哪些内容？

3. 客运站的技术管理包括哪些内容?
4. 客运站车场专门化分工方案有哪几种?
5. 试述客运站工作日计划图的作用。
6. 试述客运站各项技术作业过程相互协调的条件。如何组织与列车运行图的协调?

第九章 铁路旅客运输经营管理

学习目的: 对应两种铁路运输模式体系，铁路客运市场有不同的供求关系，出现了两种类型客运市场。在以客运为主的发达国家是供过于求或供求均衡的旅客买方市场，在发展中国家是供不应求的卖方市场，不同类型的市场有着不同的市场经营观。进入本世纪以来，我国综合交通运输体系内的各种运输方式都在蓬勃发展，铁路应积极研究客运市场的需求，探索适应新体系下的铁路旅客运输经营理念和运营模式，满足社会发展对铁路旅客运输的需求和占有更大的客运市场份额。

第一节 铁路旅客运输产品

世界铁路运输发展到今天，主要有两种铁路运输模式或体系，即客货共线运输模式和高速铁路客运专线运输模式。发展中国家由于其工农业是粗放式经营，集约化程度小，人均收入水平低，人员流动少，因此这些国家发展交通网的主要出发点是从货运考虑的客货共线运输模式；发达国家由于经济发达，社会经济文化水平高，人员流动性大，各种交通方式特别是高速客运交通发达，其交通网络系统已经历了以货运为主的客货共线运输阶段，发展成以客运为主的高速铁路体系。在不同的社会发展阶段和对铁路运输需求变化的情况下，旅客选择运输方式和对铁路旅客运输供给也有不同的评价准则。在铁路客货共线运输模式体系下，属低水平消费，其选择和评价准则主要是安全、廉价；在进入了高速铁路客运专线模式体系后，人们对它的评价准则主要是社会效益、可见成本效益和环境效益，外出旅行讲求快速、舒适、安全和方便。

为了适应交通运输市场的需求变化，世界许多国家铁路普遍重视依靠科技进步，加强新技术的开发和应用。随着电子计算机和通信等高新技术在铁路的应用，特别是在铁路高速技术领域的突破性进展，各种运输方式在客运市场中占有的份额不断变化。

一、客运市场的构成及其特点

从经济属性区分，旅客出行分为公务旅行和私务旅行两大类。公务旅行旅客的运费由旅客所属的组织团体报销，运费的价格弹性作用不大。快速、准点、安全、舒适是这部分旅客的主要需求。私务旅行的旅客是为了满足个人生活消费的需要，如探亲、访友、旅游、购物等，这些旅客的旅行消费费用由个人或家庭负担，受运价的价格弹性影响大。

1. 客运市场构成

客运市场是多层次、多要素的集合体，构成客运市场有以下几个主要组成部分：

（1）需求方，包括提出客运需求的单位和个人；

（2）供给方，包括提出旅客运输服务的各种运输方式的旅客运输业者，有时供给方还包括运输业者的行业协会、工会或类似组织；

（3）中介方，包括在客运需求和供给双方之间穿针引线，提供有关客运服务的代理企业、经纪人和信息服务公司等；

（4）政府方，代表国家即一般公众利益对客运市场进行调控的财政、金融、工商、税务、物价、公安、监理等机构和各级交通运输管理部门。

2. 客运市场的特点

（1）客运市场空间上的广泛性和具体位移的特定性。

客运产品进行交换的场所是纵横交错、遍布各地的运输线路和车站，这些线路和车站联结城乡，跨越省界甚至超越国界，相互贯通，交织成网。同一种客运产品可以由不同的运输方式提供，几种运输工具可以提供相同，但质量上（如运输速度、方便、舒适程度等）有差别的客运产品。在具体的客运市场上，不同运输生产者的竞争，不仅发生在同种运输方式内部，也发生在不同的运输方式之间。可以互相替代的运输工具共同组成客运市场上的供给方，他们之间的竞争关系，根据提供客运服务质量的差别、价格等因素保持一定的比例。

（2）客运市场出售的是不具有实物形态且不能储存不能调拨的运输劳务。

客运产品只改变旅客在时空上的存在状态。客运产品的生产过程和生产成果的消费过程融合在一起，二者不能分离。消费者在客运市场中的购买，不是为了直接占有客运产品，而是通过运输过程实现自身的位移。由于运输过程所创造的产品在生产过程中同时也被消费，因此，运输供给只能表现在客运企业提供的运输能力之中，不能以调拨商品的方式调节市场供应，只能以提高运输效率或新增运输能力来适应不断增长的客运市场需求。

（3）客运市场对客运产品质量有特殊要求。

由于客运产品的生产过程和消费过程融合在一起，当旅客发现运输服务质量较差时，往往已经身处运输过程之中。客运产品的这一特性使得客运市场上对客运质量的要求更加严格，对客运企业所提供服务的监督和检查比在其他市场上更为重要。为了在意外事故发生时尽可能补偿旅客的经济损失，各国的运输市场普遍实行运输保险制度，甚至采取强制性保险方式。

（4）运输供给中存在着大量的联合产品或共同产品。

利用共同的设备或其他投入要素生产一种以上产品，造成了大量联合成本和共同成本。经济分析表明，当联合成本和共同成本存在时，各种运输产品的成本比单一产品的成本低，但这些联合成本或共同成本在各种特定的需要下却很难正确计算。而且成本核算的口径也不一样，这对运输市场实施有效管理造成了一定困难。

3. 客运市场需求分析

旅客运输需要主要是指整个社会经济对旅客运输所提出的运输需要量，旅客的运输需求是旅客的旅行需要和支付能力的统一。因此，在研究旅客运输市场，特别是在分析和预测客运市场需求时，必须正确区分旅客运输需要和旅客运输需求这两个基本概念。

运输需求不同于其他商品需求，它是一种派生性需求，其产生始终是被动的，即没有与运输需求相关的本源性需求产生，就不会有运输需求产生。运输需求的变化也是被动的，每当与运输需求相关的本源性需求因各种因素发生变化时，运输需求也随之而变化。因此，从总体上和长远角度分析运输需求时，不仅要看到直接因素，更要看到间接的或本源性因素。客运需求变化的主要影响因素有：经济发展水平、人均收入水平、人口数量及结构、旅游业发展情况、客运业的发展情况、运价水平的高低及经济体制和经济政策的影响等。

旅客运输需求中的很大一部分属于生产或工作性客运需求，如学习、参加会议、技术交流等产生的出行要求。从静态看，凡是经济发展水平高的国家、地区，旅客运输需求水平就高；相反，凡是经济发展较落后的国家和地区，旅客运输需求水平就较低。从动态看，经济高速发展时期，旅客运输需求就增加较快，大量的人员因生产或工作需要而外出频繁；相反，一旦经济处于较低的发展时期，人们出行的数量和频率相应会降低。此外，经济发展水平还通过影响人们的收入水平和消费水平而影响生活性的客运需求，这是由于旅客旅行需求的变化受制于全体国民的消费水平，而消费水平与经济发展之间又相互关联、互相牵制，即消费水平的高低反映着国民经济的发展程度，而经济发展速度的快慢又直接体现在消费水平的增量变化趋势上。因此，研究旅客运输需求的深层机理，必然要涉及消费结构的发展变化规律。

我国的经济正在快速上升时期，促使旅客运输需求也处于迅猛发展阶段，而铁路在我国交通体系中的地位决定了铁路的客运需求必将高速增长。

二、铁路客运产品

一个企业要得到生存和发展，关键在于它的产品满足消费者需求的程度，因此产品策略是整个营销策略组合的基石，市场营销策略组合的价格、促销、分销三个策略都是以产品策略为基础的，所以铁路客运市场的营销策略也要围绕着铁路客运产品来进行研究，而对铁路客运产品整体概念和特点的认识是进行产品策略设计的前提。

1. 铁路客运产品整体概念

在现代市场营销中，产品概念被归结为人们通过交换而获得的需求满足和消费者期求的实际利益。因此一切能满足消费者的某种需求和利益的物质属性和非物质形态的服务都属产品的内涵。产品概念所包含的内容大大扩充了：产品是指向市场提供的能满足消费者某种需求的任何有形物品和无形服务，这就是“产品整体概念”。旅客在空间的位移，这种传统的旅客运输产品的概念已经过于狭窄了。从整体概念看，铁路客运产品是指旅客从顺利方便地购票开始，进而候车登车到安全舒适地乘坐列车和及时到达目的地的全过程所得到的服务以及附加服务。

铁路客运产品整体概念由三个基本层次组成：核心产品、形式产品（有形产品）、扩大产品（附加产品）。见图 9.1。

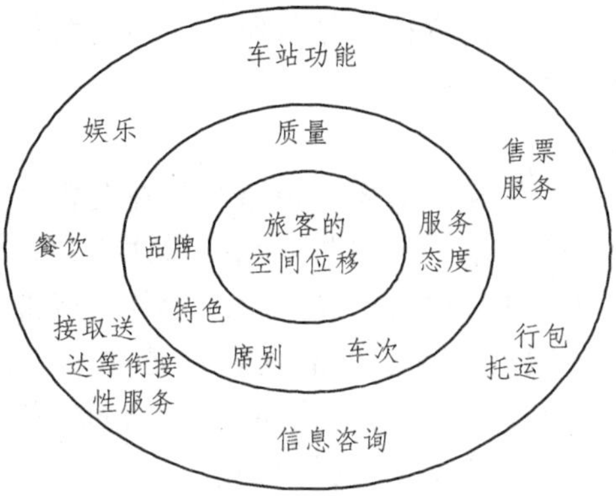

图 9.1　铁路客运产品整体概念

（1）铁路客运核心产品。

核心产品是指消费者购买某种产品时所追求的利益。消费者购买某种产品，并不是为了占有或获得产品本身，而是为了获得能满足某种需要的效用和利益。铁路客运的核心产品就是旅客通过铁路得到了位移，它为旅客提供的是地点效用。旅客购买了客运产品，在正常情况下就能满足自己从出发地到目的地的需求。离开了旅客位移这个层面，铁路客运产品就失去了存在的意义。

（2）铁路客运形式产品。

形式产品即产品的形式，它是目标市场消费者对具体需求的特定满足形式。铁路客运产品作为一种服务性产品，在提供核心产品的过程中，其形式产品就是具体方式，即可供旅客选择乘坐的不同档次的车次或同一档次列车的不同席别。形式产品体现的是产品的属性，铁路客运产品具有的基本属性特征表现在被旅客感知的方面：质量（包括安全、准时、迅速、舒适、方便等质量指标）、席别（一等座、二等座、商务座，硬座、硬卧、软座、软卧等）、特点、品牌、服务态度等。

铁路客运实行的是差异性产品策略，从实现空间位移的载体和票价角度出发，铁路客运产品种类的差异性主要由以下三部分组成：① 速度等级；② 舒适度；③ 车体装备等。这三部分的组合就形成了铁路客运产品体系中的一种产品，见图 9.2。

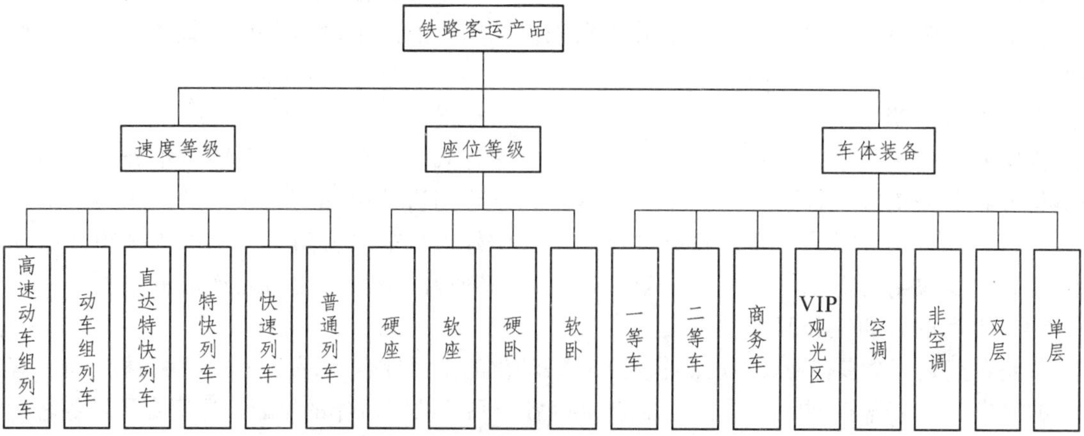

图 9.2　铁路客运产品差别体系

铁路客运部门可着眼于旅客购买位移产品时所追求的利益和需求，并以此为依据对这些产品属性进行新产品设计和旧产品改造。

（3）铁路客运扩大产品。

扩大产品是产品的附加利益总和，实质上是指产品在销售和使用过程中的各种服务、保证等。消费者对产品附加利益的要求，虽然与产品的形体无关，但对产品效用的最终实现有很大的关系，因此，产品的附加利益成为产品不可缺少的组成部分。

铁路客运产品的扩大产品层次包含了所有的辅助延伸服务，如售票服务、行李托运、列车车次的广告宣传，进站上车、购票的正确便捷、及时的信息引导和咨询，对列车的正点和优质优价列车的信誉保证，车站功能的综合化，吃、住、行的一体化延伸服务，列车上的娱乐餐饮等。在市场竞争激烈的时期，产品的附加利益对企业营销是否取得成功，具有举足轻重的作用。正如著名市场营销学家莱维特所说："现代竞争并不在于各家企业生产些什么，而在于他们能为其产品增加些什么内容，诸如广告、客货咨询、送货等以及人们重视的其他价值。"

2. 铁路客运产品的特点

由于铁路运输业本身的产业特点，以及铁路运输组织的方式，使得铁路客运产品具有直接影响到了产品策略乃至整个营销的设计的以下特点。

（1）无形性。

铁路客运产品是无形产品，是人的位移，旅客在购买铁路客运产品之前不可能看到、听到或感觉到这种产品的属性。铁路客运产品质量是以旅客的反映来检验的，它的购买多出于以前的经验和自身的偏好等。这启示了铁路客运产品必须通过其良好的质量等特性建立起良好的产品声誉、品牌声誉来拥有固定的消费者，且铁路客运必须搞好市场营销，通过广告、促销策略来加强铁路客运产品的宣传和吸引力，使消费者更多地了解铁路客运产品，培养其偏好和激发其潜在需求。

（2）生产和消费的不可分性。

实物形态的产品，其生产和消费一般表现为时间和空间上的两个分离行为，但对铁路客运产品而言，消费过程是与生产过程结合在一起的统一过程，具有生产和消费的时间一致性。铁路客运产品从生产到消费中间没有质量检验一关，不可能把"不合格产品"剔除后再进入市场，这要求铁路客运更要严把质量关，事先提供优质的固定设备和移动载体，运行过程中确保安全、正点、舒适、快捷。

（3）不可存储性。

铁路旅客列车的运行只有被消费（载客）才是有效的生产，否则只能被浪费。铁路客运的销售方式是先销售（售票），再生产（载客）；不管销售状况如何，预定的列车运行都必须准点开行。这种刚性供给更要求铁路客运一定要作好市场需求分析，并随时根据市场情况进行调整，力争供给与需求尽可能地一致，避免运力资源的浪费，也就是产品的浪费。

（4）生产的联动性和服务的易变性。

铁路企业是一个多行业、多层次、多工种联动化的集团性企业，是一个大联动机，每一客运产品的完成，是铁路车、机、工、电、辆各部门各子系统共同协作的结果，这决定了铁路客运产品的质量体现也是各个部门工作质量的综合体现。在市场竞争中，每个企业每个部门的形象和作用都将影响整个过程和整体形象。参与市场竞争，以优质服务为宗旨，用高尚的职业道德、热情的服务态度和一流的服务质量吸引、招揽旅客，必须依靠集团企业这个大联动机上的全员共同努力来完成。客运服务是通过人表现出来的，质量是非常易变的，必须制定一整套严格的生产和服务程序章程，力保各环节和服务水平的稳定，同时也可作为工作业绩的衡量手段。

（5）客运产品需求的多样性。

铁路客运服务的对象是人，人作为主体，由于年龄、性别、居住地区、经济水平、出行目的、偏好、风俗习惯等的不同，必然对铁路客运产品有着不同的需求。

铁路旅客运输产品的概念更新是进入市场的基础，铁路运输必须从完整的运输产品概念出发，结合铁路客运产品的特点，从多维角度、多层次角度出发来研究旅客运输的产品策略乃至整个营销组合的设计开发，这样使铁路旅客运输产品在各个层次上具备竞争基础和竞争态势，可以树立铁路客运在消费者和潜在消费者群中的特色形象。

3. 铁路客运创新产品

创新产品是企业具有活力的重要表现，在社会大发展时期，人们出行有了更高的需求和内涵，铁路客运产品长期不变，是难以满足日益增长和变化的旅客需求，难以在市场竞争中立足的。铁路从产品整体概念上说，只要产品的三个层次中哪一个层次有较大变化，满足旅客新的需求，就可以称为铁路客运新产品。铁路客运新产品应该能给企业带来新的利益，可以分为三大类：

（1）完全创新产品：因科学技术的重大进步而创造出的产品，如铁路客运的高速铁路、城际铁路客运专线产品，综合铁路客运枢纽站（实现各种旅客运输工具的无缝衔接），网络售票等。

（2）革新现有产品：利用科学技术的成就对现有产品进行较大的革新，从而得到产品的性能等指标有较大突破或改进的产品。如旅客列车提速后开行的快速列车就是这种产品，这种产品是客运企业自身的技术力量所能开发生产的产品。

（3）改良新产品：这种产品基本上不涉及技术上的创新或改进，而只是在质量、特点等方面有所改良，作一定的改变。铁路客运产品的改良，主要体现在产品质量上。在既有线上铁路客运开行的动车组城际列车、旅游列车、球迷列车，高速铁路上开行高密度的符合人们日常出行规律、适应旅客运输市场需求的便捷高速列车等就属于这类产品。

铁路客运部门在考虑客运产品策略时，必须以客运市场需求为依据，以旅客为中心，研究如何保证生产旅客所喜爱的和能接受的客运产品，而不是仅仅把想当然出来的客运产品推销给旅客。旅客运输产品策略是铁路运输部门市场营销策略的中心，是铁路客运企业为达到长期经营目标，从发挥企业经营能力的优势出发而采取的铁路旅客运输产品决策。它是以满足市场需求为手段，以取得较好的经济效益为目标，以客运市场占有为前提，以经营管理为重点，以决策为关键的一种战略性决策。铁路旅客运输只有面向市场，按照市场的需求组织产品生产，生产适销对路的客运产品，才能生存和发展，铁路客运每个部门都必须采取正确的旅客运输产品策略，使其成为适应和占有客运市场的有效手段。

第二节　铁路客运市场和目标市场

铁路客运市场营销要解决的核心问题，是国家铁路集团有限公司和铁路集团有限公司各级客运部门如何制定客运市场营销战略。正确地选择目标市场则是营销战略的重要内容。客运市场细分是国家铁路集团有限公司和铁路集团有限公司各级客运部门，在研究客运市场营销环境和消费者购买行为的基础上，选择和确定铁路客运目标市场的重要手段。

一、铁路客运市场细分

1. 客运市场细分方法

市场细分不是从产品出发，而是从区别不同消费者的不同需求出发来分析划分市场。我们把以旅客为对象，根据不同层次旅客旅行需求上存在的差异性，将客运市场区分为若干个旅客群体，将不同的旅客结成不同的旅行消费群体，称为客运市场细分。客运市场细分的目的在于增强客运企业生产的目的性，通过满足细分市场的消费需求，提高经济效益和市场占有率，使企业在竞争中处于有利地位，并能及时发现新的市场机会，有计划地开拓市场。旅客运输市场可按下列方法划分。

（1）按旅客行程细分。

按旅客行程细分就是对不同行程的旅客进行组合并加以考察，以便找出长途、中途、短途旅客在旅行过程需求的异同点，如铁路客运按运程和管辖范围分成管内、直通和市郊等细分市场。

（2）按旅客对旅行条件的要求细分。

不同消费层次的旅客对旅行条件具有不同的要求，可细分为豪华车、商务座、一等座、二等座、软卧、硬卧、硬座车等，所以把不同席别、等级车的旅客群体作为细分市场。

（3）按地理位置细分。

旅客运输市场与一般商品市场比较，其地理分布性更强。按地理位置细分市场，可使客运企业根据不同地区的特点选择不同的市场发展对策。

根据我国经济发展程度的不同，客运市场可大致分成东部、中部和西部三个细分市场。三个细分市场的营销宏观环境差异较大，可以表现在下列几方面：① 人口分布与人口密度；② 国内生产总值；③ 客运量与旅客周转量；④ 居民乘车率。

（4）按运行径路细分。

旅客旅行经由的线路性质不同，客运企业提供的服务质量及其对运输能力的影响存在较大差异，按径路性质细分，铁路上大致可分为支线、干线、国际通道等。

此外，还可以按客流性质、旅客年龄、职业、出行目的等方法细分。

2. 目标市场选择

目标市场就是铁路客运在整个客运需求中选定的服务群体，作为将铁路客运产品投放的那一部分客运市场，即国家铁路集团有限公司和铁路集团有限公司各级决定对目标市场的群体提供何种服务、开行什么样等级的旅客列车，用什么样的客车车辆和站车服务来完成旅客的位移和各种需求。目标市场的确定有赖于客运市场细分，选择目标市场就是选择某些细分市场作为营销对象的决策。

在制定目标市场策略时，主要从无差异和有差异两方面考虑。无差异是选择每一细分市场所共有的方面给予满足的策略形式，是以整个客运市场为目标市场。有差异是选择若干个细分市场为目标市场，在目标市场个性方面给予满足的策略形式。如针对大城市间旅客流量流向比较稳定、流时有规律等特点开行城际列车。企业在对市场细分时，要对每一细分市场的经营价值进行评价，然后才能够决定值得或不值得去占领。客运企业对开行的旅客列车的经营价值的评价可以从市场支付能力、列车的市场占有率和赢利能力等几方面进行。企业选择的目标市场不同，所运用的市场营销策略也就不一样。如对高速列车、城际列车，票价按时间段浮动，客票销售采用公交化售票方式等。

二、铁路客运市场营销组合

市场营销组合思想，大量汲取了第二次世界大战后新兴的系统论、管理科学的理论营养，同时受益于蓬勃发展的企业营销实践活动，形成了一套完整的体系，它已成为市场营销成败的关键环节。

1. 铁路客运营销组合的影响因素

制约和影响企业营销组合的因素，从企业能否控制的角度来划分有两大类：一类是企业不可控因素。这是指影响企业营销活动，却为企业所不能控制的各种外部的环境因素，分为宏观因素和微观因素。宏观因素是由一些大范围的社会约束力构成的，主要包括经济发展、技术进步、法律规定、国家政策、人口状况、居民收入、消费心理、社会文化、风俗民情等；微观因素则包括社会公众、竞争者情况、供给者等，影响着企业服务其目标顾客的能力。这些不可控因素的变化，既会带来“市场机会”，也会形成“环境威胁”，企业不可能改变它们，而只能适应它们。另一类是企业可控制因素。这是指影响企业营销活动，并为企业本身所能控制和运用的各种营销因素，主要包括产品开发、产品附加服务、品牌、产品包装、基本价格、折扣价格、分销渠道、广告宣传、人员推销、公共关系等。市场营销组合正是对这些可控因素的组合。影响企业营销组合的各种因素及关系，见图 9.3。

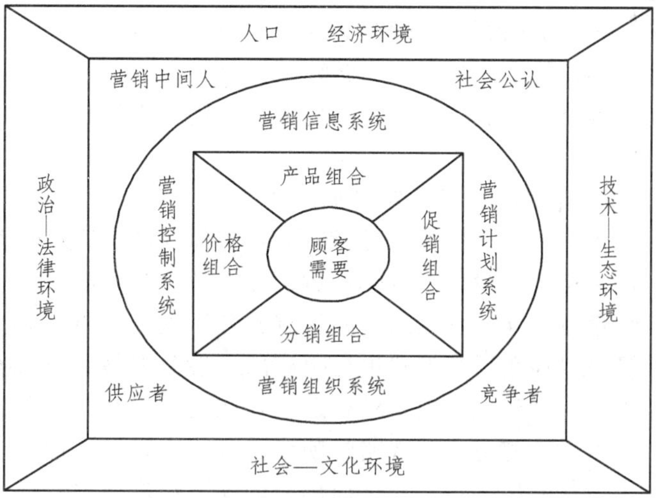

图 9.3 影响企业营销组合的各种因素

图 9.3 正中心是目标旅客的需求，企业的主要力量集中在为目标旅客提供服务和满足他们的需求。企业安排四个系统——营销信息系统、营销计划系统、营销组织系统和营销控制系统对企业可控制因素进行营销组合，这些系统间相互作用。同时，企业通过这些系统对企业不可控因素（外部环境）进行监测，使企业不断适应环境的变化。可见，市场营销组合都是以目标市场的旅客要求为核心的，同时也脱离不了企业所处的宏观、微观环境的影响。一

个成功的企业，正是这些因素间有机地结合和最大限度上的相互适应。

市场营销组合是指企业针对选定的目标市场，把各个可控因素的各种各样的市场营销策略、方法、手段归结为一个统一系统内的多层次子系统。根据目标市场的外部环境各因素情况，企业力图使各个子系统在动态、复杂的过程中相互协调，求得总体策略的优化，以达到企业的经营目标，并取得最佳的经济效益。

铁路客运市场营销组合根据其选择的可控因素，也主要分为四项基本策略：产品策略、价格策略、分销策略和促销策略，各项策略下又包含若干个子因素，见表 9.1。

表 9.1　四项基本策略及内部子因素

产品策略	价格策略	分销策略	促销策略
特　点	客票价格水平	客票销售	广　告
质　量	幅　度	分配渠道	媒体类型
服务态度	票价差价	区域分配	文字或图像
品牌名称	票价折扣	代售点类型	人员推销
产品线	票价折让	营业场所	公共关系
担　保	信用条件	服务标准	营业推广

（1）产品策略是指作出与产品有关的计划与决策。

（2）价格策略是指在考虑目标市场上的竞争性质、法律政策限制、旅客对价格的可能反应等的基础上，选定一种吸引旅客、实现市场营销组合的价格。

（3）分销策略是指如何使产品从生产者转移到消费者。

（4）促销策略包括人员推销、广告以及其他宣传推销手段的融合，亦即各种促销形式和公共关系等。

2. 铁路客运市场营销策略组合的确定依据

市场营销组合中的每一子因素的变动都可能波及其他因素，从而产生新的策略。企业营销优势在较大程度上取决于四个策略组合的优劣，而不是单个策略的优劣，企业在目标市场上的竞争地位和经营特色也是通过营销组合的特点充分体现出来的。

由于旅客运输产品是以列车运行方式进行生产的，涉及铁路运输系统的众多部门。因此客运营销组合具有连贯性、一致性，它要求客运企业在营销战略、战术上的连贯性与营销的决策、管理、执行的一致性，避免营销战略的朝令夕改。决策层、管理层和执行层必须围绕营销战略和策略，各自履行应尽的责任，任何部门的梗阻都将影响到组合的最佳匹配，影响客运生产的质量和效益，并损害铁路客运企业的形象。

通过对市场的调查和分析，按照为社会活动需要和人们占有的欲望、支付能力的思维逻辑去运作，开发出一种看来能够满足目标市场需求的新的铁路客运产品，包含核心产品、有形产品、附加产品三个层面。然后运用这些策略，通过市场营销的各种途径和信息，使现有的所有出行者、铁路旅客或潜在的旅客知晓、认识这一铁路产品，从而达到开发这一新的铁路客运产品的目的，做到社会效益和经济效益双赢。

三、客运市场信息管理

（一）客运市场信息分类

为了寻找市场机会和预见营销中的问题，客运企业营销人员必须收集全面而可靠的信息。客运市场营销活动的范围极其广泛，内容庞杂，营销信息的内容包罗万象，通常主要表现在如下几个方面。

1. 客运企业内部信息

客运企业内部信息包含企业的财务、人事、运力资源、技术及职工心理倾向等信息，主要用于评估企业之现状。

2. 外部环境信息

外部环境信息包括社会、经济技术、政治、法令、其他运输方式动态的资讯，用于分析发展趋势、机会及限制条件。

3. 市场地位信息

市场地位信息系指企业在市场及同业间的相对地位，包括市场占有率、获利情况、成本结构等，借以从竞争运输企业的标准中，衡量本身各种营销决策的效率和效能。

4. 预测信息

预测信息是对上述各类信息的未来预测，据此探讨及选择未来目标。

5. 决策信息

决策信息包括与具体决策有关的资讯。与激增的信息需求对应的是来自企业内部和外部的大量原始数据。来自政府、市场及企业本身的各种数据在提供辅助决策之前必须经过认真的汇总、分类、分析和提炼，于是市场营销信息系统应运而生；又由于现代信息处理技术的飞速发展，使及时、准确、完整、高质量的信息服务成为可能。

（二）客运市场信息分析

市场信息研究过程一般分为五个步骤：确定问题和研究目标，摸清信息来源，收集信息，分析信息和提出结论。

收集市场信息是进行信息研究的重要一环。为了保证信息的质量，在收集市场信息时必须遵循一些原则，这些原则包括全面性、及时性、正确性和经济性等；收集信息的方法比较多，可采用调查法、试点法、实验法等。在实际应用中，客运企业要根据所需的客运信息的难易程度和质量的要求来确定具体收集的方法。

在收集到市场信息以后还必须进行分析和处理。首先要分析信息的正确性，确保得到的信息可靠、内容正确。其次，要分析信息间的关系。从相同渠道和不同渠道取得的相同信息和不同信息之间有联系，可以通过信息分析从中找出其内在联系，从信息中获得信息。此外还要分析信息的变化规律。在不同时间取得的信息会出现各种差别，积累资料就会发现这种变化的规律。

市场信息的处理包括技术处理和组织处理。在收集的信息中，有些信息受偶然性因素的影响出现不规则的数据，如果把这些客流信息作为决策依据，必定影响决策结果的准确性。技术处理方法常采用剔除法和还原法。组织处理是指对所取得的信息进行组织、归纳和分类，可进行筛选、分类、编码等。

（三）客运市场营销信息系统构成

现代化管理的特征之一是数据化、图表化和模型化。这既可以一目了然，又可以用计算机进行信息管理。客运营销管理信息系统应是一个信息集成化系统，其构成如图9.4所示。

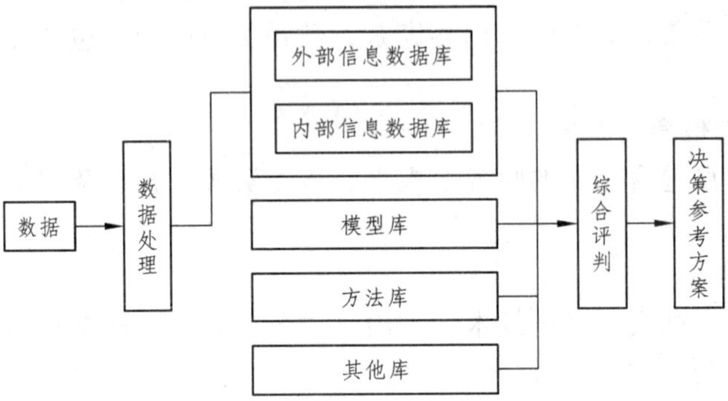

图9.4 客运营销信息系统

铁路客运源信息主要来自铁路客票信息，要利用广域网络进行传输。外部信息一部分靠与其他信息系统经网络交换或查询获取，另一部分靠输入操作实现。内部信息经基层单位处理后，按需要上报汇总；一般站、段等基层单位主要功能是采集处理、上报信息、反馈计划、具体执行；各基层站段的详细信息应存储于站段，只传递必要的上报信息；而铁路集团公司的中层单位应在相应的计划控制基础上，实现具体计划的局部调整，方案决策选择；铁路客运的高层决策主要在有关宏观战略、行业规范化管理、投资发展、法规、规章制度等方面。由于铁路客运覆盖面广，数据来源分散，信息量大，各级部门采用分布式处理，整个系统通过客户机/服务器方式得以实现，使系统真正面向市场，具有良好的适应性和扩展性。

第三节 铁路客运市场客票营销策略

旅客使用铁路客运核心产品除发生位移需求外，还需要寻求合适的铁路客运形式产品和铁路客运扩大产品，以选择旅客出行可见成本最小的客运产品，作为出行时交通运输工具选择的最终方案。因此，世界各国铁路客运公司都在进行核心产品、形式产品和扩大产品三个层面的整体开发。在铁路客运市场中，铁路客票营销模式是重要的一个环节，对核心产品效用的最终实现有很大的关系，在铁路客运市场营销和客运市场各种运输方式竞争中是不可缺少的重要组成部分。营销策略的灵活性，体现在快速、方便和浮动的运价上。国外铁路的主要措施有：采用灵活、简化的票价，提高服务质量和购票方便程度，保证列车正点率和对乘坐晚点过多列车的乘客实行经济赔偿等。

一、德国的客票营销模式

德国铁路公司根据旅客收入的不同，提供一等车厢、二等车厢客票；根据旅客职业的不同，提供普通票、学生票、往返票和团体票等常规客票外，并推出“年票”“半年票”“季度票”“月票”“周票”“天票”“5人票”“周末票”等营销手段的票种。

如周末票票价仅28欧元，可供1至5人在一天的有效期内在全德境内乘任何区内快车、区内列车和城市公交工具，极大地方便了以学生为主的周末旅游群体。在各联邦州还有类似功能的“州票”，在周一至周五有效；根据旅客使用的频率和期限不同，以及旅客群体的特性，提供“家庭票”、“伴侣票”等。

此外，德铁公司还与城市公交部门合作，对其开发的客运产品提供优惠服务，提高产品吸引力。如长途高速列车票持有者可在列车到、开当天在到、开地免费乘坐任何城市公交设施到达车站和终到地；持有“周末票”、“州票”的旅客可分别在德国境内、州境内任何城市乘坐公交设施。

为吸引客流，德铁于 2002 年 12 月 15 日又推出了新的票价体系，采用了各种以需求为出发点的优惠政策。德铁提出的口号是：“让顾客自己来决定价格”。新票价体系有以下几个特点：

（1）运价率实行递远递减，鼓励长途旅客旅行。

（2）以多种优惠条件鼓励旅客提前预订车票。旅客的计划性越强，接受铁路更多的限制条件，就能得到更大的优惠。例如，旅客如果在出发前一天订票，有 10% 的优惠，条件是要固定车次；提前 3 天有 25% 的优惠，条件是要买往返票、固定车次；提前 7 天有 40% 的优惠，条件是要买往返票、固定车次，而且要在目的地住一夜（度周末）等。

（3）市场定位在争取乘坐其他运输方式，例如汽车同行的人群上。如果几人同行，同行者（最多 4 人）可购买半价票。

（4）鼓励经常消费，成为铁路客运的常客，发行新的铁路卡（BAHNKARTE），每张售价 60 欧元，可在所有各类列车票价的基础上得到 25% 的优惠。铁路卡对家庭有更大的吸引力，一家人中有一人购买了一张铁路卡后，其他家庭成员只需每人另付 5 欧元，即可得到一张自己的铁路卡。

（5）新票价体系对儿童乘车特别宽松，14 岁以下的儿童在家长带领下可免费乘车，而且不限人数。德国铁路客运公司这样做的目的很明确，就是培养儿童乘坐铁路列车的兴趣，着眼于未来的铁路旅客。

除此之外，还推出了如下的营销策略和手段：

（1）LIDL 票（德国折扣票）。

LIDL 票的目的是为了获得新客户，并通过简化使用条件和降低价格提供价格接受力和形象。目前 LIDL 票的产品主要是二等主线交通弹性往返车票 2 张（49.90 欧元），但同时也提出不得换票或退票、不再降价的策略。

（2）Bahn 卡（无限制）。

Bahn 卡有三种规格：

① Bahn Card25，可以节省正常票价的 25%，主要是为小用户提供全面弹性服务，适合每年在二等铁路旅行中消费 200 欧元以上的旅客购买。

② Bahn Card50，可以节省正常票价的 50%，主要是为高价用户提供全面弹性服务，适合每年在二等铁路旅行中消费 600 欧元以上的旅客购买。

③ Bahn Card100，提供所有 DB 列车全面弹性服务和免费旅行，适合每年在二等铁路旅行中消费 300 欧元以上的旅客购买。它的城市车票包括超过 60 个出发和到达城市的无限制旅行、超过 80 个城市的汽车租赁减少关税、4 个城市自行车租赁减少关税，同时可提供 4 个 15 岁以下孩子的免费旅行。

（3）节省票价（无限制）。

节省票价的票制同样有三种规格：

① 节省票价 25。它可以节省 25% 的票价，但有一定的限制条件：用于往返旅行、提前 3 天购买、限于特定班次列车和日期，但可与 Bahn 卡结合使用。

② 节省票价 50。它可以节省 50% 的票价，但有一定的限制条件：用于往返旅行、提前 3 天购买、限于列车班次/周末，但可与 Bahn 卡结合使用。

③ 节省票价（25/50）。它可以节省 25/50% 的票价，但有一定的限制条件：用于往返旅行、限于列车班次/周末，但可与 BahnCard25 结合使用。

二、法国铁路的营销模式

法国的高速公路路网建设已经完成，当前法国国内人均拥有汽车量超过 0.5，公路运输的便捷性和欧洲范围内航空运输的快速低成本发展，法国铁路公司制定了明确的发展目标——占据最大的客运市场份额，向旅客提供尽可能便捷的服务，使旅客在使用铁路的时候如同使用自己的汽车一样方便，从而提高企业盈利。

为了实现利润的最大化，一方面，法国铁路积极发展网上信息和销售渠道以及电子客票来降低成本；另一方面，通过一系列市场调查和旅客满意度追踪，制定相应的广告策略和员工激励计划，加强生产管理，降低成本，促进增收。旅客通过电话订票和 Minitel 终端付款后，可获得免费送票服务，对拥有 Carrissmo、Ver-meil、Kiwi 3 种乘车卡的乘客，在乘坐长途列车时，最多可享受 50% 的优惠。

在客运列车车票价格方面，法国铁路根据生产管理/收益优化思想，采取了动态定价策略。每个价位水平的坐席数量取决于每辆列车的负荷量以及预测需求，同时定期审查销售量的变化，为高价票保留适当坐席数量，通过折扣价格吸引旅客填补空白坐席，实现了增加收益 5%。票务系统 12.61% 车票通过网上销售。系统与旅行社、租车系统以及全球分销系统连接。网上交易量每天 8 万个，乘客可以在网上购票，在家中打印车票。售票网站访问量是每月 1500 万人次，几乎每年增长一倍。

法国的售票系统由中央系统统一控制，根据需求将票样发送至打印机上供打印输出。车票采取限时发售，预定时付款的方式，对多种新式的电子客票，法国铁路采用光学读卡器来帮助检票员检票，从而有效地防止逃票和欺诈现象。

三、西班牙模式

长期以来，西班牙高速铁路（AVE）推行顾客至上的市场营销策略，其发展过程大致可以分为三个阶段。

第一阶段也称为发动阶段，其主要策略是占有市场和刺激新的市场需求，办法是票价和宣传，主要目标是旅客满意。票价体系的设计原则是简单、明了，仅有旅行时间和席位等级的差别。旅客买往返票可以得到 20% 的优惠，如果返程票的日期是当天，则优惠折扣上升为 25%。宣传策略的目标是改变过去西班牙铁路在人们头脑中的不良印象，即晚点频繁、服务质量差，大力宣传 AVE 是一种全新的铁路运输模式。其次是宣传 AVE 的可靠、安全、正点、速度、质量和服务的高频度。

第二阶段即成长阶段，目标是效益，手段为通过全面质量管理，以旅客满意为宗旨，与旅客之间建立长期关系。1994 年 9 月 AVE 实行了晚点退赔制度，即如果列车晚点 5 min 以上，铁路将退回乘客的全部购票费。这项制度的实行，表明了 AVE 运输体系具有其他运输方式无可比拟的高可靠性。“列车晚点，车票全额退赔”的承诺，为 AVE 赢得了旅客的进一步信任。

AVE 处于第三阶段，即巩固成果阶段。在第三阶段中，AVE 采用了鼓励老乘客，即“忠心乘客”的策略，其方式是发行“忠心”卡。“忠心”卡分为两种：一种是 AVE 普通会员卡；另一种是 AVE 黄金会员卡。这种卡的运作方式是，乘客按旅行的次数取得一定的分数，当累计到一定的程度，即可得到一次免费旅行的机会。

四、其他国家的营销策略

灵活的营销价格既有利于旅客，也有利于客运企业。如在美国，价格政策市场化，铁路客票在定价上有以下特点：预售票价便宜，且越早越便宜，而临时买票价格高；买往返票价便宜；夜间和早晚的票价比白天票价低。法国的价格政策也隐含了这样的目的：越早订票，订票费越低；越晚订票，订票费越高，以此激励和吸引旅客早订票，这也有利于列车计划调整。

为了恢复闲暇旅游市场的客运量，英国国铁自 1981 年起实行了一种被称作“城市铁路救星”的廉价往返优惠票价政策。这种优惠票价对吸引客流，尤其是被长途客车分流的那部分旅客的作用尤为明显。

英国城市间铁路的经营战略，由增收战略与成本战略两方面构成。增收战略又可分成服务战略（服务质量）与运价战略两部分，而这一切都要建立在市场取向的基础上，其服务战略的核心是提供优质服务，让旅客感到这是“值得花钱的服务”。质量的提高不单指运输服务的质量（速度、密度、正点率及舒适性等），还涉及诸如电话查询、预约座席、车站通路、站舍、售票及车内服务等所有与运输相关的服务质量。运价战略的根本，在于通过拉开差价来获得最大的收入。对一等和二等车采用不同的运价政策；对一等车旅客主要是提高服务质量并维持正规运价；对二等车旅客实行折扣票价，以招揽更多的客流。为促进城市间铁路稳定的利用率，还发行了各种铁路乘用卡，大幅度降低票价。成本战略的核心，是在提高服务质量的同时，消减单位支出费用，其最主要的手段是改变车辆及轨道的养护方式以节省费用。

欧洲铁路客票营销具有以下特点：

① 延伸服务多：如瑞士国铁火车票除了国营列车之外，瑞士境内大部分游湖轮船、市内巴士、电车及长途巴士亦可无限制搭乘；德国国铁火车票可适用乘坐德国境内大部分巴士。欧洲火车通票在有效国家与时间内，持有者可无限次搭乘列车。火车票还是一张“旅游优惠证明”，许多欧洲著名的景观列车、游览巴士、登山缆车、游湖（河）轮船、跨海渡轮等，都针对持有欧洲火车票的旅客，提供免费或折扣的优惠。额外优惠项目会因旅客所持欧洲火车票的票种而有所不同。

② 购票灵活方便：欧洲各国铁路较早实现了联网售票，铁路车站以及众多的客票代理处可方便地购买火车票，在我国国内也可以购买欧洲 27 个国家的铁路客票。欧洲各国国际化程度高，铁路客票种类繁多，大部分铁路车站设有自动售票机和人工售票台。自动售票机能提供多国语言的查询功能，旅客只要输入起讫站和希望乘车的时间段，自动售票机很快就会显示可以选择的车次、换乘地点以及票价等信息。旅客在一个车站可以买到单程票、往返票、联程票，且不受起点站、终点站的限制。

第四节　铁路客运优质服务策略

形式产品即产品的形式，它是目标市场消费者对具体需求的特定满足形式。铁路客运产品作为一种服务性产品，在提供核心产品的过程中，其形式产品就是具体方式，即可供旅客选择乘坐的不同档次的车次或同一档次列车的不同席别。形式产品体现的是产品的属性，铁路客运产品具有的基本属性特征表现在被旅客感知的方面：质量（包括安全、准时、迅速、舒适、方便等质量指标）、席别（商务座、一等座、二等座、硬座、硬卧、软座、软卧等）、特点、品牌、服务态度等。

铁路客运实行的是差异性产品策略，从实现空间位移的载体和票价角度出发，铁路客运产品种类的差异性主要由以下三部分组成：① 速度等级；② 舒适度；③ 车体装备等。

列车正点率是客运服务质量的重要标志，各国铁路对此都十分重视。日本新干线高速列车的年平均晚点仅为 0.4 min/列，西班牙 AVE 高速列车的正点率也高达 99.7%（按时刻表 5 min 以内）。在欧洲，几家铁路公司对晚点过多的列车还给旅客经济赔偿，如在法国，如果列车晚点 1 h 以上，将向乘客退还所有票款；在西班牙，高速铁路（AVE）列车如果晚点 5 min 以上，将向乘客退还所有票款；在英国、德国和意大利，如果列车晚点，将发给乘客一张凭据，旅客下次乘车凭此据可购打折车票。这些营销措施的实行，吸引了大量的旅客。

德国铁路客运公司对旅客提供旅客出行的系列性优质服务，着眼于旅行前、旅途中和旅行后服务得更全面。德国铁路提供的周到服务项目和内容见图 9.5。

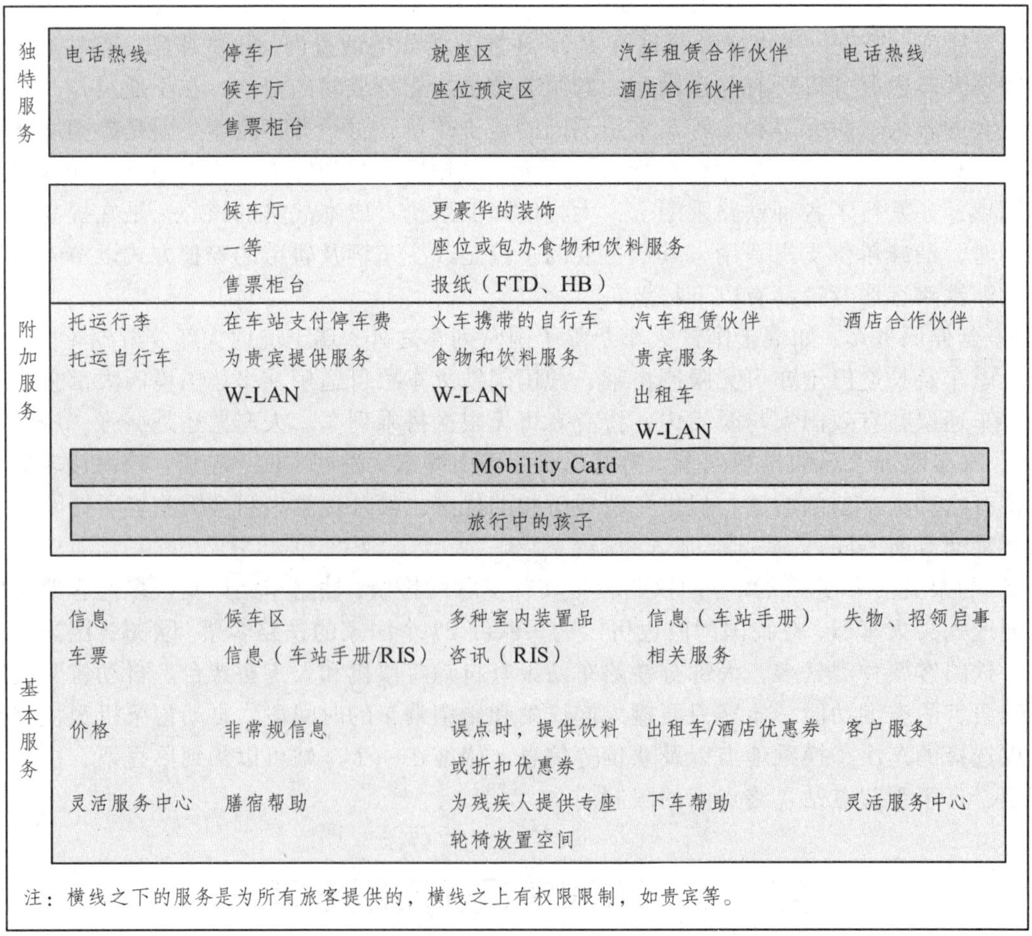

图 9.5 德国铁路提供的周到的服务

一、铁路因特网

德铁为旅客提供旅程链中的可移动数据服务，尤其是商务旅客可使用电子邮件（e-mail）使其旅行时间最优化。车站均可获取因特网（Internet）。

二、行李托运

德国铁路客运公司通过提供最优服务的行李托运为新客户群体减少车站入口障碍。26%的旅客认为行李是一大旅行障碍，尤其是一些贵宾旅客，因此，德铁与爱马仕公司（Hermes）合作，购买列车车票时进行安排，提供上门行李托运服务，一般2～3工作日内到达。并提出了长远目标：客运站行李搬运、自行车装运活动、进行网上预约和通宵服务。

德铁推出AIRail，它是现今存在的铁路-航空无缝旅行联运产品，图9.6显示了其托运流程。

三、列车服务

各旅客列车上的服务项目，会因列车和车厢等级、行驶路线、行车时间、行车距离而有所不同。列车分为高级列车与普通列车，其中高级列车包括高速列车、特快列车、卧铺列车、景观列车等；普通列车则以通勤列车、区间列车为主。

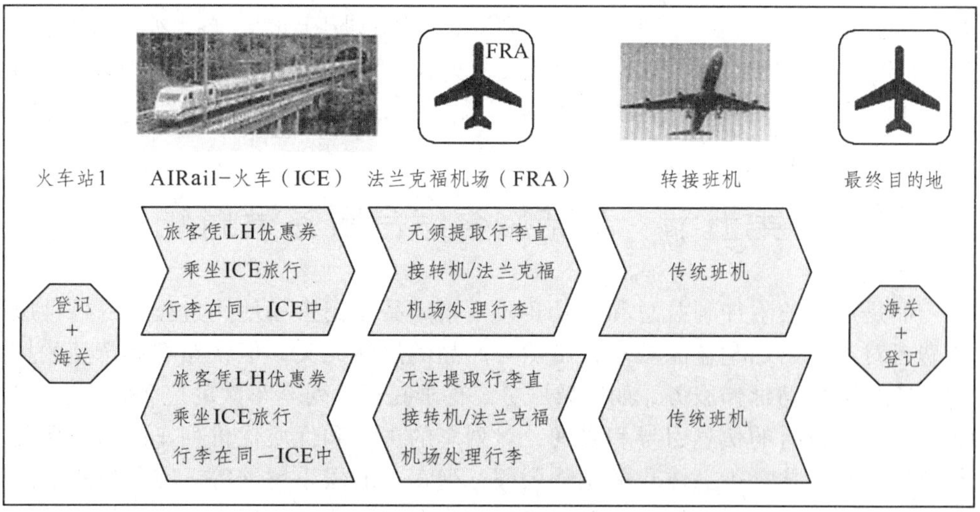

图9.6　AIRail其托运流程

欧洲列车上的工作人员一般都比较少，有些短途车除1名司机外，通常只有1名或没有乘务员，法国高速铁路列车乘务人员有司机和车长，分别隶属于司机段和乘务段管理，司机段和乘务段同时也管理既有线乘务人员，挂有餐车的高速列车上有餐饮服务人员。

绝大多数的高级列车在座位与席次使用上，会与普通列车有明显的区别。高级列车的座位空间较大较宽敞，区分为舒适宽敞的一等车厢与座位相对稍微窄小的二等车厢。有些景观列车的部分一等车厢，是采用广角视野车窗的观景车厢。此外，部分德国与日本等国最新型的高速列车更采用豪华配备，一等车厢每个座位装设有耳机与视听娱乐设施，提供更便捷舒适的服务。席次的区分上，一等车厢皆为对号指定席，而二等车厢则是对号指定席与自由席比例分配，在每节列车车厢外会有明显的区别标示，以方便乘客辨别搭乘。

车长主要负责巡视列车、检票和补票、监视旅客上下车情况、通报列车正晚点等信息、处理车上发生的紧急情况等。通常单层的高速列车配有 1 名车长，单层联挂配有 2 人；双层高速列车 2 名车长，双层联挂配有 4 人，餐饮服务人员一般配有 2 名。这样可以节省大笔的人力开支，相应列车上的服务也比较少。

德国铁路上每天开行 1 000 多列旅客列车，6 000 余名铁路工作员工为旅客服务。其列车团队由列车长、第一列车员、其他列车员组成，他们的主要任务是提供信息、售票和剪票、安全要求以及其他服务。其服务团队由 1 名餐馆经理、1 ~ 2 名乘务员组成，他们的主要任务是到旅客座位上、在餐馆中或小咖啡馆内提供快餐和饮料服务。

以德铁高速列车 ICE 列车为例介绍德铁的列车服务要素。德国 ICE 高速列车配备 1 名司机、2 ~ 3 名乘务员、1 ~ 2 名餐车服务员，另外还有清洁、保安人员 1 ~ 2 人，一般 6 ~ 7 个人。ICE 为旅客提供：关于特定旅程的时间表、联网、列车服务的地点信息的杂志、其他特定杂志；耳机塞（音频和视频节目）；使用电话卡的电话；视频节目显示器；装有中继器的特殊车厢，可提高移动电话接听效果；列车上无论是单号还是双号座位，均装有 220 V 笔记本电脑插头；休息区不能使用移动电话；服务点、残疾人专区，附近有为其特别设计的厕所等。

同时 ICE 列车推出了专门为商务旅客设计的服务理念——ICE 点到点的直达客运列车（ICE-Sprinter），即各主要站之间的不停车、直达列车产品。主要的线路有：法兰克福—柏林、法兰克福—慕尼黑、法兰克福—汉堡、汉堡—科隆、科隆—斯图加特。各大德国城市之间的不停列车，使得旅程时间短于 3.5 小时，但又有比飞机具有更强竞争力的价格，同时推出特殊的列车服务理念，如提供报纸、饮料和用餐等。但需附加费，二等车厢 10 欧元，一等车厢 15 欧元。

第五节 车站旅客综合服务策略

扩大产品是产品的附加利益总和，其实质是指产品在销售和使用过程中的各种服务、保证等。消费者对产品附加利益的要求，虽然与产品的形体无关，但铁路客运产品的扩大产品层次包含了所有的辅助延伸服务，如售票服务、行李托运、列车车次的广告宣传、进站上车、购票的正确便捷、及时的信息引导和咨询，对列车的正点和优质优价列车的信誉保证，车站功能的综合化，吃、住、行一体化的延伸服务，列车上的娱乐餐饮等。在市场竞争激烈的时期，产品的附加利益对企业营销是否取得成功具有举足轻重的作用。著名市场营销学家莱维特所说：“现代竞争并不在于各家企业生产些什么，而在于他们能为其产品增加些什么内容，诸如广告、客货咨询、送货等以及人们重视的其他价值。”

欧洲高速铁路客运专线客运站几乎都引入位于市区内的既有古典或现代的建筑样式客运站，对旅客旅行提供了极大的方便，通常会有酒店、商店、银行与百货公司位于车站附近。车站内也融入了各类服务设施：提供电话和传真服务的邮局、书店、报刊亭、自动售货机、礼品店、餐厅、美容美发室、外币兑换、旅游信息咨询、酒店预订等。而且车站有出租、汽车、地铁等交通工具配合，可保证旅客安全迅捷地抵达目的地。日本的车站除了提供与欧洲相近的服务外，另外的特色是多数大型车站的结构，是与地下街或百货公司、饭店建在一起，提供旅客购物、娱乐与住宿的方便。

站台或车站大厅通常设有列车到发信息显示屏、车厢对位电子显示屏、少量座椅、自动扶梯、直升梯、时钟、车站标识牌等。站房内设有人工售票窗口、自动售票机、自动问讯台、各种引导标志、广播及摄像监控、行李寄存处。车站配备专用站台升降设备，帮助残疾人乘轮椅上车。

欧洲大部分的车站都设有完善的资讯系统来克服语言障碍，图形标志为其中最重要的一部分。这些世界通用的图形标志和马路标志类似，可帮助了解车站提供的各种服务。在日本，每个火车站内都有详细的地图，虽然铁路线路比较复杂，但是，日本人用颜色很明显地区分每条线路，而且，车站的每个入口也标有和地图同样的颜色，大大方便了旅客乘车。

除非是在起点站上车，欧洲列车途中停靠站供乘客上下车的时间都非常短，经常只有 1 ~ 3 min。此外，欧洲各国高速铁路的客运列车准点率都比较高，为了帮助旅客能在列车一进站就迅速上对车，以及能在站台上正确的地点等车，各车站的站台上都陈列一份图表，按到站时间的先后次序列明各次停靠该站台的客运列车。图表中也会从客运列车头部开始，显示出各节车厢沿站台停靠的地点，还会标明该位置在站台上的代表字母或数字。旅客可以根据图表上所示的车厢地点，带着行李走到设有车厢对位电子显示屏的地方等候上车。

德国历时 10 余年、耗资 130 亿欧元的柏林中央火车站（Berlin Hauptbahnhof）及周边配套枢纽系统在 2006 年 5 月 28 日正式建成并投入运营。柏林中央火车站是一个综合性的大型客运枢纽，除往来欧盟的干线铁路高速列车和其他长途列车，柏林市的城铁（S-Bahn）、地铁（H—Bahn）、电车、巴士、出租车、自行车，甚至旅游二轮车也都在此停靠、集中与疏散，如图 9.7 所示。

图 9.7　柏林中央火车站结构小意图

换乘大厅内还分布着各类商铺和餐饮服务设施。柏林中央车站一开通，就立即成为欧洲铁路系统的中心点，让一切可能的交通工具以十字交叉方式连接到同一个车站，并在同一大厅内实现大规模垂直换乘，更使得该站成为当今欧洲乃至世界上最具典型意义的大型客运枢纽。

一、车站设立 3S 监控中心

在欧洲，铁路车站工作人员一般比较少，例如德国，德铁路员工共有 234 507 人，其中客运站的工作人员一共只有 5 015 人。全德铁共有 81 个车站管理机构（总站），每个管理机构下属几十个车站，如法兰克福管理机构（总站），下属65个车站，车站不设检票口，进行敞开式管理。

车站工作人员主要负责车站的服务、站舍使用和保养，客票发售由客运公司负责，车站清洁卫生工作由专门的清洁公司负责。车站建立了3S中心，指挥和监控整个车站的服务工作，提高客运站服务质量。

德国车站和服务公司在全德较大客运站建立了66个3S服务中心，3S即服务、安全、清洁。3S服务中心通过电视监控系统、SOS求助设施、先进的通信手段、红帽子服务人员、保洁公司等，随时为旅客提供咨询、帮助、列车正晚点信息等各种免费服务，保证行李寄存箱、电梯等服务设施的安全运用，保持站容站貌的整洁和卫生。

法兰克福车站共有25股道，21条用于长途运输，每天开行列车1100列，4条用于城市轻轨，每天开行列车700列，日均客流量约35万人，高峰达40万人。全站共有260人，其中130人为红帽子服务人员，站内共设置了107个摄像探头，20多个SOS求助设施，还有其他18个下属站摄像头也与中心相连，每天至少有3人值班，3台计算机监控着车站的每个角落，包括71部电梯和47部滚梯，另有一台计算机提供晚点信息。电视监控室安排专人对站内各个角落实行全方位、全天候动态监视，发现问题及时与红帽子服务人员联系，做到动态监控、快速反应、及时为旅客提供各种帮助和服务。此外，在一些客运站还试行铁路出租汽车服务，对某些列车乘客以优惠价格实行“门到门”服务等。因此，虽然车站客流量很大，工作人员很少，但旅客不会感到不方便，随时随地都能得到帮助。安全、整洁的环境，良好的服务不仅吸引了大量的旅客，也吸引了大量的购物者，车站的效益得到提高。

二、车站旅客引导显示系统

客运站为指示旅客在站有秩序地办理各种旅行手续，在站前广场、进站口、售票厅（处）、行李房、各候车室、贵宾室、检票口、站台及各种通道上的明显处，设置大小不同、型号不一的旅客引导显示系统，直接向旅客通告列车到发去向、到发时刻、候车地点、列车停靠站台、晚点变更等情况，引导旅客购票、候车、乘车活动，使旅客完成全部候车、乘车流程一直到旅客登上列车。务使旅客在站内办理各种旅行手续径路最短、最合理，并能尽量避免在站内各种通道上交叉干扰。

旅客电子显示屏是旅客引导显示系统，引导显示分为固定的（如售票处、候车室、行包房等）和随机的（如旅客列车始发时间、终到时间、车次、晚点情况、停靠站台等）两种，并辅以不断的广播。各种显示牌，如进出站集中显示牌、候车厅牌、廊（地）道牌、检票口牌、站台牌、按旅客流线设置。根据设置地点的性质不同分别完成显示下列内容：车次、始发站、开往站、到点、发点，候车地点、停靠站台、变更情况等。

引导显示牌是面向旅客显示候车、乘车等基本信息，显示形式简明直观、醒目。设在候车室的，显示旅客列车车次、始发时间、站台、进站剪票地点；设在出站口的，显示旅客列车车次、到达时间、站台等；设在售票厅的，显示始发旅客列车的售票情况公告；设在站台上的，显示旅客列车始发、终到车次、时间；设在进站检票口的，显示始发旅客列车的车次、时间等。

在特大型客运站上，还设有综合显示屏系统设施，可以通告显示各系统设施按组网或联网方式构成通告显示综合信息网。该系统是为旅客提供综合性信息显示服务及进行宣传活动的一项系统设施，也是引导显示系统和客运组织作业的辅助显示设施。显示屏设于进（出）

站大厅、各候车厅、站前广场及商场、餐厅等旅客集中活动场所。

车站旅客问询系统通过声、像、图、文解答旅客问询，包括由值班人员人工或半自动应答及由旅客自行按键选择查询内容自动显示应答两类工作方式和相应的系统设施。由值班台、问询亭和自动图文查询机（终端）组成。值班台与问询亭间为声像双向传输，值班员可和旅客对讲，亦能将有关候车、乘车、市内交通、车站业务等图文信息显示在屏幕上供旅客观看，可构成“一台多亭”或“多台多亭结构”。自动查询机按旅客选择直接调用系统内存，完成相应的图文显示。

三、旅客综合服务集成

客运站是旅客运输和营销的基层生产单位，是旅客乘车旅行首先接触到的场所，因此，必须通过综合服务，为他们营造一个良好的旅行环境。

旅客综合服务系统包括：问事处的服务，候车室的服务，随身携带品暂存处的服务，旅客的文化、饮食、住宿等的服务，车站的清洁卫生、站容美化和时钟设施等。

1. 问事处问讯

问事处的服务，必须正确、迅速地解答旅客所提出的在旅行上的疑难问题，使旅客在车站办理旅行手续方面感到便利。问事处的服务有口头和文字两种方式。

① 口头服务：主要是通过问事处工作人员的直接口语、电话、广播服务和通告来实施的。负责直接口头服务的问事处，应设在车站入口处明显的地点，并有鲜明的标志。大客运站一般分设专门的口头问讯处和电话、电视问事设备。

② 文字服务：主要是利用图表、标示牌、揭示牌和书面通告来实施，让旅客通过自己的视觉来解答自己的问题。应在车站的问事处、售票处、候车室等旅客经常逗留的地方，揭示旅客列车时刻表、票价和旅客运输有关规定，铁路营业站线路示意图，车站所在地市区交通路线图及其他临时公告等图表或文字说明。

2. 候车室服务

候车室是旅客等候乘车的场所。候车室内旅客集结的密度大，必须有良好的秩序，并注意经常整洁、安静和空气流通。母婴候车室要安排一些小孩床、儿童玩具等；贵宾候车室要美观大方，可用精美家具陈设。候车室的服务要做到：主动通告有关列车的到、开和检票进站时间；正确、耐心地解答旅客的问题；通过标示和宣传，使乘坐同次列车的候车旅客按顺序坐在一起，作好检票进站准备；做好清洁工作，并尽量减少对候车旅客的影响和干扰。

3. 随身携带品暂存处服务

设置自控式小件随身携带品寄存柜。这种寄存柜，根据车站的管理方式、设置地点、服务对象等条件，可选择联控自动、半自动或人工控制方式，并配置相应设备柜。旅客使用时可按自己所带携品体积的大小选择适当的柜子，将物品放入，将门锁好，自己保管钥匙；或先领取密码号，自动打开柜门存取。

除了在站房内或站台上设有无人值守的自动小件寄存箱以外，德国科隆火车站建成了欧洲第一个自动化的行李寄存系统。对于一个日均客流量达到 22 万人的车站，该系统的建成不仅给过往旅客寄存行李提供了极大便利，也给该站带来了非常可观的经济效益。

该系统共有 1 000 个地下寄存位置，站内一共有 9 个寄存口。旅客只要投入 4 个马克，寄存口就会打印出一张磁卡性质的纸牌，作为取行李的凭证，然后从地下出来一个寄存箱，旅客可有 3 min 时间存放行李，行李重量不得超过 50 kg。旅客上车时可以选择离上车地点最近的任意一个寄存口取行李。存放 24 小时花费 4 个马克，如果超时，需要再加钱。该系统建设投资 300 万马克，每年收益 100 万马克。

4. 旅客文化、饮食和住宿服务

设有书店或书屋、电视厅、电影院、茶室、咖啡厅、快餐厅、售货部和饭店、宾馆，以满足不同层次旅客在文化生活、饮食和住宿方面的需要。为真正方便旅客，可在列车上通过广播登记住宿。需要住宿的旅客在饭店、宾馆内应能买到东西。还可以根据旅客在站候车时间的长短，开设小时制的供旅客短期休息的房间。

5. 车站清洁卫生和站容美化

客运站是旅客聚集的地点，又是城市大门，做好车站的清洁卫生和绿化，可以美化站容，净化空气，有益公共卫生，为旅客在旅行中提供良好的环境。

外包保洁公司，实行分片包干和专人负责相结合，做到经常化，定时、定期清扫，随脏随扫。

经常保持站房的整洁美观，合理安排站前广场上各种车辆的停靠位置和走行通道，统一布置大型宣传广告和标语，栽花种树，都属于这一系统的服务内容，均要认真做好。

本章小结

本章着重介绍了铁路旅客运输产品的整体概念、铁路客运市场和目标市场、铁路客运市场客票营销策略、铁路客运优质服务策略及车站旅客综合服务策略等内容，铁路应积极研究客运市场的需求，探索适应新体系下的铁路旅客运输经营理念和运营模式，满足社会发展对铁路旅客运输的需求和占有更大的客运市场份额。

思考题

1. 铁路旅客运输产品的整体概念是什么？
2. 铁路客运市场如何定位？
3. 总结归纳客票营销策略有哪些？
4. 铁路旅客综合服务有哪些内容？

第十章 铁路旅客运输现代化

学习目的：学习铁路旅客运输组织现代化的发展方向，了解六大子系统的构成，掌握其内涵以指导今后的工作。

我国的铁路信息系统是一个非常庞大、非常复杂的系统。铁路内部有着跨越全国各个地区的广域网：从国家铁路集团有限公司和铁路集团公司、基层站段，都由铁路内部网层层相连，并运行着各种各样的信息系统。这些信息系统的建设和运用为铁路全面实现信息化、现代化提供了良好的网络及运用基础。

在《铁路信息化总体规划》中，对铁路信息化建设的总体目标作了如下描述：以运输组织、客货营销、经营管理为信息化建设重点，加强基础建设，整合既有资源，经过10~15年的努力，建成技术先进、结构合理、功能完善、管理科学、经济适用、安全可靠，具有中国特色的铁路智能运输信息系统，实现调度指挥智能化、客货营销社会化、经营管理现代化，在提高运输效率、扩大运输能力、优化资源配置、保障运输安全、提高服务质量、提升管理水平、实现增收节支、提高经济效益和逐步提升公共服务水平等方面发挥明显作用，为铁路跨越式发展提供技术支撑与保障。

围绕铁路信息化的总体目标，将大力推进铁路运输系统企业的信息化建设。在今后的10~15年中铁路将建成运输管理信息系统，实现全路编组站、主要区段站和货运站计算机联网管理，实现列车、车辆、货物、集装箱的实时追踪；建成以客运调度、客流管理、售票系统和行包管理为主的客运管理信息系统，为旅客、货主提供咨询、预约、客票销售等多样化的智能服务。通过信息化建设，实现铁路营运管理手段的现代化，促进铁路企业管理水平和运输生产效率的提高，为旅客和货主提供优质服务。

第一节　铁路旅客运输管理系统

旅客运输管理系统（PTMS）作为运输生产组织的重要组成部分，是以现代化通信与信息技术为基础，为铁路旅客运输管理提供相关信息，并具有一定的辅助管理分析功能的信息系统。利用旅客运输管理系统能提高铁路旅客运输管理信息化水平，不断改进和提高旅客运输管理与决策能力，促进铁路旅客运输生产组织效率的改善和旅客运输服务质量的提高。旅客运输管理系统的规划范围为国家铁路，以现行的管理模式为基础，考虑铁路旅客运输管理的发展，划分为铁路主管部门、地区管理中心、基层单位三个层次。管理对象为铁路旅客运输生产活动以及相关的设施设备等资源运用，通过对铁路旅客运输服务质量的跟踪、监督、检查和评价，以及对相关法律、规章制度、标准办法、规范要求等的执行落实情况的调查，实现对旅客运输的管理。

一、系统的体系架构

旅客运输生产、服务质量监督、旅客运输监管三部分构成了旅客运输管理系统体系，如图10.1所示。旅客运输生产接受旅客运输服务质量监督和旅客运输管理，面向旅客运输生产第一线的直接生产人员，及时反映旅客运输生产服务实际，不断改进服务，提高服务质量；旅客运输服务质量监督主要服务于铁路旅客运输生产，面向旅客运输生产第一线的直接和间接生产管理人员，及时发现存在问题，不断改进和提高旅客服务质量；旅客运输监管主要服务于旅客运输管理，面向旅客运输决策和管理人员，主要目的是提高旅客运输生产效率和保障运输安全，更加高效、科学地运用旅客运输生产的相关设备设施，向旅客提供优质服务。

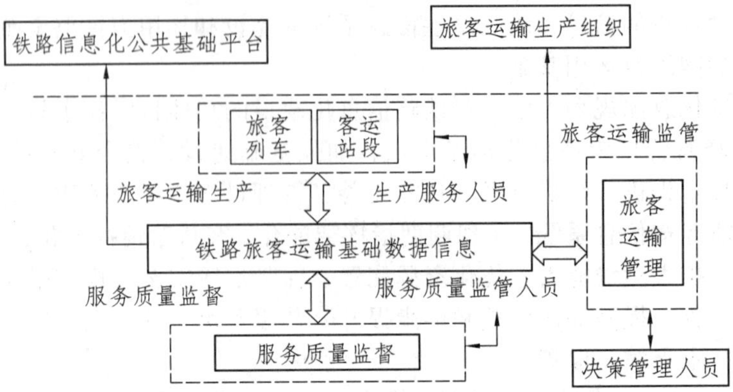

图 10.1 铁路旅客运输管理系统体系示意图

铁路旅客运输基础数据信息是旅客运输管理系统各部分的共享资源，也是该系统应用所依赖的重要基础保障。作为铁路信息化总体规划中确定的运输生产组织的一个组成部分，旅客运输管理系统将以公共基础平台为基础，包括规划的通信网络基础平台、信息共享平台、信息安全保障平台、公用基础信息平台和铁路门户，通过铁路旅客运输数据信息平台实现对公共基础平台的利用，实现与运输生产组织中其他各模块间的沟通和资源共享。

二、系统的层次结构

根据铁路信息化总体规划的体系结构、运输生产组织功能划分，以及铁路旅客运输管理系统的体系规划，确定了铁路旅客运输管理系统的体系结构，如图 10.2 所示。

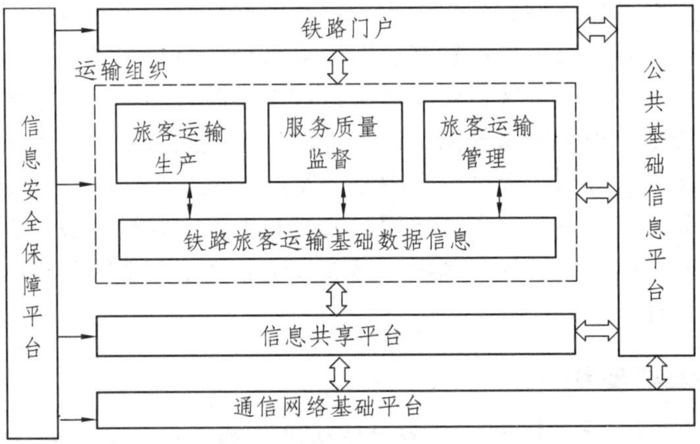

图 10.2 铁路旅客运输管理系统的体系结构

旅客运输管理系统涵盖铁路旅客运输管理的主要内容，根据现行旅客运输管理的基本要求，结合铁路建设、改革和发展，按照《铁路信息化总体规划》中确定的应用体系层次结构，为适应各模块间的协调建设，确定旅客运输管理系统的基本层次结构。其主要功能是：及时准确地为旅客运输管理提供相关信息，科学有效地为旅客运输管理提供辅助分析、信息化的技术手段，促进旅客运输服务质量的不断提高。旅客运输管理系统包括旅客列车管理、客运站段管理、客运规章制度管理、客运安全管理、客运职工培训管理、客运服务质量管理评价 6 个信息系统，利用广域网收集旅客列车及客运站段的突发信息，通过手机短信、电话、电报、Internet 等媒介弥补局域网的不足，实现视频、音频、图片和文字信息的传输。旅客运输管理系统建设将与现有的安全系统、统计系统、客票系统实现数据共享，利用客运服务系统，实现与旅客之间的沟通和相关信息的发布。

第二节 铁路客票发售和预订系统

作为铁路客运信息化的重要组成部分，客票发售和预订系统在保障铁路客运生产组织顺利进行、提高铁路在客运市场的竞争能力以及构建现代化客运营销网络等方面起着非常重要的作用。欧洲各国及日本等发达国家的铁路企业高度重视信息技术在售票业务领域中的应用，售票系统普遍采用开放式体系结构，对数据集中管理，客票销售模式和手段多样化，服务便捷。如欧洲在 20 世纪 90 年代开展了铁路的客票电子商务系统，并通过加入全球分销系统（GDS）将客票营销范围扩展到全世界。此外，欧洲铁路普遍使用自动售检票设备以降低系统的运营成本，方便旅客购票和出行。

我国铁路客票系统的发展，一方面借鉴了国内外相关行业信息化的成功之处，走开放化、标准化的道路与国际接轨；另一方面也紧密结合我国铁路客运的发展规律，走建设有中国铁路客运特色的客票系统的道路。覆盖全路的客票发售和预订系统已经建成，形成由铁道中心、21 个地区中心、2 183 个网络计算机售票车站三级系统组成的集中与分布相结合的客票应用体系。全路日均售票量达到 290 万张，高峰期日均达到 450 万张，应用规模与业务量在世界上首屈一指。客票系统在建设过程中，不断吸取新技术，优化系统的体系结构，取得了显著的社会效益和经济效益。

随着铁路跨越式的发展，铁路客票系统需要进一步建立适应铁路管理体制变化和客运能力快速扩充的可持续发展系统结构；建立开放、灵活、可拓展的应用体系；建立多元化的客票销售渠道和服务方式；建立客票系统技术和业务的标准与规范体系；建立客票系统的信息和服务共享机制，充分体现“以人为本”的服务理念。构筑以市场需求为导向的客票销售体系，设计适应铁路管理体制变化和客运能力快速扩充的系统结构，满足旅客多层次的需求，实现客票销售多元化、服务手段现代化、运营管理智能化，现在已经建成了体系结构开放、技术先进成熟、领先国际水平的客票发售和预订系统。

铁路客票发售和预订系统的总体目标是优化系统资源配置，建立与业务规划相匹配的动态数据管理中心，取消车站服务器，实现席位和业务的集中管理，完成全路联网售票；全面优化体系结构，以席位和交易管理为核心、客票安全为基础，构建结构开放、功能完备、适应性强、可拓展的客票系统；建设客票延伸系统，扩大业务领域和服务范围，实现客票销售渠道和销售方式的多元化；更新客票制式，在客运大站和客运专线实现自动售检票；建立客票安全系统及客票灾备系统。最终全面实现客票业务的电子化、自动化和智能化，在全球范围内形成多元化客票营销网络。

一、系统的体系架构和层次结构

铁路客票发售和预订系统的体系以客票内核、交易管理系统和客票数据总线为基础，通过客票业务系统和客票管理系统提供核心客票功能，通过支付系统、客户关系管理系统等广义扩展的延伸业务系统构成客票延伸系统。客票数据总线完成客票内部信息交换和服务共享，客票安全系统对客票核心系统提供信息安全保障，如图 10.3 所示。

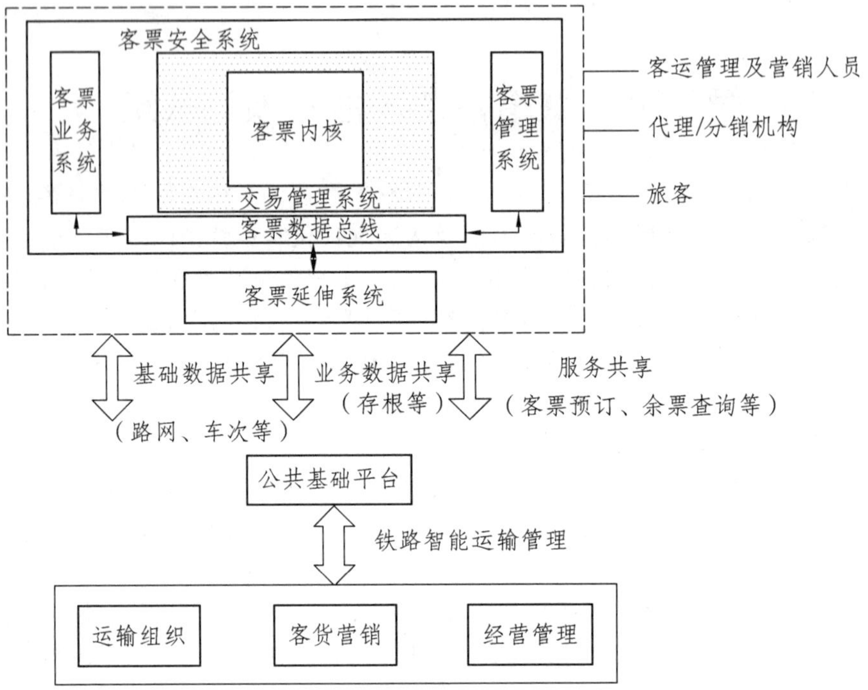

图 10.3 铁路客票发售和预订系统体系示意图

公共基础平台是铁路信息化和客票系统的基础，主要包括通信网络基础平台、信息共享平台、信息安全保障平台、公用基础信息平台。客票系统通过公共基础平台与运输组织、客货营销以及经营管理三大应用领域的信息系统完成数据和服务的交换和共享。系统的体系结构由两部分组成：一部分是由客票内核加交易管理系统、客票数据总线、客票安全系统、客票业务系统、客票管理系统和客票延伸系统组成的业务层；另一部分是由公共基础平台的各个子层组成的支持层，如图 10.4 所示。

通过优化整合铁路客票发售和预订系统的资源和配置，建立若干客票数据中心，提高客票资源的共享和利用，减少系统的软硬件投资和维护成本，加强国家铁路集团有限公司对客票业务的集中管理，实现中心对席位和业务的集中管理；加强地区中心对车站售票业务的监控和管理，实现全路范围内的联网售票；构造性能可控的、面向智能席位管理和票价服务的客票内核，强化交易系统管理，实现客票数据总成，全面建成客票安全系统，提高客票系统的安全性能和效率，建设开放化、智能化、模块化、组件化的客票系统；建设客票延伸系统中的各系统，丰富客票系统的外延，扩大客票业务范畴，扩展服务对象和服务内容，构建起面向路内外和国内外的、多元化的客票销售体系；适应客运营销需要，优化更新票面制式，在客运大站和客运专线实现自动售票，建成检票系统；建立客票安全系统，保障客票系统的业务安全、信息安全和网络安全；通过统一规划和实施客票灾备系统建设方案，在国家铁路集团有限公司中心和所有地区中心建立起技术领先、设施完善的客票灾备系统。

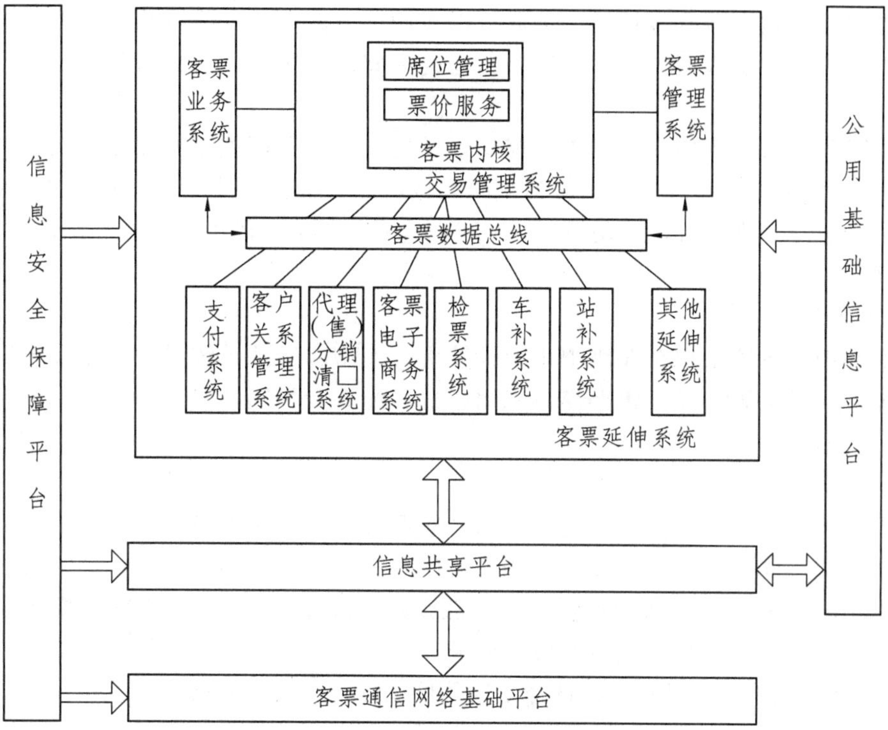

图 10.4　铁路客票发售和预订系统体系结构图

目前，客票系统已建成覆盖全国的客票网络，形成了集研发、生产、推广、维护为一体的组织模式，系统建设不仅需要先进的技术作为系统的技术保障，而且需要科学、强势的管理机制作为系统建设、发展的管理保障。要以铁路跨越式发展为指导思想，提高客运部门的思想认识，积极推动系统建设，保证系统建设的顺利进行；建立与系统发展相配套的管理体系，通过科学管理手段保障系统平稳启动；建立系统的技术标准和业务管理规范，强化业务部门与研发部门的配合，完善系统启动阶段的监理和安全保密制度；要保障规划中各系统的建设资金及时、足额到位，抽调技术和业务骨干投入系统建设，确保系统开发质量和实施进度。

二、系统的网络结构和软硬件环境

1. 网络结构

网络设计以铁路数据网为基干网，将车站、地区中心、各级业务部门局域网通过数据网连接组成广域网。对于客运量较大的车站，一般采用高速通道直接与地区中心连接；对于铁路数据网尚不能覆盖的车站，可利用专线与入网站相连再利用其端口入网。客票发售和预订系统的通信网络主要由三部分组成。

（1）基干网。客票系统的基干网是以铁路公用数据网（X.25 分组交换网）为基础的。全路票务中心和各地区中心所在地设有通信网主/分节点机，各中心与节点机直接采用 X.25 协议连接。基干网主要为全路票务中心、各地区票务中心之间请求/应答信息和网络管理等提供较高速率的数字信道传输服务。主要铁路干线上的大型客运站（日均售票量几万张以上），位于铁路局集团有限公司所在地，这些车站也应纳入通信基干网中，满足大站售票的信息需求。

（2）沿线网。主要是为快车停靠站与地区票务中心之间提供通信服务。由于铁路数据网目前尚不能覆盖路网中所有客运站，为此可以有两种入网方式：将网络未覆盖的中间站通过就近的节点机或集中器入网，或将网络未覆盖的中间站分组串联后通过相应的节点机或集中器入网。

（3）市区网。城市内的车站、售票窗口以及代售处等采用铁路专线或租用公用数据通信线路（DDN）等方式入网，可直接连到车站局域网路由器。将来随着我国 CHINANET 网进一步发展，铁路公用数据网与之联网，市区网中这些售票处、代售点已经利用地方 X.25 网与车站局域网连接。

2. 硬件平台

铁道地区中心系统采用企业级中小型计算机；大型客运站系统采用小型计算机；中小型客运站系统采用微机服务器；售票窗口采用微机，配有专用制票机；退票窗口配有条码识别器。

3. 软件平台

（1）服务器采用 UNIX 操作系统。根据客票系统三级 C/S 的硬件及网络结构，在各级服务器上可能使用不同厂家设备，要求操作系统应该是多任务、多用户的，同时具有实时、分时、批处理功能，需要一个通用性强、开放性好的标准化操作系统。UNIX 操作系统是符合上述条件的操作系统，而且小型机和微机服务器均有对应的 UNIX 操作系统的版本，都能支持 TCP/IP 网络通信协议，因此系统选择了通用的、标准的 UNIX 操作系统作为各级服务器的操作系统。

（2）数据库采用 Sybase 数据库。系统要求数据库管理系统通用性强，能支持 C/S 结构，并且能支持绝大多数厂家生产的中、小型机和微机服务器硬、软件平台，同时在网络软件上能支持 TCPIIP 网络环境下应用数据库的通信和访问。

（3）终端采用的是 Intel-PC 机型，系统平台用的是 Windows 3.x、Windows 95。

（4）前台的开发工具选用 Power Builder。

（5）后台的开发工具选用 C 高级编程语言。

三、系统的功能域和数据集

铁路客票发售和预订工作管理是一项复杂的综合业务系统，它的主要业务分为四类：

（1）窗口售票业务，包括客票发售、客票预订、退票和旅客查询等作业，主要是在车站或售票处完成。

（2）客运统计业务。

（3）财务结算业务。

（4）计划和客调业务，包括票额分配计划和日常计划（包括调度命令和票额的实时调整）的执行。

要完成以上四种业务，系统应建立五种数据集：① 基本数据，包括铁路路网信息（站名、线名、区段、客运里程表等），旅客列车运行图信息（车次、时刻表、列车编组要求、开行规律等），与售票工作相关的信息（售票处名、运价率等），这类数据是系统运行的基础。② 票额管理及席位信息。③ 计划与调度信息。④ 预订、发售、退票的存根信息。⑤ 统计与财务数据。

该系统的主要数据在上述业务实体间的流程如图 10.5 和图 10.6 所示。

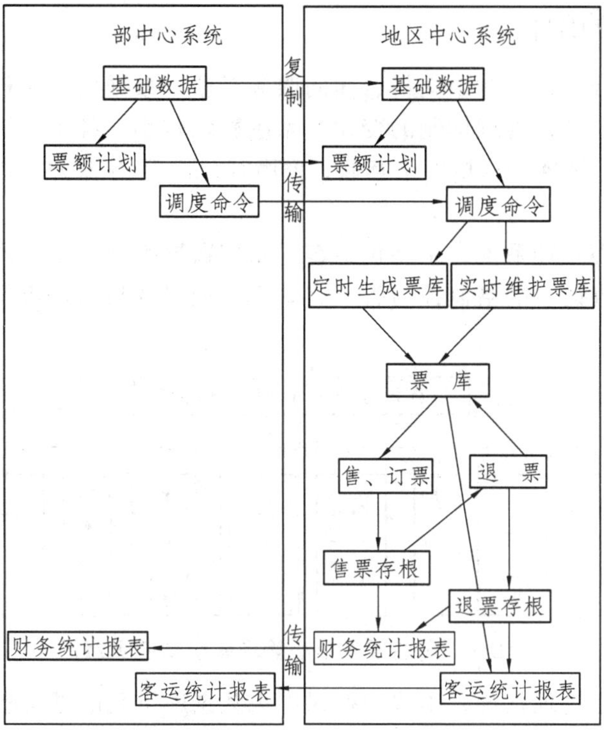

图 10.5 国家铁路集团有限公司中心和地区中心数据处理流程图

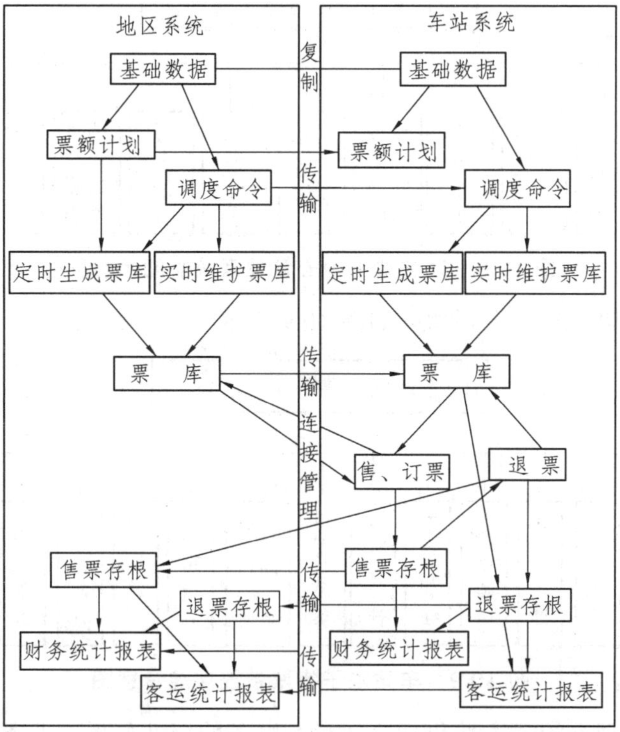

图 10.6 地区中心和车站数据处理流程图

四、系统功能的细化

上述各功能的划分是基于客票交易、面向服务对象、数据处理流程和规范管理等因素考虑的，具有较强的适应性，管理体制的变化对系统影响较小，各子系统从逻辑上是相互独立的，但从物理上各功能是经计算机网络互联、采用客户机/服务器方式进行信息处理与交流的完整系统。

（1）全路票务中心管理系统，主要包括客运基础数据管理、重点列车的票额管理、调度命令数据处理、业务查询、网络监控与管理、安全管理以及与国际售票系统互联等项功能，如图 10.7 所示。

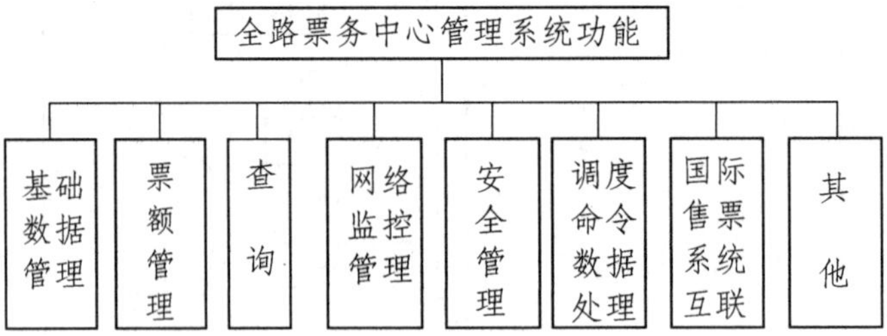

图 10.7 全路票务中心管理系统功能示意图

（2）地区票务中心管理系统，主要包括对中央数据库下载的基础数据进行维护管理，动态座席数据库的生成、维护与访问，票额计划管理，调度命令数据处理，网络监控与管理，安全管理，财务清算等项功能，如图 10.8 所示。

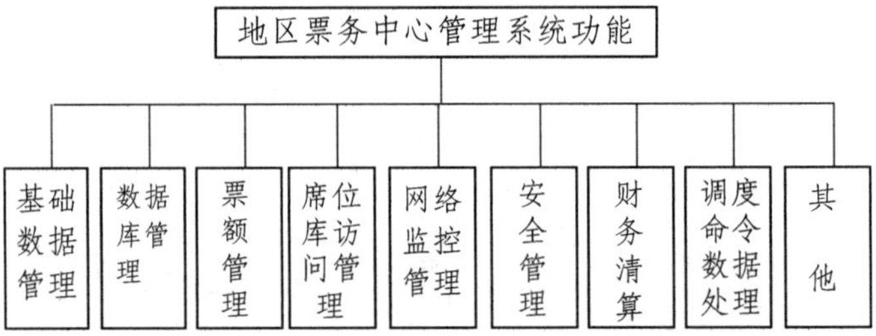

图 10.8 地区票务中心管理系统功能示意图

（3）车站电子售票系统，主要功能如图 10.9 所示。

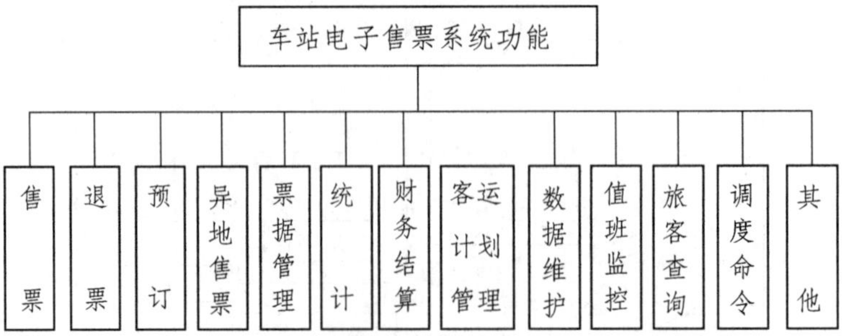

图 10.9 车站电子售票系统功能示意图

（4）铁路业务管理系统，主要包括客运量和财务的统计分析、业务查询、客运调度命令的制定与下达、收入审核、客流预测等项功能，完成对全路客运数据及国家铁路集团有限公司直接管辖的重点客运站的统计分析工作，进行全路客流预测分析，为调度人员提供查询手段以及实施客调日常调整命令的下达。

（5）铁路集团公司业务管理系统，功能与国家铁路集团有限公司业务管理系统相似，但范围只限于一个铁路集团公司。另外，铁路集团公司业务管理系统还依据席位库和售票存根对本公司客运收入进行审核。

第三节　客运站客运信息系统

铁路车站客运信息系统主要由列车到发通告子系统、旅客引导子系统、客运广播子系统、车站安全监控子系统等组成。目前，我国铁路各中型及大型的车站均设置了客运信息系统，可满足现有铁路运输生产的需要，其系统结构如图 10.10 所示。

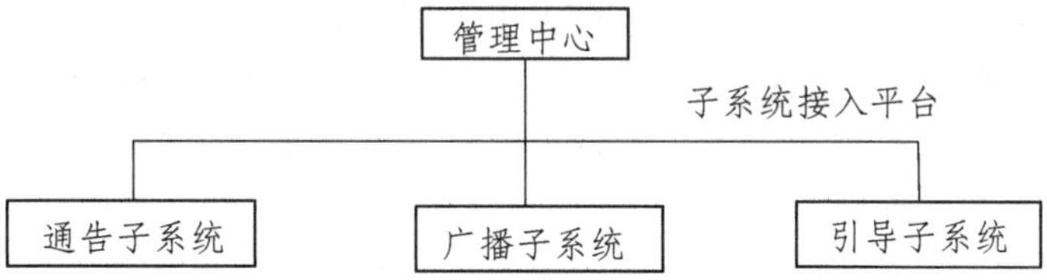

图 10.10　铁路客运信息系统结构

一、旅客列车到发通告子系统

这是车站值班员或行李指挥信息中心向车站客运、广播、行包、机务、列检等值班人员通告列车运行计划和到发时刻的系统设施，也是向客运站通告显示综合信息网提供列车运行计划和发到时刻的信息源，可采用广播式拓扑结构或其他组网结构方式。该系统在车站值班员处设发送主机或控制终端，在站内有关值班员处设接收显示终端，主机控制发送，各接收点同时接收并显示。

该系统由主机发送信息，各接收终端同时接收并显示，信息内容为车次、到点、开点、占用股道、晚点时分、通过、停运、单机等。主机储存全站 24 h 旅客列车运行计划信息，按程序编排，可调出、执行、查阅和修改。系统信息传递有校验功能及系统故障告警功能，并具有对通告显示综合信息网的传输接口，能向全网提供列车运行计划、到发时刻信息等，同时还具有对行车信息中心或枢纽调度中心的信息传输接口条件。有条件的车站应考虑与调度集中系统连接，实现联网全自动运行。传输通道应满足市话电缆芯线传输要求，传输距离不小于 3 km。该系统还应能适应微机一发多收，系统联网运行及局域网客户机/服务器结构等各种组网方式，以满足客运站通告显示综合信息网发展的需要。主要是考虑站内、地区、枢纽、全线、全程网的发展需要，既要为站内综合信息网提供计划信息，也要接收上级行车中心或枢纽调度中心的信息，实现联网运行，因此必须考虑客户机/服务器等多种组网工作方式。

旅客列车到发通告系统，是按主机控制一发多收的方式，用于客运站到发时刻等基准信息的传递，取代了落后的人工电话通报方式，在及时有效地组织客运站作业方面发挥了很好的效能。

二、客运广播子系统

客运广播子系统是向旅客通告事项，引导旅客购票、候车和乘车活动，通告旅客列车接发车情况和进行各种宣传活动的系统设施。该系统能起到统一指挥全站运输生产工作，使接发列车有关员工提前或按时到岗做好准备工作，接送旅客的亲友到指定站台等候，使全站工作人员和在站旅客的活动做到有序进行。

客运站的广播通告系统一般有两种：① 在中、小站使用人工手动控制机械设备的播音员播音系统；② 大客站使用利用语音库通过计算机语言综合代替播音员的播音系统。

人工手动控制机械设备的广播系统主要包括放音机、信源和扩音机等设备，它可对各广播区或全站进行广播。广播区划分的主要根据是车站作业和旅客的需要，一般分售票区、候车区、站台区和进出站通道区等若干个，区和区联成全站的网。播音员根据日、班计划和列车运行信息，利用广播系统的操作台按键，由人工手动控制按键，不断地选择和接通各播音源、播音区，通过话筒进行接发车和其他有关事项的播音。

使用这种系统播音员的劳动强度大，又都是口头直播，所以精神要高度集中，如稍有疏忽，即造成错播、漏播，而且系统设备也难以发挥其全部能力。同时，机器和设备的运行状态也缺乏科学的监督和管理。

为了更好地发挥系统设备的能力，减轻播音员的负担，近几年来，在我国大型客运站采用了系统利用语音库通过计算机语言综合代替播音员，完成接发列车和其他有关事项的播音。同时，按照列车运行计划及列车进站的压轨信息自动编排播音程序，选择信息源和播音区，并通过接口机柜发出信号，控制各项设备按程序运行，从而可以在无人干预的情况下，完成全天 24 h 的连续播音。该系统还将各项播音设备、各种监测信息形象生动地显示在彩色屏幕上，使维修人员可随时了解设备运转情况，迅速准确地判断和排除故障。最后，该系统还对广播设备的运行和故障情况提供准确的统计数据，为加强科学管理提供依据。

该系统设计了人机对话界面，使操作员可以通过键盘或利用语音识别技术用命令进行干预、修改播音程序，并可利用话筒通道进行人工广播。

此外，为便利客运站工作人员不固定地点联系的需要，还让他们随身带有便携式无线电台，供临时急用。

旅客广播系统包括播音控制台、各种信源设备、控制执行设备及功放、电源、扬声设备等，其控制方式、信源配置、广播通道数量和输出回路划分，应根据作业要求、系统规模、结构及站房布局确定。

该系统应具有多个广播区（输出回路）、多个信源和多个广播通道，能构成任一信源对任一广播区或多个广播区的广播或多信源、多通道的平行广播。一般常用信源种类有：高、低阻话筒，收音、放音、语言合成装置，无线-有线电路接口，线路传输接口等。信源的接入及输入信号的强弱，可操纵控制与调节。播音控制方式有人工键控播音、键控程序半自动播音和程序控制自动播音。半自动广播均应具有人工键控播出功能，并应配置应急广播设备。自动、半自动广播系统均存储有全部客运广播的格式化标准广播词及车次、广播区安排信息。键控程序半自动广播，以人工键控方式指令选项，由系统自动完成选区播音。程控自动广播根据各项预置参数、时标及行车、候车的实时信息自动生成广播顺序表，并自动控制完成播音，也能人工介入按半自动方式选项播出。自动、半自动广播系统应具有对综合信息网接口条件，以实现信息共享、联网运行。语言合成装置应能完成接发车，旅客乘、降、候车的全部客运技术作业广播，并具有按实时信息组合语句的功能，如时间、地点、车次、站台号等；组合语句应清晰、和谐、顺畅、自然，且操作使用方便。广播系统还应具有完善的保护、告警与显示等功能，其交接班、安全、卫生宣传等各项常规广播，可采用磁带、光盘或语音合成等放音设备完成。

三、车站旅客引导子系统

客运站为指示旅客在站有秩序地办理各种旅行手续，在站前广场、进站口、售票厅（处）、行李房、各候车室、贵宾室、检票口、站台及各种通道上的明显处，设置大小不同、型号不一的旅客引导显示系统，直接向旅客通告列车到发去向、到发时刻、候车地点、列车停靠站台、晚点变更等情况，引导旅客进行购票、候车、乘车活动，引导旅客完成全部候车、乘车流程一直到旅客登上列车。使旅客在站内办理各种旅行手续径路最短、最合理，并能尽量避免在站内各种通道上的交叉干扰。

旅客引导显示分为固定的（如售票处、候车室、行包房等）和随机的（如旅客列车始发、终到时间、车次、晚点情况、停靠站台等）两种，并辅以不断的广播。过去，固定揭示主要把内容写在油漆过的木牌子上，并醒目地放置在适当位置上；随机揭示则是写在黑板上，根据列车始发、终到情况，随写随擦。近二十几年以来，客运站逐步建成了电子显示屏旅客引导显示系统。该系统由操纵控制主机、传输接口设备及各种显示牌［如进出站集中显示牌、候车厅牌、廊（地）道牌、检票口牌、站台牌、显示器］等组成。各类显示牌应按旅客流线设置，根据设置地点的性质不同分别显示下列内容：车次、始发站、开往站、到点、发点、候车地点、停靠站台、变更情况等。

该系统具有按预排程序自动控制显示，传输校验纠错，人工键控修改程序，临时变更、查询、监视系统工作状态以及故障告警等功能。引导显示牌是面向旅客显示候车、乘车等基本信息的，应该专牌专用，显示形式简明直观、醒目，一般不显示与旅客乘车、候车无关的内容，更不能用于商业宣传，宜采用固定格式固定显示或交替显示。设在候车室的显示牌，显示旅客列车车次、始发时间、站台、进站剪票地点；设在出站口的显示牌，显示旅客列车车次、到达时间、站台等；设在售票厅的显示牌，显示始发旅客列车的售票情况公告；设在站台上的显示牌，显示旅客列车始发、终到车次、时间；设在进站检票口的显示牌，显示始发旅客列车的车次、时间等。显示牌可选用LED、LCD、ECF、CRT等不同显示方式的器材、设备构成，其装置方式有单面式、双面式及双翼组合式。牌面根据需要，按单行、双行或多行设置。

在特大型客运站上，还设有综合显示屏系统设施，可以通告显示各系统设施按组网或联网方式构成的通告显示综合信息网。该系统是为旅客提供综合性信息显示服务及进行宣传活动的一项系统设施，也是引导显示系统和客运组织作业的辅助显示设施，由主机、信源、操纵、控制、编辑、制作、音响、供电、传输、接口等设备及显示屏组成，可设置单块屏，也可多屏组网。显示屏设于进、出站大厅，各候车厅，站前广场及商场，餐厅等旅客集中活动场所。显示屏尺寸、显示方式、外形色调及安装布局等应与车站总体规划、客运作业需要、使用环境及建筑格局相适应。

该系统具有图像文字编辑处理，预排程序，显示控制、查询、监测，电源遥控以及故障告警等功能并有独立伴音。有条件的应考虑播放电视图像（TV）及电视摄取直播功能。显示屏显示方式、设备类型选择应综合考虑使用寿命、使用环境、显示效果、电能消耗以及使用、操作、维修方便和可靠等因素。大厅大型显示屏宜采用长寿命、高亮度 LED 像素点阵组合式彩色显示屏，有条件的可选用全彩色显示屏。贵宾室、软席候车室等处的可采用 CRT 电视显示器。

该系统采用集中控制方式，实现多屏组网联控，并可考虑两套以上节目的分控播出，主机有遥控各显示屏电源启闭的功能。

整个导向显示系统应采用集中控制方式，因为候车、乘车作业是以车次为核心，以时刻为基准进行的。为保证全站作业协调一致，引导显示系统必须集中控制，统一调度，这在大客运站尤为重要，同时也体现出一个车站的管理水平。

第四节 旅客列车管理信息系统

铁路旅客运输是以旅客列车为载体，通过列车运行来进行生产的。长期以来，许多业务，如列车补票、乘务管理、客运统计、客流信息传报、餐饮管理、班组管理、派班管理、备品管理以及规章管理等都是采用手工作业方式的，不仅工作强度大、效率低，而且这些手工数据不便于管理，容易发生差错。随着管理信息化深入发展，一些铁路局集团公司研制开发了“旅客列车管理信息系统”，在应用中收到了良好的效果。

旅客列车管理信息系统从以下几方面实现计算机管理：① 列车上的补票业务计算机化办理；② 列车乘务、餐饮、行包、安全管理；③ 旅客运送量统计和车站客流信息报表的生成；④ 列车（客运）段内的排班、考勤、收入、备品、规章管理；⑤ 列车行包输送管理；⑥ 列车段（客运段）与铁路局集团公司客运营销管理和辅助决策；⑦ 旅客列车趟车营运经济效益测算。

列车管理信息系统，对客运（列车）段从列车到地面的各项管理工作实现了计算机自动化管理，对旅客列车各种信息进行动态采集、测算、统计和分析，实现了客运信息共享，是客运生产经营管理的重要组成部分。旅客列车管理信息系统由列车管理子系统和客运段管理子系统两大部分组成，系统的体系结构如图 10.11 所示。

一、旅客列车管理子系统

旅客列车（客运）管理子系统包括：票据管理、收入管理、派班管理、客流信息管理、行包管理、规章管理、广播管理、备品管理、营销分析、综合查询和系统管理，子系统功能框图如图 10.12 所示。

1. 补票管理

该模块主要针对列车办公席需要办理的各种补票业务，对各种票价进行自动计算，打印出符合规定要求的各种形式的标准代用票和客杂票，实现列车补票自动化。本模块包括代用票管理、客杂票管理、票据交接、车移报告和分组汇总 5 个子模块。

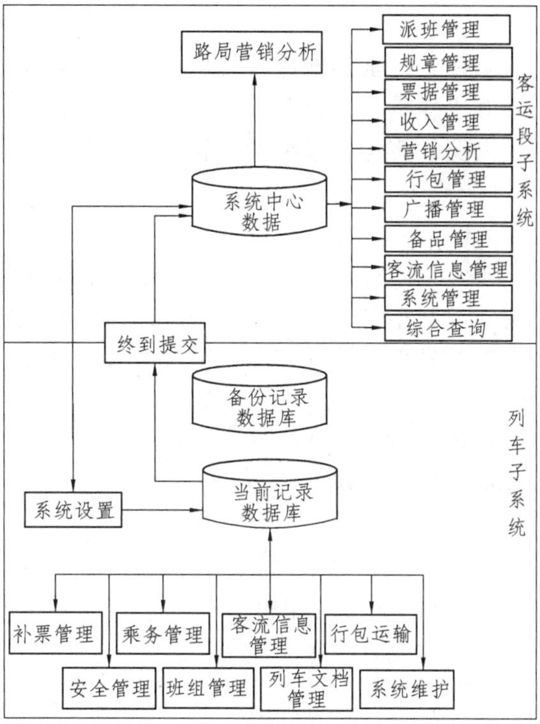

图 10.11　系统体系结构示意图

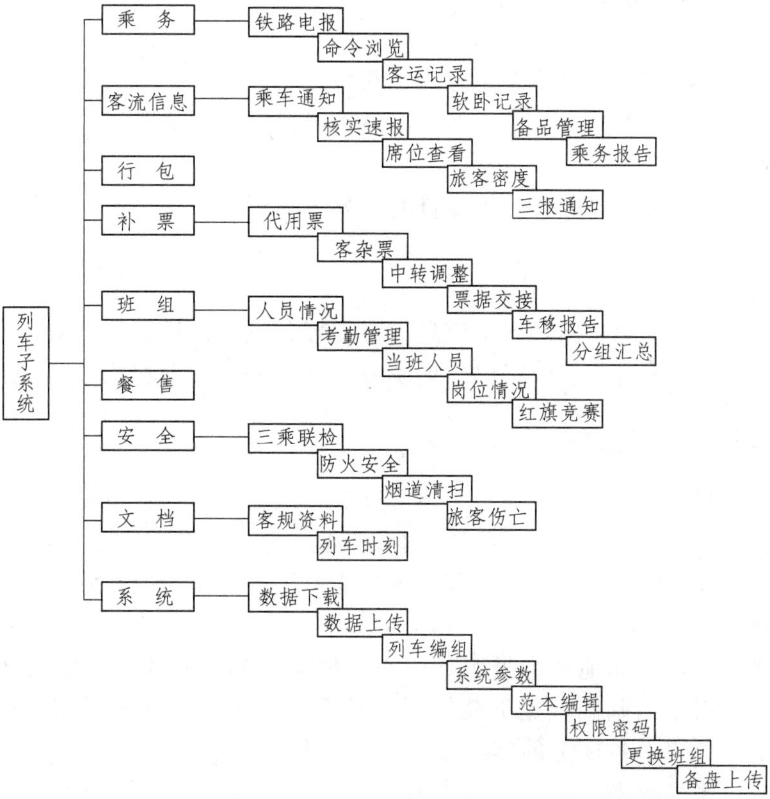

图 10.12　列车子系统功能图

2. 乘务管理

它把列车上各种繁琐的工作分门别类地进行管理，将各种工作记录输入计算机后，系统便自动生成反映本趟列车乘务工作情况的乘务报告，并对其进行汇总、保存、管理和输出。本模块包括铁路电报、命令浏览、客运记录编制、软卧旅客登记、备品管理和乘务报告编制等功能子模块。

3. 客流信息管理

该模块主要对旅客运送量数据进行统计汇总，生成各种站车客流信息传报的多种表报（三报一表）。它包括乘车通知单数据录入、查询和修改，速报核实，铺位查看和三报一表，包括客流信息传报用专用表报的处理、速报核实、铺位查看等功能子模块。

4. 列车行包运输管理

它主要对行包运送量进行数据采集，并统计、汇总生成各种反映行包情况的报表，主要包括行包数据采集和行包数据处理子模块。

5. 班组管理

模块根据人员考勤情况对本趟乘务工作人员进行岗位分配，并对其工作情况进行登记评分，记录并统计典型事例，实现班组生产、班组个人资料、班组经济考核的统计汇总，主要包括人员情况记录、考勤管理、红旗竞赛等功能子模块。

6. 餐饮管理

它主要对餐车经营和售货业务进行管理，并分别建立经营台账，以掌握餐饮情况，包括餐饮管理和售货管理两个功能子模块。

7. 安全管理

该模块对乘务工作中的安全检查（三乘一联检、防火安全、烟道清扫、旅客伤亡等）进行专门登记，建立监督检查档案并进行保存汇总，以提供考核依据。

8. 列车文档管理

该模块为列车工作人员提供各种规章资料、列车时刻的查询功能，并与客运段实现资源共享。

9. 系统管理

该模块主要对列车基础数据和列车信息进行管理，主要包括数据下载、数据上传、列车编组、系统参数、范本编辑、权限密码、更换班组和数据备份等功能。

二、客运段管理子系统

客运段子系统主要针对客运（列车）段管理业务范畴进行计算机化管理，具体包括：派班管理、考勤管理、票据管理、收入管理、客流信息管理、行包管理、规章管理、广播管理、备品管理、营销管理、综合查询和系统管理等功能模块，如图 10.13 所示。

1. 派班管理

该模块是列车子系统和地面数据服务中心数据交换的核心模块，它将客票系统中发生变化的数据及客运列车的基础数据下载给列车子系统使用，将列车子系统提交给地面数据中心的数据生成并打印出各规定的客运报表（如旅客密度表等），供有关管理部门使用。本模块由基础数据、当日乘务、命令摘抄、统计报表、补票汇总、图外客车、调价比率等部分构成。

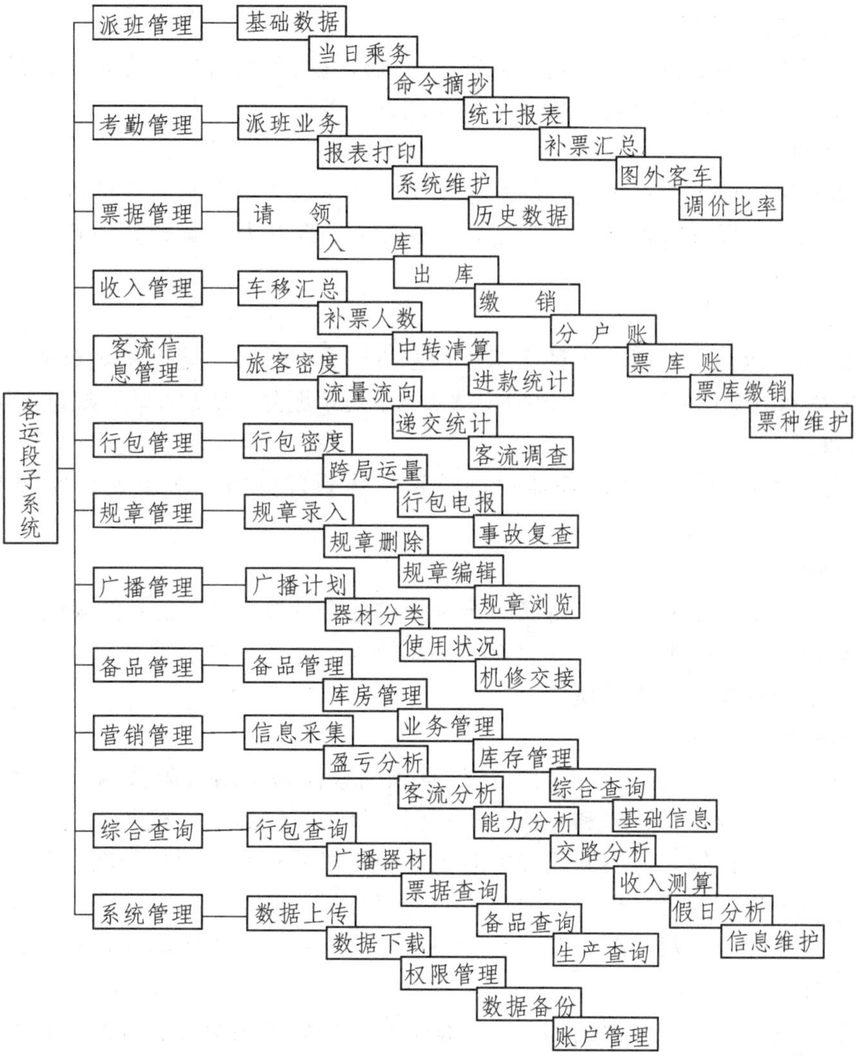

图 10.13　客运段子系统功能图

2. 考勤管理

这是为客运（列车）段乘务人员管理而设置的，可与非接触射频刷卡式考勤机相连，包括派班业务、报表统计打印、系统维护、历史数据浏览等功能子模块。

3. 票据管理

该模块对现行使用的各种票据进行全方位的计算机管理，保证票据管理的唯一性和连贯性，形成一个票据管理的闭环控制系统。具体包括向铁路局集团公司请领、票据入库、票据出库、票据缴销、列车长分户账、缴销票库账、票种维护等功能。

4. 收入管理

该模块主要针对列车补票信息进行综合汇总，将列车子系统上传的代用票补票数据以及电子票补票数据进行综合处理，生成符合收入管理需要的各种报表。此功能模块包括车移报告（财收 17）汇总、列车补票人数统计、票价调整清算统计和补票进款完成统计等。

5. 列车客流信息管理

模块对列车子系统上传的旅客输送数据进行处理并打印相应的汇总报表，其功能模块包括旅客密度表、旅客流量流向表、统计和客流调查表等。

6. 行包管理

该模块负责接收列车子系统上传的行包信息，并由此生成各种相应的报表，同时对行包运输中发生的铁路电报进行管理，共包括行包密度表、跨局行包运输量、行包电报和货运事故复查书等功能模块。

7. 规章管理

该模块对列车运行中使用的各种客运规章进行综合性管理，建立了规章的录入和编辑窗口，以适应规章不断变化的需要。它包括规章录入、规章删除、规章编辑、规章浏览功能模块。

8. 广播管理

该模块实现了广播计划和广播器材的计算机化管理分类、车上使用状况和机修交接簿等。

9. 备品管理

该模块对列车上使用的上千种备品进行全面的综合性管理，从备品的采购到发放、洗涤、报损、报废形成了一套完整的系统。它包括备品管理、库房管理、业务管理、库存管理、综合查询和基础信息管理等功能子模块。

10. 营销分析

该模块负责将列车子系统上传的客流信息和国家铁路集团有限公司有关客运收入和客运付费等清算信息进行综合整理和分析，对不同等级、不同运行区段和不同方向列车运营情况，提供盈亏分析和比较，从不同侧面客观地反映出段属列车的营运状况。其功能模块包括信息采集、盈亏分析、客流分析、能力分析、交路分析、收入测算、节假日客流分析、节假日收入分析、列车运送人数汇总、节假日和车次方向信息以及固定车次信息维护等。

11. 综合查询

该模块针对各业务部门最常用的一些数据进行处理以提供全方位查询，其功能模块包括行包查询、广播器材查询、票据查询、备品查询和生产综合查询等。

12. 系统管理

该模块提供对整个系统基础数据的维护、权限设置，与外部系统间的数据交换以及本系统数据备份等。其功能模块包括数据上传、数据下载、权限管理、数据备份和账户管理等。

第五节 客运营销辅助决策系统

客运营销辅助决策系统是以运输理论和客运市场信息资源为基础，以现代决策分析方法为手段，以先进信息技术为支撑建立的智能化系统，为客运部门进行科学、高效的决策提供辅助支持。系统将在提高铁路旅客运输管理智能化、经营管理现代化方面发挥极为重要的作用。

随着信息技术的发展，西方发达国家在决策支持理论与方法、信息资源理论与技术、铁路营销决策信息化等方面的研究与应用取得了长足的发展。国外在铁路客运领域的决策支持研究，也取得了较大的进展。信息系统由面向运输组织的基于文件系统技术的运输报告与控制系统，逐步转向为面向客运营销与成本控制的基于数据仓库技术的客运营销决策系统，向着综合化、智能化的方向发展。

根据《铁路信息化总体规划》的指导思想、建设原则、总体目标、实施战略，客运营销辅助决策系统通过分析客运营销业务的需求，完善客运营销理论，建立旅客运营指标体系，以客运市场调查分析、产品设计、方案评价为核心，从信息组织、体系架构、功能设计、网络结构等方面对系统进行规划，构建统一的、完整的、信息共享的客运营销辅助决策系统。营销决策规划适用于国家铁路以及与国家铁路联网运营的合资铁路、地方铁路的客运营销决策信息化建设。

一、系统需求及建设目标

完备的信息是开展客运营销决策业务的基础。营销决策需要的信息具有多样化、来源分散等特点，其收集、整理需要做到全面、准确、及时，使用中需要做到口径一致，避免歧义。因此，客运营销决策业务相关的信息需求包括：① 基础资源信息，包括路网基础信息、客运机车/车辆信息、旅客运输管理信息、经营资源基础信息等。② 业务基础信息，包括为实现客运日常业务所需的相对动态信息，如运行图、车底与乘务交路、列车正晚点、列车加开/停运、车辆加减挂、席位配置、席位利用等。③ 业务原始信息，指客票、客运服务等相关系统中开展客运业务所记录的原始信息。④ 财务清算信息，包括进行效益分析、运价决策所需的客运收入和成本支出等财务清算信息。⑤ 客运市场调查信息。⑥ 客运营销策略信息。⑦ 其他相关信息。

客运营销决策业务需求则需要研究客运营销过程的要素，建立可指导客运营销工作全过程的理论与方法，建立可操作的、完善的旅客运营指标体系，为决策提供科学依据。收集与整理客运市场、客运资源、企业和社会等相关信息，为客运营销决策提供数据基础；进行客运市场调查分析，在已经掌握的历史信息资料和市场调查的基础上，对未来一定时期内铁路客流的需求、性质进行推测和决断，进行客流预测；按照市场需求，开发客运新产品，满足长期或特定时期的旅客运输需求；对列车效益进行分析，评价产品方案，为临时性、局部性的运力调整提供辅助决策支持；进行组织与营销策略分析，评价客运组织与营销策略的合理性和有效性，提供调整客运营销策略的建议，以加强客运营销工作组织，及时制定与启动应急预案。

客运营销辅助决策系统近期目标是要完善铁路客运营销理论，建立旅客运营指标体系；初步建立营销决策系统，构建客运营销信息共享平台，在中央级、地区级、主要基层点实施应用；实现中央、地区、基层点旅客运营信息的统计、查询与分析；提供必要的手段，开展客运市场调查与分析、产品设计与评价、经营效果评估，辅助客运营销科学决策。最终目标是建立智能化的全路客运营销辅助决策系统，实现客运市场调查分析与预测、客运产品开发与设计、定价策略、经济评估等辅助决策功能，满足多层次、全方位的科学决策需要。

二、体系架构和层次结构

营销决策系统的理论基础体系是在现有客运理论的基础上，结合我国铁路客运组织与营销的特点，吸纳先进的分析及预测、智能优化、决策支持等理论与方法研究客流分析与预测、运力规划及评价指标体系等，形成完整的铁路客运营销决策理论，有效地指导铁路客运营销工作，如图 10.14 所示。

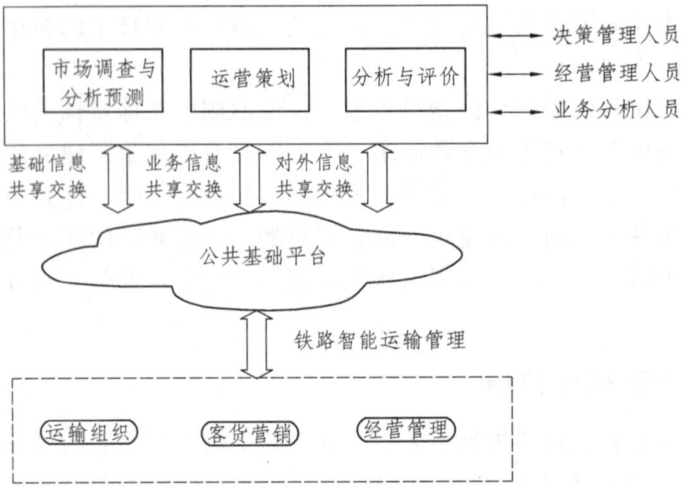

图 10.14 客运营销辅助决策系统体系示意图

营销决策系统是面向铁路行业内部经营管理人员的应用系统，以铁路运力资源为基础，以客运市场变化为依据，形成客运市场调查与分析预测、运营策划、分析与评价三个部分。其中，市场调查与分析预测部分以完备的市场调查手段与分析方法，及时准确地掌握客运市场动态，预测未来的市场发展趋势，提供客流调查、分析与预测结果信息；运营策划部分利用既有客流信息、客流预测信息、运能运力信息，实现客运产品设计，并提供多种备选设计方案；分析与评价部分以经营效益为核心，针对不同的用户对象，提供适中的客运生产情况统计查询功能、事后的分析、评价功能，为管理者提供决策支持。

营销决策系统的体系结构由系统的核心业务及业务支持两部分组成。在核心业务中，市场调查与分析预测、运营策划、分析与评价和数据管理是客运营销决策的主要业务，数据管理是辅助决策的基础。核心业务由若干应用模块组成，应用模块的设置应是兼容的、开放的，可以根据业务的变化扩充或精简，以保证核心业务的可用性和高效性。业务支持为核心业务实现提供公用的基础环境，主要包括信息共享平台、通信网络基础平台、公用基础信息平台和信息安全保障平台，如图 10.15 所示。

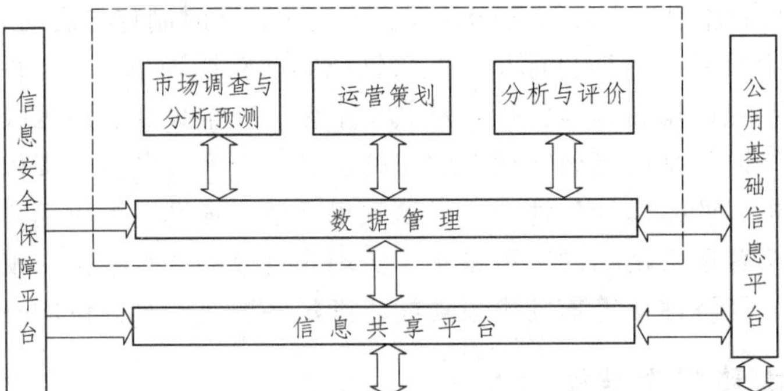

图 10.15 客运营销辅助决策系统体系结构图

系统建设根据营销决策辅助系统的应用特性，前期应完善铁路客运营销理论，建立旅客运营指标体系，为系统建设实施提供理论基础。数据源的采集要遵从“首先客票、再其他系统，先路内、再路外系统”的实施顺序，构建客运营销信息共享平台。功能实施要遵从“先易后难”的原则，首先实现较全面的旅客运营信息统计、查询与分析功能。近期系统实现客运市场调查与分析、产品设计与评价、经营效果评估的部分功能，以提供辅助业务工作的手段。建立全路范围内高效、实用的营销决策系统，服务铁路客运营销，全面实现铁路客运智能化管理，以先进的技术作为系统技术保障，同时用科学、强势的管理机制作为系统建设、发展的管理保障。建立与系统发展相配套的管理体系，通过科学管理保障系统平稳运行。

第六节　高速铁路客运服务系统

高速铁路、城际铁路客运服务系统（PDSS）（简称客服系统）是在现代高速铁路管理思想、服务理念和当今最新信息技术基础上，在国家铁路集团有限公司、区域中心及车站按照统一的服务标准、统一的经营策略、统一的管理机制、统一的技术架构建立起的信息高度共享、资源高效利用、运行安全可靠的综合完整的服务系统。根据《铁路客运专线客运服务系统总体技术方案》，客服系统由票务系统、旅客服务系统、市场营销策划系统，以及客服系统综合服务平台、数据平台和安全保障平台构成。

客服系统体系架构示意如图 10.16 所示。票务系统采用集中式结构，担负全路高速铁路、

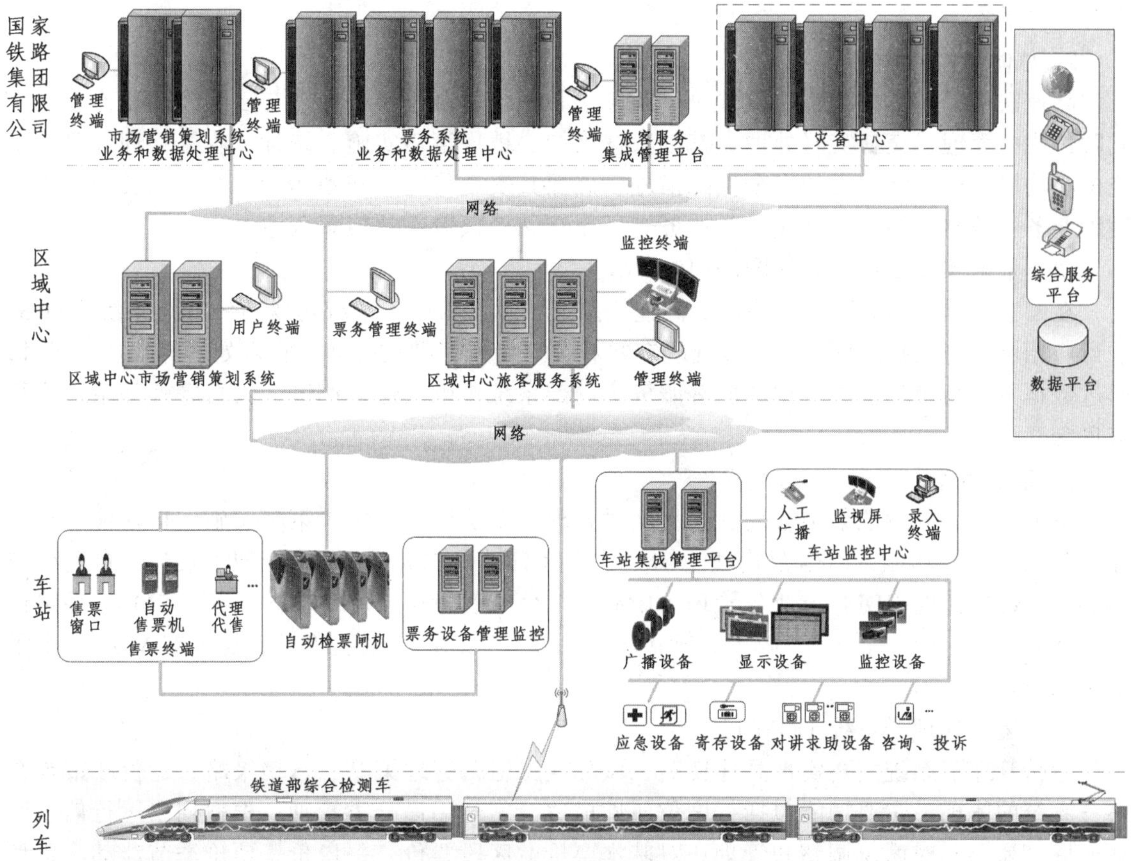

图 10.16　客服系统体系架构示意图

城际铁路客票销售任务。旅客服务系统总体上采用两级架构，部署在区域中心和车站，国家铁路集团有限公司设置小型集成管理平台。市场营销策划系统由国家铁路集团有限公司和区域中心两级构成，数据处理中心设置在国家铁路集团有限公司。系统设置综合服务平台，为旅客提供互联网、手机、电话、短信、邮件等铁路客票销售和信息服务渠道。系统设置数据平台，实现客服系统各系统间以及客服系统与外部系统的信息交换和应用服务。系统设置安全保障平台，采用多种安全保障技术，以技术与管理相结合实现对系统的综合安全防护。设置异地灾备中心，实现关键业务系统及数据的备份和故障恢复。客服系统中网络系统是承载客服系统各类业务正常运行的基础，是连接车站、区域中心和国家铁路集团有限公司的核心单元，主要由国家铁路集团有限公司、区域中心、车站的三级局域网通过广域网互联构成，并利用 Internet、公共电话交换网、无线通信网等，共同构成覆盖国家铁路集团有限公司及全路客运专线的客运服务通信网络平台。客服系统广域网覆盖国家铁路集团有限公司、区域中心和车站，由票务专网和客专数据通信网构成。

一、票务系统（TBS）

1. 概　述

票务系统是以席位管理和交易处理为核心，建立广泛的销售渠道，适应多种售检票方式、多种支付形式和灵活的营销策略，售票以人工与自助式售票相结合、检票以自动检票为主的实时交易系统。

2. 总体架构

高速铁路、城际铁路集中设置一个票务中心系统，通过票务专网与售票终端相连接，完成席位集中管理、交易实时处理、基础数据维护、销售策略实施、统计、收入管理等票务系统核心功能，通过强有力的安全保障措施，确保其安全稳定不间断运行。在车站及相关机构设置业务管理监控终端，完成日常业务管理。车站检票以自动检票为主。

票务系统体系架构示意如图 10.17 所示。

在国家铁路集团有限公司中心，高速铁路、城际铁路票务系统与既有线客票系统（TRS）进行应用层面与数据层面交互，实现既有线和客运专线车票的互售、收入处理等功能。同时，通过数据平台与市场营销策划和旅客服务等内部系统，以及运营调度、银行等外部系统进行信息交互。

3. 系统功能

票务系统完成席位集中管理、交易实时处理、票价计算、销售策略实施、自动检票、统计、收入管理等功能，由运营管理（OM）、常客管理（FCM）、交易处理（TM）、自动检票（AFC）、数据管理（DM）、业务管理（BM）、储值卡管理（CM）、席位管理（SM）、径路计算（OD）、票价计算（PC）、收入管理（YM）、统计（SA）、系统管理监控（SOM）13 个子系统构成。

（1）运营管理子系统（OM）。

运营管理子系统主要实现高速铁路、城际铁路运营管理策略、营销策略、运价政策等在票务系统的体现。主要功能包括：席位属性描述、席位用途分类管理；根据列车运行信息调整或调度命令，对席位调整和管理；对基本票价、区段票价、一口价、票价季节浮动、票种优惠等进行管理。

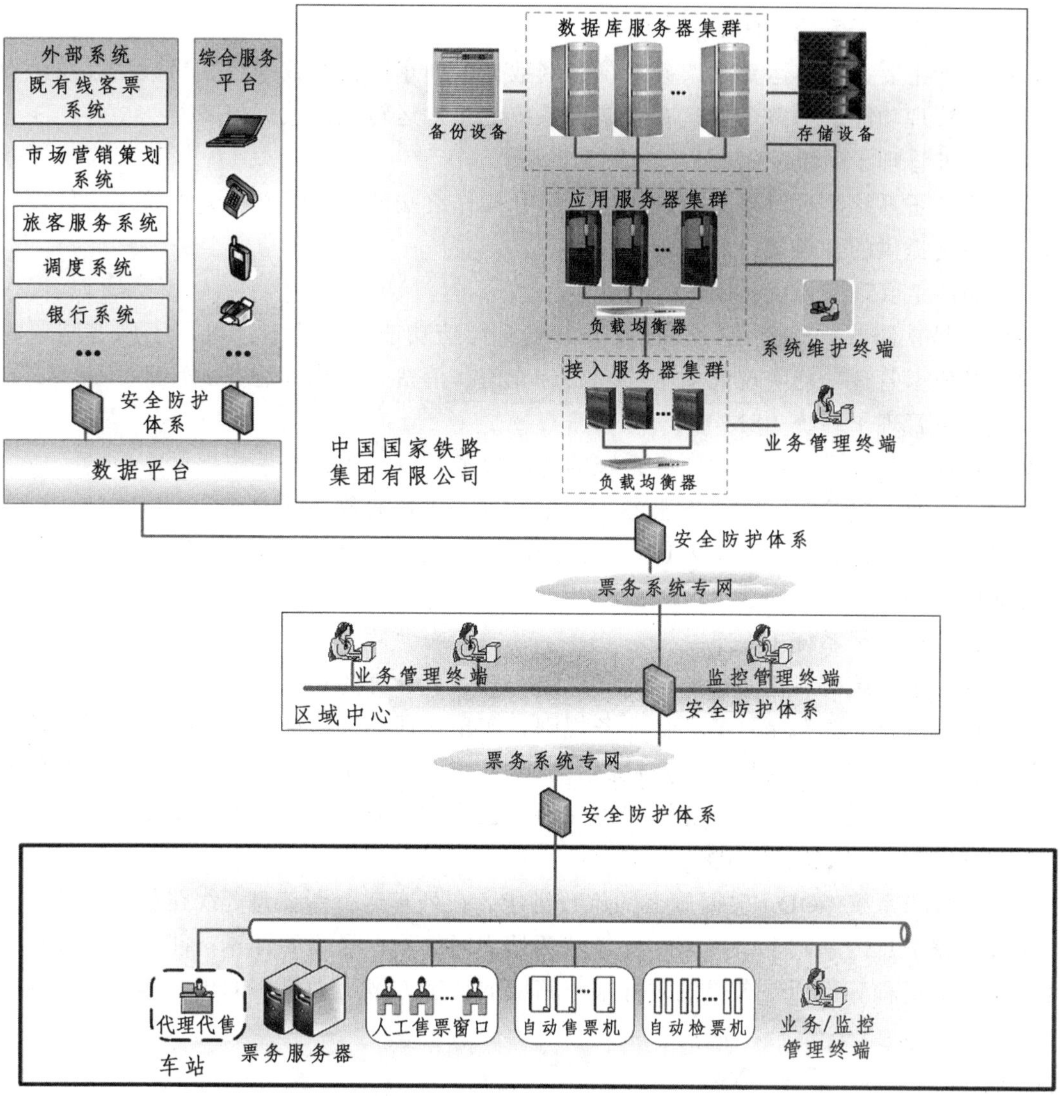

图 10.17　票务系统体系架构示意图

（2）常客管理子系统（FCM）。

常客管理子系统对常客户以实名制的方式进行管理，根据客户持卡类别、积分信息等不同进行分类，灵活设置不同类别常客户享受的优惠规则。主要功能包括：对常客信息收集和整理，常客分类管理；常客优惠规则配置；常客车票使用情况统计。

（3）交易处理子系统（TM）。

交易处理子系统实现票务系统中有关售票、订票、退票、补票的交易处理功能，接收并处理来自窗口、自动售票机、互联网、呼叫中心等各类终端的交易请求，完成客票发售、预订及相关交易业务。

（4）检票子系统（AFC）。

自动检票系统主要部署在客运车站，完成旅客在进站、出站口自动检票作业，以及相应的管理和监控作业。

（5）数据管理子系统（DM）。

数据管理主要完成客运专线票务系统路网数据、列车运行图数据、交易数据以及历史数据的维护、管理功能，为整个客运专线票务系统的正常运转提供数据保障。

（6）业务管理子系统（BM）。

业务管理子系统实现对票务系统操作人员和操作终端的身份管理、票据管理、代理代售管理以及系统提供的各类接口的管理功能。

（7）储值卡管理子系统（CM）。

储值卡是铁路或铁路与银行联合发放的具有储值功能的消费卡，可用于旅客购票时支付。通过储值卡管理功能实现储值卡的发放、充值、消费、清算等业务的管理。

（8）席位管理子系统（SM）。

席位管理子系统是客运专线票务系统的核心服务系统，为各个系统提供席位的生成、搜索、占用、修改、删除等关键处理服务，利用先进、成熟的数据处理技术，以高效、可靠的处理策略对席位进行管理，保障席位查询占用的高效性、席位修改与存根记录的一致性、席位利用的可追溯性。

（9）票价计算子系统（PC）。

票价计算子系统完成高速铁路、城际铁路车票票价计算的功能，票价计算依据中国铁路关于高速铁路、城际铁路制订的票价业务规则，实现普通票、签证票、优惠票等票价计算功能，提供详细的票价计算结果。高速铁路、城际铁路票务系统与既有线票务系统的票价计算提供接口服务，为两个系统的互售票提供保障，也为其他业务信息系统提供票价服务。

（10）径路计算子系统（OD）。

径路计算子系统（OD）根据旅客的旅行需求，在列车运行图信息、线路信息以及其他相关的交通线路信息的基础上，能够实现任意两站之间的乘车经路的计算；能够为旅客按旅行时间、票价、里程等目标要求提供多种乘车路线的比选方案，为旅客的出行提供旅行线路的选择服务。

（11）收入管理子系统（YM）。

收入管理子系统（YM）完成高速铁路、城际铁路客运进款统计及相关收入统计、审核管理功能，具备当班结账状态查询、窗口日结账、后台废票、退票日处理、退票统计、日售票收入统计汇总、窗口收入统计、售票员工作量统计、分销售渠道（代理代售、自助、站售等）收入统计、车站收入统计、分车次收入统计、收入报表生成与查询等功能。

（12）统计子系统（SA）。

统计子系统为用户提供方便、灵活的报表统计功能，使各级工作人员对于票务系统的业务情况、营业状况有较为全面的了解。统计报表按照车站、区域中心、国家铁路集团有限公司三级权限分级管理，各级按照业务需求，进行不同的统计和查询，主要包括：售票情况统计、席位利用情况统计、客运统计、收入情况统计、设备布局及运行情况统计。

（13）系统管理监控子系统（SOM）。

系统管理监控子系统辅助系统管理人员管理、监控系统相关软硬件基础平台、专用硬件设备、业务系统的运行状态、资源使用情况等，保证系统能够安全、稳定、高效地运行。

二、旅客服务系统（PSS）

1. 概　述

旅客服务系统的设置旨在体现以人为本的理念，在旅客出行前、进站、候车、乘车、换乘、出站等各环节上提供全方位的信息服务。通过对引导、揭示、广播、监控、查询、求助、应急、投诉、寄存、站台票发售、残障旅客服务和延伸服务等服务资源进行有机整合，形成统一的旅客服务平台。

2. 总体架构

旅客服务系统总体采用两级架构，分别部署在区域中心和车站，国家铁路集团有限公司设置旅客服务小型集成管理平台。区域中心旅客服务系统以集成管理平台为核心，原则上实现对所辖区域大型车站旅客服务系统的监视，对中小型车站旅客服务系统的集中管控；在紧急情况下，可以代管大型车站旅客服务系统；完成区域内公共音视频数据的制作、发布和转发，以及系统间信息共享和功能联动。大型车站旅客服务系统以集成管理平台为核心，集成导向揭示、广播、监控、时钟、投诉、查询、求助、站台票发售、无线、呼叫中心座席、寄存子系统，连接火灾报警和楼宇自控等外部系统，实现对本站旅客服务系统的集中监视和控制，完成系统间信息共享和功能联动，紧急情况下接受区域中心代管。根据线路情况，可对邻近中小车站进行代管，以科学合理的布局配置服务终端设备，为旅客提供导向、广播、时钟、投诉、查询、求助、呼叫、站台票发售、寄存、无线上网、人工服务等多样服务。中、小型车站旅客服务系统根据线路情况可由区域中心集中管控或者由邻近大站代管，以科学合理的布局配置服务终端设备，为旅客提供导向、广播、时钟、投诉、查询、求助、呼叫、站台票发售、寄存、人工服务等多样服务。国家铁路集团有限公司中心旅客服务小型集成管理平台对旅客服务系统提供信息上的支撑，进行宏观上的管理，实现对全路旅客服务的监督、管理和统计分析，并完成公共数据管理和音视频基础信息库的制作以及视频监控的功能。

旅客服务系统体系架构示意如图 10.18 所示。

3. 系统功能

旅客服务系统以信息的自动采集为基础，以为旅客提供全方位信息服务为目标，实现客运车站信息自动广播、导向、揭示、监控、查询、求助、应急、投诉、寄存等功能，并提供互联网、呼叫中心、无线局域通信等多种途径的信息服务，运用多样化的服务手段为旅客提供优质的服务，实现旅客服务的信息化。旅客服务系统由集成管理平台（IMP）和导向揭示（PIS）、广播（PA）、监控（VM）、时钟（CLK）、查询（IS）、求助（HP）、站台票发售（PT）、无线（WLS）、寄存（BLS）、绿色（GS）11 个子系统构成。

三、市场营销策划系统（MDSS）

1. 概　述

市场营销策划系统以现代营销理念为指导，以科学的数据分析方法为支撑，以先进的信息技术为手段，构建反应敏捷、实时决策、优化方案、综合评价、适应竞争要求的高效系统，为各类管理人员提供信息服务和决策支持。

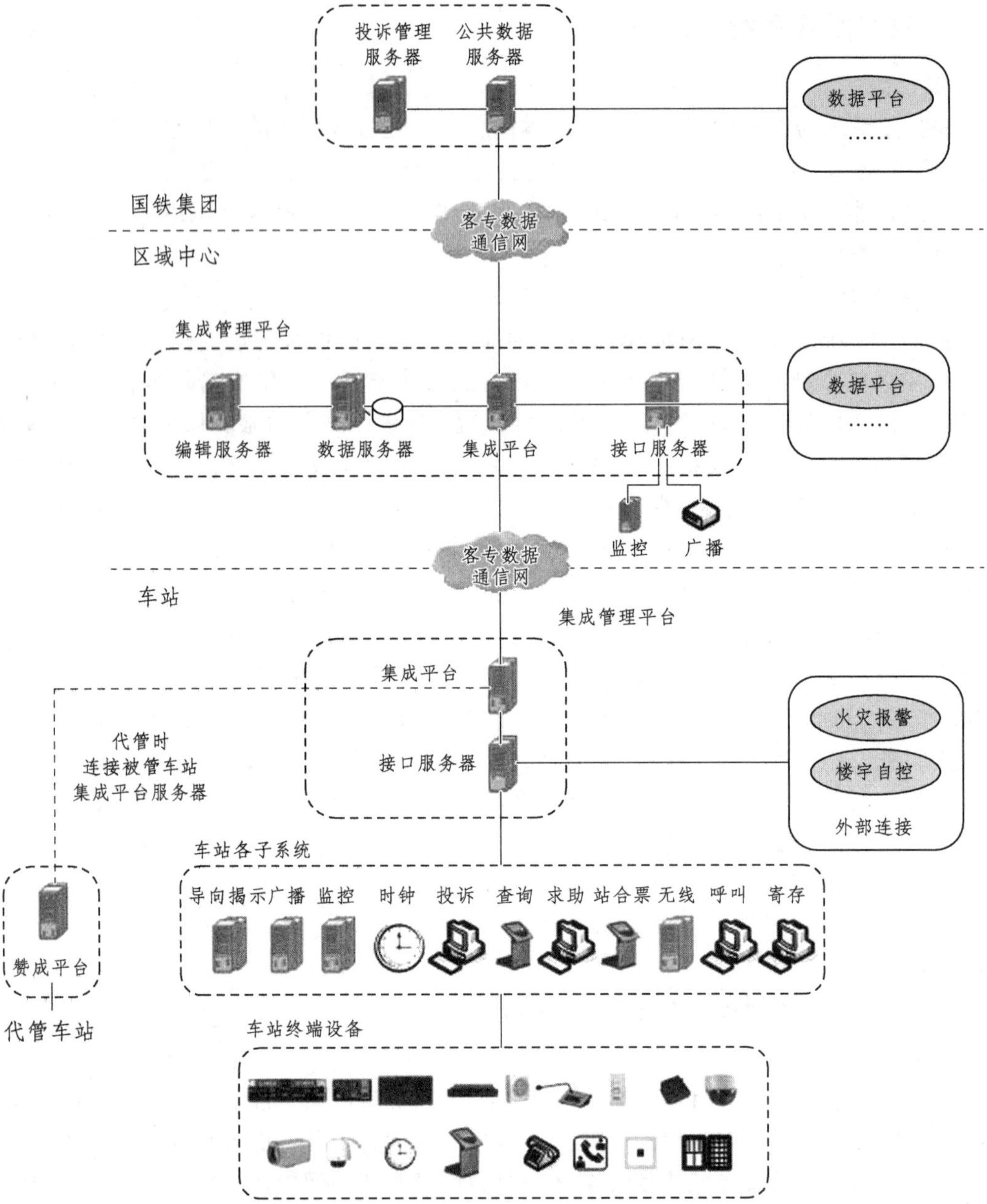

图 10.18 旅客服务系统体系架构示意图

2. 总体架构

市场营销策划系统由国家铁路集团有限公司中心和区域中心构成，并设置灾备中心进行国家铁路集团有限公司中心系统备份。

在国家铁路集团有限公司完成客票数据、客服数据、路网数据、地理信息、列车信息、市场信息的采集，数据质量检查，数据的清洗、转换和加载，整合并加载到市场营销策划数据仓库中，同时在数据仓库上开发市场调查与分析、列车开行方案设计、销售策略制定、票价策略制定、分析评价、客户关系管理等应用，为铁路客运营销分析提供强有力的信息和技术支持。

区域中心系统主要完成市场调查数据的采集，以及相关系统交互数据的采集，根据采集的数据进行分拣、整理后上传到国家铁路集团有限公司中心市场营销策划系统；区域中心系统进行所辖范围内市场营销分析工作，其中包括区域内客流调查预测分析、区域内列车开行方案分析评价、区域特色销售策略分析、票价分析评价、客户分析统计、统计报表等功能，为区域中心市场管理人员改进市场营销计划、执行和管理工作提供依据。同时，区域中心系统把处理结果统一提交国家铁路集团有限公司中心系统进行审查、审批和备案。

国家铁路集团有限公司中心负责全路基础数据、票务相关信息、跨区域开行方案、全路总体销售策略制定等功能的处理及存储，所以国家铁路集团有限公司中心需要配有很强的处理能力和存储能力。区域中心负责所辖范围内的数据采集整理上传、客流调查预测分析、列车开行方案分析评价、特色销售策略分析等功能的处理及存储，所以区域中心需要配有适中的处理能力和存储能力。

灾备中心完成对国家铁路集团有限公司中心市场营销策划系统关键数据的完整备份，同时具备应用接管的能力，在国家铁路集团有限公司中心发生灾难性故障的情况下，通过灾备中心完成市场营销策划系统的主要业务。

市场营销策划系统体系架构示意如图 10.19 所示。

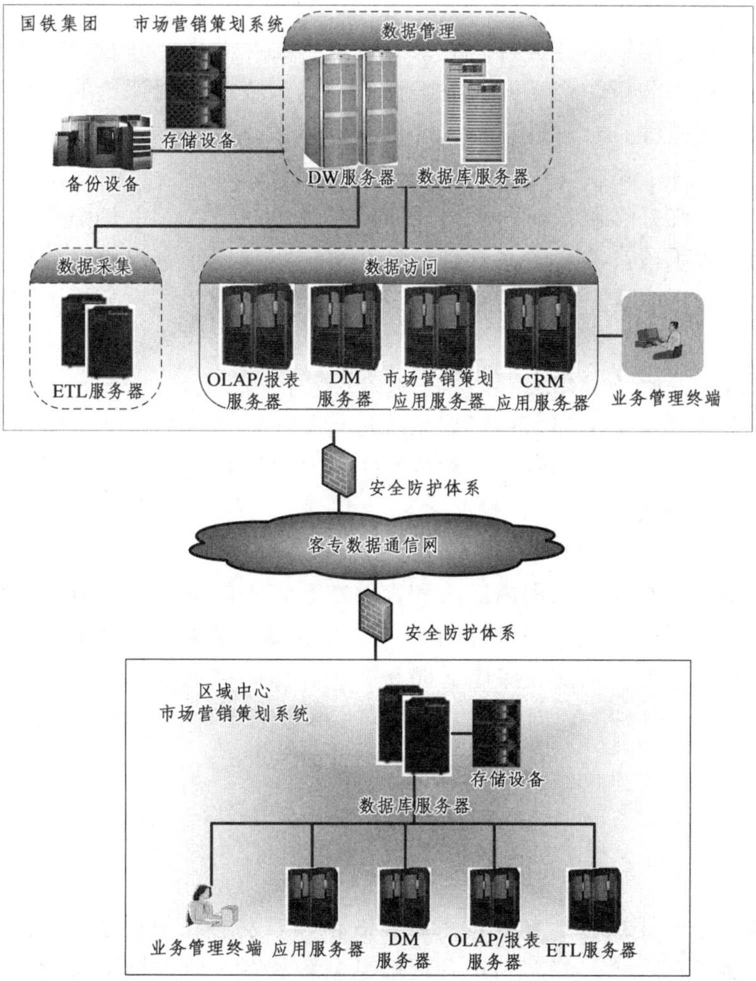

图 10.19　市场营销策划系统体系架构示意

3. 系统功能

市场营销策划系统实现市场调查分析与客流预测、销售策略制定、票价策略制定、开行方案设计、相关方案策略及经营结果的分析评价、客户关系管理、分析结果灵活多样的展现、系统及数据的管理等功能，为科学、全面、高效的决策提供辅助支持。市场营销策划系统由市场调查与分析预测（R&A）、辅助决策（DSS）、分析评价（A&E）、系统管理（SMS）、数据管理（ETL）和客户关系管理（CRM）六个子系统构成。

（1）市场调查与分析预测子系统（R&A）。

市场调查与分析预测子系统通过完备的市场调查手段与分析方法，完成长、短期的常规和专项客流调查与分析预测，帮助业务管理人员及时准确地掌握客运市场动态，为业务决策提供信息支持。主要包括市场调查、数据的编辑修正和审核、市场分析、市场预测（含市场预测的方法与模型）等功能。

（2）辅助决策子系统（DSS）。

辅助决策子系统包括旅客运输计划编制、开行方案设计与临时调整、销售策略制定、票价策略制定等功能。

（3）分析评价子系统（A&E）。

分析评价子系统依据铁路客运经营效果分析评价参照的指标体系，实现客运指标统计查询展现、旅客列车效益分析、列车开行方案评价、客运资源运用评价的功能，并在实践中检验客运指标体系的有效性、合理性，提出客运指标体系改进的建议方案。

（4）客户关系管理子系统（CRM）。

客户关系管理系统是客服系统与客户之间交互信息的平台，也是整个客服系统实现客户信息有效整合的必要手段。客户关系管理包括客户档案管理、客户等级管理、客户信息查询与维护、客户服务管理、客户交易信息管理、客户培育管理、客户分析、客户资源计划制定等功能。

（5）系统管理子系统（SMS）。

系统管理子系统是保证市场营销策划系统运行秩序而提供的系统级管理、维护与监控手段，主要包括：时钟同步、用户管理、软件版本管理、数据接口管理、网络管理与监控、应用系统管理与监控等功能。

（6）数据管理子系统（ETL）。

数据管理子系统是对业务范围内进入和存储在系统中的数据进行有效管理，确保数据随时间、空间的持续可用性；在出现硬件问题、人为错误或发生灾难情况下保证业务运行的稳定性；同时对数据实施保护和加密策略，防止非授权访问和违规修改。它包括数据组织、数据载入管理、数据规则管理、数据清理、数据同步、数据审核、数据加密、数据备份与恢复、数据展现等功能。

本章小结

本章着重介绍了铁路旅客运输管理系统、铁路客票发售和预订系统、铁路客运行包管理系统、客运站客运信息系统、旅客列车管理信息系统和客运营销辅助决策系统等六大系统的构成、流程及发展趋势。

思考题

1. 旅客运输管理系统的现代化应解决哪些问题？
2. 铁路客票发售和预订系统的总体目标是什么？
3. 旅客列车管理子系统包括哪些模块功能？
4. 试述客运营销辅助决策系统的体系架构和层次结构？
5. 简述客运专线票务系统（TBS）总体架构？
6. 简述客运专线旅客服务系统（PSS）的主要功能？

第三篇

公路旅客运输

第十一章　公路旅客运输概述

学习目的：了解公路旅客运输的发展现状及发展趋势；理解公路运输设备的分类、分级方法及标准；掌握公路客运站乘务工作的主要内容。

第一节　公路旅客运输设施

随着国民经济持续、稳定发展，城镇化进程加快，公路通达的深度和广度显著提高，全国公路总里程及公路密度得到了大力的发展。2020 年全国公路总里程为 519.81 万 km、公路密度为 54.15 km/(万 km^2)，比 2016 年的全国公路总里程 469.52 万 km 及公路密度 48.91 km/(万 km^2)，分别增加了 50.29 万 km 及公路密度 5.24 km/(万 km^2)，2016—2020 年全国公路总里程及公路密度见图 11.1。劳动力跨区域流动加快导致客流快速增加，以及旅游客运市场的升温，为公路客运需求快速扩大创造了条件，主要表现在以下几个方面。

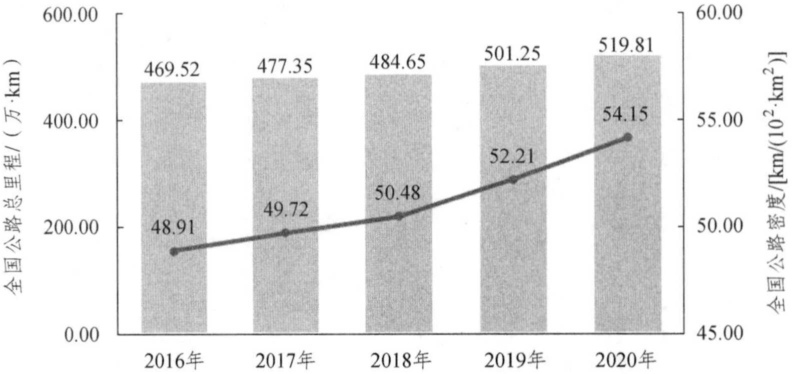

图 11.1　2016—2020 年全国公路总里程及公路密度

1. 公路旅客运输量稳中趋向合理

2000 年全社会公路客运量为 134.74 亿人次、公路旅客周转量 6657.4 亿人 km，平均运距为 49.4 km；而到 2014 年全社会公路客运量为 190.82 亿人次、公路旅客周转量 12 084.10 亿人 km，平均运距延长至 63.33 km。2014 年的公路客运量是 2000 年的 1.41 倍，公路旅客周转量 2014 年是 2000 年的 1.82 倍。

2019 年全国营业性客运车辆完成公路客运量 130.12 亿人，旅客周转量 8857.10 亿人 km，公路旅客平均行程 68.07 km，2019 年公路客运量和公路旅客周转量都呈下降的趋势。

高速铁路、城际铁路快速和便捷的运输特征，使部分公路客流转向铁路，这是交通运输系统发展的合理趋势。2019 年至今还一直存在的新冠肺炎疫情，严重影响并减少了整个社会人们的出行流动，但随着新冠肺炎疫情的改善，人们的社会活动会趋向正常化，公路客运量也会随着整个客运量的增加而增加。

2. 城间与城乡公路客运网络基本形成，班线长度不断延长

以县及县级以上城市为中心，乡镇、村为结点，公路为纽带，连接城镇，辐射农村，干支相连，长短途结合的客运网络初具规模。由原来主要在相邻省间发展到穿越数省，运行方式由原来主要是白天运行发展为昼夜运行，并使用了空调车、卧铺车等高档车辆以及其他多种车型，大大地方便了旅客的出行，增强了公路客运的服务功能。在城间中长途客运发展的同时农村短途旅客运输也得到了长足的发展。

在以班车客运为骨干的公路客运网络发展的同时，其他各种服务形式在迅速发展和兴起。出租汽车客运与班车客运、包车客运、旅游客运以及正在兴起的汽车租赁业一起，组成了多功能、多方式的公路旅客运输体系。

3. 汽车客运站建设速度加快，并有了较大发展

交通运输部每年从征收的车辆购置附加费中拨出一部分资金，有重点地对全国各省汽车站建设进行补助；各地公路交通部门通过多种途径筹集资金，开辟了建站资金的部分来源，汽车客运站建设取得了巨大成就。通过增、改、扩建，汽车客运站的站容、站貌得到了很大改观，服务设施设备进一步完善，内部布局进一步合理，为旅客出行创造了良好的环境。

4. 客运市场蓬勃发展，经营主体趋于多元化

经过 40 多年的发展，公路交通企业独占客运市场的局面逐渐被打破。公路客运市场形成多元化的格局，其中有多家大中型运输企业、股份合作制运输企业、中外合资合作运输企业、私营运输企业和个体运输户。运力不足的状况得到显著改善，公路客运市场总体上由原来的卖方市场逐步转变为买方市场，市场机制的作用已十分明显。

国民经济持续快速增长和经济总量的不断扩大，必将带动全社会人员流动总量的上升，导致全社会客运总需求量不断增长，从而引发公路客运需求持续增长。

人民生活水平的进一步提高，消费结构发生显著变化，不仅会产生大量的公路客运需求，还会呈现多样性、个性化趋势，方便、快捷、舒适、安全、自主等价值取向明显增强。同时,随着公路及高速公路基础设施建设的大规模投入，为提高公路客运营运质量提供了条件。

预计在未来的旅客出行中，消费性出行增长最快，并呈现需求层次高，时间和空间分布不均匀的态势。这就要求客运提供更多的快速、及时、舒适、可选择的运输服务。我国的铁路、水运和民航提供的是群体化的客运服务，而公路除了提供群体化客运外，还提供相当数量的个性化客运，特别是干线公路能够提供规模化、个性化客运服务。这就使得集约化经营、规模化发展和个性化服务成为现阶段我国公路客运发展战略的主要取向。

一、公 路

公路是指连接城市、乡村，主要供汽车行驶的具备一定技术条件和设施的道路。公路是一种线型构造物，是汽车运输的基础设施，由路基、路面、桥梁、涵洞、隧道、防护工程、排水设施与设备以及山区特殊构造物等基本部分组成。

1. 公路的分类

公路按其在公路网中的地位与作用可以分为以下五类：

（1）国家干线公路：在国家公路网中，具有全国性的政治、经济、国防意义，并确定为国家干线的公路，简称国道。

（2）省干线公路：在省公路网中，具有全省性的政治、经济、国防意义，并确定为省级干线的公路，简称省道。

（3）县公路：具有全县性的政治、经济意义，并确定为县级的公路。

（4）乡公路：主要为乡村生产、生活服务并确定为乡级的公路。

（5）专用公路：专为企业或其他单位提供运输服务的道路，如专门或主要供工矿、林区、油田、农场、旅游区、军事要地等与外部连接的公路。

2. 公路的分级

根据国家行业标准《公路工程技术标准》（JTG B01—2017）的规定，公路按其使用任务、功能和适应的交通量分为高速公路、一级公路、二级公路、三级公路、四级公路 5 个技术等级。

（1）高速公路，专供汽车分向、分车道行驶，并全部控制出入的干线公路。它具有四个或四个以上车道，设有中央分隔带，全部立体交叉，并具有完善的交通安全设施与管理设施、服务设施。

四车道高速公路一般能适应按各种汽车折合成小客车的设计年限年平均昼夜交通量为 25 000 ~ 55 000 辆；六车道高速公路一般能适应按各种汽车折合成小客车的设计年限年平均昼夜交通量为 45 000 ~ 80 000 辆；八车道高速公路一般能适应按各种汽车折合成小客车的设计年限年平均昼夜交通量为 60 000 ~ 100 000 辆。

（2）一级公路，供汽车分向、分车道行驶，其设施与高速公路基本相同，只是部分控制出入。一般应设置分隔带，当受到特殊条件限制时，必须设置分隔设施。四车道一级公路一般能适应按各种汽车折合成小客车的远景设计年限年平均昼夜交通量为 15 000 ~ 30 000 辆，六车道一级公路应能适应将各种汽车折合成小客车的年平均日交通量为 25 000 ~ 55 000 辆，是连接高速公路或某些大城市的城乡接合部、开发经济带及人烟稀少地区的干线公路。

（3）二级公路，是连接中等以上城市的干线公路，或者是通往大工矿区、港口的公路。双车道二级公路应能适应将各种汽车折合成小客车的年平均日交通量为 5 000 ~ 15 000 辆。

（4）三级公路，为沟通县、城镇之间的集散公路。双车道三级公路应能适应将各种车辆折合成小客车的年平均日交通量为 2 000 ~ 6 000 辆。

（5）四级公路，为沟通乡、村等地主要供汽车行驶的双车道或单车道的地方公路。双车道四级公路应能适应将各种车辆折合成小客车的年平均日交通量为 2 000 辆以下；单车道四级公路应能适应将各种车辆折合成小客车的年平均日交通量为 400 辆以下。

《公路工程技术标准》规定了设计年限：高速公路和具干线功能的一级公路的设计交通量应按 20 年预测，具集散功能的一级公路以及二、三级公路的设计交通量应按 15 年预测，四级公路可根据实际情况确定，也可根据实际情况适当缩短。

二、公路客运汽车

公路客运汽车（以下简称客车）是专门用以在公路上运送旅客的汽车，是为旅客服务的基本物质条件。公路客运与铁路、水运、航空等客运方式相配合，共同组成多元化的旅客运输网，使城市与城市、城市与乡村、乡村与乡村紧密地联系起来，从而使生产和消费有机地结合，大量客流流得畅、流得快，促进社会经济快速向前发展。

（一）客车分类

公路客运汽车有多种分类方法，具体如下所述：

1. 根据载客座位数分类

（1）小型客车，指横排最多只能装置 3 个座位，座位总数为 15 座及以下的客车（包括轿车）。

（2）中型客车，指横排（包括通道的可折式座椅）最多只能装置 4 个座位，座位总数为 16 至 30 座的客车。

（3）大型客车，指横排（不包括通道）可以装置 4 个及其以上座位，且座位总数为 31 座及以上的客车。

2. 根据使用燃料分类

（1）汽油客车，指以汽油作为燃料的汽车。

（2）柴油客车，指以柴油作为燃料的汽车。

（3）天然气客车，指以天然气为燃料的汽车。

（4）电动客车，指以电作为动力的汽车。

（5）新能源客车，指以新能源作为动力的汽车。

3. 根据客车的舒适程度分类

（1）普通客车，指无特殊舒适装备或车内设置分隔货仓的客车。

（2）中级客车，指比同类普通客车座位少，舒适性高，备有宽、软座椅的客车。

（3）高级客车，指舒适性高，密封性好，具有高级软座椅、空调等设备的客车。

4. 根据客车的营运分类

（1）长途客车，指专为城市间长途公路运输旅客及其行李而设计的客车。

（2）城乡短途客车，是运行在城乡间的中小型客车，运距短但停点多。

（3）旅游客车，是长途客车的一种专供旅游的派生车型，其特点与长途客车相近。

（4）特种客车，是根据特定的使用要求与使用环境，经过专门设计与改装的一类客车。

另外，可根据客车使用性质分为运营客车和非运营客车（自用客车），如学校、机关等单位的大客车属于非运营车。

（二）客车选型

公路客运部门在选用客车车型时，一般应考虑以下几个方面：

1. 根据用途选用

用作与铁路分流和旅游线路上的客车，应该选用速度高、舒适性好的客车；对长途直达线路，应尽可能选用具有较高行驶速度和有较大的行李舱（架）的客车；对旅客比较少的边远山区，可配一些小型客车。

2. 根据客流量的大小选用

为满足客流流动的基本需求，当线路常年运输旺季的平均日客流量超过500人次，且较集中时，宜选用大型客车。反之，若比较分散时，则宜选用中型客车。线路日客流量为200～500人次，且比较集中时，宜选用中型客车，如果客流量分散，可视情况选用中型或小型客车。线路日客流量在200人次以下时，视客流集散程度，可选用中型或小型客车。

3. 根据公路的条件选用

对等级较高、客流量大的干线公路，一般可配备大型或中型客车。对等级较低的干线或支线公路，可根据客流量大小选用中型或小型客车。对经济条件较差和客流量较少的边远山区、林区或牧区，宜选小型客车。对道路条件好，客流量大的短途班车，则应选用大型客车。

4. 根据舒适性需求选用

对于用作旅游和长途旅行的客车以及生活水平较高地区所用的客车，因对舒适性要求较高，可选用高档客车。但一般短途旅客对舒适性要求较低，可选用中、低档客车。

5. 根据运输成本选用

选用车型时，一般倾向于选用运输成本较低，年利润较高，投资回收期较短的客车。

但需指出的是，选用车型往往要综合考虑，要在综合分析客流构成基础上确定所选客车，从而满足不同层次旅客的出行需求，更好地吸引客流以提高经济效益。

三、公路客运场站设施

汽车客运站是公益性交通基础设施，是道路旅客运输网络的节点，是道路运输经营者与旅客进行运输交易活动的场所，是为旅客和运输经营者提供站务服务的场所，是培育和发展道路运输市场的载体。公路客运场站设施，主要指组织旅客运输生产所需要的生产性和服务性的各类建筑设施，如客运站、停车场（库）、保修厂（站）等。

（一）公路客运车站

公路客运车站（以下简称“车站”）是公路旅客运输系统中发生客流转变的重要节点，是公路旅客运输企业面向社会需求的窗口，在旅客运输工作中占有重要地位，担负着组织生产、为旅客服务、管理线路、传输信息等方面的任务。车站的主要功能是发售客票、候车服务、调度车辆、组织乘客上下车、行包受理与交付以及其他服务性功能。

1. 车站类别

公路客运车站，可以从车站的作业内容和产权隶属关系进行分类。

（1）按车站规模分类：

① 等级站：具有一定规模．可按规定分级的车站；

② 简易车站：以停车场为依托具有集散旅客、售票和停发客运班车功能的车站；

③ 招呼站：道路沿线（客运班线）设立的旅客上落点。

（2）按车站位置和特点分类：

① 枢纽站：可为两种及两种以上交通方式提供旅客运输服务，且旅客在站内能实现自由换乘的车站；

② 口岸站：位于边境口岸城镇的车站；

③ 停靠站：为方便城市旅客乘车，在市（城）区设立的具有候车设施和停车位，用于长途客运班车停靠、上下旅客的车站；

④ 港湾站：道路旁具有候车标志、辅道和停车位的旅客上落点。

（3）按车站服务方式分类：

① 公用型车站：具有独立法人地位，自主经营，独立核算，全方位为客运经营者和旅客提供站务服务的车站；

② 自用型车站：隶属于运输企业，主要为自有客车和与本企业有运输协议的经营者提供站务服务的车站。

2. 车站分级

《汽车客运站级别划分和建设要求》（JT/T 200—2020），按站务工作量（主要指旅客日发送量），结合所在地的政治、经济、文化等因素，根据车站设施和设备配置情况、地理位置和设计年度平均日旅客发送量（以下简称日发量）等因素。车站等级划分为五个级别以及简易车站和招呼站。

（1）一级车站。

设施和设备符合一级车站必备各项，且具备下列条件之一：

① 日发量在 10 000 人次以上的车站；

② 省、自治区、直辖市及其所辖市、自治州（盟）人民政府和地区行政公署所在地，如无 10 000 人次以上的车站，可选取日发量在 5 000 人次以上具有代表性的一个车站；

③ 位于国家级旅游区或一类边境口岸，日发量在 3 000 人次以上的车站。

（2）二级车站。

设施和设备符合二级车站必备各项，且具备下列条件之一：

① 日发量在 5 000 人次以上，不足 10 000 人次的车站；

② 县以上或相当于县人民政府所在地，如无 5 000 人次以上的车站，可选取日发量在 3 000 人次以上具有代表性的一个车站；

③ 位于省级旅游区或二类边境口岸，日发量在 2 000 人次以上的车站。

（3）三级车站。

设施和设备符合三级车站必备各项，日发量在 2 000 人次以上，不足 5 000 人次的车站。

（4）四级车站。

设施和设备符合四级车站必备各项，日发量在 300 人次以上，不足 2 000 人次的车站。

（5）五级车站。

设施和设备符合五级车站必备各项，日发送量在 300 人次以下的车站。

（6）简易车站。

达不到五级车站要求或以停车场为依托，具有集散旅客、停发客运班车功能的车站。

（7）招呼站。

达不到五级车站要求，具有明显的等候标志和候车设施的车站。

3. 车站布局

客运站的布局应有利于旅客上下和车辆运行。旅客一般都是经过广场、售票厅、托运厅、候车厅、检票口、站台等多道工序进入车上，为避免各区旅客相互干扰，这条流线应力求短捷。客车的流线则是进站、下客、进入清洗台清洗、加油、停放、调车、上车、出站。为使车辆运行顺畅，应分设进出口，洗车台、加油站也应顺序布置。

客运站主体建筑平面主要由候车厅、售票厅两大部分构成，两者可沿道路一字布置成“一字形”。该种布局立面宏伟，但占用道路较长。根据旅客流线，临街部分可为售票及综合服务之用，而候车厅则可用单层伸入内院，从而形成“T 字形”布置。在交叉路口设站时，为了与路口形成协调，可用“L 字形”布局。各种布置形式如图 11.2 所示。

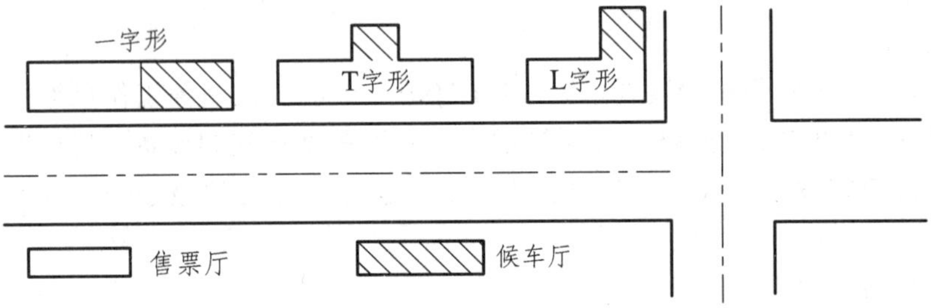

图 11.2 公路客运车站布局形式

（二）停车场（库）

停车场（库）的主要功能是停放与保管运输车辆，现代化的大型停车场还具有车辆维修、加油等功能。停车场内的平面布置要方便运输车辆驶入、驶出和进行各类维护作业，多层车库或地下车库还需设有斜道或升降机等，以便车辆出入。

停车场（库）的面积可按下式计算：

$$停车场（库）面积 = 客车投影面积 \times 4 \times 驻站客车数$$

停车场内的车辆应分组设计，每组停车数量不宜超过 50 辆，组与组之间防火间距不应小于 6 m，此外还应设置疏散通道，其宽度不宜小于 4 m。停车场必须宽敞平整，其纵向坡度不宜大于 2%，以免车辆自动滑溜。同时该坡度不宜小于 3‰，以利场面排水、排污。

第二节 车站站务工作

站务作业是客运工作的基础和重要环节，客运站务作业过程如图 11.3 所示。客运站务作业的主要内容有售票、行包托运与提取、候车室服务、组织乘车等多项。

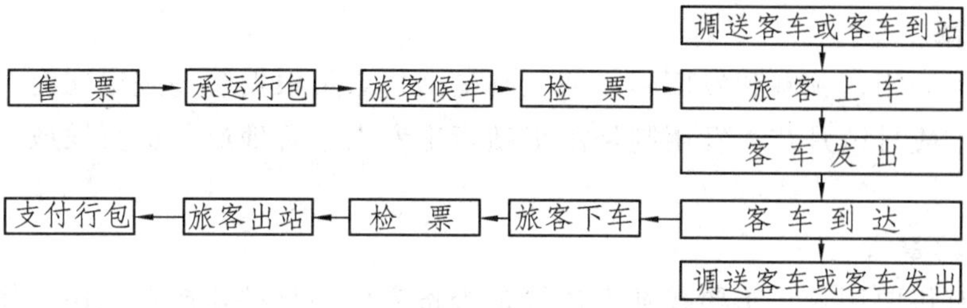

图 11.3　公路客运站务作业过程示意图

一、客票发售工作

车票是旅客乘车的凭证和旅客支付客车运费的依据。车站的售票工作要做到准备充分，售票迅速、准确，满足不同旅客乘车的需要，因此，客票发售工作需采用不同的形式，符合一定的基本要求并遵循一定的程序。

（一）售票形式

为满足不同旅客购票的需要，通常采用 6 种形式售票：① 窗口售票；② 预约售票；③ 设点售票；④ 车上售票；⑤ 候车室售票；⑥ 上门售票（站外流动售票）。

（二）准备工作

为使售票工作忙而不乱，做好售票前的准备工作十分必要。

1. 制订售票计划

制订计划的主要依据是：① 线路班次数；② 班车定员；③ 预售票额；④ 合同单位预留票数；⑤ 为中途站预留票数；⑥ 乘务员占用座位数；⑦ 为其他运输方式预留的中转座位数。

掌握以上情况后，并结合短途班车一般不预售车票，可按以下公式分别计算长、短途班车可售票数：

长途班车可售票 = 班车额定座位 − 以上③至⑦的总数
短途班车可售票 = 班车额定座位 − 乘务员座位数

根据以上资料便可填制表 11.1 的售票计划表，报负责人审核后售票。

表 11.1　发售车票计划表

________站________窗口　　　　____年____月____日

班车线路	车次	车号	定员		预售（留）票（座）数					可售票数	
			坐	站	已经预售	留合同单位	留中途站	留联运中转	乘务员座位	坐	站

车站负责人：　　　　售票室负责人：　　　　售票员：

2. 准备车票

准备车票可采用请领制和发用制：请领制是由售票员根据管理规定向有关部门（人员）请领，日请日结或日请月结；发用制是由车站指定专人（管理员）负责发放，且每日下班前结清票款。

3. 上岗前检查

应检查所有售票用具、车票找补零钱等是否备齐，而且都要放在取用方便的位置。

4. 上 岗

进入工作岗位，接班人员必须问清前一班的有关情况。

5. 开窗售票

按规定时间准时开窗售票。

车票有全票、儿童票、残废军人票三种，根据我国交通部颁发的《公路汽车旅客运输规则》规定，票价由各省、市、自治区自行制定。票价是根据运输种类，按照有关规定以每人公里的运价率计算和确定的，随着计算机技术的推广和使用，目前客运站利用计算机售票。

客运站计算机售票系统，是一个以计算机售票为核心的售票管理系统。该系统以车站调度主机的调度命令为依据，设计出客运站各售票窗口全方位或半方位售票的班线和定员、站点和运价率，窗口售票时由打印机打印专用客票，由计算机终端记录各窗口售票情况，全系统以售票信息为依据对旅客流量、流向、分布及客流规律进行统计分析，并可以定期生成报表。该系统的应用，改变了传统的手工售票作业，大大改善了售票员的工作条件，减轻了劳动强度。同时，提高了客运企业的科学管理水平。

二、行包托运和交付

行包是行李、包裹的总称，行包运输是旅客运输的重要组成部分。旅客在旅行过程中为了生活和工作上的需要，常需随身携带一些生产或生活用品，这些物品能否安全、及时运送，直接关系到旅客的切身利益。因此，确保行包安全无损和准确及时地运送到目的地，是行包运输工作组织的基本要求。

行李应由托运人包装完整，捆扎牢固，每件重量不超过 30 kg，体积不超过 120 dm^3。危险品、政府禁运品、机密文件、贵重物品等不得加入行包内托运。行包的发送作业，包括收运、保管和装车作业；行包的到达作业，包括卸车、保管和交付作业。行包自承运时起到交付时止，汽车运输部门要承担安全运输责任，但因不可抗力发生损坏，运输部门不负赔偿责任。

（一）收运操作程序

行包收托处应设在售票窗口或售票室附近，且应设有通向车场和车站外的门。在行包收托工作开始之前还应做好对衡器的校正、票证、标签、业务工具等准备工作。

（1）询问行包内容，检查行包的体积和重量，查看包装、捆扎是否牢固，严禁携带爆炸品、危险品、违禁品。听取旅客对托运行包的要求，如轻放、忌压、忌挤、忌倒置等。

（2）查看车票是否有效，是否和行包托运的到达点相符。

（3）对行包进行点件、过磅，填写清单，同时向托运人交代件数及重量。

（4）计算运费，填写行包票。该项工作要求认真和仔细，最后要在车票上加盖“行包已托”字样的戳记，经办人要签章。

（5）将标签栓挂在行包上。标签的内容应逐一填写清楚，不要涂改。

（二）仓储要求

仓库要注意防火、防盗、防鼠、防虫、防潮。应建立交接制度，有关人员要按点交接、签收负责，行包票存根、交接清单要按日装订成册，妥善保存以备查询。

行包进仓后要分线、分班、分站堆码，且应留意行包外部标志和包装情况，注意标签朝外，符合下重上轻、下大上小的要求。

（三）装运要求

装载行包时，应注意每件的长度和宽度都不应超过行包架，行包在装运时要软硬件搭配，轻轻放，捆扎牢固，盖好篷布，防止甩落、雨湿。

（四）行包到达与交付

站务员应查对到达客车的行包件数与件重，与驾驶员、装卸工办好交接手续，在行包交接清单上签收，入库堆码，并及时通知托运人前来提取。

旅客提取行包时，工作人员要仔细核对提单和标签，查明件数，交付时要收回行包提取单，并加“行包提取”字样的戳记。收回的行包单要按班、日分装成册，以便保存及查询。

到达站应妥善免费保管无人认领的行包两天，超过两天每件核收保管费。逾期三个月仍无人领取的行包可视为无法交付行包，由车站会同有关人员开启、查验和清点成册后，报请上级主管部门批准，然后向当地有关部门作有价移交，移交所获价款，扣除应付的费用外，在六个月内仍无人领取时上缴国库。

（五）中途站行包托运与收取

由于班车在中途站停车时间短，站务人员又较少，为了避免差错及事故，各中途站应提前与始发站或前一站取得联系，以便事先做好准备工作，待班车到达后，先卸后装，从而加快速度，节省时间。

（六）运输责任划分

行包在运输过程中要经过很多环节，彼此间应办好交接手续，以便分清责任，防止差错。行包运输常出现不及时、不安全的因素主要有旅客、车站和运输方三方面责任。

1. 旅客方面责任

① 交运过迟。未按规定提前交托，行包来不及与旅客同行。② 包装不符要求，重量过重和体积过大。③ 包装捆扎不牢固。行包在运输过程中松散而需重新捆以致延误旅行，甚至导致行包丢失。④ 旅客违规夹带危险、易燃、易爆、违禁、易碎、易污等被公安和卫生部门禁止的物品。

2. 车站方面责任

① 仓库保管不慎；② 运输交接清单和标签填错；③ 行包交接手续不清；④ 责任心不强或提取手续不全。

3. 运输方责任

① 客车技术装备的问题，造成行包运输过程中的损坏或丢失。

② 驾驶员违章造成行包损失。

三、候车室工作

候车室工作是汽车客运站站务流程中的重要环节之一。旅客候车室应贴有旅客须知、客运班次表、票价表、中转换乘其他交通工具时刻表，应备有旅客休息处。另外，还应有报纸、意见簿、旅客留言牌等设施，客流较大的车站要设立问讯处和小件物品寄存处。

问讯处是为旅客解答难题的地方，应设置在候车室或车站入口的显著位置，问讯处工作人员必须业务熟悉、态度和蔼。小件寄存则是为旅客提供方便的一项措施。

候车室工作应全面服务与重点照顾相结合。所谓全面服务是指候车室清洁、卫生、茶水供应、交通和安全常识的宣传、旅行资料的提供等，这些是为了满足旅客的普遍性要求。但不同的旅客有各自不同的要求，这就要求服务人员做好重点照顾，例如扶老携幼。

四、组织乘车及发车

组织旅客有序地上车并使班车安全正点地发出，是客运站站务作业的一项重要内容。

为了维护上车秩序，保证旅客不错乘、漏乘，必须对持有车票的旅客办理检票手续，即上车前对旅客车票在确认（验明）车次、日期、到达站无误后检票。

旅客上车就座后，驾驶员和乘务人员应利用发车前的时间做好宣传工作，使乘客了解本次班车到达的终点站、沿途停靠站、途中膳宿地点、正点发车时间、到达时间以及行车中注意事项等。

班车出发前，车站值班站长或值班人员应做最后检查，确认各项工作就绪，车辆前后左右上下情况正常，才能发出允许放行信号。驾驶员得到允许放行信号方可启动运行。

五、接　车

班车到站时，值班人员应指挥车辆停放适当位置，查看路单、交接清单等有关资料，了解下车人数，清点到站的行包情况，通知有关人员进行各项站务作业。向车内旅客报告本站站名，照顾旅客下车，提醒下车旅客不要遗留物品在车内，检验车票，解答有关问题。在路单上填清班车到站时间，处理临时遇到的事项。对路过班车，同时还要组织本站旅客乘车，对终到班车，在站务作业结束后，可将车辆调回车场或调放过夜地点。

第三节　客车乘务工作

乘务员在客车运行过程中为旅客提供的一系列营运作业和各种服务活动叫作乘务工作，它是客运服务活动的继续。乘务工作质量关系到旅客的旅行方便、周到、舒适、安全，加强乘务工作管理是提高班车客运质量的关键之一。

一、乘务工作特点

旅客乘坐公路客运汽车旅行的过程主要有：进站候车、途中运行、到达下车三个步骤。途中运行是旅客旅行活动的主要环节。乘务工作贯穿旅行的始终，有下述特点：

（1）流动性强。乘务员在车上进行服务，有时还要经常变更作业客车和营运线路。

（2）局限性大。客车上空间和服务设施有限，乘务员只能根据实际情况因车制宜、因时制宜地工作。

（3）情况复杂。由于乘客有着不同的旅行目的和要求，身体状况和对乘车的适应情况都不相同，所以，需要不同的关心照顾。此外，由于客车运行过程中线路上的情况经常会发生变化并会遇到各种各样的问题，应协同驾驶员迅速、果断地处理事故，照顾好旅客。

上述的一些特点，决定了乘务员在完成任务过程中既要主动，又要灵活，而且要与驾驶员紧密配合、相互协作。

二、乘务工作组织

1. 组织形式

（1）定线包乘制。乘务员定线、定车、定班，与驾驶员组成包乘小组，即在营运区域内相对固定的线路上往返工作。该形式便于乘务员和驾驶员掌握车况、路况、客流情况及变化规律，有针对性地改进乘务工作。

（2）循环包乘制。乘务员定车，与驾驶员组成包乘小组，按照编定的客车运行周期表（运行作业计划）的安排，在营运区域内各条线路上循环工作。循环包乘制可分大循环（即依次跑完所有应配备乘务员的线路）、小循环（即在部分线路组成小运行周期，该种循环周期短）。这种包乘制的好处是各包乘组工作量大体平衡，能使乘务员和驾驶员较好地了解不同线路上的营运情况，适应较大范围内的乘务工作。缺点是由于包乘的线路经常变化，不易将情况摸深摸透并掌握其变化规律，对提高服务质量有一定的不利之处。

（3）循环轮乘制。乘务员不固定客车和线路，按车站乘务室（股）排定的次序，在车站（队）配属的客车上轮流工作，并根据客车运行作业计划的安排，在营运区域内各条线路上循环进行乘务作业。这种形式的好处是，能使乘务员了解不同客车的性能、不同驾驶员的情况、不同营运线路的情况，有助于提高业务技能，培养较强的适应能力。缺点是，由于客车及线路经常变动，且循环周期长，不利于深入了解，掌握客流、车况、路况等情况。同时，由于经常变换作业车辆，对协调驾驶员与乘务员之间的关系，密切配合工作也有一定的影响。

2. 乘务工作作业要求

（1）做好执行乘务前的准备工作。执行乘务任务前，要做好必要的准备工作，以便能够保证乘务员在工作时方便、迅速地进行各项乘务作业，提高工作效益，如备好车票及有关票据、适量的找补零用钱、旅客意见簿、备急用的药品，插好班车线路牌，准确掌握客车车型、车座情况，检查车厢内清洁卫生及座椅等设备完好状况，领取签发的行车路单。

（2）组织旅客乘车。根据车站填写的行车路单，清查实到人数；办好行包交接手续，掌握托运行包到达站点。开车前进行安全宣传，向旅客介绍注意事项及沿途停靠的站点；关好车门，向车站值班站长或发车指挥人员以及本车驾驶员报告出车准备工作，等待发车。

（3）途中照料旅客。应热情照料旅客，重点照顾好老、弱、病、残、孕、幼旅客，应提前及时报站，协助旅客上下车并提取行包，做好中途下车验票、上车售票工作。

（4）做好乘务安全工作。行车途中注意旅客头手不要伸出窗外，车不停稳不要上下车，车加油时，应协助驾驶员做好旅客下车工作，劝阻和制止车上吸烟，严禁中途携带危险品上车等。

3. 中途站的服务工作

（1）客车到达前方站前，乘务员要向旅客预报到达站站名，并做好安全宣传。

（2）如在自办站或代办站停靠，应将行车路单及时交给车站，填好上客人数、起讫站点、行包装运等情况后带回客车上。

（3）如需在途中停车休息以便旅客住宿时，乘务员在旅客下车前要讲清开车时间。开车前要清点人数，防止旅客漏乘。

（4）班车到站下客完毕后，招呼候车旅客上车时，要认真清点上车人数，不能超载，以保证安全；查禁三品（危险品、易燃品、易爆品），并及时进行处理；关闭车门，通知驾驶员开车；向刚上车旅客发售车票。

4. 到达终点站的工作

到站前要及时告知旅客做好下车准备，客车停稳后，开车门引导旅客下车，向有关人员办理行包交接手续，送交行车路单，向乘务室（股）汇报途中情况并联系下次出车时间、运行线路、班次等事宜。到票据（财务）室或票据管理员办公处（所）结算票、款，做到日结、日缴、日清，并办好票据请领手续。收车后待班时间要认真搞好车厢内清洁卫生。

三、乘务员的管理工作

实践证明，驾、乘分设，各司其职，有利于安全运行，使驾驶员集中精力驾驶客车，减少因精力分散而发生事故的可能性。所以，除长途直达班车和包车外，搞好乘务工作的关键，是加强对乘务员的管理，提高他们的素质和业务水平。

目前，各地对乘务员的管理，在方式和方法上都有所不同。考虑到乘务工作服务性强，随时接受旅客的监督，其工作质量的高低，直接影响整个公路旅客运输服务质量，因此，车队要在加强对驾驶员管理的同时，加强对乘务员的管理。

车队一般通过乘务机构对乘务员进行管理。5 人以上时，可单独成立乘务组；如果在 20 人以上时，车队应设置乘务室（股），加强乘务工作的领导。

另外，有的只在大站点停靠的直达班车不配乘务员，其乘务工作由驾驶员参照对乘务员的要求进行作业。这些班车的驾驶员身兼二任，比配有乘务员的班车责任更大，更应特别加以重视，确保行车安全。

本章小结

本章讲述了公路旅客运输的发展现状及发展趋势；介绍了公路旅客运输设备的分类、分级标准；阐述了公路客运站乘务工作的主要内容。

思考题

1. 简述公路旅客运输的发展现状及发展趋势。
2. 公路如何分类和分级?
3. 公路客运站如何分类和分级?
4. 试述公路客运站的布局形式及其使用条件。
5. 公路客运车票有哪些售票形式?
6. 公路客运车站接车有哪些注意事项?
7. 公路客运车辆乘务工作有哪些特点?
8. 试述公路客车乘务工作的主要内容、组织形式和作业要求。

第十二章　公路旅客运输计划

学习目的：了解计划的种类，客运调查的概念、类型及意义；理解运输计划的编制原则；掌握客运调查的主要内容、调查步骤及调查方法，旅客运输计划的主要内容及其制定依据。

运输计划是企业计划的主体和核心，是编制其他计划的依据。制订运输计划，首先要在经济形势、货主可能提出的要求及企业自身条件进行全面深入的调查研究基础上，对今后一定时期运输市场的发展进行科学预测，最后作出关于企业经营方针、目标、措施的决策，并根据企业经营目标进行综合平衡，编制出各项实施计划，使企业活动能正常、准确、协调地进行。

第一节　计划种类及编制原则

一、计划的种类

公路运输企业的有效运作，主要依靠各种计划把各部门、各环节的工作组织起来。这些计划可有多种划分方法。

1. 按业务内容划分

按业务内容划分为运输生产计划、车辆保修计划、物资供应计划、劳动工资计划、财务成本计划、基本建设计划等。

（1）运输生产计划。为了完成拟订的各项指标计划，必须组织协调好运输经营的各个环节。计划指标包括客运量、旅客周转量、运输质量和营运车辆运用效率等。

（2）车辆保修计划。这是在计划期内对企业车辆进行保养与修理的计划。它根据车辆运用计划、车辆各级保养和大修间隔里程，确定计划期间所有营运车辆各级保养和大修次数，安排保修作业计划，从而为编制运输成本计划、劳动工资计划、物资供应计划以及确定车辆完好率提供依据。

（3）物资供应计划，即计划企业物资（主要是燃料、配件）来源、物资供应量、合理的储备量及供应时间计划，从而制订相应的物资采购计划。该计划需根据生产计划、车辆、设备维修对物资的需要情况编制。

（4）劳动工资计划。这实际上是企业各类人员数量、工资总额、平均工资水平、各种奖金及劳动生产率方面的计划，它需根据生产计划和有关计划制订。

（5）财务成本计划。这是以货币形式反映计划期内企业一切收入和支出金额的综合性计划，是企业全部经营生产活动最终成果的反映。它是以企业各部门计划为依据编制的，包括财务收支、利润、税金、流动资金、固定资产、折旧计划等。

（6）成本计划。运输企业包括的成本有工资、燃料费、轮胎费、保修费、基本折旧费、大修基金、养路费、肇事损失、行包事故赔偿及其他有关费用，该计划就是根据运输生产、保养修理、物资供应、劳动工资等计划编制计划期内必须支出的全部成本费用。从而可用单位成本等指标实现对运输经营、生产活动的合理组织，控制和降低各种消耗，达到降低成本、提高劳动生产效率的目的。

（7）基本建设计划。即企业在计划期内对生产、车队、车间（厂、场）、职工生活用房等设施进行的新建、改建、扩建等方面的计划，它根据企业筹资情况和建设任务编制。

2. 按时间长短划分

按时间长短可划分为中长期计划以及年度、季度、月、旬、日、班计划。

（1）中长期计划。中长期计划主要是确定企业在计划期内的发展方向、生产规模和主要经济技术指标所要达到的水平。该计划一般指三至五年发展计划和十年以上的远景规划。

（2）年度计划。它根据中长期计划确定的目标和要求，结合计划年度可以预见的情况制订。年度计划的编制与实施，是落实和完成企业年度生产任务的根据保证，其计划种类很多，内容也比较详细、具体。企业不仅要有总的年度计划，而且要有各个方面的年度计划。

（3）季、月度计划。这是具体指导运输活动和实现年度计划的基本条件，是根据年度计划的要求，并考虑到季、月度运量变化规律和可能出现的情况进行编制的。

（4）旬、日、班计划，也称短期或作业计划，是根据月度计划的要求，对旬、日、班工作进行具体安排。这类计划是各项作业的依据，也是衡量、检查各班和各工作岗位工作的尺度。

此外，可按生产或作业单位划分为企业计划、车队计划、车站计划、保修车间（厂、场）计划以及班组、单车、个人计划等。

各种计划，一方面具有自己的特定内容和数量、质量指标，同时，它们之间又有着不可分割的内在联系，即都以企业的经营目标和运输生产计划为基础，并通过综合平衡，构成企业的计划体系。

二、计划编制原则

实行计划管理是现代化大生产的客观需要，是提高经济效益的重要手段。在编制计划的过程中必须坚持以下原则：

（1）计划内容要符合党和国家的方针、政策要求。

（2）正确处理微观与宏观、局部与全局的关系。运输业是为千家万户服务的，对国民经济的影响，反映在许多需要运输服务的部门中，因此，其经济效益不能仅以企业自身的利益来衡量，还要看社会的经济效益。

（3）处理好服务与经济效益之间的关系。服务与经济效益是矛盾的统一体，经济效益提高了，才能更好地为旅客服务和为扩大再生产提供雄厚的物质基础，因此，必须使二者协调一致。对各种情况（好路坏路、长途短途、干线支线）的客运班次都要根据需要编入计划，不能片面追求利润，但在市场经济飞速发展的今天，运输企业也必须努力提高经济效益，为企业扩大再生产，从而更好地为旅客服务积累资金。

（4）合理确定各项计划指标。在充分占有大量资料及综合各方面情况的基础上，采取科学分析的方法，确定出各项计划指标数值，既要使指标达到先进的水平，经过努力可望实现，又不能订得过高，要留有一定的余地。

（5）要注意各种计划的纵横关系。制订的计划在层次、时间、类别、指标之间要相互衔接、协调、保证和促进。此外，还应使计划中的运力与运量，生产任务与设备能力及劳动力、原材料、燃料、动力供应之间取得平衡。

（6）制订实施计划的保障措施。仅有一个高质量的计划还不够，为使所订计划能付诸实施，还须制订出能保证计划实现的切实可行的有力措施，并做好落实工作。

第二节　公路客运市场调查

随着客运市场的不断开放和发展，消费者对客运产品开始拥有比较和选择的条件与可能。客运对象在空间上分布的广泛性，决定了客流在流量、流向、流时等方面的变化较大，这种供需双方的复杂性决定了客运市场的复杂性。在这种环境下，作为客运企业的经营者，如果不了解本企业所处的客运市场情况，不了解顾客需求和其他客运企业的实力，就会盲目发展和经营，造成企业经济效益下降。因此，企业必须树立市场观念、服务观念，注重市场调查，了解市场信息，摸清市场变化规律，发挥本企业的优势，提供适合需求的客运产品。

一、客运市场调查的概念与意义

客运市场调查是指为了了解客运市场的动态特征，运用科学的方法和手段进行系统地收集、记录、统计和分析有关客运市场的需求状况及发展趋势、客运流量、流向及时空分布规律的一系列活动的总称。

客运市场调查的结果可以为客运市场预测和某类决策提供依据。从宏观上来看，它对于交通运输主管部门摸清实情，编制交通运输事业发展规划，引导运输经营者正确地展开经营活动，提高交通运输的管理水平，促进客运及整个运输业及国民经济协调发展均具有重要意义。从微观上来看，它有利于客运企业（或经营者）发现经营机会，改进客运组织工作，提高客运服务质量，增强市场运输供给等。

二、客运市场调查的主要内容

1. 市场需求调查

市场需求调查主要就是客源调查，具体包括以下几个方面内容：

（1）本地区自然条件、行政区划的划分及政治、文化教育事业等发展情况；

（2）城乡人口的数量、构成、分布状况及近年来的变化情况；

（3）农业生产和劳动力的安排情况；

（4）旅游景点的分布及吸引旅客的情况；

（5）居民收入、消费水平及不同职业、不同年龄、不同性别的人员出行频率、出行时间、出行目的及对公路客运的要求；

（6）客流波动的程度和季节性变化规律及特殊情况（节假日、旅游旺季、大型文体活动等）的要求；

（7）营运区域内工农业生产、人民生活改善的近、远期规划以及对交通运输的需求；

（8）目前运行线路上班车里程利用、座位利用率及经济效益等方面情况。

2. 市场供给调查

市场供给调查是对相关客运企业供给及本地区范围内客运服务现状满足客运需求程度的调查，主要包括以下几方面内容：

（1）本地区各种运输方式的运力规模、运输量及服务质量；

（2）其他公路客运企业的经营方式、运力构成、生产结构、技术水平等现状及发展趋势；

（3）本企业在客运市场中所处的地位和市场占有率；

（4）乘客沿线乘行起终点调查，用以获取下述资料：某线路各停车站间对应客运量、各路段客流量、各停车站点乘客集散量、路段或路线的车辆满载情况以及客流沿不同乘行方向的分布等。

（5）客运服务质量调查，包括旅客的满意程度、意见反馈等。

三、客运市场调查的程序与步骤

客运市场调查内容多、涉及面广，是一项非常细致而复杂的工作。为了有效地进行这项工作，必须加强组织，合理安排调查程序。不同类型的调查，由于目的、要求、调查范围及具体内容不一样，调查程序也不尽相同，但从基本方面看，大致可以分为准备、实施、总结三个阶段（见图 12.1）。

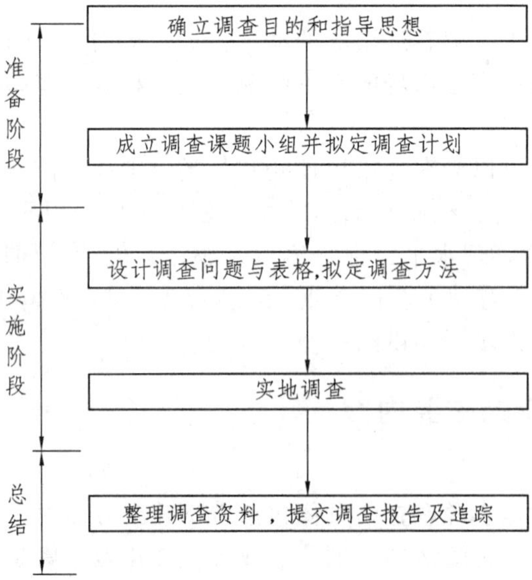

图 12.1　客运市场调查程序与步骤

1. 确立调查目的和指导思想

客运调查的第一步工作就是调查活动的组织者在初步分析情况基础上明确调查目的，即回答为什么调查或调查后取得那些资料的问题。明确了调查目的之后要确定调查工作的原则，也就是调查的指导思想。

2. 成立调查课题小组并拟定调查计划

为了使调查工作有计划、有组织地进行，必须成立调查工作小组，并由调查小组提出调查的内容、项目、时间、方式、步骤安排、资料来源、范围、完成期限、日程安排、经费等相关计划。

3. 设计调查问题与表格，拟定调查方法

完成调查内容的关键是设计好调查问题。这些问题的范围不应超出调查目标所限定的范围，并在此基础上，针对每个问题或同类问题设计调查表格。

4. 实地调查

实地调查除了按拟定计划进行外，应注意研究和处理调查过程中出现的各种问题，及时制定解决问题的方法。同时，应注意调查工作的进展情况，做好控制工作。

5. 整理调查资料，提出调查报告及追踪

对调查获取的资料分门别类地分析和编辑整理，审查资料间的偏差及是否存在矛盾，并形成专题意见。编写调查报告，说明调查目的及其达到的程度、采用的调查方法、调查结果分析、发现的问题，提出结论性建议，追踪调查报告，调整调查方法。

四、调查的类型

1. 按市场调查的性质和目的分类

根据市场调查的性质和目的，可将市场调查分为以下四种类型：

（1）探询性调查，当企业对要调查问题所涉及的范围尚不明确，在正式调查之前，为找出问题症结，确定调查重点而进行的调查；

（2）描述性调查，是对某些专门性问题进行事实资料的收集、整理，把市场的客观情况如实地加以描述和反映；

（3）因果性调查，是为了搞清市场某一现象的原因和结果之间变量相互关系及其关联程度而进行的专题调查；

（4）预测性调查，为预测未来市场发展趋势而做的调查。

2. 按市场调查的对象和特征分类

根据市场调查的对象和特征不同，将市场调查分为以下四种类型：

（1）普遍调查，对客运市场供应、销售等的一次性全面调查；

（2）典型调查，为探索普遍性规律，研究并提出对同类问题的解决措施而选取有代表性的对象而进行的调查；

（3）重点调查，为解决运输企业中存在的主要问题或个别的特殊问题而进行的深入调查；

（4）抽样调查，指客运企业根据自身需要从调查对象中抽取一部分样本进行的调查。

五、调查方法

客运市场调查常用的形式有：

（1）询问调查，系指深入运输需要者中进行调查，其优点是灵活性强、内容全面、可信度高、答案回收率高，效果一般较好。但其缺点是投入调查人员多、费用高、时间长、速度慢。

（2）路旁调查，指调查人员站在调查路段旁边，拦截车辆或乘客的调查。其优点是直接性强，调查速度快，有利于提高调查质量。但缺点是不宜得到被调查者配合，常要有交通警察等人员协助，且调查人员工作条件差，比较辛苦。

（3）站点调查，指调查人员在固定车站（线路停靠点）进行的调查，其优缺点类似于路旁调查。

（4）跟车调查，指调查人员跟随乘客上车在车厢内进行的调查，其优缺点与上述两项调查相似。

（5）巡视调查，指调查人员驱车前往调查区域，沿途察看、察访进行的调查。其优点是速度快、费用低、投入人力少，缺点是不够深入，资料可信度不如前几种调查方法。

第三节 旅客运输计划

公路旅客运输计划是根据过去一个时期内完成任务的历史实绩和充分考虑到将来的运输需求（客运量、人们的出行意愿等）后，在对今后一个时期的旅客运量做出科学预测的基础上，制订的运力与运量协调等方面的计划，它可以被看成是平衡旅客运量与运力的一项措施。

公路旅客运输有许多环节，如准备客车、组织旅客上下车、客车运行等，旅客运输计划则能把旅客运输服务的各个环节紧密地组合在一起，保证各环节井然有序地协调运作。这种计划一般用指标表示，但同时需辅之以必要的文字说明。指标通常反映计划期的工作量，定量地明确要实现的目标；文字说明则提出具体的要求和实现计划应当采取的措施。

旅客运输计划包括旅客运输量计划、客车运输计划和车辆运用计划三部分。

一、旅客运输量计划

旅客运输量计划是运输企业对将来一定时期内运送旅客数量和完成旅客周转量所做的安排。在计划期将要完成的旅客运输量，可采用多种方法来预测，或以一、二级车站为基本计划单位，先确定各车站运输量计划，然后汇总出整个企业的计划数值。客运车站的旅客运输量计划可分三部分计算：

（1）始发站旅客运输量。这是从始发站乘车的旅客数量和周转量。

（2）中途旅客运输量。在营运范围内各条班车线路中途各站乘车的旅客数量和周转量。联运中转旅客人数，也应计划在相应的车站运输量中，既有过路车又有始发车的车站要汇总计划。

（3）停靠点（招呼站）的旅客运输量。一般在低等级公路上运行的客车可随时停靠让旅客上下，因此，也会产生相应的旅客运输量。

旅客运输周转量计划值可按下式计算：

$$P = QL = \sum Q_i L_i$$

式中　P——计划期的旅客周转量（人 km）；

Q——计划期的旅客运输量（人次）；

L——旅客平均运距（km）；

Q_i——某条线路或车站计划运送人次数；

L_i——对应于 Q_i 的旅客运距（km）。

计算旅客运输量计划值时，要根据挖潜的措施和目标，先确定可以达到的车日行程、实载率等有关经济技术指标，然后按照下式进行计算：

$$\text{旅客周转量} = \text{计划期平均车座数} \times \text{计划期日平均车数} \times \text{计划期日历天数} \times \text{计划期工作率} \times \text{计划期实载率} \times \text{计划期车日行程}$$

$$\text{客运量} = \frac{\text{旅客周转量}}{\text{计划期平均运距}}$$

当运力暂时大于运量时，要对各条线路逐条研究，分析多余的原因，检查是否有运力安排不足的情况及已有公路而未通班车的问题，经过周密考虑及研究，努力使建制内营运客车都能发挥作用，更多地完成旅客运输量。

二、客车运输计划

客车运输计划是运输企业客车运输能力的计划，也称运力计划，是实现旅客运输量计划的物质保证。运力计划以客车的种类、数量、座位数实际保有及增减变化情况为具体内容，详见表 12.1。

表 12.1　客 车 运 力 计 划 表

<table>
<tr><td colspan="3">车　　型</td><td></td><td></td><td></td><td></td><td>合　计</td></tr>
<tr><td colspan="3">标准座位</td><td></td><td></td><td></td><td></td><td></td></tr>
<tr><td rowspan="2">年初</td><td colspan="2">客 车 数</td><td></td><td></td><td></td><td></td><td></td></tr>
<tr><td colspan="2">座 位 数</td><td></td><td></td><td></td><td></td><td></td></tr>
<tr><td rowspan="8">年内增加（+）减少（–）概况</td><td rowspan="2">一季度</td><td>客车数</td><td></td><td></td><td></td><td></td><td></td></tr>
<tr><td>座位数</td><td></td><td></td><td></td><td></td><td></td></tr>
<tr><td rowspan="2">二季度</td><td>客车数</td><td></td><td></td><td></td><td></td><td></td></tr>
<tr><td>座位数</td><td></td><td></td><td></td><td></td><td></td></tr>
<tr><td rowspan="2">三季度</td><td>客车数</td><td></td><td></td><td></td><td></td><td></td></tr>
<tr><td>座位数</td><td></td><td></td><td></td><td></td><td></td></tr>
<tr><td rowspan="2">四季度</td><td>客车数</td><td></td><td></td><td></td><td></td><td></td></tr>
<tr><td>座位数</td><td></td><td></td><td></td><td></td><td></td></tr>
<tr><td rowspan="2">年末</td><td colspan="2">客 车 数</td><td></td><td></td><td></td><td></td><td></td></tr>
<tr><td colspan="2">座 位 数</td><td></td><td></td><td></td><td></td><td></td></tr>
<tr><td rowspan="2">全年平均</td><td colspan="2">客 车 数</td><td></td><td></td><td></td><td></td><td></td></tr>
<tr><td colspan="2">座 位 数</td><td></td><td></td><td></td><td></td><td></td></tr>
</table>

除表中反应的运力外，还需做如下说明：

（1）年初车辆及座位数统计来源（部门和截止时间，时间一般为上年末）。

（2）客车或座位增减数说明。增加数一般包括购置的新车、外单位调入的客车以及原客车经过改装增加的数字。减少数包括国家征用、调拨给外单位、客车报废以及经过对原有客车改装后减少的客车及座位数。

（3）年末客车及座位数计算方法。该数是按计划期客车及座位减少或增加后的实有数计算而得。

（4）全年平均客车数和座位数是根据年初数和增减情况进行计算的，计算公式如下：

$$平均客车数=\frac{计划期总营运车日数}{计划期日历天数}$$

$$平均座位数=\frac{计划期总营运车座日数}{计划期日历天数}$$

一辆营运客车列入计划一天称为一个营运车日，因此营运车日可用营运客车数与列入计划的天数乘积来计算。而营运客车的一个座位列入计划一天就为一个车座日，相应的营运车座日是指营运客车座位数与列入计划天数的乘积。

三、车辆运用计划

车辆运用计划是衡量运力和运量平衡程度的主要依据，它能表征运输企业全部营运客车运输能力的利用程度，其主要指标有：

1. 营运速度

营运速度是指车辆营运的平均速度，可用车辆行驶里程除以出车时间来计算，即：

$$营运速度=\frac{计划期总行驶里程}{同期总出车时间}$$

营运速度的计划值，一般参考往年实绩、技术速度和出车时间利用系数等确定：

$$营运速度=技术速度\times出车时间利用系数$$

2. 车日行程

车日行程是提高车辆利用率和运输效率的重要指标，是指车辆平均每一个工作日行驶的里程，可用下式进行计算：

$$平均车日行程=\frac{总行程}{工作车日数}\quad（km/（车日））$$

车日行程计划值，可根据历史统计数据、运行计划及可能的营运速度等资料确定。

3. 总行程

总行程是指车辆在一定时期内行驶的公里总数，也称总车公里，其计划值等于平均车日行程与计划期工作车日之乘积，按下式计算：

$$总行程=平均车日行程\times工作车日$$

4. 车辆完好率

车辆完好率是表明营运车辆完好程度的指标，是提高运输生产率和降低成本的基本条件。完好率高，车辆的利用程度也就有可能高，车况不好、修理频繁、保修车日多，就会影响车辆完好率的提高，其计算公式为：

$$车辆完好率(\%)=\frac{完好车日数}{总车日数}\times 100\%$$

式中　完好车日数是指营运车辆处于技术状况完好的日数。

车辆完好率计划值是根据车辆技术性能、运用情况、保修能力等方面的工作水平确定的。

5. 车辆工作率

车辆工作率是表明完好营运车辆利用程度的指标，车辆工作率愈高，说明完好车辆利用得越好，车辆效率也就发挥得越充分，可用下式计算：

$$车辆工作率(\%)=\frac{工作车日数}{总车日数}\times 100\%$$

式中　工作车日数是指完好营运车辆出车工作的车日数。

由于完好车辆不一定每天都出车，因此，工作率一般小于完好率，但相差不要太大，如超过 5% 时，通常被认为是不正常的现象，说明运力没有被充分利用。二者相等时的工作率为最高值。

车辆工作率计划值，需根据以往实绩、运输任务和驾驶员配备等情况确定。

6. 载客量利用率

载客量利用率是表征车辆载客能力利用程度的指标，以周转量占载运行程载客量的百分比来表示，即：

$$载客量利用率(\%)=\frac{周转量}{载运行程载客量}\times 100\%$$

式中　载运行程载客量 = 额定座位 × 载运行程。

载运行程载客量计划值可根据车辆额定座位和载运行程计划值计算。载客量利用率计划值是根据客流预测、营运方式、组织形式等有关因素和历史实绩研究确定的。

当计划期载客量利用率和载运行程载客量确定后，就可用下式计算求得计划周转量，即：

$$计划周转量=载运行程载客量\times 载客量利用率$$

7. 里程利用率

里程利用率是表征里程利用程度的指标，以载运行程占总行程的百分比表示，即：

$$里程利用率(\%)=\frac{载运行程}{总行程}\times 100\%$$

里程利用率计划值，需根据所掌握的旅客流量、流向资料为依据，并分析以往实绩后确定。载运行程计划值，可根据总行程和里程利用率计划值求得。

8. 实载率

实载率是表征里程利用程度和载客量利用程度的综合指标，等于里程利用率和座位利用率的乘积，即：

$$实载率(\%)=里程利用率\times座位利用率=\frac{周转量}{总行程载客量}\times100\%$$

实载率的计划值可根据计划期有关指标、预测客流及以往实绩计算求得。注意不能定得太高，一般不要超过 85%。

9. 单车产量

单车产量是综合反映生产效率的指标，可用下式计算：

$$单车产量=\frac{计划期周转量}{周期平均运营车数}$$

编制车辆运用计划时，应根据有关资料在编制运输量计划和运力计划的基础上，合理制定各个指标的计划值，不能孤立地盲目追求某一个高指标，只有这样才能指导车辆的有效运用。

车辆运用计划的主要内容见表 12.2 所示。

表 12.2 车辆运用计划

指 标	单 位	上年度实 绩	本年度计划					计 划 与实绩比较（+）（−）%
			全 年	一季度	二季度	三季度	四季度	
平均营运车数	辆							
总座位	座							
总车日	车日							
车辆完好率	%							
车辆工作率	%							
营运速度	km/h							
平均车日行程	km							
总行程	km							
实载率	%							
里程利用率	%							
座位利用率	%							
旅客平均运距	km							
客运量	人次							
旅客周转量	人 km							
单车产量	人 km							

本章小结

本章讲述了运输计划的种类及编制原则，介绍了客流调查的概念、意义、调查内容、调查步骤以及调查方法；阐述了旅客运输计划的主要内容及其制定依据。

思考题

1. 公路运输计划有哪些种类？
2. 公路旅客运输计划的编制原则是什么？
3. 试述客运调查的内容、步骤以及调查的方法。
4. 试述公路旅客运输量计划、客车运输计划和车辆运用计划的具体内容、计算方法及制定依据。

第十三章 公路客运营运管理和效益评价

学习目的：了解公路客运的营运方式、客运班次及客运班次时刻表的作用，运输作业计划的形式、编制依据及编制要求，稽查管理工作的内容，评价工作的概念及种类。理解运行调度工作的主要内容，公路旅客运输工作的效益评价指标。掌握公路旅客运输组织方式，客运班次时刻表的编制程序，运输作业计划的编制程序及编制方法，层次分析评价方法的基本原理及分析步骤。

第一节 客运营运方式及旅客运输组织方式

一、营运方式

由于旅客的年龄、职业、收入等有别，旅行目的、旅行距离也不尽相同，因此，他们对旅行条件的要求也会有一定差别。公路旅客运输要尽可能采用不同的营运方式来适应不同旅客的旅行需要，没有固定的线路和班次，一切根据实际情况临时安排。

目前公路客运部门主要采用的营运方式有：长途直达客运、城乡短途客运、普通客运、旅游客运、旅客联运和包（租）车。其中长途直达客运、城乡短途客运、普通客运又属于班车客运。

1. 长途直达客运

这是在运输距离较长的线路上，在起终点之间不停靠，或仅在大站才停靠的旅客运输方式。该种方式主要用于跨省、跨区的长途干线上的旅客运输，一般情况下，当直达客流量大于客车定员的 60% 时，可考虑开行直达列车。

高等级公路上的长途直达客运，可以不配乘务员，旅客上下由停靠站组织。担任该种运输方式的客车，要做到车容整洁，车况良好，要尽可能提高旅客乘坐的舒适性和车辆行驶速度。

现在行驶在高等级公路上的长途直达客运班车上，无论班车中途停靠与否，有的已配一名乘务员负责上下车引导、饮料分发、录像放映等。这也是现代公路运输的新要求。

2. 城乡短途客运

开行在城乡线路上的客车，需要在沿途各站频繁停靠，因此，为方便随车售票，组织招呼站旅客上下车，这种营运方式的客车上通常配有乘务员。用于该种方式的客车，除有一定数量的座椅外，还应保留一定的站位和放置物品的空间。

3. 普通客运

这是普遍采用的客车营运方式，该方式的客车在沿线主要站点都停靠进行服务作业。当直达客流不多，区间客流占班线客流的 80% 以上时，一般采用该种运输方式。普通客运可与直达客运在客流量较大的干线上共运，相互配合，以满足不同旅客的需要。普通客运班车上可以配乘务员，但不强求统一。

4. 旅游客运

旅游客运是以运送旅游者游览观光为目的，线路有一段位于名胜古迹、风景区等旅游景点的一种营运方式。旅游客运形同班车客运，一日（或数日）旅游客车只能从始发地载客全程往返，在中途和终到地不得补充客源。该种客车通常对舒适性要求较高，而且车型不能单一，应备有较高级的大、中、小型客车，以满足不同旅客的需要，甚至在可能的条件下应配备导游人员。

5. 旅客联运

随着人们生活水平的提高，旅客对运输质量的要求也越来越高，在长距离运行中，充分发挥各种运输方式的优势进行多式联运，已经成为旅客运输发展的一种必然趋势。这里说的旅客联运正是为选用多种运输方式旅行的旅客提供公路旅行服务而开办的特有方式。实际上这种方式兼有以上各种方式的特点，但更应该考虑到各种运输方式的衔接，方便旅客换乘，减少旅客中转换乘时间。同时，还应该做好市场营销工作，有效地组织客源。

6. 包（租）车

这是为有关单位或个人集体选择公路旅行提供方便而采用的营运方式，其主要服务对象是机关、企事业单位集体外出学习、游览的职工。包（租）车可根据具体情况分为计时和计程两种：所谓计时包（租）车是指按包用时间进行计费的包车方式，而计程包（租）车则是按行驶里程计费。具体采用何种形式，应根据包（租）车实际将要行驶的线路情况、使用者的要求等灵活处理。

二、旅客运输组织方式

公路客运除了特殊需要的旅客包车外，通常都是以定时客运班车的方式组织旅客运输。具体地说，班车客运的运输组织方式涉及公路客运网点设置、公路客运站组织形式、公路客运行车组织方式几个方面。

（一）公路客运网点设置

1. 班车客运的营运线路组织管理

在我国，班车客运营运线路由运输行业管理部门根据旅客流向流量、运力及道路等情况进行统一管理、统筹安排。公路客运企业或个体运输业经营旅客运输的线路或区域，应分别报县以上运输主管部门审查批准。

为调控客运市场、调整运力布局，在营运线路管理方面，近年来有些地区实行了线路有偿使用，使在热线、冷线上运营的经营者处于一种公平竞争的地位。

2. 客运站点布置

客运站点是集散旅客、停放车辆，直接为旅客及运输经营者服务的场所。客运站点的布局规划关系到整个客运网点的布局，一般由运输管理部门统一规划。客运站点设置的原则主要有：① 方便旅客的集散和换乘；② 布局合理，列入城市建设的总体规划；③ 衔接其他运输方式，车辆流向合理，出入方便；④ 具备足够的场地，并留有发展的余地。

随着综合运输的发展，客运站点的布局越来越重视与其他运输方式及城市公共交通的衔接，国外有些城市客运站与铁路、地铁、城市公交一起构成立体的换乘枢纽。

（二）公路客运站组织形式

1. 公用型客运站

公用型客运站指专门经营客运服务，向全社会开放，自主经营，接纳各种定线客运班车的客运站。公用型客运站一般为站务公司建制，实行站运分营，专门为运输企业及个体运输户提供站务劳务服务、车辆到发场地及其他辅助服务，从运输收入中收取（相应比率）服务费和场地费。

2. 自用型客运站

自用型客运站指运输企业兴办的专为自有客运车辆办理客运业务的客运站，即实行站运合一的组织方式。大型客运企业和客运企业集团在自己的运营区域范围内可建有客运站点网络系统，实行规模化经营，并可为车辆及人员提供辅助服务。

（三）公路客运的行车组织方法

1. 直达行驶法

直达行驶法是指每辆客车装载旅客由起点经过全线直达终点，旅客下车后再组织旅客乘车或空车返回，即旅客中途不换车。采用直达行驶法时，因车辆在路线上运行时间较长，为保证驾驶员的休息和行车安全，驾驶员每天的工作时间不应该超过 8 h。

驾驶员的工作制度可根据具体情况采取以下几种方式：① 单人驾驶制，车辆在整个周转时间内，由一个驾驶员负责和照管，在整个周转结束后，在路线起点驾驶员换班。② 双人驾驶制，车辆在整个周转时间内，由两个驾驶员轮流驾驶。③ 换班驾驶制，车辆由一组驾驶员共同照管，每个驾驶员负责担任一个固定路段的驾驶任务，换班后再休息。

2. 分段行驶法

分段行驶法是指将客运全线适当分成若干段（称区段）。每个区段具有固定的车辆工作，在区段的衔接点，旅客由前一个区段的车辆换乘到下一个区段的车辆，每个区段车辆不出本区段工作。

由于采用分段行驶法时，在路段衔接处旅客需要换车，增加旅客在途的时间，并使旅客感到不便，从而可能导致部分旅客放弃乘用公路汽车出行，使公路客运汽车的工作效率降低，因此，在大多数情况下，公路客运的行车组织方式都是采用直达行驶法。

第二节 客运班次计划

客运班次计划是客运服务活动有秩序进行的重要基础工作。它是根据客流调查，掌握了解各线、各区段、区间的旅客流量、流向、流时的基本规律，结合企业的客运能力，确定营运线路、客运班次、停靠站点、编排班次发车时刻的计划，并要对外公布。

客车运行组织工作，主要包括确定客运班次，编排行车路牌，编制单车运行作业计划、调度工作以及保证安全正点运行等，它是搞好公路旅客运输的关键。

一、客运班次

旅客可根据旅行目的，按照车站公布的班次情况，确定乘车路线，选择适合的班次购票。由此可见，客运班次计划不但是车站提供旅客安排旅行的依据，也是车站完成旅客运输任务和企业客运生产计划的一项重要的基础性工作。班次安排得好，既可使旅客来去方便，省时省钱，又使客车不至于超载和空驶，获得最高的效率，保证生产计划的完成；反之，旅客麻烦，车辆效率低，运输生产计划也完成不好。

客运班车的运行按客车班次时刻表进行，因此，客运班次，不仅是为旅客服务，也是企业组织客运生产所必须的。班次一经公布，不要变更频繁，除冬夏两季为适应季节客流变化需进行调整外，应竭力避免临时变动，更不要轻率地停开班次、减少班次或变动行车时刻。

客运班次主要包括行车路线、发车时间、起讫站、途经站及停靠点等。安排班次通常要考虑下列因素：

（1）旅客流向规律。这是确定班次起讫地点和中途停靠站点的依据，凡有条件开行直达班次的就不要中途截断而分成几个区间班次，以减少旅客中转换车次数。充分考虑到始发站及中途站旅客乘车的需要。

（2）旅客流量大小。这是安排班次多少的依据，如遇节假日以及会议、交流等活动，客流突然增长，要及时增加班车或提供包车等业务。

（3）旅客流时规律。例如，农村公共汽车要适应农民早出晚归的习惯。当要经由其他线路、其他班次或火车、轮船中转的旅客很多时，各线班次安排要考虑到相互衔接，还要与火车、轮船和飞机的开、到时间相衔接。

（4）运力、车站和道路条件。在确定客运班次时刻表时，要注意与客运能力相适应。一个班次发出的车辆数，要与车站的车位数相协调。班次与车型、车型与道路条件要相符合。

此外，安排班次时刻，还要考虑到车辆的运行时间，旅客中途膳宿地点，驾驶员作息时间以及有关站务作业安排。

以上各种因素，或互相制约，或顾此失彼，因此很难面面俱到，只能分清主次，抓住主要因素。所以，班次安排工作，不但很重要，而且也极为细致复杂。

制定客运班次时刻表还应遵循以下主要原则：

1. 方便旅客到发

客车到发时刻应尽可能符合日常生活作息时间，通常情况下，班次的始发时刻不宜过早，到达时刻不应过晚。班次经过沿途大站时刻，还应便于旅客的中转和换乘。同一方向上有两趟以上班车到达某站时，到发时间应前后错开。组织双班客运时，夜间班次尽可能组织直达运输，一般采取傍晚始发、清晨到达为好。

对于运距不太长的区内客流，为了便利旅客当天往返需要，可合理安排对开班车的时刻，保证有适当的间隔时间。

农村短途班车的发车时刻要照顾农民早进城晚归乡的特点，以班车夜宿的农村作为始发站点发车。这样，既方便农民，又可提高车辆效率。

2. 班车到发时刻应相互衔接和配合

客车班次时刻的衔接配合，通常有长途班车与长途班车、长途班车与短途班车、汽车客运班车与其他运输方式等三种衔接配合情况。

长途班车应尽可能组织直达运输，要与住宿点相配合，一般情况下，要求发车时间早，中途停靠站点少。在运距适宜（一般半天之内的行程）的情况下，长途班车时间的衔接配合应能保证旅客从一个方向换乘另一个方向当天到达目的地。

长途班车与短途班车的衔接配合，要便于旅客往返于城镇和乡村之间，避免过长的等待时间（甚至需要过夜住宿）。长途班车与短途班车不运行于同一条线路上时，短途班车应提前到达旅客换乘站，并在长途班车到达换乘站之后返回。这种衔接配合如图 13.1 所示，常见于干线与支线上的客运班车。

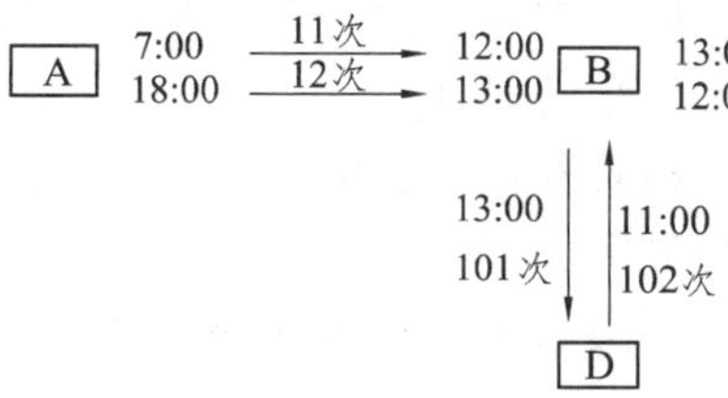

图 13.1　长、短途班车衔接配合图

当长途班车与短途班车运行于同一线路上时，应根据短途客车班次数量多少来决定衔接配合的时刻，此即直达与区间班次的相互配合关系。如短途班次较多，则最好在长途班次经过大站的前后，各并一次短途班次［见图 13.2（a）］。如短途班次较少，且某一线路的上下行客流很不均衡，则可优先保证大流量方向的客流相互衔接配合，为多数旅客提供方便，当长途班车换乘短途班车的旅客居多时，其班车衔接配合的情况如图 13.2（b）所示。

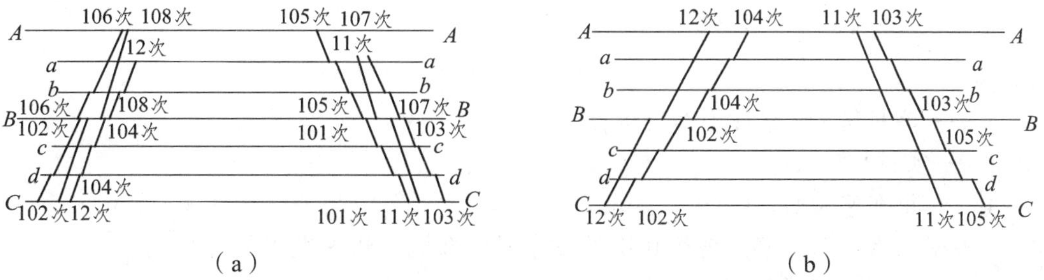

图 13.2　长、短途班车衔接配合图

高峰班次要适应一定时间内高度集中的旅客乘车需要，班次密度要大，同班次发出车数要多。同一线路各班次之间和多线路各班次班车在重合线路上运行时，要彼此保持一定的时间间隔，要根据客流情况、车辆速度、在途运行时间、中途食宿、站务作业的条件等因素，均衡地安排发车时间，避免车站旅客过分集中。

注意干线与支线、直达与区间班次的相互配合。

汽车常为火车、轮船承担旅客的集散任务，因此，合理安排客运班车与其他运输工具到、开时间的相互衔接，对提高旅客服务质量尤为重要。

3. 班车时刻表与客运站站务工作应协调

班车到站后或离站前，需要完成旅客上下和行包装卸等作业，因此，应保证客运站有足够的作业时间。安排客车在站停留时间，必须充分考虑到车站客运作业的项目及完成这些作业所需要的时间，从而保证车辆运行和站务作业两不误。

此外，为维持客运站的正常工作秩序，车站的到发班次不宜过于集中。在始发站和终点站尤其要注意这个问题，以便保证站务作业的均衡性。

二、班次时刻表的作用

班次时刻表是营运客车运行安排的对外表现形式。它向旅客提供客车运行的线路区段、运行的客车数及客车的序号（即车次）等方面的情况。班次一经确定，即可制定班次时刻表（也称发车时刻表），报请主管部门批准后对外公布，并贯彻执行。它的主要作用是：

（1）为旅客确定旅行计划提供参考意见。

（2）为制定客车运行作业计划提供依据。客车班次时刻表是运行作业计划编制时必须参考的条件，也是调度员安排当班客车有序出车的保证。

（3）明确规定了车站组织、安排站务和乘务作业的中心工作，班次时刻表无形中起着组织和调配站上、车上工作人员协调工作的作用。

（4）提高车辆利用率。可按计划时间汇集旅客，稳定或提高客车的实载率，充分发挥客车效率，提高运输经济效益。

三、班次时刻表的编制程序

对计划内班线、班次、时刻安排的班次时刻表，要本着方便旅客上下、转乘、途中食宿、及时运送、经济合理的原则进行编制。其具体编制程序如下：

（1）根据旅客流向，确定要开办客运的营运线路和起止终点。

（2）根据旅客流量，确定各线路需要安排的班次数（b）：

$$b = \frac{q_{li}}{q_0 \varepsilon} \tag{13.1}$$

式中 q_{li}——该月份 i 线路日均客流量；

ε——实载率（%）；

q_0——每车座位数。

（3）根据旅客流时，确定各个班次的发车时间及同一班次发出的客车数。

（4）为每个车次编代号。

（5）根据上述资料，编制班次时刻表报主管部门，批准后正式公布实行。

相对稳定的班次时刻表不仅有利于企业客运工作的正常进行，而且也能为乘客旅行提供方便。当然，客车班次时刻表为了适应季节和气候变化的需要，也应做季节性的变动。此外，由于客流变化、班次增减、线路改道等原因，班次时刻表也可作相应的变更。无论何种原因需要改变班次时刻表时，均应按照一定的审批程序上报上级主管部门，并事先发出布告。

第三节　运行作业计划

运行作业计划是客运班次计划的继续，它是有计划地、均衡地组织企业日常运输生产活动，实现企业运输生产计划的基础，建立正常运输生产秩序的重要手段。客车运行作业计划的主要任务，一方面把车主、车站和车间以及有关职能科室有机地组织起来，协调一致地开展工作，即将客运班次计划中所规定的各项任务及各项指标进行分解，落实到车站（车队）配属的单车计划，保证企业生产计划能够保质、保量地如期完成；另一方面，企业通过运行作业计划，实现在一定时间和空间范围内，对运输活动的具体组织与管理，使工作的各环节衔接、相互配合，力求不断提高运输效率，保证企业按期均衡地完成运输任务，全面地完成各项技术经济指标。

客车运行作业计划规定了每辆客车在计划期内所要完成的运输任务（客运量、旅客周转量）、运行的线路、担任的班次和要达到的效率指标及保修安排等，因此，它又是组织客车按班次运行和按保修计划进出厂（场）保修的综合性计划有节奏进行的必要手段，也是建立客运工作正常秩序，实现客运计划的重要条件。

一、运行作业计划形式

客车运行作业一般编制月度计划，因为计划期如过长，会因情况变化大、干扰因素多而失去指导意义；过短则不仅会增加编制计划的工作量，而且会因计划经常变动而打乱正常工作秩序，失去指导生产和工作的意义。但具体情况仍可采用灵活处理。通常可根据其间隔期的长短，大致划分为以下几种：

1. 长期运行作业计划

这种形式适用于经常性的运输任务，其行驶线路、起讫地点、运送旅客数量比较固定的地区。计划周期有半月、一月不等。质量较高的作业计划，还可对发放班次、到开时刻、作业内容等做出具体规定。这种计划编制工作量不太大，但效果较好。

2. 短期运行作业计划

这种形式适应于起讫点多，旅客流向较多的地区，计划周期一般为 3 ~ 5 天。计划编制工作量较大，对调度水平也有较高的要求。

3. 日运行作业计划

这种形式适用于客源多变、临时性任务较多的地区。车辆的日运行作业计划编制频繁，工作量较大。

二、运行作业计划的编制依据

编制运行作业计划的主要依据是：

（1）月度旅客运输任务及车辆运用计划指标；

（2）月度客源调查资料；

（3）车辆技术状况及保修作业计划，据以确定车辆完好率和出车实力；

（4）车辆本期运行作业计划中的动态，尤其应注意期末动态，以保证作业计划的依次衔接和运输生产的顺利进行；

（5）车辆运行主要技术参数有：

① 站路，即沿办理客运业务两相邻站点之间的距离。

② 平均技术速度，即车辆实际行驶时的平均速度。

③ 途中技术作业时间，即按技术管理规程规定的要求，在运行途中停车进行技术检查的时间。长途运行时，还应考虑驾驶员的食宿等生理需要时间。

④ 作业时间定额，即由企业规定完成旅客上下所需要的时间。

三、运行作业计划的编制要求

（1）根据运力供应（车型、车数）和经营线路上的客流及道路情况等，按照各种车型的技术性能，对营运客车进行合理安排，确定所要担任的线路班次，制定客车运行周期表。

（2）根据班车线路长短，注意客车的循环使用和长短途班次的有机结合，采用以长挂短的套班方法，以便充分发挥客车的利用效率，从而节约运力和能源。

（3）安排运力要适当留有余地，以备顶替脱班客车和驳运抛锚客车，也可承担包车或其他临时性任务。

（4）要与车辆保修计划相协调，同时考虑到客车的运用和保修安排，确定客车在运行作业计划期内要保修的内容、日期和占用的车日。当运行周期暂时中断时，要安排好顶班客车。

（5）要与企业年度、季度及月度的生产计划和经济技术指标及班次计划保持一致，落实到单车后的汇总数一般应略大于分月计划，以防因出现特殊情况，影响整个计划的完成。要杜绝采取绝对平均的方法，落实单车计划切忌不分车型和座位，不区别具体情况而下达同样的任务，要通过单车计划保证企业运输计划和效率指标的完成。

四、运行作业计划的编制过程与方法

（一）确定运行作业计划客运量、周转量和配备客车数

确定运行作业计划客运量、周转量和配备客车数的依据是企业客运量计划和车辆计划。

（二）确定运行作业计划期完好车日、工作车日、总行驶里程和平均车日行程

确定运行作业计划期完好车日、工作车日、总行驶里程和平均车日行程的依据是客车运用计划所定的完好率、工作率、营运速度。计算公式如下：

$$\text{计划期完好车日数} = \text{计划期营运车日数} \times \text{计划完好率}$$

$$\text{计划期工作车日数} = \text{计划期营运车日数} \times \text{计划工作率}$$

$$\text{计划期总行驶里程} = \text{计划期营运速度} \times \text{计划期总出车时间}$$

$$\text{平均车日行程} = \frac{\text{计划期总行驶里程}}{\text{计划期工作车日数}}$$

（三）确定客车运行循环方式

客运班次确定后，就要安排车辆如何运行。对于几百公里的长途班次，一辆客车每天可能仅安排一个班次，而几十公里的区间车或农村郊区公共汽车，一天要安排较多班次。对属于本企业本单位经营分工范围内的全部班次，通过合理编配，可把全部客车班次分为若干个带有代号的班次组，使每个班次组成每辆客车运行一天的任务。通常把这种与每辆客车一天运行任务相对应的客车班次组称为循环代号。因此，循环代号数即为每天行驶各班次所需要的客车辆数。全部循环代号就包括全部班次。编排循环代号既要考虑充分发挥车辆效率，又要合理分配运行任务，考虑驾驶员的劳逸结合，并使各代号车日程保持相对均衡。各个代号的本日行程要大致相等，代号与代号要首尾相连，便于循环，使各单车均衡完成生产任务，调剂劳逸，也便于展开竞赛。

为此，要编制客车运行周期循环表，如表 13.1 所示。

表 13.1　客车运行周期循环表

序　号（路牌）	车次	起站	止站	开车时间	到达时间	距离/km	车日行程/km	午餐点	夜宿点
3052	1967	重庆	成都	15：45	19：45	360	720		
…	…	…	…	…	…	…	…	…	…

编制客车运行周期循环表，首先要确定客车运行周期循环。客车运行周期循环的方式主要有：大循环、小循环与定车定线三种形式。

1. 大循环运行

该循环运行方式适用于各线路道路条件相近、车型基本相同的情况。它是将企业所经营的所有线路班次统一编排成一个运行周期表，如表 13.2 所示，每辆客车均按表中确定的顺序运行。其优点是，每辆客车的任务基本相等，每个驾驶员都将参与营运区内任一班次的运行，无论长途还是短途，干线还是支线，劳动条件相同，车日行程接近，驾驶员的工作量比较均衡，易于安排任务，调度也较容易。不足之处是，循环周期较长，驾、乘人员频繁更换运行线路，不利于掌握客流及道路变化等情况，从而可能影响为旅客服务的效果，且对安全行车、节约燃料均有一定的影响。再则不同的车型在不同的运用条件下，其适应性也有很大的区别，难于充分发挥每一辆车的运输效率。而且采用此循环方式时，一旦某局部计划被打乱，就会影响整个计划的实行，并难于及时弥补。

表 13.2　客运班车运行表

××车站（车队）　　　　　　　　　　　　　　　年　　月

小周期编号	计划编号	班次起止站点	车次代号	营运方式	车日行程	安排车号

站长：　　　　　　　　　　　　　　　　　　调度员：

2. 小循环运行

在采用大循环方式不足时，也可将营运区的道路和运输条件相似的若干线路班次结合在一起，使每辆车安排在较小的区域内运行，从而形成小循环式的运行周期。在很多情况下，各小循环运行周期是某个大循环运行周期的组成部分。

一般来说，该方式在营运区域内各线路道路条件、车型等情况不同时采用。它是将企业劳动的班次分成几组，将各组班次编排成几个小运行周期，使用同类型客车在一定范围内循环的运行方式。其优点是有利于驾、乘人员对运行范围的线路和客流变化等情况了解和掌握，安全运行，服务良好，但缺点是有时客车利用效率较低。

3. 定线运行

该方式通常在营运区域内道路条件复杂或拥有较多车型时采用。它是将某一车型固定于某条线路上运行的方式，除了客车定线外，还可以实行以车定人、定任务。其优点是有利于驾、乘人员对运行线路客流变化等方面情况进行较详细地了解和掌握，有助于提高服务质量，而缺点是客车不能套班使用，从而影响车辆运用效率。

（四）确定初步方案

这需要编制《客车运行作业计划表》和《客运单车运行作业计划表》（见表 13.3）。

表 13.3 客运单车运行作业计划表

________车站（车队）

车 号		车 型		座 位	驾驶员姓名		
日 期	始发站名称	开车时间	到达站名称	到达时间	车次代号	运行里程	执行情况
1							
2							
⋮							
31							

调度员：　　　　　　　　编制日期：　　年　　月　　日

需说明的是，由于客车班车运行是连续进行的，因此，不但要求每一循环代号内各班次必须首尾相连，而且各循环代号间也要首尾相连，以保证客车循环运行。同时，客车班次分布于各线，而客车不能长期在外行驶，必须按期回队保养、修理。从而要求各循环代号不但保证能连续运行，还要能够按期返回车队。客车运行周期表就是按一定要求将循环代号加以组合，保证按运行、保养、修理的运用周期组织客车合理运用的客车运行计划表，它具体规定了一定时间内客车的运行线路。

客车的运行周期组织，可以采用上述的大循环、小循环和定线运行三种方式。

（五）征求意见与报批

初步方案确定后，要征求车站、车队和保修单位有关人员的意见，并根据意见修改后报上级部门审批。

（六）公布执行

对报批后的计划及时向驾驶员公布，使他们了解运行作业计划，并及早做好有关准备工作。

第四节　客车运行调度及稽查工作管理

调度工作是企业生产管理活动中一个非常重要的环节，其中最为核心的部分就是车辆调度工作，它不仅以车辆运行为中心，而且通过科学的运行作业计划，将企业内部各职能科室、车队、车站、车间等基层生产单位，连接成一个有机的整体；同时，保持与企业外港口、火车站、飞机场相衔接和配合。

车辆运行调度工作的任务是：通过汽车运输企业建立的各级调度机构，及时而全面地了解运输生产进程，并进行不间断地组织指挥和监督检查，正确处理生产中出现的各种矛盾，使各个生产环节和作业能协调地工作，在确保运输质量的前提下，争取完成和超额完成运输任务。

具体地说，客运调度工作是通过运行作业计划和调度命令，对营运客车进行的安排和管理。通过调度工作，可使客车在统一组织指挥下，按照一定的要求有序运行，把旅客安全、及时地运达目的地。因此，它是行车现场组织工作的基本内容和整个生产活动的中心环节。

一、调度机构

调度机构是运输活动的指挥中心。

目前，运输企业中的客运调度室（或类似机构）是代表企业执行指挥职能的机构，各地都实行集中领导、统一指挥、分级管理、逐级负责，各级调度均有权在计划和职责范围内调度客车运行，特殊情况时，还可采取紧急措施，实行计划外调度。

现阶段我国各地一般仍为三级调度，省（自治区、直辖市）运输（客运）公司总调度室或客运（业务）科为一级调度机构，地区级运输（客运）公司调度室或客运（业务）科为二级调度机构，客运车站（含客、货兼营站）及县级运输（客运）公司调度室（股）为三级调度机构。

二、调度工作的任务

调度工作的重要性客观上要求必须建立和健全以调度工作为中心的生产指挥系统，明确其承担的主要任务有：

（1）贯彻执行党和国家的方针、政策、法令以及有关交通运输的各项规定。

（2）参与班次时刻表和客车运行作业计划的编制，组织客车按计划运行，以便能事先对运行作业计划有所了解，并将历来对计划的实施、监督和检查过程中的经验教训用于指导运行计划的编制，从而使所编定的计划既切实可行，又能最大限度地提高客车的运用效率。

（3）做好运力和运量的平衡工作。该项任务要以保证运输任务的圆满完成为出发点，按照上级下达的旅客运输计划，根据车辆运行动态和技术状况，科学合理地调配车辆，预备足够的运力，安排好旅客运输工作，指挥客车有条不紊地运行，并随时监督和检查客运服务活动，及时处理发现的各种问题。

（4）根据旅客流量、流向、流时的变化及道路情况，及时组织人员调整运力，实现合理运输。工作中，要注意长短途、干支线班车的相互配合以及公路客运与其他客运方式的紧密衔接。

（5）深入调查研究。通过调查，掌握旅客对公路旅客运输的要求，全面了解各条公路上的道路、桥梁、涵洞、隧道、渡口等通过能力及使用情况，营运区域内的气象资料，明确有关情况后，对不合适的计划进行适当调整，对发现的问题及时处理，必要时修改运行作业计划，以减少客车运行的盲目性及由此而造成的浪费现象。

（6）按照上级主管部门的要求，积极参加当地临时性、紧急性的客运工作，完成节假日、抢险、救灾等方面的旅客运输任务。

（7）认真执行客车保修计划，保证客车严格按计划进行保养、修理，不因调度工作失误而使客车脱保失修，影响车辆技术状况，以致埋下事故隐患。

（8）加强对客车活动的指挥，建立健全客运调度值班制度。同时，加强劳动组织工作，运用行为科学理论来指导生产，充分调动广大职工的积极性和创造性。

（9）检查运输生产前的各项准备工作，协助和配合有关部门正常、有序、高效地工作。检查车辆运行作业计划的执行情况，发现问题迅速处理，努力缩短运输生产中断时间，保证运输生产的顺利运行。

（10）搞好资料积累和整理工作，确保客车运行的记录资料种类完备、数字准确。

班车调度令和客运调度值班记录分别见表 13.4 和表 13.5 所示。

表 13.4　班车调度令

________站　　　　　　　　　　　　　　　　　　年　　月　　日

<table>
<tr><td rowspan="3">停靠车位代号</td><td colspan="3">午</td><td colspan="3">午</td><td colspan="3">午</td><td colspan="3">午</td><td rowspan="3">备注</td></tr>
<tr><td colspan="3">时　分开车</td><td colspan="3">时　分开车</td><td colspan="3">时　分开车</td><td colspan="3">时　分开车</td></tr>
<tr><td>车次</td><td>到站</td><td>车号</td><td>车次</td><td>到站</td><td>车号</td><td>车次</td><td>到站</td><td>车号</td><td>车次</td><td>到站</td><td>车号</td></tr>
<tr><td></td><td></td><td></td><td></td><td></td><td></td><td></td><td></td><td></td><td></td><td></td><td></td><td></td><td></td></tr>
<tr><td></td><td></td><td></td><td></td><td></td><td></td><td></td><td></td><td></td><td></td><td></td><td></td><td></td><td></td></tr>
<tr><td></td><td></td><td></td><td></td><td></td><td></td><td></td><td></td><td></td><td></td><td></td><td></td><td></td><td></td></tr>
</table>

调度员：　　　　　　　　　　　　　　　　　　站长：

表 13.5　客运调度值班记录

<table>
<tr><td>日　期</td><td colspan="3">年　月　日</td><td>星　期</td><td>天　气</td><td></td></tr>
<tr><td>第一班</td><td rowspan="3">值　班
调度员
姓　名</td><td rowspan="3"></td><td rowspan="3">值
班
时
间</td><td colspan="3">自　时　分至　时　分</td></tr>
<tr><td>第二班</td><td colspan="3">自　时　分至　时　分</td></tr>
<tr><td>第三班</td><td colspan="3">自　时　分至　时　分</td></tr>
<tr><td>时　间</td><td colspan="5">记　事　内　容</td><td>记事人</td></tr>
<tr><td></td><td colspan="5"></td><td></td></tr>
</table>

三、行车路单

行车路单是记录驾驶员驾驶客车所要担任的班次任务，详细记载和反映客车运输量（含旅客及行包），燃、润料消耗，行驶里程等方面情况的单据，是计算客运各项技术经济指标的原始记录，是考核客车运输效率，进行经济核算，做好计算管理的重要依据。行车路单由调度人员签发，它也是所发出的行车命令。

行车路单的使用，是加强调度工作和搞好客车运行组织的有力手段，因此，加强行车路单管理对提高运输企业管理水平具有重要意义。行车路单的内容、格式，通常由各省（自治区、直辖市）运输（客运）公司或交通厅（局）统一颁发，主要的形式有矩形和梯形两种，其中又可分定线和通用两个类型。通用式由起运站及中途站填写到达站名，而定线式则按线路将各站名称一次印好，以便使用时减少填写到达站名工作量。行车路单是在班车执行任务时由调度人员签发作为派车依据的，严禁营运客车无行车路单担任班次进行营运。路单式样见表 13.6、13.7 和 13.8 所示。

（正面）

表 13.6　客运行车路单格式 1

车号		座位		××公司 客运行车路单 编号	车次		应发时间		实发时间	
驾驶员		乘务员			晚点原因					

时间		起站	正站	里程	运送旅客/人	运送行包/(公斤/件)	业务员签章	时间		起站	正站	里程	运送旅客/人	运行行包/(公斤/件)	业务员签章
月	日							月	日						

调度员签章：　　　　　　　　签发日期：　　　　　　年　　月　　日

（背面）

行车燃料、润料记录	日期		发油地点	发油及存量结算/升			经办人签章	沿线站点报到情况	日期		车站名称		时	分	业务员签章
	月	日		汽油	柴油	机油			月	日					
												开			
												到			
												开			
												到			
												开			
												到			
												开			
												到			

合计	行程合计	人	人公里	吨	吨公里	汽油实耗	柴油实耗	机油实耗	备注

表 13.7 客运行车路单 2

× × 公 司

客 运 行 车 路 单

（正面）

编号：

车号		座位		驾驶员		乘务员	

车次		起站		止站		应发时间		晚点原因		里程	在车人数	开到时间			业务员签章
													时	分	
												开			
												到			
												开			
												到			
												开			
												到			
												开			
												到			
												开			
												到			

行包记录

起站	止站	清单号码	件数	公斤	公斤公里

调度员签章：

全行程合计	重驶里程	空驶里程	人数	人公里	吨	吨公里	汽油实耗	柴油实耗	机油实耗

签发日期： 年 月 日

No.
汽柴油票
公升
年 月 日
加油站
（章）

No.
汽柴油票
公升
年 月 日
加油站
（章）

No.
机油票
公升
年 月 日
加油站
（章）

（背面）

车号		座位		驾驶员		乘务员	

No.
汽柴油票
公升
年 月 日
加油站
（章）

No.
汽柴油票
公升
年 月 日
加油站
（章）

No.
机油票
公升
年 月 日
加油站
（章）

车次		起站		止站		应发时间		晚点原因		里程	在车人数	开到时间			业务员签章
													时	分	
												开			
												到			
												开			
												到			
												开			
												到			
												开			
												到			
												开			
												到			

行包记录

起站	止站	清单号码	件数	公斤	公斤公里

全行程合计	重驶里程	空驶里程	人数	人公里	吨	吨公里	汽油实耗	柴油实耗	机油实耗

（正面）

表 13.8　行包运输交接记录

编号：

车次		起止站点			行程	
应发时间		实发时间		晚点原因		

车号		驾驶员	
座位		乘务员	

里程 / 到站 / 发站													旅客		行包		车站经办人签章
													人数	人公里	件数	公斤	

总计	全行程	重驶	空驶	人数	人公里	吨数	吨公里	汽油实耗	柴油实耗	机油实耗	备注	

汽柴油票
公升
年　月　日
加油站（章）

汽柴油票
公升
年　月　日
加油站（章）

机油票
公升
年　月　日
加油站（章）

调度员签章：________　　　　签发日期：　　年　　月　　日

（背面）

No.
运输公司
汽柴油票
公升
年　月　日
车号：
驾驶员签章：

No.
运输公司
汽柴油票
公升
年　月　日
车号：
驾驶员签章：

No.
运输公司
机油票
公升
年　月　日
车号：
驾驶员签章：

到站 / 件数 / 发站												发站装车件数	发站签章
到站卸收件数													
到站签章													

1. 行车路单的签填

客车行车路单签填分始发站（起站）、中途站、到达站（止站）几种情况。

（1）始发站签填的主要内容：① 起点站、中途站和到达站的名称；② 载运到各站的旅客人数；③ 行包件数、重量；④ 客运补充记录；⑤ 行包交接记录；⑥ 售票金额；⑦ 开车时刻；⑧ 驾驶员（包括助手、乘务员）姓名、车次、起止站点、车号、日期等内容。

（2）中途站签填的主要内容：① 客车到达及开车时间；② 上车旅客人数及售票金额；③ 办理行包件数、重量；④ 客运补充记录；⑤ 行包交接记录等。

（3）到达站签填的主要内容：① 客车到达时间；② 客车返回开车时间；③ 载运旅客人数；④ 载运行包件数、重量；⑤ 客运补充记录；⑥ 行包交接记录；⑦ 行驶的车公里及燃、润料等情况。

2. 行车路单的收结

在完成一趟往返班次任务后，客车行车路单应立即收结，不得连续使用。如是站、队合一的车站，应将路单及其他单据及时收结迅速递交给车站，以便统计和考核。从发展趋势看，站、队合一的车站将会逐渐减少，以适应新时代旅客运输的需要。

四、与行车路单相关人员应注意的问题

1. 调度人员应注意的问题

（1）签填新的行车路单前，首先要检查客车有无完好出厂（场）检验单以及上次任务的行车路单是否收结。否则，不予签填。

（2）无论起点站、中途站、到达站，调度员在签填路单上有关内容后，都要在其上签字，并加盖业务章。

（3）签填路单要认真，字迹要端正，不得遗漏项目，不准随意乱填、乱改，确需改正时，应在改过地方加盖业务章。签填后要逐项检查、核实，务使记录内容完整及准确。

（4）要注意查询驾驶员在途期间的有关情况，必要时应在路单上做出记录。

（5）签填过程中如发现其他车站所签填的内容有差错、遗漏等问题时，应附言或通过其他方式通知并更正，也可以做出记录，提请完成任务后核算路单时改正。

2. 驾、乘人员应注意的问题

（1）驾驶员要主动提请调度员签发行车路单，严格执行无行车路单不行车的运输纪律。

（2）拿到调度员签填的行车路单后，要认真核对所填驾驶员、助手、乘务员姓名，车号，车次，座位，承运人数，行包件数是否正确，所记号码与有关单据是否相符；如有错误，应及时要求更改，并注意在途中各站报到，交填路单。

（3）加油时，应主动递交行车路单，加油后，要检查加油工所填数字是否有误。

（4）完成当次班线任务回站后，要主动交回行车路单，同时，应将途中有关情况如实报告，以便车站补填记录。

（5）由乘务员发车票乘车的人数，由乘务员负责填写，不够填时，可附补充记录，回终点站后要汇总填写本趟班车途中搭乘旅客人数及应收金额。

（6）为保证统计质量，驾驶员与乘务员必须实事求是，不得虚填数字或自行涂改行车路单。

3. 加油工应注意的问题

（1）要坚持无行车路单不予加油的原则。

（2）加油前，要认真检查路单上所填车号与客车号是否相符；加油后，将实加数字（汽油、柴油、机油）填写清楚，签章证明。

（3）在有关单据上请驾驶员签字（章），并妥善保管，以便定期向车属单位结账。

4. 统计人员应注意的问题

（1）对收回的行车路单要进行认真审核，统计有关数字，除认真登记在已建立的台账上外，还要分析各项指标完成情况，并向领导提供资料。

（2）保管好已使用过的行车路单，以便随时抽查。

（3）如果行车路单有差错，应及时查问，尽快改正，情节严重时，要迅速向领导汇报，请示处理办法。

（4）定期公布驾驶员、乘务员完成运输及营收任务情况，促进他们提高经济效益，积极完成经济承包指标。

5. 领导部门应注意的问题

（1）搞好行车路单的管理工作，要指定专人负责，并将其列入车站（队）责任制考核项目之中。

（2）注意总结交流行车路单使用、管理方面的经验。

（3）对在行车路单使用、管理中，能够遵守规定，坚持原则的驾、乘人员，及时进行表扬；对弄虚作假，乱填乱改人员，严肃批评或予以一定的纪律处分及经济制裁。

五、稽查工作管理

1. 组织机构和工作范围

地、州（市）级运输公司及一、二级车站，均应设置稽查职能机构，配备必要的稽查人员，由单位的一位领导分管稽查工作。根据二级管理原则，在辖区范围内开展客货运输稽查活动，及时处理和研究运输稽查中存在的问题及改进措施。

稽查人员应选定工作认真负责，坚持原则，作风正派，熟悉公路运输业务，敢同不良倾向作斗争的人员担任，稽查人员应报经上级主管公司审定，发给证件。

凡是公司所属站、车人员必须接受并配合稽查人员执行稽查任务。

稽查主要内容有：① 检查客、货运输规章制度及运行执行情况；② 票据的管理、使用和营收报结情况；③ 站务组织，行车管理，站、车秩序，安全，卫生，宣传等情况；④ 站务人员、驾、乘人员的服务工作质量；⑤ 纠正无票乘车、私运旅客、贪污舞弊等违章、违纪、违法行为。

2. 稽查工作方法与纪律

稽查工作的有效方法及有关纪律包括：

（1）可采取“定期与不定期”“定点与流动”检查等形式，必要时可组织全省范围内的联合大检查或分片、分区的互查。

（2）一、二级车站应经常组织稽查人员上路、上车、下站开展稽查工作，但必须有两名以上稽查人员，佩戴稽查工作证，共同执行任务。

（3）稽查人员应模范执行运输法规，从维护法纪、改进工作出发，态度和蔼、实事求是地处理问题，不得假公济私或变相进行私人报复。

（4）发现问题，应认真填写稽查记录，对违反公路运输规章的单位和个人，视情节轻重有权进行批评教育，建议有关部门给予处理。对无票或持无效客票乘车的旅客，有权责成服务员、乘务员办理补票、罚款手续。对拒绝检查、态度蛮横、无理取闹、一再说服无效及严重违纪案件，稽查人员有权暂扣车辆、路签、票据，当面出具收据，并立即用电话报请上级处理。

（5）每次稽查工作结束后要有报告，内容包括时间、地点、任务、参加成员、发现的问题及处理情况和意见等。报告一般一式三份，一份稽查单位存查，一份送被查单位，一份报主管运输公司。

（6）各级稽查部门应认真处理信访工作，并定期召开稽查工作会议，交流、总结经验，表彰先进，不断改进稽查工作。

第五节　评价工作概述

一、评价的概念

评价是指为达到一定的目的，运用特定的指标，比照统一的标准，采取规定的方法，对事物做出价值判断的一种认识活动。它是科学决策的前提，也是科学决策中的一项基础性工作，它为人们正确认识事物、科学决策提供了有效的手段。评价的目的在于对若干对象，按一定意义进行排序，从中挑出最优或最劣对象。通过对每一个对象的评价和比较，可以找出自身的差距，也便及时采取措施进行改进。

评价由评价要素构成，一般地说，构成评价的要素包括评价目的、被评价对象、评价者、评价指标、权重系数、评价模型、评价结果。评价目的是评价工作的根本性指导方针，对事物进行评价，首先就要明确为什么要评价；被评价对象通常是同类事物或同一事物在不同时期的表现，它是根据不同的需要和目的而确定的；评价者是评价行为的主体，可以是特定的组织机构，也可以是自然人；评价指标是对评价对象实施评价的重要依据，通常包括计量指标和非计量指标两类；权重系数是指标对总目标的贡献程度；评价模型是具体实施评价的技术规范，包括定量计算模型、定性分析模型，或两者结合使用；评价结果是评价最终得到的结果，只具有相对意义。

二、评价的种类

评价根据其对象和目的不同，可以进行多种分类，主要包括整体评价和个体评价、全面评价和局部评价、事前评价、事中评价和事后评价等几种。

1. 整体评价和个体评价

整体评价是对一类事物进行全面分析判断和认识，其特点是涉及面广，包含内容丰富，具有显著的宏观性，如综合国力评价、社会文明程度评价等。个体评价是对某一具体事物进行的分析判断和认识，其特点是目标具体，重点突出，如对艺术家的才能评价、企业信用评价等。

2. 全面评价和局部评价

全面评价是对某一对象的全面情况进行分析和认识，其特点是具有全面性、综合性和概括性，如社会经济发展水平评价、企业绩效评价等。局部评价是对某一具体对象的某一方面或某几个方面的分析判断和认识。它的特点是目的明确，视角清晰，限定范围，如企业资信评价、客运服务质量评价等。

3. 事前评价、事中评价和事后评价

事前评价是对计划实施行为进行可行性评估；事中评价是对某一特定事物发展过程有关情况的分析判断和认识；事后评价是对某一特定事物终结后进行的分析判断和认识。

三、评价方法

评价方法分类很多，按照评价与所使用信息特征的关系，可分为基于数据的评价、基于模型的评价、基于专家知识的评价以及基于数据、模型、专家知识的评价。按照所依据的理论基础又可分为四大类：① 专家评价法，如专家打分综合法；② 运筹学与其他数学方法，如层次分析法、数据包络分析法、模糊综合评判法；③ 新型评价方法，如人工神经网络评价法、灰色综合评价法；④ 混合方法，是几种方法混合使用的情况。

由于篇幅限制，本书中只介绍层次分析法和人工神经网络评价法两种。

1. 层次分析法

层次分析法（The Analytic Hierarchy Process，简称 AHP）是美国著名运筹学家 T.L.Satty 等人在 20 世纪 70 年代提出的一种定性与定量分析相结合的多准则决策方法。它是指将决策问题的有关元素分解成目标、准则、方案等层次，在此基础上进行定性分析和定量分析的一种决策方法。一般情况下，应用层次分析法进行评价，有以下几个主要步骤。

（1）构造层次分析结构。对于一般问题来说，建立问题的层次结构模型是 AHP 法中最重要的一步，把复杂的问题分解成称之为元素的各个组成部分，并按元素的相互关系及其隶属关系形成不同的层次，同一层次的元素作为准则对下一层元素起支配作用，同时它又受到上一层次元素的支配。最高一层只有一个元素，它表示决策者所要达到的目标；中间层次一般为准则、子准则，表示衡量能否达到目标的判断准则；最低一层表示要选用的解决问题的各种措施、决策、方案等。图 13.3 是公路客运服务质量的层次分析结构图。

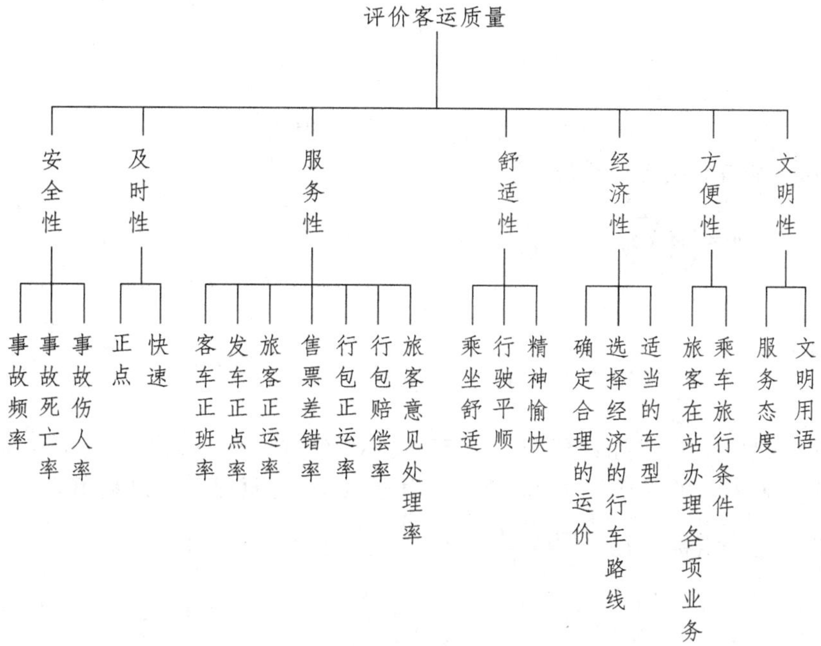

图 13.3　公路客运服务质量的层次分析结构图

（2）构造判断矩阵。建立层次分析模型之后，就可以在各层元素中进行两两比较，构造出比较判断矩阵。对于 n 个元素来说，构造两两比较判断矩阵 $\boldsymbol{C}=(C_{ij})_{n\times n}$，其中，$C_{ij}$ 表示因素 i 和因素 j 相对于目标的重要度。为了方便，一般采取这样的尺度，规定 1、3、5、7、9 分别表示 i 元素与 j 元素同样、比较重要、重要、很重要、极重要。

一般来说，$\boldsymbol{C}=(C_{ij})_{n\times n}$ 采取如下形式：

准则	C_1	C_2	$\cdots$	C_n
C_1	C_{11}	C_{12}	$\cdots$	C_{1n}
C_2	C_{21}	C_{22}	$\cdots$	C_{2n}
$\vdots$	$\vdots$	$\vdots$		$\vdots$
C_n	C_{n1}	C_{n2}	$\cdots$	C_{nn}

矩阵 $\boldsymbol{C}$ 具有如下性质：① $C_{ij}>0$；② $C_{ji}=1/C_{ij}$；③ $C_{ij}=1$（$i,j=1,2,\cdots,n$）。我们把这类矩阵 $\boldsymbol{C}$ 称为正反矩阵。

（3）相对重要度的计算。理论上讲，对以某个要素为准则所评价的同级要素之相对重要程度可以由计算比较矩阵 $\boldsymbol{A}$ 的特征值获得。通常采用求和法或求根法计算特征值的近似值。

① 求和法。将矩阵按列归一化（即使列和为 1）：

$$b_{ij}=\frac{c_{ij}}{\sum c_{ij}} \tag{13.2}$$

按行求和：

$$v_i=\sum_{j}^{i} b_{ij} \tag{13.3}$$

归一化：

$$w_i^0=\frac{v_i}{\sum v_i} \quad (i=1,2,\cdots,n) \tag{13.4}$$

所得 w_i^0（$i=1$，2，⋯，n）即为 $\boldsymbol{C}$ 的特征向量的近似值。

② 求根法。将矩阵按行求和：

$$v_i=\sqrt[n]{\prod_j c_{ij}} \tag{13.5}$$

归一化：

$$w_i=\frac{v_i}{\sum v_i} \quad (i=1,2,\cdots,n) \tag{13.6}$$

（4）一致性检验。在实际评价中评价者只能对 $\boldsymbol{C}$ 进行粗略判断，有时会犯不一致的错误，为了检验判断矩阵的一致性（相容性），根据 AHP 的原理，可以利用 $\lambda_{\max}$ 与 n 之差检验一致性。定义一致性指标为 $CI=\dfrac{\lambda_{\max}-n}{n-1}$，其中 $\lambda_{\max}$ 可由下式求出：

$$\lambda_{\max}=\frac{1}{n}\sum_i\left(\frac{(CW)_i}{w_i}\right)$$

显然随着 n 的增加判断误差会增加，因此判断一致性时应该考虑 n 的影响，使用随机一致性比值 $CR=\frac{CI}{RI}$，式中 RI 为平均随机一致性指标。表 13.9 是 500 样本平均值。

表 13.9 平均随机一致性指标

阶数	3	4	5	6	7	8	9	10	11	12	13	14	15
RI	0.52	0.89	1.12	1.26	1.36	1.41	1.46	1.49	1.52	1.54	1.56	1.58	1.59

当 $CR<0.1$ 时，判断矩阵的一致性是可以接受的。

（5）综合重要度的计算。在分层获得了各要素之间的相对重要程度后，就可以自上而下地计算各级要素关于总体的综合重要度。设 c 级有 m 个要素 c_1，c_2，c_3，…，c_m，其总值的重要度为 w_1，w_2，w_3，…，w_m；它的下级有 n 个要素 p_1，p_2，p_3，…，p_n，p_i 关于 c_j 的相对重要度为 v_{ij}，则 p 级的要素 p_i 的综合重要度 $W_i'=\sum_j w_j v_{ij}$，其计算过程如表 13.10 所示。

表 13.10 综合重要度

	c_1	c_2	…	c_m	W_i'
	w_1	w_2	…	w_m	
p_1	v_{11}	v_{12}	…	v_{1m}	$W_1'=\sum_j w_j v_{1j}$
p_2	v_{21}	v_{22}	…	v_{2m}	$W_2'=\sum_j w_j v_{2j}$
⋮	⋮	⋮	⋮	⋮	…
p_n	v_{n1}	v_{n2}	…	v_{nm}	$W_n'=\sum_j w_j v_{nj}$

2. 人工神经网络评价法

人工神经网络主要是由大量与自然神经细胞类似的人工神经元互联而成的网络。它的工作原理大致模拟人脑的工作原理，即首先根据提供的数据通过学习和训练，找出输入与输出之间的内在联系，从而求取问题的解。人工神经网络解决有关方案评价方面问题的方式与层次分析法完全不同，它是模拟人脑的思维，把大量的神经元连成一个复杂的网络，利用样本对网络进行训练，利用存储的网络信息对未知样本进行评价。人工神经网络评价方法的步骤可以概括如下：

（1）确定评价指标集，指标个数为 BP 网络中输入节点的个数；

（2）确定 BP 网络的层数，一般采用具有一个输入层、一个隐含层和一个输出层的三层网络模型结构；

（3）明确评价结果，输出层的节点数为 1；

（4）对指标值进行标准化处理；

（5）用随机数（一般为 0 ~ 1 之间的数）初试化网络节点的权值与网络阈值；

（6）将标准化以后的指标样本值输入网络，并给出相应的期望输出；

（7）正向传播，计算各层节点的输出；

（8）计算各层节点的误差；

（9）反向传播，修正权重；

（10）计算误差，当误差小于给定的拟合误差时，网络训练结束，否则转到（7），继续训练；

（11）训练后的网络权重就可以用于正式的评价。

评价的具体方法有很多种，但各种方法的总体思路是统一的，大致都可分为熟悉评价对象，确立评价的标体系，确定各指标的权重，建立评价的数学模型，分析评价结果等几个环节。

第六节 公路旅客运输效益评价指标

一、公路运输车辆利用评价指标

评价指标分别从时间、里程、速度、客位等方面反映运输车辆的利用情况。

1. 车辆时间利用指标

车辆时间利用指标主要有车辆完好率、车辆工作率、总车时利用率及工作车时利用率等。

车辆时间利用指标主要有车辆完好率、车辆工作率、总车时利用率及工作车时利用率等。

（1）车辆完好率（α_a），指统计期内企业营运车辆的完好车日与总车日之比。完好率表明了车日可以用于运输工作的最大可能性，它是一种车辆技术管理指标，用以表示企业营运车辆的技术完好状况和维修工作水平。提高车辆完好率的途径有：合理组织车辆的维修工作，提高维修工作质量，合理选择和利用车辆，提高驾驶技术等。

（2）车辆工作率（α_d），指统计期内工作车日与总车日之比，反映企业总车日的实际利用程度，同时也反映企业营运车辆的技术状况及运输工作组织水平。其提高途径主要有：提高车辆完好率，提高运输组织水平及加强运输市场营销等。

（3）总车时利用率（ρ），指统计期内工作车日车辆在线路上的工作车时与总车时之比，用以表明工作车日中用于出车时间的长短。

（4）工作车时利用率（δ），指统计期内车辆在线路上的行驶车时与线路工作车时之比，用以表示车辆在线路上行驶时间的百分比。

总车时利用率和工作车时利用率存在一定的缺陷，这两个指标高不一定表明车辆得到有效利用，如为了提高工作车时利用率而人为增加空驶车时。因此，这两个指标只能作为辅助指标。

2. 车辆速度利用指标

车辆速度指标主要有技术速度、运送速度、营运速度及平均车日行程等。

（1）技术速度（v_t），车辆在行驶车时内的平均速度，用以表示车辆行驶的快慢。其主要影响因素有：驾驶技术水平、车辆结构与性能、道路交通条件及气候条件等。

（2）运送速度（v_c），车辆在运送时间内的平均速度，用以表示车辆运送的快慢。其主要影响因素有：技术速度、企业营运组织工作水平、旅客乘车秩序等。

（3）营运速度（v_d），车辆在线路上工作车时内的平均速度，用以表示车辆在工作时间内有效运转的快慢。其主要影响因素有：运送速度、办理行车文件手续的繁简等。

（4）平均车日行程（$\bar{L}_d$），统计期内平均每一工作车日内车辆所行驶的里程，用以表示车辆在统计期内工作车日内有效运转得快慢。其主要影响因素有：营运速度及调度形式等。

3. 车辆行程利用指标

车辆在一定时期内行驶的里程，称为行程。车辆行程由载重行程与空驶行程构成。车辆行程利用指标（β）是指统计期内车辆的载重行程与总行程之比，用以表示车辆总行程的有效利用程度。其主要影响因素有：旅客运输过程的组织、客流起终点分布等。

4. 车辆载客量利用指标

车辆载客量利用指标用以表示车辆载客能力有效利用程度的指标，包括载客量利用率、实载率等。

（1）载客量利用率（γ），指车辆在载重行程中实际完成的周转量与额定周转量之比，又称满载率。其主要影响因素有：客流特性、运输距离、旅客运输组织工作水平等。

（2）实载率（ε），车辆实际完成旅客周转量与全程周转量之比，用以表示车辆在总行程中载客能力的有效利用程度。

二、汽车运输效果的综合评价指标

（一）汽车运输生产率

汽车运输生产率是指单位时间内运输车辆完成的产量。根据单位时间的性质不同，可以分为工作生产率和总生产率，其中前者是指单位工作车时完成的产量，后者是指单位总车时所完成的产量。

1. 工作生产率

公路客运的运输工作通常是按车次为基本运输过程进行组织的，班车在线路上工作时，由于在一个车次内车辆所载运乘客在沿线各停车站不断交替变化（乘客上下车），客流沿各路段的分布具有不均匀性。因此，车辆在各路段的实际载客量可能各不相同。在一个车次内，车辆实际完成的载客人数Q_n（人次）及旅客周转量P_n（人 km）可按下式计算：

$$Q_n = q_0\gamma\eta_a\,,\quad P_n = Q_n\overline{L}_p \tag{13.7}$$

式中　γ——满载率；

q_0——额定载客人数；

η_a——乘客交替系数，指一个车次时间内，各路段平均载客位中，每客位实际运送的乘客人数，用一车次的线路长度L_n与平均运距$\overline{L}_p$之比表示；

$\overline{L}_p$——平均运距，指统计期内所用乘客的平均乘车距离。

班车在一个车次中单位工作时间内完成的客运量W_q及乘客周转量W_p分别为：

$$W_q = \frac{Q_n}{t_n} = \frac{q_0\gamma\eta_a}{\dfrac{L_n}{\beta v_t} + t_{ns}} \tag{13.8}$$

$$W_p = \frac{Q_n\overline{L}_p}{t_n} = \frac{q_0\gamma L_n}{\dfrac{L_n}{\beta v_t} + t_{ns}} \tag{13.9}$$

式中，t_n表示一个车次中的工作车时，由行驶时间t_{nr}及沿线各站停歇时间t_{ns}组成，即：

$$t_n = t_{nr} + t_{ns} = \frac{L_n}{\beta v_t} + t_{ns} \tag{13.10}$$

2. 总生产率

总生产率指单位总车时内，班车所完成的客运量 W_q' 和客运周转量 W_p'，用下式计算：

$$W_q' = \alpha_d \rho W_q \tag{13.11}$$

$$W_p' = \alpha_d \rho W_p \tag{13.12}$$

（二）汽车运输成本

汽车运输成本（S），通常指完成每单位运输产品所支出的费用，以统计期内汽车运输企业所支出的全部费用（ΣC）与企业所完成的运输量（ΣY）的比值表示，即 $S = \Sigma C / \Sigma Y$。汽车运输企业的全部费用一般又包括变动费用（ΣC_c）和固定费用（ΣC_f）。

变动费用（ΣC_c）指与车辆行驶有关的费用，它通常按每公里行程统计。纳入变动费用范畴的费用项目有：运行材料（燃料、润滑油）费、车辆折旧费、车辆维修费、轮胎费以及其他与车辆行驶有关的各项费用。固定费用（ΣC_f）指企业组织运输生产所必须支付的各项费用，一般与车辆行驶有关，常按车辆的在册车日或车时统计。纳入固定费用范畴的费用项目有定额工资及津贴、办公费、水电费、建筑物及固定设备折旧费等。汽车运输成本可以用下式表示：

$$S = \frac{\Sigma C_c + \Sigma C_f}{\Sigma Y} = \frac{\Sigma C_c}{\Sigma Y} + \frac{\Sigma C_f}{\Sigma Y} = S_c + S_f \tag{13.13}$$

式中 S_c——统计期内单位产量分担的变动费用［元/（人 km）］，

$$S_c = \frac{LC_c}{\Sigma Y} = \frac{v_d C_c}{W_p}$$

其中 L——统计期内车辆总行程；

S_f——统计期内单位产量分摊的固定费用［元/（人 km）］，按下式计算：

$$S_f = \frac{\Sigma C_f}{\Sigma Y} = \frac{C_f}{W_p} \tag{13.14}$$

C_c——单位行程的变动费用（元/km）；

C_f——单位工作车时的固定费用（元/h）。

最后得到汽车运输成本计算公式为：

$$S = \frac{1}{q_0 \gamma \beta}\left[C_c + \frac{C_f(L_n + t_{ns}\beta v_t)}{L_n v_t}\right] \quad [元/（人\ km）] \tag{13.15}$$

除了用上述方法确定运输成本外，有时还需按车辆总行程确定每车公里成本，其计算公式如下：

$$S = \left(C_c + \frac{C_f}{v_d}\right) \times 1\,000 = \left[C_c + \frac{C_f(L_n + t_{ns}\beta v_t)}{L_n v_t}\right] \times 1\,000 \quad [元/（千车\ km）] \tag{13.16}$$

三、公路旅客运输服务质量评价指标

旅客运输服务质量，指运输企业的营运工作满足旅客运输需要的程度。满足程度越高，表明运输服务质量越高。旅客对运输服务的需求是多方面的，通常可以概括为安全、及时、经济、方便和舒适等几个方面，因而，旅客运输服务质量的评价指标也就包括这几个方面的标准。

1. 安全性指标

安全性是指在运输过程中旅客平安实现位移的特性，它包括两个方面内容：一是指车辆运行的安全，要避免出现各种行车事故；二是旅客的人身和携带财物的安全程度，其评价指标有以下几项：

（1）客运事故频率，统计期内发生的企业责任事故次数与车辆总行程之比。行车事故按造成损失大小可分为小事故、一般事故、大事故和重大事故四类，而每类事故又可按责任性质分为责任事故和非责任事故。行车责任事故的划分以安全监督部门的裁定为准。

（2）安全行车间隔里程，统计期内两次行车事故之间的行驶里程，用以反映安全行车的时间程度，可用统计期内营运总里程与同期行车事故次数之比表示。

（3）客运损失率，指统计期内因企业责任事故造成的直接经济损失与车辆总行程之比。

（4）行车事故死亡频率，指统计期内，因发生事故而致死的人数占行车里程的比率。

（5）旅客运输安全率，指统计期内安全运送的旅客人数占同期旅客总人次的百分比。

（6）行包差错率，指旅客运输中行包托运出现差错的件数占同期行包托运总件数的千分比率。

（7）行包赔偿率，指旅客行包运输中因丢失、损坏等事故，营运企业向行包托运者赔偿的金额与同期托运行包收入的千分比率。

2. 及时性指标

及时性是运输质量的时间特性，是指迅速、准时地满足旅客运输需求的特性，其评价指标有：

（1）客运正班率，统计期内客运正班次数占计划班次的百分比。

（2）客运班车正点率，指客运中按公布的客运班次时刻表正点始发班次占计划始发班次的百分比。

（3）客运正运率，指统计期内旅客正运人次占发送总人次的百分比。

3. 方便性指标

方便性指尽可能便利地满足旅客乘车需求的特性，包括为旅客乘车提供便利服务条件和运输过程本身的直达性、深入性等。反映方便性的指标主要有旅客排队买票、候车时间，办理托运业务的时间，旅客中转环节的多少，以及运输企业提供其他便利条件等。

4. 经济性指标

运输的经济性指标指旅客获得运输服务所支付的运输费用的多少。对于旅客运输，其经济性指标指车票或车价的便宜。它的评价指标常用客运费率表示，客运费率指统计期内旅客平均每百公里乘距支付的乘车费与该地区职工的平均工资之比。另外，评价运输服务的经济性也可以直接采用单位运输产品的运价进行。

5. 服务性指标

运输质量的服务性是指运输企业在运输生产经营活动中，以旅客乘车的物质条件和服务态度质量上的旅客满意程度。从物质条件方面看，具体表现在服务设施、设备是否齐全、完好、实用，车站环境是否清洁卫生，站点是否合适方便，服务项目是否齐全等；从服务态度方面看，具体表现在运输企业的全体人员能否有一个文明的态度、良好的职业道德和敬业精神。运输服务性好坏可用以下几个指标评价：

（1）旅客满意率，指旅客对运输服务质量满意的人次占总人次的百分比。

（2）旅客意见处理率，指统计期内旅客所提意见数在运输企业已经处理的意见数中所占的百分比。

（3）售票差错率，指在旅客运输售票工作中，售票差错张数占同期售票总张数的百分比。

（4）劳动服务质量合格率，指统计期内有关行车人员在客运服务过程中，对“行车人员工作规划”重点条款的执行合格项目数与检查项目总数之比。

（5）满载率，指统计期内客运高峰期间车辆在主要线路高单向、高客流路段的载客人数与车辆额定载客人数之比。

以上只是就旅客运输质量特性的主要方面及相应的评价指标做了分析，实际上，运输质量特性包括的方面很多，且每一个特性方面，还可以采用更多、更具体的指标加以评价。

本章小结

本章讲述了公路客运营运方式和旅客运输组织方式；客运班次计划的作用及编制方法；运输作业计划的形式、编制依据、编制要求及编制的程序和方法；客车运行调度工作的主要任务和运输稽查管理工作的方法；公路旅客运输效益评价的指标及评价方法。

思考题

1. 公路旅客运输有哪几种形式？
2. 确定公路客运班次的因素和应遵循的原则是什么？
3. 班车时刻表的作用和编制程序是什么？
4. 公路客车运行作业计划有哪些形式？
5. 试述公路客车运行循环的方式及其优缺点。
6. 公路客车运行调度工作的任务是什么？
7. 评价的一般方法有哪些？
8. 试述公路旅客运输效益评价的指标。

第十四章 现代化公路旅客运输

学习目的：了解干线高速客运的特点，高速客运组织模式，高速客运存在的问题及解决方法，旅游客运营运方式，城乡道路客运系统的组成及存在的问题。理解旅游交通运营组织及服务管理的内容，城乡道路客运一体化的内涵。掌握干线高速客运站宏观布局及运力配置方法，旅游运输运营计划的编制方法，城乡道路客运一体化的模式。

第一节　干线高速旅客运输

干线高速旅客运输一般是指利用高速公路进行运输。

一、干线高速客运的特点

干线高速客运有别于普通客运，它在营运路况、车辆、服务、经营形式等方面都有明显的特点。

（1）速度快，行车安全。干线高速旅客运输速度快是由两个因素决定的，一是高速公路上行车速度高，二是由于中途停靠站少，从而大大提高了营运速度。另外，由于高速公路采用双向、全封闭、全立交，这就为保障安全提供了条件。

（2）较高的票价，优质的服务。与一般公路客运相比，干线高速客运投入和消耗都比较高，按照市场经济的原则，运价也必然高。从消费者的角度来讲，必然要求有与价位相称的运送服务。因此，高速客运的优质服务是由其经济特征延伸出来的必备品质特征。

（3）集约化经营方式和完善的保障制度。干线高速客运是利用现代化的高速公路设施，采用现代化技术生产的大客车和高效运营组织管理所从事的客运经营活动。它所达到的安全、正点、优质、高效，必须通过集约化经营和统一规划布局、统一调度指挥等制度予以保证。

二、高速客运组织模式

从目前已投入运营的高速客运组织模式看，主要有传统模式和企业经营管理两种组织模式。

1. 传统模式

我国在干线高速客运发展的初期，采用了过去在普通道路条件下形成的以单车为实质经营主体的经营管理组织模式。该模式对经营户完全放开，即对于从事高速客运的经营业户不管是国有、集体、个体，还是外资、合资，凡是取得符合客运经营开业条件的运输业户都可经营高速公路客运，其唯一的限制条件就是经营的范围必须是经营业户的所在地域。此模式的特点是：经营者分散、独立，以单车独立运营为主，集约程度低，这对网络要求高、组织严密、高效管理的高速公路来说存在着一定的弊端。实践证明，这种经营管理模式，无法充分体现出高速客运应有的效率与效益，在运力控制、客运市场秩序、服务质量等方面存在非常突出的问题。各级交通主管部门采取了一系列措施，但效果均不明显。

2. 企业经营管理模式

随着高速公路建设规模的不断扩大，许多省份都已经把高速客运组织工作纳入重要议事日程。为了组织好高速客运，在对国内外高速客运市场进行广泛调查研究，总结经验，吸取教训的基础上，许多地方按现代企业制度的要求，组建了专门从事高速客运经营的企业，形成高速客运经营主体的基本模式。该模式不受传统模式的条件限制，打破地域，完全能克服传统模式的种种弊端。此外，它还能够适应高速公路客运提出的要求，达到集约化经营的目的，有利于提高运输服务质量，调整和优化资本结构，为公路运输企业提供一个良好的经营环境。

三、干线高速客运站宏观布局及运力配置

1. 干线高速客运站宏观布局

（1）影响高速客运站点宏观布局的因素：① 区域内城镇的数量、位置、人口、规模性质是影响站点布局的决定性因素；② 城市之间的隶属关系；③ 城市距离高速公路的远近；④ 地区内新的经济增长点的多少；⑤ 地区旅客发送量；⑥ 综合运输网布局结构；⑦ 地区自然经济条件。

（2）高速客运站宏观布局的原则：① 客运站布局首先要保证和满足社会客运量的需求，使站点的规模与客流量的大小相协调；② 坚持服务城镇、建设城镇的原则；③ 新老站点有机结合的原则；④ 超前性原则；⑤ 与综合运输网相衔接的原则。

（3）高速客运站布局的步骤：

① 资料收集整理。收集城市、道路网和国土开发等有关规划和客运量统计资料；确定客运站服务范围和功能；预测服务区域在各辐射方向上的客运量和发展趋势；测算设计年度客运站规模（年客运量）和占地面积。

② 备选站址的产生。研究有关资料，依据客运量和客运站规模预测结果，参考有关规划并根据客运站布局和站址选择原则，通过比较找出服务区域内满足要求并可能作为客运站站址的场所作为备选站址。

③ 客运站布局和站址确定以获得最大综合经济效益（最小综合费用）为目标。建立客运站布局和选址模型，通过理论计算，在满足基本要求的所有备选站址中，用优化方法最后确定客运站的最佳个数和站址。

2. 高速客运运力配置

（1）高速客运运力配置的影响因素：影响运力配置的因素主要包括客运量、运价、运距、政策引导、区域经济发展及居民收入、区域气候特征等，具体见图 14.1 所示。

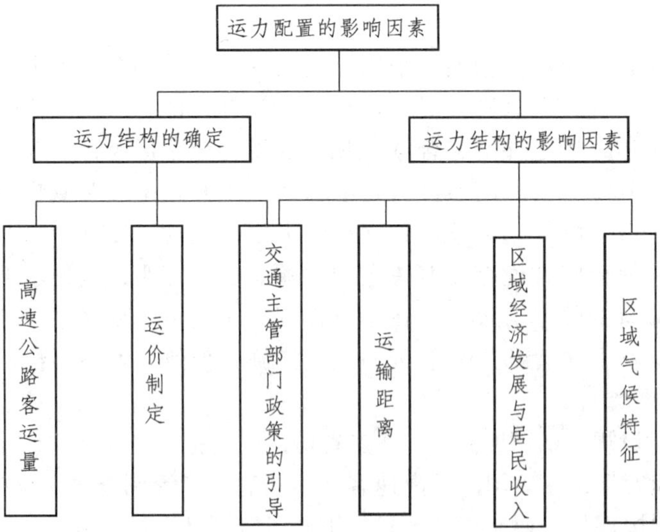

图 14.1　高速公路客运运力配置影响因素

（2）高速客运运力配置的原则及步骤：高速客运运力投放总体上应遵循“合理规划、额度控制、严审资质、购车预审、批量投放、集约经营”的原则。具体操作应根据各时期实

际需求采取分阶段、分步骤投放方式，由实施过程的反馈信息制定调整下阶段的运力投放规模和结构，以实现运力与运量的相对平衡。

对一条高速线路上客运运力的配置，应当先调查了解高速线路影响区范围内经济发展、居民收入以及运输通道内其他客运方式的运营情况等基础资料，结合高速客运量预测值，初步确定未来各特征年的运力配置情况。在营运过程中根据实际情况对运力进行适当调整，使其适应旅客运输的实际需要，这样才能保证旅客运输的顺利发展。具体配置步骤见框图 14.2 所示。

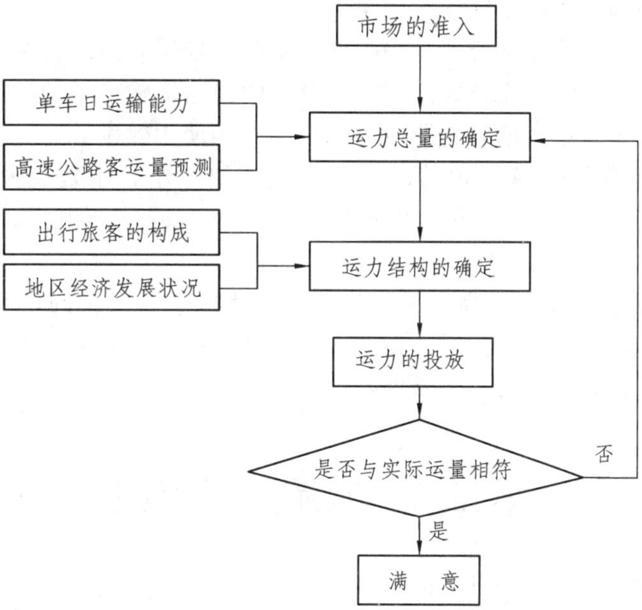

图 14.2　运力配置步骤

四、干线高速客运存在的问题及解决办法

1. 存在问题分析

（1）运力与运量失衡，运力资源浪费严重。由于人们对干线高速客运的特殊要求认识不足，对经营者的准入条件要求不足，运输行业管理部门对运力调控采取的手段不利，造成运力发展过快，大大超过运输需求，使客车的经济效益得不到充分体现，运输的整体效益不佳。

（2）集约化程度低。由于地方保护主义严重，加上人们对竞争的理解偏重形式，把“准入”作为放开市场的控制条件，这就造成经营者分散、独立。

（3）客运组织秩序混乱。由于运输经营主体众多、分散，利益主体很难统一，不利于运输组织的统一调度，给高速客运的高效组织管理带来了极大的困难。

（4）妨碍运输网络的形成。经营行为不规范和不平等竞争，造成了对客源的垄断和对外来企业在本地区范围开展经营的限制，人为地将统一的客运系统进行分割，妨碍了运输网络的形成，无法体现出高速客运应有的品质、档次和效益。

2. 解决办法

要真正发挥高速客运安全、舒适、便捷、低耗的优势，根据目前客运市场现状，按照现代企业制度的需求，打破区域界限，以产权关系为纽带，组建和发展跨区域的大型高速客运集团，实行集约化经营，才能使高速客运真正成为高水平的旅客运输方式。

（1）建立统一的信息网络系统。

为了车辆行车安全、合理配载，建立统一的信息网络和卫星定位跟踪系统。

（2）培育高速客运新的增长点，实现公路客运产业更新。

高速公路的发展和形成网络，为城市之间开展大规模的高速客运创造了条件，应使各企业优质资产集中运行，在规模经营中增强获利能力。

（3）打破地区分割，构建干线客运网络。

应把跨地区干线公路管理和经营行为转变为整体性经营和组织行为，有利于干线高速客运网络的形成，促进全国统一、开放、协调、有序的公路运输市场的形成。

（4）加快客运企业改革，增强企业活力，提高车辆使用效率。

目前公路客运企业因经营管理落后，应积极加快改革，组建企业集团公司，统一调度经营，使班线分布更趋合理，安排更科学，运力投入的计划更强，有效提高车辆的使用效率。

总之，高速客运系统要实现高水平运作，高品质服务，达到高产出的目的，必须遵循“合理规划，额度控制，严审资质，集约经营”的原则，走集约化经营的道路，这是保证高速客运市场秩序、发挥高速效用的重要条件。

第二节 旅游客运组织

随着国民经济的发展和对外开放的不断扩大，我国旅游业得到了快速发展，已经成为国民经济中发展速度最快的行业之一，被看作是蒸蒸日上的朝阳产业。特别是近5年来，我国旅游业的年增幅都保持在15%～18%，势头强劲。

交通运输条件是发展旅游事业的三大要素之一，现代旅游业是在现代交通运输的基础上发展起来的，交通运输业与旅游业相互依存，相互促进。汽车运输具有机动灵活、分布面广、适应性强等特点，对发展旅游事业具有重要的作用。

一、旅游营运方式

（1）旅游班车。采用一般班车形式，并根据各旅游区（点）的旅客流量及旺淡季制定班期及班次运行时刻表，并在车站售票，按点运行。

（2）旅游专车。它规定游览线路，旅游天数，各游览点的到、开、停留时间及食宿地点，游览专线应配不同等级的车型，便于旅客选乘。

（3）旅游包车。由旅游集体或单位根据需要包用，客运站也可派人员有目的地上门办理包车业务，计费标准应根据“运价规则”规定办理，并可酌情优惠。

（4）汽车旅馆游览。即游览车具有卧车设备，或有公共汽车拖挂卧车车辆，或用双层车辆，上层是卧车，供旅客旅途躺卧，中途也可停车休息。

（5）旅游联运。为方便旅客，汽车运输业在力所能及的范围内积极开展旅游联运，办理一条龙服务。这种方式，深受广大旅游者的欢迎。

二、旅游运输运营计划

1. 客源调查

旅游客源调查，是指运用科学的方法和手段，在收集、分析和研究有关旅游客源信息的基础上，得出调查结论和写出调查报告，并以此作为制定旅游运营计划和做出旅游运营决策的依据。

旅游客源调查，主要包括以下内容：① 旅游者（含国际、国内）人数历年的变化趋势；② 旅游者在一定时期内的季节变化规律；③ 旅游者在全国各旅游城市和地区的分布状况和变化趋势；④ 旅游者使用各种交通方式的情况、比例及其变化趋势；⑤ 旅游者对现有旅游交通设施、服务的评价和改进意见；⑥ 旅游者旅游目的地、旅游吸引物的布局及其变化，旅游目的地、景点的旅游接待人数及其发展趋势；⑦ 人均国民收入、个人可支配收入和物价指数等经济参数的变化趋势，等等。旅游客源的调查方法有普遍调查、典型调查及抽样调查等几种。

2. 旅游客运量计划管理

旅游客运量计划，是旅游运输企业对一定时期运送旅游者数量和完成旅客周转量所做的安排。旅游运输企业在计划期内将要完成的旅游客运量，应采取适当和科学的预测方法确定。

3. 旅游运力计划管理

旅游运力指旅游运输企业运送旅游者的能力。旅游运力计划，是实现旅游客运量计划的保证，也是整个旅游运营计划的重要组成部分。它主要是通过对旅游运输企业汽车的数量、座位、种类进行规划和安排，从而使现有运力得到合理、充分的利用，保证满足广大旅游者对客运能力日益增长的需求。旅游运力计划主要包括以下内容：① 计划初期客运能力；② 计划中期客运能力；③ 计划末期客运能力；④ 计划期平均客运能力。

4. 旅游客运班次计划管理

旅游客运班次计划（含包车计划），是在客源调查的基础上，根据运营区域内各条线路以及线路上各区段客流量、流向、流时数基本规律，确定运营线路、客运班次、停靠站，并编制客运班次时刻表。

三、旅游交通运营组织及服务管理

运营组织管理，是指通过采取有效的管理方式、方法和手段，保证售票、旅客乘坐交通工具等运营组织工作的顺利进行。旅游交通的服务管理包括始、终点站的服务管理和行车途中的服务管理，它是提高企业服务质量，树立企业形象，提高运营效率的重要保障。

第三节　城乡道路客运一体化

随着城市化进程的加快，城乡经济关系日趋紧密，城市建成区与非建成区边界趋于模糊，跨越城乡的生产、生活功能迅速增长。城乡间通过道路的连接而形成的运输市场不断壮大，日益成为一个运输方式众多，互相联系紧密，服务层次分明，彼此竞争激烈的统一整体。为了规范客运市场管理，有很多地方已经转变管理思维，如一些大中城市根据深化运输管理体制改革的要求已将城市公交划归交通部门管理，为城乡道路客运一体化发展创造了条件，城乡道路客运一体化的步伐明显加快。

一、城乡道路客运系统的组成

城乡道路客运系统是一个人工大系统，它涉及客运市场诸要素，此外还涉及道路客运经营者组织协调手段和组织管理能力。城乡道路客运系统主要由以下几方面的内容构成：

（1）客运市场要素，主要指各种道路客运需求、道路客运能力供给、道路客运规则、道路客运规章、其他相关法规等。

（2）经营客体，具有需要以道路运输方式实现出行目的的各类旅客。

（3）经营主体，是指旅客运输经营者、站场经营者、相关服务经营者等。

（4）客运基础设施，指客运站点、道路桥梁、相关通信设施等。

（5）移动设施，指各种客运车辆，如特大型客车（卧铺客车）、大型客车、中型客车等。

（6）组织管理手段，指用现代通信技术、电子计算机等对道路客运过程所进行的组织和管理。

另外，按城乡道路客运的组织形式还可以把城乡道路客运分为城市客运、城乡客运、城间客运等。城乡道路客运系统划分及构成如图 14.3 所示。

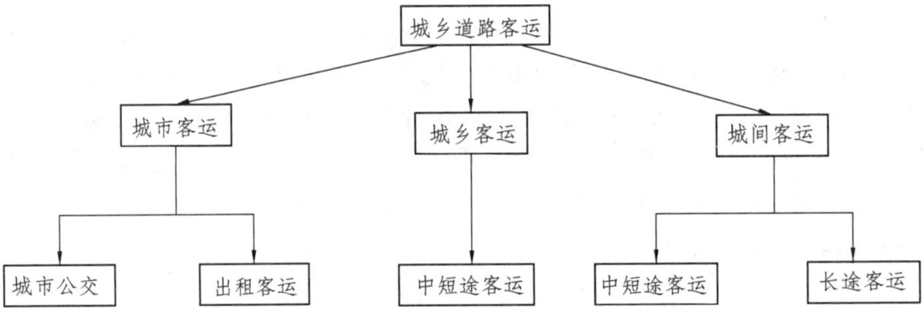

图 14.3　城乡道路客运系统客运组成

（1）城市客运，是指城市范围内所组织的道路客运，一般可分为城市公交和城市出租客运。

（2）城乡客运，是指在城市和乡村之间以及在乡村之间所组织客运的形式，它以中短途为主。随着城乡一体化的进行，部分城乡客运有向城市客运转化的趋势。

（3）城间客运，是指城市间的道路客运。因为它担负着城市旅客中转和衔接城乡客运的任务，故归入城乡道路客运系统。

二、城乡道路客运系统存在的问题

1. 线路运力有区域性或者方向性的失衡

通往城区、客运需求量比较大、经营利润比较可观的线路，吸引了大量的个体经营者经营而成为热线，运力大于需求；相反，连接贫困乡镇或者边远地区的线路由于路况较差、经营利润低而没有人愿意经营，成为冷线，运力小，不能满足客运需求。这些都导致各条线路的运力“饥饱不均”，整个区域的运力严重失衡，而政府部门往往对此没有进行适当的调整，对运力缺乏合理的调配。

2. 经营秩序较为混乱，安全隐患存在较普遍

由于经营主体多为个体，车主为追求利益最大化，相互之间争抢客源，乱停乱靠，倒客、甩客现象屡屡发生，扰乱了正常的营运秩序。在运输安全方面，也存在较多问题，直接危及人民群众的生命以及财产安全。

3. 站场建设滞后，不能满足居民的出行需求

同大中城市站场建设与布局相比，农村客运站规划、布局、建设及使用比较滞后，服务设施较差，功能小而全，有的客运站被挪作他用，形同虚设。

4. 运输经营方式不适应现实需要，线路经营者对运力缺乏灵活调度

在农村客运中，由于客源比较分散，出行需求受季节影响比较大，因此平时运力有余而农闲季节或者节假日又运力不足，线路经营者很少能够根据客运需求量的波动来调整客运线路的运力在不同时间的供给，对运力缺乏灵活的调度。

三、城乡道路客运一体化的内涵

城乡道路客运一体化的思想是在城市化和城乡一体化的基础上发展起来的，因而，理解城乡道路客运一体化的含义，首先应该从理解城市化以及城乡一体化的内涵入手。

我们理解的城市化是指由于社会生产力的发展而引起城市数量的增加及其规模扩大，人口向城镇集中，城市物质文明和文化不断转换的过程；而城乡一体化则是指城乡间通过资源和生产要素的自由流动，相互协调和优势互补，以城带乡，以乡促城，实现城乡经济、社会、文化持续协调发展的过程。

根据上面的论述，我们可以认为城乡道路客运一体化的实质是指在城乡经济联系紧密、经济实力雄厚的地域，以改善城乡道路、场站等基础设施为切入点，整合各种客运交通方式，改革其运营管理模式，打破城市客运与农村客运二元分割的局面，利用先进的管理技术手段，协调城乡客运系统中各要素间的关系，建立专门机构统一规划、设计、管理和运营，发挥客运资源最大化，为城乡居民提供便捷、廉价的客运服务。它是城市客运与农村客运相互促进、交融发展的过程，同时又是城乡客运系统功能最优的一种状态。

四、城乡道路客运一体化的模式

近几年，全国各地对城乡道路客运一体化进行了积极的探索，并针对区域经济发展的水平和城市化进程提出了各自的发展思路，形成了一定的运作模式。城乡道路客运一体化的运作模式可以根据客运线路设置的深度分为三种，如图 14.4 所示。

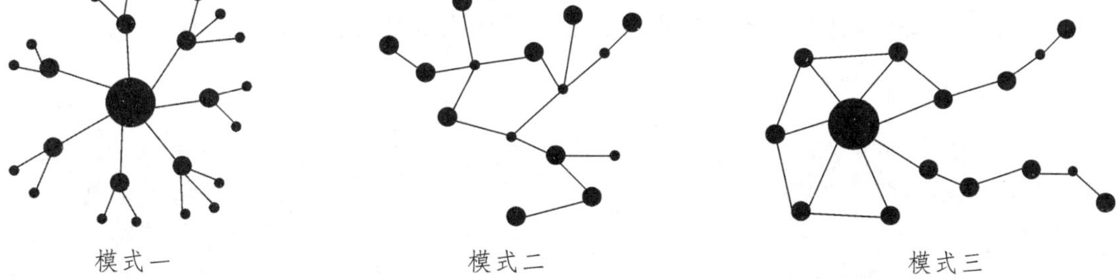

图 14.4　城乡道路客运一体化各种模式示意图

模式一：各级枢纽换乘式。依照客运线网分级规划的思想，将客运线路按照等级进行归并，明确各级线网功能；重新进行客运枢纽功能划分，围绕市区核心，在其周边建设枢纽群。它的优点是层次分明、功能明确、衔接顺畅，能够满足不同出行目的、不同层次乘客的交通需求，同时也有利于协调城市公交与班车的运力。缺点是可能导致乘客在完成一次出行过程中进行多次换乘，换乘系数偏高。

模式二：单线网络直达式。它是城市公交线网传统的布设方法，依照“逐条布设，优化成网”的思想，直接在居民出行较为集中的起讫点之间布置公交线路，然后再连接成网。它的优点是有利于增加公交线网密度，提高公交线路的可达性，大大降低换乘系数。缺点是容易出现大量长距离公交线路，公交车辆运行效率不高，公交线路功能层次不清，会给市内交通带来巨大的压力，主要客运走廊上运行的公交线路过分集中，线路重复系数大。

模式三：混合式。即按照以上两种模式混合设置，此种模式的优点是层次分明，方便乘客乘车，换乘系数较低。缺点是容易和班车线路重复，造成运力浪费，公交票价的制定也较为困难。

五、城乡道路客运一体化的模式选择

在进行城乡道路客运一体化模式选择时，可针对不同城市的特点，综合考虑城市发展形态、与经济发展的协调程度、居民出行结构、居民出行分布、平均换乘系数、出行时耗等各方面因素，运用层次分析法、物元分析、模糊评判等多种方法进行比选，最终确定城乡道路客运一体化的发展模式。

本章小结

本章阐述了高速公路客运系统的特点、系统组成及存在的问题；介绍了旅游客运的营运方式及运营计划的编制方法；阐述了城乡道路客运系统的组成、分类以及城乡道路客运一体化的内涵、模式。

思考题

1. 试述高速公路旅客运输的特点。
2. 高速公路客运运力配置的原则及步骤是什么？
3. 旅游客运有哪几种营运方式？
4. 城乡道路客运一体化的内涵是什么？
5. 城乡道路客运一体化有哪几种模式，各自的特点是什么？

第四篇

航空旅客运输

第十五章　航空旅客运输概述

学习目的：了解民航运输的现状及法规，掌握民航运输系统中的机场及民航飞机等设施或设备的作用和布局。

第一节　民航运输现状及法规

一、民用航空组织管理体系发展历程

我国民用航空组织管理体系的发展经历了四个阶段。

1. 第一阶段（1949—1978 年）

1949 年 11 月 2 日，中共中央政治局会议决定，在人民革命军事委员会下设民用航空局，受空军指导。11 月 9 日，中国航空公司、中央航空公司总经理刘敬宜、陈卓林率两公司在香港员工光荣起义，并率领 12 架飞机回到北京、天津，为新中国民航建设提供了一定的物质和技术力量。

1950 年，新中国民航初创时，仅有 30 多架小型飞机，年旅客运输量仅 1 万人，运输总周转量仅 157 万吨公里。

1958 年中国民用航空局划归交通部领导，改为交通部的部属局。为部属一级管理全国民用航空事业的综合性总局，负责经营管理运输航空和专业航空，直接领导地区民用航空管理局的工作。

1962 年中央决定将民用航空局由交通部属改为国务院直属局，其业务工作、党政工作、干部人事工作等均直归空军负责管理。这一时期，民航由于领导体制几经改变，航空运输发展受政治、经济影响较大，1978 年，航空旅客运输量仅为 231 万人，运输总周转量 3 亿吨公里。

2. 第二阶段（1978—1987 年）

1978 年 10 月 9 日，邓小平同志指示民航要用经济观点管理。

1980 年中国政府决定民航脱离军队建制，把中国民航局从隶属于空军改为国务院直属机构，实行企业化管理。这期间中国民航局是政企合一，既是主管民航事务的政府部门，又是以中國民航（CAAC）名义直接经营航空运输、通用航空业务的全国性企业。下设北京、上海、广州、成都、兰州（后迁至西安）、沈阳 6 个地区管理局。

1980 年全民航只有 140 架运输飞机，且多数是 20 世纪 50 年代或 40 年代生产制造的苏式伊尔 14 二型飞机。载客量仅 20 多人或 40 人，载客量 100 人以上的中大型飞机只有 17 架，机场只有 79 个。1980 年，中国民航全年旅客运输量仅 343 万人次；全年运输总周转量 4.29 亿吨公里，居新加坡、印度、菲律宾、印尼等国之后，列世界民航第 35 位。

3. 第三阶段（1987—2002 年）

1987 年，中国政府决定对民航业进行以航空公司与机场分设为特征的体制改革，主要内容是将原民航北京、上海、广州、西安、成都、沈阳 6 个地区管理局的航空运输和通用航空相关业务、资产和人员分离出来，组建了 6 个国家骨干航空公司，实行自主经营、自负盈亏、平等竞争。这 6 个国家骨干航空公司是：中国国际航空公司、中国东方航空公司、中国南方航空公司、中国西南航空公司、中国西北航空公司和中国北方航空公司。此外，以经营通用航空业务为主并兼营航空运输业务的中国通用航空公司也于 1989 年 7 月成立。

在组建骨干航空公司的同时，在原民航北京管理局、上海管理局、广州管理局、成都管理局、西安管理局和沈阳管理局所在地的机场部分基础上，组建了民航华北、华东、中南、西南、西北和东北六个地区管理局以及北京首都机场、上海浦东机场、广州白云机场、成都双流机场、西安咸阳机场和沈阳桃仙机场。六个地区管理局既是管理地区民航事务的政府部门，又是企业，领导管理各民航省（区、市）局和机场。

1990 年，在原民航各级供油部门的基础上组建了专门从事航空油料供应保障业务的中国航空油料总公司，该公司通过设在各机场的分支机构为航空公司提供油料供应。属于这类性质的单位还有从事航空器材（飞机、发动机等）进出口业务的中国航空器材公司；从事全国计算机订票销售系统管理与开发的计算机信息中心；为各航空公司提供航空运输国际结算服务的航空结算中心；以及飞机维修公司、航空食品公司等。

1993 年中国民用航空局改称中国民用航空总局，机构规格由副部级调整为正部级，属国务院直属机构。20 多年来，中国民航运输总周转量、旅客运输量和货物运输量年均增长分别达 18%、16% 和 16%，高出世界平均水平两倍多。

2002 年，民航行业完成运输总周转量 165 亿吨公里、旅客运输量 8 594 万人次、货邮运输量 202 万吨，国际排位进一步上升，成为令人瞩目的民航大国。

4. 第四阶段（2002 年）

2002 年 3 月，中国政府决定对中国民航业再次进行重组。

（1）航空公司与服务保障企业联合重组：中国民航局直属航空公司及服务保障企业组成六大集团公司，分别是：中国航空集团公司、东方航空集团公司、南方航空集团公司、中国民航信息集团公司、中国航空油料集团公司和中国航空器材进出口集团公司。成立后的集团公司与中国民航局脱钩，交由中央管理。

（2）民航政府监管机构改革：中国民航局下属 7 个地区管理局（华北地区管理局、东北地区管理局、华东地区管理局、华南地区管理局、西南地区管理局、西北地区管理局、新疆管理局）和 26 个省级安全监督管理办公室对民航事务实地监管，如图 15.1 所示。

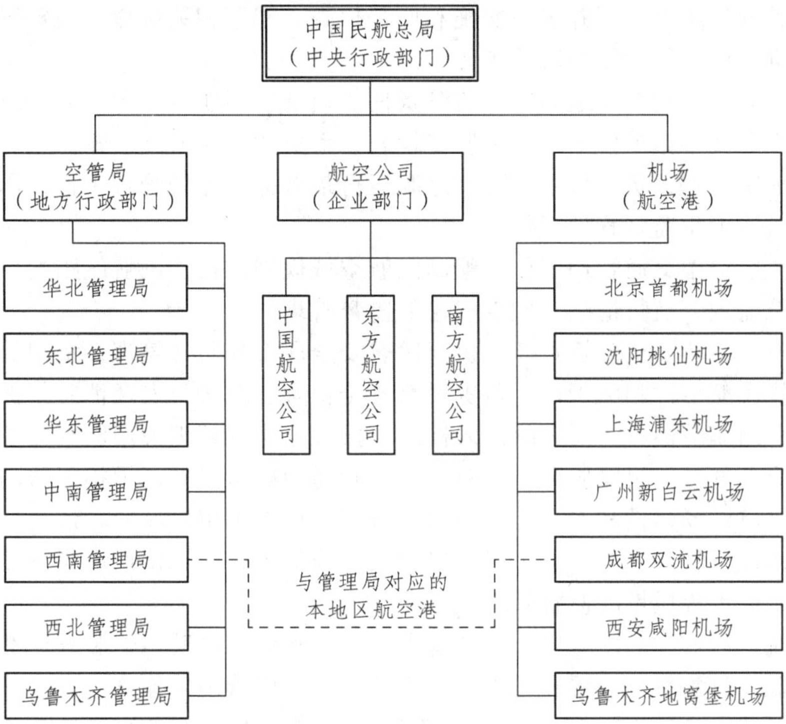

图 15.1　中国民用航空组织图

（3）机场实行属地管理：按照政企分开、属地管理的原则，对 90 个机场进行了属地化管理改革，中国民航局直接管理的机场下放所在省（区、市）管理，相关资产、负债和人员一并划转；中国民航局与地方政府联合管理的民用机场和军民合用机场，属中国民航局管理的资产、负债及相关人员一并划转所在省（区，市）管理。首都机场、西藏自治区区内的民用机场继续由中国民航局管理。

随着民用航空的发展和需要，2014 年由 26 个增加到 39 个安全监督管理局，七个地区管理局具体分工管辖的安全监督管理局如下所述：

（1）华北地区管理局：北京、天津、河北、山西、内蒙古等安全监督管理局。

（2）东北地区管理局：黑龙江、吉林、辽宁、大连等安全监督管理局。

（3）华东地区管理局：上海、江苏、浙江、山东、安徽、福建、江西、厦门、青岛、温州等安全监督管理局。

（4）华南地区管理局：河南、湖北、湖南、广西、海南、广东、深圳、桂林、三亚等安全监督管理局。

（5）西南地区管理局：四川、重庆、贵州、云南、丽江等安全监督管理局。

（6）西北地区管理局：陕西、甘肃、宁夏、青海等安全监督管理局。

（7）新疆管理局：乌鲁木齐、喀什等安全监督管理局。

二、中国民用航空管理局的主要职责

（1）提出民航行业发展战略和中长期规划、与综合运输体系相关的专项规划建议，按规定拟订民航有关规划年度计划并组织实施和监督检查。起草相关法律法规草案、规章草案、政策和标准，推进民航行业体制改革工作。

（2）承担民航飞行安全和地面安全监管责任。负责民用航空器运营人、航空人员训练机构、民用航空产品及维修单位的审定和监督检查，负责危险品航空运输监管、民用航空器国籍登记和运行评审工作，负责机场飞行程序和运行最低标准监督管理工作，承担民航航空人员资格和民用航空卫生监督管理工作。

（3）负责民航空中交通管理工作。编制民航空域规划，负责民航航路的建设和管理，负责民航通信导航监视、航行情报、航空气象的监督管理。

（4）承担民航空防安全监管责任。负责民航安全保卫的监督管理，承担处置劫机、炸机及其他非法干扰民航事件相关工作，负责民航安全检查、机场公安及消防救援的监督管理。

（5）拟订民用航空器事故及事故征候标准，按规定调查处理民用航空器事故。组织协调民航突发事件应急处置，组织协调重大航空运输和通用航空任务，承担国防动员有关工作。

（6）负责民航机场建设和安全运行的监督管理。负责民用机场的场址、总体规划、工程设计审批和使用许可管理工作，承担民用机场的环境保护、土地使用、净空保护有关管理工作，负责民航专业工程质量的监督管理。

（7）承担航空运输和通用航空市场监管责任。监督检查民航运输服务标准及质量，维护航空消费者权益，负责航空运输和通用航空活动有关许可管理工作。

（8）拟订民航行业价格、收费政策并监督实施，提出民航行业财税等政策建议。按规定权限负责民航建设项目的投资和管理，审核（审批）购租民用航空器的申请。监测民航行业经济效益和运行情况，负责民航行业统计工作。

（9）组织民航重大科技项目开发与应用，推进信息化建设。指导民航行业人力资源开发、科技、教育培训和节能减排工作。

（10）负责民航国际合作与外事工作，维护国家航空权益，开展与港澳台的交流与合作。

（11）管理民航地区行政机构、直属公安机构和空中警察队伍。

（12）承办国务院及交通运输部交办的其他事项。

三、民航运输生产部门

（1）航务和飞行部门，主要负责飞机的飞行和与飞行有关的指挥、调度、气象等，这是保障飞机安全飞行的部门。

（2）机务和维修部门，负责飞机的保养、维修，是保障安全的重要部门。

（3）客运销售部门，指旅客客票的销售、预约座位和座位控制部门，这是航空公司取得收入的主要部门。

（4）运输部门，指机场和其他地面服务的人员和部门，包括配载、机供、行李等各个方面。

（5）货运部门，包括从销售到运输的所有与货运有关的部门。

（6）空中服务，指飞机飞行中机内与服务方面有关的人员和部门。

上述后四个部门的特点是都要与顾客直接打交道，因此是航空公司的服务部门。一个航空公司的好坏与这几个部门服务的质量直接有关。因此国际上对这几个部门的人员素质要求较高，有规范化服务标准，每个工作人员都要在岗前受到极为严格的培训，取得执照后方能上岗工作。航空运输管理不同于其他客运方式的管理，它涉及领空法、法律等问题。

四、民航运输生产概况

2014 年全年全国民航完成旅客运输量 3.9 亿人次，旅客周转量 6334.2 亿人公里，至 2014 年底，民航运输飞机期末在册架数 2370 架。

2014 年末共有颁证民用航空机场 202 个，其中定期航班通航机场 200 个，定期航班通航城市 198 个。年旅客吞吐量达到 100 万人次以上的通航机场有 64 个，年旅客吞吐量达到 1 000 万人次以上的有 24 个。民航运输机场完成旅客吞吐量 8.32 亿人次，完成货邮吞吐量 1 356.1 万吨。2014 年，首都机场旅客吞吐量连续五年稳居世界第二，全年共完成旅客吞吐量 8 612.8 万人次，保障飞机起降 58.2 万架次，科学、高效的运行管理使首都机场在运行资源紧张条件下实现了持续健康发展。

2014 年，首都机场先后引入西藏航、青岛航、夏威夷航、河北航、浙江长龙航 5 家运行定期航班，加密 14 条国际航线，国际旅客达到 2 073 万人次。大力宣传 72 小时过境免签政策，全年过境免签旅客超过 40 000 人次；与北京边检总站、国航、BGS 共同签署《24 小时国际-国际过境免办合作备忘录》，今后 24 小时内转乘首都机场其他国际航班，中途不离开机场口岸限定区域的旅客，可免除边检查验手续；进一步提升了旅客在首都机场的中转体验正式开通了通程航班业务。

2014 年在首都机场运营定期商业航班的航空公司共有 96 家，其中内地航空公司 26 家，外国航空公司及香港、澳门、台湾地区航空公司共 70 家。通航 54 国家和地区的 111 个航点，国内通航 133 个航点，已构建成遍布全球的航线网络。

2014 年，上海浦东和虹桥机场三大运输生产指标稳步增长。全年，两场共保障飞机起降 65.55 万架次（其中，浦东 40.22 万架次，虹桥 25.33 万架次）；完成旅客吞吐量 8 962.20 万人次（其中，浦东 5166.18 万人次，虹桥 3796.02 万人次）；完成货邮吞吐量 361.02 万吨（其中，浦东 317.82 万吨，虹桥 43.20 万吨），继续位居全球第 3。

截至 2014 年年底，共有 94 家国内外航空公司开通了上海的定期航班（其中，国内 27 家，国际及港澳台地区 67 家），航线通达 46 个国家和地区的 256 个通航点（其中，国内 142 个，国际及港澳台地区 114 个）。浦东机场按照枢纽机场的功能定位，持续加密国际远程航线和国内枢纽机场航线，开通了上海直飞非洲大陆的远程航线，航班中转率进一步提升，年旅客吞吐量首次突破 5000 万人次，其中国际及地区旅客占比达 50%以上，跨入世界超大型枢纽机场“俱乐部”。虹桥机场按照精品机场的功能定位，持续加厚加密京沪、沪深、沪穗 3 条优势商务航线，加快拓展和培育准精品航线，扩大省会和旅游热点城市的覆盖，目前已形成 13 条精品快线和准快线。

2014 年全国前 10 名民用航空机场排名：

（1）北京首都机场（旅客吞吐量 8 612.83 万人次）；

（2）广州白云机场（旅客吞吐量 5 478.28 万人次）；

（3）上海浦东机场（旅客吞吐量 5 166.18 万人次）；

（4）上海虹桥机场（旅客吞吐量 3 796.02 万人次）；

（5）成都双流机场（旅客吞吐量 3 750.7609 万人次）；

（6）深圳宝安机场（旅客吞吐量 3 627.25 万人次）；

（7）昆明长水机场（旅客吞吐量 3 229.8 万人次）；

（8）重庆江北机场（旅客吞吐量 2 926.44 万人次）；

（9）西安咸阳机场（旅客吞吐量 2 926.02 万人次）；

（10）杭州萧山机场（旅客吞吐量 2 552.6 万人次）。

2020 年，以习近平新时代中国特色社会主义思想为指导，全面贯彻党的十九大和十九届全会以及中央经济工作会议精神，坚持新发展理念、稳中求进总基调，扎实按照“十三五”时期民航总体工作思路，统筹推进疫情防控和行业安全发展，扎实推动民航高质量发展，各项工作取得了显著成绩。中国民航在全球率先触底反弹，国内航空运输市场成为全球恢复最快、运行最好的航空市场。

2020 年完成旅客运输量 41 777.82 万人次，其中国内航线完成旅客运输量 40 821.30 万人次，国际航线完成旅客运输量 956.51 万人次；完成旅客周转量 6 311.28 亿人公里，其中国内航线完成旅客周转量 5 868.87 亿人公里，国际航线完成旅客周转量 442.41 亿人公里。

2020 年，民航运输飞机在册架数为 3 903 架，共有定期航班航线 5 581 条，其中国内航线 4 686 条（港澳台航线 94 条），国际航线 895 条；定期航班国内通航城市（或地区）237 个（不含香港、澳门和台湾地区）。我国航空公司国际定期航班通航 62 个国家的 153 个城市，内地航空公司定期航班从 25 个内地城市通航香港，17 个内地城市通航澳门，43 个内地城市通航台湾地区。

我国境内运输机场（不含香港、澳门和台湾地区）共有 241 个，其中 4F 级机场 13 个，4E 级机场 38 个，4D 级机场 38 个，4C 级机场 147 个，3C 级机场 4 个，3C 级以下机场 1 个。运输机场共有跑道 265 条，停机位 6 621 个，航站楼面积 1 799.8 万 m^2。

年旅客吞吐量 100 万人次以上的运输机场有 85 个，其中，北京、上海和广州三大城市机场旅客吞吐量占全部境内机场旅客吞吐量的 18.2%。

233 个机场和主要航空公司可实现“无纸化”出行；39 家千万级机场国内旅客平均自助值机比例达 72.2%；20 家航空公司的 654 架飞机能够为旅客提供客舱网络服务，11 家航空公司的 213 架飞机同时具备了空中接入互联网能力；旅客对航空公司和机场服务满意度分别为 4.30 分和 4.41 分（满分 5 分）。

2020 年，民航各级行政机关共实施行政处罚 326 起；全年共 4 家组织、22 个自然人因实施《民航行业信用管理办法（试行）》规定的严重失信行为而被列入民航行业严重失信人名单；4 999 名旅客被列入限制乘坐民用航空器特定严重失信人名单。

五、航空运输有关法规

为维护我国领空主权和民航权利，1995 年第八届全国人民代表大会常务委员会第十六次会议通过了“中华人民共和国民用航空法”。此外在业务工作中，要遵守航空运输法则、运输手册及有关法规。

航空运输法则、运输手册和相关法规间的关系如图 15.2 所示，下面对其进行简要介绍。

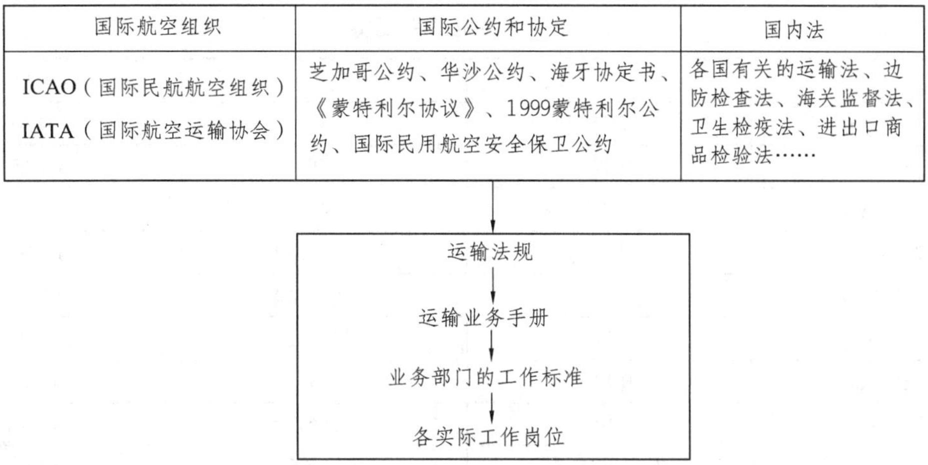

图 15.2　航空运输法则、运输手册和相关法规间的关系

1. 运输法规

运输法规（又称运输契约条款）是国内民航运输法规，由政府制定。它是为航空公司和顾客双方在运输开始前用契约条款的形式把各自的责任和义务写清楚的文件，具有法律效力，一旦出了事故或有争执，则应根据运输法规依法行事，民航局有权依法裁决。

2. 运输业务手册

运输业务手册是运输企业根据运输法规制定的，是企业的规章制度和工作准则。运输业务手册要求把实际工作中的具体做法，对问题的处理尽可能地写清楚，从而使航空公司的职员在工作中一旦遇到具体问题，可从手册中找到答案。因此，业务手册是航空运输企业最基本的文件，任何航空公司都要在其经营前先拿出自已的业务手册，否则，运输生产工作无章可循，质量标准就没有保证。有了运输业务手册，航空公司才能照章办事。

运输业务手册又可分为国际旅客运输业务手册、国际货物运输业务手册、国内旅客运输业务手册、国内货物运输业务手册。在业务手册的基础上，各业务部门还应制定出本部门相应的工作标准。

第二节　航空旅客运输系统主要设施

为了安全高效地运送旅客，航空运输必须具备许多相关设施和设备，以及完善的交通管制系统，其主要的设备和设施是运输机（飞机）和机场。

一、飞　机

（一）当代飞机简况

飞机发动机可有不同的工作状态，发动机每公里消耗燃料最少情况下的飞行速度，称为巡航速度。目前飞机的巡航速度已能达到马赫数 0.85，由空客公司生产的 A380-800 最大商务载客量达 555 ~ 650 人，飞机不进行空中加油能够飞行的距离称最大燃油航程。如今 B787-800 已能够飞行 15 700 km，表 15.1 列出了各飞机的主要特性。

表 15.1 飞机的主要特性

飞　机	巡航速度/Ma	最大载客量/人	最大燃油航程/km
B727-200	0.75	163	2 970
B737-300	0.76	149	4 175
B737-700	0.785	149	6 038
B757-300	0.8	243 ~ 289	6 426
B777-200	0.84	320 ~ 440	9 525
B777-300	0.84	368	11 029
B787-800	0.85	217	15 700
B747-400	0.85	416	13 570
A380-800	0.85	555 ~ 650	14 800

商务载重也称业载，包括旅客及行李、货物邮件 3 个部分的重量。A380-800F 商载已达到 152 t。表 15.2 列出了各型号飞机的商务载重。

表 15.2 飞机的商务载重

飞　机	商务载重/t
DC-3	2.4
B737-300	16
B727-200	18.1
B757-200	25
A350-800	35.7
B777-200	54
B747-400	65
A380-800F	152

（二）飞机的速度、航向

1. 飞机的速度

飞机的飞行速度有各种不同的表达方式，即地速、真空速、指示空速。

（1）地速与真空速。地速是飞机相对于地面的速度，真空速（又称真实空速）是飞机相对于航行介质的速度。这样，如果一架飞机以 500 km/h 的地速在空中飞行，风以 50 km/h 的速度从相反方向吹来，则真空速为 550 km/h。同样，如果风向与飞行的方向相同，飞机仍保持 500 km/h 的地速，则真空速为 450 km/h。

（2）指示空速，也叫表速，是指驾驶员从座舱中的空速表上读得的速度数据。当飞行高度很高时，空气密度变小，指示空速小于真实空速。对驾驶员来说，指示空速较真实空速更为重要，因为驾驶员所关心的是升力的变化，特别是与飞机速度和空气密度有关的失速速度。在较高的高度上，飞机的失速速度比在海平面上的要高。而当高度较高时，空速表所指示的速度低于真空速。因此，这是偏于安全的，不需对指示空速加以修正。这也就是飞机制造厂用指示空速报告失速速度，而不用真空速的原因。

高速飞机速度的参照基准常采用“音速”，也称“声速”。音速定为“马赫数 1”（因奥地利物理学家马赫而得名）。马赫数 3 即表示 3 倍于音速。应注意，如果说一架飞机的速度为马赫数 0.8 时，这是指表速，而不是地速。

2. 侧风、航迹、航向

当飞机接近跑道时，飞机的航向（机头所指的方向）与从横向吹向飞机航道的风（侧风）的强度有关。进近飞行航道是跑道中线的延长线，称为航迹。飞机必须沿航迹飞行，以保证着陆安全。航迹、航向和侧风之间的关系，如图 15.3 所示。

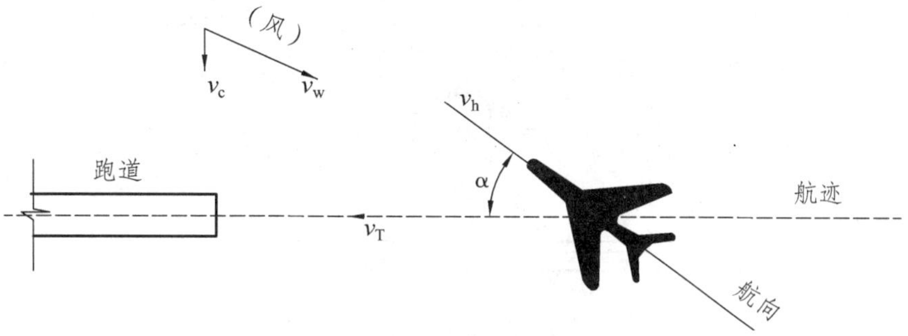

图 15.3　航迹、航向、偏流角的关系

为了使飞机不被侧风吹离航迹，飞机应对航迹成 α 角飞行，即：

$$\sin\alpha=\frac{v_c}{v_h}$$

式中　v_h——飞机的真空速（km/h）；

v_c——对航迹成直角的侧风 v_w 的速度分量（km/h）；

α——偏流角（航迹偏开航向的角度）。

偏流角的大小与风速成正比，而与飞机的速度成反比。v_T 是沿航迹的真空速，等于 $v_h\cos\alpha$（参见图 15.3）。为了获得沿航迹的地速，应从 v_T 减去沿航迹的风的速度分量。

例如，飞机以 135 km/h 的速度向跑道进近，而侧风为 25 km/h，则偏流角 α 应为 10°40′。为了正确地着陆，驾驶员必须恰好在接地之前使偏流角减小到零。如果驾驶员减小偏流角太早，飞机就可能被沿着侧风吹离跑道。因此，在确定跑道方位时，要使侧风影响减到最小。

二、机　场

（一）机场的功能

机场是指供飞机起飞、降落、滑行、停放以及进行其他活动使用的划定区域，包括附属的建筑物、装置和设施等。

机场、航路（航线）和机队构成了民航运输网络。机场是民航运输网络中的节点，是航空运输的起点、终点和经停点。民航运输机场是空中运输和地面运输的转接点。它一方面要面向空中，送走起飞的飞机，迎来着陆的飞机；另一方面要面向陆地，供客、货和邮件进出。机场可实现运输方式的转换，因此也可以称作航空站（简称为航站）。大型民航运输机场又称为航空港，全国的各类机场构成了国家机场系统。民航运输机场的基本功能是为飞机的运行服务，为旅客、货物及邮件的运输以及其他方面服务。

（二）机场的组成

一个大型机场的组成如图 15.4 所示，它分为三个主要部分，即空侧、地侧和候机楼（航站楼），也可称为飞行区和地面运输区，候机楼形成这两部分的分界。飞行区是飞机运行的区域；地面运输区是车辆和旅客活动的区域；候机楼是旅客登机的区域。

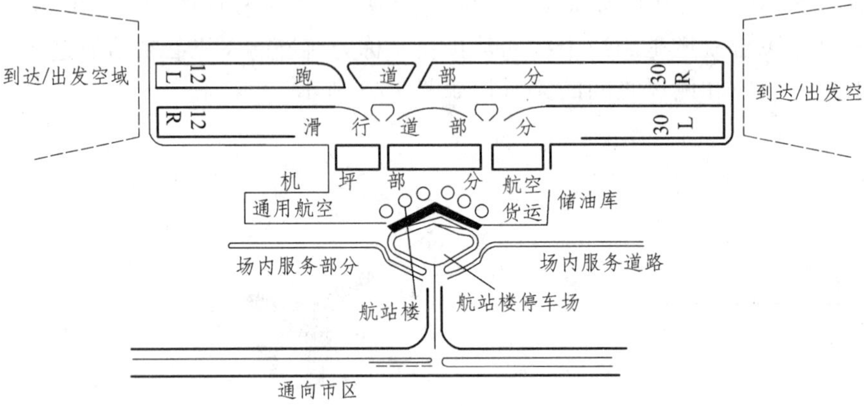

（a）机场平面示意图

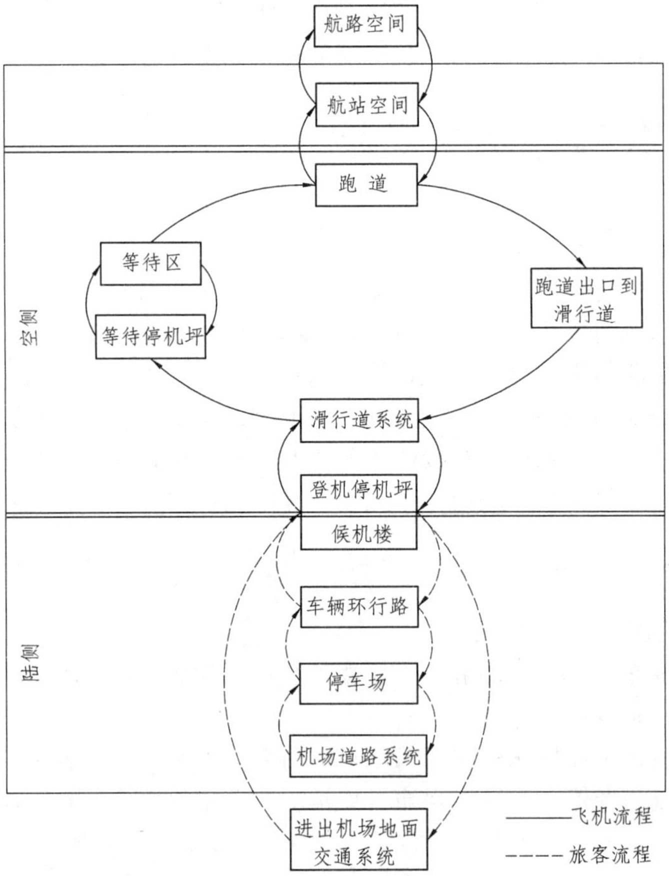

（b）机场系统组成

图 15.4 机场的构成示意图

在此系统内，地面和空中运载工具的特性对机场规划都有很大的影响。旅客和货物托运者主要关心的是从出家门口至回到家门口所需的总旅行时间，而不只是空中旅行的那段时间，因此，进出机场的通路必须畅通。

（三）机场的种类与等级

1．机场类别

根据机场的业务范围、机场在民航运输系统中发挥的作用、机场所在地的状况以及大部分乘机旅客的目的，应按不同要求将机场划分类别，以便于科学管理、合理建设并设置相应配套设施和机构。

（1）按航线业务范围划分。

民航运输机场按照其航线性质，通常分为以下几类。

① 国际机场：国际航线出入境并设有海关、边防检查（移民检查）、卫生检疫、动植物检疫和商品检验等联检机构的机场。如北京首都国际机场、芝加哥奥黑尔国际机场。

国际机场又分为国际定期航班机场、国际定期航班备降机场和国际不定期航班机场。国际定期航班机场，指可安排国际通航的定期航班飞行的机场；国际定期航班备降机场，指为国际定期航班提供备降的机场；国际不定期航班机场，指可安排国际不定期航班飞行的机场。

② 国内航线机场：供国内航线使用的机场。

③ 地区航线机场：在我国指大陆民航运输企业与香港、澳门地区之间定期或不定期航班飞行使用，并没有相应（类似国际机场的）联检机构的机场。如海拉尔东山机场、长春大房身机场、齐齐哈尔三家子机场、佳木斯东郊机场、合肥骆岗机场、济南遥墙机场。我国的地区航线机场应是国内航线机场。在国外，地区航线机场通常是指为适应个别地区空管需求可提供短程国际航线的机场。

（2）按机场在民航运输系统中所起作用划分。

机场是航空运输系统网络的节点，按照其在该网络中的作用，可以分为以下几类。

① 枢纽机场：国际、国内航线密集的机场，旅客在此可以很方便地中转到其他机场。根据业务量的不同，可分为大、中、小型枢纽机场。美国大型枢纽机场的中转旅客百分比很大，芝加哥—奥黑尔机场和达拉斯—福特沃斯机场的中转旅客超过 50%。我国大陆枢纽机场仅北京、上海、广州三大机场，但中转百分比还不大，所以，按国际通行概念还不具备枢纽机场的资格。

② 干线机场：以国内航线为主，航线连接枢纽机场、直辖市和各省会或自治区首府，空运量较为集中，年旅客吞吐量不低于 10 万人次的机场。银川、石家庄、西宁的机场虽低于 10 万人次也算干线机场。另外，像厦门、深圳、大连、桂林等重要城市或旅游城市的机场也算干线机场。全国现有干线机场 30 多个。

③ 支线机场：省、自治区内经济比较发达的中小城市和旅游城市，或经济欠发达、但地面交通不便的城市地方机场。空运量较少，年旅客吞吐量一般低于 10 万人次。这些机场的航线多为本省区航线或邻近省区支线。

（3）按机场所在城市的地位、性质划分。

依照机场所在城市的性质、地位并考虑机场在全国航空运输网络中的作用，可将机场划分为Ⅰ、Ⅱ、Ⅲ、Ⅳ类。

① Ⅰ类机场：全国政治、经济、文化中心城市的机场，是全国航空运输网络和国际航线的枢纽，运输业务量特别大，除承担直达客货运输外，还具有中转功能。北京首都机场、上海虹桥机场、广州白云机场即属于此类机场。

② Ⅱ类机场：省会、自治区首府、直辖市和重要经济特区、开放城市和旅游城市或经济发达、人口密集城市的机场，可以全方位建立跨省、跨地区的国内航线，是区域或省区内航空运输的枢纽，有的可开辟少量国际航线。Ⅱ类机场也可称为国内干线机场。

③ Ⅲ类机场：国内经济比较发达的中小城市，或一般的对外开放和旅游城市的机场，能与有关省区中心城市建立航线。Ⅲ类机场也可称为次干线机场。

④ Ⅳ类机场：前所述支线机场及直升机场。

（4）按旅客乘机目的划分。

旅客乘机目的的不同也会影响到机场的特性，而且会影响到机场的各项设施。根据大多数旅客的乘机目的，机场通常可分为三类。

① 始发/终程机场：通常这类机场的始发和终程旅客占旅客总数比例较高。始发和终程的飞机或掉头回程架次占大多数。目前国内机场大多属于这类机场。

② 经停（过境）机场：这类机场往往位于航线上的经停点，没有或很少有始发航班飞机，只有比例不大的始发/终程旅客，有相当数量的过境旅客。飞机一般停驻时间较短。

③ 中转（转机）机场：在这类机场中，有相当大比例的旅客乘飞机到达后，立即转乘其他航线的航班飞机飞往目的地。

除以上四种类别划分标准外，从安全飞行角度还考虑为预定着陆机场安排备降机场。备降机场是指在飞行计划中事先规定的，当预定着陆机场不宜着陆时，飞机可前往着陆的机场。起飞机场也可以是备降机场。备降机场由中国民航局事先确定，如太原机场、天津机场和大连机场为首都机场的备降机场。

2. 机场等级

为了便于给机场配备适量的工作人员和相应的技术设备设施，为保障飞机能安全准时起降和优质服务提供必要条件，也为了能最好地经营管理机场，发挥其最大社会效益和经济效益，必须对机场进行分级。按不同要求划分有飞行区等级、跑道导航设施等级、航站业务量规模等级、民航运输机场规划等级、机场的救援和消防等级。

（1）飞行区等级。

跑道的性能及相应的设施决定了什么等级的飞机可以使用这个机场，机场按这种能力的分类，称为飞行区等级，它的技术标准采用飞行区等级指标Ⅰ（数字代号）和等级指标Ⅱ（字母代号）的方式表示。飞行区等级指标Ⅰ：按使用机场跑道的各类飞机中最长的基准确定飞行场地长度，分为1、2、3、4四个等级。飞行区等级指标Ⅱ：按使用该机场飞行区的各类飞机中的最大翼展或最大主起落架外轮外侧边的间距，分为A、B、C、D、E、F六个等级，见表15.3所示。

表 15.3　飞行区等级

第一位　数字		第二位　字母		
数字	飞行场地长度/m	字母	翼展/m	轮距/m
1	< 800	A	< 15	< 4.5
2	800 ~ 1 200	B	15 ~ 24	4.5 ~ 6
3	1 200 ~ 1 800	C	24 ~ 36	6 ~ 9
4	1 800 以上	D	36 ~ 52	9 ~ 14
		E	52 ~ 65	9 ~ 14
		F	65 ~ 80	14 ~ 16

比如 4D 级机场，是指在标准条件下，可用跑道长度≥1 800 m，可用最大飞机的翼展 36 ~ 52 m 和主起落架外轮外侧间距 9 ~ 14 m。目前，我国大部分开放机场飞行区等级均在 4D 以上。厦门高崎、福州长乐、北京首都、沈阳桃仙、大连周水子、上海虹桥、上海浦东、南京禄口、杭州萧山、广州新白云、深圳宝安、武汉天河、三亚凤凰、重庆江北、成都双流、昆明巫家坝、拉萨贡嘎、西安咸阳、乌鲁木齐地窝堡等机场拥有目前我国的最高飞行区等级 4E，这些机场可以满载起降波音 747 客机。

（2）跑道导航设施等级。

跑道导航设施等级按配置的导航设施能提供飞机以何种进近程序飞行而划分，反映了飞行安全和航班正常率保障设施的完善程度。

① 非仪表跑道：供飞机用目视进近程序飞行的跑道，代字为 V。

② 仪表跑道：供飞机用仪表进近程序飞行的跑道，可分为：

- 非精密进近跑道：装备相应的目视助航设备和非目视助航设备的仪表跑道，能足以对直接进近提供方向性引导，代字为 NP；
- Ⅰ类精密进近跑道：装备仪表着陆系统和（或）微波着陆系统以及目视助航设备，能供飞机在决断高度低至 60 m 和跑道视程低至 800 m 时着陆的仪表跑道，代字为 CATⅠ；
- Ⅱ类精密进近跑道：装备仪表着陆系统和（或）微波着陆系统以及目视助航设备，能供飞机在决断高度低至 30 m 和跑道视程低至 400 m 时着陆的仪表跑道，代字为 CATⅡ；
- Ⅲ类精密进近跑道：装备仪表着陆系统和（或）微波着陆系统的仪表跑道。该系统可引导飞机直至跑道，并沿道面着陆及滑跑。它又根据对目视助航设备的需要程度分为 A、B、C 三类，分别以 CATⅢ A、CATⅢB、CATⅢC 为代字。

跑道配置导航设备的标准，要根据机场性质、地形和环境、当地气象、起降飞机类型及年飞行量等因素进行综合研究以便确定。

国内装备有Ⅱ类精密进近仪表着陆系统的机场有首都机场、深圳机场、珠海机场等；装备有Ⅰ类精密进近系统的机场有天津滨海机场、三亚凤凰机场、重庆江北机场等。国外，美国纽约肯尼迪机场的四条主要跑道中，有的装了Ⅲ类精密进近系统，有的装了Ⅱ类精密进近系统；而英国伦敦希思罗机场的三条可供使用的跑道中，一条两端装有Ⅱ类精密进近系统，一条一端装有Ⅱ类而另一端装有Ⅲ类精密进近系统。

（3）航站业务量规模等级。

按照航站的年旅客吞吐量或货物（及邮件）运输吞吐量来划分机场等级。业务量的大小与航站规模及其设施有关，也反映了机场繁忙程度及经济效益。表 15.4 为按航站业务量划分的参考标准。若年旅客吞吐量与年货邮吞吐量不属于同一等级时，可按较高者定级。

表 15.4 航站业务量规模分级标准表

航站业务量规模等级	年旅客吞吐量/万人	年货邮吞吐量/kt
小　型	< 10	< 2
中小型	10 ~ 50	2 ~ 12.5
中　型	50 ~ 300	12.5 ~ 100
大　型	300 ~ 1 000	100 ~ 500
特大型	≥1 000	≥500

（4）民航运输机场规划等级。

以上三种划分等级的标准，从不同的侧面反映了机场的状态：能接收机型的大小、保证飞行安全和航班正常率的导航设施的完善程度、客货运量的大小。

在综合上述三个标准的基础上，提出了一种按民航运输机场规划分级的方案，如表 15.5 所示。当三项等级不属于同一级别时，可根据机场的发展和当前的具体情况，确定机场规划等级。

表 15.5 民航运输机场规划等级

机场规划等级	飞行区等级	跑道导航设施等级	航站业务量规模等级
四　级	3B、2C 及以下	V、NP	小　型
三　级	3C、3D	NP、CAT Ⅰ	中小型
二　级	4C	CAT Ⅰ	中　型
一　级	4D、4E	CATI、CAT Ⅱ	大　型
特　级	4E 及以上	CAT Ⅱ 及以上	特大型

三、机场地面运输区设施

地面运输区设施包括机场进入通道、机场停车场和内部道路。

1. 机场进入通道

机场是城市的交通中心之一，且飞机飞行有严格的时间要求，因而从城市进入机场的通道是城市规划的一个重要部分。大型城市为了保证机场交通的通畅都修建了市区到机场的专用公路或高速公路，以解决旅客来往于机场和市区的问题。有的机场开通了到市区的地铁或高架铁路，如上海浦东机场已经开通了到达市区的磁悬浮列车。在考虑航空货运时，要把机场到火车站和港口的路线同时考虑在内。

2. 机场停车场

机场停车场设在机场的候机楼附近，停放车辆很多且土地紧张时宜用多层车库。停车场建筑面积主要根据高峰小时车流量、停车比例及平均每辆车所需面积确定。高峰小时车流量可根据高峰小时旅客人数、迎送者、出入机场的职工与办事人员数以及平均每辆车载客量确定。繁忙的机场按车辆使用的急需程度把停车场分为不同的区域，离候机楼最近的是出租车辆和接送旅客车辆的停车区，以减少旅客步行的距离。机场职工或航空公司使用的车辆则安排到较远位置或安排专用停车场。

3. 机场内道路系统

要对候机楼外的道路区进行很好地安排和管理，这里各种车辆和行人混行，而且要装卸行李，特别是高峰时期，容易出现混乱和事故。另外要注意安排好货运通路，使货物能通畅地进入货运中心。

四、候机楼区

候机楼供旅客完成从地面到空中或从空中到地面转换交通方式之用，候机楼的规划与设计是机场工程的一个重要方面。候机楼主要由候机楼构型及布局、站坪机位布置组成。候机楼的设计涉及位置、形式、建筑面积等要素。

（一）候机楼

候机楼通常设置在飞行区中部。为了减少飞机的滑行距离，候机楼应尽量靠近平行滑行道。当飞行区只有一条跑道时，为了便于旅客与城市联系，候机楼应设在靠近城市的跑道一侧。当飞行区只有一条跑道且风向又较集中时，候机楼宜适当靠近跑道主起飞的一端；当飞行区有两条跑道时，候机楼宜设在两条跑道之间，以便飞机来往于跑道和站坪且充分利用机场用地。

候机楼的形式，一般有一层式、一层半式、二层式三种。一层式候机楼的离港和到港活动都在同一层平面内，适用于客运量较小的机场；一层半式的候机楼是两层，楼前车道是一层，通常第一层供到港旅客用，第二层供离港旅客用，适用于客运量中等的机场；二层式是候机楼与楼前车道都是二层，通常第一层供到港旅客用，第二层供离港旅客用，适用于客运量大的机场。

候机楼的建筑面积根据高峰小时客运量确定，面积配置标准与机场性质、规模及经济条件有关。目前我国可考虑采用的国内航班为 14 ~ 26 m^2/人，国际航班为 28 ~ 40 m^2/人。

（二）登机机坪（站坪）

登机机坪是指旅客从候机楼上机时飞机停放的机坪，这个机坪要求能使旅客尽量减少步行上飞机的距离。

1. 登机机坪的布局形式

客机坪的平面布局受以下因素的影响：① 机位的数目。机位数目取决于高峰时，每小时飞机起降架次数、飞机占用机位（门位）时间及机位利用率。② 机位尺寸。机位尺寸主要取决于飞机的几何尺寸（机身长和翼展）、转动半径以及与建筑物之间的距离。③ 飞机的停靠方位及进出机位方式。④ 旅客登机方式。旅客登机方式有三种：在站坪上步行、通过登机桥、用车辆（转运车、摆渡车）运送。⑤ 候机楼布局。⑥ 飞机地面服务要求。飞机停放在机位上时，需要地面服务，这些都要靠各种车辆和设备完成，为此，必须占用一定的机坪面积。

地面服务有时会使得机坪拥挤，并且对飞机运行安全不利。因而，出现了无车辆站坪的概念（即用固定在机位站坪下的各种设备取代地面车辆），可减少在站坪上活动的地面服务车辆。

按照旅客流量的不同，登机机坪的布局可以有多种形式，如图 15.5 所示。

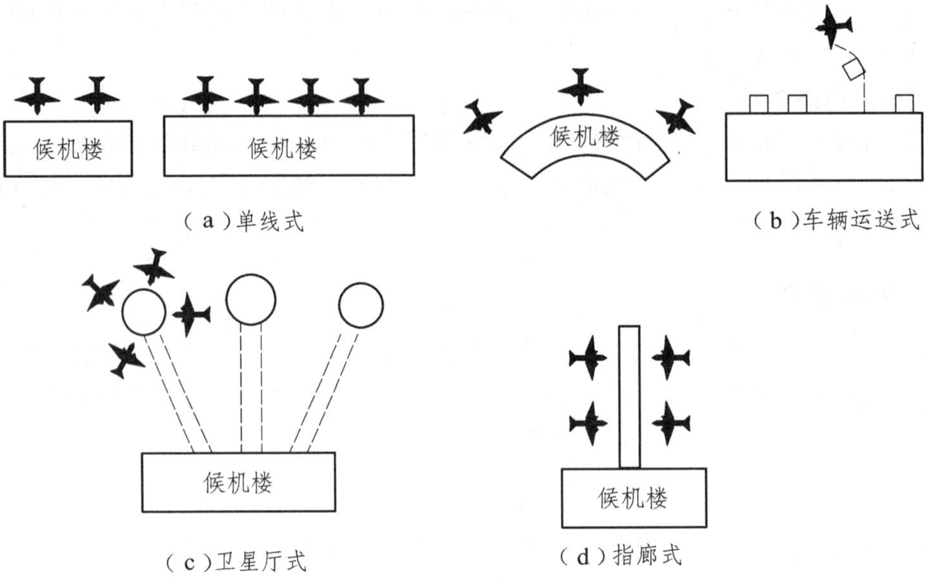

图 15.5 登机坪布局形式

（1）单线式。

这种形式最简单，飞机停靠在候机楼墙外，沿候机楼一线排开，旅客出了登机门直接上机。它的好处是简单、方便，但只能处理少量飞机，一旦交通流量很大，有些飞机就无法停靠到位，造成延误。

（2）车辆运送式。

车辆运送式也叫远距离登机坪，飞机停放在离候机楼较远的地方，登机旅客由特制的摆渡车送到飞机旁。这种方式的好处是大大减少了建筑费用，并有不受限制的扩展余地，但它的问题是机坪上运行的车辆增加，机场上的服务工作人员增加，旅客登机的时间增加，而且使旅客增加了上、下车及下雨和刮风等外界天气的影响等不便。为了解决后面两个问题，美国有些机场使用了移动登机桥，在汽车底盘上装上大型的可升降车厢，旅客登车后，运至飞机旁边，车厢可升至机门相同高度，旅客直接进入飞机。

（3）卫星厅式（北京首都国际机场）。

在候机楼外一定距离设立一个或几个卫星厅，飞机沿卫星厅停入，卫星厅和候机楼之间有活动人行通道或定期来往车辆沟通。卫星厅内可以有很多航班，各航班旅客登机时的路程和所用时间大体一致，旅客在卫星厅内可以得到较多的航班信息。卫星式的缺点是建成后不易进一步扩展。

（4）指廊式（上海浦东国际机场）。

由候机楼伸出走廊，飞机停靠在走廊两旁，这样可停放多架飞机，是目前空港中使用比较多的一种，走廊上通常铺设活动人行道，使旅客的步行距离减少。指廊式登机坪的缺点是旅客到最末端的登机门用的时间比到起始端的要长。

各种形式并不是单一固定的，可以采用各种混合形式，例如首都机场是卫星厅式的，但当客流量增大时，超过的部分就采用远距离的登机坪来解决。

2. 停机位置的设施

以上各种形式的登机坪，除远距离登机坪外，在登机的停机位置都需要一定的设施帮助驾驶员把飞机停放在准确的位置，让登机桥能和机门连接。

登机桥是一个活动的走廊，可以伸缩，并且有液压机构调整高度，以适应不同的机型。当飞机停稳后，登机桥和机门相连，旅客就可以通过登机桥直接由候机楼进出飞机。

（三）旅客处理系统

旅客处理系统是进出航空港的地面交通与飞机之间的连接体系。旅客处理系统的目的是：与旅客进出航空港的地面交通方式连接；办理旅客开始或结束航空旅行的手续；运送登机或离机的旅客。

1. 旅客处理系统的设施

（1）连接地面的交通设施，车辆流通、停放，旅客在路边上下车等活动均在这部分进行，为此，需提供：① 对于用汽车作为进出航空港地面交通方式的旅客，为车辆停靠和旅客上下车所需之路边空间；② 去各汽车停车设施的便利连接或运输工具，如人行道、区间公共汽车或自动运送系统；③ 利用集体进出航空港地面交通方式旅客的上下车设施，如公共汽车站、高级出租轿车站和高速火车站台。

（2）办理手续的设施，旅客在此办理开始或结束航空旅行的手续。所进行的主要活动是办理机票、托运行李、检查和提取行李。为此，需提供：① 航空公司办票和托运行李柜台；② 各种检查活动的柜台，如安全、海关和检疫等；③ 提取行李的设施。

为有助于办理手续，尚应具备如下设施：供旅客活动和流通的场所；供旅客舒适候机和休息的候车室；公共服务设施，如盥洗室、公共电话、小件物品寄存处、母婴室、急救室、邮政办公室和预订旅馆处；展示航班动态和其他有关飞行的通告并给出航站楼内行动的指向；供应食品、饮料的设施，包括餐厅、酒吧间、食品自动售货机；特许的经营设施，包括书报摊、商店、银行、保险公司、出租汽车处、免税商店（在国际机场）；供参观者使用的瞭望平台、专用厅堂等设施。

（3）连接飞行的设施，进行办理手续后和飞行前之间的连接。为此，需提供：① 在飞机机位附近供旅客集合的机位休息室，便于集合旅客迅速登上飞机；② 运送设施，包括自动步行道、大客车等，随所采用的旅客登机方案而异；③ 登机设施，包括连接登机桥、机头登机桥、客梯或自动扶梯；④ 旅客中转航线的运送设施，包括通道、候机场所和活动运送设施。

2. 旅客处理系统设施的布置

设施的布置有两种基本方法，即旅客集中办理手续和旅客分散办理手续。集中办理手续是指所有设施都设置在一个建筑物内，并在其中供所有旅客办理手续。分散办理手续则是指旅客处理设施安排为较小的标准单元，并在一座或多座建筑物内重复设置。每一单元安排在一个或几个飞机机位附近，为使用这些机位的旅客服务。

本章小结

本章学习了航空行政与民航法规，对航空旅客运输的主要设备，飞机和机场设施的作用、功能、组成、标准和流程作了扼要介绍。

思考题

1. 目前民航飞机性能的发展趋势如何？
2. 大型机场包括哪些组成部分？
3. 机场的种类和等级有哪些？
4. 登机坪有哪几种布置形式？
5. 旅客处理系统有哪些设施？

第十六章 航空运输生产计划与编制

学习目的：航空运输生产计划是航空公司的主要生产计划之一，包括航线运输生产计划、航站发运量计划、航空运输生产综合计划和航班计划，其中航线运输生产计划是按航线规定空中运输飞行主要任务的计划，航站发运量计划是规定地面工作主要任务量的计划，航空运输生产综合计划是航站计划和航线计划的综合反映。通过学习要掌握以上内容，并能运用。

第一节 航空运输生产计划概述

一、航空运输生产计划的性质和意义

航空运输快速、高效，时间件强，机动性好，但运价较高、运量小，为了保证旅客的方便性及企业的经济性，做好航空运输计划是首要的工作。综合平衡有关因素，对未来时期航空旅客、货物、邮件运输所做的数量安排和工作布置，即称为航空运输生产计划。它是统一组织航空运输经济活动（包括飞机购置、资金筹措、人员培训、机场建设、勤务保障等）的主要依据，也是合理安排国际、国内运输和客、货运比例关系的依据，是国家（地区）交通运输计划的组成部分。

航空运输生产计划是空运企业最主要的生产计划，也是编制企业其他计划的重要基础，诸如飞机利用计划、飞机发动机大修理计划、劳动工资计划、收入计划、成本计划等，都是以运输生产计划为重要依据编制的。因此，航空运输生产计划在民航计划体系中占主导地位，科学地编制航空运输生产计划，对于合理组织生产和提高企业计划工作质量，有着十分重要的意义。

二、航空运输生产计划的内容和任务

1. 航空运输生产计划的内容

航空运输生产过程由地面的运输生产组织、飞行组织保障和指挥调度等工作与空中的运输飞行两大部分组成。地面工作的总任务是保证进出港飞机的安全、正点和有足够的载量。空中运输飞行的总任务是安全、迅速地把旅客和货物、邮件由一地运送到另一地。地面工作与空中飞行各有特点又互相联系，构成一个完整的航空运输生产过程。航空运输生产的这种构成情况，决定了航空运输生产计划的内容。

（1）航线运输生产计划是按航线规定空中运输飞行主要任务的计划，主要指标有飞行班次、飞行小时、运输量、周转量、小时生产率、航线载运比率等。

（2）航站发运量计划是规定地面工作主要任务量的计划。一条航线连接两个或几个机场，所以，航线的运输量实际上是由相关航站组织销售，即相关航站的客货运量构成了航线运量，所以航线计划和航站计划是相辅相成的。航站计划的主要指标有发运量、发运收入、客座利用率和航站载运率（出港载运率）等。

（3）航空运输生产综合计划是规定航空运输生产全过程的主要任务量的计划，它是航站计划和航线计划的综合反映，主要指标有飞行小时、运输量、总周转量、发运量、发运收入等。

（4）航班计划是规定航空运输正班飞行的航线、机型、班次和班期、时刻的计划，它是航空运输生产计划的实施计划，也是组织日常航空运输生产活动的重要依据。

航空运输生产计划的这四部分内容之间是互相联系、互相依存的，各项计划之间必须互相适应，衔接平衡。本章主要介绍航班计划和航线运输生产计划两部分。

2. 航空运输生产计划的任务

（1）正确确定航空运输生产任务，尽可能适应国民经济各部门对民航的需求。这就要求计划工作人员及时了解有关地区的运量发展情况，掌握客、货运输发展变化的规律，预测各航线在计划期间发展的可能，结合企业的人员、设备情况和生产飞行能力，正确地确定航线，合理地调配飞机，安排机型，编排班次，综合平衡，确定计划期间旅客和货物运输的发运量、运输量和周转量。

（2）合理地组织与协调航空运输生产活动。这项任务主要是在正确确定航空运输生产各环节任务量的基础上，抓好航空运输生产计划的执行与控制工作，使各项相互之间衔接平衡的计划得以贯彻执行，保证航空运输生产与企业经营活动顺利进行。

（3）挖掘企业潜力，组织合理运输，提高运输质量，努力提高企业的经济效益和航空运输的社会效益。

三、航空运输的基本概念

1. 航　路

民航运输服务是航空器跨越天空在两个或多个机场之间的飞行。为了保障飞行安全，必须在机场之间的空中为这种飞行提供相对固定的飞行线路，使之具有一定的方位、高度和宽度，并且在沿线地面设有无线电导航设施。这种经政府有关当局批准的、飞机能够在地面通信导航设施指挥下沿具有一定高度、宽度和方向在空中做航载飞行的空域，就称为航路（Air Way）。

民航航路是由民航主管当局批准建立的一条由导航系统划定的空域构成的空中通道，在这个通路上空中交通管理机构要提供必要的空中交通管制和航行情报服务。

2. 航 线

民航从事运输飞行必须按照规定的路线进行，这种飞行路线即称为航空交通线，简称航线。规定航线不仅要确定飞机航行的具体方向，起讫与经停地点，还要根据空中交通管理的需要，规定航路的宽度和飞行的高度层，以维护空中交通秩序，保证飞行安全。

航线应具备的条件是：

（1）有运输机定期飞行；

（2）有足以保证运输机飞行和起降所需要的机场及地面设备；

（3）民航航线除由民航局运输司审批外还需报请空管局批准，这主要是涉及空域的管制权。

开辟航线属于航线网建设，是民航企业开展经营活动的基础，在政治上和经济上都具有重大意义。它涉及国家统一运输网的建立、机场兼顾民用军需的合理布局、生产力的配置、城市发展规划、国家基建投资、运输类型及运输能力发展规划等一系列需要进行全面规划与综合平衡的重大问题。

航线的开辟要考虑三个因素：即客观的运输需求，开航的可能性和对经济效益的预测。开辟航线，不仅要按经济规律办事，而且还要考虑自然条件的因素（如气象、地形条件等）。在经营管理方面，要研究确定适用的机型、班次密度、班期时刻、运价水平，并根据已经掌握的资料进行科学的预测。同时，新航线的建立，还必须充分考虑与其他航线的衔接，地面交通的综合运输能力，以便航空运输的客货集散。经论证认为具有开辟航线的必要性和可行性，并报请有关部门审批后才能实施。

根据飞行的区域范围，航线可分为国际航线、国内航线和地区航线 3 大类。

（1）国际航线，指飞行的路线连接两个国家或两个以上国家的航线。在国际航线上进行的运输是国际运输，一个航班如果它的始发站、经停站、终点站有一点在外国领土上都叫作国际运输。

（2）地区航线，指在一国之内，各地区与有特殊地位地区之间的航线，如我国内地与港、澳、台地区的航线。

（3）国内航线，是在一个国家内部的航线，可以分为国内干线、国内支线和地方航线，连接首都北京和各省（区）以及连接两个或几个省（区）的航线，称为干线，如北京—上海航线、上海—南京航线、青岛—深圳航线等；连接各中、小城市和干线上城市的航线，称为支线；连接一个省（区）内各中、小城市的航线，称为地方航线。

3. 航 班

飞机由始发站起飞，按照规定的航线飞行，经过经停站到达终点站（或直接到达终点站）的运输飞行服务，称为航班。航班分为去程航班和回程航班，并用航班号标识其具体的飞行班次。

我国的民航飞行航班号一般采用两位英文字母（或数字加英文字母组合）航空公司代码加三到四位数航班号的方式表示，其中国际航班为三位数，国内航班统一为四位数。国内航空公司通过兼并重组，航空公司代码如表 16.1 所示。

表 16.1　中国航空公司代码

航空公司	代　码	航空公司	代　码	航空公司	代　码
中国国际航空公司	CA	中国东方航空公司	MU	中国南方航空公司	CZ
海南航空公司	HU	山东航空公司	SC	四川航空公司	3U
深圳航空公司	ZH	上海航空公司	FM	厦门航空公司	MF
中国新华航空公司	X2	云南航空公司	3Q	新疆航空公司	UQ
贵州航空公司	G4	中国通用航空公司	GP	中原航空公司	Z2
武汉航空公司	WU	上海吉祥航空公司	HO	上海春秋航空公司	9C
天津航空公司	GS	首都航空公司	JD	长城航空公司	G8

国际航班编号的后三位数字中最后一个数字为奇数者，表示去程航班，最后一个数字为偶数者，表示回程航班。而国内航班编号的后四位数字，第一位代表航空公司的基地所在地区，第二位表示航班的基地外终点所在地区（1 为华北，2 为西北，3 为华南，4 为西南，5 为华东，6 为东北，7 为中国通用航空公司，8 为厦门，9 为新疆），第三、第四位表示这次航班的序号，单数为去程航班，双数为回程航班。

第二节　航线运输生产计划

一、航线运输生产计划的主要计算指标

1. 航线距离

航线距离指飞机在规定的航行线路上从起点站到终点站的直接飞行距离。飞机绕道盘旋、等待的飞行距离不包括在内，航线距离是运输营业的收益距离，所以，应由国家民航主管当局（航行部门）规定。在编制航线运输计划过程中应注意航线距离和航段距离的区别。

2. 飞行班次

飞行班次指飞机从始发站到终点站的飞行次数，它一般是根据航班计划中的每周班次，按单程计算的。其计算公式为：

$$\text{飞行班次} = 2\sum(\text{航班计划中的每周班次}\times\text{执行周数})$$

或

$$\text{飞行班次} = 2（\text{年初每周班次}\times\text{全年周数}+\text{计划期每周增加班次}\times\text{自增加日至年末周数}-\text{计划期每周减少班次}\times\text{自减少日至年末周数}）$$

式中，2 为系数。由于式中的每周班次取自航班计划，航班计划中的每周班次为双程，即来回程为一班次，而计算飞行班次是按单程，即去程为一班次，回程为一班次，故需乘系数 2。在计划工作中，全年按 52 周计算，一季度按 13 周计算，两个月按 9 周计算，1 个月按 4 周计算（详见表 16.2）。所以，根据一年中不同航班计划的每周班次及执行时间可计算出年飞行班次。

表 16.2 年飞行班次计算表

计划期时间分配	所执行的航班计划	执行周数	每周班次
1 月 1 日～3 月 31 日	上年冬春航班	13	4
4 月 1 日～10 月 31 日	当年夏秋航班	30	7
11 月 1～12 月 31 日	当年冬春航班	9	5

例 1 某航线报告期末每周班次为 4 班，计划期夏秋航班计划增加 3 班，冬春航班计划减少 2 班，试计算计划期全年飞行班次？

解 $年飞行班次 = 2\times(4\times13+7\times30+5\times9) = 2\times307 = 614$（班次）

或 $年飞行班次 = 2\times(4\times52+3\times39-2\times9) = 2\times307 = 614$（班次）

飞行班次是计算飞行小时、周转量和运输量等指标的重要基础，也是确定航站工作量大小的主要指标，因此，它是航空运输生产指标中的重要计算指标。此外，飞行班次指标也可在一定程度上反映航空运输生产任务量的大小。

3. 飞行公里

飞行公里指计划期运输生产飞行的总里程，计算公式为：

$$飞行公里 = 计划期飞行班次 \times 航线距离$$

原始数据以“km”为计算单位，汇总时以“万 km”为计算单位。

由于国际航线的航距通常比国内航线的航距长，因此，同等生产规模的航空公司如果其经营的航线类型不同则其飞行公里数不一样，所以，用飞行公里指标并不能绝对反映不同航空公司的生产任务量。

4. 航 速

航速指飞机在单位时间内移动的距离，是衡量飞机技术经济性能的一个重要指标。航速资料可以从飞机数据表中得到，各型飞机出厂时所带技术资料中都有这个数据。但在实际工作中一般不用这个数据，因为它是在一定航距和一定气象条件下所能达到的速度，而在实际飞行中，由于所飞航线的航距长短不同，气象条件不同，每次飞行速度不完全一样，很难达到技术数据表中的航速。航距长，速度快；反之，则慢。顺风快，逆风则慢。所以在做计划时往往采用报告期实际平均地速，计算公式为：

$$实际平均地速 = \frac{实际飞行公里}{实际飞行小时}$$

5. 飞行（轮档）小时

飞行小时指从飞机滑动前撤除轮挡起飞机着陆停稳后安放轮挡止的全部时间，即为飞机地面滑行时间和空中飞行时间之和。如某个航段的飞行时间，应等于飞机在该航段的空中飞行时间与在地面起飞、降落时的滑行时间相加。统计时，原始数据以时、分为计算单位，汇总以小时为计算单位取整填报。飞行小时是从时间角度反映运输生产飞行任务量，在一定程度上反映航空运输生产规模大小的程度。同时，飞行小时指标也是航空公司进行人、财、物平衡的重要依据。航空公司的许多指标都要根据飞行小时来计算，如空勤人员年飞行定额、航油消耗定额、飞机和发动机各级检修架（台）次等。因此，飞行小时是反映航空运输生产情况的重要数据指标，计算公式为：

$$飞行小时=\frac{飞行公里}{航速}$$

6. 平均运程

平均运程指平均每一位旅客或每一吨货邮被运送的里程，它是根据报告期客、货周转量和运输量的统计资料，按加权平均法计算出来的。

在有一个以上经停点的航线上，旅客和货邮被运送的距离是不等的。有的旅客或货邮运到某一个经停点，有的则可能到达终点站；另外，不同的航线其航距也不一样，因而不同航线运送旅客和货邮的距离也不同。做计划时，不可能具体预计每一位旅客或每一吨货邮被运送的里程，只能根据报告期的实际情况求平均数，这个平均数就是平均运程。

例 2 沈（阳）—（北）京—汉（口）航线全长 1 756 km，其中沈—京段长 650 km，京—汉段长 1 106 km，报告期该航线运送旅客共 10 000 人，各航段运送旅客资料如下：

沈—汉：3 000 人，沈—京：2 000 人，则

$$平均运程=\frac{3\,000\times1\,756+2\,000\times650+5\,000\times1\,106}{3\,000+2\,000+5\,000}=1\,210\quad（km）$$

京—汉：5 000 人，试求该航线旅客平均运程？

解 根据上式计算，我们可得出计算平均运程的一般公式：

$$旅客平均运程=\frac{旅客周转量}{旅客运输量}$$

$$货邮平均运程=\frac{货邮周转量}{货邮运输量}$$

7. 最大业载

最大业载指飞机最大能装载的运量，按下式计算：

$$最大业载=飞机最大起飞全重-飞机基重-燃油重量$$

8. 最大周转量

最大周转量指飞机最大所能产生的周转量，又叫可用吨公里或有效吨公里，按下式计算：

$$每班最大周转量=\sum(最大业载\times航段距离)$$

$$全年最大周转量=每班最大周转量\times年飞行班次$$

二、航线运输生产计划的编制

（一）计划编制前的准备工作

在编制航线计划以前，必须认真整理分析有关统计资料，预计报告年度主要指标完成情况，进行社会经济调查，研究分析企业运力情况等。

1. 整理分析统计资料

根据航线运输统计资料，按现行计划表格分航线进行整理，主要分析各航线往返班次的

生产率、航速、平均运程、每班最大业载和客、货邮周转量的比重，以全面了解各航线数量、质量指标情况，发现和解决各航线在适应市场需求与提高经济效益方面所存在的问题。

例 3　表 16.3 为某航线运输统计资料，试计算航速、平均运程、飞机生产率等指标。

表 16.3　航线运输统计资料

航　线	机　型	航距/km	飞行班次	飞行距离/万 km	飞行小时/h
京—皖—沪	B-737	1 376	520	72	1 000

运输量			周转量 /（万 t·km）				最大周转量/（万 t·km）
客/人	货/t	邮/t	合计	客	货	邮	950
41 667	2171	114	600	360	228	12	

解　根据上表资料，即可计算出航速、平均运程、飞机生产率、载运比率、客货周转量比重、每班最大业载等：

$$航速=\frac{飞行公里}{飞行小时}=\frac{720\ 000}{1\ 000}=720\quad（km/h）$$

$$旅客平均运程=\frac{旅客周转量}{旅客运输量}=3\ 600\ 000\div 0.09\div 41\ 667=960\quad（km）$$

$$货邮平均运程=\frac{货邮周转量}{货邮运输量}=\frac{(228+12)\times 10\ 000}{2\ 171+114}=1\ 050\quad（km）$$

$$飞机生产率=\frac{总周转量}{飞行小时}=6\ 000\ 000\div 1\ 000=6\ 000\quad[(t\cdot km)/h]$$

$$载运比率=\frac{总周转量}{最大周转量}=\frac{600}{950}=63\%$$

$$旅客周转量比重=\frac{旅客周转量}{总周转量}=\frac{360}{600}\times 100\%=60\%$$

$$货邮周转量=1-60\%=40\%$$

$$每班最大业载=最大周转量\div 航段距离\div 飞行班次$$

$$=9\ 500\ 000\div 1\ 376\div 520=13.2\quad（t）$$

2. 预计报告期计划完成情况

年度计划一般在 9～10 月份开始编制，这时报告期的生产经营活动还在进行中，期末到底能达到什么水平还不定，而编制计划又必须参考报告期的情况，因此要预计报告期的主要生产指标完成情况。预计报告期计划完成情况的主要方法有三种：

（1）报告期预计完成数 = 已有月实际完成数 + 未来月计划数。这种方法适用于已有月实际数与计划数很接近，且这种接近趋势在未来月不变的情况。

例 4　某公司报告期年周转量计划为 15.36 亿 t·km，其中，1—9 月份计划为 11.52 亿 t·km，1—9 月份实际为 11.58 亿 t·km，10～12 月份计划为 3.84 亿 t·km。1—9 月份实际数与计划数误差只有 0.5%，可以看成接近，故可以用上法预计全年完成数：

$$总周转量预计完成数=11.58+3.84=15.42\quad（亿\ t\cdot km）$$

（2）报告期预计完成数 = 已有月实际完成数 +（未来月计划数 × 已有月实际完成数/已有月计划数）。该方法的适用条件为：已有月实际与计划相差较大，且该趋势在未来月不变的情况。

例 5　某公司报告期年周转量计划为 15.36 亿 t · km，其中，1—9 月份计划为 11.52 亿 t · km，1—9 月份实际为 12.7 亿 t · km，10 ~ 12 月份计划为 3.84 亿 t · km。1—9 月份实际数与计划数相差较大，则用第二种方法计算：

$$报告期预计完成数 = 12.7 + (3.84 \times 12.7/11.52)$$
$$= 12.7 + 4.22 = 16.93 \quad (亿\ t \cdot km)$$

（3）报告期预计完成数 = 已有月实际数 + 未来月计划数 + 未来月预计比计划增加额 - 未来月预计比计划减少额。该方法的适用条件：已有月实际数与计划数接近，但未来月生产情况有较大变化。如未来月又开辟了几条新航线，在某几条航线上增加了班次等，必须把这部分增加的周转量加进去。

航线运输主要指标预计完成情况如表 16.4 所示。

表 16.4　航线运输主要指标预计完成情况表

项　目	计算单位	年度计划	1 ~ 9 月实际	10 ~ 12 月预计	全年预计	占年计划%	占上年实际%
1. 飞行小时（分机型）	h						
2. 总周转量（分机型）	万 t · km						
3. 旅客周转量	万 t · km						
4. 货邮周转量	万 t · km						
5. 平均运程							
旅　客	km						
货　邮	km						
6. 航线运输量							
旅　客	人						
货　邮	t						

3. 进行社会经济调查

航空客货运量的增减变动情况，与社会的政治、经济情况，人民的物质文化水平等有密切的联系，即运量的形成及其大小受到一系列社会因素的影响。因此，在编制航线计划之前，必须进行广泛的经济调查，对社会政治、经济、文化情况及发展趋势有一个比较全面、系统的了解，并摸清这些因素变化对民航运量所要产生的影响。

调查的主要内容是：① 行政区划的划分，地区人口分布情况；② 本地区政治、经济情况和工矿企业生产情况、发展变化，产、供、销关系，商业、外贸部门利用空运的物资及其流量、流向、季节性，劳务输出等情况；③ 重要的政治、经济、文化、外交活动，旅游业情况等；④ 地面运输情况。

总之，一切可能影响航空运输的因素都要尽可能了解，尤其要注意研究新信息、新动向，及时了解这些情况，在做计划时才能心中有数，在航线设置、航班班次、机型安排上才可能合理，才能取得较好的经济效益。

4. 掌握企业能力

航空运输企业的生产能力主要取决于飞机和空勤组所提供的飞行小时数，其次是航油、航材可保证供应的飞行小时数，以下就从这三个方面来分析企业能力。

（1）计算飞机可用能力（飞机可提供的生产飞行小时数）

为保证飞行安全，飞机、发动机要定期停场维修，因此，所拥有的飞机不一定都能投入生产。这就需要在做计划之前，比较准确地掌握飞机可提供的生产能力，要向机务大队、航修厂等了解飞机现状、维修能力，计算飞机可用能力（格式见表 16.5）。

表 16.5 飞机可用能力计划表

__________年度

机型	报告期末在册飞机架数	计划增减飞机数	在册飞机总架日	不可用架日								可用架日	平均可用飞机架数	可用飞机利用率	提供飞行小时	备注
				大修	中修、高检	一般维修	缺器材	故障	损坏在修	封存	合计					

表中：

① 在册飞机总架日是在册飞机架数与在册日数的复合指标，其计算公式是：

$$\begin{aligned}\text{在册飞机总架日} &= \sum(\text{在册飞机架数}\times\text{在册天数})\\ &= \text{计划期初在册飞机架数}\times\text{年日历天数}+\\ &\quad\ \text{计划期增加飞机架数}\times\text{自增加日至年末日数}-\\ &\quad\ \text{计划减少飞机架数}\times\text{自减少日至年末日数}\end{aligned}$$

例 6 某公司计划期初拥有 B737 飞机 3 架，计划从 3 月 1 日起增加 1 架飞机，从 10 月 1 日起退役一架，试计算其总架日。

解 在册飞机总架日 $= 3\times365+1\times306-1\times92=1\ 309$（架日）

② 不可用架日是指不可用飞机架数和不可用日数的复合指标，计算公式为：

$$\text{不可用架日}=\sum(\text{不可用飞机架数}\times\text{不可用日数})$$

或
$$\begin{aligned}\text{不可用架日} =\ &\text{大修架日}+\text{中修、高检架日}+\text{一般维修架日}+\text{缺器材停飞架日}+\\ &\text{故障在修架日}+\text{损坏在修架日}+\text{封存架日}\end{aligned}$$

③ 可用架日是可用飞机架数与可用天数的复合指标，其计算公式为：

$$\text{可用架日}=\sum(\text{可用飞机架数}\times\text{可用天数})=\text{总架日}-\text{不可用架日}$$

④ 平均可用飞机是指平均全年可用的飞机数，其计算公式为：

$$\text{平均可用飞机}=\text{可用架日}/\text{年日历天数}$$

⑤ 可提供的飞行小时数 $=$ 可用飞机架数 $\times$ 可用飞机年利用率

（2）计算空勤组可用能力（空勤组可提供的生产飞行小时数）。

计算出飞机的可用能力后，还要向飞行和训练部门了解空勤组现状、培训计划和存在的问题，编制空勤组可用能力计划格式，如表 16.6 所示。

表 16.6　空勤组可用能力计划表

＿＿＿＿＿＿年度

机型	现有配套机组	计划减少机组	增加机组	可用配套机组数	提供飞机小时	备注

空勤人员编组的原则，正常情况下是以机长为准，也即有多少名机长就应编多少机组数。但在机长多，随机机械员、报务员不足的情况下，应该以最少的工种来确定编组。

根据计划期内可编的空勤组数和空勤人员每年生产飞行小时定额，可计算出全年可提供的飞行小时，即：

空勤组年可提供飞行小时 = 可用配套机组数 × 空勤人员年生产飞行小时定额

式中，可用配套机组数是在现有配套机组数的基础上，考虑计划期的增减机组数后确定的；空勤人员年飞行小时定额则是规定空勤人员在一年中应完成的工作定额的范围，有低限和高限，目前为 800 ~ 1 200 h/年。该定额由民航局制定下发，航空公司应遵守此定额。

（3）航油、航材供应情况。

在计算出飞机可用能力和空勤组可用能力以后，还必须考虑航油、航材供应情况。因为航油、航材供应情况的好坏直接制约着生产任务的完成，故必须计算航油、航材可保证的飞行小时数：

航油、航材可保证的飞行小时 = 航油、航材保证供应数量/每小时消耗定额

上述三种能力中，前两种能力为航空公司内部的能力，而第三种能力则为航空公司外部供应的能力，尽管它不是航空公司本身的生产能力，但它却能制约航空公司生产能力的发挥，所以将它列入企业能力之中。

把上述三种能力进行平衡，就可以基本掌握企业计划期的综合生产能力。在编制计划中，通常将三种能力中最小的能力作为企业的综合能力。因为只有最小的能力（这里以飞行小时来表示）才是其他两种能力也能同时达到的能力，否则，必有一种或两种能力达不到，从而就不能成为企业的综合生产能力。

（二）试算平衡，编制航线计划

当准备工作完成，已经掌握了市场需求、企业运力、报告期实际完成情况和主要技术经济指标的水平之后，就可着手编制航线计划草案。

编制航线计划的过程，是一个不断地、反复地平衡市场需求和企业能力的过程。首先要根据企业的总体目标和内外条件，提出航线计划的粗略方案。平衡以后，再来逐条航线、逐个机型编制航线运输的正班飞行计划。其具体程序是：

（1）填写航线名称、航线安排的机型、航线距离。

（2）根据航班计划填写飞行班次。

（3）计算飞行公里：

$$飞行公里=\frac{航线距离\times 飞机出港班次}{10\ 000}$$

（4）填写航速，一般用报告期该机型在该航线上的实际平均地速表示，计算公式为：

$$报告期实际平均地速=\frac{报告期该机型在航线上的实际飞行公里}{报告期该机型在该航线上的实际飞行小时}$$

（5）计算飞行小时：

$$飞行小时=\frac{飞行万公里}{航速}\times 10\ 000$$

（6）根据报告期的实际水平和计划期的影响因素，确定并填写飞行生产率：

$$飞行生产率=\frac{总周转量}{飞行小时}$$

（7）计算总周转量

$$总周转量=\frac{飞行小时\times 生产率}{10\ 000}$$

（8）根据报告期实际水平和计划期影响因素，确定并填写旅客、货邮周转量比重（%）。

（9）计算旅客、货邮周转量：

旅客周转量 = 总周转量 × 旅客周转量比重

货邮周转量 = 总周转量 × 货邮周转量比重

（10）填写旅客及货邮平均运程。

一般用报告期该机型在该航线上的平均运程表示，计算公式为：

$$旅客平均运程=\frac{报告期该机型在该航线上的旅客周转量}{报告期该机型在该航线上的旅客运输量}$$

$$货邮平均运程=\frac{报告期该机型在该航线上的货邮周转量}{报告期该机型在该航线上的货邮运输量}$$

就某条具体的航线而言，如果该航线没有中途经停站，则该航线上的旅客、货邮平均运程等于航线距离。

（11）计算旅客、货邮运输量：

$$旅客运输量=\frac{旅客周转量}{旅客平均运程}\quad (\mathrm{t})$$

$$旅客运输量=\frac{航线旅客运输量\ (\mathrm{t})}{0.09\ \mathrm{t}/人}\quad (人)$$

$$货邮运输量=\frac{货邮周转量}{货邮平均运程}\quad (\mathrm{t})$$

其中，0.09 是把旅客人数折算为吨数时的旅客重量换算标准。

（12）计算最大周转量：

$$\text{最大周转量}=\frac{\text{航线每班最大周转量}\times\text{飞行班次}}{10\ 000}\quad(\text{万 t·km})$$

（13）计算载运比率：

$$\text{载运比率}=\frac{\text{总周转量}}{\text{最大周转量}}\times 100\%$$

航线计划的主要部分是正班飞行，同时还包括加班飞行和专机、包机飞行。加班和专机、包机飞行在做计划时不分航线，主要是确定机型、飞行小时和完成的任务量。机型、飞行小时一般参照上年统计资料和计划期可能变动情况而定，生产率、平均运程、旅客（货邮）周转量比重等则参照正班飞行航线的平均数而定。

编制计划时，要将国际航线和国内航线的正班、加班、包机、专机分列，最后加总。

航线计划草案出来后，还要再次与市场需求、企业总目标、企业内外条件以及相关计划进行比较平衡，发现不平衡的因素，进一步修正、调整，直至它们相互间协调、平衡，在这个基础之上，才能做出正式的航线运输生产计划，如表 16.7 所示。

表 16.7 航线运输计划

编报单位： ____________年度

航线	机型	年	航距	飞行班次	飞行万公里	航速	飞行小时	生产率	总周转量/万吨公里	旅客			货邮		平均运程		运输量		最大周转量/万吨公里	载运比率/%
										万人公里	万吨公里	%	万吨公里	%	旅客	货邮	旅客/人	货邮/t		
总　计																				
其中：分机型																				
一、国内航线																				
1. 正班飞行合计																				
其中：分机型																				
分机型、航线列																				
××—××																				
2. 加班飞行合计																				
其中：分机型																				
3. 包机飞行合计																				
其中：分机型																				
4. 专机飞行																				
其中：分机型																				
二、国际航线																				
（分项同国内航线）																				

其中：① 正班，也叫定期航班，是指按向社会公布的班期和时刻运营的航班。② 加班，指按定期航班的航线和航班号临时增加的航班。③ 包机，指承运人根据与包机人所签订的包机合同，按约定的起飞时间、航线所进行的运输飞行（包机按包用形式可分为整机包用、全座舱包用和部分舱位、部分座位的包用等。包机架次的统计是指整机包用的架次）。承运人利用包机的回程（或去程）运载客货，称为回程（或去程）利用。④ 专机，指符合国家规定的重要包机飞行。

第三节 航站发运量计划

航线运输计划主要根据航站运输量的需要，研究制定每条航线的运输量和周转量，但航线运输计划所确定的运输任务，主要由沿线的航站来完成,所以航线运输计划编制后，需要进一步把每条航线和加班、专包机的运输量以及相应的收入分配到各个航站，形成航站的运输生产计划。航线运输计划是线的计划，而航站运输生产计划是保证线计划的点计划。

一、航站发运量计划的主要计算指标

1. 出港班次

出港班次指计划期从本站出发的航班次数，计算公式为：

$$\begin{aligned}\text{始发航班出港班次} &= \sum(\text{每周班次}\times\text{执行周数})\\ &= (\text{年初每周班次}\times\text{全年周数}+\text{计划期每周增加班次}\times\\ &\quad\ \text{自增加日至年末周数}-\text{计划期每周减少班次}\times\\ &\quad\ \text{自减少日至年末周数})\end{aligned}$$

$$\begin{aligned}\text{过境航班出港班次} &= 2\sum(\text{每周班次}\times\text{执行周数})\\ &= 2(\text{年初每周班次}\times\text{全年周数}+\text{计划期每周增加班次}\times\\ &\quad\ \text{自增加日至年末周数}-\text{计划期每周减少班次}\times\\ &\quad\ \text{自减少日至年末周数})\end{aligned}$$

2. 计划每班业载

计划每班业载是指计划每个出港班次的业务载重。计划每班业载可分为计划每班旅客业载和计划每班货邮业载，分别反映旅客和货邮每个出港班次的业务载重。计算公式如下：

$$\text{计划每班业载}=\text{每班最大业载或配额}\times\text{计划出港载运率}$$

$$\text{计划每班旅客业载（人）}=\text{每班最大客座数或配额}\times\text{客座利用率}$$

$$\text{计划每班旅客业载（t）}=\text{每班最大客座数或配额}\times 0.075\times\text{客座利用率}$$

$$\text{计划每班货邮业载（t）}=\text{计划每班业载（t）}-\text{计划每班旅客业载}$$

3. 平均费率

平均费率指平均每位旅客或每吨货物的运价，计算公式如下：

$$\text{旅客平均费率(元/人)}=\frac{\text{旅客发运收入(元)}}{\text{旅客发运量(人)}}$$

$$货邮平均费率(元/kg或t)=\frac{货邮发运收入(元)}{货邮发运量(kg或t)}$$

平均费率的主要影响因素是整体运价水平、折扣票比重和长距离客货比重。

二、航站发运量计划的编制

1. 计划编制前的准备工作

航站发运量和收入统计分析根据航站生产统计资料，主要分析各航站运量增长和费率变化情况，并据以提出有关航线、班次变动和新开航线的依据。

2. 编制航站发运量计划

在编制航站发运量计划时，一般采用增减法或按出港班次及载运率计算的方法。

（1）采用增减法编制方法时使用的表格格式见表 16.8 所示。

$$计划年度发运量=报告期预计完成数+计划年度增加数-计划年度减少数$$

表 16.8　航站运输生产计划计算表

项　　目	发运量		说　明
	旅客/人	货邮/t	
一、报告期预计完成			
二、计划年度增加因素			
1. 提高载运比率			
2. 增加航班（分机型）			
3. 改机型（小改大）（分机型）			
4. 航班变动差额（分机型）			
三、计划年度减少因素			
1. 减少航班（分机型）			
2. 改机型（大改小）（分机型）			
3. 预计中特殊因素			
四、年度计划			

表中计划年度增减因素按如下方法计算：

① 提高载运比率，要考虑航班出港载运率在计划年度提高的可能性，特别是近期新辟的航线，经过一定时期的组织工作应该逐步有所提高。一般可以规定一个平均提高率，也可以对某些航线的出港载运率提出更高要求。

② 增加航班项是计划年度内增加航班所增加的发运量：

$$增量=\sum(计划期各机型增加的班次\times计划每班业载)$$

如计划期从第二季度开始三叉型始发航班每周增加 2 班，全年共计增加 78 班，计划每班业载按统计资料旅客 80 人、货邮 1.4 吨计算，则全年增加的发运量为：

$$旅客：78 \times 80 = 6\,240（人） \qquad 货邮：78 \times 1.4 = 109（t）$$

③ 改机型是指由中小型改为大型机，或由大型机改为中小型机的航班变动。这时，可按机型载量差额作发运量的增减计算：

$$增（减）量 = 每班业载增（减）量 \times 计划期出港班次 \times 计划出港载运率$$

如计划期由 B737-200 改为 MD-82，载量增加 4 t，出港班次计划为 208 班，出港载运率为 65%，则增量 = 4 × 208 × 0.65 = 541（t）。

减量计算类似。

④ 航班变动差额是指由于每年两次定期或中途调整航班产生的自然差额：

$$增量 = 航班变动增加班次数 \times 计划每班业载$$

⑤ 减少航班是指计划年度因减少航班而减少的发运量，计算方法与增加航班相反。

⑥ 特殊因素是指在预计完成中，因自然灾害等特殊原因完成的加（减）班、包机任务，在计划年度量时，应将此项因素减除。

（2）按出港班次和载运率计算的编制方法，表格格式如表 16.9 所示。

表 16.9 航站运输生产计划计算表

项目	机型	出港班次			每班最大业载			计划载运率		计划每班业载			发运量	
		按现行航班	计划年增加	合计	客/(人/kg)	货邮/kg	合计/kg	平均	其中：客座	合计/kg	客/(人/kg)	货邮/kg	旅客/人	货邮/t
总计														
一、国内航线														
1. 正班														
始发航班														
过境航班														
2. 加班														
3. 专包机														
4. 其他														
二、国际航线														
（分项同国内航线）														

编制方法为：① 国内航线和国际航线分列，正班中始发航班和过境航班分别填列。② 计划出港班次按现行各机型的航班数计算，并考虑计划增减的航班数。③ 正班每班最大业载，始发航班按各机型旅客座位数、货仓吨位数，即每班飞机可满载的载量计算。过境航班按每条航线分配的业载配额计算。④ 载运率根据报告期实际达到的水平和计划期客货运量发展情况确定。⑤ 计划每班载量等于每班最大载乘载运率。如某飞机每班最大业载

11 000 kg，载运比率为 65%，则每班计划载量为 7 150 kg。该机有旅客座位 100 个，客座利用率计划为 70%，如每班旅客 70 人，折合载量 5 040 kg。这样，货邮计划载量为 7 150 kg 减去 5 040 kg 后的余额，即 2 110 kg。⑥ 计划发运量为计划出港班次乘以每班旅客运量和货邮运量而得。过境航班按规定的配额乘以出港班次的方法计算。⑦ 加班、专包机和其他发运量计划可参考报告期预计，并适当考虑计划期客观需要的发展变化确定。

上述各项发运量确定后，即可据以编制航站发运收入计划，计划表格如表 16.10 所示。

表 16.10　发运量和收入计划表

__________年度

<table>
<tr><th rowspan="2">单　位</th><th colspan="3">旅　客</th><th colspan="3">货　邮</th><th rowspan="2">包机
收入
/万元</th><th rowspan="2">专机
收入
/万元</th><th rowspan="2">其他
收入
/万元</th><th rowspan="2">收入
合计
/万元</th></tr>
<tr><th>人数</th><th>费率
/（元/人）</th><th>收入
/万元</th><th>吨数</th><th>费率
/（元/t）</th><th>收入
/万元</th></tr>
<tr><td></td><td colspan="10"></td></tr>
<tr><td></td><td colspan="10"></td></tr>
</table>

总局将客、货、邮、专包机等收入汇总后，应与按吨公里收入水平计算的总收入数相平衡。如低于吨公里收入水平较大，应分析原因，适当调整专包机飞行的比重，或提高客、货邮平均费率。

第四节　航空运输生产综合计划

航空运输生产综合计划为民航的综合运输生产计划，它以航线运输计划为基础，航站运输生产计划和飞机利用计划为主要内容，反映航空运输主要数量、质量指标和发展速度。航空运输计划与其他计划的相互关系可用图 16.1 表示。

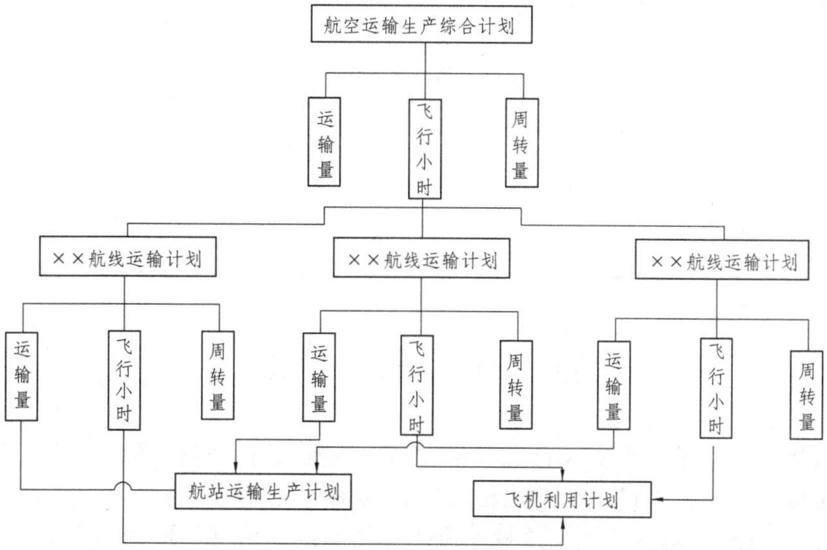

图 16.1　航空运输计划与其他计划关系图

航空运输计划综合表的格式见表 16.11，是航线运输计划和航站运输生产计划的汇总表，表中各项内容的编制方法为：① 航线总长按航线运输计划飞行的各条航线里程加总（不包括重复航段）计算，并分别列出国际航线和国内航线。② 航线运输量、航站发运量按航线和航站运输生产计划的客货邮运量合计数填写。③ 总周转量和旅客、货邮周转量按航线运输计划内的总计数填写。④ 飞行小时根据航线运输计划的各型机飞行小时填写。⑤ 发运收入根据发运收入合计数填写。

表 16.11 航空运输计划表

项目	计算单位	××年			××年计划	××年计划为××年预计的%
		计划	一到三季度实际	全年预计		
一、航线总长度	km					
其中：国际航线	km					
国内航线	km					
二、飞行小时	h					
其中：分机型	h					
三、总周转量	万 t·km					
旅客周转量	万 t·km					
货邮周转量	万 t·km					
四、航线运输量						
客运量	人					
货邮运量	t					
五、航站发运量						
客运量	人					
货邮运量	t					
六、航站发运收入	万元					
旅客发运收入	万元					
货邮发运收入	万元					
包机收入	万元					
专机收入	万元					
其他收入	万元					

第五节 航班计划

航空运输生产飞行包括正班飞行、加班飞行、专机飞行、包机飞行和其他飞行等五种类型，其中，正班飞行是一种最主要的运输飞行，其每年完成的任务量可占全部运输飞行任务量的 90% 左右。航班计划就是规定这种正班飞行的航线、机型、班次和班期、时刻的计划，它是航空运输生产计划的具体实施计划，也是组织日常生产活动的主要依据。科学地制定航班计划，合理地组织正班飞行，对于合理地制定和完成整个航空运输生产计划，组织航空运输生产经营活动有着非常重要的意义。

一、编制航班计划的时间和分工

航班计划通常用班期时刻表的形式编发。国内、国际航线班期时刻表按现行规定每年编订两次，一次叫夏秋航班计划，另一次叫冬春航班计划。在我国夏秋季为每年 3 月份最后一个周日至当年 10 月份最后一个周日之前的周六；冬春季为每年 10 月份最后一个周日至次年 3 月份最后一个周日之前的周六。

国内航线的夏秋航班的安排，各航空公司要在上一年的 12 月底前报中国民航局；冬春航班的安排，各航空公司应在当年的 7 月底前报中国民航局。中国民航局应在每年的 2 月下旬和 9 月下旬以前协调完毕，向各航空公司公布。国际航线的夏秋航班安排意见，各航空公司要在上年 10 月以前报民航局；冬春航班的安排意见，各航空公司应在 4 月以前报民航局。民航局在 3 月和 10 月前协调完毕，向各航空公司公布执行。

无论是夏秋航班还是冬春航班通常都需要提前 10 ~ 12 个月开始编制，提前 150 ~ 180 天编制出计划草案并汇总，提前 50 ~ 80 天进入销售系统，提前 30 ~ 40 天对外公布航班时刻表。

国际上对航空公司班期时刻表的公布有两种形式：一种是完全由航空公司自己决定公布，国家内有多少家航空公司就有多少个班期时刻表；一种是各航空公司的班期时刻表经权威机构协调后，公布一个统一的班期时刻表。我国采用的是后一种形式，协调权在中国民航局。当然也不排除个别航空公司不参加协调，自己公布使用自己的班期时刻表。

每年两次航班计划的编制工作，由计划、航行、运输服务等部门协同办理，计划部门综合上报。具体分工如下：

（1）计划部门负责提出航线、机型、班次的安排意见，并对班期时刻进行平衡，综合上报。

（2）运输服务部门负责提出国内、国际航班的班期意见，并负责征求外航对我局国际航班班期时刻的意见。

（3）航行部门负责提出航班时刻意见。

二、编制班期时刻表的基本要求

班期时刻表是民航组织日常运输生产的依据，对外要适应客观市场需要，对内要有利于充分发挥运输潜力，有利于各站点、各工种、各环节安排工作和互相协调，保证良好的运输秩序。班期时刻表在一定意义上是经营管理水平和技术水平的反映，要体现科学性、统一性和连续性。为此，对班期时刻表编制工作有如下基本要求：

（1）在总结上期班期时刻表的实践经验、分析历史统计资料、广泛征求民航内外单位的意见、摸清客货流增长变化趋势的基础上，做出符合客观规律的半年客运业务预测，并要认真研究和解决基层运输业务部门、业务代理和重要客货源单位提出的意见和反映的问题。

（2）航线的布局和班次、班期、时刻，应当从整体出发统筹兼顾，对于衔接航线，在班期、时刻上要便于尽快中转，特别要保证国际联运的衔接。在地面交通工具经常有大量客货转运的航线，还要考虑航空与其他运输方式转（联）运的方便。有报纸运输的航班及其衔接航班的班期时刻，应适应报纸运输及时性的需要。

（3）对于原有航线的班期、时刻、航班号，除非绝对必要，不宜轻易更动，以保持连续性，便于社会上掌握利用，也有利于民航内部各部门的工作。

（4）班次不多的航线，班期间隔要力求均匀。对于两个或几个管理局同时经营的航班，班期要妥善安排。

（5）班机的起飞、到达时刻要便利旅客，同时也要照顾到各航站的工作安排，避免在高峰时间负荷过重。

（6）要考虑各种机型因天气条件或机场条件而发生减载的情况。

（7）国际航线要多注意有关国家对机场的物理性限制（如噪音）和起降时间的限制。

（8）班期时刻表每次更换，最迟要在实行前14天对外公布，一经公布，就不宜再变动。为此，编制时务必考虑周密。

三、航班计划的编制

编制航班计划，一般需经过以下步骤：

（一）调查研究和预测，掌握空运企业的外部条件

直接影响航班计划制定的主要内外条件有：

（1）市场需求情况，包括有关空运市场的旅客、货物流量和流向，本企业占有该市场的份额，主要客户对航空运输的需求重点及其数量和季节性等。

（2）有关地区的政治、经济和文化活动情况，包括该地区的工农业生产情况，产、供销关系的发展变化情况，重要的政治经济、文化活动情况等。

（3）竞争对手的情况，包括其他航空运输企业的生产经营情况及策略，其他运输方式的情况和发展趋势。

（4）有关机场的情况，如跑道的长度和厚度，通信导航设施的先进程度，气象条件，候机室及货运仓库高峰小时客货流量的通过能力等。

（5）本企业原有各航线、机型的经济效益情况，如各航线的载运率，各机型的飞行小时生产率，赢利还是亏损等。

（6）企业的人力、财力、物力情况。

对于这些影响航班计划编制的内外条件，都要进行认真的调查和预测，切实掌握它们的现状和发展变化趋势。

（二）提出任务目标和市场

根据调查研究掌握的内外条件和国家对企业的计划要求以及企业自身发展要求，提出一定时期内航空运输产量、收入和占有空运市场的份额等目标。

（三）草拟方案，比较选择

根据已掌握的内外条件和已定的计划目标，本着最大限度适应社会需要与尽可能提高经济效益相结合的原则，提出航班计划的初步方案并对多种方案加以比较和选择。

制定航班计划主要是确定航线、机型、班次、航班号、班期、时刻的内容。因此，草拟航班计划方案时，需要对每条航线进行具体分析，提出对上述六项内容的安排意见。

1. 确定航线

航线是指经过批准开辟的连接两个或几个地点的航空交通线。

根据航线是否有经停点以及航线来回程的不同形式可将航线划分为以下三类：

（1）没有经停点的直接对流航线，简称直达航线，即从 *A* 点到 *B* 点，再从 *B* 点回到 *A* 点。

这类航线是效益最高的航线，没有经停，节约成本，管理方便，节约时间，受旅客欢迎。根据各机场的客货源流量，如果相关机场的客货源对流数量（即方向相反数量相等的运量）够开航班数量的，则尽量开辟直接对流航线。

（2）含有经停点的间接对流航线。这类航线通常是基于以下情况而编排的：*A*、*B* 间没有足够的对流运量或 *A*、*B* 间的对流运量有富余量，而这部分余量又不足以再组成一个直接对流运量，所以只能借助于 *A*、*B* 航线中途的某一点 *C* 点的运量来凑足对流运量，组成这类有经停点的间接对流航线。与这种情况相类似的还有一种情况：在 *AB* 线的延长线上（或附近）有一个 *D* 点，而 *BD* 和 *AD* 之间有不足批量的对流量，则可以合并组成 *ABD* 航线。这种情况属于航线的延伸。

（3）环行航线。相对于直达对流航线来说，不在一条直线上的三点以上的航线称为环行航线。

这类情况主要是基于以下原因而编排的：*AB* 间的直达运量不均衡，即出现单向性运输的情况。例如，*A* 点到 *B* 点有充足的运量，而 *B* 点到 *A* 点没有充足的运量甚至没有运量，这样，只能通过寻找第三点 *E* 点来满足航线的编排，形成环形航线。

确定航线一般从以下两方面来考虑：一是调整原有航线；二是开辟新航线。

对于原有航线，应根据市场需求和经营状况决定取舍或调整。运量足，效益好，市场需求变化不大的航线，可继续保留；运量不足，效益差，且无望扭转的航线，应考虑停飞；那些旅客和货物的流量和流向有了较大变化的航线，则应当进行适当的调整，如增减经停点，航线延伸或绕道等，以适应单向性、季节性等空运市场的变化情况。

对于需要新开辟的航线，一定要进行充分的调查研究，切实摸清技术上和经济上的可行性，提出开航报告，报请主管部门审查批准后，方能列入航班计划。总之，对新开航线必须慎重，必须有较大的把握，否则会造成骑虎难下的被动局面。

一般来说，在适应市场需求和充分利用企业运力的前提下，应当尽可能采取少航线多航班的经营策略，这样可以使企业的人、财、物力相对集中，便于生产组织管理。

2. 确定机型

机型指某条航线准备选用的飞机型号，正确选择机型是保证航线运行产生好的效益的重要方面。对于计划使用的机型，应当根据市场需求、航班密度、航距长短、航线条件、机场条件及经济效益等因素来考虑安排。市场需求量大的航线就宜使用较大型的飞机，反之，则只能选用中小型飞机。在市场需求一定的情况，航班密度越大，所选用的机型就应小些，航班密度小，所选用的机型就应大些；航线距离长，沿线地区情况或气象条件复杂需要达到一定的飞行高度或越洋飞行的，就必须选用适应这些要求的机型。机场条件好，如跑道长度、厚度等都适于接受大型飞机的，才能够考虑选用大型飞机；反之，则只能选用中小型飞机。此外，还要考虑到机型对旅客和货主的吸引力，一些旅客可能喜欢一种机型而不喜欢另一种机型；一些货主可能对于货物的集装或散装各有偏爱，在存在竞争的航线上，这种吸引力因素特别值得注意。对于上述各方面都适应的机型，还要考虑经济效益，即应选用那些经济效益好的机型。

一般来说，在选择机型时，应当采取大机群、少机型的策略，以便降低飞机维护修理的成本，提高企业的经济效益。

3. 确定每周班次

班次指每周航班飞行的密度，它是指来回程，即一个来回为一个班次。如北京—广州每天飞行一班，班次栏应填写“7”。每周班次的确定应根据运量、运力、机型和经济效益等因素来安排。运量大，运力充足时，应当增加航班密度。反之，则应适当减少航班密度。从旅客和货主的要求来看，航班密度越大越好，这样可以随时满足其需要。但从民航企业的角度来看，航班密度过大，就会造成载运比率下降，影响企业的经济效益。因此，应当本着最大限度满足社会需要与尽可能提高企业经济效益相结合的原则来安排航班密度，使计划的每周班次能够保证载运比率达到持平载运率以上。

4. 确定航班号

航班号即航班的编号。为了便于组织运输生产，每个航班都按一定规律编排航班号。

5. 确定班期

班期即航班的飞行日期，是指该航班于星期几飞行。航班如若当天往返，则在去程和回程栏填写同一日期；如果航班往返在一天以上，则在去程和回程栏内填写始发日期和回程到达日期。

班期的确定应当本着均匀分布的原则来安排，这样既方便了旅客和货主，也便于民航企业自身的客货组织工作。

6. 确定起飞时刻

时刻即该航班的具体起飞时刻。起飞时刻的确定应根据季节、气候、机场条件、机场的合理使用、与其他航班的衔接、航线流量和方便客户等因素来安排。

航班计划表如表 16.12 所示。

表 16.12 ＿＿＿＿＿年度冬春/夏秋航班计划

航线	机型	每周班次	航班号		班期		起飞时刻	
			去程	回程	去程	回程	去程	回程

编报单位：＿＿＿＿＿

由于企业的任务目标和市场目标一般以年或更长的时间为期限，而航班则是一年制定两次，为了使航班计划与企业目标衔接，在草拟方案时，不仅要提出本期航班计划的初步安排意见，还应本着近细远粗的精神，对下一期的航班计划也拿出粗略的意见。

根据一定的内外条件和计划目标，可提出若干不同的航班计划方案，应当认真分析每个方案对内外条件的适应程度后决定取舍。

（四）航班计划的综合平衡

航班计划的初步方案选定以后，还要进行一系列的平衡工作，才能编制出正式的航班计划。

1. 飞机使用的平衡

这是最主要的平衡内容。它的基本要求是力求各型飞机每天出动的架次均匀，以最大限度地提高可用飞机的利用率。表 16.13 为原成都管理局伊尔-18 飞机使用平衡表的格式。

表 16.13　飞机使用平衡表

机　型	航　线	每周班次	一	二	三	四	五	六	日	备注
伊尔-18	蓉　拉	5	↔	↔	↔		↔	↔		
	蓉　京	2					↔			与蓉拉航班合用一架
	蓉京沈	1	↔							
	蓉陕京	2			↔			↔		
	蓉湘沪	1		↔						
	蓉湘宁	1				↔				
	蓉　穗	1				↔				
	合　计	12	2	2	2	1	2	2		

平衡时应注意以下几点原则：

（1）先安排每周班次多的航班，后安排每周班次少的航班；

（2）同样的每周班次，先安排航线飞行时间长的航班，后安排飞行时间短的航班；

（3）先安排环行航班，后安排对流航班；

（4）先安排班期有特殊要求的航班，后安排班期无特殊要求的航班，班期无特殊要求的，要均匀安排班期；

（5）先安排起飞时刻有特殊要求的航班，后安排起飞时刻无特殊要求的航班；

（6）在同一天时间顺序上，先安排向东飞行的航班，后安排向西飞行的航班，以延长日照利用时间。

上述六条原则的先后次序不能颠倒，即先用第一条再用第二条，以此类推。

在用上述六条原则平衡飞机使用时，还要考虑两个因素：① 驻地因素。安排一天的航班飞行要从驻地开始第一次起飞，最晚一次航班的到达港最好仍回到驻地，这样有利于飞机的维修和飞行成本的节约。② 机组因素。要考虑到一个机组一天可以飞行的时间极限，停人不停机，要考虑机组的替换，即最好让飞机在一个机组的飞行时间限度内飞回驻地。当然，这两个因素要服从原则，不能回驻地，可以停在外，机组替换不一定要在驻地进行。

2. 航线班期密度的平衡

在做班期密度平衡时，每条航线的班期应力求均匀。例如某航线每周七班，则应每天安排一班，而不应一天几班，另一天没有航班。航线班期密度的平衡各企业草拟航班计划方案时已考虑了，但对于几个航空公司同飞的航线来说，单个公司的平衡是不够的，还需要把各公司的计划方案拿来做进一步的平衡。这种全民航范围内的平衡是在每年两次的航班计划会上，在中国民航局有关部门的协调下商定的。航线班期平衡表如表 16.14 所示。

表 16.14　航线班期平衡表

航线	航班	机型	一	二	三	四	五	六	日	备注

另外，实际工作中可能遇到这样的情况，即航班所涉及的有关航站的客货源及运力情况

不同，造成各自提出的航班数不相同。在多的一方不愿减少航班、少的一方不愿增加航班的情况下，可以考虑绕飞来解决客货流量不均衡的问题。

3. 航站工作量的平衡

在平行航站工作量时，应力求航站每天进出港飞机架次均匀，包括每周各天的均匀和每天时间先后均匀两个方面，这样，有利于充分利用机场设施（机坪、候机楼等），有利于保持好的工作秩序，有利于提供安全舒适的服务。航站工作量平衡表如表 16.15 所示。

表 16.15 航站工作量平衡表

所属单位	航线	机型	一	二	三	四	五	六	日	分航站							
										一	二	三	四	五	六	日	…
国际 ⋮ 南方 ⋮ 东方 ⋮																	
	合计		出港架次 / 进港架次														
	其中： 大机型																
	中机型																
	小机型																

航站工作量平衡的方法是：

（1）每周各天的进出港架次首先服从飞机使用和班期密度的平衡。

（2）为了使地面服务人员和各项服务设施，如车辆、餐厅、加油、启动设备等能得到充分的利用，避免忙闲不均，每天航班起降时刻要根据机型速度和人员设备条件适当错开，避免在同一个短时间内起降飞机过分集中。

（3）为了提高航班正常率，针对地面气候季节特点，可适当推迟飞机起飞时间，减少停站或改分两天飞行。

上述一系列平衡工作，虽然具体内容不同，但归根结底，还是社会需要与企业运力之间的平衡。通过平衡，应该达到从全局出发，统筹安排，布局合理，规定的航班尽量适应客货的需要；吨位得到充分利用；航班计划与企业内外条件、总体目标和其他相关计划之间平衡衔接，在这样的基础上，才能确定正式的航班计划。

第六节 民航运输主要指标

航空运输主要指标分航空运输生产计划指标和民航运输考核指标两类。航空运输生产计划指标主要包括数量指标、质量指标和计算指标三大部分；民航运输考核指标主要包括产量指标、飞行安全指标、服务质量指标和劳动生产率指标四部分。这两者之间，有些指标的算法是相似的，主要区别在于计划与实绩考核。比如工作考核指标中的产量指标，主要指运输飞行总周转量，而总周转量的算法与在计划指标中算法相同。通过运输工作考核指标，可以进一步考核民航企业的经济和社会效益，也可证实计划指标的有效性，并可进一步改进和完善计划指标。

一、航空运输生产计划指标

（一）航空运输生产计划的数量指标

1. 航线运输计划指标

（1）运输量。运输量是计划期内运输的旅客、行李、邮件、货物的数量，其计量单位旅客为人，行李、邮件、货物为吨。

（2）周转量。周转量是计划期内运输生产的总产量，它是运输量和运输距离的复合指标，综合反映计划期运输生产的总规模、总任务。计算公式为：

- 旅客周转量：

$$\sum Al_{人} = \sum A_i \cdot L_i \quad （人 \cdot km） \tag{16.1}$$

$$\sum Al_{吨} = a\sum A_i \cdot L_i \quad （t \cdot km） \tag{16.2}$$

- 货邮周转量：

$$\sum Pl = \sum P_i \cdot l_i \tag{16.3}$$

式中　A_i——按不同运输距离统计的旅客运输量（人）；

P_i——按不同运输距离统计的行李、邮件、货物（包括旅客交运的免票行李）的运输量（t）；

L_i——运输距离（km）；

a——把旅客人数折算为吨数时的旅客重量换算标准。现行规定成人旅客重量按 90 kg（即 0.09 t）计算（含行李），儿童、婴儿分别按成人重量的 1/2 和 1/10 计算。

- 总周转量，是民航运输生产的总量指标，在数值上它等于旅客周转量与货邮周转量之和，即：

$$\sum Pl_{总} = \sum Al_{吨} + \sum Pl \quad （t \cdot km） \tag{16.4}$$

2. 航站发运量计划指标

（1）发运量。发运量是指各航站在计划期内发送的旅客、行李、邮件、货物的数量，包括始发运量和联程运量，是综合反映航站发运工作量大小的指标。

旅客发运量（$A_{站}$）可按如下公式计算：

$$A_{站} = A_{始发} + A_{联程} \quad （人） \tag{16.5}$$

$$A_{站} = \sum \alpha_{机座} \cdot \beta_{机座} \cdot \eta_{班次} \quad （人） \tag{16.6}$$

$$A_{站} = \sum \alpha_{机货}^{计划} \cdot n_{班次} \quad （人） \tag{16.7}$$

货邮发运量（$P_{站}$）则可按下面任一公式计算：

$$P_{站} = P_{始发} + P_{联程} \quad （t） \tag{16.8}$$

$$P_{站} = \sum P_{机货}^{计划} \cdot n_{班次} \quad （t） \tag{16.9}$$

式中 $A_{始发}$、$A_{联程}$——航站始发、联程的旅客运量（人）；

$P_{始发}$、$P_{联程}$——航站始发、联程的货邮运量（t）；

$\alpha_{机座}$——机型客座数；

$\alpha_{机货}^{计划}$——机型计划每班旅客数；

$\beta_{机座}$——客座利用率；

$P_{机货}^{计划}$——机型计划每班货邮载量（t）；

$n_{班次}$——飞机出港班次（按机型计算）。

因而，旅客、货邮的总发运量为：

$$P_{总站} = \alpha A_{站} + P_{站} \quad （t） \tag{16.10}$$

就全国民航来说，发运量就是运输量，即计划期间全国民航所有航站发运旅客和货邮数的总和。

（2）发运收入。发运收入是指根据旅客、货邮发运量按规定运价取得的收入，分国内航线发运收入、国际航线发运收入和其他业务收入三项。

① 国内航线发运收入。国内航线发运收入是指各航空站组织的国内航线旅客、逾重行李、邮件、货物以及专包机，按规定运价取得的收入。

• 旅客发运收入是指计划期间各航站出售的国内客票收入，以及旅客凭外航开具的国际客票搭乘国内航班或国际航班国内段的收入。

• 货邮收入是指计划其内各航站收运的国内逾重行李、货物、邮件的收入，以及在国内航线或国际航线国内段承运国际联运的逾重行李和货物，凭所收的国际逾重行李票、国际货运单按规定运价计算的收入。

• 专包机收入是指各航站组织的国内专包机，按规定的运价取得的收入。

国内航线发运收入是民航分配国内航线运输收入的基础，又是考核各航站客货组织工作的主要经济指标。

② 国际航线发运收入。我国国际航线的始发站、中途站和终点站（在国外为中国民航驻外办事处），为我国国际航线组织的旅客、逾重行李、邮件、货物以及包机，按规定运价取得的运费为国际航线发运收入。

• 旅客客运收入是指从本站发运并由我国国际航线班机承运的国际旅客，凭旅客乘机时收下的国际客票，按规定运价向出票单位收取的运费。

• 货邮客运收入是指从本站发运并由我国国际航线班机承运的逾重行李、国际货物及邮件，凭承运时收下的国际逾重行李票、国际货运单以及国际邮政路单，按规定运价向出票单位收取的运费，以及国际邮件向本国邮政部门收取的运费。

• 专包机收入是指本站组织并由我国民航飞机飞行的国际专包机，按规定运价向包机单位收取的运费。

③ 其他业务收入。各航空站发生的不属于航空运输、专业飞行和航站服务范围的收入归为其他业务收入，如退票手续、货物保管费、向托运人收取的由售票处至机场的地面运输收入，不实行内部独立核算的旅客服务（如旅客餐厅）的收益等。

（二）航空运输生产计划的质量指标

航空运输计划的质量指标主要有飞机生产率、载运率和飞机利用率三项。

1. 飞机生产率（飞行小时生产率）

飞机生产率（$\rho_{机型}$）是反映飞机技术经济性能和运输生产效率的重要质量指标，是指每一运输飞机每一飞行小时所完成的周转量，即

$$\rho_{机型}=\frac{\sum Pl_{总}}{t}\quad (\mathrm{t\cdot km/h}) \tag{16.11}$$

式中　$\sum Pl_{总}$——运输总周转量（t · km）；

t——运输飞行时间（h）。

生产率大小取决于使用飞机的平均飞行速度和运输载重，所以不同机型飞机有不同的生产率。大型飞机由于速度快、载重大，故生产率高。此外，由于每条航线的运输量不同，故生产率也不相同。

在规定计划生产率时，一般参照统计资料，用各型飞机按航线完成的吨公里除以同期总飞行小时的方法计算确定。

提高飞机生产率，可以在不增加航班的情况下增加产量（t · km）。因此，不断提高飞机生产率是民航运输企业增加生产、降低成本的主要途径之一。

2. 载运率

载运率包括航线载运比率、航站载运比率和客座利用率三项，是用来反映飞机运载能力利用程度的指标。

（1）航线载运比率。航线载运比率（$\beta_{航线}$）是用来说明一种飞机在一条航线最大载运能力利用程度的指标。最大载运能力就是一种飞机在一条航线上能生产的最大运输总周转量。因而，航线载运比率是指计划总周转量与最大运输总周转量之比，即：

$$\beta_{航线}=\frac{\sum Pl_{计划总}}{\sum Pl_{航线最大}}\times 100\% \tag{16.12}$$

式中　$\sum Pl_{计划总}$——某机型计划总周转量（t · km）；

$\sum Pl_{航线最大}$——某机型最大总周转量（t · km）。

（2）航站载运比率（出港载运率）。航站载运比率（$\beta_{航站}$）是考核航站货运组织工作的综合指标，用来反映航站出港飞机最大载运能力的利用程度，并用计划载运量（发运量合计）与飞机最大载运能力（最大业载或配额）之比来表示，即：

$$\beta_{航站} = \frac{P_{总计划}}{\sum Q_{业载}} \times 100\% \tag{16.13}$$

式中 $\sum Q_{业载}$——各航班飞机最大载运能力之和（t）；

$P_{总计划}$——航站计划总发运量。

（3）客座利用率。客座利用率（$\beta_{客座}$）是考核航站客运组织工作的主要指标，用来反映航站出发班机旅客最大载运能力的利用情况，并用计划旅客发运量与旅客座位数之比来表示，即：

$$\beta_{客座} = \frac{A_{计划站}}{\sum A_{客座}} \times 100\% \tag{16.14}$$

式中 $\sum A_{客座}$——各航班飞机客座数之和；

$A_{计划站}$——航站计划旅客发运量。

3. 飞机利用率

飞机利用率是衡量飞机利用程度的指标。从广义上来说，飞机利用程度包括飞机飞行小时和飞机载运比率两个方面内容。全面反映这两个方面的飞机利用率指标是飞机年产量。但一般来说，飞机利用率主要是指一架飞机在一定时间内所飞行的小时数，若时间为一年，即为飞机年利用率。此外，还有飞机季、月、日利用率。

（三）航空运输生产计划的计算指标

该部分内容在本章第二节和第三节中都有讲到，此处不再详细罗列。

二、民航运输工作考核指标

1. 产量指标

产量指标包括运输飞行总周转量和专业飞行小时两项。产量指标分别由运输部门和专业部门负责考核。作为企业工作考核，要求完成或超额完成年度计划规定的总周转量和专业飞行小时任务。

运输飞行总周转量和专业飞行小时，用来反映各公司航空运输飞行和专业航空生产任务的大小，它除了受社会对航空运输和专业航空需要程度影响外，还受民航内部因素的影响，如飞行安全、运输服务质量、专业航空作业质量、飞机利用率、航行正常率、飞机载运率，以及航站的客货运及专业任务的组织工作。只有做好民航内部各环节的工作，特别是确保飞行安全、改善服务质量、提高飞行正常率，以及加强客货专业任务的调整和组织，才能充分发挥民航的生产能力，尽可能满足社会对民航的需要。

2. 飞行安全指标

飞行安全指标用飞行事故件数表示，并要求不发生大、中型飞机二等以上飞行事故和小型飞机一等飞行事故（包括劫机事件）。

所谓一等飞行事故是指机毁人亡的事故，二等飞行事故是指飞机报废，但人员无死亡的事故。飞机的起飞全重在 60 t 以上为大型飞机，60 t 以下至 20 t 的为中型飞机，20 t 以下的为小型飞机。

飞行安全指标由航行及公安部门负责考核。

（1）飞行安全率：

$$\eta_{安全}=\frac{S_{安全}}{S_{实际}}\times 100\% \tag{16.15}$$

式中 $\eta_{安全}$——飞行安全率；

$S_{安全}$——安全飞行架次；

$S_{实际}$——实际飞行架次。

（2）旅客安全运输率：

$$\theta_{安全}(年或月)=\frac{P_{总}-P_{伤亡}}{P_{总}}\times 100\% \tag{16.16}$$

式中 $\theta_{安全}(年或月)$——该年或该月旅客安全运输率；

$P_{总}$——年或月旅客运输总人数；

$P_{伤亡}$——年或月旅客伤亡的人数。

（3）货运损失赔偿金额率：

$$\varphi_{损失}(年或月)=\frac{C_{总}}{I_{总}}\times 100\% \tag{16.17}$$

式中 $\varphi_{损失}$——该年或该月货运损失赔偿金额率；

$C_{总}$——年或月货物赔偿总金额；

$I_{总}$——年或月的货运总收入。

保证安全飞行是民航经营管理工作中的首要工作。只有保证飞行安全，民航才能为社会所信任，飞行才有效益，因此，飞行安全指标是民航各项经济指标中很重要的一项指标。各民航公司都十分重视航空空勤人员的素质培训和飞机的维护及养护，以确保航空飞行的安全。

3. 服务质量指标

（1）航班飞行正常率（$\rho_{飞行}$），是指实际飞行班次与按班期时刻表规定的飞行班次之比的百分数：

$$\rho_{飞行}=\frac{n_{\substack{实际\\班次}}}{n_{\substack{计划\\班次}}}\times 100\% \tag{16.18}$$

式中 $n_{\substack{实际\\班次}}$——实际飞行班次；

$n_{\substack{计划\\班次}}$——班期时刻表规定的飞行班次。

在统计时，属于不可抗拒原因（如天气、禁航等）造成的航班不正常班次除外。

（2）航站放行正常率（$\rho_{正常}$），是指航站按班期时刻表规定时间放行飞机的架次与总的放行架次之比的百分数：

$$\rho_{正常}=\frac{n_{\substack{实际\\班次}}}{n_{\substack{正常\\班次}}+n_{\substack{不正常\\班次}}}\times100\% \tag{16.19}$$

式中 $n_{\substack{正常\\班次}}$——航站实际正常放行班次；

$n_{\substack{不正常\\班次}}$——航站实际不正常放行班次。

在统计中，属于不可抗拒原因（如天气、禁航等）造成的航班不正常班次除外。

对航班飞行正常率和航站放行正常率的考核，要求达到或超过总局下达的指标。

航班飞行正常率和航站放行正常率是反映航站的飞行组织和客货组织工作的质量指标。民航要在保证飞行安全的前提下，不断提高航班飞行正常率和航站放行正常率，使客、货邮安全迅速地运达目的地。如果航班飞行正常率很差，或者航站放行正常率差，经常误点，并影响旅客事前安排的活动日程，或者影响货邮的运输速度，航空运输的快速特点就不能充分发挥，进而影响民航在社会上的信誉。

（3）航站始发载运率（$\rho_{载运}$），是指航站客、货、邮、行李发运量与本站可用的飞机最大业载之比的百分数（按大、中型分别计算），即：

$$\rho_{载运}=\frac{P_{总站}}{\sum Q_{业载}}\times100\% \tag{16.20}$$

式中 $P_{总站}$——航站客、货、邮、行李发运总量（t）；

$\sum Q_{业载}$——航站可用的飞机最大业载总量（t）。

（4）大、中型飞机日利用率（$T_{\substack{生产\\机日}}$），是指在册大、中型飞机每日的平均生产飞行小时（按机型分别计算），即：

$$T_{\substack{生产\\机日}}=\frac{T_{\substack{生产\\机（大、中）}}}{M_{在册机}\times T_{实际}} \tag{16.21}$$

式中 $T_{\substack{生产\\机（大、中）}}$——大、中型飞机运输生产飞行小时数；

$T_{实际}$——实际日历天数；

$M_{在册机}$——在册飞机架数。

对航站始发载运率和飞机日利用率的考核，要求达到或超过总局下达的指标。

航站始发载运率反映了飞机最大业载利用程度，航站始发载运率高，说明飞机的吨位得到充分利用，使同等的生产耗费，可完成更多的运量，提高经济效益。飞机日利用率反映飞机时间利用程度，飞机时间利用率高，说明民航生产能力得到充分运用，在不增加生产能力，即不增加飞机数量的情况下，可完成更多的飞行任务，以满足社会对民航的需要。

（5）发生运输服务一等事故件数。运输服务一等事故是由运输服务工作过失造成的下列事故：① 旅客死亡；② 延误专机飞行，造成不良后果；③ 国家科学技术尖端产品、国际保密物资、机要文件灭失等造成严重政治后果；④ 党中央布置的重要政治性运输任务发生灭失、损失，造成严重政治影响；⑤ 货物、邮件、行李灭失或损坏，其损失价值或赔偿在 1 万元以上；⑥ 严重损坏飞机、设备或损失运费价值在 1 万元以上。

（6）发生地面严重事故（包括政治事件）件数。地面严重事故是指如下在地面发生的事故：① 由于地面责任事故造成人员死亡；② 地面车辆撞坏飞机，影响飞行；③ 由于地面责任事故，造成经济损失 8 000 元以上。

运输服务以及地面事故指标，都是反映民航各部门工作质量的指标。

4. 劳动生产率

劳动生产率是指全员劳动生产率，它应达到或超过总局下达的计划指标，并由计划部门负责考核。

生产人员劳动生产率的高低，主要取决于纯劳动时间内生产效率的高低、劳动时间的利用情况，以及设备的利用情况。而全员劳动生产率指标还受到非生产人员在全部职工中所占比重大小的影响。此外先进设备与技术的采用，如民航机型的变动、载运比率的提高或降低、运量构成的变化等因素，对劳动生产率指标也有很大影响。

本章小结

本章主要介绍了航空公司的主要生产计划之一——航空运输生产计划。航空运输生产计划包括航线运输生产计划、航站发运量计划、航空运输生产综合计划和航班计划。在本章最后一节综合介绍了航空运输的主要指标。

思考题

1. 航空运输生产计划包括哪些？
2. 航路和航线的概念有何区别？
3. 如何编制航线运输生产计划？
4. 如何确定航班计划表？
5. 航站运输计划指标主要有哪些？
6. 航空运输工作考核指标有哪些？

第十七章　飞行生产计划

学习目的：学习了解飞行生产计划，掌握飞机利用计划和空勤人员飞行计划的编制过程和方法。

航空公司的一个重要生产计划，就是飞行生产计划。飞机是航空公司的重要生产工具，它集中了企业的巨额资金。如何充分利用飞机，最大限度地发挥机队的作用，为企业创造更多的效益，制定好飞行生产计划十分重要。

第一节 飞机利用计划

一、飞机利用率的意义和提高飞机利用率的途径

1. 飞机利用率的意义

民航为了实现旅客和货物的位移，完成运输任务，必须具备一定数量的飞机。飞机利用率是衡量飞机利用程度的重要指标，在生产人员劳动生产率不变的情况下，若能提高飞机利用率，意味着更充分地利用企业所拥有的主要生产性固定资产，这对于发展生产，降低成本，提高企业的经济效益具有十分重要的意义。

（1）在飞机生产率不变的情况下，提高飞机利用率，可以不增加飞机数量而大幅度增加产量。

表 17.1 列出了在飞机架数相同的情况下，由于飞机利用率的不同，而造成年度生产任务量的不同。表中数字表明，同样有 10 架飞机，如果将飞机利用率提高一倍，年产量就可翻一番。

表 17.1

在册飞机架数	在册飞机年利用率 /（h/架）	飞行小时生产率 /［（t·km）/h］	年产量 /（万 t·km）
10	1 000	1 000	1 000
10	2 000	1 000	2 000

（2）在飞机生产率不变的情况下，提高飞机利用率，可以减少飞机需要量，从而减少资金占用，降低生产成本，提高经济效益。

表 17.2 列出了完成同样的生产任务，由于飞机利用率不同，所需的飞机架数也不同的情况。即完成同样的生产任务，若提高飞机利用率，则可减少所需飞机架数，减少固定资金的占用，从而降低生产成本。

目前，我国民航企业普遍存在着运力不足的问题，而增加运力又受到资金等各方面条件的限制。在这种情况下，提高飞机利用率，更加充分地利用现有的飞机，对于发展航空运输生产，适应市场需求，更是具有极其重要的意义。

表 17.2

年生产任务 /（万 t·km）	在册飞机年利用率 /（h/架）	飞行小时生产率 /［（t·km）/h］	所需飞机架数
1 000	1 000	1 000	10
1 000	2 000	1 000	5

2. 提高飞机利用率的途径

提高飞机利用率的途径，主要有以下几个方面：

（1）正确选择机型，合理确定飞机需要量，使飞机的数量和性能与生产任务相适应，保证每架飞机的生产任务量饱满。这是提高飞机利用率非常重要的一条途径。航空公司必须科学地制定机队规划，使飞机的增加与生产任务量的增长相适应。

（2）改进运输组织工作，合理安排航线、航班、班期，使所拥有的飞机得到充分利用。在现有飞机数量较充裕的情况下，努力去改进运输生产组织工作，争取到更多的客货源，从而多开航线、多加班次，是保证现有飞机得到充分利用的重要保证，也是提高现有飞机利用率的重要途径。

（3）提高机务维修工作质量和效率，减少飞机的各种停场架日，从而使在册飞机在一定时间内有更多的飞行时间，为提高飞机利用率打下坚实基础。

（4）提高空勤人员的技术水平和机场的通过能力，增加每天可飞行的时间。如果空勤人员的技术水平较差，不具备全天候飞行能力，则有可能减少一天中可飞行的时间，从而使飞机利用率下降；另一方面，如果机场通过能力有限制，每天或每周的飞行架次数被严格限制，则即使该机场有旺盛的空运需求，航空公司也有充裕的运力，也仍然不可能增加航班数量，从而影响飞机利用率的提高。

总之，提高飞机利用率需要生产、计划、机务空勤等各个部门共同努力，协同工作，而编制飞机利用计划的过程，正是以提高飞机利用率为中心，来协调生产、机务、空勤等各部门工作的过程。因此，安排好飞机利用计划，有利于飞机利用率的提高。

二、飞机利用计划的内容与任务

飞机利用率指一架飞机在一定时间内（一般为一年或一日）提供的生产飞行小时数，它是从时间的角度反映飞机的利用程度。飞机的利用程度有广义、狭义之分。狭义的飞机利用程度仅指飞机的时间利用；而广义的飞机利用程度则包括飞机的时间利用、飞机的吨位利用（如出港载运率）和飞机载运能力的利用（如航线载运比率）。

飞机利用计划包括飞机需求计划、飞机利用率计划及飞机维护和送修计划三部分内容。其中，飞机需求计划规定计划期内飞机的增减变动情况；飞机利用率计划指安排飞机的合理使用和应达到的利用率水平；维护和送修计划则主要是指组织各型飞机的维修工作。

编制这三个计划的主要任务，是合理地确定飞机数量，科学地组织各型飞机的使用和维修，在改进运输生产组织与机务维修工作，加强民航企业内部以及民航与各部门之间的协作，不断提高运输效率的基础上，本着不断提高飞机利用率的原则，确定合理的飞行利用计划，从而确定年平均生产飞行小时指标。

三、飞机需求计划

提高飞机利用率，可以减少资金投入，降低运营成本。但是，由于机组人员日飞行小时的限制和航班飞行需要，机队需要保证一定的规模。飞机需求计划，就是用于预测完成年度飞行计划所需要的飞机架数；另一方面，通过飞机需求计划，可以调剂剩余运力。由于航空运输生产的季节性，所以要分别确定飞机的年度需要量和季度需要量，以适应实际生产需要。

1. 飞机年度需要量的确定

飞机年度需要量的确定一般经过以下步骤：

（1）根据计划飞行小时和飞机年利用率计算飞机年需要量，计算方法为：

$$\text{年飞机需要量}=\frac{\text{年生产飞行小时}}{\text{飞机年利润率}}$$

式中，年生产飞行小时从航线运输生产计划和通用航空计划中取得，即飞机的年生产飞行任务量；飞机年利用率为估计数，即根据报告期实际水平和计划期的影响因素（如计划年度飞机在航线上的经停时间和飞机发动机定期维护和维修时间缩短的可能，飞机正常率改善的程度，空勤组数量以及他们的编组情况和轮班制度等）确定各型飞机的年利用率，然后，用上式计算出年度的飞机需要量。

（2）将计算出的年飞机需要量与现有飞机数比较，调整差异。如果计算出的年飞机需要量小于现有飞机数，则说明现有飞机尚有潜力，可以考虑增加生产任务，多安排航班，也可以将多余的飞机出租；如果年飞机需要量大于现有飞机数，则表明现有飞机数量不足，需要进一步采取措施，挖掘现有飞机潜力，提高飞机利用率，或者结合飞机购置计划，购进、租入新的飞机，以提高总的能力，保证完成年生产任务。所以，从这个角度讲，飞机的年需要量计算实际上是飞机平衡计算。

年度飞机数量计划如表 17.3 所示。飞机数量计划是分机型分别确定的，在计划表的文字说明中，应对每一架飞机的来源和去向予以注明。

表 17.3 飞机数量计划

机型	报告期末在册架数	计划期内增加		计划期内减少		计划期末在册架数
		架　数	日　期	架　数	日　期	

2. 飞机季度需要量计算

飞机年度需要量是按全年生产任务计算的，但由于航空运输企业的生产季节性较强，每季度的航班数和飞行小时数差异较大，加上各级检修次数在各季度也不一样，所以在计算出年需要量以后，还需计算飞机的季度需要量，以适应实际需要。飞机季度需要量的计算步骤为：

（1）确定各型飞机季度飞行计划。该计划根据航班计划来定，计划表如表 17.4 所示。表中班次为每周班次，来回程算一班，来自航班计划；生产飞行小时为季度飞行小时。

表 17.4 季度飞行计划

机型	一季度			…	全　年	
	班次	生产飞行小时	平均在册飞机		平均在册飞机	生产飞行小时

（2）确定各型飞机各季度检修架次和占用的天数。各种检修架次、检修占用天数、平均每周检修占用天数三项指标可采用下列方法计算而得：

$$季度各种检修架次=\frac{季度生产飞行小时数}{各级检修间隔时限}-重复次数$$

季度各种检修占用天数 = 季度各种检修架次×各种检修所占天数

每周均机检修占用天数（天数/架） = 季度各种检修占用天数÷13 周÷飞机架数

（3）计算各型飞机各季度需要架数：

飞机需要架数 = [(每周飞行架日 + 检修架日) ÷ 周日] + 备用架数

四、飞机利用率计划的编制

飞机利用率计划是分飞机用途和机型来编制的。

下面结合计划表（见表 17.5）来介绍飞机利用率计划的编制。

表 17.5　飞机利用率计划表

机型	期末飞机架数	平均在册飞机架数	大修飞机		定期维护架日数	其他停场架日数	可用飞机平均架数	计划飞行小时					飞机平均日利用率	
			架数	架日数				合计	生产	公务	训练	熟练	在册	可用
总计														
运输飞机														
分机型														
通用航空飞机														
分机型														

1. 期末飞机架数

期末飞机架数指计划期末实有的、持有有效适航证书的飞机数量。

2. 平均在册飞机架数

平均在册飞机架数是指计划期内正式投入运营的飞机平均架数，计算公式为：

$$\text{平均在册飞机架数(架)} = \frac{\text{在册飞机架日数}}{\text{年日历天数}}$$

其中

$$\text{在册飞机架日数} = \sum(\text{在册飞机架数} \times \text{日历天数})$$

在计算平均在册飞机架数时也可以天、月为计算单位，而不是日。计算公式如下：

$$\begin{aligned}\text{平均在册飞机架数} = [&(\text{报告期末在册飞机架数} \times 12\text{ 个月}) + \\ &(\text{计划期增加飞机架数} \times \text{自增加月至年末月数}) - \\ &(\text{计划期减少飞机架数} \times \text{自减少月至年末月数})] \div 12\text{ 个月}\end{aligned}$$

例 1　某公司某型飞机计划期初有 20 架，计划 3 月份增加 2 架，7 月份报废 2 架，9 月份再增 4 架，年末在册飞机架数为 24 架，计算该公司该型飞机年平均在册飞机架数。

解

$$\text{平均在册飞机数} = \frac{20\times12+2\times10-2\times6+4\times4}{12} = 22\text{（架）}$$

3. 大修飞机

大修飞机架数是指计划期内需送工厂大修的飞机架数。大修采用的标准有两个：一是飞行小时，二是起落架次，哪个标准先到就执行哪个标准。

大修飞机架日数是指计划期内需送工厂进行修理所占用的架日数。

4. 定期维护架日数

定期维护架日数是指各种定检所占用的架日数。

5. 其他停场架日数

其他停场架日数是指飞机故障、缺件停场和封存等占用的架日数。以上这些停场架日统称不可用架日，需与飞机送修计划和有关机务资料协调、平衡后才能确定。

6. 可用飞机平均架数

可用飞机平均架数是指计划期内飞机技术状态处于完好的平均架数，计算公式为：

$$\text{可用飞机架数}=\frac{\text{可用飞机架日数}}{\text{年日历天数}}$$

$$=\frac{\text{平均在册飞机架数}\times\text{年日历天数}-\text{大修架日}-\text{定期维护架日}-\text{其他停场架日}}{\text{年日历天数}}$$

可用飞机架日数分为飞行架日和备用架日，飞行架日指计划期内飞机的实际飞行架日；备用架日则是指计划期内飞机停留基地，随时可以提供飞行的架日。

7. 计划飞行小时

生产飞行小时按公共运输生产和通用航空生产计划填列。

公务飞行小时指飞机发动机检修，更换发动机后试飞飞行、调机、返航等时间，一般规定占生产飞行小时的某个比例。在编制计划时，应尽量减少公务飞行，因为这种飞行直接加大企业成本而不增加收入。

训练飞行小时是为培养新的飞行人员或为现有飞行人员的转机型或天气标准而进行训练的飞行时间。

熟练飞行时间是指为巩固正、副驾驶员的技术而进行的飞行。发生这种飞行多半是由于驾驶员平时飞行任务较少，或由于某种原因久未参加生产飞行，因而需按照熟练飞行的规定进行必要的熟练飞行。这两种时间需与空勤人员飞行计划进行协调、平衡后方能确定。

8. 飞机平均日利用率

飞机平均日利用率，亦称平均每机日生产飞行小时，是指计划期内在册或可用飞机平均每天实际执行的生产飞行小时数，是衡量飞机利用程度的主要指标。计算公式是：

$$\text{平均在册飞机日利用率}=\frac{\text{年生产飞行小时}}{\text{平均在册飞机架数}}\div\text{年日历天数}$$

$$\text{平均可用飞机日利用率}=\frac{\text{年生产飞行小时}}{\text{平均可用飞机架数}}\div\text{年日历天数}$$

如果是计算年利用率，则无需除日历天数。

9. 飞机可用率

飞机可用率指计划期内可用飞机架日与在册飞机架日的比例，可用于表明飞机的完好程度。计算公式为：

$$飞机可用率\ (\%) = \frac{报告期可用飞机架日}{报告期在册飞机架日} \times 100\%$$

上述公式表明，要提高飞机利用率，就必须增加年生产飞行小时，或者减少飞机架数。目前，增加生产飞行小时是提高飞机利用率的主要途径，而要在运力一定的条件下增加生产飞行小时，就要尽可能减少各种停场架日，同时尽可能压缩公务飞行、熟练飞行小时，并使训练飞行与生产需要密切结合，最大限度提高其经济效益。

第二节　空勤人员飞行计划

空勤人员是完成飞行生产计划的决定性因素之一。做好空勤人员飞行计划，有利于保障完成生产飞行任务、训练任务和其他工作的安排。由于飞行人员的日、月飞行小时数的限制，以及其他非生产性飞行小时数的需要，在制作生产计划过程中，必须考虑空勤人员的有效可飞行小时数。空勤人员飞行计划内容包括：生产飞行、公务飞行、加班飞行、专业飞行、训练飞行和熟练飞行等。

一、空勤人员飞行计划的作用

空勤人员飞行计划是航空运输和通用航空飞行生产计划的具体执行计划，其具体作用反映在以下方面：

（1）空勤人员的飞行计划是组织日常生产活动，完成航空运输和专业飞行生产计划的重要手段。生产计划是企业组织生产的基本计划文件，它为有计划地组织和领导日常生产活动提供了依据。但是它只为企业及各个生产环节在计划期内的生产活动指出了一个方向，还必须通过生产飞行计划加以具体化，才能把生产计划层层落实，变成全体职工日常生产活动的依据。

（2）飞行计划是组织均衡生产的重要依据。民航通过飞行计划的编制，把运输过程的各个环节有机地协调起来，从而为各个生产环节有节奏地组织生产创造了条件。同时也使企业领导可以更有目的地、具体地检查各个生产环节和各方面的工作，及时发现问题，解决问题，保证整个企业生产能够协调地、均衡地进行。

（3）飞行计划是充分挖掘和利用生产潜力，及时、迅速地组织新平衡的有效工具。编制生产计划时虽然组织了多方面的平衡，但生产活动的客观情况是不断发展变化的，在计划执行期间也还将发生一系列的变化。因此，在执行生产计划过程中，必然会出现各种新情况、新问题，这就需要及时地根据新的情况，组织新的相对平衡。飞行计划正是组织这种新平衡的有效工具。

（4）飞行计划是民航企业促进管理水平全面提高的重要环节。编制科学合理的飞行计划才能有计划地安排空勤人员的生产、训练、疗养、学习，做到飞行与其他工作两不误，同时也为飞机维修计划以及客货组织工作提供必要资料。因此，只有协调好各方面的管理工作，才能保证飞行计划的实现。

二、飞行计划的编制

编制空勤人员生产计划的同时，也必须编制飞机的使用计划。定期编制这两项计划，可以有效地解决以下问题：

（1）可以使机务维护和修理工作有计划地进行；

（2）可以事先安排空勤人员的训练、熟练、疗养、学习等项计划；

（3）由于各型号飞机事先有了飞行小时、飞行航线的安排，运输服务部门就有可能按飞机的载重大小、旅客座位多少组织和安排客货，并根据飞机飞行能力组织和签订特种运输和专业飞行合同；

（4）可以把生产计划更好地落实到单位、工种和个人。

飞行计划表格式如表 17.6 所示。

表 17.6 飞行计划表

航　线	机型及型号	班次		每班飞行小时（来回）	月飞行机组主要成员姓名					
		周	月		小时	日	正驾驶	副驾驶	机械员	报务员
××—××										
××—××										
××—××										
加　班										
专包机										

表中各项内容的编制方法如下：

（1）航线和每周班次按航空运输生产计划的航线运输计划或航班计划进行安排，加班、专包机根据计划飞行小时进行安排。

（2）月飞行小时等于每班飞行小时乘以月班次。空勤组飞行小时包括正班、包机、加班、专业等飞行。空勤组每月的运输飞行，一般不超过 80 h，但也不应少于 40 ~ 50 h，否则对于保持和提高飞行人员的技术水平，提高劳动生产效率，降低成本等都不利。

（3）空勤组飞行日数按空勤组计划飞行的航线进行计算。对于飞行人员的计划飞行日数，要根据计划飞行小时和航线的长短，合理安排。既不要使其飞行的天数太少，也不要形成天天飞行。为解决这一问题，对于短距离航线飞行班次较少者，可采用长短航线穿插飞行的方法；对于短距离航线飞行班次较多者，可一天往返飞行两次或两次以上。

空勤组生产飞行计划的编制应由计划部门会同有关部门研究确定。机务部门还应按表 17.7 的格式及时向计划部门提交每架在册飞机可提供的飞行小时资料。

表 17.7　飞机使用计划表

机　型	机　号	可飞行小时		机　型	机　号	可飞行小时	
		机身	发动机			机身	发动机

空勤组生产飞行计划与上下左右很多工作有关系。因此，经批准后，应及时上报、下达和抄送有关部门。

本章小结

飞行生产计划是航空公司的另一个重要生产计划，充分利用飞机和机队，为企业创造更多的效益，制订好飞行生产计划有着十分重要的意义。飞行生产计划主要包括飞机利用计划和空勤人员飞行计划。

思考题

1. 飞行生产计划包括哪些？
2. 飞机利用计划包括哪些？
3. 如何编制飞机利用率计划？
4. 空勤人员飞行计划有什么作用？

第十八章　航空运输管理

学习目的：学习航空运输相关的管理内容，掌握民航人员管理、机场管理以及民航旅客运输安全管理的内容和组织方法。

第一节　民航人员管理

一、航空人员职责

《中华人民共和国民用航空法》第三十九条规定：航空人员，是指从事民用航空活动的空勤人员和地面人员。

1. 空勤人员

空勤人员包括飞行人员（驾驶员、领航员、飞行机械员、飞行通信员）、乘务员、航空摄影员和安全保卫员。

（1）驾驶员包括正驾驶员和副驾驶员，机长由正驾驶员担任。每次飞行，空勤人员应当编成机组，机组由机长领导，负责领导机组人员的一切活动，对航空器和航空器所载人员及财产的安全、航班的正常运行、服务质量和完成任务负责。副驾驶员是机长的助手，接受机长命令，在飞行的各个阶段监控航空器。

（2）领航员负责掌管、使用机上领航仪器、设备，掌握全航程的无线电导航资料，向驾驶员和地面提供各项经过计算的航行数据。

（3）机械员负责飞机的动力装置和各个系统在飞行中的工作状态的操作或监视，遇到异常情况，协助机长采取必要措施。

（4）飞行通信员负责掌管、使用机上通信设备，保证陆空通信的畅通。随着机上领航和通信设备自动化程度的提高，一些机型领航员和通信员的工作逐渐由正、副驾驶员承担。

（5）乘务员的工作任务是为旅客服务，尽量使旅客乘坐舒适愉快；在出现紧急情况时，负责采取应急措施，帮助旅客安全撤离。乘务员的多少根据旅客座位数目的多少而定，执行任务的乘务员编成乘务组，由乘务长领导。

2. 地面人员

（1）航空器维修人员，维护航空器正常运行，施行对航空器、发动机、通信导航和驾驶控制等机械与电子电气设备的检测与维修，使航空器保持适航状态的人员。

（2）空中交通管制员，使飞机能够按照原来预定的起飞时间和到场时间飞行，在实施过程中，能以最少（小）程度的限制，不降低安全系数并能有序运行的人员。

（3）飞机签派员负责组织、安排、保障航空公司航空器的飞行与运行管理，其主要任务是根据航空公司的运行计划，合理地组织航空器的飞行并进行运行管理，争取航班正常，提高服务质量和经济效益。

（4）航空电台通信员，指为了保证民用航空飞行专门建立了通信部门，从事该项活动的人员。

二、对航空人员的要求

1. 航空人员的条件及限制

（1）航空公司必须使用持有中国民航局颁发的相应的现行有效航空人员执照和证件的航空人员：

① 飞行机组成员执照，包括驾驶员执照、领航员执照、飞行通信员执照和飞行机械员执照，其中驾驶员执照分为学生驾驶员执照、私用驾驶员执照、商用驾驶员执照、多人制机组驾驶员执照和航线运输驾驶员执照；

② 维修人员执照，包括航空器维修人员执照、航空器部件修理人员执照和航空器维修管理人员资格证书；

③ 飞行签派员执照，国务院民用航空主管部门按照申请人的具体情况在其航空人员执照上签注相应的授权项目，航空人员应当按照授权范围工作。

④ 客舱乘务员应当按照民用航空主管机构批准的训练大纲实施训练，经公共航空运输企业主管人员考试合格并颁发训练合格证书，方可在运行中行使相应职责；

⑤ 在执行飞行任务时，航空人员除需携带上述执照和证书之外，应当随身携带体检合格证。

（2）按照要求携带证件的每个航空人员遇检查时出示证件。

（3）航空公司不得用已满 60 周岁的人员担任飞行机组必需成员。

2. 航空人员人数的要求

（1）航空公司在运行飞机时，其飞行机组成员不得少于所批准的该型飞机飞行手册中规定的数量。

（2）飞机运行时，飞行机组至少配备两名驾驶员，并且应当指定一名驾驶员为机长。

（3）担任飞行机组必需成员的飞行机械员，其配备应当符合飞机飞行手册中对机组定员的要求。

（4）飞行通信员：① 担任飞行机组必需成员的飞行通信员，其配备应当符合飞机飞行手册中对机组定员的要求。② 执行国际或者特殊管理的国内航线运行任务的飞行机组中，应当至少配备一名胜任国际运行陆空通话工作的飞行通信员。但是，如果在驾驶舱值勤的两名驾驶员都具备英语通话单飞资格，则可以不配备飞行通信员。

（5）客舱乘务员。为保证安全运行，在所用每架载运旅客的飞机上，应当按照下列要求配备客舱乘务员：① 对于旅客座位数量为 20 ~ 50 的飞机，至少配备 1 名客舱乘务员；② 对于旅客座位数量为 51 ~ 100 的飞机，至少配备 2 名客舱乘务员；③ 对于旅客座位数量超过 100 的飞机，在配备 2 名客舱乘务员的基础上，按照每增加 50 个旅客座位增加 1 名客舱乘务员的方法配备，不足 50 的余数部分按照 50 计算。

（6）实施国内或者国际定期载客运行的航空公司，应当在每一飞行签派中心安排有足够数量的合格飞行签派员，以确保对每次飞行进行恰当的运行控制。

第二节　机场管理

一、机场管理的组织

机场是一个大系统，而机场的管理机构随着时间的推移而不断变化，但是，所有的机场都有共同的功能区。一般大型机场的组织图如图 18.1 所示。

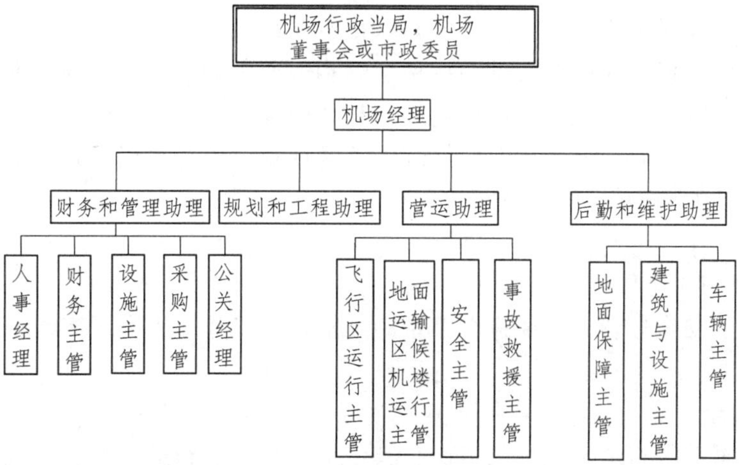

图 18.1　机场管理组织图

1. 财务和管理部门

这个部门包括人事部门、财务部门、设施管理部门、采购部门、公共关系部门等。主管这个部门的负责人除了关心行政和人事关系外，还要关心财务和公共关系。因为机场是一个企业性质的单位，如果财务运转出了问题，机场的运作就会产生困难。另外，随着机场在社会上的重要性逐步增加，机场的宣传和接待工作也会直接影响其形象和信誉。

2. 规划和工程部门

机场在投入使用后会不断遇到开发和新建扩展问题，尤其是我国近几年来经济高速发展，几乎每一个机场在投产的同时就遇到了进一步的扩展问题。如何统一规划，保证发展的整体性和建筑工程的质量是一个机场长期良好运行的必要条件。

3. 营运部门

机场的营运分为飞行区、候机楼、安全保卫和事故救援四个部分，它们的任务如下：

（1）飞行区。要保证飞机严格按照规定进行运行，对飞行区内的车辆运行进行严格管理防止出现任何危险事故，要为特殊安排的飞机安排机位和登机门。

（2）候机楼。要保证候机楼建筑和进出道路的安全和通畅，要防止机场内工作人员和旅客有任何妨碍安全规定的行为，引导他们有秩序地按照规定行动。管理机场内各种企业和协调各种政府机构的行动。

（3）安全保卫。保护机场内禁止公众进入的地区和危险地区，在各登机门和安检区执行任务，保护机场财务和人身安全，在紧急情况下组织和疏散人群。

（4）事故救援。在飞机发生坠落、失火等事故时要组织紧急的救援行动。事故救援人员日常的工作包括训练、演习以及检查各项设备和设施的完好情况，一旦出现险情随时能出现在现场，熟练地执行任务。

4. 后勤和维修部门

机场有大量的建筑和设备，维修工作量十分庞大。

（1）建筑物及设施的维修。主要是按计划对候机楼和其他建筑以及其中的设施定期维护和修理，候机楼的建筑物和设施是使用最频繁的地点，因而也是维修的重点。

（2）场地的维修。所有机场的敷设道面（跑道、机坪和滑行道）都要保持良好状态，要符合规定标准，要及时维修，机场的环境和绿化也要不断维护和保持。

（3）车辆维修。机场使用有大批的特种车辆和普通车辆。特种车辆的维护、修理是机场特有的问题，除了特殊的大修是外界承包外，其余的维修只能自行组织解决。车辆维修部门的任务除了车辆维护、修理外，还应包括制定采购计划、更新车辆，并和生产商或经销商取得联系，以便得到他们的支援和服务。

二、机场的运营管理

要保证机场的安全运营，就要进行大量的维护检查工作，因为任何疏忽都会导致事故的发生。

1. 道面的维护

道面包括跑道、滑行道和机坪的道面，其中最重要的是跑道道面。飞机在跑道上高速运行，任何小的裂缝或隆起都将有可能造成飞机爆胎或对起落架造成损害，从而引发大事故。

2. 除雪和除冰

在中高纬度地区的机场，除雪和除冰是保证机场正常运行的重要工作，在每年的开支中也占有重要部分。机场要尽可能减少被雪封堵的时间，因而除雪要根据气象预报及早准备，一旦雪情妨碍飞行就立刻开始行动。

3. 防止鸟撞

大部分鸟类飞行高度在 4 000 m 以下，因而鸟撞飞机事故多发生在机场周围。飞机起飞或降落如果把鸟吸入发动机或与鸟相撞都会造成一定的危险，对某些机场驱散鸟类是其主要的任务之一，全世界每年有 7 500 架次飞机受到不同程度鸟击，国际民航组织每年收到鸟撞的报告达 2 000 次以上。

4. 消防救援

根据统计，航空事故的 70% 发生在起飞和降落的时候，这种事故发生地点都在机场附近，伴随着失火和产生伤员。因而机场要有一支训练有素、装备精良的救援队伍随时准备出动。

救援的反应时间对于救援的效果有着决定性的影响，因而要求救援的车队能在 3 min 之内到达跑道的最远端。救援车队主要是消防车队，因此我国也把救援称为消防勤务，救援队伍也称消防队。

5. 安全保卫

机场的安全保卫工作主要是针对空中犯罪行为的，这些行为包括爆炸、劫机和走私，在地面上的保卫工作也包括防止偷盗和抢劫。

（1）外围保卫。机场的安全保卫从飞行区的外围开始，飞行区外围设置栅栏，重要地段要筑墙，在栅栏的两旁一般有 3 m 以上的隔离地，在隔离带中不能有任何建筑物和障碍物，在僻静处的栅栏一般用电网和微波防护，栅栏上有明显标志警告接近者。

（2）货场保卫。货场及货运中心是盗贼注意的目标，在这些地方要设置武装警卫。要有良好的照明，对于存入贵重物品的地区要设置闭路电视、录像装置，由于近年来毒品走私的猖獗，很多大机场都设有毒品探测装置。

（3）检入口。从 20 世纪 60 年代以来，恐怖主义分子的炸机和劫机事件发生了多起，给人们造成了巨大的生命和财产损失。各国发展了一系列的安检设备和技术手段，旅客的行李要通过一个 X 光检查台，而旅客则要通过一个金属探测门，如果有一定体积的金属物品通过探测门就会有报警信号。为防止塑性爆炸物带入飞机，又发展了炸药探测仪。

6. 车辆勤务

一系列的地面车辆和设施为飞机的出港、进港、经停服务。这些服务都有一定的时限，这样既可提高飞机的利用率也可增加机场的效益。这些服务包括上、下旅客，装卸货物，供应食品及其他用品，供水，加燃油及清除垃圾，统称为地面勤务。飞机在经停时，一般要求在 30 ~ 45 min 内完成勤务工作，故在飞机周围有十多辆车进行服务。

三、机场的财务管理

（一）机场的收入

机场的主营收入可以分为航空性收入和非航空性收入：航空性收入是指与航空运输活动有关，为飞机、旅客、货物服务的收入，主要包括飞机起降费、机场交通管制费、旅客服务费、飞机停场费、机坪服务费、灯光费、安检费、运输费等与航空主业密切相关的项目；非航空性收入是指主要来源于与飞机无关的商业性活动，主要包括租金收入，租户管理费（水、电、清洁费），特许经营收入（来自商店、餐饮业、免税店、银行、停车场，旅店费），直接销售收入（由机场有关部门经营的商店等），停车费收入（由机场有关部门经营时），其他费用（如利息收入），与机场无关的活动收入（如土地开发等），燃料收入，处理旅客、货物及行李的收费。

（二）机场的支出

机场的支出因机场的大小、位置和机场的管理体制不同而差别很大，如有些政府直属的机场，消防和警卫是由政府支出的，而南方的机场不需要支付除雪、除冰的费用。支出可以分为经营性的支出和非经营性的支出。

1. 经营性的支出

（1）飞机场地支出：跑道、滑行道、机坪的维护费用，照明、服务车辆、救火设施的使用维护费用。

（2）候机楼的支出：候机楼各种设施和建筑的维护，停车场的维护，候机楼的供电、供水、供热，废物的处理，候机楼的环境美化和绿化。

（3）机库、货运设施等建筑和机场的地面设施的支出：机场环境保护和美化，机库等建筑的维护，机场进出道路的维护，各种管道（上水、下水、供热、供油）的维护。

（4）其他支出：行政人员、后勤人员的工资及其他管理费用。

2. 非经营性的支出

非经营性的支出主要是负债利息和折旧，以及其他一些杂项费用。

（三）机场财务管理的运行方式

机场具有公共服务性质，且机场建设的初始投资很大，因此机场的财务运行一般都需要政府的参与和补贴。根据补贴的来源，机场财务管理方式分为政府管理补贴、航空公司补贴、独立核算补贴、纯企业运行方式四种。

1. 政府管理补贴

实行计划经济的国家和一些发展中国家大多采用这种形式，我国在民航体制改革之前也采用这种形式，机场从建设投资到随后的运行都由政府负责。财务上的亏空都由政府补足，盈余则上交政府。这样做的好处是机场不承担任何财务风险。在机场运量不足和经济基础薄弱时，这样做是有必要的。但它的缺点是经济效益不高，不能对市场迅速反应，造成资源配置不合理。

2. 航空公司补贴

这种方法也叫净成本法，国外一些大型机场采用这种方法。机场和使用它的主要航空公司签订长期协议，在每年的结算中如果出现赤字，则由签约的航空公司予以补平，如果出现盈余，则在下一年对航空公司的收费中给予回报。这种方法把机场的财务风险转为机场和航空公司共同承担，但同时也增加了航空公司对机场发展的控制权，航空公司可以审核机场的财务计划，按照多数的原则参与表决同意与否。我国新疆和云南的机场与航空公司统一领导，没有分家，就是采取的此种方式。

3. 独立核算补贴

独立核算补贴也叫补给法，使用这种方法的机场自己承担财务风险，独立核算，对航空公司的收费可以在政府规定的范围内浮动。如果机场亏损，就可以调整对航空公司的各项收费来补足；如果盈余，就可以积累资金，扩大规模，参与竞争。这种方法的好处是机场可以独立地决定参与竞争和发展，但经营的风险较大，一旦破产，将会退回到由政府接管的方式。我国的大部分机场都采用类似的运行方式。

4. 纯企业运行方式

目前只有英国的私有化机场采用这种方式。这种机场除了受到国家民航当局的条件约束外，运作上和一般企业没什么不同，它完全按市场经济的规则运行，无论从集资还是经营方向上自由度都增加了，同时也使竞争变得激烈起来。由于纯企业的运行往往会忽视公众服务和利益，这种方式还有待进一步的实践检验。

四、机场的规划

机场的主要规划过程包括四个基本阶段：机场需求、机场选址、机场布局、资金组织。在机场规划阶段，需要考虑现有的设施和未来的扩展，这就涉及对未来交通流量的预测。机场选址是建设新机场的最重要部分。机场布局包括机场外形、跑道、滑行道、停机位、候机楼等的设置和布局。

当前机场所面临的主要问题是：机场经营管理，拥挤和延误，噪音和土地使用问题，因此，机场的发展也就是不断解决这些问题的过程。未来机场的发展趋势体现在以下几个方面：

（1）飞机将向大型化和高速化发展，但是机场的规模不会因此而扩大，故只能通过提高机场的使用效率来解决拥挤问题。同时，机场内相应的设施也将不断改进以满足这些需要。

（2）大型机场和中、小型机场分开。大型机场在一个国家或一个区域内只能在整体规划下合理布局，航空网的发展促使中小城市发展中型或小型机场，形成以大型机场为枢纽的完整的航空运输体系。

（3）由于选址征地建立机场较困难，故可在海上和山顶上建立机场，这样不但可以减少对原有土地的占用，同时也可减少噪音污染。海上机场有 4 种形式：第一种是部分填海，如香港新机场；第二种是在海上打桩填海造出人工岛，如日本大阪的关西国际机场；第三种是海上固定平台；第四种是海上漂浮机场。海上机场的缺点是造价昂贵，运输费用也较高。

（4）机场实行信息化管理，可提高服务质量、工作效率和安全性，同时可降低运行成本。

第三节　民航旅客运输安全管理

随着国民经济的快速增长和旅游业的大发展，中国民航迎来了“持续、快速、健康”发展的新时期。

国际民航界是以每百万飞行小时发生重大事故的次数来衡量一个国家的航空安全水平的，一般以十年为一个周期来进行统计。以近十年为统计时段，1994—2003 年中国民航运输飞行重大事故率为 0.62 次/百万飞行小时，低于世界平均水平。21 世纪的前 5 年（2000—2004

年），中国民航运输飞行重大事故率为 0.44 次/百万飞行小时，比 20 世纪 90 年代下降了 69%。但和发达国家相比仍有差距，美国仅为 0.17。

2020 年，民航安全运行平稳可控，运输航空百万架次重大事故率十年滚动值为 0，亿客公里死亡人数十年滚动值为 0。自 2010 年 8 月 25 日至 2020 年底，运输航空连续安全飞行"120+4"个月，累计安全飞行 8 943 万小时。

一、安全管理的组织机构

中国民航安全生产管理按照行政管理关系建立中国民航安全委员会，安全委员会由中国民航局、地区管理局、省市区管理局、航空公司、机场当局、航务管理机构、航油公司等单位的主管安全领导和安全机构的有关负责人组成，对民航各运输生产部门执行安全法规的情况进行监督和检查，并对违反安全生产法规的行为、危及生产安全的人员和设备具有使用暂停权。安全管理机构如图 18.2 所示。根据《中国民航飞行规则》，安全生产是民航运输企业各级领导和全体员工的重要职责，要通过严密组织，有效地实施各项安全生产规章制度，确保运输生产安全。

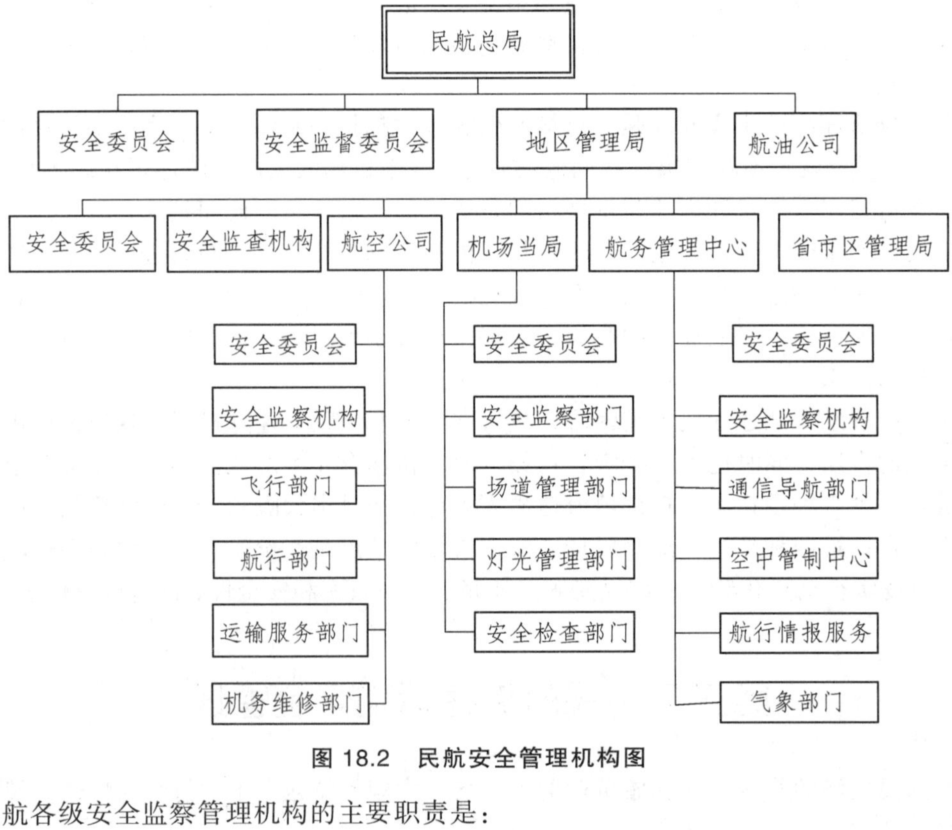

图 18.2 民航安全管理机构图

民航各级安全监察管理机构的主要职责是：

（1）监督检查各生产部门执行有关飞行安全的各项规章制度情况，落实安全保障措施；

（2）及时掌握各单位的安全生产形势，监督检查生产事故的调查和处理，并提出安全指导意见；

（3）制定有关民航安全生产的规章制度；

（4）组织飞行事故的调查；

（5）组织新航线、新机场、新机型的安全监察。

二、人的因素

当今，四分之三以上的民用航空飞行事故都是由于人的因素所造成的。国际民航组织指出，对飞行中人的因素予以改善是提高当前和未来民用航空安全水平的最有效途径。

飞行事故中人的原因包括机组人员、机务人员等航空工作人员以及其他因素。

1. 飞行员对飞行安全的影响

航空运输是通过飞行员驾驶飞机，将客、货运送到预定目的地。飞行员在操作航空器时采取的姿势、肢体活动的范围以及手足的作用是否适合或者情绪有无干扰，都直接影响安全飞行。人们在安全管理中，往往注重规章制度的落实和技术水平的提高，而忽视飞行员的心理反应，尤其是情绪对安全飞行的影响。从心理学的角度讲，欢喜、满意、愉快会使人感到舒适，这类情绪对飞行员在飞行时的观察和判断能力有促进作用，会使飞行员反应迅速，动作敏捷，所以称其为增力情绪。飞行员如果带着这样的情绪上飞机，对飞行安全就很有促进作用。而相反的情绪则会影响飞行员的心情，使其行动迟缓，反应变慢，很容易引起操作失误导致发生飞行事故，所以称其为减力情绪。

因此，飞行人员的心理现象及其情绪反应，是否符合安全飞行要求就显得非常重要。飞行员情绪控制的根本目的在于提高飞行人员的技术素质和职业道德水平，进而确保飞行安全。

技术素质是影响飞行安全的重要因素，飞行人员的飞行技术水平高、应变能力强，不仅能防止各类问题的发生，而且还可以提高工作效率。

一名合格的飞行员，不仅要严格遵守飞行有关法规，自觉执行“飞行规则”，服从驾驶资源管理，做到文明飞行，确保安全飞行无事故，而且还要具备豁达开朗的性格和沉着处置飞行中所遇到的各种突发事件的基本素质。除此以外，飞行员的身体状况也要考虑，这包括很多，比如，飞行员休息情况，视力、听力，喝酒用药，方向感等，所以飞行员每隔一段时间都需要进行身体检查。

2. 其他航空工作人员

其他航空工作人员还包括领航员、飞行通信员、飞行机械员、空管人员以及航空器维修人员，所有航空公司现在均按照中华人民共和国航空行业的《民用航空器维修标准》（包括维修管理规范、地面安全、地面维修设施和劳动安全卫生四大部分）进行飞机维修与管理。从事故发生的原因进行统计分析可知，上述人员造成的事故占 7%，虽然所占比例较小，但也不容忽视。

三、飞机及设备因素

近年来造成我国民航事故的飞机因素主要是飞机出现故障，其次是飞机服役时间太长，再次是飞机性能不良，其余依次为飞机设计缺陷、飞机制造有质量问题等。飞机服役时间太长，结构腐蚀及疲劳损坏的可能性就大。飞机性能不良，实际上与设计缺陷和制造质量有关。

飞机及其机载设备在使用过程中，难免会发生故障或系统失效。根据飞机原理、调查结果和实践经验，可将飞机致灾因素大致分为飞机故障（包括发动机失效）、机身结构腐蚀及疲劳损坏、设计缺陷、零部件生产质量差等几种。

四、气象因素

飞机在大气层中飞行，气象因素对飞机飞行将产生重大影响。早期飞机的飞行受到气象条件的严重约束，在目视飞行的条件下，天气标准是限制飞行的主要原因。随着航空技术的进步，飞机进入可以仅靠仪表飞行的阶段，这在很大程度上摆脱了气象的约束，但是很多剧烈的天气变化，特别是在 7 000 m 以下飞行，飞机的起飞、降落仍然要按照一定的气象条件规定来进行。

1. 风

风是由于地球运动，大气层中温度不同和大气压力不同使空气在不同方向上对流而形成的。由于风速对高速飞行的飞机影响相对较小，因而低速飞行的驾驶员需要考虑风的影响，在起飞和着陆时飞行的速度低，要更多地考虑风的影响。起飞和着陆是迎风进行的，从而提高了飞机的空速，缩短了在跑道上滑跑的距离，增加了安全系数。侧风时的起落，驾驶员必须考虑侧风会使飞机的航迹偏离跑道中心线，因而必须调整飞机的航向迎向侧风一定的角度，才能使飞机不致偏离跑道。当侧风的风速大过一定速度时，则不能起降。在巡航时，顺风会使地速增加，从而使飞行的时间和燃油大量节约，因而在巡航时，驾驶员都会力争在有利的风向高度上飞行。

强风对民航飞机的起飞和降落有较大影响，各种机型对在起飞、降落时所能接受的强风天气都有相应的标准，包括风向、风速等指标，一旦风的强度超过相应的安全标准，飞机就无法起飞和降落。由于各机型有着不同标准，即使同机型在不同航空公司也可能有不同的起降标准，因此就会出现有些飞机能正常起降，有些飞机只能备降其他机场或在本场等待天气好转而造成航班延误。

2. 云

云中的能见度是很差的，因而一个机场天空中云的覆盖率是飞行气象条件的重要指标。天空中云的覆盖率可以分为 5 个等级：云在天空中的比例低于 1/10 的称为晴，比例在 1/10 ~ 1/2 的称为散布云，比例在 6/10 ~ 9/10 的称为多云，比例在 9/10 以上的称为阴。在阴的情况下，云底高度是一个重要指标，它是指天空布满云层时云的底部与地面的距离，是确定飞行的天气条件。

民航飞机在飞行过程中，通过地面通报或机载气象雷达在航路前方发现影响安全的云层后，一般可采取改变高度或适当偏离原飞行路线进行绕飞，避开该危险云层。但应当明确的是，民航飞机在空中飞行的航路对高度、宽度、路线都有严格的规定，偏离这条安全通道，就有可能存在失去联络、迷航，与高山等障碍物相撞的危险，所以说，在安全范围内一旦采取相应措施仍无法避开该云层的情况下，只能中止原飞行计划，备降其他机场或返航，如果气象部门提前预测到航路天气影响飞行安全并无法避开时，飞机就会在机场等待天气好转后再执行相应航班计划。

此外在阴的情况下，即使地面能见度很好，机场跑道上方、降落通道附近高度较低的云层也会直接影响飞机降落，甚至造成机场关闭。高度较低的云层会使飞行员在降落过程中看不清跑道，飞机下降穿过低云层后离地面太近也难以及时处理可能出现的意外情况，直接影响飞机的安全。

3. 能见度

能见度是正常视力的人在当时天气条件下，从天空背景中能看到或辨认出目标物的最大水平能见距离。它对飞机的起降有着最直接的影响，所谓的“机场关闭、机场开放，简单气象飞行，复杂气象飞行”，指的就是云和能见度的条件。

观察者在白天辨认物体，在夜间辨认灯光的距离，称为有效能见度，用 km 或 m 来表示。在空中能见度分为水平能见度、垂直能见度和斜视能见度。能见度也表示了在天空飞行的飞机之间的能见距离。因此对于目视飞行来说，能见度是允许飞行的重要依据之一，对于仪表飞行的飞机来说，尽管在空中可以用仪表和雷达判定方向和前方的阻碍物不受能见度的限制，但在起飞和着陆需要精确的位置、方向信息的情况下，它仍然受能见度的限制。在地面上能见度可以用地面标准作为参照物判断距离，而在空中由于没有参照坐标，因而能见度在很大程度上成为主观标准，一般说的能见度都指的是地面能见度，主要是跑道能见距离。在飞行规则中对起飞、着陆和 3 000 m 以下的飞行能见度都有明确规定，低于规定的能见度就不能飞行。

对能见度影响最大的是空中的雾和烟，其他如风沙、雨雪对能见度也都有影响。

机场如果拥有较先进的辅助降落设备可以减少能见度对航班正常运作的影响。由于各机场地面辅助降落设备不同，就有了不同的起降安全标准，这样也就会出现类似能见度的情况下，在有些机场可以继续正常运作，而有些机场就不得不暂时关闭。

4. 降　水

降水对航空的影响主要在三个方面：首先是使能见度降低，其中影响最大的是细雨和雪，因为细雨通常是在无风情况下降下，因而会伴随形成雾，如和烟混在一起会使能见度进一步下降。降雪过程中，雪在空中反射光线使能见度下降。在降水过程中天空云层的高度低，使天空昏暗，这也使得能见度降低。第二个方面是影响跑道的性能，其中以积雪和冻雨特别严重，这种情况出现后使跑道摩擦系数下降或出现障碍，这时必须进行处理，才能使飞机安全着陆。第三个方面是对飞机性能的影响，这主要是飞机通过降水云或降水区时，水滴或冰晶在飞机上停留。由于飞机表面温度很低，形成结冰，一般在 $-5°C$ 到 $+3°C$ 时在飞机表面形成冰层，使飞机的空气动力性能变坏，从而使飞机升力减小，阻力增大，影响飞机的安全性和操纵性。在旋翼和螺旋桨叶上结冰，会造成飞机剧烈颤动；发动机进气道结冰，可能会损坏飞机；风挡结冰，妨碍目视飞行；天线结冰，影响通信或造成通信中断。

5. 气温、气压、大气密度

气温、气压和大气密度影响飞机起飞和着陆时的滑跑距离，影响飞机的升限和载重以及燃料的消耗。飞机的准确落地和高空飞行离不开场压和标准大气压，而气温对飞机的载重和起飞、降落过程的滑跑距离影响较大。随着气温的升高，空气密度变小，产生的升力变小，飞机载重减小，同时起飞滑跑距离变长。

五、民航犯罪

对于民航犯罪，主要是加强机场的安检，使犯罪工具和犯罪分子在登机之前就被发现，提早制止犯罪行为的发生。还有就是培养一支训练有素的空中警察队伍，当飞机在飞行中遇到危险事件时，能够及时、迅速地处理危险情况，尽量避免飞行事故的发生，或是把危险控制在最小的状态，保护旅客生命财产和飞行安全。

六、其他因素

其他影响航空运输安全的因素有：鸟击，设备故障，陆空无线电通信中断，飞行区内航空器起火冒烟，地面设施、设备、货物等失火，航空器与航空器、车辆或其他地面设备设施等物体相剐蹭等。

鸟击造成的飞行事故是机场安全运行中的一个突出问题，2005 年民航再次要求各机场要完善、补充鸟害防治工作计划，在 2005 年务必完成各机场附近区域的生态环境调研报告，同时要因地制宜地采用多种安全、有效的驱鸟方式综合防治鸟害。同时，明确机场围界以内，飞机起飞阶段高度 100 m 以内或进近阶段高度 60 m 以内的区域为机场鸟害防治工作“责任区”。也明确了机场、航空公司和空管部门在机场鸟害防治工作中的职责。机场鸟害防治工作已经制度化、常态化。

七、建设民航安全文化

安全第一是民航安全文化的灵魂，诚信严实是民航安全文化的精髓，安全就是效益是民航安全文化的价值反映，法规规章是民航安全文化的制度保障，设施设备是民航安全文化的物质基础。尽管中国民航已培育出了自己的安全文化，但目前还处于初建阶段，建设富有竞争力的安全文化是中国民航面临的任务。

1. 要营造安全文化舆论环境

安全文化建设是行业预防事故的基础性工程。要以人为本，高度重视人的生命安全，加强安全文化理念的宣传，使员工在心理、思想和行为上形成自我安全意识和环境氛围；要加强安全知识、规则意识和法治观念的宣传，使“诚信严实”成为从业人员的基本素养和中国民航的行业精神。要通过多种形式向社会和消费者宣传航空安全知识，使旅客、货主和社会公众了解民航，理解民航，在社会层面构筑起一道保障安全的坚固防线。

2. 加强职业规范培训工作

民航的技术性、系统性和风险性特征要求行业必须有一个统一的职业规范。职业规范的形成，很大程度上依赖于职业技术培训和职业技能鉴定。规范化的职业技术培训和职业技能鉴定，可以帮助员工形成一种统一的行为准则和思维方式，同时，可以明确岗位规范和职责，使员工各就其位，各负其责，提高工作效率和行业安全监管水平。

3. 建立健全安全文化评价体系

建设安全文化，既要有定性的要求，还要有定量的指标，要在不断的实践中建立健全三个层次的安全文化评价体系：

（1）衡量行业安全水平的宏观指标体系，主要包括全行业的安全生产周期、百万架次事故率、与其他运输方式同比运输增长率、专业技术人员整体素质、安全生产法制建设情况、基础设施建设情况等；

（2）衡量航空运输企业安全水平的微观指标体系，主要包括航空公司的安全业绩、品牌认知率、旅客忠诚度、机队更新情况、运输增长率等；

（3）衡量航空运输企业安全管理工作的控制指标体系，主要包括管理体制、运行机制、制度建设、专业技术、队伍作风、工作环境、设施设备、思想政治工作等，尤其是人为原因在事故百万架次率中所占的比例。

4. 加强安全生产法制建设

法律、法规是实施监督的依据和保障。要使民航安全生产走向法治化的轨道，就应以法制建设为重点，推进安全生产管理体制和机制的创新。

（1）以《安全生产法》和《民用航空法》为依据，抓紧清理、修改和完善有关行政法规、条例，根据新形势研究制定安全生产的法律、法规、规章和标准；

（2）深化改革，理顺关系，建立健全统一、集中、规范的安全生产执法、监管和监察主体，确保权力到位，责任到位，管理到位；

（3）根据航空运输的新形势和安全生产的新特点及其发展趋势，研究和制定民航安全生产的产业政策和中长期规划；

（4）依法强化安全生产监察，加大对违法、违规行为的惩戒力度，维护安全生产秩序。

5. 赋予安全文化时代特色

建设安全文化，要与时俱进，不断赋予其时代特色。要不断探索安全管理的新思路、新方法，促进民航安全管理工作法制化；要研究新形势下民航安全工作面临的新问题、新挑战，尤其要研究针对航空安全的恐怖行为，寻求积极有效的防范措施；要进行管理创新，结合政企分开后企业规模、组织结构的变化和经营机制的转换，建立健全科学、高效的安全管理机制，积极探索机场下放地方后安全管理工作的新思路、新做法，不断完善安全生产责任制；要跟踪科技进步的步伐，不断提高安全设施设备的科技水平和安全管理的科技含量。

本章小结

本章介绍了航空人员的职责及要求，机场管理组织机构及其内容，并对民航旅客运输安全管理进行了详细地分析。

思考题

1. 航空人员包括哪些？他们的职责各是什么？
2. 机场管理组织由哪几个部门构成？
3. 机场通过哪些途径获得收入？
4. 影响民航运输安全的因素有哪些？
5. 如何从人的因素着手提高民航运输生产安全？

第五篇

水路旅客运输

第十九章 水路旅客运输概述

学习目的：了解水路旅客运输的作用与特点，掌握水路旅客运输的分类，熟悉水路旅客运输的主要设施。

2020 年全国内河航道通航里程 12.77 万 km，等级航道里程 6.73 万 km，占总里程比重为 52.7%。三级及以上航道里程 1.44 万 km，占总里程比重为 11.3%。各等级内河航道通航里程分别为：一级航道 1 840 km，二级航道 4 030 km，三级航道 8 514 km，四级航道 11 195 km，五级航道 7 622 km，六级航道 17 168 km，七级航道 16 901 km。等外航道里程 6.04 万 km。

内河七大水系航道通航里程分别为：长江水系 64 736 km，珠江水系 16 775 km，黄河水系 3 533 km，黑龙江水系 8 211 km，京杭运河 1 438 km，闽江水系 1 973 km，淮河水系 17 472 km。

全国港口生产用码头泊位 22 142 个（沿海港口生产用码头泊位 5 461 个；内河港口生产用码头泊位 16 681 个）。其中，万吨级及以上泊位 2 592 个（沿海港口万吨级及以上泊位 2 138 个；内河港口万吨级及以上泊位 454 个）。

全国拥有水上运输船舶 12.68 万艘；净载重量 27 060.16 万 t；载客量 85.99 万客位；集装箱箱位 293.03 万标准箱。

2020 年完成客运量 1.50 亿人次，完成旅客周转量 32.99 亿人 · km；完成货运量 76.16 亿 t，完成货物周转量 105 834.44 亿 t · km。其中，内河货运量 38.15 亿 t、货物周转量 15 937.54 亿 t · km；海洋货运量 38.01 亿 t、货物周转量 89 896.90 亿 t · km。

全国港口完成旅客吞吐量 4 418.8 万人。其中，内河港口完成 74.6 万人次；沿海港口完成 4 344.2 万人次。完成货物吞吐量 145.50 亿 t。其中，内河港口完成 50.70 亿 t；沿海港口完成 94.80 亿 t。完成集装箱铁水联运量 687 万 TEU。

第一节 水路旅客运输特点与分类

水路运输系统又称船舶运输系统。水路旅客运输是利用船舶或其他浮运工具，在江河、湖泊、水库、人工水道以及海洋上运送旅客及行李的一种运输方式。水路旅客运输是我国旅客交通运输体系中的重要组成部分之一，并在特定的地域和需求中起着重要的作用。

大约在公元前 600 年，就已经出现了把圆木挖空的船，即独木舟。随着造船技术的进步，到了 11 世纪前后，就出现了航行在远洋上的商用帆船。15 世纪已能绘制航海天文历，航海技术有了飞跃发展。1785 年，詹姆斯·瓦特发明了蒸汽机，1807 年美国人罗伯特·富尔顿提出用蒸汽机作船舶动力的方案，起名叫轮船。1836 年史密斯发明了螺旋推进器，1839 年轮船首次安装了螺旋桨（这艘船是阿基米德号）。1883 年由瑞典的德拉瓦尔和美国的帕森发明了汽轮机，使蒸汽机得到高效、大马力的动力。1897 年发明了柴油机并用于船舶，进一步提高了经济性和推进了高性能化。客轮在第二次世界大战以前已经成为各大陆之间最主要的客运手段。保持最大吨位纪录的是 1940 年下水的“伊丽莎白女王”号，重 83 673 t，而 1952 年下水的美国合众国号的最高航速为 35.59 n mile。但是，这些船都忽视了经济性，加之战后飞机的发展，所以近年来的大型客轮多在 3 万吨左右，航速约 20 n mile，而且多半用于观光旅游。

中国海域辽阔，陆缘海岸长 18 000 余 km，环岛海岸 14 000 余 km，岸边水深，大多终年不冻，孕育着良好的港湾。在 960 万 km^2 的土地上，流域面积在 100 km^2 以上的河流有 5 800 条，河流总长 43 万 km，天然湖泊 900 多个。中国东部沿海地区和长江以南的广阔陆域，河网密布，水流充沛。优越的自然条件，为中国水运事业的发展提供了良好的条件。

一、水路旅客运输的作用与特点

1. 水路旅客运输的作用

水路旅客运输在人类社会发展的历史进程中，曾发挥了巨大作用。只是到了近代，由于铁路、公路、航空技术突飞猛进的发展，才使传统的长距离水路旅客运输逐步由兴盛走向衰落。但是，随着近些年来船舶技术的不断进步，航速不断提高，以及对外开放、贸易往来的发展，水路旅客运输的重要作用又日渐凸现。

（1）在陆岛、岛屿间及海峡间的中短途客运航线，以及内河、湖泊等的某些客运航线上，水路运输仍扮演重要角色。特别是在偏远山区，没有其他可替代的交通方式时，天然航道形成的水路运输尤显重要。

（2）近年来，我国经济持续稳定发展，人们生活水平不断提高，对户外休闲与游憩活动有了更强的需求，水路旅游也成为一大亮点，并逐渐向包括滨水旅游、游艇旅游、邮轮旅游、游船旅游及水上船艇运动娱乐等方式在内的水上旅游发展。

2. 水路旅客运输的特点

水路旅客运输与其他运输方式相比较，具有以下特点：

（1）水路运输主要利用天然水道，不需要建设道路，不占农田，因而投资少，见效快，能耗省，成本低，这就为发展水运事业提供了良好的物质条件。

（2）水上航道四通八达，通航能力大。水路旅客运输能力主要取决于客船运输能力及港口客运站通过能力。

（3）水路客运安全、舒适，船舶在天然航道中航行，水域宽阔，运行密度小，速度慢，安全性高。船舶的规模大，活动空间大，可以布置各种生活设施、娱乐设施，舒适性好，娱乐性、趣味性大。现代客船不仅是客运交通工具，而且是现代化的浮动娱乐场所。这一特点也是其他客运交通工具所无法比拟的。

（4）水路旅客运输受自然条件影响较大，特别是受气候条件影响较大，因而呈现较大的运输波动性和不平衡性。

（5）水路旅客运输航行速度慢，一般服务航速为 12 ~ 20 kn（1 kn = 1 n mile/h = 1.852 km/h）。

二、水路旅客运输的分类

水路旅客运输按其航行区域可划分为三种类型：远洋旅客运输、沿海旅客运输和内河旅客运输。

远洋旅客运输通常是指除沿海运输以外所有的海上国际旅客运输。根据船舶航程的长短和周转的快慢又可分为“远洋”和“近洋”。前者是指我国与其他国家或地区之间，经过一个或数个大洋的海上旅客运输，如我国与东、西非洲，欧洲，南、北美洲，地中海，红海，澳大利亚等地区之间的运输；后者是指我国与其他国家或地区之间，只经过沿海或太平洋或印度洋的部分水域的海上旅客运输，如我国与朝鲜、日本、印度尼西亚等地区之间的运输。其中远洋旅游运输主要包括洲际旅游或环球旅游。世界远洋旅游航线，基本已形成以北美、欧洲和东亚太为主要旅游客源地，以加勒比海、地中海和波罗的海为传统旅游目的地，以黑海、经海、波斯湾、墨西哥太平洋海域、阿拉斯加太平洋、日本海、中国东南沿海、东南亚沿海和南太平洋为新兴旅游目的地，连接世界七大洲、四大洋的游船航线网。世界远洋环游航线主要有南北两条，南线是地中海—开罗—红海—亚丁—印度洋—新加坡—马六甲海峡—太平洋—香港—上海—火奴鲁鲁—圣弗兰西斯科—巴拿马运河—加勒比海—大西洋—伦敦—直布罗陀海峡—地中海；北线是纽约—加勒比海—大西洋—开普敦—印度洋—悉尼—惠灵顿—圣地亚哥—麦哲伦海峡—大西洋—加勒比海—迈阿密。

沿海旅客运输是指沿海区域各地（港）之间的旅客运输。我国沿海旅客运输的范围包括：自辽宁的鸭绿江口起，至广西壮族自治区的北仑河口止的大陆沿海，以及我国所属的沿海岛屿及其与大陆间的全部水域内的旅客运输。我国沿海旅客运输以上海、大连、广州为中心，有主干航线 16 条。其中沿海旅游运输主要以大连、青岛、烟台、上海、厦门、广州、天津、海口等沿海城市以及香港地区最为活跃,旅游旺季时沿海客运船舶客位大部分被旅游者订购，仅秦皇岛市每年暑期 4 个月的旅游旺季运送游客就有约 80 万人次。

内河旅客运输是指在江河、湖泊、水库及人工水道上从事的内陆旅客运输。近半个世纪以来，发达国家内河旅客运输不同程度地受到水利工程、平行公路和航空运输等因素影响而大为衰退，并正在不同程度地由单纯运送旅客转向同旅游业结合。内河旅游运输主要有武汉—重庆的长江三峡旅游、浙江一带的古运河旅游、钱塘江水上交通、桂林—阳朔的漓江旅游、无锡的太湖旅游、上海的黄浦江旅游、宁夏的黄河旅游、昆明的滇池旅游等，都是利用内河旅客运输方式而形成的专线旅游项目。

三、水路旅客运输的发展方向

为了适应市场变化，国内外水路客运大力发展高速船、旅游船、沿海滚装客车船，内河客运实现长途旅游化、短途高速化，水路客运向着安全、高速、舒适、方便的方向发展，使世界水路客运出现了发展生机。我国水路客运发展方向明确定位为“三化”，即高速化、旅游化和滚装化。

（1）高速化。半个世纪以来，各种运输工具的运行速度都有了较大幅度的提高，进入 20 世纪 80 年代以后，世界高速客船的数量每年约以 5% 的速度递增。

今后的发展趋势是：高速客船向大型化、客车渡船方向发展；航速仍有增加趋势；造船材料不断更新，大型铝合金高速客船将逐步取代钢质船、玻璃钢船。在目前三种主要高速船型（水翼船、气垫船、双体船）的基础上，向更适航、更经济的新船型发展，性能不断改进和提高。

（2）旅游化。随着世界经济的持续发展，人民生活水平的不断提高，旅游已成为人们生活的一个重要部分，人们的出行不再仅仅为了做单一的事，而且还有旅游的成分，因此水上旅游人数增长很快，沿海、内河旅游客船逐步代替普通客船。

国外旅游客运的总体发展趋势是：客船和旅游业、港口等部门进一步密切联合，形成集吃、住、行、游、娱、购于一体的全方位旅游服务；以多样化的旅游船适应不同层次游客的需求；确保航行安全，增加舒适性，提高服务质量；船型向吃水浅、噪音低、活动空间大的方向发展。

（3）滚装化。当前，在世界水运市场上传统吊装客货船逐步被淘汰，客车滚装船因营运经济性明显优于吊装客货船，而且装卸方便，有利于旅客带车旅行，因而得到逐步普及和迅速发展。近 30 年来，在客车滚装运输中，旅客运量年均递增 10%，货运量年均增长 20%。

世界客车滚装船今后的发展趋势：一是大型化，单船总吨位由 20 世纪 60 年代的 3 000 吨增至 4 万吨，载客量由 400 人增到 2 400 人，载车量由 100 辆增到 800 辆；二是船长缩短有利于靠泊，船宽加大以利于车辆装卸，甲板层数增加（最高达 12 层），优化舱内通道，减少箱舰舷门；三是提高船舶安全设施标准，加强防火、通风、监控与应急救生设施，提高抗倾覆能力；四是节省能源，短途航运的航速由 24 ~ 30 kn 降到 18 ~ 22 kn。

第二节　水路旅客运输主要设施

水路旅客运输主要设施、设备主要由港口客运站和客运船舶两大部分组成。此外，为保证水上运输工作的顺利完成，还要有许多部门和设备密切配合：如船舶的燃料、淡水和生活物资的供应部门，通讯导航部门，业务代理公司（部门），还有发生海难后的救援打捞机构等。所有上述各系统汇合起来组成完整的水运系统。本节概要介绍港站和船舶。

一、港口客运站

港口客运站是水陆运输方式的汇集点，是交通运输枢纽的重要组成部分。港站是水路运输生产的一个重要基地，旅客的乘降，船舶的补给、修理工作及船员的修整等作业都在港站进行。

（一）港口的组成

港口由水域和陆域两大部分组成：水域供船舶进出港，以及在港内运转、锚泊和装卸作业使用，因此要求它有足够的水深和面积，水面平静，流速和缓，以便船舶安全操作；陆域是供旅客上下船，以及货物的装卸、堆存和转运的地点，因此陆域必须有适当的高程、岸线长度和纵深，以便安置必要的生产、生活设施等。

1. 港口水域

水域是港口的主要组成部分，根据位置不同又分为港内水域和港外水域。

港内水域：位于港池之内，包括港内航道、港内锚地以及码头前沿水域和船舶调头区等。这段水域要有足够的宽度和深度，以便船舶方便靠离及调头。

港外水域：位于港池之外，主要指进港航道和港外锚地。港外锚地是供进出港船舶抛锚停泊使用的，船舶在这里接受边防检查、卫生检疫等手续。进出港航道和港外锚地均需用航标加以标示。

2. 港口陆域

凡是在港口范围的陆地面积，统称为陆域。港口陆域由以下几部分组成：码头与泊位，港口仓库和堆场，铁路与道路，起重运输机械及港口辅助生产设施。

码头是供船舶停靠，以便旅客上下（货物装卸）的水工建筑物。码头按用途分有客运码头、货运码头、轮渡码头、工作船码头、修船码头、渔码头等。货运码头又可分为杂件货码头、散货码头、油码头、集装箱码头等。本课程所指港口客运站包含了客运码头。

所谓泊位是指供船舶停泊的位置。一个泊位可供一艘船舶停泊。泊位的长度依船型及船的大小而有差异，并要留出两船之间的距离，以便于船舶系解缆绳。一个码头往往要停泊几艘船，即要有几个泊位，因此码头线的长度取决于泊位数和每个泊位的长度。

（二）港口客运站作业

1. 客运服务作业

客运服务作业包括旅客上下船、候船、问询、小件行李寄存，以及对旅客文化生活、饮食卫生方面的服务等。

2. 客运业务

客运业务包括客票发售，行李、包裹的承运、装卸、保管、交付、邮件装卸等。

3. 技术作业

技术作业包括客运船舶修理、保养，食品及燃料补给等。

（三）港口客运站设备

为顺利完成上述作业，客运站应具有相应的设备。这些设备可分为三部分：旅客站房、客运码头、站前广场。

1. 旅客站房

旅客站房是客运站的主体，包括为旅客服务的各种房屋，运营管理工作所需的各种技术办公房屋及办理行包、邮件的房屋。

旅客站房设计，应按照客流量的大小、客流特点、客运码头布置及城镇规划等因素，合理组织各种流线，避免干扰，方便旅客。为旅客服务的各项设施，布置应合理。

旅客站房主要包括以下几项：

（1）售票处。售票处包括售票厅、售票房及票据库等，通常应设在旅客进站流线中始端且明显易找的地方。

（2）行包房。行包房是旅客办理行包托运与领取的场所。在整个站房布局中行包房的位置是否妥当，对旅客进出站流线与行包流线和装卸车辆流线交叉与否，旅客、工作人员管理是否方便，有很大影响。因此，行包房的位置应与其他客运用房、客运码头、广场等一并考虑，统一设计。

（3）候船室。候船室除要求有适宜的候船环境外，还需与站房的主要入口及检票口有密切的联系。候船室的位置应靠近客运码头前沿，直达客运泊位，尽量缩短旅客登船时的步行距离。候船室布置形式视客流及站房规模而定，可采用分线候船或集中候船两种方式。

2. 客运码头

客运码头是供客运船舶停靠后旅客上下，以及办理客运技术作业的场所。客运码头前沿线是进港水域和客运码头的交接线。码头线布置有多种形式，与岸线平行的称为顺岸码头，常用于河港；与岸线正交或斜交的，称为突堤码头，常用于海港。

3. 站前广场

站前广场是联系水路与城市交通的纽带，是客流、车流和货流集散的地点，是旅客活动和休息的场所。

站前广场主要由以下几部分组成：

（1）旅客活动地带，包括人行通道、交通岛、旅客活动平台、绿化带等。

（2）停车场，包括公共交通车、邮件行李专用车、小汽车以及非机动车辆等的停车场。

（3）服务设施，包括旅店、饭店、邮局、银行、长途汽车站等。

港口客运站要完成好水路旅客运输任务，参与市场竞争，吸收客流，提供优质服务，必须有先进的设备和设施。在发达国家港口客运站都采用了现代化的客运设备，如电子船期显示器、电视问讯、电视监控、自动检票系统、自动售票机、危险品检查仪等。电子技术发展在水路客运的广泛应用，将会大大提高客运服务水平。

二、旅客运输船舶

在水路运输中，船舶用于运载旅客和货物以及从事其他水上活动，是水运过程中不可缺少的交通工具。随着人类社会生产和生活需要以及科学技术的发展，当今船舶种类繁多，其中民用船舶可分为客船、货船以及其他船舶，如渡船、驳船。本文主要介绍旅客运输船舶。

旅客运输船舶按服务种类可分为运输船、旅游船、游览船；按航程可分为干线运输船、区间运输船、近郊运输船、市区运输船、渡船；按运载对象及航速大致可分为客船、客货船、高速船。

（一）客　船

客船是专门用于载运旅客及其行李和邮件的运输船舶。

由于客船多为定期定线航行，通常也称为客班船，在洲际航空广为发展以前，国家间的邮政业务主要靠快速远洋客船承担，所以这种客船又有邮船之称。《国际海上人命安全公约》中规定：载客 12 人以上的海船须按客船标准要求进行配置，所以凡载客超过 12 人者均应视为客船。客船上除设有旅客舱室外，还设有餐厅、娱乐等文化生活设施与活动场所，同时船上还应设有足够数量的消防、通讯、救生等设备。为保证旅客安全，船体结构必须设双层底。

客船有远洋客船、近海客船、沿海客船、内河客船之分。

远洋客船正向豪华旅游型发展，大型国际豪华客船一般还设有影剧院、花园、咖啡馆、游泳池、各类球场、健身房、运动场、医院、商场和银行等，像一座繁华的城市。为能够布置上述各种舱室和场所，需要有较大的甲板面积和舱室容积。因此，远洋客船的上层建筑庞大，甲板层数较多，有的多达 8～9 层，最多的达十几层。现代客船一般在船的中部和尾部设有跳板，供旅客自备的小型旅游车辆驶进船上的车库。远洋客船的（总）吨位一艘为 2～3 万 t，最大的可达 7 万 t，航速达 29 kn 左右。

近海、沿海客船吨位（总）也在 1 万 t 左右，航速为 18～20 kn。内河客船的吨位较小，航速也较低，因航行于江河湖泊之上，比较平衡，故在建造结构方面不如海船那样要求高。随着航空运输的发展，客船逐渐转向为短程运输和旅游服务。

客船与其他交通工具比较，具有客运量大、费用低、比较安全、旅客的活动面积大等优点。

客船中除了大型船舶外，还有作为短途运输的客船和渡船，如上海市与崇明岛间开行的短途客船。这类船舶设施简单，一般只设座位，不设铺位，但船舶要有灵活的操纵性。

（二）客货船

客货船是以载送旅客为主，兼运一定数量货物的运输船舶。客货船除了与客船同样需要具有专为旅客生活服务和安全运输的各种设备外，并设有货舱及起重设备。我国建造的“长字号”沿海客货船排水量为 7 700 t，可载客 858 人，另设有三个货舱，可载货 2 000 t，航速达 18 kn。在内河客货船方面，我国建造了航行于长江下游的大型客货船，排水量为 3 680 t，可载客 1 186 人，载货 450 t，航速为每小时 25 km。

（三）高速船

随着社会经济的发展，人们生活水平的提高，在当今社会的快节奏活动中，作为水上运输的高速船越来越受到人们的重视和发展，已成为当今世界上主要发展船型之一。高速船是指在平静的水体中，最高航速能达到 25 kn 以上，在有波浪的水体中，能以 20 kn 的航速平稳地巡航。目前世界上各航运发达国家都十分重视高速船的开发和应用，并从初期的内河、港湾、岛屿之间单一的短途高速客运向高速货运和高速客货运输发展，航速也由 25～35 kn 提高到 35～45 kn，甚至更高。船型亦从滑行艇、高速单体船、高速双体船、侧壁式气垫船、水翼船、小水线面双体船等单一船型向双体气垫船、双体水翼船、穿海双体船、小水线面水翼船、水翼气垫船、地效应船等复合船型发展，21 世纪将是高速船蓬勃发展的时期。

目前国内外批量投入商业性营运的高速客船大致可分为三类：水翼船、气垫船、双体船。

1. 水翼船

普通船是用螺旋桨推进的，因水的阻力大，所以船速慢。为减少水的阻力，在船底部装有浸在水中的水翼，航行时靠水翼产生的升力使船体全部或部分升离水面而实现高速航行的船舶叫水翼船。

由于水翼船利用水翼升力托起船身，大大减少了航行阻力，适航性好。水翼船根据航行区域不同，其水翼形式也不相同，目前普遍采用割划式水翼与全浸式水翼两种。割划式水翼能自动改变水翼的浸水面积以保持升力不变，具有自稳性好、结构简单的优点，但受波浪影响大，遇到风浪航速就会急剧下降，常用在内河、湖泊和沿海航行。全浸式水翼在航行时全部浸没水中，必须设有一套调节升力的自动控制系统。因此，它结构复杂，造价高，但受波浪干扰小，故适用于海洋航行。

目前，水翼船只用作在内河或沿海运输旅客的小型高速客船。它的满载排水量约在 100～300 t，最多设有 300 客位。典型的水翼船如国产 PS-30“北星”号客船，服务航速 42 kn，可载客 294 人。

2. 气垫船

气垫船是利用高压空气在船底与水面间形成气垫，使船体部分或全部垫升而实现高速航行的船舶。工作时，使用大功率鼓风机将空气压入船底下的围蔽空间，由船底周围的气封装置限制其逸出而形成气垫，托起船体从而使船舶高速航行。其缺点是耐波性较差，在风浪中航行时速较大。气垫船按航行状态可分为全垫式和侧壁式两种。

全垫式气垫船，也称全浮式。四周用尼龙等物料围成一个软性的围裙，利用风机把空气充入底部形成气垫，推进则多数使用空气螺旋桨或喷气方式。全垫式气垫船时速可达 70 kn，具备两栖能力，可以在陆上行走。

侧壁式气垫船，亦称表面效应船只，在船底两侧有刚性侧壁插入水中，只在首尾用软性的围裙。推进可以使用传统水下螺旋桨或喷水机。跟全垫式相比，侧壁式气垫船的托力较大，流失亦较少，适合作大型舰艇，但不具两栖能力。

世界上现有的最大气垫客船是英国制造的 SRN4-Ⅲ型气垫船。采用的是全浮式，航速平均每小时 100 km，可载客 416 人、汽车 55 辆。速度最快的是美国的侧壁式气垫船，每小时达 167 km。

3. 双体船

双体船由两艘并列的相同尺度的船体所组成，它是用设在水线以上的中间联桥把两个船体连接成一个整体。双体船分别有两个船首、两个船身和两个船尾。每个船体各装有一台主机和一个推进器，行驶时左右两台主机同时工作。

双体船的优点是：甲板面积大，与单体船相比，一般有效甲板面积要大 50%以上，若增加甲板层数，则增加甲板面积更多，船舱容积大，可以大幅度地提高船舶的载客能力；阻力性能好，较之单体船大大降低了水波阻力，容易提高航速；稳性性能好，安全性强，船舶航行平稳，在恶劣气候下出航率高，操纵性能优良，船的回转半径域小，适合内河航运特点，船舶能迅速靠离码头；船型简单，易于维护，高速双体船因无水翼、围裙等附加设备，不会因水翼、围裙损坏而影响正常航运；维护保养与常规船相似，此外吃水浅。但缺点主要是由于初稳性高，船长相对较单体船短，因而耐波性差，易产生扭摇，不能在大风浪中航行。因此它是适合内河航运的高速客船，也是目前我国高速水路客运中使用最多的船种。其代表船型如挪威 W-86、W-100 等，服务航速 26～28 kn，载客 180～260 人。从目前国内外高速客船的实际应用范围看，大部分高速船服务于沿海客运，包括沿海城市间交通、岛际交通、海峡及海湾地区客运，且多为纯客船，个别船型具有车客共载的轮渡功能。内河客运中只有前苏联曾较大规模地使用过高速客船（以水翼船为主）。未来水上高速客运将在我国沿海和内河水系中蓬勃发展，渤海湾地区、福建沿海及闽台航线、长江流域将是我国水路客运的发展热点。

第三节 邮轮休闲度假旅游

邮轮（Cruise Ship）原意是指海洋上定线、定期航行的大型客运轮船，将邮件和旅客运送到大洋彼岸，成为海上运送邮件和旅客的唯一工具。远洋客轮也因而又被称为邮轮。一些邮轮为旅客提供有限的设施和服务，如客房及餐厅服务等。现代远洋邮轮是从早期的邮轮发展而来的。

一、邮轮休闲度假旅游的起因

由于高速民航飞机的出现，远洋邮轮渐渐丧失它的载客、载货功能和竞争力。面对航空旅游的兴盛，为增强竞争力，邮轮公司遂提出邮轮假期的概念。邮轮假期在欧美地区渐趋蓬勃，许多邮轮公司相继进入市场，投资建造体量更大、设施更豪华、活动节目更丰富的大型邮轮，邮轮因此逐步发展成为“海上豪华度假村”。

因此，从事搭载游客在一个或数个观光地停泊，以便让游客参观、游览、旅行活动的各类客运机动船只统称为邮轮，又称游轮、游船、旅游船等。邮轮是一种提供旅游、享乐、休闲度假的客轮，船上的娱乐设施及奢华服务，被视为旅程中不可缺少的重要部分。

作为欧美市场成熟的一种休闲度假旅游方式，邮轮旅游是国际旅游市场中发展最快的一个市场。自 1990 年至今，国际邮轮旅游市场一直维持快速增长。2010 年全球邮轮游客达到 2000 万人次，至 2015 年超过 2500 万人次。近些年，世界邮轮市场的重心逐步“东移”。在此机遇下，包括中国在内的亚太市场成为许多国际邮轮公司关注的焦点。中国地跨东北亚和东南亚两个大区，不仅是亚洲夏季邮轮航线重要的起始地和目的地，也是冬季邮轮航线的重要停靠点，同时还是全球环游世界航线的必经之地，从而吸引着国际邮轮公司纷纷进入中国市场。

二、邮轮休闲度假旅游分类

邮轮的种类很多，按照内部设施和装修档次的不同可大体分为普通邮轮和豪华邮轮；按照航行水域的不同又可分为远洋邮轮、近海沿海邮轮和内河邮轮。

1. 远洋邮轮

远洋邮轮多用于跨越大洋的洲际或环球航行，一般吨位较大，性能优越，内部设施豪华，造价也较高。邮轮不仅极大地促进了当时的远洋客运，而且推动了当时的远洋旅行风潮，乘邮轮做洲际旅游乃至环球旅游的人与日俱增。随着造船技术的进步，远洋邮轮越造越大，并且越来越豪华，现如今每年选择邮轮度假的人日益增多，海上旅行已经逐渐成为潮流，现在的大型邮轮可达十几万吨级，容纳的旅客也是越来越多。

比如：冠达邮轮·维多利亚女王号 38 天 37 晚香港上船—（海上巡游 1 天）—越南芽庄（1 日）—（海上巡游 2 天）—新加坡（2 日）—（海上巡游 1 天）—马来西亚兰卡威（1 日）—（海上巡游 2 天）—斯里兰卡科伦坡（1 日）—（海上巡游 4 天）—阿联酋迪拜（2 日）—（海上巡游 2 天）—阿曼塞拉莱（1 日）—（海上巡游 4 天）—约旦亚喀巴（1 日）—（海上巡游 4 天）—意大利那不勒斯（1 日）—（海上巡游 3 天）—葡萄牙里斯本（1 日）—（海上巡游 2 天）—英国伦敦下船的环球旅行。维多利亚女王号以其优雅和显赫而闻名于世。她的设施独具特色，不仅极具现代化，而且氛围别具一格，唤起了宾客们对过去伟大邮轮的追忆。奢华的大理石、木料和华丽的锦缎无不渗透出优雅的气息，深受宾客们的推崇和喜爱。冠达邮轮为宾客们打造了无与伦比的看海上日出、欣赏夕阳西下的美景，在美妙的海上餐厅就餐并入住豪华的海上套房奢华的邮轮生活体验。

2. 近海沿海邮轮

多航行于局部区域，比如：加勒比海、巴哈马、墨西哥、百慕大、阿拉斯加、夏威夷、地中海、北欧等美丽的海域。航程一般是从某个港口出发，到达一个或几个美丽的旅游港口，再回到出发港口重新开始一个航程。比如挪威天空号，从美国迈阿密出发，到巴哈马拿骚，旅客在拿骚游玩后再回到船上，邮轮重新回到迈阿密；星梦邮轮-世界梦号，从广州出发在海上巡航的同时，客人享受亚洲和世界各地的美食风格，休闲活动和设施丰富多彩的娱乐体验，也享受亚洲之旅，景色迷人，到越南胡志明市、芽庄游玩后再回到船上，海上巡游回广州给客人一个难忘的梦之旅；皇家加勒比 海洋量子号：上海—福冈—长崎—上海。皇家加勒比海的量子巡航被称为未来的巡航，船上的每一个设施都是创新和颠覆的。对于乘坐克鲁斯旅行的游客来说，海洋量子数令人惊喜，但对于那些有巡航经验的人来说，它更与众不同，超乎想象。在这里，你正在步入一个未来的世界，一个神秘的新的海洋城市国家。

3. 内河邮轮

内河邮轮又称内河游轮、内河客轮，是指航行于江、河、湖等内陆水域上的客船，用于运送旅客，以游览江、河、湖沿岸景点为旅游项目的内河客轮，如长江游轮在著名的长江三峡游览，它是最理想的载体。

长江客轮就是一种典型的内河客轮，载客量大。有人把客轮称为“浮动的旅馆”，它的上层建筑高大，一般有 4 ~ 5 层甲板。上层建筑中设置许多船舱，主要是旅客住舱。旅客住舱根据其大小和生活设施配置，分为一、二、三、四、五等舱。可以运载大量旅客。内河客轮上生活设施完善，除了旅客住舱以外，还设有餐厅、超市、阅览室、医务室、卫生间、浴室。内河客轮的舷侧、首尾部设有宽敞的甲板，有的内河客轮顶部辟有专门的游览甲板，供游客游览、散步、观景色。

三、中国邮轮业发展的简要历程

中国内地港口接待国际邮轮始于对外改革开放的 1978 年，此后邮轮数量一直保持增长势头，尤其是近些年，到港国际邮轮更加频繁。国际邮轮不断造访中国沿海港口城市，中国邮轮业发展开始起步，进入以邮轮接待为主要特征的初期发展阶段。

直至最近十五、六年间，我国沿海港口国际邮轮接待数量呈快速上升趋势。2005 年国际邮轮停靠上海、天津、青岛、大连、宁波、厦门等港口共计 40 个航次。2006 年 7 月 2 日，意大利歌诗达邮轮公司在中国开辟了第一条以上海作为母港的邮轮客班轮航线，我国游客可在境内直接搭乘邮轮出境旅游。与此同时，众多国际邮轮公司为开发新兴邮轮市场，纷纷将关注焦点转向中国。2006 年全年约 15 艘国际豪华邮轮多个航次停靠中国港口达 70 多个航次。同时，中国交通运输协会邮轮游艇分会（OCMA）正式运作，2008 年首届亚洲邮轮大会在上海召开，全球豪华邮轮公司代表共聚一堂，谋求进军中国市场。皇家加勒比国际邮轮有限公司启动亚洲航线计划，正式进入中国市场，首次在中国开启分别以香港、上海和天津为母港、贯穿全年的航线，在中国市场的全年总航次达到创纪录的39班，主营中日韩国际邮轮航线。

四、中国邮轮业发展现状

1. 市场接待规模

据中国交通运输协会邮轮游艇分会的历史统计数据显示，2008年以我国沿海城市为出发港口的国际邮轮全年63 个航次，乘坐邮轮出境人数约11万人次；2009年我国港口共接待国际邮轮156个航次，其中，以沿海城市为出发港的国际邮轮客班轮全年80个航次，访问我国沿海城市的国际邮轮全年76个航次，我国邮轮游客达到35万~38万人次。2010 年我国沿海城市共接待国际邮轮223个航次，2010年我国邮轮游客达到50万人次。

2. 邮轮港口布局

据有关统计，截至目前，我国约有16个港口城市有过国际邮轮的接待经验，其中具有客源发送能力的邮轮母港主要有天津东疆国际邮轮母港、上海国际邮轮组合母港（上海港国际客运中心和吴淞口国际邮轮港）和厦门国际邮轮中心三个国际邮轮港。大连、烟台、青岛、威海、连云港、舟山、宁波、广州、深圳、海口、三亚、北海等港口属于具有国际邮轮接待历史的邮轮停靠港。

我国沿海已经初步形成三大邮轮港口群：依托长江三角洲和环渤海湾形成的东北亚邮轮港口群；依托珠江三角洲和环北部湾形成的东南亚邮轮港口群；依托海峡西岸和台湾岛形成的（台湾）海峡两岸邮轮港口群。

这三大邮轮港口群未来将成为引领中国邮轮旅游发展的东北亚、东南亚和海峡两岸等三大中国沿海邮轮旅游圈（见表19.1），而每个邮轮旅游圈内要求至少布1~2个重量级的区域邮轮母港。

表19.1 我国三大邮轮旅游圈、区域邮轮母港及周边邮轮港口

邮轮旅游圈	停靠地	区域邮轮母港
东北亚	中国：天津、大连、青岛、威海、烟台、连云港、舟山 韩国：济州岛、仁川、釜山 日本：福冈、鹿儿岛、神户、大阪	中国：天津、上海 韩国：仁川 日本：横滨
海峡两岸	中国：厦门、福州、高雄、花莲、台中 日本：那霸、石垣岛	厦门、基隆
东南亚	中国：海口、广州、深圳、北海 越南：下龙湾、岘港及其他	中国：香港、三亚 新加坡

3. 在华运营的国际邮轮公司

在华从事国际邮轮业务运营的公司主要有意大利歌诗达邮轮公司、皇家加勒比国际邮轮公司、丽星邮轮公司、地中海邮轮公司、公主邮轮公司等。

目前，在中国开设代表处并营运以中国港口为母港始发业务的国际邮轮公司有意大利歌诗达邮轮公司和皇家加勒比国际游轮有限公司，这两家国际领先的邮轮公司目前均已在上海设立中国办事处，统筹管理中国区邮轮经营业务。其他大部分邮轮公司因为政策所限只能采取代理销售的策略。

采取代理销售模式开展邮轮票务销售业务的国际邮轮公司主要有丽星邮轮、公主邮轮和地中海邮轮等，这些公司主要通过旅行社代理开展邮轮票务代理销售及入境旅游业务等。

2004 年 7 月 27 日，丽星邮轮公司获国家商务部批准在上海成立中国第一家外资独资的专业邮轮旅行社——丽星邮轮旅行社（上海）有限公司，可以经营入境以及国内游业务。

2009 年 2 月 2 日，上海国际港务集团有限公司与意大利地中海邮轮公司在上海北外滩成立地中海邮轮旅行社（上海）有限公司，这是国内第一家合资邮轮旅行社，也是新的《旅行社条例》实施后首家经国家旅游局批准的合资旅行社。这家合资邮轮旅行社的业务范围涵盖了国内旅游业务和入境旅游业务、邮轮票务代理、旅游产品代理的市场推广和营销，并提供与旅游相关的咨询服务。

4. 我国邮轮产业体系发展程度

我国邮轮产业体系仍处于发展初期，仅为较初级的港口码头经营和邮轮岸上旅游接待业务，基本上只在产业体系下游末端。有部分经营活动的介入，对全球邮轮经济活动的参与程度还相当低。

目前国内邮轮经济的来源主要体现为邮轮的停靠接待服务、岸上旅游服务及少数的邮轮供应服务，对当地经济发展贡献有限：

（1）我国仍没有本国资本经营的邮轮船队；

（2）在港口码头经营与配套环节，已有的产业活动没有涉及港区周围休闲商业设施项目及环境的营造、旅游主题公园与附属大型商业综合体项目开发等商业配套经营环节；

（3）在邮轮旅游（目的地和客源地）经营环节，产业活动涉及陆上旅游接待、岸上旅游产品的策划与经营以及部分包船活动组织等，对岸上旅游活动的经营缺乏整体控制权。

5. 我国邮轮行业管理

在我国现行行政管理体制下，对与国际邮轮运营有关的事务行使管理监督的职能机构主要涉及交通运输部、国家公安部出入境管理局、海关总署、国家旅游局、国家质量监督检验检疫总局以及国家海事局等。图 19.1 为我国现有对邮轮进行行业管理的相关机构；图 19.2 为目前我国国家机构对国际邮轮在华事务的管理职能。

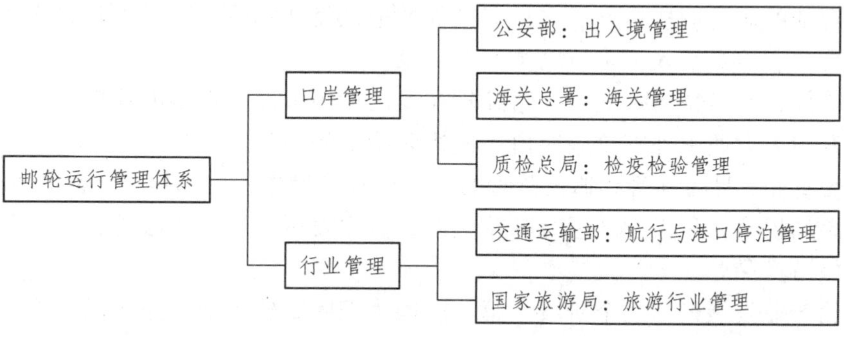

图 19.1　我国邮轮行业管理机构

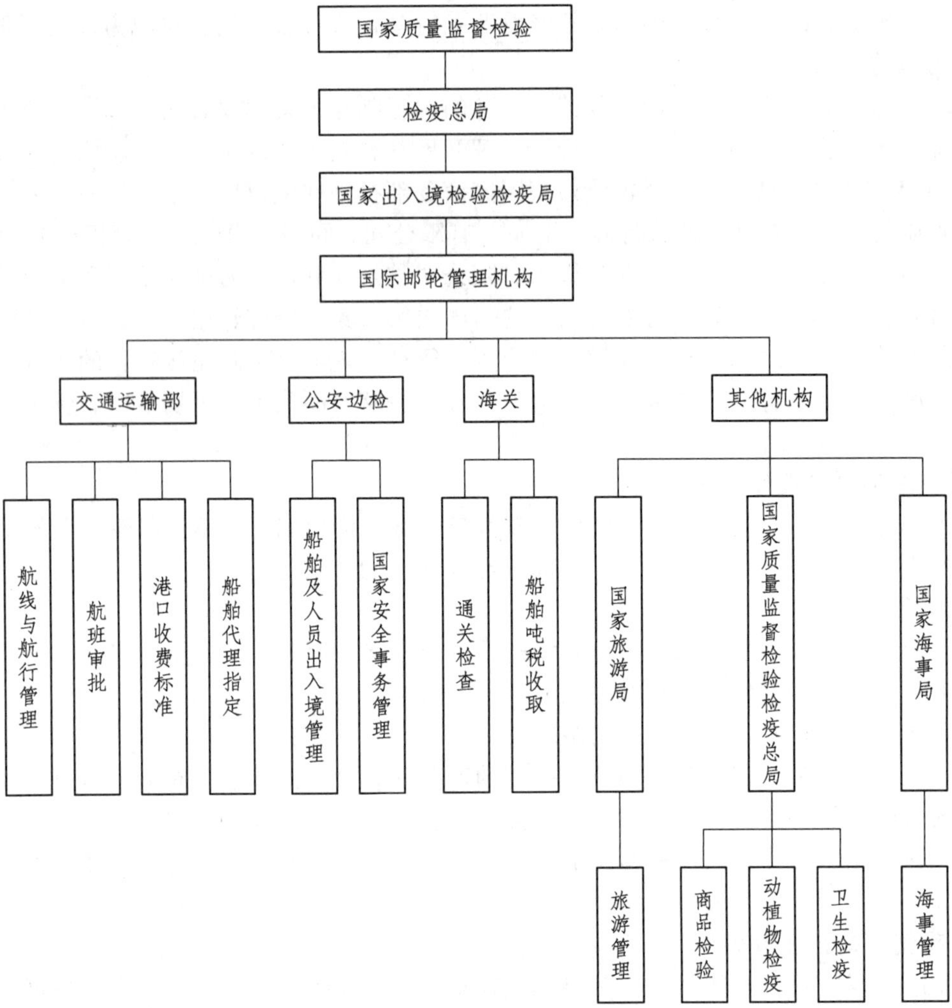

图 19.2 国际邮轮在华事务的管理职能划分

6. 产业政策

国务院《关于加快发展旅游业的意见》，首次提出把旅游业培育成国民经济的战略性支柱产业；要培育新的旅游消费热点，支持有条件的地区发展邮轮、游艇等新兴旅游；把邮轮、游艇等旅游装备制造业纳入国家鼓励类产业目录。

交通运输部宣布经特案批准，外籍邮轮在我国境内可以实现多港挂靠；

公安部发布了方便中外邮轮旅客出入境边防检查的四条新措施；

海关总署宣布，明确海关对邮轮监管的具体模式及操作程序和要求，简化邮轮通关手续；

国家旅游局提出，积极发展近海邮轮旅游，有序发展入境邮轮旅游，努力开发适合中国旅客的邮轮旅游产品。

我国邮轮产业发展经历三个阶段。第一阶段为国际邮轮到港服务阶段；第二阶段为到港服务和公民出境服务并举状态阶段；第三阶段是中国邮轮经济发展成熟阶段。

自 2016 年进入了以邮轮旅游为常态的成熟发展阶段。区域型、近洋型邮轮市场逐步走向成熟，中国自有邮轮船队开始进入市场运营。

五、中国邮轮发展趋势

1. 邮轮出境旅游大潮很快到来

邮轮业在中国属新兴产业，邮轮经济正处在良好的发展阶段。目前已经有上海、厦门、天津三个国际邮轮母港投入使用。香港、大连、青岛、烟台等地正在大力建设邮轮码头，广州、深圳、珠海、海口、秦皇岛等沿海城市正在进行邮轮码头的规划建设。邮轮旅游正成为中国新的休闲度假方式，中国邮轮出境旅游将呈现爆发式发展。

2. 区域邮轮母港位势即将形成

伴随着中国邮轮产业的快速发展，已有厦门国际邮轮中心、上海港国际客运中心、上海吴淞口国际邮轮港和天津东疆国际邮轮母港建成；可停靠世界最大邮轮的香港新邮轮码头首个泊位启用，这将进一步巩固香港作为亚太地区内具领导地位的邮轮中心地位；三亚凤凰岛国际邮轮港定位于发展成为中国南部国际邮轮母港。至此，中国邮轮母港建设的区域发展位势已经初步形成，为中国邮轮产业下一阶段的快速发展奠定了良好的基础设施条件。

3. 邮轮市场中国元素日益凸显

随着中国邮轮旅游市场潜力逐渐增长，为了更加切合国内游客的喜好和需求，各个邮轮公司也不断将“中国特色”融入邮轮产品中。

2011 年，歌诗达邮轮对邮轮产品进行优化组合，设计出更加多样化的航线，如由迪拜出发的神秘阿拉伯之旅等全新产品。为满足日益增长的我国游客需求，除了上海、天津等中国城市母港出发的航线，歌诗达在欧洲、中东、东南亚出发的航线上也加入了许多中国特色服务。针对有我国游客的航次，歌诗达在邮轮上安排 36 位会说中文的服务人员，并为游客提供中文节目单，扩大中餐区，相应增加中国游客喜好的互动娱乐节目等。而皇家加勒比邮轮则针对中国消费市场的特点，推出丰富多彩的 3 ~ 5 天短程航线。这些举措将有力带动更多我国公民尝试享用时尚的邮轮假期体验。

4. 邮轮产业体系建设将出现关键性突破

我国将在邮轮产业链的上、中、下游多个环节出现较大突破主要表现为：

邮轮建造技术研发工作正由国家级船舶设计研发部门推进；

国内大型企业集团与国际著名邮轮公司洽谈邮轮经营管理、邮轮购置与租赁等事宜；

多家港口企业逐步加大力度进行与邮轮港口经营配套的商贸旅游项目开发；

吸收国际邮轮经营、管理和服务经验，条件成熟时组建自有邮轮船队，推动中国邮轮经济发展。

5. 全国沿海邮轮港口形成合力，加大对外宣传营销

全国沿海港口城市围绕区域邮轮旅游这一核心，多方面、多角度加强了邮轮目的地的宣传推广工作，组成联合组织，向欧美及周边亚洲国家营销我国的旅游形象，大力吸引国际邮轮来华访问。

6. 重视邮轮专业人才队伍建设

发展邮轮业，人才支撑是根本。我国邮轮业刚起步，广泛借鉴邮轮业发达国家经验，通过引进管理人才和探索建立邮轮行业的教育培训体制机制，逐步发展邮轮码头接待、邮轮经营管理、邮轮旅游服务、邮轮营销策划、邮轮设计建造和邮轮检验等专项人才教育，形成邮轮专业人才体系。

本章小结

本章对水路旅客运输做了概述，介绍了水路运输的作用、特点，水路旅客运输的分类以及未来发展方向。分析了水路旅客运输的主要设施，详细介绍了港口客运站相关设施、设备及作业，最后对旅客运输船舶分类别进行了介绍。

思考题

1. 水路旅客运输按其航行区域可分为哪几种类型？
2. 试述港口客运站的作业与设备。
3. 目前世界上有哪几类高速船？各自的特点是什么？
4. 邮轮休闲度假旅游的起因？
5. 我国对邮轮进行行业管理的相关机构？

第二十章 水路旅客运输营运组织

学习目的： 掌握客运船舶运行组织的两种方式，熟悉客运航线规划的方法和步骤，了解客运航线船舶运行时刻表的编制。

第一节 客运船舶运行组织

旅客运输船舶运行组织是对旅客运输船舶运行活动的计划安排。旅客运输船舶的生产活动过程牵涉旅客及其行包、港口客运站、航道等各个环节及其他运输方式的集、疏运。因此，旅客运输船舶运行组织就是根据一定时期内的水路客运任务、国家的运输政策以及客运船舶、港口客运站、航道等的技术运营条件，综合考虑水运生产各环节及与其他有关运输方式间协调的配合，对旅客运输船舶运营生产做出的全面计划安排。

旅客运输船舶运行组织的主要内容包括：规划客运航线，选配适当的客运船舶，制订客运船舶运行时刻表。

旅客运输船舶运行组织形式可分为两种：客运航次形式和客运航线形式。

一、客运航次形式

所谓客运航次形式，是指客运船舶的运行没有固定的出发港和目的港，客船仅为完成某一次旅客运输任务，按照预先安排的航运次计划运行。一个航次完成后客运船舶便处于空闲状态，可以开始新的航次。

按照航运次形式组织客运船舶运输，要根据具体航次任务做如下组织工作：

1. 确定具体航次最优客运船舶的选型

在每一具体航次客运任务中可采用不同的客运船型，根据客流量大小即载客量利用率，选择单位运输成本较低的客运船型去完成这一航次任务。

2. 确定客运船舶的最佳速度

船舶最佳速度是指在具体运营经济条件下获得最大盈利的经济可行速度。

客运航次形式是一种非正规的运行组织形式。但航次形式具有很大的机动灵活性，它对航线形式能够起到调整和补充的作用。这种运行形式，主要取决于具体的旅客运输任务，组织不好常会造成客船的空驶，使客船的利用效率低下。同时，由于航次形式的不定期性，不利于与港口客运站及其他运输方式的配合。但是，由于航次形式机动灵活，在水路客运中仍起到不可替代的作用。例如，旅游租船、防汛救灾运送受阻旅客或者对客运航线船舶进入航线调动等，都需要组织客船作相应的航次航行。在水路旅客运输中，因市场需要，或因航线长、稳定客流少或客流高峰而客船数量少时，可按航次形式组织运行。

二、客运航线形式

所谓客运航线形式，是指在固定的港口客运站之间，为完成一定的旅客运输任务，配备适合具体条件、性能接近的一定数量的客运船舶，并按一定的程序而组织的客运船舶生产活动。而到、发船的时间与周期，可是定点定期的，也可以是不定期的，视客流的大小及稳定程度而制定。一般来说客运航线形式是由客运航次形式在具有比较稳定的客流需求的各航区形成和发展起来的。因此组织客运航线形式的首要条件，是要有稳定而量大的客流。

客运航线形式的主要优点是：能定期发送旅客，有利于吸收和组织客源；各运输生产环节能协调配合，保持正常均衡稳定的生产秩序，有利于缩短客运船舶停港时间，减少运力损失，提高船舶、港口的生产效率；为与其他旅客运输方式组成联合运输创造条件；驾驶人员熟悉航道与港口条件，有利安全航行，也有利于船舶调度和船员生活的安排。

（一）客运航线分类

按国别可分为国际航线、国内航线；按航行区域可分为沿海航线、近洋航线、远洋航线、内河航线；按运输对象可分为客运航线、客货运航线、旅游航线、车客渡航线；按航行速度可分为高速航线、快速航线、普通航线；按管辖范围或航线距离分为长途航线、短途航线、市郊航线、市区或轮渡航线；按航行的地区（航道）可分为干线航线、地方航线、近郊航线、市内航线；按航行期限可分为全年航线、季节性航线；按是否定期可分为定期航线、不定期航线；按中途是否上下旅客可分为直达航线、非直达航线。

下面对几种航线进行具体介绍。

1. 定期航线

定期航线又称为定期班轮航线，指客运船舶不仅固定在一定的航线上，同时要求按照相同运行周期连续循环工作，做到定期并定时发、到船。

2. 不定期航线

不定期航线，是指客运船舶只是固定在航线上运行，但并不要求固定循环的运行周期，也就是不要求定期到发船。组织这种运输方式的基本条件仍然是要有稳定的客流，但这种客流方向是固定的，客流产生的周期具有较大的季节波动性。如节假日期间出现客流高峰，可采用该组织方式。

3. 直达航线

直达航线指船舶从始发港直至终点港，不在中途上、下旅客的客运航线，其优点是旅客有较高的运输速度，组织直达航线的条件是在两港之间必须有较为稳定的客流。

4. 非直达航线

非直达航线指船舶从始发港至终点港口，在中途停靠港口并上、下旅客的客运航线，这种航线形式有利于解决沿线各港间少量旅客的运输，也有利于充分利用船舶运载能力。

（二）客运航线参数

用以说明客运航线性能特征的参数称为客运航线参数。

1. 航线的总距离和港间距离

航线的总距离 $L_{线}$ 和港间区段距离 $L_{间}$ 用计费距离（km 或 kn）表示。

2. 航线的有效期

航线的有效期 $t_{期}$ 根据航线的形式和地区确定。如我国南方的河流，有效期一般是全年；秦岭淮河以北有封冻的河流（特别是东北地区），有效期主要决定于利用航期的长短，季节性航线的有效期只是全年或航期中的部分时间。

3. 航线旅客平均昼夜发送量

航线旅客平均昼夜发送量 $\bar{P}_{发}$ 指航线始发港的平均发送量，其值可按下式分正向（需船多的方向）和反向计算：

$$\bar{P}_{发}=\frac{\sum P}{t_{发送}} \tag{20.1}$$

式中 $\sum P$——航线始发港至各港的旅客人数之和。

4. 航线发送期

航线的发送期 $t_{发送}$ 一般采用航线的有效期计算。若有特殊要求，如要求在航线有效期内全部旅客都要运达目的港，则可按下式确定：

$$t_{发送}=t_{期}-t_{达} \tag{20.2}$$

式中 $t_{达}$——最后一次发送客运的送达时间。

5. 航线的发船间隔时间和发船密度

航线的发船间隔时间 $t_{间}$ 是指船舶在同一航线上同一港口，向同一方向连续两次发船的时间间隔。按正向计算，公式如下：

$$t_{间}=\frac{\alpha_{客发}M_{定}}{P_{正发}} \tag{20.3}$$

式中 $\alpha_{客发}$——客船的正向发航装载率；

$P_{正发}$——航线正向始发港旅客平均昼夜发送量；

$M_{定}$——客船的定额载客量。

航线的发船密度 r 是指单位时间（昼夜）内，在同一航线同一港口，向同一方向发船的次数，与发船间隔互为倒数。

6. 往返航次时间

航线上的船舶往返时间 $t_{往返}$ 指船舶在空间上完成一个循环的总延续时间，它包括不同航向的航行时间与始发港、终点港和中途港的停泊时间，按下式计算：

$$t_{往返}=t_{始停}+t_{航反}+t_{终停}+t_{中停} \tag{20.4}$$

式中　$t_{航反}$、$t_{航正}$——船舶的正向与反向航行时间；

$t_{始(终、中)停}$——船舶在始发（终点、中途）港的停泊时间。

为了保证定期航线上船舶有规律地定期发送，要求船舶的往返航次时间为发航间隔时间的整倍数，同时还要求航线的发船间隔时间为昼夜的整倍数或 24 h 的约数，从而保证运输任务出发计算出的航线发船间隔和根据各项作业时间求得的船舶往返航次时间大致相配。但往往不会正好合乎这种要求，因而，在计算后还要进行调整，以保证船舶能够有节奏地运行。

定期定时航线船舶往返时间与航线发船间隔时间具有整倍数关系，这个倍数就是航线上需要的船舶数 φ，即：

$$\varphi=\frac{t_{往返}}{t_{间}} \tag{20.5}$$

7. 航线运输强度

航线的运输强度 $N_{线}$ 指航线上每天完成的旅客周转量，可用载客总定额与航线距离的乘积表示，即：

$$N_{线}=\bar{M}_{总}L_{线} \tag{20.6}$$

第二节　客运航线规划与配船

一、客运航线规划

（一）客运航线系统规划的原则

客运航线系统规划，对满足社会需要，方便旅客，提高企业的经济效益有着非常重要的作用。一般而言，客运航线的形成有其历史沿革、社会需要及经济等原因，是比较稳定且有规律性的。只有当地区经济发展较快，人民的生活水平、消费水平和消费结构发生显著变化，或客运交通的外部环境有明显变化，原有的客运航线已不能满足旅客需求时，才应研究新辟航线或调整原有的航线而建立新的客运航线系统。

航线系统规划必须满足如下基本原则：

1. 旅客需求原则

客运航线的设置应考虑不同层次旅客的需求，最大限度地方便旅客。例如，在某一航段内可以设置两条或两条以上的平行航线，由于配置的船舶航速、客舱等级和设施标准的不同，停靠港站数量，以及船舶在各港口客运站到发时刻等的不同，使各航线的客票票价及其他旅途开支（因等待换乘其他航线船舶或其他交通工具而宿夜等）和对旅客的方便程度等不同。这样，就便于不同旅客根据各自的旅行目的、经济条件和其他具体情况，选择适合自己的航线。又如，当两港口客运站间客运量较大时，可考虑设置中途不停靠的直达航线，以便提高船舶旅行速度；在主要港口客运站到发船时间方面给旅客以最大方便，如长途航线可夕发朝至，既节省了旅客的出差时间，也减轻了城市压力。

2. 船舶利用原则

客运航线的设置和安排，在尽量方便旅客的原则下，还应考虑经济原则，即应有利于提高船舶的客位利用率（对客船而言）和载重利用率（对客货船而言），有利于减少非生产性停泊时间，加速船舶周转，提高船舶的营运经济效果。要根据具体的客流情况、船型和港站条件等，经过分析和计算比较确定。

3. 港航协调原则

港航协调原则，即当港航工作协调配合好时，能充分利用港口客运设施并尽量使港口工作均衡。

4. 运输衔接原则

客运航线之间以及与其他运输方式之间，在时间和空间上应有好的衔接，以便于旅客从某一航线换乘其他航线的船舶或其他交通工具。如，到发船时间应与铁路、汽车或另一条航线的到发车船的时间衔接，便于旅客转车、换船等。客运航线船舶、汽车及铁路运行时刻表可公布于各港口客运站醒目处，便于旅客了解。

5. 布局合理原则

在整个客运交通网络系统中，客运航线的布局应与邻近平行的其他交通运输方式（铁路、公路）合理分工，相互协调、互补，以便吸引旅客。

为了满足上述原则，必须对航线的经营环境作全面深入的调查研究和分析，其主要内容包括：

（1）航线自然环境分析，包括航道的宽度、水深，航线的长度，沿线地区的气象等应有充分的资料，说明所选航线的有利性。

（2）航线港口分析。首先要分析港口所在地的经济发展水平，周围的经济环境，城市所处地位，旅游资源，市民的收入水平，消费习惯和消费水平。其次要了解港口客船的码头泊位，客运设施，集疏运条件，客运及旅游服务设施。同时还要考虑货运装卸设施，库场设施，码头泊位的尺度，前沿水深，客运站与码头泊位的衔接，旅客上、下船是否方便，客运及旅游服务的组织和服务水平以及复式联合运输的组织服务水平等。

（3）航线港口间客运交通的分析。

航线港口间的客运交通是由各种运输方式组成的客运通道来完成的，各种运输方式各具特点，可以满足不同偏好旅客的要求。为了搞好水路客运航线规划，必须深入了解港口城市间不同客运方式的设施状况、服务水平和经营特点。归纳起来主要了解和分析铁路、公路、机场、港口、水上航道的状况，它们的通过能力及其利用程度。两城市间各种不同运输方式客运的发车、发船、发航时间及密度，目前运输能力的利用情况。各种运输方式的设备状况，各自的行驶里程、运行速度，全程所需时间、运价、全程费用、旅途的舒适程度，对旅客的方便程度，各自的服务水平和经营特色以及它们在近期（5~10年）可能发生的变化。经过调查分析，便可为航线规划提供科学依据和正确的经营对策。

（二）客运航线系统规划的方法

研究水上客运航线系统不能孤立地从以往的航运系统来推断其今后的发展趋势，而应当把它放到社会经济大系统中全面综合地进行分析，即采用系统分析的方法来规划水上客运航线系统。

系统分析的方法认为，水路客运航线是整个客运系统的组成部分，应在综合分析整个客运系统中不同客运方式优势和劣势的基础上来考虑建立水上客运航线问题。这样建立起来的客运航线，才具有客观的必要性、现实的可能性和强烈的竞争性。

客运航线规划的步骤大致如下：

1. 对现有客运航线营运情况的分析

分析现有的客运航线营运情况，目的在于了解现状，找出存在的问题。分析的重点是船舶的客位利用率和载重量利用率，船舶经营的财务成果，船舶性能与航线客货运需求的适应性，船舶运行周期及时刻表的安排是否合理，旅客对客运设施、服务质量的评价等。

2. 对客运航线两端港间各种客运方式的综合分析

综合分析的目的是了解不同客运方式在所研究的范围内经营的优点和缺点，它们对客运需求的满足程度，各自的服务特点和经营特点，对旅客的吸引力。主要分析对旅客的方便程度、舒适度、旅途时间、全程费用以及未来变化的可能性，各种客运方式的能力及其利用情况。

3. 航区经营环境变化的分析

分析航区经营环境的变化，目的在于了解客运市场需求的变化趋势。分析的重点是航区经济发展的速度和水平，人民的收入水平、消费水平和消费结构的变化，人民消费观念的变化；航区经济结构的特点及其发展趋势；近期交通建设的计划，客运交通的竞争形势等。

4. 旅客需求变化的分析

了解旅客需求变化对航线规划有重要意义。分析的重点是旅客的构成，旅客对运输工具、运送速度、舒适度的要求以及对服务质量的期望等。

5. 新航线的构想及航线方案设计

当今，客运环境的变化和竞争非常激烈，客运企业要生存和发展下去，必须适应这种变化，不断完善和改进自己的工作。所以，在方案设计时，必须具有创新精神，才会被环境所接受，才能吸引旅客，才能在激烈的竞争中提高自己的竞争能力。特别是水上客运设施投资大，建设周期长，更新期也长，而技术进步又特别快，如果决策者没有长远观点，没有创新精神是很难适应环境变化的。

航线方案的设计不能仅局限于某个方案，必须构想多种方案。为此，要求决策者构想丰富，思想灵活，有创新意识，不怕麻烦，独立判断，敢向权威挑战。

6. 对设计的方案进行分析和评估

对所设计的许多方案进行分析和评估是选择最佳方案所必须的重要步骤。在进行分析和评估前，首先要明确目标。目标不同衡量的标准也就不同。通常评价标准分两大类，即定性标准和定量标准。所谓定性标准是不能用数量来表示的指标，如满足国防需要，对旅客的方便程度、舒适度、协调配合等。定量标准是指可以用数量来表示的指标，如投资、营运费、单位成本、全程费用、旅途时间、企业经济效益等。在评价和选择方案时应采用定性和定量相结合的综合评价方法。

7. 选择方案

选择方案是在对设计方案进行综合评估的基础上进行的。在选择方案时，可以将经过综合评价后明显较差的方案去掉，留下几个较好的方案进行深入的敏感性分析，经过敏感性分析后仍为好的方案即可选定为最优方案。在敏感性分析时，要考虑由于经营环境的变化，如新建铁路或高速公路对客流的影响而使客位利用率降低等因素。

二、客运航线配船

每一条客运航线都有其特点，在这些航线上经营的船舶必须符合航线的特征。因此，客船是专门为特定的航线设计建造的，是专用型的，调到其他航线去就不一定合适。所以，一般不存在重新配船的问题。只有当航线的经营环境发生了显著变化，原有航线不能满足旅客的需求或原有船舶设备陈旧不能满足旅客不断增长的物质和文化生活需求时，才有必要对原有航线作必要的调整或开辟新的航线，研究新船型。

（1）船舶的客位定额以及客舱的等级构成与航线客流量及旅客对各等级的需求相适应。

客位定额过大将使客位利用率偏低，影响企业的经济效益。反之，客位定额太小，又不能满足旅客的需求。通常，要求配备的客船其客位定额应大于平均每次旅客的发出量，使船舶客位利用率保持在 90% 左右，使运力图有一定的富余。在客船等级构成上应选择与旅客需求相近的船，在长距离以及夜间航行超过 6 h 的航线应全部有卧铺。

（2）长距离的主干航线上要配备设备较完善、具有娱乐设施的船。同一航线应配备性能相同的船舶，应保证船舶能严格按运行时刻表运行。

（3）客船的航速 v 应符合该航线最佳发船和到船时间要求的航速 $v_{营}$，即 $v \geqslant v_{营}$。$v_{营}$ 可按下式求得：

$$v_{营} = \frac{L_{线} - l_{限}}{t_{航} - (t_{限} + t_{技})} \quad (\text{kn 或 km/h}) \tag{20.7}$$

$$t_{航} = (24 - t_{发}) + \alpha \times 24 + t_{到} \tag{20.8}$$

式中 $t_{航}$——实现到发船时间要求的航行时间（h）；

$t_{发}$——航线要求的发船时间；

$t_{到}$——航线要求的到船时间；

α——天数，大于或等于 0 的整数，即 $\alpha \geqslant 0$；

$L_{线}$——航线距离（n mile 或 km）；

$l_{限}$——航线上限速航段距离（n mile 或 km）；

$t_{技}$——船舶航行技术作业时间（h）；

$t_{限}$——船舶在限速航段的航行时间（h）；

$$t_{限} = l_{限} / v_{限} \tag{20.9}$$

其中 $v_{限}$——限制航速（kn 或 km/h）

对内河航线还要考虑水流的影响和中途停泊时间，即：

$$v'_{营} = \frac{L_{线} - l_{限}}{t_{航} - (\sum t_{中停} + \sum t_{技} + t_{限})} \quad (\text{kn 或 km/h}) \tag{20.10}$$

$$t_{航}=(24-t_{发})+\alpha\times24+t_{到}$$

因为　　$v'_{营}=v_{营}\pm C$

令　　$t_{航}-(\sum t_{中停}+\sum t_{技}+t_{限})=A$

则　　$$v_{营}=\frac{L_{线}-l_{限}\mp A\cdot C}{A} \tag{20.11}$$

式中　$\sum t_{中停}$——中途港停泊时间（h）;

C——速度增减值，下水为（+），上水为（-）;

$v_{营}$——考虑了水流影响以后的船舶营运速度（kn 或 km/h）;

其余符号意义同前。

如果航线中途港到发船时间也有特殊要求，则 v 的计算应分航段进行，取其最大值。

（4）对于客货运航线，除了客位定额应满足航线客运量的需求外，还要使其载货定额与航线货运量相适应。这里可能出现两种情况：① 以客为主的航线。大部分客货航线都是以客为主，货运只是附带的，客货船的载货量只要满足航线运行时刻表规定两端点港停泊时间内可能的装卸量即可。② 以货为主的航线，指载货是主要的，载客是附带的。大部分的车客渡航线属于这一类，配船时主要考虑满足车辆摆渡的需要。

第三节　客运航线船舶运行时刻表的编制

客运航线船舶运行时刻表是组织客流与安排航运计划的主要资料，因此船舶运行时刻表的编制是客运航线经营管理的重要内容之一。时刻表要充分体现“安全正点，以客为主，便利旅客”的宗旨。

船舶运行时刻表用表格的形式反映船舶在空间和时间上的运行程序。它是对船舶、港口、航道等各有关环节的工作进行协调配合的依据。船舶运行时刻表规定了船舶在航线始发港、中途港和终点港的到发船时间，在各港的停泊时间以及各航段的航行时间。表 20.1 为内河船运行时刻表格式。

表 20.1　内河船运行时刻表

下水				航线港名	上水			
航行时间	到船时间（时:分）	停泊时间	发船时间（时:分）		发船时间（时:分）	停泊时间	到船时间（时:分）	航行时间
11 h			18:00	E		12 h	06:00	14 h 50 min
14 h 10 min	05:00	30 min	05:30	D	15:10	30 min	14:40	17 h 45 min
4 h	19:40	30 min	20:10	C	20:55	30 min	20:25	5 h 20 min
16 h 40 min	00:10	1 h 10 min	01:20	B	15:05	1 h 10 min	13:55	20 h 55 min
	18:00	23 h		A	17:00			
45 h 50 min		25 h 10 min		合计		14 h 10 min		58 h 50 min

在编制船舶运行时刻表时，应体现方便性、安全性、协调性和经济性。下面分别就这“四性”的具体内容进行详细论述。

一、方便性

运行时刻表要考虑能为旅客提供最大的方便，它主要体现在安排港口到发船时间和经过某些航段的时间上。对长距离的航线，为能给旅客提供方便，在始发港的发船时间应安排在傍晚7:00 ~ 21:00 之间。这样，旅客可以在白天办完事后从容登船启程。到达目的港的时间，最好在早晨职工上班高峰前后，以便旅客安排工作、游玩、换乘及住宿，又避开公交车的拥挤。进入中途港或经过名胜古迹、著名风景区的时间尽可能安排在白天，以便旅客观光、游览和食宿安排。

对大城市周围，航行时间在 8 ~ 12 h 的航线，始发港的发船时间应安排在晚上，利用夜间航行，第二天清晨抵达目的港。这种时刻表安排有利于农民到市场上出售农产品，购买工业品，回程仍在船上过夜而不必在城里住旅馆。对城市职工可不占用工作日去度周末，欢度节日，出差办事也极方便。做到度假、探亲、访友而不耽误工作。这种时刻表的安排可以大大提高水路客运的竞争能力，吸引旅客，即使灵活、便利的公路客运也难与它竞争。因为，它不仅发船、到船时间对旅客极有利，而且能使旅客在旅途得到很好的休息，又能比汽车携带更多的行李。

对于地方性的短途客运航线或城市近郊的客运航线，船舶运行时刻表的安排，应便于农民能在早晨赶赴集镇和城市，晚上又能方便地乘船返回。

对于市内和市郊航线，时刻表的安排应使职工能有足够的时间在上班前赶到工作地点；晚上客船的收班时间，应在市区主要公共娱乐场所散场之后。为了保证三班制职工的上、下班及城市副食品供应的需要，有些航线必须保证 24 h 不间断地发船，但发船间隔时间可视客流多少而调整。客流高峰时发船密度要大，客流少时发船密度可小些。

对于游览性航线，在经过著名旅游城市时，时刻表的安排应便于游客游览这些景点，并应安排足够的停泊时间。

二、安全性

确保安全是旅客运输的主要问题，船舶运行时刻表的编制也应贯彻安全第一的方针。运行时刻表要为船舶航行安全创造有利的条件，例如，在多雾的海区，船舶进出港口因航道狭窄，船舶运行密度大，如果安排客船在雾浓的时间进出港，视线不好，不利于安全航行。所以，这些港口的发船时间应安排在 8：00 以后。船舶通过困难航段，如急流浅滩，应在白天。有些港口进出港航道水深不足，船舶要候潮进出港，所以，到、发船时间要视潮水而变。

三、协调性

协调性主要考虑与港口、其他航线能相互协调。例如，应避免到发船过于集中而使港口码头和客运站的工作忙闲不均，更不能安排在相邻的两个泊位上同时到发船。对于客货航线，装卸货物数量较多时，应考虑港口的工班作业制度，最好能使船舶在工班开工前到达，以便及时开工，避免出现港口工人待工或船舶等工人的非生产性停泊。此外，船舶到发船时间要考虑与其他运输方式相互衔接配合，以便旅客能方便地在不同运输方式间相互转换，开展联运工作。船舶到发船时间还要考虑与市内交通相配合，要避免在市内公共交通收班以后到发船，也要尽量避开在市内公共交通高峰时到发船。

四、经济性

经济性主要考虑船舶在港停泊时间不要太长，因为客船的造价高，固定费用大，应尽量缩短船舶在港停泊时间，加速船舶周转。为此，对客货船的货物运输方式不能采用散件而应采用成组的方式。这样，既可以多装货又不致因装卸货物而使停泊时间太长。此外，在有些港口，特别是长江的某些港口，向同一个方向发船密度比较大时，在时刻表安排上要注意前后发船间隔时间要拉开，或两条船的停泊港口错开。

不论哪种类型的航线，对基地港（一般为公司所在港口）应安排有足够的停泊时间，便于船舶进行必要的检修、清洁、补给，与公司联系汇报工作，并让船员得到必要的休息。

对在内河航道上航行的船舶，因航道受枯、洪水季节影响，水流速度差别较大，通常船舶运行时刻表也有所不同，应分别制定冬季和夏季两种运行时刻表。

客运航线船舶运行时刻表确定后，应向社会公布。各有关部门应严格按公布的时刻表组织安排自己的工作，以确保船舶能准点运行，维护水上客运的声誉。

本章小结

本章首先介绍了旅客运输船舶运行组织的两种方式，即客运航线形式和客运航次形式，对如何组织工作及两者间的相互关系做了分析，并详细介绍了客运航线的分类及其相关参数。其次对客运航线规划的基本原则及方法进行了阐述，并对如何确定航线的配船做了分析。最后对编制客运航线船舶运行时刻表时应遵循几个原则做了介绍。

思考题

1. 试述客运航线形式和客运航次形式的区别与联系。
2. 客运航线规划的步骤有哪些？
3. 编制客运航线船舶运行时刻表应遵守哪些原则？

第二十一章　船舶生产调度指挥与管理

学习目的：了解港航调度工作的主要任务，船舶运输生产作业计划及业务核算分析的相关内容，掌握旅客运输船舶的相关工作指标。

第一节　港航调度指挥

一、调度工作的意义和任务

由于水上运输具有点多、线长、面广且流动分散，受自然因素影响大，时间性、涉外性、军事性强等特点，故要使各部门、各生产环节能协调而高效地工作、合理地使用各项技术设备、质量良好地完成运输任务，必须对船舶运行和港口作业实行集中统一指挥。交通部和各级港航单位为此都设有生产调度指挥机构，具体行使这一职能。

水运生产调度部门的基本任务是：以客（货）运输为中心，科学地组织船舶的生产活动，编制和执行水运生产计划，经济合理地利用船舶和港口设备能力，搞好有关部门协作，加速船舶周转，多快好省地完成客（货）运输任务，努力为国民经济、对外贸易、人民生活和国防建设服务。

目前我国港口调度系统实行分级管理。交通部设有生产调度局，实行“部调”职权；各海运局、航运局、远洋运输公司以及各港务局均设置调度机构，通常称为“局调”；而各海（航）运局下属的分局和港务局下属的作业区的调度部门则分别称为“分局调度”、“区调”（见图 21.1）。各级调度在生产业务上实行集中指挥、分级管理。

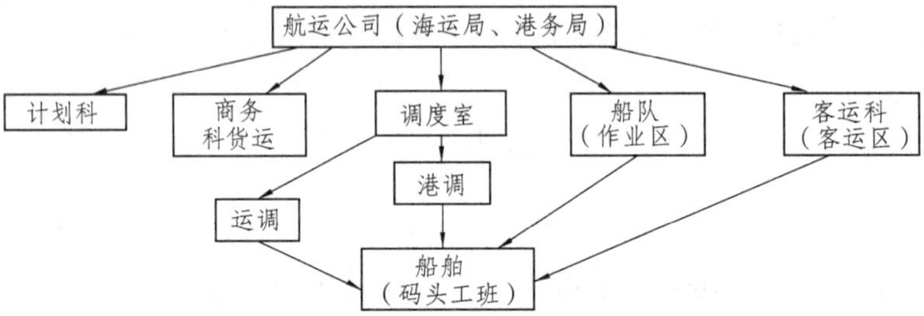

图 21.1 航运调度机构

各级调度部门一般都要完成计划、值班调度、快速统计、综合分析等项工作，由调度室主任统一领导。

调度计划或称业务计划人员，是运输生产的具体组织者和策划者，其主要职责是论证船舶运行组织的最优方案，编制月、旬作业计划，及时与各有关港口和部门联系，掌握生产进度并及时对变化的情况作相应的调整，确保运输计划的完成。

值班调度人员负责不间断地监督和校核船舶安全航行与在港作业，贯彻调度会议有关决议和上级指示，及时收发有关通讯电报，分析气象预报，全面掌握船舶动态及事故的预防和处理，填写各种调度文件等。

运输生产的快速统计是指逐日统计旅客（货物）的运出量、完成量和周转量，负责及时综合反映生产计划的执行情况，定期进行分析总结，并按时向上级报告计划的执行情况，为各级领导组织和指挥生产提供必要的专题或综合性的文件材料。

调度室主任还负责主持各班的交接班会议，总结分析每班完成生产任务的情况。

二、港口船舶调度（港调）

港调主要组织内港拖轮（也叫港作拖轮）进行拖带作业。因为有些大型客货船，有时要借助港作拖轮才能靠码头。港调的任务很繁重，应熟悉港作拖轮的性能，如吃水、抗风力、控制力（船体强度）、驾驶台高度等，同时也要熟悉被拖船的性能。

港调工作，主要按照“指泊”确定的停靠码头，按计划派出适当拖轮，将船舶或驳船拖带到指定的泊位进行作业，作业完毕应及时将其拖离，以免妨碍其他船只进入作业。因此，港调要经常不断地掌握停泊船的作业动态。

有的在港调中还分有“锚调”。港口锚地调度，主要掌握港作拖轮接送船舶的情况，负责船队的编解工作和锚位的使用。锚调对进港船舶来说是港口调度工作的开始，对出港船舶来说是港口调度工作的结束。锚调任务很复杂，有的大型港口因工作需要还配有锚队长，协助调度员工作，有的锚地还设有交通艇，供指挥编解队和接送船员上下之用。还有的供应部门在锚地直接将燃料、物料和船员生活用品送到船上。

三、运行船舶调度（运调）

运调主要负责选定船舶线，决定船舶到、离港时间，掌握船舶运行动态等。它负责管内船舶的安全航行，并昼夜不停地组织所属船舶的运输生产。

运行调度通过无线电报（仪表）与航行中的船舶取得联系。船舶一般在每日 6 点、12 点、18 点、24 点分四次向运调报告自己的船位。“船位报”的内容是：船名、船位、船向、速度、风浪状况，预计何时到达下一港口。

运调还要经常向上级调度部门汇报生产情况，一般每日港、航间有三次固定通话时间，即 8 点、14 点、20 点，临时发生的重要问题，应随时通话联系。

运调还要协助处理港口生产中出现的各种矛盾，制定船舶旬度周转计划，并考虑各种指标，力求在完成运输计划的过程中，不断压缩船的停港时间，降低运输成本。

第二节　船舶运输生产作业计划

船舶运输生产作业计划是航运企业运输生产计划的重要组成部分，是根据企业生产计划及船舶运行组织方法所作的近期运输工作计划，它包括月度计划、旬计划、日计划和航次计划。

一、船舶月度运输作业计划

船舶的月度运输作业计划是船舶月度实际生产活动的执行计划。它根据计划月的任务、条件，在已有船舶运行组织的基础上制定。月度计划是完成季度计划和年度计划的保证，也是协调船舶、港口、航道及修船厂等企业内部各部门生产及与其他运输部门工作的保证，以使其能充分使用船舶运输能力及港口通过能力，并取得良好的营运经济效益。

船舶月度作业计划的表格形式，不同的航运企业不尽相同，但内容基本一致。一般应包括月度客（货）源分类流向计划、月度船舶修理计划、月度船舶的运行安排计划、月度分线承运计划和计划说明等五部分。

月度船舶运行安排计划是对每一船舶的运行组织作具体的安排计划，是年或季度的船舶运行组织结合计划月情况的具体组织计划。表中的项目一般应包括航线、里程、船名、载客量、往返航次时间、发船密度、运行方向、航次数、运输任务（人、人浬）、发船日期、航速、始发港停泊时间及终到港停泊时间等，可按海、河运企业各自需要增减，或按船型分别列表。

月度运输作业计划说明主要包括计划月的形势及对运输的要求，货源、港口及船舶的主要情况，计划月的客运量和旅客周转量及其占年、季的百分比，贯彻计划的措施，执行计划应注意事项等。

二、船舶旬、日作业计划

为了保证月度计划的完成，还必须编制旬船舶作业计划以调整在运输生产活动中出现的新情况。

日作业计划是对次日（昼夜）船舶将要到达或发出的港口明确到发船名与时间的计划，根据船舶动态通知港口准备接船以及将从该港发出船舶。

三、船舶航次计划

船舶航次计划（或称航次计划命令书）是对具体船舶提出的一个航次的具体任务，这是在航行开始之前由调度部门发给船舶的必须执行的正式文件，是具体组织船舶完成运输计划的基础。航次计划的内容与格式一般应包括：航次号，始发港名及时间，到达港名及时间，计划任务及时间消耗计划，完成客运的人数及人浬，航次财务成果，支出、收入与盈亏，调度室主任签名等。

第三节 船舶业务核算与分析

一、船舶业务核算与分析概述

任何企业的生产活动，都应进行业务核算与分析，以便肯定成绩和发现问题，提出改进的有效措施。船舶生产活动的核算与分析是指利用能反映船舶生产活动的各种统计、指标与信息，经过审核、计算和分析，由此起到监督检查各种计划完成情况的作用，是总结经验、克服不足，有效完善生产业务的基础管理工作。航运企业的核算与分析工作可采用如下两种分类方法：一类是会计核算与分析、统计核算与分析、业务核算与分析，其中会计核算与分析依靠货币来说明企业的生产活动，而后两者是以生产营运指标来反映企业的营运工作；另一种分类方法是分为会计与统计两种，而统计再分为综合统计、业务统计和专题统计。

业务统计实际上即业务核算与分析，亦即“快速统计”，因为它通过调度室对运输计划完成情况进行不间断的检查、核算与监督工作，具有及时、计算简单、文字说明简明扼要的特点。在综合统计中综合研究分析影响船舶生产活动的各种因素，涉及面广，要求资料严谨，结论全面准确。专题统计则是根据生产业务的需要，针对某项主要问题进行专门性统计与分析工作。

业务核算与分析的历期以日为主，必要时还可作旬或五日的核算。统计核算与分析按月、季、年进行。一般业务核算与分析由调度室或运务处专门人员（快速统计员）经办，统计核算与分析则由计划统计部门负责。

二、生产日报和船舶工作效率月报

值班调度及业务核算与分析工作要做到准确和及时，必须有先进的通信工具与完善的汇报制度。

根据规定，各局（航）调度部门于每日 18 时后分别向部调度报告当日生产完成情况和生产动态（日报）。每月逢 1 日、11 日、21 日逐级将日报内容综合累计核对上报（旬报）。全国快速统计必须在次月 2 日报出（月报）。报表列出包括运输量与运输周转量的旅客运输任务完成实绩，并把各项实绩与月计划指标作对比分析。表 21.1 是某航运企业以船舶为主反映完成旅客运输任务情况的生产日报表格式。

表 21.1 生产日报表

船 型	船 名	航 次	航 线	海 里	客运量	千人海里	备 注
本日合计							
本月合计							

生产日报除上述内容外，往往还包括船舶在港情况或在修船舶情况，分别列出本昼夜 18 点主要港口或在厂修理某船型有若干艘。生产日报中并要说明生产质量、事故等事项。

在日报的基础上要做旬报，其内容与日报基本相同。

在编制报表时应注意以下几项规定：

（1）计算时间的界限：计算时间大多以 18 点为界，即以昨日 18 点至今日 18 点作为今日的核算时间。

（2）按发出计或按到达计：当船舶离港开航，运输量就纳入统计，称为按出发计。但运输任务真正完成，还要经过船舶航行、在目的港到达作业，所以有的航运企业规定按到达计。交通部规定应执行按到达计。

（3）所谓进、出港，应有明确的界限，各港都有其特定的港区范围。

此外，航运企业还应按历期对船舶营运工作的效率进行核算与分析，核算的内容为各种船型的营运指标。每月业务核算与分析人员（或统计部门人员）应校核算结果，提出本企业船舶工作效率月报。核算的依据是历期内船舶完成每一次生产过程所填写的航次总结报告。根据汇报制度规定，船舶在每一航次结束以后，即应在限期内向运务部门或调度室送交航次总结报告或航次总结电报。航次总结电报适用于航次目的港离航运企业所在港口甚远的情况，或者用于一个月最后一个航次，可以使之能及时报达核算人员手中。表 21.2 为船舶运输生产航次记录月报的格式，月报一般应在次月 1 日前上报给上级部门。航次总结报告的内容应与月报内容对应。

表 21.2 __________运船运输生产航次记录表

船名： 定额： 客运： 20 年 月 月后 1 日前报出

航次	航线	开航时间			到达时间			航行时间	行李		旅客											客票收入	备注
		日	时	分	日	时	分		件数	重量/kg	总数	购票人数	人km	贵宾房	特等	一等	二等A	二等	三等	童票	免票		

三、定期航线运输均衡性的检查

在定期航线上，为了保证运输生产有节奏地正常进行及旅客信誉，始发港船舶应定时发船离港，否则将会贻误下一港站的工作准时性，甚至引起恶性循环。为此有必要对定期航线的重点港到发船的情况进行考核，并以航线在历期内发（到）船计划完成率、航线在历期内发（到）船密度完成率、航线在历期内发（到）船准点率为检查考核的标准。

航线在历期内发（到）船计划完成率 K_1：

$$K_1 = \frac{\Phi_1}{\Phi_0} \times 100\% \tag{21.1}$$

航线在历期内发（到）船密度完成率 K_2：

$$K_2 = \frac{\Phi_2}{\Phi_0} \times 100\% \tag{21.2}$$

航线在历期内发（到）船准点率 K_3：

$$K_3 = \frac{\Phi_3}{\Phi_0} \times 100\% \tag{21.3}$$

式中 Φ_0——计划旬（月）某港航线计划发出（到达）船舶数；

Φ_1——相应报告期该港同航线实际发出（到达）船舶数；

Φ_2——相应报告期该港同航线每日计划内实际发出（到达）船舶数；

Φ_3——相应报告期该港同航线实际准点发出（到达）船舶数。

准点发船（到船）是指航线时刻表规定的时刻发船（到船）。绝对准点不很容易，应允许按不同船型有一定范围的出入。一般客船、客货船允许迟发或迟到 15 min。准点率计算中的 Φ_3 与密度完成率中的 Φ_2 的计算范围都为每日计划内的相应船数。

客船和客货船不允许提前发船，以免造成旅客漏乘。船舶提前到达也会造成到达港口工作安排的被动，应严格掌握及加强联系。

四、保证水路客运计划完成的措施

为了确保水路客运计划完成，除了业务核算与分析人员每天发出生产日报，向各部门提供实际生产活动的信息外，还应关心和研究运输计划完成的情况，并采取切实的保证措施。

运输计划不能按期完成的影响因素大致有如下几点：

（1）气象与海事原因。大风、大雾及潮水涨落都会影响船舶的正常航行和正点率；

（2）船舶质量。投入营运的船舶技术状态是否完好，能否安全载运旅客及保证航速；

（3）客运港站工作组织。始发和途中客运港站能否秩序井然地组织旅客候船、上船也是直接影响客运航班按计划航行的主要原因之一。此外，当发生船运延误或密集到港时，港口码头调度是否得当也是保证因素之一。

（4）与他种交通工具的衔接与配合。港站如果没有完善的接运和疏运系统配合，旅客接运交通困难，也往往影响航运计划完成，甚至客源会日趋减少。

为此，航运计划、统计分析及调度部门要及时做好如下几方面工作或措施，以尽量减小客观因素带来的损失，或者变不利因素为有利因素。

（1）加强气象和海事预确报。业务核算与分析人员要加强与气象部门联系，发现或预见到不利气象及海事，应立即向调度室负责人（或值班调度）汇报，以便及早与船舶、有关科室、港口或船厂协商，以争取本历期或者保证下期运输计划能顺利完成，将风险程度减至最小。

（2）掌握修船计划，及时提供技术状态良好的船舶投入营运。船舶的技术状态与利用直接影响运输任务，应着重分析营运船舶数、利用时间程度、是否满载、航速是否能保证等。营运船舶是运务部门的生产工具，业务核算与分析人员应根据修船计划经常与船舶部门联系，作好修船进出厂记录，掌握修理进度，在生产日报中作一些必要的注明，以便准确掌握和调度船舶营运。

（3）重视港航协作，发挥港口作用。同时客运港站要有足够的码头和泊位，以适应船舶密集到港使用。水路运输的波动性是很大的，诸如气象的变化几乎是不为人所能控制的，如果港站泊位有足够的弹性，可以在客观混乱的运输生产中适时调整秩序，使之尽快恢复，同时有足够宽阔的港池，可以作为避风港，停歇更多的船舶，以保证水路客运的安全。

（4）提高水路客运港站的客流组织和服务质量。客运港站是陆地上与水运的连接地和候船地，有条不紊的旅客运输组织是按计划完成客运任务的保证，如售票时间、地点与开船、到船的时间公告要设在醒目的地方，设置清晰的站内诱导系统，广播通告水运消息要及时等。此外要推广应用先进技术设备，提倡文明服务，使旅客有方便、舒适的候乘环境。

（5）建设便捷的集、疏运交通系统。要与城市规划和城市交通规划配合，港站与城市中心应有便捷的接运、疏运系统。

（6）要有强大的海事处理能力。一旦发生海难，抢救、打捞要及时，尽量减少损失和社会影响。

第四节　旅客运输船舶工作指标

航运企业内部用的指标体系，是由一系列相互联系的指标所组成的统一整体，航运企业生产活动指标体系，应具有以下一些特点：

（1）指标体系的设立，既要有能与国家发展改革委定期公布的主要经济指标相挂钩的指标，又要有行业的最高领导部门——交通运输部对航运企业基本要求的指标。

（2）指标体系要体现企业性质和现代生产的特点。既要有反映生产活动状况的指标，也要有反映经营活动状况的指标；既要有考核航运企业本身效益的指标，也要有考核航运企业对社会效益所应负责任的指标。

（3）指标体系中各指标的设立，要反映航运企业不同经营范围的特点。远洋运输、沿海运输和内河推（拖）船队运输、货物运输和旅客运输，它们的经营目标和任务各有特点，所使用的运输工具也不完全相同，故指标的设立也应有其特点。

（4）指标体系中各指标的构成，既要有反映航运企业生产全过程的指标，又要有能反映生产活动各个阶段和各个方面的指标。

（5）指标体系中各指标的设立，既要有能利用它来促进航运企业提高生产效率、节约消耗、降低成本、增加利润的作用，又要有能进一步调动航运企业职工劳动积极性的作用。

（6）指标体系既要保持其科学性和完整性，但又不宜过多。科学性是指指标体系要求严密，不能互相矛盾，指标概念和含义明确肯定，不能含糊不清。但是，计算方法应尽量简单，便于掌握和贯彻。

航运企业生产活动指标体系如图 21.2 所示。

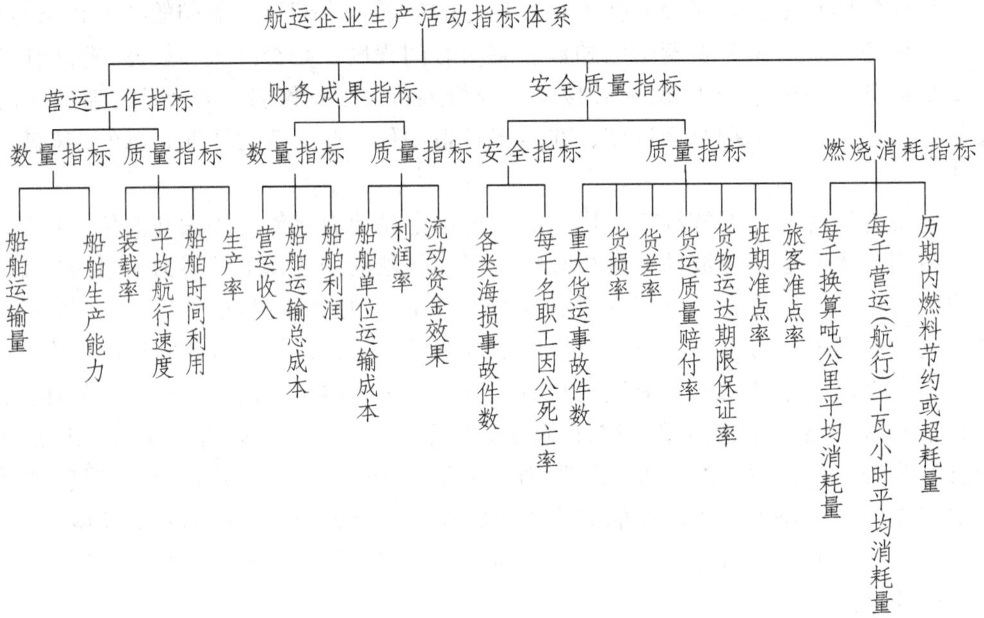

图 21.2 航运企业生产活动指标体系结构图

旅客运输船舶工作指标反映了客运船舶的运营特征及客运工作的水平，是航运企业编制客船生产计划的依据，是分析和评定客运船舶完成旅客运输任务和工作成绩的标准。客运船舶工作指标分为数量指标和质量指标两大类。

一、数量指标

1. 船舶运输量

它是指旅客运输船舶在一定的工作时间内计划或实际完成的旅客运输任务，包括客运量及客运周转量。

（1）客运量（P），指船舶运输的旅客数量；

（2）客运周转量（P_L），指船舶运输的旅客数量乘以相应的运输距离［（人·km）、（人·kn）］。

客运量及客运周转量指标，说明了水运企业生产成绩，也是评价水运企业经济效益指标体系中的主要指标。

2. 船舶生产能力

（1）客运船舶数（m），指水运企业在营运期内拥有的各种客船数量。

（2）客位数（M），指船舶装运旅客的定额载客人数。

（3）船舶周转次数，指客运船舶在工作期内完成的航次数。要确切地反映船舶的周转情况，单位可采用“船舶人次数”。

（4）船舶工作时间，指在工作期内，客运船舶所处状况及营运活动的时间消耗。

① 船舶总时间，又称在册时间（$T_{册}$），指水运企业在营运期内接船、登入船名录之日开始计算的时间，由营运时间（$T_{营}$）和非营运时间（$T_{非}$）组成。

② 船舶营运时间（$T_{营}$），指客运船舶处于技术状态良好，可用于旅客运输的工作时间，它包括船舶航行时间（$T_{航}$）、停泊时间（$T_{停}$）和其他工作时间。航行时间是指客运船舶在航行中花费的时间；停泊时间是指客运船舶在营运时间内由于上下旅客及其他原因而需停泊的时间。

③ 船舶非营运时间（$T_{非}$），指客运船舶总时间中由于技术状态不良，需要修理，或正在修理及其他不能从事运输生产的时间，加修船、等待修船、航次以外进行检修以及维修期进出船厂的航行时间等。

各类时间关系如图 21.3 所示。

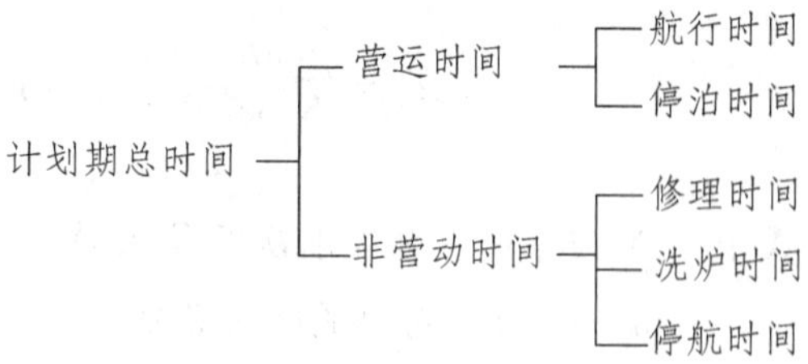

图 21.3　船舶计划期总时间构成

二、质量标准

1. 客位利用率（$\alpha_{客}$）

客位利用率指客运船舶在营运过程中的客位利用情况，按下式计算：

$$\alpha_{客}=\frac{\sum P_{L}}{\sum M_{L}} \tag{21.4}$$

式中　P——客位实际利用数。

2. 船舶工作时间利用指标

船舶在在册时间内并不是全部从事营运，营运期中也常处于停泊状态。船舶只有在航行中才能运送旅客，完成客运周转量。最常见的时间利用指标为营运率和航运率。

（1）营运率（$\varepsilon_{营}$），指客运船舶的营运时间在总时间中所占的比重，按下式计算：

$$\varepsilon_{营}=\frac{T_{营}}{T_{册}}\times 100\% \tag{21.5}$$

它反映船舶在册时间的利用程度。

（2）航行率（$\varepsilon_{航}$），指船舶的航行时间在营运时间中所占的比重，对于某一单船来说，可用下式计算：

$$\varepsilon_{航}=\frac{T_{航}}{T_{营}}\times 100\% \tag{21.6}$$

航运率高意味着船舶的主要时间用于运送旅客。

3. 船舶生产率（$\mu_{客}$）

船舶生产率指船舶在营运期内平均每客位在一昼夜内完成的周转量，按下式计算：

$$\mu_{客}=\frac{\sum P_{\mathrm{L}}}{\sum MT_{营}} \tag{21.7}$$

该指标是一个综合质量指标，单位为（人 km）/（客位天）。

4. 平均航次时间（$\overline{t}_{次}$）

平均航次时间指船舶每一客位完成一个航次平均所需天数，即

$$\overline{t}_{次}=\frac{\sum Mt_{次}}{\sum Mn}\ (天/次) \quad 或 \quad \overline{t}_{次}=\frac{\sum Mt_{营}}{\sum Mn}\ (天/次) \tag{21.8}$$

式中 $\sum Mt_{次}$——客船航次客位天总值；

n——历期内船舶航次总数。

三、速度指标

1. 平均航速（$\overline{v}$）

平均航速表示船舶在营运航行阶段的速度大小，由船舶航行里程（L）与航行时间（$T_{航}$）相除而得，即：

$$\overline{v}=\frac{L}{T_{航}}\quad (\mathrm{kn}\ 或\ \mathrm{km/h}) \tag{21.9}$$

2. 商务速度（$v_{商}$）

商务速度表示船舶在整个营运中的周转速度大小，以航行距离和航次时间相除而得，即：

$$v_{商}=\frac{L}{T_{航次}}\quad (\mathrm{kn}\ 或\ \mathrm{km/h}) \tag{21.10}$$

商务速度不仅考虑航行时间，也把停泊时间包括在内，因此它的大小不仅取决于航行速度的快慢，也取决于船舶在港停泊时间的长短。

四、运输工作消耗指标

船舶运输工作消耗指标是指在运输工作中消耗的物质劳动和货币数量，如消耗的燃料、物料等可以用实际消耗的数量表示出来。作为营运费用开支计算时（或计算运输成本时），可按各物质的价格折合为货币数量。

燃料消耗占船舶运费的比重最大，对降低运输成本是一个关键，按下式计算：

$$F_0=\frac{F}{P\cdot L}\quad (\mathrm{kg}/人\cdot\mathrm{km}) \tag{21.11}$$

式中 F——燃料消耗量（kg）；

P——客运量（人）；

L——运输里程（km）。

五、提高船舶工作指标途径

（1）延长船舶的营运时间。影响船舶营运期的主要因素是船舶修理的时间。为了维护船舶良好的技术状态，保证船舶安全航行，船舶修理是必要的。但在营运期内，如果重视经常性的维护和保养，就可延长船舶修理的间隔时间，或者可以减少修理时间。

（2）缩短船舶的停泊时间。船舶在营运期中，有很多时间都停泊在港口，如果把停泊时间减少一些作为增加航行的时间，则可以提高航行率指标，增加运输能力。

（3）充分利用船舶载客量，提高客位利用率。

（4）提高客运船舶航行速度，增加运送能力。

（5）组织套运，即一艘船舶可以在一个营运周期内组织长、短途套运，以充分利用船舶的有效作业时间。

此外，对于客船，第一，要合理规划好客运航线，尽量避免在与铁路、公路和航空运输竞争中处于劣势的地方开辟客运航线，以保证有足够的客源；第二，当客运航线上的客源受季节影响出现不均衡时，要很好地研究旺季和淡季的客船运行组织，适时调整航线和班期，合理安排客船的挂靠港口和客船的运行时刻表，改善客运服务工作，以吸引更多旅客乘船。

本章小结

本章首先介绍了港口调度的分级管理系统，对港调、运调的主要工作进行了描述，介绍了船舶运输生产的三种作业计划，即月度运输作业计划，船舶旬、日作业计划以及船舶航次计划的相关内容。同时对船舶业务核算相关报表和旅客运输船舶的工作指标体系进行详细介绍，包括数量指标、质量指标、速度指标以及运输工作消耗指标，并指出了一些提高船舶工作指标的途径。

思考题

1. 港口调度的主要工作是什么？
2. 运行船舶调度的主要工作是什么？
3. 航运企业内部生产活动指标体系应具备哪些特点？
4. 客运船舶工作数量指标主要包括哪些？
5. 客运船舶工作质量指标主要包括哪些？
6. 如何提高船舶工作指标？

第六篇

城市公共客运交通系统

第二十二章 城市公共客运交通概述

学习目的：了解城市客运交通系统功能和国内外城市公共交通的发展现状；理解城市客运交通系统的特性和城市客运交通系统的影响因素；掌握城市客运交通系统的构成及其结构。

第一节 城市公共客运交通的意义和作用

城市客运系统是城市运输系统的一个重要组成部分，它的主要目标是适应城市作为社会政治、经济、文化中心的特点，为城市辖区内的各类乘客出行提供高质量、高效益、高效率的客运服务。城市客运系统运作得良好与否直接关系着整个城市的生产效率、人民的生活质量和城市的生态环境等诸多方面，从而影响到城市经济的发展水平。

一、城市客运系统的功能

纵观城市发展史，可以看出这样一个普遍现象：城市的形成与演变需要交通支撑，城市的发展又促进了交通，交通与城市互为影响，城市交通是城市系统的一个子系统，是不可分割的有机整体。城市客运交通是城市内部及城市与外部之间的人员实现空间位移的载体，它对城市的影响主要源于系统的功能。

1. 决定城市的生活方式

城市客运系统作为城市的一部分，为城市居民的各种出行活动提供了必要的条件，客运交通设施把居民的各种出行活动有机地连接在一起，它的性质在很大程度上决定了城市的生活方式和城市的经济、文化的快速运转。

2. 影响城市形态变化

城市客运交通系统对城市形态的影响主要表现在对城市空间结构和城市规模的影响上。

客运交通对城市空间结构的影响集中表现在对城市中心区的布局与发展的影响。城市中心区一直是城市政治、经济、文化和形象的主要聚集点，良好的客运交通网络是其繁荣的主要原因。在城市里，居民最关心的不是他们的住所与工作所在地的距离，而是他们走这段距离所要花费的时间，随着城市客运系统的发展，城市内的时空距离缩短了，城市规模便随之逐步扩大。

3. 改变人们的时空观念

交通时间价值的核心是速度。速度越高，产生的时间价值就越大。便捷的交通条件，可以改变人们的时空观。在条件相同的情况下，相对可达性高的地方比相对可达性低的地方能吸引更多的人去活动。

4. 促进城市的土地开发

城市交通可达性的空间分布决定了土地的区位特征，使得各地区交通时间价值不同，从而影响了土地价格的空间分布。城市客运交通建设，刺激交通沿线的土地开发和地价提高，促进了城市结构的合理化。

城市交通系统与土地利用之间存在深刻的互动影响关系，两者相互影响、相互作用。交通系统的发展将引起土地利用特征的变化，带来土地利用开发、土地利用价格和用地布局特征的改变；反之，土地利用特征的改变也将引起交通需求的变化，促进交通系统不断调整。

二、客运交通系统的特性

1. 城市客运交通系统的开放性

城市客运交通是自然界大系统中的一个子系统，虽然是一个子系统，但它包含的元素也是多种多样的，包括人、车、路以及社会自然环境等。这些元素之间又相互作用相互影响，通过物质能量的交换和信息的传输来实现各元素之间的相互联系，而且这种关系是一种非线性的作用关系，所以说城市客运交通系统是一个难以把握的开放系统。

2. 城市客运交通系统的目的性

系统的目的性是系统存在的充分必要条件，系统的目的是通过系统的目标来表达的。对城市客运交通系统而言，其核心目标是提高乘客运输效率，具体表现在：充分满足城市系统的出行需求；满足与社会经济发展相适应的出行效率；实现城市客运交通的通达性、便捷性、快速性、舒适性和安全性。

3. 城市客运交通系统的整体性

从经济学之博弈理论看，城市客运交通系统中乘用者的出行方式选择遵循“Nash 均衡理论”。依据 Nash 均衡中的“囚徒理论”，单个出行者从自身利益出发可达到最大效益，因此，需要城市客运交通系统各交通方式进行功能定位，在出行总需求中进行市场细分，在细分市场中提供有效供给，从而提高竞争力，促进城市客运交通系统整体功能的发挥。

4. 城市客运交通系统的自组织性

系统的自组织就是在没有外界特定干扰的情况下，仅依靠系统内部的相互作用来实现系统时间、空间或功能的结构。城市客运交通系统外在结构功能的表现也是系统内部通过不断相互作用的结果，因此它具有自组织的特性。

第二节 城市客运交通系统的构成

一、城市客运交通系统的构成及其结构

城市客运交通分类方法繁多，常采用交通工具分类，如图 22.1 所示。

- 城市客运交通系统
  - 低速客运系统
    - 公共汽车
      - 小型公共汽车
      - 大型公共汽车
    - 有轨电车
    - 无轨电车
  - 高速客运系统
    - 地下铁道
    - 轻轨交通
    - 高架铁道
  - 特殊形式的客运系统
    - 轮渡
    - 直升飞机
    - 驾空索道缆车
    - 地面轨道缆车
    - 自动扶梯
  - 辅助客运系统
    - 非机动三轮车
    - 机动三轮车
    - 出租汽车
      - 出租车
      - 合乘出租车
  - 个体交通系统
    - 私人或各单位小汽车
    - 自行车
    - 摩托车
    - 步行
  - 新型客运方式系统
    - 预约巴士
    - 电话呼叫巴士
    - 需求巴士

图 22.1 城市客运交通系统构成

城市客运交通的结构是指城市中各种不同的客运交通工具之间的构成，其基本要求在于组成一个协调发展的城市客运交通体系，充分发挥各种交通工具的优势，满足城市高速运转对城市客运交通的时空需求。城市客运交通合理结构取决于城市的性质、规模、布局、经济发展水平、地形条件、交通需求特征、公共交通供给水平等因素。

二、城市客运交通影响因素分析

1. 城市化进程和城市发展水平对城市客运交通的影响

城市的形态和特征不可避免地对城市交通产生影响，这种影响主要体现在城市规模和城市产业结构两个方面。

随着城市规模的扩大，人口向城市大量聚集，而人流、物流的向心运动，不可避免使得城市的人口密度加大，客运交通需求在时空变化上表现为出行区域的扩大和出行更为集中，对城市的客运交通系统提出了挑战；另外，产业结构的升级，使得城市经济快速发展，人们的收入水平总体上得到提高，休闲娱乐等非工作出行大规模增长，必然带来城市客运需求总量的上升，以及对客运质量的高层次要求。

2. 城市土地利用对客运交通的影响

城市土地的高强度开发，城市人口在空间上的密集聚集，使得每个人可以利用的交通空间相对减少，但是交通需求在时间和空间上却变得更为集中。

3. 信息技术产业对城市客运交通的影响

信息技术的发展，给人们的日常生活带来了巨大的方便，特别是电子商务的发展，大大降低了人们的出行次数，信息技术对交通的替代作用表现得越来越强烈。此外，交通方面信息技术的应用，使人们的出行效率和出行安全性大大增强了，使出行对人们产生了更大的吸引力。

4. 交通技术对城市交通的影响

交通技术的进步，主要体现在交通工具技术性能的不断发展和完善上，特别是一些高新技术，使人们出行的交通成本降低了，交通工具的服务性能增强了，人们的交通需求也随之上升。技术的进步使人们的出行地域变得更为广阔，增强了城市交通的辐射范围。

第三节　国内外城市公共交通现状及发展

一、国外城市客运交通特征

城市客运交通的发展与城市社会经济发展密切相关。现在世界人口迅速增长，特别是城市人口的迅速增长影响了城市结构的变化。城市结构变化表现在市中区常住人口密度下降，郊区人口渐增，城市逐渐形成较分散的聚集体。这种变化，使得城市聚集体内的居民，出行距离、时间和费用增加，但是也使城市居民避开了人口密度过大带来的不便。城市结构的另一个变化是产业结构变化，近年来，国外许多大城市，重工业及轻工业逐渐由市中心区迁往郊区，商业、服务业在城市中心占据了主要地位。城市成了面向周围广大地区居民服务的中心，多数居民的出行则以中心区为核心的放射状，因此，对城市公共交通的需求有了极大的变化。

1. 轨道交通成为城市客运交通的主体

由地下铁道、轻轨与市郊铁路组成的轨道交通系统是一种运量大、快捷、安全、节能、舒适、低污染的城市公共客运方式，它已经成为当前世界上许多大城市客运交通的骨干，为城市及周围居民的出行提供了便利的服务。目前，世界上许多大城市轨道交通系统承担了城市一半以上的客运量。

目前世界上已有 40 多个国家和地区的 127 座城市都建造了地铁，线路总长度超过了 7 000 km。在法国的巴黎轨道交通承担了公共交通 70% 的运量，地铁有 15 条线，共 199 km。日本的东京，它虽然拥有 600 万辆小汽车，但人们的出行绝大部分乘坐地铁或城际轨道交通，很少有人乘小汽车。东京拥有的轨道交通线路近 2 000 km，年运量在 100 亿人次以上；英国的伦敦是世界上最早建成地铁的城市，它早已实现了客运以轨道交通为主的目标，拥有 9 条地铁线，总长 408 km，每天平均运送乘客在百万人次以上。纽约市区地铁线共有 27 条，长 443 km。莫斯科拥有一个跨及全市的立体交叉地铁网，总长 243 km，140 多个车站，由一条环线和 8 条放射线组成，日运量高达 800 多万人次，居世界之首。

由此可见，轨道交通系统在国外大城市的社会和经济活动中正发挥着不可替代的作用。

2. 城市客运交通工具的革新步伐加快

城市客运工具发展的趋向是：增大输送能力（单位时间的运量）；提高运行速度，以缩短乘车时间；减少交通工具对乘客和环境的有害影响；提高乘坐舒适度和安全性等。

（1）提高运行速度。提高地面交通运行速度主要有三种交通工具：① 气垫火车，利用气垫原理提高速度。② 磁悬浮车，是利用磁性支撑和导向装置，用线性电机推动。

此外，曾有人提出利用第三空间来提高运行速度，还能解决地面交通空间不足的问题。例如，让直升机在楼顶上降落。这种办法可以解决一些城市交通中的问题。

（2）增大输送能力。基于导向装置的设计思想，从 20 世纪 60 年代起便开始研究所谓两用车辆，该种车辆既能在普通道路上人工驾驶，又能够编成列车在设有导向装置的道路上自动行驶。方法是在公共汽车上安装两套车轮：充气轮胎及旋转铁轮，只用一套柴油推进系统。这种公共汽车能够在公路、铁轨及备有导向槽的高速公路上行驶。在轨道上行驶时每小时单程运送旅客 3 000 人，在具有导向槽的道路上行驶，单程每小时运客 15 000 人。

（3）防治环境污染。目前，该项研究主要放在改进汽车发动机排气装置上，使用液化氢代替汽油及无铅汽油。此外，所有国家还以增大电动车辆的比重作为今后的发展方向。电动车辆的好处是：环境污染小、速度高、加速度大、能源消耗低，并可抑制私人汽车在市中心行驶。

3. BRT 系统的应用

BRT（Bus Rapid Transit）于 20 世纪 60 年代最早出现在南美国家巴西的库里蒂巴（Curitiba），由于该系统具有运营方式简单、建设周期短、可分期分步建设且成本低等特点，目前世界各地许多城市都开始对其进行研究并已得到了应用。

库里蒂巴作为 BRT 系统成功的典范，其系统的服务水平已经达到了轨道交通系统的水平。20 世纪 70 年代，基于经济上的考虑，库里蒂巴将原有的为轻轨交通预留的道路空间用于建设公交专用道。目前 75% 的库里蒂巴市民出行乘坐公交车。库里蒂巴的 BRT 系统仅投资了地铁成本的 6% ~ 8%，但承担了 60% ~ 70%的地铁运输能力，覆盖了城市面积的 85%。

美国 BRT 系统的早期行驶表现为公交专用道的发展。1981 年纽约第一条公交专用车道开通，效果非常明显，公共汽车行驶时间减少了 34% ~ 42%，乘客增长了 10%。加拿大的渥太华自 1982 年开始建设公交专用道，目前已经成为北美最完整和使用率最高的公交专用道，每天乘客人次在 20 万以上。

此外，哥伦比亚的波哥达、印度尼西亚的雅加达和苏腊巴亚、孟加拉国的达卡、巴西的圣保罗、印度的班加罗尔、澳大利亚的悉尼、墨西哥城等世界各地越来越多的城市都加入到 BRT 的行列。表 22.1 为国外部分城市运用 BRT 后的城市交通改善情况。

表 22.1 国外部分城市 BRT 运营状况

城 市	中心城市人口/百万人	运行时间缩短/%	高峰小时客流量（万人次/h）
库里蒂巴	2.6	—	8 000 ~ 20 000
西雅图	1.8	33	—
波哥大	5.0	32	20 000 以上
洛杉矶	9.6	23 ~ 28	—
渥太华	0.7	—	8 000 ~ 20 000

4. 开展新型的服务方式

为了弥补旧服务方式的不足，解决由于限制个人汽车的使用出现的问题，一些国家的城市中出现了新型的公共交通服务方式，如微型公共汽车、电话呼叫式公共汽车、多人搭乘的出租汽车、共用汽车等。合乘小客车能节省能源，电动小型公共汽车具有经济及环保方面优越性，使用共用汽车，可以减少个人小汽车的拥有量和使用率。

二、我国城市客运交通现状

2014 年全国有 22 个城市开通了轨道交通，拥有轨道交通车站 1 829 个，其中换乘站 151 个；城市轨道交通运营线路 92 条，运营线路总长度 2 816.1 km，运营车辆 17 300 辆。全国拥有公共汽电车运营线路 45 052 条，运营线路总长度 81.78 万 km，其中公交专用车道 6 897.3 km，BRT 线路长度 2 790.3 km。城市客运轮渡运营航线 126 条，运营航线总长度 497.6 km，城市客运轮渡 329 艘；出租汽车运营车辆 137.01 万辆。全年城市客运系统运送旅客 1 315.66 亿人次。其中，公共汽电车完成 781.88 亿人次，BRT 客运量 14.76 亿人次，轨道交通完成 126.66 亿人次，巡游出租汽车完成 406.06 亿人次，客运轮渡完成 1.07 亿人。

2020 年全国有 47 个城市开通了轨道交通，拥有轨道交通车站 3 982 个，其中换乘站 354 个；城市轨道交通运营线路 226 条，运营里程 7 354.7 km，运营车辆 49 424 辆；全国城市公共汽电车运营线路 70 643 条，运营线路总长度 148.21 万 km。其中，公交专用车道 16 551.6 km。城市客运轮渡运营航线 83 条，运营航线总长度 323.4 km，客运轮渡 194 艘；出租汽车运营车辆 139.40 万辆。2020 年完成城市客运量 871.92 亿人，其中，公共汽电车客运量 442.36 亿人，轨道交通客运量 175.90 亿人，巡游出租汽车客运量 253.27 亿人，客运轮渡客运量 0.39 亿人。

由 2020 年与 2014 年城市公共交通基础设施建设的比较，可知我国城市交通基础设施的建设取得了显著成绩，大大提高了城市道路网的综合供给能力。但是，由于大部分城市中心区建筑密度过高，大型公共建筑相对集中，机动车保有量增长过快，交通形势恶化的趋势并未能扭转，城市交通日益紧张仍是城市发展中的突出矛盾之一。

1. 道路容量严重不足

长期以来，我国城市人均道路面积一直处于低水平状态，我国城市人均道路面积和发达国家相比仍处于较低水平。值得注意的是，我国大城市市区正处在从中心区向郊区化扩散过程中，近几年城市道路建设的增加，主要分布在新开发的市区和郊区，相对来讲，中心城区的道路面积率反而略有下降。再者，城市房地产的开发又多集中于市中心地区，产生了过量的交通，造成了道路超负荷运载。

道路面积不足在于道路建设的滞后，这种滞后不仅使城市现有道路功能变得混乱而低效，而且造成时间浪费和行车成本的巨大损失。

2. 汽车增长过快

随着近年我国经济的快速增长，社会物质财富迅速增加，人民的收入平稳提高，私人汽车的消费迅速增长，大城市机动车的年均增幅 15% 以上，造成城市交通负荷的快速增加。

3. 公共交通结构单一

据建设部统计资料，全国主要城市各种公共交通方式完成的客运量及所占的比重如表 22.2 所示。

表 22.2 全国主要城市各种公共交通方式完成客运量比重

公共交通方式	1996 年比重/%	2014 年比重/%	2020 年比重/%
公共汽电车	86.15	59.4	50.7
轨道交通	1.75	9.6	20.2
出租汽车	9.51	30.9	29.0
轮　渡	2.59	0.1	0.04
合　计	100	100	100

从表中可以看出，1996 年公共汽车是我国城市公共交通结构的主题，承担了城市公共交通总客运量的 86.15%，大运量的地铁只占 1.75%，公共交通内部结构单一。经过近 20 年的不断进行城市公共交通结构的优化治理，到 2014 年城市轨道交通在城市各种公共交通方式的比重有大幅增加，由 1994 年的 1.75% 提高到 2014 年的 9.6%、2020 年的 20.2%，见图 22.2。

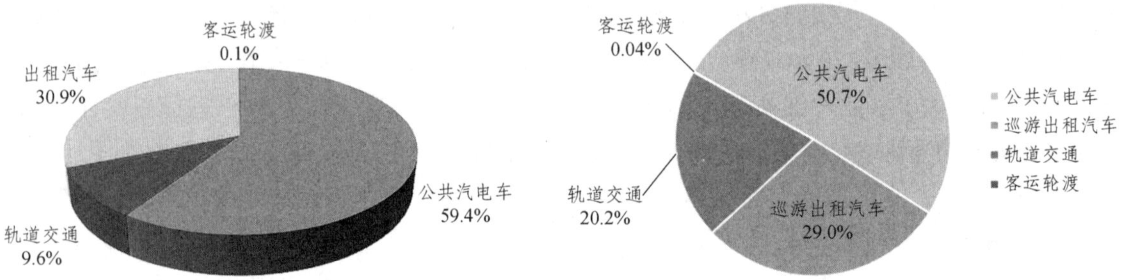

（a）2014 年　　（b）2020 年

图 22.2 2014 年和 2020 年城市客运系统客运量构成

4. 轨道交通建设方兴未艾

世界上首条地下铁路系统是在 1863 年开通的伦敦大都会铁路（Metropolitan Railway），是为了解决当时伦敦的交通堵塞问题，当时电力尚未普及，所以即使是地下铁路也只能用蒸汽机车，由于机车释放出的废气对人体有害，所以当时的隧道每隔一段距离便要有和地面打通的通风槽。国外发达国家 20 世纪 70 年代开始进入城市轨道交通建设高峰期，10 年内全世界共建设了约 1 600 km 城市轨道交通线路，平均每年 160 km。

而我国地铁建设事业起步较晚，总体来看，其发展经历可分为以下几个阶段：

（1）起步阶段（20 世纪 50 年代），我国开始筹备北京地铁网络建设，1969 年 10 月建成北京地铁 1 号线，全长 23.6 km，随后建设天津地铁（7.1 km，现已拆除重建）、哈尔滨人防隧道等工程。该阶段地铁建设以人防功能为指导思想。

（2）发展阶段（20 世纪 80 年代），我国仅有北京、上海、广州等几个大城市规划建设地铁，该阶段地铁建设开始真正以城市交通为目的。

（3）调控阶段（20 世纪 90 年代），进入 90 年代后国内一批省会城市开始筹划建设地铁。由于项目多且造价高，1995 年 12 月国务院发布国办 60 号文，暂停了地铁项目的审批，同时国家计委开始研究制定地铁交通设备国产化政策。

（4）建设高峰期（1999 年至今），国家的政策逐步鼓励大中城市发展地铁交通。

1965 年 7 月 1 日中国第一条地下铁道在北京动工兴建，4 年后北京站至苹果园 30.5 km 的北京地铁 1 号线正式建成，1969 年 10 月 1 日开始试运行，1987 年 12 月 28 日北京地铁环线也正式开通。进入 20 世纪 90 年代后，轨道交通系统在我国开始进入高速发展期。我国先后有北京、上海、广州、深圳、武汉、天津、南京、重庆、长春、大连等 10 个城市建成轨道交通 420 km。除了增加里程外，我国的轨道交通方式也由原先的地铁单一形式向多样化方向发展，如上海的磁悬浮、大连的快速轻轨、重庆的单轨等。

进入本世纪以来，随着我国城市规模成倍扩大，基础设施落后问题显现，城市交通运输矛盾日益突出。城市轨道交通以其安全、准时、快速的优点，在拓宽城市空间、打造城市快速立体交通网络和改善城市交通环境方面发挥越来越大的作用。全国各大城市根据城市可持续发展和城市交通健康发展的需要，都在积极规划建设城市轨道交通项目。

本章小结

本章讲述了城市公共客运交通的意义和作用，介绍了城市公共交通客运系统的构成及影响因素，分析了国内外城市公共交通的现状及发展趋势。

思考题

1. 试述城市客运交通系统的意义和作用。
2. 城市客运交通系统有哪些特性?
3. 简述城市客运交通系统的构成。
4. 试述城市客运交通的影响因素。
5. 试述国内外城市公共交通系统的发展现状及发展趋势。

第二十三章　城市公共交通线网布局规划

学习目的：了解公交线路和公交线网的类型，以及公交停靠站的设置原则；理解公交停靠站站址选择及站距确定的方法，以及公交线网布局优化的原则及影响因素；掌握公交线网布局优化的方法和轨道交通线网规划的主要内容及方法。

第一节　公交线网的类型

一、公交线路的类型

城市公共汽车线路的走向受城市布局、道路网形状、街道断面特征等多方面因素的影响。按照公交线路在线网中的作用，可以将公交线路分为公交干线和公交支线两类：公交干线主要是指担负城市区域间较大客流输送任务的线路；公交支线则指担负城市区域间较小客流输送任务，或担负客运干线主要站点乘客集散任务的线路。

根据公交线路的平面形状和相对位置，又可以将公交线路分为如图 23.1 所示几种类型。

（1）直径式线路，它通过市中心连接城市边缘；

（2）辐射式线路，它使城市中心与边缘直通；

（3）绕形式线路，它绕过市中心区连接城市边缘；

（4）环形式线路，它将市中心区以外需要有直接交通的各点以环形路线连接起来；

（5）切线式线路，它与环形线路相切，连接城市边缘而不通过城市中心；

（6）辅助式线路，担负主要交通干线之间的交通联系或客流较小区域与交通干线之间交通联系的辅助式路线。

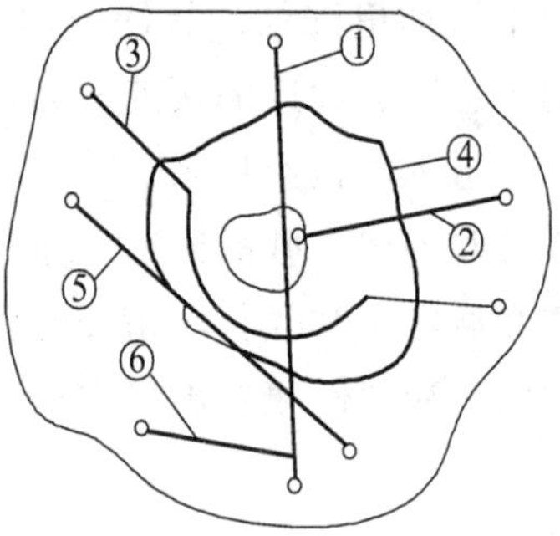

图 23.1 公交线路形式示意图

二、公交线网的类型

公交线网是在符合城市客流要求的前提下，根据道路网的形状和特征形成的，它是将若干干道和支路有机连接而成的公共交通固定运营的线路网络。

从使用的角度，公共交通网络有如下三种类型（见图 23.2）。

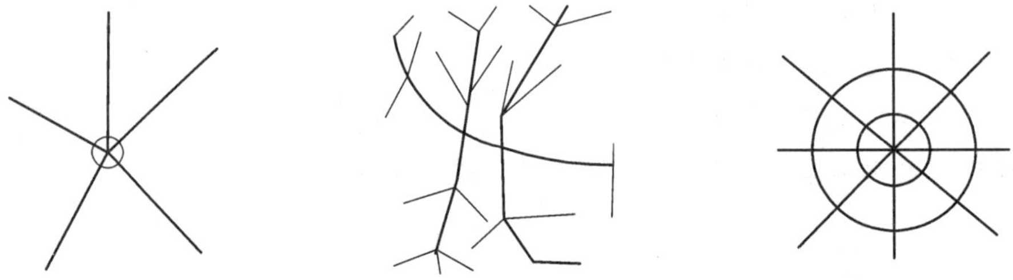
（a）放射形　（b）主干线和驳运线结合　（c）放射加环形

图 23.2 公共交通网络（从使用角度看）

（1）设有中央终点设施的放射形网络。这种形状的线网，常用于小城市中。所有的线网使用同一个位于城市中央的终点站，乘客作不多于一次的换乘就能完成出行，但切向出行的出行距离和出行时间较长。

（2）主干线和驳运线相结合的网络。这种类型的线网一般适用于有地铁和轻轨的大城市，主干线和驳运线路的车间间距，可以调整到任何选定的运力水平。

（3）带有环线或切线状线路的放射形网络。这种线网直达出行率很高，出行时间也短。由于切向客流由切线状线路所承担，经市中心的出行量和车辆数就可以降到最低。因此，这类线网，能适应出行需求很大的城市，同时具有良好的出行标准和很高的生产效率。

从线网几何形状的角度观察有图 23.3 所示的五种类型。

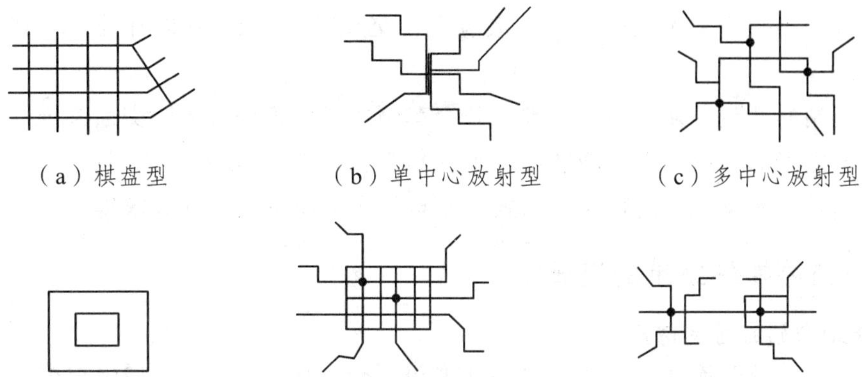

（a）棋盘型 （b）单中心放射型 （c）多中心放射型

（d）环线型 （e）混合型 （f）主辅线型

图 23.3 公共交通网的类型

第二节 公交车站的确定

公交车站是乘客上下车的地点，是最基础的公交设施，其设置合理与否，不仅影响到客运车辆的行驶速度、乘客步行时间与道路通行能力，而且直接影响到乘客吸引量的大小。公交车站按照设置位置、站台形式有不同的分类方法，按其在线路上的位置，可分为设在路线中途处的中间站和设在路线两端的始末站；按照站台形式不同可以分为直线式和港湾式两种；按照站点位置的不同又有设在路段上的公交站和设在交叉口附近的公交站之分。

一、公交停靠站的设置原则

1. 公交始末站设置原则

（1）公交始末站的设置应与城市道路网的建设及发展相协调，宜选择在紧靠客流集散点和不影响主干道通行能力的适当地点；

（2）公交始末站的选址宜靠近人口比较集中、客流集散量较大而且周围留有一定空地的位置，使大部分乘客处在以该点为中心的服务半径内，通常为 350 m，最大不超过 700 ~ 800 m；

（3）与公交始末站相连的出入口通道应设置在道路使用面积较为富余、服务水平良好的道路上，尽量避免接近平面交叉口，以减少对周边道路的影响；

（4）公交始末站的规模按所服务的公交线路所配运营车辆的总数确定。

2. 中间站设置原则

（1）中间站应设置在公共交通线路沿途所经过的主要客流集散点上，沿街布置，站址应选择在能按要求完成车辆的停和行两项任务的地方；

（2）中间站点的设置要统筹考虑，根据行驶道路的性质、中间站点吸引区的范围及公交车辆类型和密度等因素优化设置。若公交站设置在道路交叉口附近，可方便 4 个方向的乘客便捷乘车，但对道路通行能力有较大影响；

（3）交叉口附近设置中间站时，一般应设在交叉口出口 50 m 以外处，不宜过多影响道路通行能力；

（4）中间站的站距受乘客出行需求、公交车辆的运营管理、道路交通系统、交叉口间距和安全等多种因素的影响，应合理选择，平均站距宜在 500 ~ 600 m 之间；

（5）中间站一般应考虑设置成港湾式，站点停车泊位可通过计算求得。

二、公交停靠站站址的选择

1. 公交始末站站址的选择

公交服务区域的客流量（乘客 *O-D* 量）通过调查、观测确定后，便可根据各交通区的总发生量或总吸引量确定需设线路的始末站。

（1）按客流量设站。当某一交通区高峰小时的总发生量或总吸引量大于某一设站标准时，该区必须设置线路始末总站。

每一交通区发生或吸引的乘客量，一般都由经过该交通区的公交线路中间站点所运送。当该交通区高峰小时的发生量或吸引量超过该交通区内线路中间站点的运载能力时，则该交通区应设置线路的始末站，以增加运载能力。

一个中间站点的运载能力为：

$$C_o = \frac{B60}{t_i} \tag{23.1}$$

式中 C_o——一个中间站点的运载能力（人次/高峰小时）；

t_i——高峰小时发车间隔，2 ~ 5 min；

B——高峰小时平均每车从中间站点搭载的乘客数。

交通区中间站点的总运载能力为：

$$C(i) = C_o N(i) \tag{23.2}$$

式中 $C(i)$——i 交通区中间站点的总运载能力（人次/高峰小时）；

$N(i)$——i 交通区内的中间站点个数。

公交线路的站台在规划区域内各交通区的分布是不均匀的，视各交通区的出行量大小、交通区性质、交通区面积及线路布设情况而定，在公交线路未确定前，可根据以下方法确定各交通区的公交线站点个数。

$$N(i) = \rho(i)\frac{S(i)}{d(i)} \tag{23.3}$$

式中 $N(i)$——i 交通区的站点个数；

$\rho(i)$——i 交通区的路网密度，市中心商业区可取 $\rho = 4\sim5\ \text{km/km}^2$，近郊地区可取 $\rho = 2\sim3\ \text{km/km}^2$，一般地区可取 $\rho = 3\sim4\ \text{km/km}^2$；

$d(i)$——i 交通区的平均站距，市中心商业区可取 $d = 0.4 \sim 0.5$ km，近郊地区可取 $d = 0.6 \sim 0.8$ km，一般地区可取 $d = 0.5 \sim 0.6$ km；

$S(i)$——i 交通区的面积（km^2）。

一个始末站的运载能力为：

$$C_{\mathrm{od}}=\frac{60Rr}{t_i k_{\mathrm{o}}} \tag{23.4}$$

式中　C_{od}——一个始末站运载能力（人次/高峰小时）；

R——公交车额定数，其中铰接车取 120 人，单节车取 72 人；

r——高峰小时满载率，取 $r=0.85$；

t_i——高峰小时发车间隔；

k_{o}——线路上最大断面流量与起点站站前断面或终点站站台断面的流量之比，$k_{\mathrm{o}}=1.5\sim2.0$。

（2）按实际要求设站。对于某些特殊地区，如车站、码头、风景区、居民生活小区等，为满足乘客的出行需要，方便居民生活，即使总发生（吸引）量未达到设站标准，也可考虑设站。

2. 中间站站址的选择

中间站按其利用情况可分为固定站、临时站和招呼站。固定站，指车辆在每单程运行过程中必须停车的车站；临时站，指在一天中的某些时刻或一年中的某些季节需停车的车站；招呼站，指在线路上有乘客招呼上下车时才停车的车站。

具体确定站址时，应考虑以下几项综合因素：

（1）考虑停车站站型。在一般情况下，固定站应设在一天中往返乘客较多、乘客经常交替的地方；临时站应设在一天中某些时刻或一年中某季节乘客交替较多的地方；招呼站宜设在较长站距之间或沿线乘客不多但周期性客流发生的地方。

（2）上下行设停车站时，要因地制宜。一般设站的相对车头距离为 30 ~ 50 m 左右，只有在道路宽阔且公交站点对道路通行能力影响不大的情况下，可以考虑在道路两侧的相对位置设站。

（3）便于车辆起动、加速，一般停车站不宜设在上坡处。

（4）下述地点不宜设置车站：道路转弯处、涵洞、桥梁、桥拱上端、陡坡、消防栓旁、铁路道路及危险地段等。

3. 公交出行总时间估算

出行可以直达，但也可能需要通过换乘才能完成。换乘通常有这样几种原因：为抵达目的地，必须换乘；为了节省时间，换乘较快的车辆；为了节约费用，换乘较大型的经济实惠的车辆；为了旅行更舒适，换乘更高质量的车辆。

公交总出行时间通常是进行系统设计最重要的依据。一次出行总时间包括：步行到公交车站的时间，等车及上车的时间，车辆加速到稳定运行所用的时间，车辆稳定运行的时间，车辆减速到停车所用的时间，中途站停车的时间，下车的时间，步行到目的地或换乘点再继续乘公交出行。其计算形式如下：

$$\begin{aligned}\text{总出行时间}&=\text{支线交通(或步行)出行时间}\times2+\text{等车时间}+\text{中间车站停车次数}\times\text{车站停车时间}+\\&\quad\ \text{站间间隔数}\times\text{加速和减速时间}+\text{站间数}\times\text{以稳定速度在两个车站间运行的时间}\\&=\frac{T}{F}\times2+t_{\text{等}}+\left(\frac{L}{D}-1\right)\times S+\frac{L}{D}\times b+\frac{L(D-a)}{Dv}\end{aligned} \tag{23.5}$$

式中 L——平均每个乘客定线交通出行长度（m）;

D——中间站平均间距（m）;

S——车站停车时间（s）;

a——汽车加速到正常运行速度所需的距离，以及汽车从正常运行速度到减速所需的距离（m）;

b——与 a 同样运行过程所占用的时间（s）;

v——汽车正常运行速度（m/s）;

F——通往车站的支线交通（或步行）的平均速度（m/s）;

T——从出发点到车站的平均支线交通出行距离（m），可近似取为 0.25D。

第三节 公交线网布局及优化

城市公交网络对城市居民的生活有着很大的影响，公交网络的规划与设计，必须以公交乘客 *O-D* 量为依据，提高公交运营效率，建设良好交通环境，推动土地开发和城市发展。

一、公交线网布局的影响因素

公交线网布局是一个复杂的过程，通常包括交通需求分布预测、线网优化布设以及线网客流预测与评价等方面内容，受多方面因素影响。

1. 城市客运交通需求

城市客运交通需求包括出行数量、出行分布和出行路径的选择，是影响公交线网规划的首要因素。在一定的服务水平要求下，客运需求量大的区域要求布置的公交线网客运能力较大。理想的公交线网布局应满足大多数交通需求，具有服务范围广、非直线系数小、通达性好、出行时间短、可达性高（步行距离短）等特点。

2. 道路条件

城市道路是公交线网布置的物质基础和前提，但并非所有的道路都适合公交车辆行驶，还要考虑道路几何线型、路面条件和容量限制等因素。若道路条件差，如转弯半径过小、路面负荷有限、道路宽度不足时就不适合公交车辆行驶。因此，在进行公交线网规划以前，可以将所有适合于公交车辆行驶的道路定义为公交线网规划的基础道路网，然后，将公交线网布置在基础道路网之上。

3. 场站条件

始末点站址可作为公交线网规划的约束条件，根据拟定的始末站点生成线网，也可在路线优化后，根据路线及车辆配置确定始末点站及其规模。一般的公交车站可以在路线确定后，根据最优站距、车站长度和土地使用等情况确定。

4. 车辆条件

影响线网规划的车辆条件包括车辆物理特性（长、宽、高等）、操作性能（车速、加速能力、转弯半径等）和载客指标（坐、站位数、额定载客量等）。考虑物理特性和操作性能与道路条件的协调，可以确定公交线网规划的基础道路网，根据车辆的载客能力和路线上客运的时空需求再配置车辆。

5. 效率因素

效率因素是指公共交通线网单位投入（如每千米、每班次等）获得的服务效益。反映路线效益的指标有：每月行驶次数、每车次载客人数、每车公里载客人数、每车公里收入、每车次收入和营运成本效益比等。它不仅反映路线的运营状况，还反映路线经过地区的客运需求量和路线的服务吸引能力。

6. 政策因素

政策因素包括交通管理政策（如车辆管制和优先措施）、社会公平保障政策（如照顾边远地带居民出行）和土地发展政策（如通过开辟公共交通路线诱导出行，促进沿途地带的发展等）。

二、公交线网优化的原则

公交线网优化是极大满足城市出行需求的基础，在此约束下，再进行车辆配置优化、车辆调度优化和人员调度优化。在进行公交线网布局优化时，应遵守以下的原则：

（1）满足城市居民日常上班、上学出行活动的需求和文化、生活各类城市活动出行的需求；

（2）线路走向应与主要客流的流向、流量一致；

（3）在主要客流集散点之间，尽可能开辟直达公交线路，使乘客总换乘次数最少；

（4）在主要客流集散点之间，尽可能按最短距离布设线路，使乘客总出行时间最小；

（5）公交线路分布均匀，尽量消除公交空白区；

（6）使公交线网密度、线路非直线系数达到合理的范围。

三、公交线网优化的思路及流程

1. 公交线网优化的思路

城市公交线网优化的思路通常有两种模式：解优法和证优法。解优法是根据对城市交通需求的预测，通过求特定目标函数的最优解，获得优化线网，因此，解优法又被称为正推法；证优法是指对一个或几个公交线网备选方案进行评价，证实或选择较优方案，因此，证优法也被称为验算法。

2. 公交线网优化的流程

公交线网优化的流程如图 23.4 所示。

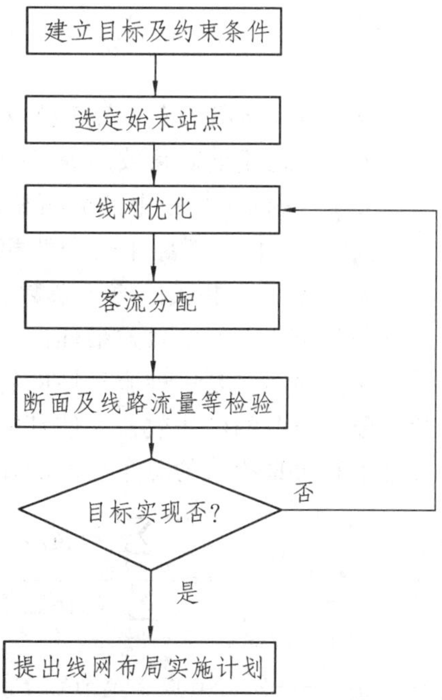

图 23.4　公交线网规划流程图

四、公交线网优化的目标

公交线网优化实质上是一个多目标规划问题，有时这些目标不是全部独立的，从不同的角度出发，会得到不同的目标函数。

1. 公交线网优化的目标函数

（1）乘客总公交出行时间最小。

这是公交线网优化社会整体效益最显著的一个目

标，公交线网布局得合理，能大量节约乘客出行时间。线路走向应符合乘客的主流方向，尽可能按最短路布设线路。目标函数为：

$$\min\sum_{i=1}^{n}V_{ij}T_{ij} \qquad (j=1,\ 2,\ \cdots,\ n) \tag{23.6}$$

式中 V_{ij}——从交通区 i 到交通区 j 的公交乘客量（人次）；

n——交通小区的数目；

T_{ij}——从交通区 i 到交通区 j 的公交出行总时间（h），按下式计算：

$$T_{ij}=\lambda_1T_1+\lambda_2T_2+\lambda_3T_3+\lambda_4T_4 \tag{23.7}$$

其中，λ_i（$i=1\sim4$）为修正系数；T_1 为出行点到相应车站的步行时间；T_2 为在车站的候车时间；T_3 为中转换乘时间；T_4 为乘车时间。

（2）线网覆盖率最大、线路重复系数最小：

$$x=\mu_1\alpha+\mu_2\frac{1}{\beta} \tag{23.8}$$

$$\alpha=\frac{\left[\sum\limits_{L_{s-t}\in LG}L_{s-t}-\sum\limits_{L_{s-t}\cdot L_{s'-t'}\in LG}(L_{s-t}\cap L_{s'-t'})\right]}{\sum\limits_{L_{s-t}\in L}L_{s-t}} \tag{23.9}$$

$$\beta=\frac{\sum\limits_{L_{s-t}\in L}L_{s-t}}{\left[\sum\limits_{L_{s-t}\in LG}L_{s-t}-\sum\limits_{L_{s-t}\cdot L_{s'-t'}\in LG}(L_{s-t}\cap L_{s'-t'})\right]} \tag{23.10}$$

式中 α——线网覆盖率，等于公交的道路总长与可通行道路网总长之比；

β——线路重复系数，等于公交线路总长与公交道路总长之比；

L_{s-t}——同一线路中公交两相邻节点 s 至节点 t 的距离；

$L_{s'-t'}$——同一线路中公交两相邻节点 s' 至节点 t' 的距离；

μ_1、μ_2——相关的修正系数。

（3）公交企业经济效益最佳。

公共交通本身是一种服务性的行业，进行公交线网规划时，不仅要考虑社会效益，还必须考虑公交企业的经济效益，使其能获得较好的收益而提高企业的运营活力。以每日产出的总人公里和每日投入的总车公里的比值来衡量其经济效益，函数关系用 y 表示为：

$$y=\frac{\sum\limits_{L_{s-t}\in LG}L_{s-t}q_{s-t}}{\sum\limits_{L_{s-t}\in LG}L_{s-t}K_{s-t}} \tag{23.11}$$

式中 q_{s-t}——公交节点 s 至节点 t 的客流量；

K_{s-t}——公交节点 s 至节点 t 的车流量。

2. 目标函数的求解方法

（1）将多个目标合并成一个目标函数。如采用费用最小的目标函数，目标形式是在一定固定需求条件下所有乘客乘车和等车时间费用和车辆运营费用之和最小。

（2）先对一个核心目标求最优解。对问题的一个核心目标求最优解，对其他目标以约束条件形式获得可行解，或保留多个最优解，进行多目标决策分析。

（3）对所有目标采用多目标综合决策方法。如胡润洲（1990）对总交通时间、直达率、道路覆盖率、通车密度、O-D客流完成率和公交企业效益最大等六项目标进行规范化，用加权求和方法评价方案的好坏。

五、公交线网优化的约束条件

如前所述，公交线网规划的影响因素及约束条件较多，一般来说，约束条件可分单条路线的约束条件和线网整体的约束条件两类。

1. 单条线路的约束条件

（1）线路长度：

$$l_{\min} \leqslant l_{\mathrm{I}} \leqslant l_{\max} \qquad (I \in R) \tag{23.12}$$

式中　$l_{\max}$、$l_{\min}$——路线长度的上、下限（km）。

《城市道路交通规划设计规范》建议线路长度的限值按下式计算：

$$l_{\max} = V \cdot T_{\max} / 60 \tag{23.13}$$

式中　V——公交车平均运营速度；

$T_{\max}$——城市95%居民的单程出行时间。

《城市道路交通规划设计规范》给出的单程最大时耗的上限与交通关系如表23.1所示。

表23.1　最大出行时耗、主要交通方式即常规公交线路的长度上限

城市规模		$T_{\max}$ / min	主要公共交通方式	$l_{\max}$ / km
大	>200万人	60	大、中运量快速轨道交通公共汽、电车	15
	100万～200万人	50	中运量快速轨道交通公共汽、电车	11.5
	<100万人	40	公共汽车、电车	10
中		35	公共汽车	8.75
小		25	公共汽车	6.25

（2）线路非直线系数，指行车线路起讫点间的实际距离与空间距离之比，用以表征公交线路走向是否符合乘客利益：

$$\left[\frac{l_I}{d_I}\right] \leqslant \left[\frac{l}{d}\right]_{\max} \tag{23.14}$$

式中　l_I——路线 I 的长度（km）；

d_I——线路始末站间空间直线距离（km）；

《城市道路交通规划设计规范》规定：$\left[\dfrac{l}{d}\right]_{\max}=1.4$。

（3）起终点条件。线路优化中考虑场站限制条件主要是始末站位置与用地：

$$S_I \in S \tag{23.15}$$

式中　S_I——线路的起终点；

S——起终点可行集；线路的起终点可以确定，也可以选出起终点的可行集，而将其确定纳入线路的搜索过程中。

（4）线路客运能力：

$$Q_I \leqslant Q_{I\max}\cdot\gamma \tag{23.16}$$

式中　Q_I、$Q_{I\max}$——路线 I 的最大流量断面客运量及客运能力（人）；

γ——考虑运输能力储备和服务水平的影响系数，可取 $\gamma=0.85$。

（5）站点中转量约束：

$$T_R[i]\leqslant T_{R\max}[i] \tag{23.17}$$

式中　$T_R[i]$、$T_{R\max}[i]$——线网 R 上第 i 节点的中转乘客量和最大中转乘客能力（人），公交线路主要是上客量限制。

（6）道路通行能力：

$$\sum_{I\in R}\frac{Q_I}{C}\cdot\eta_{\text{bus}}^I\cdot\beta_a\cdot\delta_a^I\leqslant C_a \qquad (\forall a\in A) \tag{23.18}$$

$$\delta_a^I=\begin{cases}1, & \text{线路经过路段 } a\\ 0, & \text{否　则}\end{cases}$$

式中　η_{bus}^I——线路 I 上公交车的车型换算系数（当量小汽车单位）；

β_a——路段 a 的公交车辆占用系数，$\beta_a=1$ 时为公交车专用道路；

C_a——路段 a 的道路通行能力（当量小汽车单位）；

其他符号意义同前。

（7）线路的断面流量均衡性约束。线路 I 的断面客流不均衡系数 μ_I 定义为线路中最大断面客流量 Q_I 与平均断面客流量 $\overline{q}_I$ 之比，即：

$$\mu_I=\frac{Q_I}{\overline{q}_I} \tag{23.19}$$

一般情况下，μ_I 不宜超过 1.5。

（8）复线条数。在优化中采用复线条数约束是对公交路线的分布均匀性、站点停靠能力的综合考虑。一条道路上设置的路线数 $N_a\leqslant 3\sim 5$，其中，N_a 表示路段 a 的路线条数。

也可采用线网的重复性指标 η 来反映线网整体的路线重复情况，若 η 较小，则线网分布较均匀：

$$\eta = \frac{\sum_{l \in R} l_l - \sum_{a \in A} l_a \cdot \delta_a^R}{\sum_{l \in R} l_l} \tag{23.20}$$

$$\delta_a^R = \begin{cases} 1, & \text{线网 } R \text{ 经过路段 } a \\ 0, & \text{否　则} \end{cases}$$

式中　l_a——路段的长度（km）。

2. 线网整体的约束条件

线网整体的约束条件除了上面介绍的单条线路的约束（如线网平均线路长度、平均线路非直线系数）外，还应该考虑线网密度、乘客换乘系数、线网的车站服务面积率、居民出行时耗、车辆保有量等指标。

（1）线网密度，是指城市有公交线路服务的每平方公里用地面积上有公交线路经过的道路中心线的长度，它反映了居民接近线路的程度。

《城市道路交通规划设计规范》给出线网密度的下限为：

$$\rho_{\min} = \begin{cases} 3 \sim 4 \quad (\text{km}/\text{km}^2) \quad (\text{市中心区}) \\ 2 \sim 2.5 \quad (\text{km}/\text{km}^2) \quad (\text{市边缘区}) \end{cases} \tag{23.21}$$

（2）乘客换乘系数。一般情况下，城市居民单程出行的换乘次数不超过三次。《城市道路交通规划设计规范》给出的整个网络平均换乘系数（衡量乘客直达程度的指标，其值为乘车出行人次与换乘人次之和除以乘车出行人次）为：

$$\bar{X} \leqslant \begin{cases} 1.5 & \text{大城市} \\ 1.3 & \text{中、小城市} \end{cases} \tag{23.22}$$

（3）线网的车站服务面积率：

$$\gamma_R = S_R / S \geqslant \gamma_{\min} \tag{23.23}$$

式中　γ_R、$\gamma_{\min}$——线网 R 的车站服务面积率和最小允许服务面积率；

S_R——线网 R 的公交车站的服务面积（km^2）；

S——城市用地面积（km^2）。

《城市道路交通规划设计规范》的规定值为：

$$\gamma_{\min} = \begin{cases} 0.5, & R_s = 300 \text{ m} \\ 0.9, & R_s = 500 \text{ m} \end{cases} \tag{23.24}$$

式中　R_s——公交车站服务半径，用到达车站的合理步行距离表示。

（4）居民出行时耗：

$$T \leqslant T_{\max} \tag{23.25}$$

式中　T——城市中 95% 居民出行单程最大时耗；

$T_{\max}$——城市中 95% 居民出行单程最大时耗上限。

城市中 95% 居民出行单程最大时耗上限影响着城市公共交通方式的选取，《城市道路交通规划设计规范》给出的单程最大时耗的上限与交通方式的关系参见表 23.1 所示。

（5）公交车辆保有量。按《城市道路交通规划设计规范》的要求，公交车辆保有量应满足以下条件：

对大城市：

$$\frac{1}{1\,000} \leqslant \frac{N_I}{P} \leqslant \frac{1}{800} \tag{23.26}$$

对中小城市：

$$\frac{1}{1\,500} \leqslant \frac{N_I}{P} \leqslant \frac{1}{1\,200} \tag{23.27}$$

式中 P——城市人口数；

N_I——城市的公交车辆数（折算为标台数）。

第四节 轨道交通线网规划

轨道交通是城市交通的骨干，是城市有史以来最大的公益性基础设施，它的发展直接影响城市的整体布局和功能定位，对城市的未来将产生深远的影响。城市轨道交通线网规划是交通规划的重中之重，应结合城市的社会、经济及交通需求发展，以及城市建设总体规划和城市客运交通规划，提出城市轨道交通路网的规划方案。

一、轨道交通线网规划的原则

轨道交通线网规划是城市总体规划中的专项规划，其研究目的在于规划一张与城市发展方向、用地布局及交通需求等宏观要素相吻合的轨道网络，它研究的重点主要有确定轨道交通线网的合理规模、轨道交通线网结构及初步方案、轨道项目的建设排序等方面内容。

轨道交通网络规划的指导思想是：① 依据总体规划、支持总体规划、超前总体规划、回归总体规划”。在规划时，必须遵循以下原则：用最少的轨道交通总里程吸引最大的出行量；② 最先修建的线路是最急需的线路；③ 有利于城市今后的可持续发展；④ 充分考虑轨道交通与土地利用的相互影响，处理好满足需求与引导发展的关系；⑤ 线路走向应与城市主客流方向一致，应连接城市主要客流发生吸引源；⑥ 轨道交通作为城市交通的骨干，应与现有交通工具相配合、协调发展，以最大限度地提高其使用效率；⑦ 组建大型换乘中心，使之成为城市发展副中心或新区开发的先导和依托点；⑧ 与城市建设计划和旧城改造计划相结合，以保证轨道交通建设计划实施的可能性和连续性，工程技术上的经济性和合理性；⑨ 与城市的地质、地貌和地形相联系，以降低轨道交通的工程造价，有条件的地方应尽量采用高架或地面形式。

二、轨道交通线网规模确定

线网规模的实质是整个轨道交通系统的总体构成量，它包括路网密度、系统能力和经营管理，其中路网密度、系统能力是规模中硬性的一面，经营管理是其软性的一面。规模是上述三者的统一，它取决于城市规模、城市形态以及社会经济发展水平等诸多因素。从系统能力和路网密度来看，有四种性质的规模度量，如图 23.5 所示。

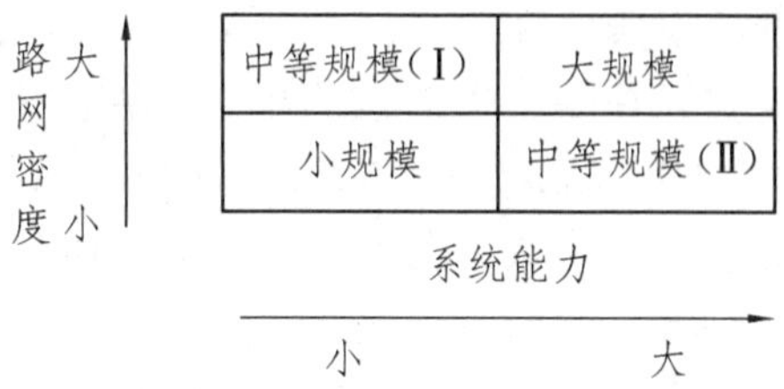

图 23.5　线网规模示意图

合理规模是一个带有目标性质的量，运营公司、市政当局及消费者由于各自利益不同，存在着不同的规模量。合理规模是路网密度、系统能力和运营管理的函数：

$$S = f(D, C, T) \tag{23.28}$$

式中　S——规模效益；

D——路网密度；

C——系统能力；

T——运营管理。

当 S 达到最大时（按照拉氏条件，即 $\frac{\partial S}{\partial D}=\frac{\partial S}{\partial C}=\frac{\partial S}{\partial T}=0$）$D$、$C$ 和 T 的组合为合理规模。

三、轨道交通线网结构规划及初步方案确定

1. 轨道交通线网结构分析

城市轨道交通网络是实现系统功能的载体，是轨道交通系统规划的关键。国外经验表明，轨道线网结构与城市结构以及土地利用之间存在着相辅相成的互动关系。城市轨道交通系统的线网结构有以下几种典型的图式：

（1）放射状结构。路网由若干直径线组成，所有的线路都经过市中心向外呈放射状，一种是单中心向外放射，另一种是放射网状。

（2）放射＋环形结构。当放射状路网规模较大时，往往在放射状路网的基础上增加一至两条环线，弥补放射状路网结构的不足。它主要的作用是疏解市中心客流，减轻市中心区线路的负荷，并提高环线方向乘客的直达性。

（3）棋盘形结构。它是相对于线网构架整体而言的，其优点是平行线路多、相互交叉次数少，可引导客流均匀分布，使换乘客流分散；不足的是对角线、平行线间乘客换乘次数较多。

（4）棋盘＋环线结构。它是在棋盘形路网的基础上增加一条环线，除具有棋盘形线网的优点外，提高了乘客的直达性，减少了乘客的换乘系数，缩短了出行时间，同时减轻了市中心区的线路负荷，起到疏解客流的作用。

2. 轨道交通线网规划方法

轨道交通线网规划问题最初也属于运筹学中的典型问题，路线的生成算法有最短路算法、最小树算法和搜索算法等；在规划区域离散化处理方面，有网络化的处理方法和一般的交通小区划分方法等；规划目标从简单的多准则规划指标发展为“覆盖区域”内人口、O-D 量等交通需求指标；约束条件则与常规公交线网规划的约束条件类似，大致包括起终点约束、线路非直线系数约束、线路长度约束、线路客流量约束、中转量约束等。

（1）轨道交通路线搜索法。基本原理是：从起点（交通区）出发，向其所有邻接交通区扩展，再以各邻接交通区为新起点，向所有邻接交通区作连续扩展，对到达的每一节点，考

虑约束条件和目标函数，从而求得满足约束条件的所有可能路线中路线效率最大的路线。这实际是一个以起点为根点，在交通区邻接网络中进行树状搜索的过程。

（2）轨道交通路线的二阶段规划法。轨道交通系统涉及面广，影响因素多，在城市客运交通系统中具有骨架的地位和功能，并常常与多种交通方式结合，其影响区半径一般约为 2.5 km，因而对轨道交通路线首先应进行较为宏观的规划。同时，轨道交通线路附近，尤其是合理步行区（半径约为 600 m）内的交通费需求分布对路线效率有非常大的影响，因此又必须在与常规公交类似的范围内进行优化。基于以上原因，提出二阶段的轨道交通路线规划方法：首先在交通小区中进行路线影响区优化，然后在交通小区中进行路线合理步行区优化。

3. 线网初步方案的确定

轨道交通路网规划是一个多目标的优化过程，至于最终方案的形成视规划者对目标赋予的权重不同而不同，采取反复调整初级路网形成最终规划方案。生成线网初步方案可以采用下面的方法：

（1）寻找主要集散点和出行主径路。寻求主要集散点的目的是将城市交通的主要发生源与吸引源纳入轨道交通网内；寻找出行主径路则是为了将道路网的瓶颈路段纳入轨道交通网内。通过下面步骤寻找：

① 对远期 O-D 矩阵处理。先将对角线上诸元素置 0，剔除交通小区之内出行；再对各区分别求和得到小区区外发生量和吸引量；最后按各区的区外出行量排序，取前 10 ~ 20 位（可按小区总数的 10% 左右）作为主要集散点。

② 对主要集散点处理。通过定性分析按非主要集散点的区位和城市规划中的重要程度判定是否遗漏了主要集散点。

③ 将远期 O-D 矩阵按距离最短路分配到远期道路网上得到出行期望径路图；按路段上的出行量大小排序得到出行主径路段；再按路段上的流量统计出行主径路路段上的相关路段号和 O-D 号。

（2）出行主径路路段相关分析。将出行主径路路段分类以判别哪些路段在一条轨道交通线上，基于出行主径路路段上的流量是若干 O-D 对分配的结果进行相关分析。当出行主径路路段相关时，将其合并为一个新的路段，继续寻找与新合成的路段相关的路段，直至覆盖了主要集散点为止。

（3）生成路网初级方案。在（1）中的②已判别了那些出行主径路路段划分为同一类作为一条轨道交通线，但这一类中出行主径路路段是离散的，需连接成线。基于单一路段不仅是其他路段的载体其本身也达到吸引客流的目的，连接的标准为：在剩余路段中挑选这样的路段，其相关 O-D 点在已统计的相关 O-D 中个数最多。这样可以保证已相关路段依旧相关，并且会增加新增路段的相关 O-D 量，达到覆盖最大相关 O-D 量的目的。在未覆盖的集散点和已生成线路间按最短路连接。

四、轨道项目的建设排序

城市轨道交通系统的形成是百年之功，网络需一次规划并逐步完善，但建设只能逐步进行。轨道项目的建设排序就成为一个突出难题，其难处不只是在财政上，更多的是在对原有规划的调整上，其结果是建一个项目就调整一次整个网络。

轨道项目排序应与客流变化趋势一致，一般的共识是先建设贯通市中心的直径线，因为从轨道交通线网体系和运输效率的角度看，设置贯穿城市中心的路线比较理想；随后优先线路一般定为环线，使网络的可达性得到较大改善，或根据城市地形与布局特点建设主要客流方向的干线；随后的优先线路一般又定为环线，使网的流通性、可达性、机动性、覆盖率等项指标均有较好的改善。

建设时机有追随型、满足型、主导型的差异。选择建设时机的关键：一是有良好的超前性规划，包括前述的规模依据；二是第一条线路的建设必须有一定的超前性。比较理想的是主导型，即对城市发展起到积极的良性导向作用；其次是满足型，即随城市发展基本达到满足的水平；最差的是追随型，即始终落后于城市发展对轨道交通的需求。

轨道交通建设是一项长期、庞大的工程，在一定的资金、人力、物力等客观条件下，分期建设规模和顺序应充分考虑与城市经济、人口发展、土地开发、重点项目建设以及交通需求紧密结合，还应坚持下述原则：① 线网实施规划应分步实施，必须有重点、有层次，先建立核心层，再向外延伸，循序发展；② 实施顺序要讲究实效，应充分考虑工程和运营的连续性和效益性水平，未来的线网实施规模，更应注意需求因素和对城市综合实力的分析，各条线网规划的实施，必须同时考虑车场的配置、列车组织方案以及所需要的配套线路工程；③ 应特别强调保证线路能够做到修建一段、运营一段。

本章小结

本章讲述了公交线网的类型；介绍了公交线网布局优化的影响因素及布局方法；阐述了轨道交通线网规划的主要内容及规划方法。

思考题

1. 公交网络有哪些类型，其特点是什么？
2. 公交停靠站的站址如何选择，站距如何确定？
3. 试述公交线网优化的目标及约束条件。
4. 轨道交通线网规模如何确定？
5. 轨道交通线网有哪些结构，初步方案如何确定？
6. 轨道项目建设排序应遵循哪些原则？

第二十四章 城市客运交通组织及效益评价

学习目的：了解公交车辆的调度形式、出租汽车的营运方式、理解公交线路运营状况、公交运营综合评价指标，行车时刻表的编制程序，城市公共客运交通系统效益评价的步骤；掌握公交车辆定额及运行参数的确定方法和城市公共客运交通系统效益评价的内容及指标体系。

第一节 公交调度管理

公共汽车的营运组织工作，是运输企业组织营运生产，实现计划管理，改善服务质量的一项中心工作。在公交线网合理布设的基础上，线路营运组织的好坏，在很大程度上取决于能否采用适应客流规律的车辆行车方式、准确优质的作业计划和及时有效的现场调度。

一、选择车辆调度形式

（一）车辆调度形式类型

车辆调度形式，指营运调度措施计划中所采取的运输组织形式，可按不同的方式进行分类。

1. 按车辆工作时间的不同分类

按车辆工作时间不同可分为正班车、加班车和夜班车。

（1）正班车，指车辆在营业时间内连续工作相当于两个工作班的一种基本调度形式，是营运车辆的基本调度形式。

（2）加班车，指车辆仅在某段营业时间内上线工作，累计日工作时间相当于一个工作班的客运生产组织形式，是一种辅助调度形式。

（3）夜班车，指车辆在夜间上线工作的调度形式，当时间不足一个工作班时，常与日间加班车相兼组织。

2. 按车辆运行区间与停站方式不同分类

按车辆运行区间与停站方式不同可分为全程车、区间车、快车等。

（1）全程车，指车辆从线路起点发车直到终点站止，必须在沿线各固定停车站依次停靠，按规定时间到达有关站点并驶满全程的调度形式。

（2）区间车，指车辆仅行驶于线路上某一客流量高的路段或区段的一种辅助调度形式。

（3）快车，指为加快车辆周转，车辆采取越站运行的调度形式，包括大站车和直达车两种。大站车指车辆仅在沿线乘客集散量较大的停车站停靠和在其间直接运行的调度形式；直达车指车辆由线路起点直接行驶至线路终点，沿途站点不停靠的调度形式。

（4）定班车，指为接送有关单位职工上下班或学生上下学而组织的一种专线调度形式。

（5）跨线车，指为平衡相邻线路之间客流负荷，减少乘客转乘而组织的一种车辆跨线运行的调度形式。

（二）车辆调度形式的选择

公共汽车营运路线均须以全程车、正班车为基本调度形式，并根据线路客流的分布特征辅以其他调度形式。客流的分布特征可根据客流调查分析得出。

1. 区间车调度形式的确定

可以通过计算路段客流不均匀系数或路段客流量差的方法来确定是否采用区间车调度形式。

（1）通过计算客流沿路段分布不均匀系数 K_s 的方法来确定，当路段不均匀系数满足下述条件时，应开设区间车：

$$K_s > K_s^0 \qquad (24.1)$$

K_s^0 为根据路段不均匀系数判定是否采用区间车的界限值，可根据客运服务要求及具体客运供需条件来确定，通常 $K_s^0=1.2\sim1.5$。

（2）路段客流差（$\Delta Q_i''$），指统计时间内，某路段客流量与沿线中各路段平均客流量之差，即：

$$\Delta Q_i''=Q_i''-\bar{Q}'' \tag{24.2}$$

式中 $\Delta Q_i''$——第 i 段客流量差；

Q_i''——第 i 段客流量；

$\bar{Q}''$——沿线各路段平均客流量。

凡采用区间车调度形式时，应满足下述条件：

$$\Delta Q_i''\geqslant(2\sim4)q^o \tag{24.3}$$

式中 q^o——车辆的计划载客量。

2. 快车调度形式的确定

可以采用以下两种方法确定快车调度形式。

（1）通过计算客流沿方向分布不均匀系数 K_a 的方法确定。当方向不均匀系数满足下述条件时，采用快车调度形式：

$$K_a>K_a^0 \tag{24.4}$$

K_a^0 为根据方向不均匀系数判定是否采用快车调度形式的界限值，可根据客运服务要求及具体客运供需条件来确定，通常 $K_a^0=1.2\sim1.4$。

（2）通过计算站点集散量不均匀系数的方法确定。当长距离乘客较多时，如站点集散量不均匀系数 K_c 满足下述条件时，可沿同方向集散量较大的几个站点开设快车：

$$K_c>K_c^0 \tag{24.5}$$

K_c^0 为根据站点集散量不均匀系数判定是否采用快车调度形式的界限值，可根据客运服务要求及具体客运供需条件来确定，通常 $K_c^0=1.4\sim2.0$。

3. 高峰加班车调度形式的选择

可以通过计算客流的时间不均匀系数 K_t 的方法，确定是否采用加班车调度形式。如果时间不均匀系数满足下述条件，应开设加班车：

$$K_t>K_t^0 \tag{24.6}$$

K_t^0 为根据客流时间分布不均匀系数判定是否采用加班车调度形式的界限值，可根据客运服务要求及具体客运供需条件来确定，通常 $K_t^0=1.8\sim2.2$。

二、确定车辆运行定额

车辆运行定额主要包括单程时间、周转时间、计划车容量等。

1. 单程时间

单程时间指车辆完成一个单程的运输工作所耗费的时间，包括单程行驶时间和中间站停站时间，通常分路段与时间段采用观测统计方法来确定。

2. 始末站停站时间

始末站停站时间包括为车辆调车、办理行车文件手续、车辆清洁、行车人员休息与交接班、乘客上下车以及停站调节等必需的停歇时间。在客流高峰期间，为加速车辆周转，车辆在始末站的停站时间原则上不应大于行车间隔的 2～3 倍。在平峰期间始末站停站时间的确定需要考虑车辆清洁、行车人员休息、调整行车间隔以及车辆日常维护等因素确定。

3. 周转时间

周转时间是指车辆第一次从公交始站出发，到再次从始站出发的总时间。等于单程时间与平均始末站停站时间之和的 2 倍。车辆的沿线周转时间应按不同的客流高峰分别确定，不同客运峰期内的周转时间尽可能与该峰期延续时间相匹配，或不同的峰别的相邻时间段的周转时间与相应时间段总延续时间相协调。

4. 计划车容量

计划车容量指行车作业计划限定的车辆载容量，又称计划载客量定额。它是根据计划时间内线路客流的实际需要、行车经济性要求以及运输服务质量标准确定的计划完成的车辆载客量，一般按下式确定：

$$q = q_0\gamma \tag{24.7}$$

式中 q——计划车容量；

q_0——车辆额定载客量；

γ——满载率定额。

三、确定车辆运行参数

1. 路线车辆数

路线车辆数包括组织营运所需的车辆总数（A）与营业时间内各时间段所需的车辆数（A_i）。确定 A 一般以高峰小时所需车辆数为准；确定 A_i 应根据该段时间（t_i''）内最高路段客流量及计划车容量为准：

$$A_i = \frac{f_i}{\eta_{oi}} = \frac{Q_i''}{q_{oi}r_i^0\eta_{oi}} \tag{24.8}$$

式中 f_i——行车频率，$f_i = Q_i''/q_{oi} \times r_i^0$；

η_{oi}——周转系数，$\eta_{oi} = 1/t_{oi}$；

Q_i''——第 i 时间段内营运线路高峰路段客流量；

q_{oi}——第 i 时间段内车辆额定载客量；

r_i^0——第 i 时间段内最高路段的满载率定额；

t_{oi}——第 i 时间段内的车辆周转时间（h 或 min）。

车辆总数 A 通常依据客流高峰时间段最高路段客流量 Q_s'' 计算，即

$$A_i = \frac{Q_s''}{q_{os}r_s^0\eta_{os}} \tag{24.9}$$

式中 η_{os}——高峰时间段内的周转系数；

q_{os}——高峰时间段内车辆额定载客量（p）；

r_s^0——高峰时间段内最高路段的满载率定额（%）。

当有多种调度形式时，线路车辆 A 为各种调度形式所有车辆数的总和。

2. 行车间隔

行车间隔，指正点行车时前后两辆车到达同一停车站的时间间隔，又称车距，可由下式确定：

$$I=\frac{t_0}{A} \tag{24.10}$$

式中　t_0——高峰期间的周转时间（min）；

A——t_0 时间内运行的车辆数（辆）。

四、编制行车时刻表

编制行车时刻表，即根据车辆沿线运行定额及运行参数，排列各分段时间内，各车辆的行车时刻序列，通常将其制成表格形式。

1. 编制依据

行车时刻表的编制依据主要有 3 个：① 客流依据；② 线路配车数、劳动配班数；③ 指标要求。客流依据反映客流的需要，配车数、劳动配班数、指标控制数则是公交企业主观上应达到的供应能力。客流在时间上的不均衡规律决定了行车时刻表各时组的配车数和车次。断面上的不均衡规律和方向上的不均衡规律决定了车辆调度形式，只有与配车数、配班数、指标数互相综合平衡，才能最后确定车辆调度形式和行车时刻表的编制内容。

2. 编制程序

行车时刻表是基于上述 3 个依据综合平衡的产物，其具体编制程序如图 24.1 所示。

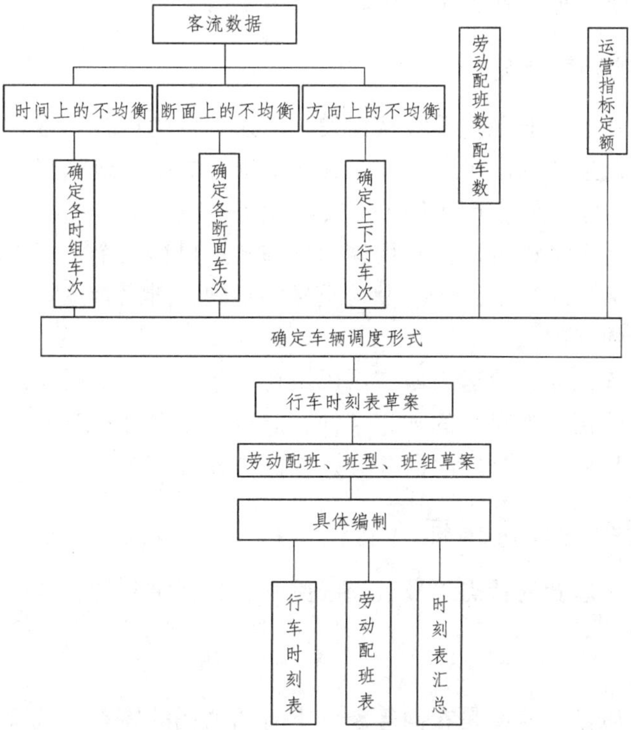

图 24.1　行车时刻表编制程序

3. 注意事项

编制行车时刻表应注意以下几个问题：

（1）要依据拟定的各时组配车数、行车间隔和劳动班型、班次进行编制。

（2）班次的顺序尽可能按时间顺序排列。确定单班车的班次时要注意和正常班次相互交叉。单班车的班次不宜连续，以免班次分布不均衡，造成其他班次停站时间过大或过小。

（3）根据客流沿时间分布的不均匀型，进行增减车辆排列时，须注意保持行车间隔均匀有序，以避免产生车时浪费和周转不及的情况出现。

（4）保证高、低峰时间规定的各时组的单程行驶时间和停站时间到位。

（5）行车人员工作的时间安排，既应服从客流的变化需要，又应注意各行车班次车辆工作时间的平衡、行车人员工作时间的合理利用。

行车时刻表编制好后，需对其可行性、运输服务工作效果与经济效益进行审查、分析，以便最后审定执行。

主要审查内容包括：计划规定的车次数与调度形式对客流的适应情况，收发车时间安排，车班工时利用，营运车速及运输成本概预算结果是否符合要求等。

第二节 公交运营综合评价

公交运营综合评价是城市公共交通经营管理中一项重要的工作，是促进城市公共交通持续发展，加强科学管理和提高公共交通系统服务质量的有效手段，它以公交线路运营状况分析为基础，以公交系统服务质量评价为中心。

一、公交线路运营状况分析

城市公共交通的基本作业是把乘客从出发地运送到目的地，使乘客完成一次出行。从这个意义上讲，公共交通运营的成果主要体现在运送乘客数量、运送里程以及公共交通提供的乘车条件满足乘客乘车需求的程度（即公共交通服务质量）。

运送乘客数量、运送里程可以分别用客运量和营运里程两个指标表示，或者用客运工作量作为评价的综合指标。同时，由于数量是质量的基础，所以客运量、营运里程和周转量也就成为线路运营分析的基础。

城市公共交通系统，通过营运为城市居民出行服务，为城市居民出行创造了某种客观存在的乘车条件，问题就在客观存在的乘车条件，能否满足乘客乘车的需求。线路营运分析的目的是比较服务质量与乘车需求之间的差异，以便为改善乘车条件提供依据。

二、公交运营综合评价指标

根据城市公共交通运营的特点以及公交线路营运的特定条件，公交运营综合评价指标主要包括以下几个方面。

1. 迅速性

迅速性就是速度质量，速度是在同等条件下时间消耗的体现。城市居民出行采用城市公共交通的时间消耗分车内时间和非车内时间，乘车所消耗的车内时间可以用运送速度来衡量，非车内时间可分为乘客的步行时间和候车时间。候车时间与行车间隔有关系，而行车间隔可用发车频率来表示。乘客的步行时间可分为乘客步行到站和离站时间以及换乘步行时间，为此，迅速性可以用运送速度、发车频率和乘客到站时间三项指标来表示。

2. 方便性

它是指公共交通能适应各种不同目的乘车的需要，使人们乐于选择公交出行方式。公共交通越方便，对城市居民的吸引力越大。方便的内容很多，但就线路而言，公共交通站点的设置是至关重要的。站点设置中影响乘车条件的因素有站距和方位，其中站距可以作为衡量乘车方便的量化指标。

3. 安全性

它是城市公共交通运营服务顺利进行的基本条件。营运安全更重要的是有利于城市环境的安全，保障人民的生命、财产与社会经济的安全。安全的程度是用它的反面——事故来表示的。对于城市公共交通运营而言，事故有行车事故和客伤事故之分，所以，安全性可以用行车事故发生率和客伤事故发生率表示。

4. 准点性

它是衡量公共交通营运服务的重要标志之一。准点的主要评价指标有准点率和到站时刻偏移量，其中准点率又分为起终站准点率和中途站准点率。

5. 舒适性

舒适性与社会物质文明和精神文明发展水平密切相关，同时与城市公共交通发展程度相关联。从经济的观点来看，城市公共交通线路营运的舒适性是个效率问题。涉及线路营运机制方面的效率大致可以分为以下几种情况：

投入与产出——公共交通营运主要投入是车辆，其产出的一种主要形式是客运量。每辆车在实际营运中载客人数或多或少，这就产生了投入产出的一种比例指标，即满载率。公共交通营运的另一个投入形式是车辆的行驶，这样又产生了一个投入产出的指标，即里程利用率。

线路——它是城市公共交通所使用的城市客运的一种资源，既然是资源，必然存在使用的效率问题，并用线路平均负荷来衡量。按照劳动生产率的定义，城市公共交通客运劳动生产率，应该用通过线路营运实现客运服务的工作量和所消耗的营运时间来表示。

以上的各项分析都是围绕线路营运服务的质量来展开的，如何保证和提高线路营运服务质量，必须有物质基础给予保障，这就是线路营运的运能配备。运能是指公共交通运送乘客的能力，它分四个部分：车辆数、客位数、车辆行驶里程和客位行驶里程。运能仅仅是物质基础，影响线路营运服务质量的还有运能的特性表现。公共交通方式单向客运能力的特性，表现在运送速度、发车频率和单向客运能力三方面。

第三节　出租汽车营运组织

出租汽车运输是为公众提供不定线服务的公共客运方式，可以由各种不同的车型根据客流在时间和空间上的不同需要，提供灵活的客运服务。它是城市公共交通系统中唯一能为乘客提供“门到门”服务的一种形式。

一、出租汽车营运方式

城市客流具有流量大、流向分散、运距短、上下车频繁、流时分布复杂等特点，这决定了出租汽车营运方式的多样性和不固定性。目前，根据各城市出租汽车的营运情况，出租汽车基本的营运方式有沿途招手租车、电话租车、乘客到站租车等几种。

1. 沿途招手租车

沿途招手租车是出租汽车营运的主要方式，尤其是在出租汽车业务量大、车辆多的大城市可以此作为主要经营方式。采用招手式租车必须具备以下条件：① 城市中车辆供求关系应处于供求平衡或供大于求的状况；② 交通管理部门，允许出租汽车在一定条件下随时随地停车上下乘客；③ 在车上配备顶灯标志和空车标志，并严格执行使用的规定，使乘客便于识别。

2. 网约车

网约车是网络预约出租汽车经营服务的简称，是指以互联网技术为依托构建服务平台，接入符合条件的车辆和驾驶员，通过整合供需信息，提供非巡游的预约出租汽车服务的经营活动。网约车为老百姓提供多样选择，减少打车难问题，提供更好的出行服务；网约车与传统巡游出租汽车融合发展，有助于传统巡游出租汽车转型升级，为城市人们出行提供更好的便捷服务体验。

3. 电话租车

电话租车指乘客用电话向出租汽车调度室或就近营业站点要车。在出租汽车业务密集性小、车辆不多的中小城市，电话要车应作为主要的经营方式。

4. 乘客到站租车

乘客步行到就近的机场、码头、火车站及其他出租汽车营业站租车，营业站点设专职调度人员，顺序候车，依次派车，尽力缩短乘客候车时间。

5. 预约租车

乘客可在用车前到站或打电话提前预约租车或委托旅店、医院等单位待办约车。

6. 凭证租车

与经常用车单位或个人签订乘客定期付款协议书，付给乘客乘车凭证单，乘客可凭乘客凭证单乘车，租费可按月结算。

7. 合同租车

与常用租车单位签订合同。

8. 定期接送租车

定期接送企事业单位职工上下班或休假等，可减少社会购车投资，提高车辆利用率，稳定客源。

9. 定线、定点旅游租车

根据当地旅游条件和客流，经营一日几游、多日几游形式的旅游车。

二、驾驶员的作业方式

由于出租汽车实行单车作业，一人一车，流动服务，驾驶员不但要驾驶车辆运载乘客，还要独立招揽业务、结算租费和保管现金。在一定程度上讲，驾驶员是一个独立的生产经营者，因此，出租汽车驾驶员的作业方式要与营运方式相适应，以保证出租汽车运行的顺利进行和满足旅客不同的运输需求。概括起来出租汽车驾驶员作业方式有以下几种：

1. 调度控制作业方式

这是传统的营运作业方式，即所有出租汽车业务全部由先固定在营业站点的调度人员受理，再按驾驶员出车班次有计划地通知驾驶员执行。驾驶员每执行一次业务后，要向调度员报告车辆所处位置，准备接受下一次业务。

2. 调度与自营相结合的作业方式

此种作业方式，驾驶员既接受调度人员指派的业务，又在可能条件下自揽业务，比较灵活，有利于发挥调度人员和驾驶员两方面的积极性，为乘客提供方便的租车条件。

3. 弹性作业方式

此种作业方式，公司不对驾驶员实行任何控制，驾驶员具有独立的经营权，并对经营效果负责，可以选择最佳出车时间，可以自己受理业务，也可到室内营业站点等候业务，有利于发挥驾驶员独立经营的积极性。

三、出租汽车调度工作

出租汽车的营运任务最终是以落实车辆供应、满足旅客运输需求来完成的，因此及时、有效地提供车辆是出租汽车组织的核心工作。而提供车辆的工作是通过两个渠道实现的：一是空车运行过程中旅客招手要车；二是通过调度工作实现。

1. 调度工作原理

在调度工作中应用的科学原理很多，其中最基本、最普遍的就是运筹学。运筹学的内容极其丰富，在调度工作中的应用就是对业务和运能做出合理安排，选择最优方案使之达到一定数量的运能所获得的效益最大。

2. 调度方式

调度方式根据内部工作程序和外部的表现形态可分为调度方法和调度形式两方面。

（1）调度方法。它是在调度原则确定后，根据通信设备、运能配置变化情况以及承接的业务数量、类别和乘客要求而逐步发展形成的，主要有以下几种：① 人工或电脑编排预约业务订单；② 通过车队选派符合要求的驾驶员完成出市境、包车等特定业务；③ 适时调派不能进入编排计划的预约业务和临时要车业务；④ 妥善处理电调与上门业务，合理安排成串业务。

（2）调度形式。它是调度方法的外部表现形态，主要有以下几种：

① 电话接派。它包括有线电话和无线电话，其中无线电话只用于车辆调派，调度室通过电话直接或间接承接业务并直接或间接下达至驾驶员出车。

② 站点接派。由站务人员与上站乘客成交业务，并直接或间接下达至驾驶员出车。

③ 现场调度。在大型活动、会议包车服务或大客流现场，调度室派员在现场直接调派车辆。

第四节　城市公共客运交通系统效益评价

城市公共交通是城市复杂系统的重要组成部分，是城市居民从事各项生产、生活等活动的纽带。同时，公共交通作为未来我国大城市客运交通结构中的主体，在城市交通系统中占有举足轻重的地位，它的发展水平直接关系到城市整体发展水平。使城市公共交通系统与城市经济协调发展是城市公共客运交通系统效益评价的根本出发点，把握公共交通系统的总体发展水平，可为公交系统进一步发展提供规划、建设、管理等方面的依据，对整个城市交通系统管理将起到积极的推动作用。

一、评价的内容

城市公共客运交通系统效益评价的内容主要包括三个方面，即面向系统使用者（公交乘客）的公共交通网络技术评价，面向系统经营者和管理者（公交企业与行业主管部门）的经济效益评价以及面向政府（代表城市或全体公众利益）的社会环境效益评价。

城市公共交通网络的技术评价是从公共交通网络的发展水平和技术性能方面，分析其发展规模与客运需求的适应性以及公交系统内部结构和功能的合理性，为公交系统的优化和决策提供技术依据。从根本上讲，公交系统的社会效益和公交企业的经济效益如何，首先取决于公交系统的技术性能，因此，公交系统的技术评价是公共交通系统效益评价的重要组成部分。

公共交通系统的经济效益评价可以分为国民经济评价和财务评价，前者是指城市公共交通规划方案对整个国民经济发展的影响，后者则用于公交企业经营分析与决策。城市公共客运交通作为一项社会性很强的事业，其社会环境效益反映了公共交通作为对公民经济和社会发展具有全局性、先导性影响的基础产业功能，包括各种间接效益，如减少城市拥挤、交通事故与交通环境污染，提高 CBD 地区的可达性，促进土地增值等。

二、评价的步骤

城市公共交通系统效益评价一般包括以下四个步骤：

（1）明确评价前提。首先明确评价的立场，即明确评价主体是系统使用者，还是系统经营与管理者，抑或两者兼而有之或其他受影响者，这对于评价目标的确定、评价指标的选择都有直接的影响。其次，要明确评价的范围和时期，即评价对象涉及哪些地区和部门，评价处于哪个时期。

（2）研制评价指标体系。评价指标体系通常具有多层次结构，首先要明确评价目标，这是评价的依据，然后确定目标的结构。目标结构确定以后就要建立评价指标体系，根据具体的目标建立相应的评价指标。

（3）定量各项评价指标。首先确定评价指标的量化标准，然后确定量化的方法（包括指标的无量化处理方法以及定性指标的定量化方法），对每项评价指标均须规定计算方法，并对评价标准进行恰当地表明，评价标准确定后，就可依据该标准对评价指标进行划分。

（4）最终评价。首先，必须确定评价的方法，即根据各指标间的相互关系及其对总目标的贡献确定各项指标的合并计算方法。

三、评价指标体系

1. 评价指标选取原则

城市公共客运交通系统效益评价涉及许多领域和行业。一方面城市公交系统评价的目的是方便居民出行，推动城市结构的合理调整以及改善城市的生活环境；另一方面城市公交系统的评价指标应该能够独立反映城市公交系统某一具体方面的特征，并与城市系统的其他因素相联系。评价指标应该满足如下原则：

（1）评价指标要能够完整、准确地反映城市公交系统的实际情况，同时评价指标体系应尽可能全面反映各子系统公交的实际情况。

（2）评价指标体系要最简化、最小化，即尽量使用少的评价指标，使评价过程经济可行，同时评价指标应该概念明确、数据易测、可操作性强。

（3）评价指标体系应具用可比性，即为了便于各个城市之间比较，要求评价指标在时间和空间上具有可比性。

（4）评价指标体系和标准的确定应随着城市的发展变化作适当的调整。

2. 常用评价指标

（1）公共交通线网密度。城市公共交通线网密度有两种算法：① 公交纯线网密度（km/km^2），指有公交服务的每平方公里的城市用地面积上，有公交线经过的道路中心线长度；② 公交运营线路网密度（km/km^2），用各公交运营线路的实际长度除以所经地区的面积。

（2）公交车辆拥有率（标台/万人），是指市区每万人（包括暂住人口）平均拥有的公共交通车辆标台数，既是反映城市公交客运能力的指标，也是判断交通发展战略是否明确、公共交通优先政策和措施是否落实的参考指标。

（3）公交站点覆盖率（%），也称为公交站点服务面积率，是公交站点服务面积占城市用地面积的百分比，也是反映城市居民接近公交程度的一项重要指标。

（4）行车责任事故间隔里程（万 km/次），是指平均行驶多少公里发生一次责任事故，反映安全状况。其计算公式为：

$$行车责任事故间隔里程 = \frac{总行程(万\ km)}{行车责任事故数(次)}$$

（5）行车准点率（%），是指运营车辆在营业线路上准点行车次数与全部行车次数之比，其计算公式为：

$$行车准点率 = \frac{准点行车次数}{全部车行次}$$

（6）乘客平均换乘系数（次/人），是衡量乘客直达程度的指标，其值为乘车出行人次与换乘人次之和除以乘车出行人次。

（7）乘客平均候车时间，是指乘客到达公交车站起至乘上车的时间消耗，是反映乘车方便程度的一项重要指标。其计算公式为：

$$乘客平均候车时间 = \left(\frac{行车间隔}{1}\right) \times （1 + 每次出行平均换乘人次）$$

（8）公交线路运送速度（km/h），是指公共交通车辆在线路始末站之间的行程时间（包括各站间的行驶时间与各站停站时间）除行程长度所得的平均速度，反映城市交通的拥挤程度，是衡量公共交通服务质量的指标。

（9）出行时耗（min），是指居民从甲地到乙地在交通行为中所耗费的时间，它反映公交车辆的发车频率、准点率等。

（10）高峰满载率（%），是指客运高峰期间在主要线路的高单向、高断面上载运乘客的平均满意程度。其计算公式为：

$$高峰满载率=\frac{主要线路单向、高断面通过量}{车辆通过高断面的客位数总和}$$

（11）全天线路满载率（%），是指运营车辆载运乘客的平均满载程度，其计算公式为：

$$全天线路满载率=\frac{乘客周转量(人公里)}{客位行程(客位公里)}$$

（12）零票交通费率（%），是指统计期内乘客平均每 100 km 乘距个人实际支付的乘车金额（以购买零票方式支付乘车费）与该地区职工平均工资之比。

（13）居民年乘公交车次数［次/（人年）］，反映公交利用程度，指公交企业服务区域内平均每一居民一年内乘坐的公交车次数，其计算公式为：

$$居民年乘公交车次数=\frac{公交企业全年客运量(人次/年)}{市区人口(人)}$$

（14）公共交通分担率（%），是指城市居民出行方式中选择公共交通（包括常规公交和轨道交通）的出行量占总出行量的比率，是反映城市公共交通系统竞争能力的一个指标。

（15）与制度工时之比（%），是指公交企业服务区域内，平均每一职工上下班在途时间占制度规定的工作时间（8 h）之比，该指标与居民上下班乘坐公交车出行时耗，共同反映了城市公共交通的社会效益状况。

（16）完好车率（%），是指完好车日数与运营车日数的比例，其计算公式为：

$$完好车率=\frac{完好车日}{运营车日}$$

（17）100 车公里成本（元/100 km），是指车辆平均每行驶 100 km 所耗用的运营成本，其计算公式为：

$$100\ 车公里成本=\frac{总成本}{总行程(100\ km)}$$

（18）全员劳动生产率（元/人），是指公交企业每一职工年内平均运营收入，其计算公式为：

$$全员劳动生产率=\frac{运营收入(元)}{全部职工数(人)}$$

本章小结

本章讲述了公交调度管理工作的内容及方法；介绍了公交运营评价的评价指标，出租车的组织与管理；阐述了公共客运交通系统效益综合评价的原则、指标体系。

思考题

1. 公交车辆调度形式有哪些类型，如何选择？
2. 试述公交车辆运行包括哪些参数。
3. 编制行车时刻表的依据有哪些，具体的程序是什么？
4. 试述公交运营评价的指标。
5. 出租汽车有哪几种营运方式？
6. 试述城市公共交通客运系统效益评价的内容。

第二十五章　新型城市客运交通系统的发展及展望

学习目的：了解城市客运公共交通系统的近期发展情况及智能、网络技术、立体化融入城市公共交通系统后使一贯由政府主导的平面位移供给制约型的城市客运公共交通系统，发展成以客流需求引导客运供给的多层次的需求供给两旺的市场机制，由城市客流需求主导的智能开放城市客运公共交通系统。

第一节　城市轨道交通系统

在全球经济向低碳模式转变的大背景下，城市轨道交通目前是国际公认的低能耗、大运量的绿色交通，以其速度快、效率高、污染小等特点，发展安全、高效、绿色、智能、人文的城市轨道交通系统成为当今缓解城市交通压力的城市公共交通发展的主方向。

进入 21 世纪以来，我国城市的发展规模和人口流入量不断加快，每年近千万的新增城市人口数量，对城市的交通运输体系提出了巨大的挑战。城市交通运力的不足不仅在一定程度上阻碍了城市的可持续发展，同时也严重影响了广大群众的正常生活与工作，相应的小汽车保有量也随之上升，城市动态交通和静态交通拥堵的矛盾也更加突出。轨道交通由于其特殊的地下、高架运行方式，不仅大大缓解了城市地面交通压力，而且对于促进生态保护有着突出的贡献，轨道交通已经成为有效缓解城市交通压力的首选。当前，很多一线城市都已经开通了城市轨道交通系统，并且，城市轨道交通系统网络的覆盖面积越来越广泛，极大地方便了人民群众的日常出行。同时对于优化城市空间结构，带动区域经济发展，具有重要的促进作用。从当前来看，城市轨道交通已经成为城市交通的主力，其发展势头有目共睹，极具发展潜力。

一、城市轨道交通系统特点

城市轨道交通具有经济、环保、高效等独特优势，对于提高交通运输能力、提高群众的出行效率有积极作用。

我国城市机动车的数量在不断地上升，交通运输以及城市生产布局缺陷矛盾日益突出，以交通拥堵为典型的城市病突出，人类的居住与活动空间一再被压缩，不仅影响广大人民群众的生活质量，同时也制约了城市的进一步发展。城市轨道交通占用地面空间少，而且运输量大，效率高，运力提高之后选择轨道交通出行的人群更多，能很好地缓解堵车问题，还可使地面机动车的数量减少以便进一步降低汽车尾气排放造成的大气污染；与此同时，城市轨道交通的建设能够带动一系列产业的发展，如基础建设、智能化设备研发、房地产市场开发等。并且对于提升城市综合实力和整体形象、消除城市结构缺陷具有显著的促进作用。

除了上述特点之外，轨道交通资金投入量大也是典型的特点。通常，一个城市的轨道交通建设从前期规划到落地运营最少需耗用五年左右的时间，这段时间内，要面临大量的施工设计、准备、建设、通车运营工作，由此也形成了围绕城市轨道交通的上、中、下游产业链。从上游来说，主要是轨道交通的施工准备阶段，即轨道交通项目的具体规划、统筹与设计工作；从中游来说，主要为开工建设阶段，如土地征用、土建施工、车辆购置等过程；产业链的下游主要指轨道交通后期的运营与维护。

从一定程度上来说，轨道交通项目相当于城市的生命线工程，在促进产业链发展，改善城市空间，带动城市内部结构升级等方面具有显著的促进作用。

二、城市轨道交通的优势

城市轨道交通的优势：

1. 运输能力大

城市轨道交通由于高密度运转，列车行车时间间隔短，行车速度高，列车编组辆数多而具有较大的运输能力。单向高峰每小时的运输能力最大可达到 6 万～8 万人次：其中地铁达到 3 万～6 万人次，甚至达到 8 万人次；轻轨 1 万～3 万人次，有轨电车能达到 1 万人次，城市轨道交通的运输能力远远超过公共汽车。据文献统计，地下铁道每公里线路年客运量可达 100 万人次以上，最高达到 1 200 万人次。城市轨道交通能在短时间内输送较大的客流，地铁在早高峰时 1 h 能通过全日客流的 17%～20%，3 h 能通过全日客流的 31%。

2. 准时性强

城市轨道交通由于在专用行车道上运行，不受其他交通工具干扰，不产生线路堵塞现象并且不受气候影响，是全天候的交通工具，列车能按运行图运行，具有可信赖的准时性。

3. 速达性好

与常规公共交通相比，城市轨道交通由于运行在专用行车道上，不受其他交通工具干扰，车辆有较高的运行速度，有较高的启、制动加速度，多数采用高站台，列车停站时间短，上下车迅速方便，而且换乘方便，从而可以使乘客较快地到达目的地，缩短了出行时间。

4. 舒适性好

与常规公共交通相比，城市轨道交通由于运行在不受其他交通工具干扰的线路上，车辆具有较好的运行特性，车辆、车站等装有空调、引导装置、自动售票等直接为乘客服务的设备，使城市轨道交通具有较好的乘车条件，其舒适性优于公共汽电车。

5. 安全性

城市轨道交通由于运行在专用轨道上，没有平交道口，不受其他交通工具干扰，并且有先进的通讯信号设备，极少发生交通事故。

6. 充分利用空间

大城市地面拥挤、土地费用昂贵。城市轨道交通由于充分利用了地下和地上空间的开发，不占用地面街道，能有效缓解由于汽车大量发展而造成道路拥挤、堵塞，有利于城市空间合理利用，特别有利于缓解大城市中心区过于拥挤的状态，提高了土地利用价值，并能改善城市景观。

7. 运营费用较低

城市轨道交通由于主要采用电气牵引，而且轮轨摩擦阻力较小，与公共电车、公共汽车相比节省能源，运营费用较低。

8. 环境污染低

城市轨道交通由于采用电气牵引，与公共汽车相比不产生废气污染，且能减少公共汽车的数量，进一步减少汽车的废气污染。由于在线路和车辆上采用了各种降噪措施，一般不会对城市环境产生严重的噪声污染。

三、新型城市轨道交通分类

新型城市轨道交通有别于常规铁路系统，部分在传统铁路系统基础上加以改进而成的运输工具也可纳入新型城市轨道交通的范畴。

1. 新型城市轨道交通成员

（1）传统城市轨道交通包括地铁系统、轻轨系统、有轨电车系统、单轨系统、市郊铁路系统、多站点的城际铁路等。

（2）新型城市轨道交通包括磁悬浮轨道交通、旅客自动捷运系统、智能轨道快运系统（智轨列车）、市域快速铁路，经改造后的轻轨、单轨、云轨、有轨电车系统等。

2. 新型城市轨道交通特征

新型城市轨道交通继承了传统捷运铁路快速化、电气化、动车化、公交化和绿色化等特点，在保证达到高铁快轨或地铁轻轨等传统铁路的底线或常规运力指标条件下，尽可能地降低建设成本和占用空间，同时更加注重快捷高效的乘车设计，实现轨道交通和城市环境的有机结合；新型城市轨道交通十分重视高新技术的开发应用，在材料结构、外观形式、节能减排、安全保护、供电方式和便民设施等方面均有着显著的创新，智能化、轻型化、环保化、捷运化和经济化是新型城市轨道交通的发展趋势。

3. 新型城市轨道交通作用

新型城市轨道交通能够有效缓解城市道路的运输压力，有利于减少温室气体和其他有毒废气的排放，同时为旅客提供多元化的出行方式，加快城市内部和城际之间的交流沟通。新型城市轨道交通种类繁多，不同类型的轨道交通既存在竞争关系又存在互补关系，需因地制宜地规划和施建。

四、新型城市轨道交通概述

1. 轻轨客运系统

轻轨客运系统，简称轻轨 LRT（Light Rail Transport）。轻轨动车组列车能行走更陡斜的坡道或一些设在路口的急弯。这些系统一般设在市区，以单节或较小型的动车组提供高密的班次。

现代轻轨客运系统路权主要分为三种：

（1）C 级：路轨沿着道路铺设，与一般道路混合行驶。

（2）B 级：同 C 级，但有优先通行权，通常利用信号先行通过。

（3）A 级：拥有自身路权的路线，且与一般道路分离，通常利用高架或地下化。

由于轻轨本身的定义是要具备混行的能力，所以现在不少轻轨系统基本都是上述路权状态的混合体。部分轻轨系统采动全自动操作，无需司机，C、B 级对交通影响较大，根据环境选择布局。

由 1980 年代开始一些城市开始重新引入轻铁系统，轻铁客运系统使用多节的动车组列车再次为世界多个城市喜用。新系统的设备较现代化，都比公共汽车干净、安静、舒适、容量大、快捷。

2. 磁悬浮轨道交通中低速磁悬浮列车

磁悬浮列车是一种靠磁悬浮力来推动的动车组列车，它通过电磁力实现列车与轨道之间的无接触悬浮和导向，再利用直线电机产生的电磁力牵引列车运行。由于其轨道的磁力使之悬浮在空中，减少了摩擦力，行走时不同于其他列车需要接触地面，只受来自空气的阻力，故速度较高，中低速磁悬浮多数在 100 ~ 200 km/h。

磁悬浮列车的车窗是安全玻璃，乘客可以更好地观赏窗外的风景。减速玻璃在与车体接触的边缘处有弧度变形，正因为这个弧度可以使车外景物在透过弧度时发生变形，从而影响车内乘客的视觉，产生视觉上减速效果。车辆快速行驶时会使乘客产生耳鸣难受心慌心悸，在挡风玻璃边缘都有渐淡的点状黑色装饰边，同样也起到一定高阻效果。

中低速磁悬浮列车开通投入运营的第一个国家是日本。2005 年 3 月 6 日建成从名古屋市的市区通向爱知世博会会场的磁悬浮线路，全长约 9 km，全程无人驾驶，最高时速为 100 km；第二个国家是韩国。韩国磁悬浮的发展过程经历了独立研发（1985—1993 年）、对外合作（1994—1998 年）和商业化尝试（1999 年至今）3 个阶段。2014 年 7 月，韩国仁川国际机场至仁川龙游站磁悬浮线路投入运营，全长 6.1 km，列车由韩国自主研发，无人驾驶，最高时速可达 110 km。

3. 新型有轨电车系统

有轨电车是采用电力驱动并在轨道上行驶的轻型轨道交通动车组。有轨电车是一种公共交通工具，亦称路面电车，简称电车，属轻铁的一种，列车一般不超过五节，但由于在街道行驶，占用道路空间。电车以电力驱动，车辆不会排放废气，因而是一种无污染的环保交通工具。

20 世纪 70 年代以来，以汽车为主导的交通模式所带来的问题日显严重，如能源危机、环境污染、土地紧缺、交通拥堵等问题。由于中小城市无法负担地铁的巨额投资，于是现代有轨电车在欧洲中小城市应运而生。现代有轨电车应用以来，以其便捷性、舒适性及美观性受到市民和政府的肯定。在 1978—2005 年间，欧洲有数十座城市发展了现代有轨电车。

现代有轨电车运行可靠、舒适、节能、环保点，且其技术特性已与轻轨基本无异，作为城市新兴的一种先进的公交方式，已完成了从传统到现代化的转变，世界多地开始在城市中改建或新增现代有轨电车线路，在世界范围被普遍推广，充满了光明的前景。2005 年，世界上有 125 个城市开通运营有轨电车，2010 年达到了 137 个城市开。

4. 智能轨道快运系统

智能轨道快运系统简称智轨列车，是全新的城市客运交通工具，设计最高时速为 70 km，智轨列车不依赖钢轨行驶，一条运行线的建设周期仅需一年，能快速投入使用。智轨列车具有轻轨、地铁等轨道列车的零排放、无污染特性，并支持多种供电方式。智轨列车采用了柔性编组模式，可根据客流变化调节运力，比如采用标准的 3 节编组时，列车可载客超过 300 人，5 节编组时可载客超过 500 人，能有效解决普通公交车载客量小的缺陷，大大提高运力。

智轨列车看似无轨，实则有“轨”，只不过采用了“虚拟轨道跟随控制”技术。它通过车载各类传感器识别路面虚拟轨道线路，将运行信息传送至列车“大脑”（中央控制单元），根据“大脑”的指令，在保证列车实现牵引、制动、转向等正常动作的同时，能够精准控制列车行驶在既定“虚拟轨迹”上，实现智能运行。智轨列车长达 30 多 m，列车采用了多轴转向系统等设计方式，智能对虚拟轨迹进行跟踪控制。使整台列车转弯半径与普通公交车相当，且比普通公交车辆的通道宽度更小，这就解决了超长车身带来的转弯难题。

5. 自动旅客捷运系统 APM

自动旅客捷运系统 APM，又可以称作自动导轨快捷运输系统（AGTS），是一种无人自动驾驶、立体交叉的大众运输系统，为城市轨道交通线路制式的一种，集合了多种传统城市轨道交通工具特点，其主要特征是列车的微型化。

通常应用在狭小的地区，所运行的低载量客流运输，例如是机场、城市商业区或主题公园的运输。有些复杂的旅客捷运系统采用多辆小型列车运行于多个下线站台上，为乘客提供全时间运作的服务。这种像计程车般的系统一般被称为个人捷运系统。无人驾驶捷运在欧洲和部分亚洲国家中已经十分普遍。从经济考量上，自动化趋向把系统的设施缩小到能够依附到大型运输系统当中，从而令相对较小型的安装设施合乎经济效益。结果令以前被认为规模太小而不足以兴建的城市，如雷恩、洛桑和布雷西亚（人口 20 ~ 30 万）等现在也可以架设自动旅客捷运系统。

首个旅客捷运系统由大英帝国展览会在 1924 年于伦敦温布利中建造。这条线路由 88 个无人驾驶的车厢不断环绕展览会行驶。车厢行驶于窄轨上，由两条轨中间一条转动的螺丝推动；只要在不同的地点改变螺丝的齿距就能使车厢加速或者减至步行速度，使车站的行人可以自由上车下车。该铁路在展览会中行驶了两年后被拆卸。

全球首个拥有旅客捷运系统的机场是美国坦帕国际机场，直至现在旅客捷运系统是很多大型国际机场中十分重要的内部运输工具。

6. 现代有轨电车系统

现代有轨电车系统的形式具有多样化，例如专用路权的有轨电车 、与铁路共享路权的有轨电车等运营理念的实现；由第三轨供电的实现；单轨导向橡胶轮胎走行的导轨电车的诞生；低地板车辆生产技术、信号与控制技术的进步等。现代有轨电车往往成为城市的骨干交通模式，线路几乎全部穿过市中心。如哥德堡的有轨电车线网为明显的放射型，线路从市中心向郊区辐射。

现代有轨电车已成为中小城市公交的骨干模式。欧洲的城市根据自己不同的经济实力以及有轨电车的发展历史，采取了不同方式来更新、建设有轨电车线路。其主要方式有以下几种：① 改造原有有轨电车线或废弃铁路；② 新建有轨电车线路；③ 有轨电车与干线铁路共享轨道。

纵观欧洲的现代有轨电车系统，多数城市采用了旧线改造与新建线路相结合的方式。这种方式一方面可充分利用现有资源，降低建设成本；另一方面又可按需供给，在适当的地区布设新线，提高线路或整个网络的服务水平。同时，在规划线路时就考虑到现代有轨电车与其他轨道交通（包括干线铁路与城市地铁）的兼容，为今后的灵活运营打下基础。现代有轨电车与旧式有轨电车的一个重要区别就是大量采用独立路权。

一般新建线路的独立路权区段占 50% 以上，从而保证了现代有轨电车的旅行速度在一个较高的水平。独立路权的形式又有很多种：

（1）原有市郊铁路或工业铁路改造的线路，保留有碴轨道，因此线路与其他交通方式完全隔离。

（2）采用草坪绿化带作为隔离物的专用路权。

（3）轨道两侧铺设路缘石，高度适宜，平时起到提供独立路权的作用；当发生机动车严重堵塞或其他意外事故时，机动车又能够驶过路缘石，运行在有轨电车的线路上。现代有轨电车的另一个特点是对行人非常“友好”。

现代钢轮钢轨 100% 低地板有轨电车以其节能、环保、较小的投资、适中的载客量、较好的乘坐舒适性、较少的后期维护费用，在国外经过 20 多年的发展，已经有 150 多个城市的成熟应用业绩，现代有轨电车在解决城市核心区换乘、市郊接驳，以及景区旅游观光等方面发挥了重要作用，现代有轨电车代表着未来的发展方向。世界上钢轮钢轨现代有轨电车制造厂家主要有庞巴迪、阿尔斯通、西门子、卡福、安萨尔多等公司；胶轮+导轨式现代有轨电车主要生产厂家是劳尔公司。

现代有轨电车与其他机动车相比，有固定的轨道从而对行人更加安全；尾气排放、噪声低，行人步行环境更佳。商业街区常采用机动车禁行，而只允许“行人 + 有轨电车”的模式。还有一些城市将有轨电车与公交车的路权共享，较好地保障了同一通道上公交车的优先权，且提高了有轨电车专用道路空间利用率。

7. 市域快铁

市域快铁是一个大型城市内部的快速铁路。从大型城市的某个区到所辖的其他地区或某个县，它的级别高于市域铁路，是连接都市圈中心城市城区和周边城镇组团，为通勤客流提供快速度、大运量、公交化运输服务的轨道交通系统。对优化城市功能布局、促进大中小城市和小城镇协调发展等具有一举多得之效，有利于发挥中心城市辐射带动作用，有利于扩大公共交通服务供给、有效缓解城市交通拥堵、推进新型城镇化发展。

（1）功能定位。市域快铁主要布局在经济发达、人口聚集的都市圈内的中心城市，联通城区与郊区及周边城镇组团，采取灵活编组、高密度、公交化的运输组织方式，重点满足 1 小时通勤圈快速通达出行需求，与干线铁路、城际铁路、城市轨道交通形成网络层次清晰、功能定位合理、衔接一体的高效交通体系。市域快铁突出对都市圈主要功能区的支撑和引导，线路尽可能串联 5 万人及以上的城镇组团和重要工业园区、旅游景点等并设站，提高客流聚集能力。

（2）技术标准。市域快铁新建线路单程通行时间不宜超过 1 h，设计速度宜为 100 ~ 160 km/h，平均站间距原则上不小于 3 km，早晚高峰发车间隔不超过 10 min，具体技术标准应根据客流需求、服务范围、工程条件、用地标准等合理确定。统筹生态环境保护，优化选址选线，集约节约通道资源，合理确定新线敷设方式，原则上以地面建设为主，困难路段可考虑采用高架方式，进出枢纽的个别路段可研究采用地下方式。

（3）实行公交化运输组织。利用既有铁路开行市域（郊）列车的，要加强运输组织协调、客运组织优化，采取增加既有列车停站、提高重要客流集散地停站频率、增开通勤高峰时段列车等措施，满足快速通达出行需要。新建市域（郊）铁路的，应根据客流需求等设置越行条件，尽可能满足快慢线运输组织要求，推行“站站停”与“大站停”相结合的灵活运输组织模式，提供多样化、便捷化出行服务。

（4）提升运营服务水平。优化市域快铁购票、进出站、乘车等环节的组织模式和流程，依托 5G、物联网、人工智能、大数据等，拓展网络查询、移动支付等信息化、智能化应用，提供安全高效、便捷贴心的运输服务。推进市域快铁与其他轨道交通系统安检互信、资源共享、票制互通、支付兼容，切实提升衔接效率和服务品质。

（5）鼓励多元化运营管理。创新市域快铁与地方政府合作方式，通过自主运营、合作运营、委托运营、购买服务等市场化方式，因地制宜、因线施策合理选择市域快铁运营管理模式，实现互利共赢。在确保运营安全的前提下，鼓励运营主体多元化发展，支持市域快铁企业、城市轨道交通运营企业等具有相关经验的市场主体参与市域快铁运营。鼓励有条件的线路探索网运分离、所有权与经营权分离等模式，支持市场主体通过租用线路时刻和车辆设备等提供运输服务。

8. 单轨铁路系统

单轨铁路系统的特点是使用的轨道只有一条，和城市轨道交通系统相似，单轨铁路主要应用在城市人口密集的地方，用来运载乘客，也有在游乐场内建筑的单轨铁路，专门运载游客。单轨铁路主要分成两类：悬挂式单轨铁路和跨座式单轨铁路。

悬挂式单轨铁路（也称空中轨道列车）的列车悬挂在轨道之下，而跨座式单轨铁路，列车跨坐在路轨之上，车辆两侧盖过路轨。

世界上第一条跨坐式单轨铁路线诞生于 1888 年，由法国人 Charle Larligue 设计，在爱尔兰铺设，线路长约 15 km，由蒸汽机车牵引，这条线路一直运行到 1924 年 10 月。

（1）单轨铁路系统的优点：

① 所占空间小。不单是所占的地面面积小，垂直空间亦较小。单轨铁路所需的宽度主要由车辆的宽度决定，与轨距无关。且单轨铁路多数以高架兴建，地面上只需很小的空间建造承托路轨的桥墩。

② 相比其他高架铁路，单轨所占的空间较小，亦不大影响视线，能有效利用道路中央隔离带，适于建筑物密度大的狭窄街区。

③ 单轨使用橡胶轮胎在混凝土或者在钢轨上行走，噪音污染小。

④ 单轨铁路的爬坡能力强，拐弯半径小，一般正线最大坡度 60‰，最小曲线半径 100 m，适合复杂地形。

（2）单轨铁路系统的缺点：

① 跨座式单轨的道岔结构复杂，因而限制了列车的最短运行间隔。

② 走行轮胎和轨道梁之间的摩擦系数较大，因而能源消耗较大。

③ 如果出现紧急情况，单轨铁路上的乘客没有逃生的地方。车的两旁没有可站立的路轨，而且离地面很高，头尾两端的路轨亦很窄，因此，有些单轨铁路在路轨的两旁建有可供人行的紧急通道。

④ 单轨的速度及载客量通常及不上其他系统。不过，大型跨坐式单轨通过加编组、缩短间隔等方式，客流量可以与地铁不相上下。

（3）单轨铁路系统适用范围。高峰小时单向断面客流量在 0.5 万 ~ 2 万人次以下的交通线上；连接大城市中心城和卫星城之间的主要交通线；作为城区通往机场、码头、铁路干线等对外交通枢纽中心的客运交通线；大城市中心区与郊外大住宅区之间的交通连接线，或是大型购物（娱乐）场所、大型机场、大学内部的客运交通线；作为城市风景观光游览线的交通线；博览会、游乐场等场所作为短途交通运输线或观光旅游线。

9. 云轨单轨系统

"云轨"是比亚迪旗下轨道交通产业的子品牌，是比亚迪跨座式单轨产品的特有名称。云轨系统隶属单轨系统，拥有单轨系统的基本属性，单轨系统中的轨道可以建设在道路中央分隔带或狭窄街道上，不单独占用路面，属于运能接近地铁系统的中运量城市轨道交通系统。它具有爬坡能力强、转弯半径小、适应多种地形、噪音小、综合建设技术要求低、总体造价成本低以及施工周期较短等优点。从行驶速度上看，地铁为 120 km/h，云轨最高时速只能在 60 km 左右，后期有望提升时速，可采用 2 ~ 8 节车厢编组，车票价格比地铁略高。

云轨单轨系统特点：

（1）铁电池储能系统："云轨"搭载了动力电池系统，在紧急情况下，即使车辆断电，也能通过启用储能电池继续行驶 5 km 以上，确保乘客安全抵达车站。

（2）永磁轮边直驱电机："云轨"搭载了永磁电机，电机轴直接驱动行走轮。电机采用永磁同步技术，具有体积小、重量轻、扭矩大、精度高、运行声音小以及便于维护等特点。

（3）轻量化车体："云轨"采用轻型铝质车身，轻量化效果显著，扭转刚度强，使用寿命长。

（4）单轴转向架："云轨"转向架采用单轴设计，具有曲线通过能力强、转弯半径小、轮胎磨损小、能耗低等特点。通过采用转向架与车体内嵌配合的设计及调节二级悬挂系统，"云轨"具有更大的乘坐空间，行驶更稳定。

（5）能量回馈及通讯系统："云轨"配备了能量回馈系统，可在制动时实现能量回收，降低能耗；

（6）无人驾驶："云轨"采用全球领先的列控技术，可真正实现无人驾驶，类似旅客自动输送系统。

云轨单轨系统主要优点：

云轨系统的优势与单轨系统相同，且整体上比旧式单轨系统的优势更加突出。

（1）云轨的占地面积小：轨道梁较为纤细，支柱结构面积小，可以建在道路中央分隔带和较狭窄的街道上，无需像标准铁路那样占用大量空间。

（2）云轨桥梁通透，景观性好：这体现空间遮挡小，能提供更充足的光照，并且能更好适应城市景观和生态环境。

（3）云轨的建造周期较短：这是因为云轨采用了预制轨道梁，能节省工期，整体建造周期为 2 年，是地铁用时的三分之一。

（4）与地铁采用钢轨体系不同，云轨的转向架采用的是橡胶胎及空气弹簧，因此，云轨的车体震动较小，且运行噪声低于钢轨系统。这样，其噪声可控制在城市噪声标准内，轨道便可以架设在建筑丛中穿梭而过。另外，云轨对各种地形的适应性比地铁轻轨要强。

（5）云轨的造价低。云轨工程量适中、拆迁少并且以高架为主，总造价为地铁的五分之一，且易改建或拆除。

9. 云轨单轨系统适用范围

云轨系统是新款单轨系统，最大运能单向每小时 1 万 ~ 3 万人次，最高速度可达 80 km/h。造价较低、中小运量的云轨系统能与地铁、公共汽车等其他公共交通错位发展、互为补充，缓解道路交通拥堵，可广泛用于大中城市的骨干线和超大型城市的加密线、商务区、游览区等线路。

10. 新能源空铁列车

新能源空铁列车是指以锂电池动力包为动力源的空中悬挂式轨道列车系统。这是一款我国拥有完全自主知识产权的新型轨道交通系统。空铁列车是悬挂在空中轨道上运行的一种轨道车辆。仍然属于空中悬挂式轨道列车系统，它们应用范围相同。

五、我国城市轨道交通的发展现状及前景

1. 我国城市轨道交通的发展历程

我国自 20 世纪 50 年代北京首先提出地下铁路修建的构想，由于受经济发展水平以及技术水平的限制，我国的轨道交通建设经历了相当漫长的探索之路。直至上世纪末才有北京、天津、上海、广州等 4 个城市的轨道交通开通运营。所以，相对于发达国家来说，我国的轨道交通建设起步较晚，从 20 世纪提出构想并探索建设，一直到 2003 年才就轨道交通的相关建设以及运营等做出了明确规定，提出了有序发展、量力而行的建设发展方针路线。此后，一些发达城市开始了轨道交通的积极筹建工作。2008 年，在全球性金融危机的大背景下，国家推出了一系列经济刺激计划，在城市化发展的必然需求以及经济条件允许的大前提下，城市轨道交通建设自此进入突飞猛进的发展时期。

2. 我国城市轨道交通行业发展现状

随着我国经济的快速增长，城市化的速度明显加快，原本的产业结构也发生明显的变化。城市的交通压力日渐加重，交通基础设施已经无法满足城市的快速发展需求，所以，轨道交通建设已经成为改善城市交通状况的首选。

以深圳为例，至 2020 年 8 月，已经有 13 条地铁线投入运营，尽管如此，仍然无法有效满足城市的交通所需，另有 9 条线 10 个项目的地铁工程在陆续建设中。未来，深圳将会有 32 条地铁线覆盖全市范围。四通八达的地铁线路为这座两千多万人口的城市注入了源源不断的发展动力，不仅有效地带动了城市空间格局的变化，同时也极大地带动了周边地区如东莞、惠州、汕头等城市经济的快速增长。

由于轨道交通建设涉及的细分项目众多，除了带动产业链的发展之外，对建设所需的专业人员，如设计人才、建设人才、运营人才等需求大量增加。由此，也很好地推动了高职院校教育的改革，为社会培养出一大批轨道交通建设与运营的专业人才。

目前，上海市是我国轨道交通运营里数最长的城市，以 643 km 位居各城市之首，承担起了大型公交的客运服务功能，所以说，轨道交通是改善城市交通状况的有效途径，也是城市发展的重要标志。

2016 年 5 月 6 日，中国首条具有完全自主知识产权的中低速磁悬浮商业运营示范线——

长沙磁浮快线开通运营。乘客从长沙南站至长沙黄花机场 T2 航站楼，仅需 20 min。该线路也是世界上最长的中低速磁浮运营线。

2017 年 12 月 30 日，北京首条磁悬浮轨道交通 S1 线开通运营，列车设计运营速度 100 km/h。

成灌快铁是中国第一条市域铁路，起于成都站，正线经成都铁路西环线，之后沿国道 317 线向西延伸，至成都县级市都江堰（旧称灌县，简称“灌”）后向南延伸，止于都江堰市青城山站。另外，有沪金快铁即“上海金山城市市郊快速铁路”、贵阳市域快铁的久永线先后开通投入运营。

截至 2020 年 12 月 31 日，全国内地已开通城轨交通线路长度共计 7 978.19 km，其中地铁 6 302.79 km、轻轨 217.60 km、单轨 98.50 km、市域快轨 805.70 km、现代有轨电车 457.5 km、磁浮交通 57.70 km、APM10.20 km。全国城市轨道交通系统城市、线路数量、运营里程见表 25.1。

城市轨道交通运营里程超过 100 公里的城市（不含有轨电车、市郊铁路）有：北京、天津、上海、广州、长春、大连、武汉、重庆、深圳、南京、沈阳、成都、西安、苏州、昆明、杭州、郑州、长沙、宁波、青岛、南宁、合肥，共有 22 座城市。

2021 年全国有 22 个城市有有轨电车线路 36 条，运营里程计 457.5 km。见表 25.2

表 25.1 全国城市轨道交通系统城市线路数量运营里程一览表

序号	城市轨道交通系统	线路数量/条	运营里程/km	序号	城市轨道交通系统	线路数量/条	运营里程/km
1	北京地铁	24	727	18	上海有轨电车	3	
2	天津轨道交通	7	241	19	沈阳地铁	4	
3	上海地铁	19	772	20	成都地铁	12	
4	长春有轨电车	2	17	21	佛山地铁	1	
5	大连有轨电车	2	23	22	西安地铁	8	
6	广州地铁	14	531	23	苏州轨道交通	5	
7	青岛地铁	6	246	24	昆明轨道交通	5	
8	广州有轨电车	2	22.1	25	杭州地铁	11	
9	苏州高新有轨电车	2	44	26	哈尔滨地铁	2	
10	盐城虚拟轨道交通	1	13	27	沈阳浑南现代有轨电车	6	
11	长春轨道交通	5	100	28	郑州地铁	7	
12	大连地铁	4	158	29	长沙轨道交通	6	
13	武汉地铁	9	360	30	宁波轨道交通	4	
14	重庆轨道交通	10	370	31	无锡地铁	2	
15	深圳地铁	11	411	32	南昌地铁	3	
16	南京地铁	10	378	33	淮安现代有轨电车	1	
17	南京有轨电车	2	17	34	青岛现代有轨电车	1	

续表

序号	城市轨道交通系统	线路数量/条	运营里程/km	序号	城市轨道交通系统	线路数量/条	运营里程/km
35	福州地铁	2	60	52	温州轨道交通	1	53
36	东莞轨道交通	1	38	53	永修智轨	1	5
37	南宁轨道交通	4	108	54	济南轨道交通	3	84
38	合肥轨道交通	4	115	55	兰州轨道交通	1	26
39	文山州有轨电车	1	13.9	56	常州地铁	2	54
40	石家庄地铁	3	77	57	徐州地铁	3	64
41	武汉有轨电车	3	52.8	58	宜宾智轨	1	19.5
42	银川轨道交通	1	6.9	59	重庆云巴	1	15.4
43	珠海现代有轨电车	1	8.9	60	呼和浩特地铁	2	49
44	深圳有轨电车	1	15.1	61	连云港轨道交通	1	35
45	贵阳轨道交通	2	76	62	佛山高明有轨电车	1	6.5
46	厦门地铁	3	98	63	天水有轨电车	1	12.93
47	株洲智轨	2	8	64	红河州现代有轨电车	1	13.3
48	乌鲁木齐地铁	1	28	65	太原地铁	1	24
49	洛阳轨道交通	1	25	66	绍兴轨道交通	1	20
50	成都有轨电车	1	39.3	67	嘉兴有轨电车	1	10.6
51	三亚有轨电车	1	8.37				

表 25.2　全国 22 城市有轨电车线路一览表

线路系统	线路名	开通时间	长度/km
大连有轨电车	大连公交 201 路、202 路	1909 年 9 月 25 日	23.4
长春有轨电车	长春公交 54 路、55 路	1941 年 11 月 1 日	17.26
天津滨海新区有轨电车	开发区导轨电车 1 号线	2007 年 5 月 10 日	7.9
上海张江有轨电车 上海松江有轨电车	张江有轨电车 T1 线 松江有轨电车 T2 线	2009 年 12 月 31 日	23.7
苏州高新有轨电车	高新有轨电车 1 号、2 号线线 苏州高新有轨电车 2 号线	2012 年 9 月 11 日	44.2
沈阳浑南现代有轨电车	1、2、3、4、5、6 号线	2013 年 10 月 11 日	100
南京有轨电车	南京河西有轨电车 南京麒麟有轨电车	2014 年 8 月 1 日	16.7
广州有轨电车	广州海珠环岛有轨电车工程	2014 年 12 月 31 日	7.7
	黄埔有轨电车 1 号线	2020 年 7 月 1 日	14.4

续表

线路系统	线路名	开通时间	长度/km
淮安现代有轨电车	淮安现代有轨电车 1 号线	2015 年 12 月 28 日	20.1
青岛现代有轨电车	青岛现代有轨电车示范线	2016 年 3 月 5 日	8.8
武汉有轨电车	大汉阳有轨电车 光谷有轨电车 T1、T2	2017 年 7 月 28 日	46.4
珠海现代有轨电车	珠海现代有轨电车 1 号线	2017 年 10 月 15 日	8.8
深圳有轨电车	龙华新区有轨电车	2017 年 10 月 28 日	11.7
北京公交	北京现代有轨电车西郊线	2017 年 12 月 30 日	8.9
	亦庄新城现代有轨电车 T1 线	2020 年 12 月 31 日	13.25
成都有轨电车	成都有轨电车蓉 2 号线	2018 年 12 月 26 日	13.5
天水市有轨电车	有轨电车示范线工程（一期）	2020 年 5 月 1 日	12.928
高明有轨电车	高明有轨电车	2020 年 5 月 28 日	6.5
红河现代有轨电车	滇南中心城现代有轨电车示范线	2020 年 10 月	13.3
三亚有轨电车	三亚有轨电车示范线	2020 年 10 月	8.37
沈抚有轨电车	沈抚有轨电车西延线	2021 年 2 月 3 日	5.23
文山普者黑有轨电车	普者黑有轨电车 4 号线	2021 年 4 月 1 日	13.96
嘉兴有轨电车	嘉兴有轨电车示范线	2021 年 6 月 25 日	10.6

3. 我国城市轨道交通发展前景

当前，我国已经成为全球轨道交通发展最快的国家，随着技术的进步以及智慧城市的加速推进，城市轨道交通的现代化、智能化、绿色节能特征更加明显。

以深圳运营的地铁 6 号线和 10 号线为例，地铁 6 号线首次采用综合减振降噪系统设计，在减振降噪的同时实现减少自重、节约成本；引入国内首个绿色环保装配式无砟轨道技术，减少在市区内的钢筋混凝土工程量；在全线应用再生制动能量回馈装置和太阳能光伏发电系统，实现低碳环保和节能减排。10 号线则依托“云计算”“大数据”技术，实践云平台调度指挥系统，打造成为全国第一条云计算轨道交通线路，该系统综合承载了地铁监控系统、乘客信息系统、安防系统、车场智能化系统等，采用云数据库，使地铁 10 号线在“一图全面感知”的基础上实现“一键可知全局”和“一体运行联动”，使线路调度指挥系统更加先进、可靠与节能。

随着我国城市人口总量的不断上升，大型城市、超大型城市的增多，轨道交通的建设规模也随之壮大起来。作为重要的服务业，轨道交通显然是改善城市交通环境、提升城市整体形象的关键所在。从当前看，城市轨道交通建设已经是城市可持续发展的必然趋势。并且，城市轨道交通的建设也带动相关产业链的发展，促进了城市 GDP 总量的增长。根据《关于进一步加强城市轨道交通规划建设管理的意见》中城市轨道交通建设申报条件的要求，现阶段我国已经有 50 多个城市符合建设条件，而当前，拥有城市轨道交通配套设施的城市已经有 41 个，所以说，我国将全面进入城市轨道交通建设和发展的高速期。因此，应大力推进智慧城轨建设，进一步完善行业治理体系，以需求为主导科学做好规划工作，在大小城市环境友好地促进市域快轨、新能源单轨和现代有轨电车系统的发展。

在可以预见的未来，在大数据、物联网等一系列先进信息技术的助力下，智慧城市的理念将极大推动现代化城市的发展，城市轨道交通智能化、数字化、现代化是必然的发展趋势。物联网、云计算、移动互联网、大数据等新一代信息技术发展突飞猛进，这些新兴技术应用于智慧城市和轨道交通将极大推动现代城市与轨道交通的发展。城市轨道交通智能化系统在轨道交通智能化、信息化、数字化发展中起到至关重要的作用。这也是智慧城市建设中，未来城市轨道交通发展的必然趋势。城市轨道交通智能化系统包括综合监控系统、乘客资讯系统、综合安防系统、通信系统、自动售检票系统和信号系统等六大系统（图 25.1）。城市轨道交通必须现代化、智能化，包括运营服务水平、智慧出行和全自动运行等内容。针对城市轨道交通乘客满意度、列车服务可靠度等影响运营服务水平的关键要素及实际表现，优化实现高质量的运营服务。对乘客进站安检、购票、乘车体验等乘客出行服务，优化落实智慧安检、智慧购票、智慧客服等对策措施。

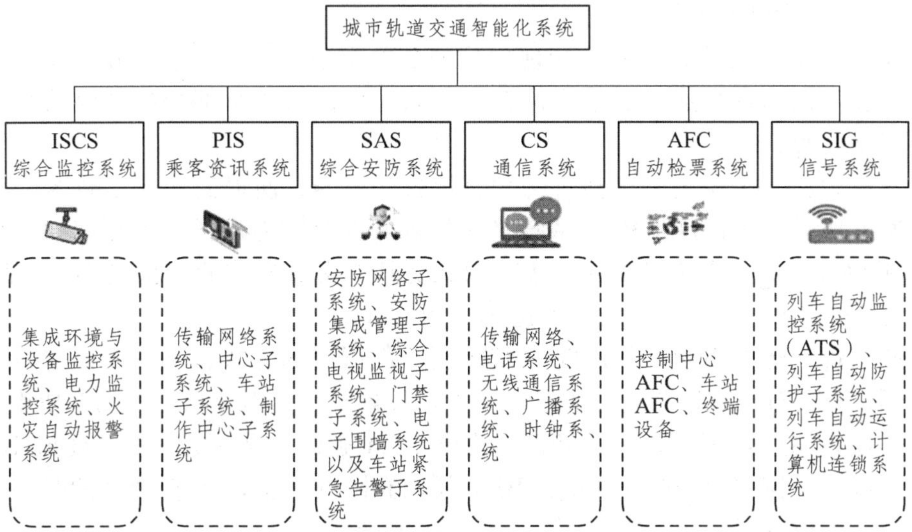

图 25.1 城市轨道交通智能化系统关联图

第二节 快速公交系统（新型公共客运系统）

快速公交系统（Bus Rapid Transit，BRT）是一种介于快速轨道交通与常规公交之间的新型公共客运系统，其投资及运营成本比轨道交通低，而运营效果接近于轨道交通。它是利用现代化公交技术配合智能运输和运营管理，开辟公交专用道和建造新式公交车站，实现轨道交通式运营服务，达到轻轨服务水准的一种独特的城市客运系统。

快速公交系统（BRT）作为公共交通中的一种方式，其定义为："一种灵活的、橡胶胎车辆的快速公共交通营运模式。它是由快速公交车站、快速公交车、服务、营运方式、智能公交系统（ITS）等元素集成的系统。快速公交系统具有自己鲜明的特色，可以形成城市独特的形象。"快速公交系统就是由人员、服务和各项相关措施集约而成的一个可以提升公交运营速度、可靠性和改善公交系统状况的一个综合公交运营体系。

BRT 作为一种介于轨道交通与常规交通之间的新型运营系统，它利用现代公交技术配合智能交通的运营管理，使传统的公交系统基本达到轨道交通的服务水平，而其投资及运营成本又较轨道交通低而与常规公交接近。

从城市公共交通的角度来讲，BRT 最重要的目的是给予乘客优先权，而不是给予车辆优先权，所以 BRT 重视的是乘客的运送能力。在城市交通运输网络中，通过在主要的客运交通走廊给予公共交通车辆以优先权来达到高水平的乘客运送能力。

BRT 在“公交优先”策略的指导下，提供高容量、高频率的服务，从而达到接近轨道交通的服务水平。通过提高公交车运营速度，为乘客节省时间。快速公交系统是利用改良型的公交车辆，运营在公共交通专用道路上，既保持轨道交通特性，同时又具备普通公交灵活性的一种大容量、便利、快速的公共交通方式。自 2005 年以来，我国先后有十多个城市已经建成各种形式的 BRT 系统。

一、BRT 系统的特点

BRT 系统包括 7 项核心内容，即现代化的公共交通工具、专有路权、水平登降、车外售检票、交叉路口优先通行、乘客信息、车队管理，这 7 个部分的有效结合，使 BRT 系统具有以下特点：

（1）容量大。BRT 系统采用独特的大容量公交车辆，使得公交单车载客量增大。

（2）速度快，可靠性高。BRT 系统采用规划好的公交专用道（专用路权，设置在道路中央），并在交叉口处具有优先通行权，因此受其他交通方式的干扰较小，车辆速度高，如库里蒂巴市的 BRT 系统运送速度可达 30 ~ 40 km/h。

（3）低投资，建设周期短。BRT 系统采用路面行驶的方式，不需要修建轨道以及使用专用车辆，只需对现有道路进行改进，土方工程量较小，因此系统的初期成本较低，建设速度快，建设周期较短。据有关资料，建设 1 km 地铁需要的资金约可建成 10 ~ 20 km 的快速公交线路（网络）。例如连云港 BRT 就用有限的资金，在 9 个月的时间内建设了一条高标准的 BRT 线路。

（4）安全性高。公交专用道的采用和交叉口优先权的赋予，使公共交通系统与其他交通方式完全分离，减少了公交车的拥堵现象发生，同时也避免了交通事故。

（5）乘坐方便、舒适。新型的公交 BRT 车内宽敞舒适、噪声振动减少，乘坐更为舒适；而水平登降站台系统的采用，使公交乘客能够方便地上下车。

（6）污染小，耗能少。车队管理系统的采用，能够通过有效的运营管理，最优地利用现有的车辆资源；新型公交车辆的设计、公交专用道和路口优先权的引入，使得低耗能、低排放成为可能。

二、快速公交系统（BRT）的组成

快速公交系统（BRT）主要有以下七个组成部分：专用行车道、车站与枢纽、特色车辆、线路、收费系统、智能交通系统、服务。这七个部分组合在一起，形成了完整的方便乘客、提高实效的快速公交系统。

1. 专用行车道

BRT 系统的车辆一般运行在专用车道或道路上，享有专有路权。快速公交专用车道设置方式有多种，常用的有中央式专用车道、单侧双向专用车道、两侧专用车道、逆向专用车道以及高架路下的公交专用车道等。此外，还有城市设置公交专用道路，仅供公交专用，常见的设置方式有全封闭的高架专用道路、全封闭的专用地道和常规公交专用道路。

2. 快速公交车站与枢纽

快速公交系统的车站与枢纽设施是为停靠车辆和公交乘客上下车使用。快速公交系统修建与公交车辆车厢底板等高的候车站台，还可以采用低底盘的公交车辆，以起到乘客快速平稳地水平上下车的作用。快速公交站点位置一般设有超车道，以保证运行车辆避开到站车辆超车。车站和超车道设置位置可以偏移，从而减少公交道路的宽度。

3. 特色快速公交车辆

快速公交系统的车辆采用不同于普通公交的新型大容量公交车辆，采用大型铰接车型以提高系统的运输能力及降低平均运营成本，采用对环境影响比较小的清洁公交车辆也成为发展趋势。快速公交车要外观统一、色彩鲜艳，具有吸引力。

4. 快速公交系统的线路

快速公交系统的线路灵活多样，总体来看，有以下几种形式：一是采用单一线路，与轨道交通类似，二是多条组合线路。与轨道交通线路相比，快速公交线路的组成灵活性更大，主要是因为快速公交系统的不同线路可以在主要走廊上互相组合，当然，线路也可在干线的起终点向外灵活延伸。线路结构的选择能够影响 BRT 系统的经济性、车辆性能和发车频率，应该与出行需求及通行能力相匹配。

5. 高效的收费系统

收费系统是快速公交系统的重要组成部分，收费系统的设置与其运营管理体制相关。收费方式与轨道交通类似，即在车站或枢纽点上完成收费，从而有利于乘客快速上下车，以提高整个系统的运营效率。付费形式包括投币、刷卡或智能手机移动支付等。

6. 智能公交系统技术

智能公交系统技术主要包括：乘客信息系统、交叉口公交信号优先、自动定位系统以及停车场收费控制等。

7. 高水平的服务

与非隔离的公共交通方式相比，BRT 系统一般都能提供更加优良的服务，最突出的表现是容量大、速度快，且能提供高频率密集的全天候服务。

三、快速公交系统（BRT）的优点

1. 快速——接近于轨道交通

BRT 在公交专用道上行驶，交叉路口又有公交车的优先通行权，BRT 的行驶车速比一般车辆高；BRT 公交车站的水平登车和车外售票方式，使 BRT 车辆在车站内的滞留时间减少，从而提高了运营速度。BRT 的运营速度比常规公交车高 30%～100%，与轻轨接近。

2. 高容量——与轨道交通相近

BRT 的乘客运送能力大于常规公交。BRT 车辆多为铰接式，座位多，站立面积达到每车 100～300 人，因此，每小时单方向乘客人数可达 1 万～2 万，与轻轨接近。

3. 舒适——与轨道交通相似

环境幽雅、乘坐舒适的新型公交车辆；水平登车方式使乘客能够方便自如地上下车；BRT车站封闭的设计，保持乘客上下车的良好秩序；可靠的运营服务信息发布，减少乘客的焦虑和不安情绪。公交专用道和路口优先权的引入，避免了拥堵，提高了车速。

4. 节省——远胜于轨道交通

BRT 的建设投资远低于轨道交通。BRT 的建设成本低廉，建设时间比轨道交通短。同时，BRT 的实际运营成本也较轨道交通低。

四、规划设计

1. 综合规划 BRT 通道网络

BRT 通道选取条件较好的道路布设，实现公交车辆的专用路权。在市区范围内，BRT 尽量布设在机动车道较多的城市干道上，而在城市外围地区或郊区，可以考虑选择高速公路或者新辟 BRT 专用通道。

2. 规划城市 BRT 专用道

BRT 专用道属于专用路权的一种，在普通道路隔出专用线道，仅提供 BRT 专用行驶而设置的独立路权车道。BRT 专用道的规划分为 BRT 专用道、公交专用道等多种模式，在规划时可根据 BRT 的服务档次决定采用哪种模式。

3. 规划设计 BRT 车站

为 BRT 提供足够的容量车站是一个关键因素。对 BRT 的标识和形象来说，车站也是一个重要因素。BRT 车站应为高峰时刻可能的车流和出行者提供足够容量。

BRT 车站分侧式站台和岛式站台。BRT 采用轨道交通的运营方式，减少乘客登车购票的时间延误。

4. 选择 BRT 专用车辆

在设计和选择 BRT 车辆时，需要考虑的因素包括足够的容量、乘客上下的方便度、舒适度、轻噪声和少污染等。车辆可以通过颜色或设计来清楚地传达交通系统的标识和形象。BRT 车辆宜选择较大的车型，通常采用的标准车型包括单节车、单铰接车、双铰接车。

五、我国各城市的 BRT 系统发展概述

1. 第一代 BRT 系统

1999 年昆明市建设中国第一条中央式公交专用车道起，BRT 开始了在中国的发展和演变。从需求量来看，昆明市中央式公交专用车道高峰时段单向客流量已经下降至约 3 500 人次/h。其并未被视作一套成熟完善的 BRT 系统，在市中心运行速度缓慢（通常低于 15 km/h）没有 BP 用车辆和车外售票，也没有任何配套的站台环境。

从大运量的 BRT 专用车辆、车外售票和大部分线路都设置专用车道的意义上来说，2005 年北京市 BRT 的开通成为中国第一个完全意义的 BRT 系统。

杭州市 BRT 最初作为一个封闭式系统进行规划和运行。引入的直达线路运营模式能够使更多乘客在不需要换乘的情况下完成出行。

2. 第二代 BRT 系统

大连、郑州、枣庄、合肥等的 BRT 系统成为第二代 BRT 系统，在很多方面都有了显著

的提高，如采用了更先进的车辆，直达线路运营模式等。大部分 BRT 系统的规划设计选择了直达线路运营模式。

3. 第三代 BRT 系统

广州市 BRT 于 2010 年 2 月开通，采用了直达线路模式。随着由 18 米 BRT 车辆组成的车队和走廊沿线的快速发展，2011 年底系统单向客流量超过 3 万人次/h。由于成功整合了公共自行车等模式，广州市 BRT 已经打破了客流量纪录，日客流量超过 100 万人次。位列波哥大千禧年 BRT 系统之后，属于世界第二大运力系统，其运力超过了中国大部分的地铁，并且彻底革新关于公交服务的观念。

六、快速公交系统（BRT）的发展前景

快速公交系统（BRT）在我国还处于发展阶段，其发展前景极为广阔，逐渐被越来越多的人视为先进的公共交通系统，它有着轨道交通的快速、可靠、舒适和方便，但具备比轨道交通更灵活、成本更低、建设周期更快、对环境破坏小的明显优势。我国的一些城市已先后实施了不同形式公交优先的 BRT 快速公交走廊。由此可见，对处于快速发展阶段的各层次城市而言，在把握 BRT 核心理念的基础上，结合我国国情以及各个城市的自身情况，建设适合我国城市发展特色的快速公交系统是一个理想的选择。

第三节　综合交通枢纽

一、综合交通枢纽

综合交通枢纽为整合铁路、公路、航空、内河航运、海港和运输管道为一体的海陆空协同枢纽体系。综合交通枢纽是综合交通运输体系的重要组成部分，是衔接多种运输方式，辐射一定区域的客、货转运中心。

综合交通枢纽按定位层次分为三大类：① 国际性综合交通枢纽；② 全国性综合交通枢纽；③ 区域性综合交通枢纽。

综合交通枢纽按作业服务对象分为三大类：① 城市客运交通枢纽；② 城市货运交通枢纽；③ 综合换乘枢纽。

全国综合交通枢纽体系，强化城镇在产业发展和空间布局的核心地位，促进多种交通方式之间的有机衔接，增强中心城市对区域的辐射带动作用。加强边境交通枢纽城市建设，落实国家对外开放战略，完善全国交通网络。

促进综合交通枢纽发展是提高交通运输整体效率和服务水平、降低物流成本的有效途径，是优化运输结构、实现交通运输战略转型的迫切需要，是集约利用资源、节能环保的客观要求，对解决现阶段我国综合交通枢纽规划设计不统一、建设时序不同步、运营管理不协调、方式衔接不顺畅等问题，构建便捷、安全、高效的综合交通运输体系，支撑国民经济和社会发展，方便广大人民群众出行，提升国家竞争力具有战略意义。

1. 综合交通枢纽的主要功能

（1）为区域内部和对外的人员及物资交流提供集散和中转服务，带动和支撑区域经济的

发展。综合交通枢纽一般地处区域主要中心城市，为所在地区或城市的经济发展和居民生活提供客货运输服务，是城市对外联系的桥梁和纽带。

（2）可实现不同方向和不同运输方式间客货运输的连续性，完成运输服务的全过程。以信息化、网络化为基础，改进运输组织方式，实现各种运输方式一体化管理，完成运输服务全过程。是提高运输效率、降低运输成本、节约资源、实现交通可持续发展的有效途径。

（3）为运输网络吸引和疏散客货流，促进交通运输产业的发展。交通运输产业发展的基础是日益增长的运输需求，在经济不断日益发展、需求日趋多样化的现代社会，交通运输产业向着综合集成和一体化运输的方向发展，以满足客货运输多样化的需求。综合交通枢纽作为运输网络上的节点，集各种运输方式、信息、设备和组织管理于一体，吸引着大量的客货流，是交通运输产业发展的重要支撑。

（4）可大力发展交通枢纽经济。大型交通基础设施普遍都是区域性重大基础设施，如机场、铁路客运站、汽车客运站等大型交通枢纽，直接影响所在地区经济发展，并辐射周边区域。要补齐交通枢纽基础设施短板，推进要素集聚、资源整合，打造低成本、高效率的枢纽服务网络，提升实体经济发展活力，促进区域协调发展。

综合交通枢纽是综合交通运输体系的重要组成部分，是衔接多种运输方式、辐射一定区域的客货转运中心，可统筹协调各种运输方式，推进我国综合交通枢纽的一体化发展，提高交通运输的服务水平和整体效率。

2. 综合交通枢纽建设的基本原则

（1）布局合理。

根据城市空间、人口分布、产业布局，以运输需求为导向，新建与改造相结合，分散与集中相统筹，实现枢纽优化布局。

（2）衔接顺畅。

按照综合运输理念和各种运输方式的技术经济特征，强化有机衔接，突出对外交通与城市公共交通之间的优先换乘，提升枢纽的一体化水平与运行效率。

（3）服务便捷。

体现人性化服务和安全保障的要求，优化运营组织，完善信息服务，加强旅客与车辆引导，实现旅客便捷换乘和货物高效换装。

（4）集约环保。

科学确定规模，合理设置功能，集约利用空间资源，大力推广应用节能环保的新技术、新材料、新设备，实现绿色发展。

3. 综合交通枢纽的主要任务

（1）加强以客运为主的枢纽一体化衔接。

根据城市空间形态、旅客出行等特征，合理布局不同层次、不同功能的客运枢纽。按照“零距离换乘”的要求，将城市轨道交通、地面公共交通、市郊铁路、私人交通等设施与干线铁路、城际铁路、干线公路、机场等紧密衔接，建立主要单体枢纽之间的快速直接连接，使各种运输方式有机衔接。鼓励采取开放式、立体化方式建设枢纽，尽可能实现同站换乘，优化换乘流程，缩短换乘距离。

高速铁路、城际铁路和市郊铁路应尽可能在城市中心城区设站，并同站建设城市轨道交通、有轨电车、公共汽（电）车等城市公共交通设施。视需要同站建设长途汽车站、城市航站楼等设施。特大城市的主要铁路客运站，应充分考虑中长途旅客中转换乘功能。

民用运输机场应尽可能连接城际铁路或市郊铁路、高速铁路，并同站建设城市公共交通设施。具备条件的城市，应同站连接城市轨道交通或做好预留。视需要同站建设长途汽车站等换乘设施。有条件的鼓励建设城市航站楼。

公路客运站应同站建设城市公共交通设施，视需要和可能同站建设城市轨道交通。

港口客运、邮轮码头应同站建设连接城市中心城区的公共交通设施。

（2）提升客货运输服务质量。

① 整合信息平台。综合交通枢纽建设和运营过程中应有效推进科技创新，集成、整合现有信息资源（系统），推进公共信息平台建设，建立不同运输方式的信息采集、交换和共享机制，实现信息的互联互通、及时发布、实时更新、便捷查询，提高综合交通枢纽的信息化、智能化水平。

② 发展联程联运。积极推进铁路、公路、水运、民航等多种运输方式的客运联程系统建设，普及电子客票、联网售票，推进多种运输方式之间的往返、联程、异地等各类客票业务，逐步实现旅客运输“一个时刻表、一次付票款、一张旅行票”。

2021 年 2 月，国务院印发《国家综合立体交通网规划纲要》，提出建设综合交通枢纽集群、枢纽城市及枢纽港站“三位一体”的国家综合交通枢纽系统。建设面向世界的京津冀、长三角、粤港澳大湾区、成渝地区双城经济圈 4 大国际性综合交通枢纽集群。加快建设 20 个左右国际性综合交通枢纽城市以及 80 个左右全国性综合交通枢纽城市。推进一批国际性枢纽港站、全国性枢纽港站建设。建设北京、天津、上海、南京、杭州、广州、深圳、成都、重庆、沈阳、大连、哈尔滨、青岛、厦门、郑州、武汉、海口、昆明、西安、乌鲁木齐等 20 个左右国际性综合交通枢纽城市。

二、城市客运交通枢纽

城市客运交通枢纽是城市交通枢纽重要的组成部分。城市交通枢纽是城市客、货流集散和转运的地方，可以分为城市客运交通枢纽、城市货运交通枢纽和设施性交通枢纽。

城市客运交通枢纽是城市客流集散的中心点，承担着城市日常客流的到发功能、换乘功能和直通功能，是满足城市客流方向多样性、复杂性需求的换乘中心。

城市客运交通枢纽包括作为内外衔接系统的铁路车站、公路长途汽车站、港口码头和机场，也包括作为城市内部交通系统的公交枢纽、交叉路口、轨道交通车站等。城市客运系统是城市交通系统的核心不仅要保障完成日益增加的客运任务，还要满足乘客对于交通舒适度和速度的要求。

城市客运交通枢纽的功能设置及其交通流组织是实现其要求最重要的保证。城市居民的出行，往往是多种交通方式的组合过程，客运交通枢纽包含多种交通方式，是不同客运交通方式的衔接点，是乘客集散、转换交通方式和线路的场所。因此，各种交通方式之间换乘的组织衔接，体现着城市客运交通体系的水平。

城市客运交通枢纽往往地处城市中心发达地区，交通设施规划的好坏直接影响着城市经济的发展。但是长期以来，各种运输方式只重视运输线路（道路、轨道交通等）的规划建设，对综合运输网络的结合部系统统筹规划与建设重视不够，枢纽布局不尽合理，与城市土地开发衔接不够紧密，造成客流集散与中转不方便、不流畅，使我国大部分城市客运交通换乘效率低下，换乘时间远高于国外发达国家的大城市，城市客运交通枢纽建设往往成为客运交通建设的瓶颈。交通枢纽建设过于单一化，在城市交通规划时，往往只重视建设综合大型交通枢纽，而忽视对城市客运交通枢纽体系的建设，使得枢纽对城市交通压力的缓解作用不能发挥，客运交通枢纽真正的作用不能体现。

因此，加强以客运为主的枢纽一体化衔接十分重要，根据城市空间形态、旅客出行等特征，合理布局不同层次、不同功能的客运枢纽。按照“零距离换乘”的要求，将城市轨道交通、地面公共交通、市郊铁路、私人交通等设施与干线铁路、城际铁路、干线公路、机场等紧密衔接，建立主要单体枢纽之间的快速直接连接，使各种运输方式有机衔接。鼓励采取开放式、立体化方式建设枢纽，尽可能实现同站换乘，优化换乘流程，缩短换乘距离。

（1）高速铁路、城际铁路和市郊铁路应尽可能在城市中心城区设站，并同站建设城市轨道交通、有轨电车、公共汽（电）车等城市公共交通设施。视需要同站建设长途汽车站、城市航站楼等设施。特大城市的主要铁路客运站，应充分考虑中长途旅客中转换乘需求。

（2）民用运输机场应尽可能连接城际铁路或市郊铁路、高速铁路，并同站建设城市公共交通设施。具备条件的城市，应同站连接城市轨道交通或做好预留。视需要同站建设长途汽车站等换乘设施，有条件的鼓励建设城市航站楼。

（3）公路客运站应同站建设城市公共交通设施，视需要和可能同站建设城市轨道交通。

（4）港口客运、邮轮码头应同站建设连接城市中心城区的公共交通设施。

通过我国综合客运枢纽的建设和发展，涌现了一批优秀综合客运枢纽，如上海虹桥综合客运枢纽、南京南站综合客运枢纽、广州南站综合客运枢纽、深圳宝安机场综合客运枢纽等。

三、综合换乘枢纽

综合换乘枢纽是两种及两种以上城市交通方式的交汇点，是具有运输组织与管理、中转换乘、信息流通和辅助服务等功能的综合性设施，是城市内外交通的衔接点，是实现不同交通方式之间和同种交通方式内部转换、交通性质变换的场所，对控制旅客市内出行时耗，优化城市布局，发挥综合运输网络功能和效率，促进城市对外交流和社会经济发展具有重大意义。

综合换乘枢纽是一种实现交通功能转换的场所，无缝衔接及零距离换乘是以人为本的公共交通系统的目标之一，城市综合换乘枢纽是车流与人流的集散地，多种交通方式在枢纽中汇聚。大城市综合换乘枢纽中一般集中了地铁、公共交通、行人、自行车，以及社会车辆和出租汽车等多种交通方式，因此，综合换乘枢纽可以看成一座大规模的交通流交换中心，应能提供高效、快速、安全的交换方式。

综合换乘枢纽应具有运输组织与管理、中转换乘、信息流通和辅助服务等功能的综合性设施，是城市内外交通的衔接点，是实现不同交通方式之间和同种交通方式内部转换、交通性质变换的场所。

国内北京、深圳、上海等一些大城市已开始了这方面的规划建设。北京动物园综合换乘枢纽中心每天能接纳、疏散十多万乘客；深圳福田综合交通换乘枢纽，是一个具有集长途客运、城市公交、地铁和出租汽车为一体的多功能内部换乘及相互换乘功能的大型综合换乘枢纽，其规模和水平堪称国内一流。

国务院制定的《城市公共交通条例》把公共交通换乘枢纽的建设提到了应有位置。

从规模来讲，要建成具备一整套实用功能的一级换乘节点（综合枢纽）、二级换乘节点（换乘中心站）、三级换乘节点（换乘站）。

现代化的交通枢纽多采用立体综合换乘枢纽站。枢纽内的交通换乘能力及相应的服务水平是评价其综合性能的重要指标，所以综合换乘枢纽无论大小，功能一定要齐全。要把公共汽车、出租汽车和长途汽车集中设置，给乘客带来最大的方便；可满足公共汽车、公共自行车和行人等多种交通形式的换乘，要让乘客在枢纽内充分享受到出行、换乘和驻车等的一站化服务；还要有联网售票、立体换乘等多种先进服务，使乘客实现在综合换乘枢纽内多种交通方式的无缝换乘。在综合换乘枢纽内配备相应的线路图、时刻表、换乘指南等服务设施，并设立咨询服务等窗口，方便群众使用。

综合换乘枢纽在出入口平台、电梯、公共走道、换乘通道、公共卫生间等处均应进行无障碍设计，并设置盲道、盲文指示牌等，还应设置乘客行李寄存处、乘客休息处，以最大限度满足乘客各种换乘需求。

为鼓励有车的市民少开车进城，各层次的综合换乘枢纽应有私家车驻车场地，可对进综合换乘枢纽换乘公交交通工具的停车人，采取免费或者低收费政策；为扩大综合换乘枢纽的直接吸引区范围，将二三千米范围内能利用自行车到达换乘枢纽的客流，即间接吸引区范围内的客流吸引过来，换乘枢纽也应有非机动车、自行车的驻车场地。

综合换乘枢纽对控制旅客市内出行时耗，优化城市布局，发挥综合运输网络功能和效率，促进城市对外交流和社会经济发展具有重大意义。

案例：上海为积极推进公交优先发展战略，方便三林大型保障房基地居民出行，芦恒路综合客运枢纽于 2016 年 7 月 20 日随着浦东新区长清路三鲁路跨线桥通车，正式投入使用。

靠近两大居住社区的芦恒路综合客运枢纽位于上海市浦东新区林恒路浦星公路三林大型居住区西南角，毗邻轨道交通 8 号线芦恒路站，总用地面积约 27 612 m^2，为 2011 年市政府重大工程。

该枢纽周边靠近国家保障性住房基地——三林保障房基地，规划居住人口规模约 10 万余人；枢纽北侧为商业、商务办公发展用地区域。该枢纽内设 6 条公交线路首末站、社会机动车停车库（包括 P+R 停车及配建停车，其中“P+R”500 个泊位、配建机动车库 90 个泊位）、非机动车停车库、出租车候客站、轨道交通地下联络通道、便民配套服务设施、公共卫生设施等相关配套设施于一体。

枢纽竣工投用后，能够实现轨道交通与地面公交、出租车、非机动车、“P+R”机动车以及社会车辆等多种城市交通方式之间便捷换乘。同时，在换乘途中各主要集散区域设置信息发布点，并加入便利店、百货零售等便民配套服务设施，为周边居民和过境换乘的市民提供最方便、快捷的出行和生活便利。

第四节 城市客运最后“一公里”

城市公共交通，是指在确定的区域内，利用公共汽（电）车、城市轨道交通系统和有关设施，按照核定的线路、站点、时间、票价运营，为公众提供基本出行服务的活动。

"最后一公里"指从轨道交通或公交站点到家的一段路程，理想的步行距离不宜超过800 m。但是现实中存在不少站点覆盖不足的地区，由于缺乏足够的接驳交通保障，导致最后的步行距离过长，很不方便。一直以来，到家的"最后一公里"是构建完善的公共交通体系的瓶颈之一，也影响着公共交通出行、市民便捷到家的服务能力和效率。

出现"最后一公里"现象的原因，是各系统之间的衔接不畅。如果说主干道和轨道交通是城市交通的"大动脉"，那"最后一公里"就是城市交通的"毛细血管"。轨道交通或公交站点到目的地"最后一公里"的解决方案迟迟缺位。

随着公共交通的不断发展，共享单车、社区小公交是当前解决城市"最后一公里"的最佳选择。

一、共享单车系统

我国最早运用公共自行车系统（即早期的共享单车系统）的城市是杭州，杭州融鼎科技在2008年5月1日率先运行公共自行车租赁系统，将自行车纳入公共交通领域，意图让慢行交通与公共交通"无缝对接"，破解交通末端"最后一公里"难题。

1. 公共自行车租赁系统

"公共自行车"的概念最早起源于欧洲。

1965年，荷兰阿姆斯特丹一个无政府主义组织将一些涂成白色、没有上锁的自行车放在公共区域，期望供人们长期免费使用，称其为"白色自行车计划"。与倡议者的初衷相反，几天之内，所有的自行车都丢失或破坏殆尽，计划彻底失败。然而，这次尝试被普遍认为是历史上最早的公共自行车系统的起源。

30年后，第二代公共自行车系统在丹麦哥本哈根出现。这类系统的特点是有特定的存取地点，取车时以硬币作为抵押凭证，还车时返还硬币，使用者是匿名的，尽管进行了特别设计，自行车仍然经常丢失。

公共自行车系统通常以城市为单位进行部署、建设，一般由数据中心、管理信息系统（MIS）、分区运营中心（发卡、充值、调度、维修等）、站点智能控制器、电子防盗锁、自行车及随车锁具、用户借车卡等基本部分构成。根据需要，还可以配备停车棚、管理间、站点视频监控系统、互动网站等。

一个数据中心可管理几百至几千个站点，每个站点配备20～80副驻车电子防盗锁。站点主要布局在居民生活工作集聚区出入口、公交车站附近，重点解决"公交最后一公里"的问题，是城市公共交通的组成部分。

公共自行车管理单位向居民发放借车卡，用户在站点刷卡借车，到达目的地后，将车归还到就近的站点。可根据使用时长和一定的计费标准收取一定的使用费。

根据车辆与驻车装置的连接方式不同，可分为软连接式、硬连接式；根据驻车装置的外观，可分为横梁式、立柱式、龙门式等多种不同类型，各具优缺点。

公共自行车不仅环保、便捷，也成为了公共交通的补充。那么，为什么这项便民出行项目在很多城市要取消呢？市民普遍认为，公共自行车注册麻烦、停放地点受限制，车少故障多，导致使用公共自行车的人越来越少。

自20世纪90年代末期以来，利用现代先进的电子、信息集成、无线通信和互联网技术，新型的公共自行车系统在欧洲一些国家相继出现。这类系统的最大特点是能够知道谁在使用自行车，使系统的管理方式发生了根本性变化。

2007 年，真正具备一定实用价值的公共自行车系统开始进入中国，先后在北京、杭州、武汉等大城市先后开展试点，逐步向其他省会城市拓展，部分中小城市进行尝试。北京 2008 年奥运会期间为市民和游客服务，规模达到 5 万辆，但在奥运会结束后，也因多方面原因，该系统停止运营。

由于这类公共自行车系统的一些内在欠缺和由互联网支撑的便捷的共享单车的兴起，公共自行车使用者越来越少，一些城市的公共自行车相继退出市场运行，存车点、锁车桩等设施也被陆续拆除，这些空间随即被互联网企业的共享单车替代。

2. 公共自行车发展阶段

我国公共自行车（共享单车）市场经历了三个发展阶段：

（1）2007—2010 年为第一阶段：

由国外兴起的公共自行车模式开始引进国内，由政府主导分城市管理，多为有桩自行车。

（2）2010—2014 年为第二阶段：

由单一政府主导，出现了专门经营自行车市场的企业，但公共自行车仍以有桩自行车为主。

（3）2014 年开始移动互联网进入为第三阶段：

2014 年，北大毕业生戴威、薛鼎、张巳丁、于信 4 名合伙人共同创立了 ofo，致力于解决大学校园的出行问题。到 2015 年 5 月，超过 2 000 辆共享单车被投放进北大校园。随后，ofo 也走出北大，在其他七所首都高校成功推广，累计服务在校师生近 90 万次。随着移动互联网的快速发展，以摩拜为首的互联网共享单车在全国城市应运而生，更加便捷的无桩单车开始取代有桩自行车。

共享单车更受年轻男性欢迎。中国共享单车用户中男性占比 54.2%，女性占比 45.8%。用户年龄分布中，25～35 岁人群使用最多，其次是 25 岁以下人群。全国每天共享单车的使用量仍然在 1 000 万人次以上。

共享单车的发展除了较早入局的摩拜单车、ofo 外，在 2016 年至少有 25 个新品牌汹涌入局，其中甚至还包括电动自行车共享品牌。这些品牌包括：摩拜单车、永安行、小鸣单车、小蓝单车、智享单车、北京公共自行车、骑点、奇奇出行、CCbike、7 号电单车、黑鸟单车、hellobike、酷骑单车、1 步单车、由你单车、踏踏、Funbike 单车、悠悠单车、骑呗、熊猫单车、云单车、ofo 小黄车、优拜单车、电电 Go 单车、小鹿单车、小白单车、快兔出行、绿游共享单车 GreenBike 、悟空单车、3Vbike 单车、町町单车、闪电单车，等等。

3. 共享单车发展由无序到有序

2017 年 5 月 7 日，中国自行车协会在沪召开共享单车专业委员会成立大会，宣布成立中国自行车协会共享单车专业委员会，这标志着共享单车被正式纳入国家自行车行业协会。根据规则，共享单车专业委员会具有 4 项工作宗旨：

（1）引导实体经济与虚拟经济相结合、传统产业与互联网产业相结合；

（2）引导企业深化供给侧结构性改革；

（3）建立和完善行业自律机制，维护成员的合法权益；

（4）协助政府部门加强行业管理，共同促进共享单车有序发展。

根据工作宗旨采用了以下四大措施规范共享单车游戏规则。

（1）分级管理。

针对无序停放，提出了“政府管理平台、平台管理车辆”的分级管理模式。出现乱停放后，要求平台在十分钟内响应，派出工作人员赴现场处理。

（2）专人维护。

各企业要做到“利用信息技术优势加强对车辆停放的管理，配备维保人员做好对车辆技术质量的管理”。维护人员必须是全职的，除了要做好车辆本身的维护工作，还要负责车辆有序停放。

（3）强制更新。

互联网自行车必须具备定位功能，且能被精确查找；车身不得有广告；投放的车辆至多使用三年，必须被强制更新。企业根据车辆投放的规模，配套相应的停放区和调度场地。从规范硬件入手，避免车辆无处停放的情况。

（4）总量调节。

政府部门引导投放总量，主管部门通过对运力的动态监测（供需关系），对企业进行投放指导。实施城市非机动车停放区域设置导则，划定停车泊位。

共享单车经过不断的规范整治，2019 年共享单车市场具有竞争优势的企业为青桔单车、哈罗单车、摩拜（美团）单车。截止到 2019 年年底，我国共享单车用户规模约 2.6 亿人。

4. 共享单车系统优势

共享单车系统是公共交通系统的组成部分，能有效缓解城市交通系统的“最后一公里”问题，与公交、地铁及 BRT 进行有机整合，实现公共交通“门到门”的完整服务。其次，为城市提供短途出行的解决方案，能有效缓解日益严重的公交运力压力。建设共享单车系统，其优势体现在：

（1）共享单车是一种方便、快捷及健康的中短途出行方式，是城市公共交通的组成部分。

（2）可方便地与城市公共交通系统接驳。共享单车系统服务点主要设置在公共交通站点、居住区及商业区。

（3）共享单车属于零碳排放的出行工具，符合当前提倡的“低碳生活，绿色出行”理念。

（4）对于短距离出行，自行车更快捷且更机动灵活。以 5 km 为例，自行车在速度与时间上与其他公共交通方式具有竞争性。

（5）共享单车系统具有操作灵活、投资少的特点。共享单车系统与其他公共交通方式相比，需要投入的初始资金及运营成本少得多，建设难度也要小得多，可实施性强。

（6）共享单车系统可提高资源利用率。共享单车作为一种公共资源，每天使用率可达到 7 ~ 8 次，大大提高了资源的利用率。

（7）为城市居民提供了一种健康的生活及出行方式。

（8）建设共享单车系统，能有效缓解城市交通拥堵，减少城市空气及噪声污染。

（9）共享单车系统有利于提升城市的形象。

联合国内外著名的城市设计机构进行相关的案例研究、探讨最佳案例并进行推广，城市规划与设计是一个城市的重要课题，要实现低碳发展，用地规划、公共空间设计及交通循环需综合考虑，而先进的城市街区设计为市民公众提供了相当程度的便利及愉悦感。因此，提倡“以人为本——城市交通生活八原则”：

（1）步行：建设步行优先的邻里社区；

（2）自行车：优先发展自行车网络；
（3）连接：创建密集的街道网络；
（4）公共交通：支持高质量的公共交通服务；
（5）混合：建设多功能混合的邻里社区；
（6）密集：将土地开发强度和公共交通承载力相匹配；
（7）集约：确保紧凑发展，提倡短程通勤；
（8）转变：规范停车和道路使用，增加出行便利性。

目前，我国有 39 个城镇建设并运营了共享单车系统，其中包括很多大型城市，例如：上海、北京、广州等，并有很多城市已经制定了共享单车发展规划。先进的城市街区设计为市民公众提供了相当程度的便利及愉悦感。

二、社区公交车

社区公交车是在这种 TOD（以公共交通为导向的开发模式）的发展模式引导下所形成的，位于大运量快速公交（地铁、轻轨、公共汽车）站点周边步行可达（5 ~ 10 min，约 400 ~ 800 m 半径）区域内，可提供混合功能服务的社会生活共同体。

1. 社区公交分类

根据所处的位置和承担的作用不同，社区公交可以分为"城市型社区公交"和"邻里型社区公交"。

"城市型社区公交"一般位于区域内大容量的轨道交通线路和快速公交干线周围，是区域内较大型的交通枢纽和商业、就业中心，具有更高的发展密度，规模也更大，一般以离站点步行 10 min 的距离或 600 m 的半径来界定它的空间尺度。

"邻里型社区公交"一般位于提供接运公交服务的公交支线，与轨道交通线路和快速公交干线的距离一般以支线公交运行时间不超过 10 min（大约 5 km）。它的居住、服务、零售、娱乐、休闲功能开发到适当密度，规模较小。

2. 社区公交

社区公交是一种新型的交通方式，通过灵活布局和调度将公交社区区域内的客流积聚到换乘枢纽，实现与中心城区轨道交通线路、公交线路的有机衔接，意图让慢行交通与公共交通"无缝对接"，解决"城市型公交社区""邻里型公交社区"的交通末端的"最后一公里"难题。

3. 案　例

"最后一公里"的问题困扰着不少市民，开车不值得，步行又有点远。社区公交的开通在一定程度上解决了这些问题。

苏州于 2015 年首次推出了社区巴士。截至 2018 年已有 50 条社区巴士，平均线路长度 7.3 km，所有线路采用车长仅 6.5 m 的微型巴士，采用"高峰高频化，平峰时刻化"的运营模式，巴士主要解决轨道站点和公交干线的接驳，沟通学校、邻里中心等百姓生活服务热点地区，所有社区巴士可与公交干线同站换乘，80% 以上的社区巴士与轨道交通换乘距离在 200 m 内，满足乘客"最后一公里"出行需求。

2021 年 1 月，济南已经建有社区公交 27 条线路，解决了沿线的人们出行的"最后一公里"难题。

本章小结

本章讲述了城市客运公共交通系统及智能、网络技术、立体化融入城市公共交通系统后，发展了新的由城市客流需求为主导的智能的开放的城市客运公共交通系统。

思考题

1. 简述城市轨道交通的类别和适用性?
2. 综合交通枢纽的内容和作用是什么?
3. 客运交通系统的内容和要解决的问题是什么?
4. 如何解决“最后一公里”难题?
5. 简述共享单车的优缺点?
6. 社区公交的作用是什么?

参考文献

[1] 叶年发. 看 AVE 市场营销策略[J]. 世界铁路，2000（5）：18-19.

[2] 梁娟. 营销的市场细分与定位——美国西南航空公司经营策略个案分析[J]. 财经论坛，2004（4）：72-78.

[3] 刘绍勇，李天宝. 日本常导磁悬浮列车[J]. 现代城市轨道交通，2006（2）：57-61.

[4] 张喜成，汪江洪. 粗糙集综合评价法在公交服务水平评价中的应用[J]. 统计与决策，2006（2）：46-48.

[5] 胡启洲，邓卫，张卫华. 城市公交线网的灰色评价及其应用[J]. 交通运输系统工程与信息，2006（4）：57-61.

[6] 王军，刘春煌. 铁路客票发售与预定系统[J]. 中国铁道科学，2001（6）.

[7] 杜文. 旅客运输组织[M]. 北京：中国铁道出版社，2012.

[8] 刘其斌，马桂贞. 铁路车站与枢纽[M]. 北京：中国铁道出版社，2002.

[9] 中华人民共和国铁道部，铁路车站及枢纽设计规范[M]. 北京：中国计划出版社，2006.

[10] 陈应先. 高速铁路线路与车站设计[M]. 北京：中国铁道出版社，2001.

[11] 王甦男. 旅客运输[M]. 北京：中国铁道出版社，2003.

[12] 叶怀珍. 旅客运输组织[M]. 成都：西南交通大学出版社，2000.

[13] 杨倩. 铁路客运信息化专项规划渐行渐进[J]. 中国铁路，2006（4）：47-51.

[14] 王壮锋等. 现代化旅客信息系统[J]. 铁路计算机应用，2000，8（5）：8-10.

[15] 张恬，王卓. 车站客运信息系统的开发[J]. 铁路计算机应用，2005，14（10）：16-18.

[16] 明平顺. 汽车运输专用车辆[M]. 北京：人民交通出版社，1998.

[17] 李维斌. 公路运输组织学[M]. 北京：人民交通出版社，2004.

[18] 陈唐民. 汽车运输学[M]. 北京：人民交通出版社，2000.

[19] 骆勇，宇仁德. 道路运输组织学[M]. 北京：人民交通出版社，2006.

[20] 李作敏. 现代汽车运输企业管理[M]. 北京：人民交通出版社，1999.

[21] 马天山. 汽车运输企业管理[M]. 北京：人民交通出版社，1997.

[22] 汪应洛. 系统工程理论、方法与应用[M]. 北京：高等教育出版社，1998.

[23] 杜栋，庞庆华. 现代综合评价方法与案例精选[M]. 北京：清华大学出版社，2005.

[24] 于吉永. 企业经营分析与效绩评价[M]. 北京：中国石化出版社，2001.

[25] 纪跃芝，冯延辉. AHP 模型在道路客运质量评价中的应用[J]. 汽车运输，1997（12）.

[26] 杨淑芹. 高速公路客运如何发展[J]. 公路运输文摘，2003（7）：23-24.

[27] 黄天国，陆正业. 高速公路客运经营模式探讨[J]. 交通企业管理，1997（3）：15-16.

[28] 陈焕江. 公路客运站布局和选址方法的研究[J]. 公路交通科技，2001（6）：109-112.
[29] 费萍. 旅游市场与道路旅游客运[J]. 交通企业管理，2006（4）：26-27.
[30] 朱燕惠. 城乡客运道路一体化发展研究[D]. 西安：长安大学，2003（11）.
[31] 王新声. 城市公共交通运营调度管理[M]. 北京：中国铁道出版社，2001.
[32] 师桂兰，邓卫，葛亮. 城乡公交一体化规划建设与管理初探[J]. 城市公共交通，2005（1）.
[33] 叶舜赞. 城市化与城市体系[M]. 北京：科学出版社，2001.
[34] 刘得一. 民航概论[M]. 北京：中国民航出版社，2000.
[35] 潘卫军. 空中交通管理基础[M]. 成都：西南交通大学出版社，2005.
[36] 夏洪山. 现代航空运输管理[M]. 北京：人民交通出版社，2000.
[37] 杨申琳. 我国大城市公共交通系统可持续发展指标体系研究[D]. 西安：长安大学，2004.
[38] 刘得一. 民航概论[M]. 北京：中国民航出版社，2000.
[39] 罗晓利. 飞行中人的因素[M]. 成都：西南交通大学出版社，2002.
[40] 赵瑜，周振庆，吴风. 旅游交通[M]. 北京：中国铁道出版社，2002.
[41] 关强，胡永举. 交通运输技术管理[M]. 北京：人民交通出版社，2004.
[42] 兰兵. 城市交通与城市形态——城市设计中不可避免的话题[J]. 武汉大学学报：工学版，2004（4）：173-175.
[43] 王海忠，宋延，石建军. 城市客运交通系统可持续发展动力学模型[J]. 交通环保，2004（10）：11-14.
[44] 刘洪营. 城市客运交通结构评价、设计与优化研究[D]. 西安：长安大学，2003.
[45] 严海. 中国城市客运交通模式研究[D]. 西安：长安大学，2002.
[46] 戴英姿. 快速公交（BRT）系统的交叉口优化与设计[D]. 成都：西南交通大学，2005.
[47] 马燕. 轨道交通系统在我国发展的研究[D]. 上海：华东师范大学，2005.
[48] 杜云飞. 我国大城市交通现状分析及对策[J]. 铁道运输与经济，2006（3）.
[49] 王炜. 交通网络优化理论与方法研究[D]. 南京：东南大学，1995.
[50] 王炜，徐吉谦，杨涛等. 城市交通规划[M]. 南京：东南大学出版社，1999.
[51] 王炜，杨新苗，陈学武. 城市公共交通系统规划方法与管理技术[M]. 北京：科学出版社，2002.
[52] 彭国雄，莫汉康. 城市公交停靠站设置常见问题及对策[J]. 交通运输工程学报，2001（3）：77-80.
[53] 常玉林，胡启洲. 城市公交线网优化的线性模型[J]. 中国公路学报，2005，18（1）：95-98.
[54] 陈洪仁，冯树民. 分层限制的公交线网优化模型[J]. 哈尔滨建筑大学学报，2001（10）：113-115.

[55] 鄢巨平. 日本大都市轨道线网构架分析与思考[J]. 城市轨道交通研究，2002（1）：91-95.

[56] 潘有成. 城市轨道交通网络规划理论研究与应用[D]. 成都：西南交通大学，2004.

[57] 吴小萍，陈秀方. 城市轨道交通网络规划理论方法研究进展[J]. 中国铁道科学，2003（12）.

[58] 王忠强，高世廉，降金琦. 轨道交通路网规划若干问题探讨[J]. 西南交通大学学报，1999，（3）.

[59] 高世廉，晏启鹏. 城市轨道交通换乘站配置图的研究[J]. 西南交通大学学报，1996，31（增刊）：319-320.

[60] 魏华. 城市公交服务质量可靠性评价研究[D]. 西安：长安大学，2005.